# सम्पूर्ण कहानियाँ

# सम्पूर्ण कहानियाँ

उषा प्रियम्वदा

राजकमल प्रकाशन

ISBN : 978-81-267-0909-0

**मूल्य :** ₹ 995

© उषा प्रियम्वदा

**पहला संस्करण** : 2006
**छठा संस्करण** : 2026

**प्रकाशक :** राजकमल प्रकाशन प्रा.लि.
1-बी, नेताजी सुभाष मार्ग, दरियागंज
नई दिल्ली-110 002
**शाखाएँ :** अशोक राजपथ, साइंस कॉलेज के सामने, पटना-800 006
पहली मंजिल, दरबारी बिल्डिंग, महात्मा गांधी मार्ग, प्रयागराज-211 001
1, अनमोल सोराबजी सन्तुक लेन, धोबी तलाव, मरीन लाइंस, मुम्बई-400 002
वेबसाइट : www.rajkamalprakashan.com
ई-मेल : info@rajkamalprakashan.com

**मुद्रक :** विकास कंप्यूटर एंड प्रिंटर्स
ट्रॉनिका सिटी-201 102

SAMPURNA KAHANIYAN
*by* Usha Priyamvada

इस पुस्तक के सर्वाधिकार सुरक्षित हैं। प्रकाशक की लिखित अनुमति के बिना इसके किसी भी अंश को, फोटोकॉपी एवं रिकॉर्डिंग सहित इलेक्ट्रॉनिक अथवा मशीनी, किसी भी माध्यम से, अथवा ज्ञान के संग्रहण एवं पुन:प्रयोग की प्रणाली द्वारा, किसी भी रूप में, पुनरुत्पादित अथवा संचारित-प्रसारित नहीं किया जा सकता।

*कम्मन जिज्जी की*
*स्नेहिल स्मृति में*

# भूमिका

किस बिन्दु पर एक छोटी, भोली-भाली, नासमझ लड़की गम्भीर हो जाती है, अपने बारे में, अपने आसपास के संसार में, लिखने-पढ़ने में; किस बिन्दु पर देस-परदेस का भूगोल, परिभाषा और संज्ञा बदल जाती है, कब अपनी और परदेस की भाषाएँ आपस में अभिन्न हो गुँथ जाती हैं—शायद यह विभाजन रेखा बहुत क्षीण और धुँधली सी है।

वास्तविक और काल्पनिक चरित्रों, उनके गढ़े गए जीवन की उलझी-सुलझी गुत्थियों का हल ढूँढ़ने और उन्हें अपनी दृष्टि से स्वाभाविक और सहज समापन पर लाते हुए, अपने वर्तमान और अतीत को भी एक समीक्षक की दृष्टि से देखने की आदत बन गई है। जैसे मेरा जीवन भी एक पुस्तक है, जिसमें कुछ एकदम खुला है और कुछ एकदम गोप्य—जो मेरा प्राप्य और संचित पूँजी है; जो कि मेरी प्रेरणा का स्रोत और उत्स है, पर जब वह कहानी या उपन्यास के माध्यम से पृष्ठों पर बिखरता है तब वह इतना बदला हुआ होता है कि उसमें मेरा कुछ भी अंश नहीं होता। शायद आत्मकथा और गल्प में यही अन्तर होता है। जीवन अनुभवों, भावनाओं, विचारों, अनुभूतियों के एक पतले से तन्तु को लेकर एकदम नया संसार गढ़ सकना, उसे तरह-तरह के चरित्रों से आबाद करना, इसी में मेरी वास्तविकता, प्रेरणा और कल्पना का मिश्रण है।

जहाँ तक मुझे याद पड़ता है, मैंने हमेशा ही कहानियाँ गढ़ीं और कहीं—बचपन में भतीजियों, भानजियों, ममेरी और मौसेरी बहनों को विचित्र मेढकों, सियारों और काली बिल्लियों की कहानियाँ सुनाने में आनन्द आता था। गर्मियों में तारों भरे खुले आसमान के नीचे, खूब तर की हुई छत की मुँडेर पर बैठकर वे कहानियाँ कहाँ से उपजती थीं और कहाँ खो जाती थीं ? रोज़-रोज़ नई कहानियाँ—जैसे उनका अन्त ही न था। जैसे मेरे बारह-तेरह साल के मन में एक अनजान कथाकार बैठा हुआ था, जो न जाने कहाँ-कहाँ से यह कहानियाँ गढ़ता रहता था। कभी-कभी मैं बच्चों के आग्रह से थक भी जाती थी और 'एक था राजा, एक थी रानी, राजा मर गया, रह गई रानी' कहकर कथा उत्सव का समापन कर देती थी। तब 'नहीं, नहीं, और-और' के आग्रह को मैं एक कठोरता से ठुकरा देती थी।

तब क्या था मेरा बाल जीवन; कानपुर, लखनऊ और गर्मियों की छुट्टियों में मामा ब्रजभूषण हजेला की खुली, फैली हुई हवेली या कोठी—जहाँ पर मामाज़ी की दो बेटियों के अनन्य स्नेह की अयाचित, अनर्जित वर्षा और छोटे मामा की चार बेटियों की कहानी सुनने का आग्रह।

पिता का देहान्त मेरी शिशु अवस्था में ही हो चुका था; उस समय परिवार में माँ, दो

बड़ी बहनें; दो बड़े भाई शिब्बन लाल और होरीलाल सक्सेना, पिता के चाचा, चाची, और उनकी बेटी, चाचा के साले और सलहज, मेरी विगत बुआ की सौत, जिन्हें पिता ने बहन की तरह अपना लिया था, दादी; और नौकर-चाकर—महराज, महराजिन, मेरी नेपाली आया और ऊपर का काम करने के लिए बालक मैकू—भैंस, और फ़ोर्ड मोटर कार ! इसके अतिरिक्त भी लोग घर में रहा ही करते थे; जैसे ममेरे भाई प्रकाश, जो कानपुर में पढ़ रहे थे। पिता की मृत्यु होते ही घर छिन्न-भिन्न हो गया—चचेरे बाबा अपना घर ख़रीदकर साले, सलहज समेत बिदा हो गए। शायद प्रकाश की पढ़ाई भी समाप्त हो गई। मेधावी शिब्बन लाल अपनी प्रोफ़ेसर की नौकरी छोड़कर स्वतन्त्रता संग्राम में व्यस्त हो गए थे।

उस घर में हम तब तक रहे जब तक मैं छह वर्ष की नहीं हुई—परन्तु जब हम, यानी माँ और मैं प्रायः छुट्टियों में फतेहगढ़ जाने लगे, तभी मेरे रचनाकार ने आँखें खोलीं—दादा तब उन्नीस सौ बयालीस के क्रान्ति आन्दोलन के दौरान वर्षों से जेल में थे, और मैं और माँ (प्रियंवदा देवी) कानपुर लौटकर सम्मिलित परिवार में रह रहे थे। वह बड़ा सा शानदार घर पिता के चाचा का था, परन्तु उसमें मेरी युवा, विधवा माँ, या बच्चों का कोई हिस्सा न था। पूरा घर वह अपने छोटे भाई की पत्नी को दे गए थे, क्योंकि वह भी विधवा हो चुकी थीं और उन्हें बेटे पालने थे। यह सामाजिक क्रूरता थी या कठोरपन, कि माँ और उनकी बेटियों के पालन-पोषण की ज़िम्मेदारी में उनका कुछ भी योग न था। जिस समय की मैं बात कर रही हूँ, वह मेरे जीवन के वह क्षण थे जिन्होंने मेरी प्रारम्भिक और छात्रजीवन के दौरान लिखी कहानियों को बहुत प्रभावित किया। मेरी माँ सुन्दर थीं, शिक्षित और आभिजात्य जमींदार परिवार की—पर पिता की मृत्यु के बाद और दादा की जेल अवधि के दौरान ही मैंने उस छोटी-सी उम्र में ही देख और समझ लिया कि भारतीय समाज और सम्बन्धी एक आश्रयहीन महिला के प्रति कितने क्रूर हो सकते हैं। उनकी हर अवज्ञा और अवहेलना मेरे मन को तीक्ष्ण तीरों से बींधती, पर छटपटाने और चुप रह जाने के अतिरिक्त उपाय ही क्या था। माँ हर प्रकार से सुरुचिपूर्ण और सलीकेवाली थीं—जाड़ों भर वह समृद्ध पड़ोसियों की साटन की रज़ाइयों में पतली-पतली तिरछी गोट लगाकर महीन-महीन डोरे डालती रहती थीं। किसी ब्याही जानेवाली लड़की के साटन के पेटीकोट और अन्य वस्त्र सीने में व्यस्त रहती थीं—कभी-कभी कोई साटन का टुकड़ा उठाकर मुझे दिखातीं और कहतीं—तुम्हारा गरारा-कुर्ता इसमें कैसा अच्छा लगेगा ?

''लगेगा तो !'' कहकर हम दोनों चुप हो जाते; मेरा यथार्थ था उस कम उम्र में ही भारी, मोटी खादी, और माँ के सफ़ेद वस्त्र। कानपुर में लौटने के पहले माँ ने कभी खाना नहीं बनाया था; पर अब सुबह की ड्यूटी उनकी थी, फिर भी उन्हें इतना अधिकार न था कि एक पराठा या दो पूरी बनाकर मुझे स्कूल लंच के लिए दे सकें। मैं सुबह एक प्याला चाय पीकर स्कूल चली जाती और खाने की छुट्टी में स्कूल की लाइब्रेरी में वह घंटा बिता देती या स्कूल की वाटिका में। माँ की अवज्ञा और अपमान देखकर मेरा बाल हृदय फटने लगता; यह बात मेरी समझ में बहुत बाद में आई कि वे सब निरादर करनेवाले निष्ठुर या दयाहीन नहीं थे; वे तो बिना सोचे-समझे एक लीक पकड़कर चल रहे थे जिसमें एक स्त्री को स्त्रीमात्र ही होने से हीन और क्षुद्र समझा जाता है। वह एक परिपाटी थी, एक रूढ़िग्रस्त अचेतना और अज्ञान, जिसमें किसी स्त्री का रूप, गुण, शील न देखकर केवल यह देखा जाता था कि

उसका पति कौन है, क्या है। किसी भी स्त्री को किसी प्रकार अपने 'स्व' की पहचान, अपने अनुसार जीवन-यापन करने की स्वतन्त्रता तो दशकों बाद मिली।

ननिहाल (कानपुर) जाना मुझे बहुत अप्रिय लगता था, क्योंकि वहाँ सब पुरुषों और बालकों के बाद भोजन मिलता था; माँ और मैं चुपचाप बरामदे में बैठी प्रतीक्षा करतीं कि कब बड़े मामाजी और ममेरे भाई भोजन करके निकलें तो अपनी बारी आए; मेरी बालोचित पर संवेदनशील दृष्टि ने यह भी ग्रहण किया कि स्त्रियों को जो भोजन मिलता था उसमें रबड़ी, मलाई, जो नियमित रूप से पुरुषों को परसी जाती थी, नहीं रहती थी, न उतने प्रकार के व्यंजन ही। शायद और परिवार की स्त्रियाँ कभी अपने को इस योग्य ही नहीं समझती होंगी कि उन व्यंजनों की कामना करें। ऐसा नहीं कि अपने परिवार में माँ का आदर नहीं था, पर मुझे वहाँ हमेशा अस्वस्ति की भावना होती थी; उस पर मेरा तीखा आक्रोश : कि मैं क्यों भाइयों के कार्य और गतिविधियों से अलग रखी जाती हूँ। जब मेरे हमउम्र ममेरे भाई बाहर साइकिल चलाना सीखते तो मैं खिड़की से उन्हें ललचाई आँखों से देखती रहती। मैंने एक बार सीखने की जिद भी की तो नानी ने हल्के से कहा, "तुम लड़की हो...।" और मैं मुँह फुलाकर जब स्कूल की बस ददिहाल की सड़क परेड से गुज़री तो मैं वहीं उतर गई। दादी ने, जो मेरे पिता की चाची थीं; जब पूछा "माँ को कहाँ छोड़ आई ?" तो मैंने बताया कि मैं वहाँ कभी नहीं जाऊँगी, क्योंकि वहाँ मैं लड़की हूँ—कहकर प्रतिबन्ध लगाए जाते हैं...।" तब दादी ने कहा "बिलकुल सही है। तुम लड़की हो, टाँग-वाँग टूट गई तो लँगड़ी से शादी कौन करेगा ? मैं तो तुम्हें आगे पढ़ाने के ही पक्ष में नहीं हूँ, अभी से चश्मा चढ़ गया है।"

तब मैं छठी कक्षा पास करके सातवीं में आई थी, दादी के अनुसार मिडिल पास लड़की काफ़ी क़ाबिल थी।

पर मैं फिर ननिहाल गई जो दादी के घर से केवल मील डेढ़ मील ही दूर था, क्योंकि माँ मेरे लिए चन्द्रकान्ता सन्तति के कुछ भाग वहाँ से ले आई थीं। उन्हें तुरन्त पढ़ लेने के बाद जब मैंने नौकर मैकू को आगे के हिस्से लेने भेजा तो मामी ने हँसकर कहा, "उससे कहना यहीं आकर पढ़ ले।"

वह गर्मी मैंने ननिहाल में ही बिताई; पिता की मृत्यु के बाद घर ख़ाली करने पर माँ ने काफ़ी सामान मामाजी के घर भिजवा दिया था, सोफ़ा सेट, बर्तनों के बक्से; और अपनी प्रिय पत्रिकाएँ—चाँद, माधुरी और उपन्यास। यह सब मैंने छत पर, बरामदे में या नानी के कमरे में अपने खटोले पर लेटकर दीमक की तरह चाट डाले। स्कूल खुलने के बाद वहाँ की एक कमरे की लाइब्रेरी में मैंने नियमित रूप से पढ़ना शुरू किया—शुरुआत हुई बंगला अनुवादों से; 'माधवी कंकण', 'शशांक', 'आनन्द मठ'—उसी के साथ जैसे मुझे पढ़ने का नशा सा चढ़ गया। जब फतेहगढ़ में छोटी मामी की अलमारी में प्रेमचन्द, कौशिक, भगवतीचरण वर्मा आदि की पुस्तकें मेरे हाथ लगीं तो जैसे मुझे एक अलभ्य कोष मिल गया। उन उपन्यासों में मुझे पहली बार अनुभव हुआ कि स्त्री जाति की परवशता उसे समाज से मिली है। मेरे अन्दर जो विद्रोह और आक्रोश के बिन्दु थे, धीरे-धीरे प्रकट होने लगे—फिर भी मेरा दृष्टिकोण सीमित ही रहा। मेरी प्रारम्भिक कहानियों में अधिकतर स्त्री पात्र समाज और परिस्थितियों से उबर नहीं पाए, उनमें एक प्रकार की हताशा भरी स्वीकृति थी। जो पुस्तकें मेरे मस्तिष्क

का पोषण कर रही थीं उनमें त्याग, उदारता, निःस्वार्थ और अपने सुख का हनन ही चित्रित था—'सेवा सदन' का आदर्शवादी अन्त; 'विषवृक्ष' और 'कृष्णकान्त का विल' में पत्नियों का मौन अन्याय सहन; विश्वम्भरनाथ शर्मा कौशिक की 'माँ' में अपने वात्सल्य प्रेम की बलि।

कानपुर, फतेहगढ़; घर से स्कूल, स्कूल से घर—इसमें मेरा जीवन दर्शन या विस्तृत अनुभवों का समावेश कैसे होता ? मेरी गतिविधियाँ बहुत मर्यादित और संकुचित थीं, संगीत सुनना, फिल्में देखना या सहेलियों के घर आना-जाना बिलकुल वर्जित था; छोटी दादी (पिता की चाची नम्बर दो) का रोब सारे घर के सदस्यों पर था : उनका विश्वास था कि इन सब बातों से लड़कियाँ बिगड़ जाती हैं; पर अधिक शिक्षित न होने के कारण उन्हें उपन्यास या कहानियों में रुचि नहीं थी। वह हमारे खंड की ओर कम ही आती थीं, और जब भी आतीं मुझे किताब में डूबा पाकर बहुत प्रसन्न होतीं और समझतीं कि मैं स्कूली पुस्तक पढ़ रही हूँ। वैसे वह बड़ी दादी गुलाब देवी के विपरीत लड़कियों की पढ़ाई-लिखाई के पक्ष में थीं और उन्होंने अपनी एकमात्र पुत्री सुशीला को बी.ए. कराया था, वह भी लड़कों के कॉलेज भेजकर, जो कानपुर की कायस्थ बिरादरी के लिए एक क्रान्तिकारी और पथनिर्देशक घटना थी; जिसका पूरा-पूरा लाभ मुझे मिला—क्योंकि घर में छोटी दादी रामदेवी का ही दबदबा था, इसलिए ये गुलाब देवी किसी प्रकार मेरी पढ़ाई न रुकवा सकीं, यद्यपि अपने दो बेटों को उन्होंने कभी स्कूल जाने या पढ़ने के लिए प्रोत्साहित नहीं किया, जिससे वह अपेक्षाकृत अनपढ़ ही रह गए।

इस सब उथल-पुथल और विरोधी दिशाओं में अलग-अलग खिंचने के तनाव ने कब मेरे अन्दर एक कहानीकार को जन्म दिया, मुझे लौटकर देखने पर भी याद नहीं पड़ता। माँ की स्मरण शक्ति अद्भुत रूप से तीक्ष्ण और विस्तृत थी, और पूरे परिवार के सदस्यों में, रस ले लेकर, रोचक रूप से औरों के क़िस्से और कार्य-कलापों का वर्णन बहुत प्रचलित था, शायद वही शैली अनायास, सहज और स्वाभाविक रूप से मेरी विरासत में आई।

मेरी पहली कहानी बालिका विद्यालय की स्कूल पत्रिका में छपी थी—उदासी भरी, करुण और दुःखद अन्त के साथ। शायद आठवीं या नवीं कक्षा में पढ़नेवाली, अन्तर्मुखी, चुप रहनेवाली एकान्तप्रिय लड़की के अनुभवों का जीवन दर्शन इसके अतिरिक्त क्या हो सकता था। मैंने तब तक यही देखा था, दुख को चुपचाप घूँट लेना; अन्याय के बावजूद कोई प्रतिक्रिया न दिखाना; परिस्थितियों को रो-धोकर स्वीकार कर लेना; सीमित दायरों में बद्ध रहना, मैं हर ओर यही देख पा रही थी—और यह स्थितियाँ मेरी सारी प्रारम्भिक कहानियों में चित्रित हुई हैं। मेरे लेखन का प्रथम सोपान था, उस समय की जनप्रिय पत्रिका 'सरिता' में प्रकाशित होने का—तब तक मैं कॉलेज में आ चुकी थी; और छात्रावास में रहने लगी थी। जब भी 'सरिता' का नया अंक, जिसमें मेरी कहानी होती, आता तो छात्रावास में उल्लास की एक हिलोर-सी उठती, पत्रिका के लिए छीना-झपटी होती—पर उस भोलेपन और बेख़बरी की अवस्था में मेरे लिए वही क्षण प्रतीक्षित रहता जबकि 'सरिता' से बीस रुपए हर कहानी के पारिश्रमिक के रूप में मिलते। तुरन्त मैं रिक्शा लेकर बाज़ार जाती और सोलह-सत्रह रुपयों में बेगम बेलिया के किसी खिलते रंग की सी नागपुरी सूती साड़ी लेकर, सहेलियों के साथ रसगुल्ले और समोसे खाकर मुदित मन छात्रावास लौट आती।

कानपुर का बचपन, जिसमें मैंने क्षुधा, तृष्णा और आकांक्षाओं को बहुत नीचे दफ़ना

दिया था, अब पीछे छूट चुका था, अब अपने श्रम और कल्पना से अर्जित बीस रुपयों को एक शाम में ही उड़ा देना बहुत नशीला अनुभव था। साथ ही, पहली बार मैं अपनी पसन्द को पहचान रही थी और अपने अनुसार अपने कपड़े ख़रीदने और पहनने का सुख भी। मैं नियमित रूप से लिख रही थी, परन्तु मैंने उसे गम्भीरतापूर्वक नहीं लिया—कथानकों, चरित्रों का एक अनवरत प्रवाह कहीं अन्दर से प्रस्फुटित होता रहता था, परन्तु उसको तराशने, काँट-छाँट या मोड़ने-तोड़ने का विचार मुझे कभी नहीं आया। कहानी लिख गई तो बिना कापी रखे उसे वैसा का वैसा ही छपने के लिए भेज दिया—इसी कारण मेरी प्रारम्भिक कहानियों में पचास प्रतिशत उपलब्ध नहीं हैं।

अचानक मेरा 'सरिता' के लिए लिखना और कहीं भी प्रकाशित होना चुक गया। मेरे लेखन जीवन में अक्सर लम्बे-लम्बे अन्तराल आए हैं, शायद यह पहला लम्बा अन्तराल था, जिसमें पाठकों में प्रिय 'उषा' मौन हो गई थी। कहीं खो सी गई थी।

इसका एक बहुत बड़ा बाह्य कारण था मेरा बदलता हुआ परिवेश; दादा स्वतन्त्रता के बाद जेल से छूटकर संसद सदस्य हो गए थे और हम सब; माँ, मैं, बड़ी बहन कामिनी, छोटे भाई और उनकी बेटियाँ एक भव्य कोठी में रहने लगे थे जो संसद सदस्यों के लिए ही थी। उसमें बाहर उद्यान भी था, माली, नौकर, पर सबसे बड़ा अन्तर जो मेरे जीवन में आया, वह भारत के नामी, प्रथम पंक्तिवाले स्वतन्त्रता सेनानियों को देखना, सुनना। जो नाम अख़बार में अगले दिन पढ़ने में आते थे, वह विगत शाम अपनी बैठक में दादा के साथ दिखाई दे चुके होते थे।

दादा मुझे हर जगह साथ ले जाते थे, अपने छात्र जीवन में ही उन्होंने भारत जब तक परतन्त्र रहेगा, अविवाहित रहेंगे, का प्रण किया था, और अधिकतर जीवन कारावास में बिताने के बाद वह जब बाहर आए तो उनके सदा अविवाहित रहने और जनजीवन की सेवा में अपने को ढाल लेने को सभी स्वीकार कर चुके थे। न जाने कब दादा ने धन और ऐश्वर्य से उपलब्ध सभी सुविधाओं को नकार दिया था; जबकि अन्य संसद सदस्य बड़े-बड़े घर बनवा रहे थे, परिचितों और परिवारवालों को तरह-तरह से समृद्ध कर रहे थे, दादा हमेशा टैक्सी या आटो पर ही संसद भवन जाते थे; उनकी वेशभूषा थी, मोटी खादी का धोती-कुर्ता, फटा जूता, पर चेहरे पर एक स्निग्ध मुस्कान, एक सरल चिन्तनशील मनीषी की गरिमा। उनका सभी के हृदय में कितना सम्मान और आदर था, यह मैंने जगह-जगह राजनीतिक उत्सवों में देखा, राष्ट्रपति भवन के हर उत्सव में पंडित नेहरू का सामने आकर पूछना, शिब्बन लाल, कैसे हो ? मुझे एकदम अभिभूत कर जाता था, विशेष तौर से जब वह हर किसी से मेरा परिचय करवाते—पंडित नेहरू से लेकर श्रीमती इन्दिरा गांधी तक; मैं हर प्रधानमन्त्री से दादा के साथ ही मिली।

मैं आगे कहाँ पढ़ूँ—दादा ने इलाहाबाद जाकर पढ़ने को प्रोत्साहित किया। मेरे विषय थे, अँगरेज़ी, हिन्दी और फ़िलासफ़ी। दादा स्वयं इलाहाबाद में पढ़े थे और सर्वोत्तीर्ण हुए थे। मेरी सबसे बड़ी बहन कमला और उनके बाद कामिनी भी इलाहाबाद में ही पढ़ी थीं, इसलिए यह स्वाभाविक ही था कि मैं उसी विश्वविद्यालय और परिवेश में पढ़ती।

इलाहाबाद जाकर मुझे ऐसा लगा जैसे एक मछली, जो अपनी संकुचित गढ़ैया में ही सन्तुष्ट थी, अचानक अथाह जलराशि पा गई हो—वहाँ मैंने अनायास ही अपने को कवियों,

लेखकों और समीक्षकों के बीच पाया—रघुपति सहाय 'फिराक,' हरिवंशराय बच्चन और सुमित्रानन्दन पन्त; *कहानी* के सम्पादक श्रीपतराय और उनके माध्यम से हुसेन, रामकुमार, पेंटर आदि के बारे में जानकारी। पूरी-पूरी शाम मैं उन लोगों की बातचीत सुनते हुए बिता देती थी। प्रकृति के प्रति रुझान पन्त जी के सम्पर्क में आने से हुआ। मेरी वाचालता, हाज़िर जवाबी और विनोदप्रियता उन्हीं बैठकों का असर है। मेरे चारों ओर की दीवारें गिर रहीं थीं; नए-नए विषय, नई-नई पुस्तकें—पत्रिकाएँ : सब में मैं डूबी हुई थी; पर जहाँ मेरी कल्पना, मेरा व्यक्तित्व परिपक्व और समृद्ध हो रहा था, सामाजिक प्रतिबन्ध तब भी थे : छात्रावास के नियम, उसके फाटक, चौकीदार; ऊपर से स्थानीय अभिभावक बड़ी बहन कमला की चौकन्नी दृष्टि—मैं मुक्त थी। पर मनमानी करने के लिए नहीं; पढ़ने के लिए, संगीत सीखने के लिए; पर निरंकुश नहीं।

विशिष्ट साहित्यकारों के अतिरिक्त इलाहाबाद में नए स्वर उभर रहे थे, पर कॉफ़ी हाउस में जाने, या अपनी आयु के कथाकारों के साथ बैठकर साहित्यिक वार्तालाप करने की मैं कल्पना भी नहीं कर सकती थी, पर एक बार फिर; नया परिवेश, मानसिक परिपक्वता, और गम्भीर पुस्तकों का अध्ययन मेरे अन्दर एक नई भावभूमि का सृजन कर रहा था; जिसकी पहली पहचान 'कल्पना' में प्रकाशित हुई कहानी 'पूर्ति' थी, जिसमें मैंने अपने हल्के-फुल्के नाम 'उषा' के साथ माँ का नाम प्रियंवदा जोड़ लिया था। उषा प्रियंवदा में एक ललक थी; एक लौ थी, लिखने की, और कुछ अच्छा लिखने की। मेरे आसपास के लोग, मेरे वरिष्ठ सलाहकार इससे अधिक की ही अपेक्षा करते थे।

'वापसी' कहानी मैंने इलाहाबाद में ही लिखी। मेरे एक निकट के सम्बन्धी पत्नी और बच्चों से दूर, पूर्व उत्तर प्रान्त में चीनी मिल में इंजीनियर थे; उनकी पत्नी और चार बच्चे दूसरे शहर में रहकर पढ़ते थे, उनका जीवन अलग था; उनके लिए पिता केवल धर्नाजन के साधन थे। अकेले रहते-रहते सम्बन्धी एकदम शुष्क और लड़ाके से हो गए थे—पर माँ पर उनका सहज स्नेह और आदर था और माँ भी उनके एकाकी जीवन को समझतीं और सहानुभूति देतीं। वह अक्सर बच्चों को लेकर अलग शहर में रहनेवाली पत्नी को दोष देतीं, क्योंकि यह बात सही थी कि जहाँ वह रहते थे, उसके आसपास स्कूल भी थे और बाद में तीन कॉलेज भी। यह सम्बन्धी तीन-चार दिन रुककर बच्चों और बीवियों की सूची के अनुसार ख़रीदारी करते : और हर चीज़ घर लाकर हमलोगों को दिखाते और अपनी पसन्द का अनुमोदन चाहते। फिर वह जाकर महीने-डेढ़ महीने परिवार के साथ रहते और फिर अपनी चीनी मिल की नौकरी पर वापस। फिर एक दिन ख़बर आई कि उनका देहान्त हो गया है। यह सुनकर घर भर उदास हो गया, माँ काफ़ी दिनों तक रोती रहीं क्योंकि उनके वह निकट के सम्बन्धी थे।

'वापसी' के पीछे इन्हीं सम्बन्धी की ठोस छबि और जीवन था—यह बात मेरी समझ में बहुत बाद में आई कि कदाचित बच्चों को लेकर दूर चले जाने का कारण पति-पत्नी के मन का मिलाप न हो पाना भी सम्भव था। परन्तु कहानी लिखते समय मेरे मन में एक प्राणी का अकेलापन और परिवार में अपनी उचित जगह न पाने की पीड़ा ही थी, पर उसमें कल्पना और स्मृति का ऐसा मिश्रण था कि कोई भी उन्हें पहचान न सका। मेरी अन्तर्दृष्टि, संवेदनशीलता और बाह्य जगत गजाधर बाबू के चरित्र में इतने घुलमिल

गए थे कि वह मेरे सम्बन्धी न रहकर एक नए, अपने में ही सम्पूर्ण प्राणी बन गए थे। कहानी के घटनाक्रम और सम्बन्धी के जीवन में कोई भी साम्य न था; मेरी कल्पना और सृजनशीलता ने एक परिचित व्यक्ति की छाया का आभास मात्र लेकर 'वापसी' के गजाधर बाबू को जन्म दिया।

'वापसी' जब तक 'नई कहानियाँ' में प्रकाशित हुई और नई कहानी उद्घोषित हुई, मैं फ़ुलब्राइट स्कॉलर प्रोग्राम के अन्तर्गत अमेरिका के लिए चल पड़ी थी। मेरे सामने कई विकल्प थे, इलाहाबाद में रहती रहूँ; पूरी-पूरी तरह से हिन्दी-लेखिका बनकर। हिन्दी के तमाम कवि और लेखक केवल अपनी लेखनी के बूते ही जीवन-यापन कर रहे थे; पर उनका दिन-प्रतिदिन का जीवन एक संघर्ष था; मैं जीवन में कभी भी बिना अपनी छत या दाना-पानी के नहीं रहना चाहती थी; मुझे अपने पर इतना आत्मविश्वास न था कि मैं केवल कहानी-उपन्यास लिखकर ही निर्वाह कर सकूँगी। विवाह एक विकल्प था, परन्तु तय किया हुआ विवाह मुझे ग्राह्य नहीं था, और मेरे जीवन में कोई भी ऐसा प्राणी न था जिसके साथ मैं पूरी ज़िन्दगी बिताने का क़दम उठाती—इसलिए इस विकल्प को मैंने गम्भीरतापूर्वक नहीं लिया। मेरे अमेरिका जाकर आगे पढ़ने के निर्णय से परिवार में कोई भी प्रसन्न नहीं था; परन्तु पहली बार बड़ों की पसन्द-नापसन्दगी की परवाह न कर मैंने एकदम दूर देश में एकदम अकेले जाकर रहने और पढ़ने का निर्णय ले लिया। शायद यह मेरी ज़िन्दगी का पहला और अहम निर्णय था जो मैंने नितान्त अपने लिए लिया। मैंने अपने को स्वार्थी या पलायनवादी न समझकर अपने व्यक्तित्व को और समृद्ध करके अपने बौद्धिक विकास के लिए लिया। मेरे सामने रघुपति सहाय 'फ़िराक' और हरिवंशराय 'बच्चन' के उदाहरण थे, जो अँगरेज़ी विभाग में पढ़ाते हुए उर्दू और हिन्दी में कविताएँ लिख रहे थे। कुछ ऐसी ही रूप-रेखा मेरे मन में भी थी; और आधी ज़िन्दगी विदेश में 'अँगरेज़ी' के बीच रहते हुए मेरे मन में हिन्दी में लिखना त्यागकर किसी और भाषा में चलताऊ चीज़ें लिखने का विचार भी नहीं आया।

मेरे भारत छोड़ने के बाद 'ज़िन्दगी और गुलाब के फूल' ज्ञानपीठ से, 'पचपन खम्भे, लाल दीवारें', राजकमल से और प्रारम्भिक कहानियों का संग्रह 'फिर वसन्त आया' सरिता प्रेस से एक ही वर्ष में प्रकाशित हुए—पर मुझे दूर देश में पाठकों और समीक्षकों की प्रतिक्रियाओं की एक हिलोर तक नहीं पहुँच पाई। मैं इंडियाना विश्वविद्यालय में अमरीकन साहित्य पढ़ रही थी; छात्रावास में रहना; नए-नए विषय और नई-नई किताबें पढ़ना, देश-विदेश के विद्यार्थियों के बीच रहना; सबकुछ नया था, उत्तेजक, रोचक। मैं पिंजरे से मुक्त हुए पक्षी की तरह पंख पसारकर खुले आकाश में थी, न कोई बन्धन, न प्रतिबन्ध। जो थे भी, वह अपने आप अपने पर लगाए हुए, कि पढ़ाई और परीक्षा में स्तर ऊँचा रहे; कि चलते वक़्त दादा के आदेश का मान रखूँ। उन्होंने कहा था, "तुम सदैव याद रखना कि तुम भारत की सन्तान हो—"हमेशा अपना सर अभिमान से ऊँचा रखना, और कभी ऐसा न करना कि तुम्हारे देश को तुम पर लज्जा हो, तुम भारत की अनौपचारिक राजदूत हो...।" और सरल हृदया माँ ने बिदा देते हुए कहा, "देखो, अपने लम्बे बाल हरगिज न कटाना, और सिगरेट वग़ैरह के चक्कर में न पड़ जाना...।" शायद उनके मन में विदेश में जाकर बिगड़ गई स्त्री की यही छबि थी।

कथायात्रा में एक निश्चित मोड़ 'एक और विदाई', 'वनवास' आदि कहानियों से आया—यह अमेरिका में मेरे पहले वर्ष, नए अनुभव और नई हताशाओं के बीच लिखी गई थीं। उसके बाद की कहानियाँ भावस्थल पर दुरूह और उलझी हुई जान पड़ती हैं, क्योंकि दिन-प्रतिदिन मेरे अनुभवों में वृद्धि हो रही थी; मेरे जीवन में तरह-तरह के विकल्प आ रहे थे और निर्णय लेना केवल मेरे ऊपर निर्भर था। क्या अपने निजी सुख और सन्तुष्टि के लिए मैं एक अनिश्चित भविष्य, अनजाने मार्ग पर चलती रहूँ या फिर दो साल पढ़कर वापस लौट जाऊँ, इलाहाबाद विश्वविद्यालय में अँगरेजी विभाग की प्रवक्ता बनी रहूँ—हिन्दी में लिखती रहूँ, यद्यपि उससे मुझे कोई अपेक्षा नहीं थी, न यश की, न धन की। उस समय कोई भी निर्णय लेना इतना सीधा-सादा या सपाट नहीं था।

'पचपन खम्भे...' में मैंने सुषमा को सुरक्षित विकल्प चुनते हुए चित्रित किया था। वह ज़िम्मेदारियाँ और सामाजिक दबावों से इतनी असहाय हो गई थी कि उसने अपने प्रेम और निजी परिपूर्णता को ठुकरा दिया। परन्तु कथा और जीवन में अन्तर होता है; जब मेरे जीवन में एक ऐसा व्यक्ति आया जो मुझसे बिलकुल भिन्न था, रूप, रंग, भाषा, देश; तब सुषमा की तरह मैंने उसे लौटाया नहीं। उसी वर्ष विसकांसिन विश्वविद्यालय ने मुझे एक साल की नौकरी का ऑफ़र दिया; और मैंने उसे भी स्वीकार कर लिया। मैडीसन में नए मित्र; नया जीवन, नई-नई चुनौतियों के बीच मैं इतनी रम गई कि मेरा लेखन पक्ष कहीं बहुत नीचे दब गया। कभी-कभी मुझे लिखने की हुड़क या उमंग उठती, और छिटपुट कहानियाँ लिखी भी गईं—पर प्रेरणा का प्रवाह धीरे-धीरे गतिमन्द होता-होता चुक ही गया। अँगरेज़ी के एक वरिष्ठ लेखक रेंगस विल्सन ने मुझसे किसी सन्दर्भ में कहा, "पहला उपन्यास लिखना हरेक के लिए संभव भी है और आसान भी। परन्तु दूसरा, तीसरा और चौथा; एक के बाद एक और कठिन होता जाता है, और उसी से सही लेखक और सृजनकर्ता की पहचान बनती है... ।"

यह बात मेरे मन में अटकी रही—कभी-कभी मैं सोचती कि शायद जो कुछ तब तक लिखा है, उसी से 'उषा प्रियंवदा' के लेखन की इति हो जाएगी। अमेरिका में प्राध्यापन करना मेरे लिए प्रारम्भ में बहुत दुष्कर कार्य था। मेरी अब तक की पढ़ाई और शोध अँगरेज़ी और अमरीकी साहित्य पर था, परन्तु मैडीसन में 'इंडियन स्टडी' विभाग में मुझे भारतीय साहित्य पढ़ाने का भार मिला, जिसका फ़ोकस पश्चिमी और भारतीय साहित्य का परस्पर प्रभाव—न पुस्तकालय में किताबें थीं, न किसी की सहायता या निर्देश। मैंने पूरे कोर्स की रूप-रेखा तैयार की और पढ़ाना शुरू कर दिया। विभाग में दो-तीन विद्यार्थी उच्च स्तर की हिन्दी पढ़ना चाहते थे तो वह कार्य भी मुझे ही मिला। मुझे प्रायः एक-एक क्लास पढ़ाने के लिए दस-दस घंटे की तैयारी करनी पड़ती थी, हिन्दी व्याकरण की जितनी पुस्तकें उपलब्ध थीं, उनका नियमित रूप से पारायण हुआ। अपनी भाषा बोलना और विदेशियों को तार्किक रूप से पढ़ाना कितना जटिल है, इसका मुझे दिन-प्रतिदिन अनुभव हो रहा था। इसके साथ-साथ नई सभ्यता और संस्कृति; नए आचार-विचार—नए प्रकार से गृहस्थी चलाना, यद्यपि भारत में भी मैंने कभी न गृहस्थी चलाई थी, न कभी रसोई में झाँका ही था, यह भी मेरे लिए दुष्कर हो रहा था, उस समय नगर में गिने-चुने ही भारतीय परिवार थे और केवल मैं ही विश्वविद्यालय से सम्बन्धित—जितने भारतीय अतिथि आते, सबका सत्कार भार मेरे ही ऊपर; कुछ तो मेरा सादा भोजन ही प्रसन्न मन खा लेते थे, जैसे स्वामी चिन्मयानन्द; जिनकी महत्ता के बारे में मुझे

तब कोई भी जानकारी न थी। आलू, पूरी और अंगूर खाकर वह सन्तुष्ट हो गए थे; और मुझे भारत में आकर अवश्य मिलने का आग्रह भी किया था। कुछ लोग ऐसे भी थे जिन्होंने भारत आकर माँ को उलाहना दिया—आपने लड़की को पढ़ा-लिखाकर इतना क़ाबिल बनाया पर खाना बनाना नहीं सिखाया।

इन सबके बीच बेचारी लेखिका एकदम दब ही गई। उसका अस्तित्व धीरे-धीरे धूमिल होता गया। मैं जब-तब अपने को सान्त्वना देने के लिए रवीन्द्रनाथ ठाकुर के शब्द दोहरा लेती थी, "साहित्य से अधिक जीवन महत्त्वपूर्ण है" और जीवन, नए अनुभव, नए देशों का भ्रमण यह सब मैं अपनी झोली में समेटे जा रही थी।

यह बात अलग है और जो मैंने बहुत बाद में गहराई से महसूस की कि भारत से दूर रह जाने का निर्णय ग़लत था; मैं उस निर्णय और उससे जन्मी परिस्थितियों को कभी पूर्ण रूप से आत्मसात् न कर सकी—भारत में मेरी जड़ें इतनी गहरी होंगी, अपनी मातृभाषा से इतना अधिक लगाव होगा, यह मैं प्रारम्भ में न समझ सकी थी; कि मैं कितनी क्षत-विक्षत हो जाऊँगी; प्यार-दुलार के बीच भी मेरे अस्तित्व का एक भाग सदा अकेला और घायल रहेगा। दिल्ली की परिचित सड़कों से गुज़रते हुए मुझे बहुत अजीब-अजीब सा लगता है, जैसे हर चीज़ से जुड़कर भी मैं अजनबी हूँ, क्योंकि मैं कभी पूर्ण रूप से लौट नहीं सकती। जी हुई ज़िन्दगी ने मुझे बदला है और वह परिवर्तन कभी मिट नहीं सकता। इसलिए अमेरिका में रहते हुए हिन्दी में लिखना; यह यहाँ के लोगों को अटपटा सा लगता है। प्रायः लोग पूछते हैं, अनुवाद किए हैं ? अँगरेज़ी में क्यों नहीं लिखतीं ? मेरे पढ़नेवाले हिन्दी भाषी हैं; हिन्दी मेरी भाषा है; मेरा जन्म भारत में हुआ है, यह सब उत्तर देते समय मेरा मन बहुत गर्व और सन्तोष से भर उठता है। जब एक हितैषी ने मुझे पत्र में लिखा, तुम्हारे नए जीवन, नई नौकरी में उषा प्रियंवदा कहाँ है ? तो मैंने उन्हें लिखा "शायद उषा प्रियंवदा मर गई है...।"

'उषा प्रियंवदा' के पुनर्जन्म में पूरा-पूरा श्रेय स्नेहिल बन्धु धर्मवीर भारती को मैं देती हूँ—जिन्होंने मुहावरे के अनुसार कान पकड़कर 'रुकोगी नहीं—राधिका' उपन्यास लिखने को बाध्य कर दिया। पुष्पा भारती से मेरा परिचय इलाहाबाद में छात्रावास से था, उन्हीं के माध्यम से भारतीजी से परिचय हुआ और निकटता बढ़ी। वैसे वह इलाहाबाद की छात्राओं में 'गुनाहों के देवता' के लेखक के रूप में प्रख्यात थे। अब वह 'धर्मयुग' के सम्पादक थे। मेरे मन में उनके लेखन, सम्पादकीय क्षमता और व्यक्तित्व के प्रति सहज रूप से आदर था। अमेरिका से मैं पहली बार जब भारत लौटी और बम्बई में उनसे भेंट हुई तो उन्होंने स्वाभाविक रूप से पूछा, "क्या कुछ नया लिख रही हैं ?" तो मैंने बिना सोचे-विचारे, झट से कह दिया, "एक उपन्यास।"

भारतीजी ने अपनी विशिष्ट मुस्कान के साथ कहा, "तो जल्दी ही समाप्त कीजिए—हम उसे 'धर्मयुग' में छापेंगे। मैं चुप। उन्होंने कहा, "तो यह वादा रहा—आप दुबारा जब बम्बई आएँगी तो उपन्यास पूरा करके हमें देंगी...।"

उन दिनों दादा पूर्वी पटेलनगर में रहते थे; चुनाव में हार जाने के कारण उन्हें फ़ीरोज़शाह रोड का संसद सदस्यों का उपलब्ध घर छोड़ देना पड़ा था। वह अधिकतर समय पूर्वी उत्तर प्रदेश में ही बिताते और दिल्ली कम ही आते क्योंकि वह महराजगंज में एक कॉलेज की स्थापना में व्यस्त थे। पटेलनगर में दो कमरे, बैठक और रसोई थी। आने-जानेवाले बैठक

में रहते। पटेलनगर बहुत ही भीड़भरा, शोरगुलवाला मोहल्ला था। घर में आने-जानेवालों का ताँता लगा रहता था। कुछ सम्बन्धी विशेष तौर से मुझसे मिलने आते थे—कुछ अपने काम से, मुक़दमेबाज़ी, अस्पताल में उपचार, कुछ पढ़नेवाले लड़के भी सप्ताहान्त में घर आ जाते। मुझे लौटकर अच्छा लग रहा था। घर-गृहस्थी चलाने का भार सिर पर नहीं था। कुछ न लिखने का टेंशन दिन-रात था। पर किसी जगह स्थिर बैठकर सुसंगठित रूप से लिखना बहुत दुरूह लग रहा था। मुझे अपने विश्वविद्यालय से अन्वेषण के लिए जो अनुदान मिला था, उसमें काफ़ी समय चला जाता। साथ ही हिन्दी की मध्यमा पुस्तक भी तैयार करनी थी, व्याकरणिक टिप्पणी के साथ !

जब मेरे विभागाध्यक्ष भारत आए और मिलने पर पूछा कि शोधकार्य की क्या प्रगति है तो मैंने सटाक से उत्तर दिया कि मैं एक उपन्यास लिख रही हूँ और उसके 'धर्मयुग' में प्रकाशित होने की बात चल रही है।

मेरे उत्तर से वह सन्तुष्ट दिखे।

इस बीच भारतीजी के संक्षिप्त पत्र आते रहे, उपन्यास की प्रगति के बारे में।

उपन्यास के नाम पर सब शून्य।

वह शायद फ़रवरी रही होगी, हवा में अभी ठंड थी और धूप प्यारी लगती थी। पटेलनगर के आसपास धूल भरे पेड़ों में लाल और पीली कलियाँ फूटने लगीं; सामने के पार्क में कुत्तों और बच्चों का कोलाहल ज़ोर पकड़ने लगा। एक दिन मैंने तिमंज़िले की खुली छत पर, बरसाती में पड़ी खाट को खींचकर आधी धूप में कर लिया, और उसी पर बैठ मैंने लिखना शुरू कर दिया। मेरे मन में कोई पूर्व नियोजित कथानक नहीं था; केवल एक चरित्र की छबि थी; जो देश और परदेश दोनों ही जगह अपने को विस्थापित पाती है; उस चरित्र का सही नाम खोजने में मुझे बहुत समय लगा, पर 'राधिका' नाम मन में आते ही जैसे उसका पूरा चरित्र उजागर हो गया। फिर एक के बाद सारे पात्र सहज और अनायास रूप से जन्मते गए और उपन्यास बढ़ने लगा। अब लगता है कि राधिका के जीवन और लेखिका की स्थिति में कोई साम्य न होते हुए भी राधिका की अकुलाहट मेरी ही छटपटाहट थी। राधिका के अपने को पुराने परिवेश में दुबारा ढाल लेने के सारे प्रयत्न मेरे अपने थे। जहाँ राधिका अपने रूठे हुए पिता को सन्तुष्ट करने की विफल चेष्टा में रत थी, वैसे ही शायद मैं अपनी भग्नहृदया माँ और परिवार को यह आश्वासन देना चाह रही थी कि मैं, भले ही आँखों से दूर समन्दरों पार रहूँ—अपनी भावनाओं, रात को अपने सपनों में, पत्रों में, हर परिस्थिति में अब भी वहीं हूँ; दूरी केवल भौगोलिक है, मानसिक या भावात्मक नहीं।

यदि यह उपन्यास इतनी जल्दी और एक 'डेडलाइन' में न लिखा गया होता तो मुझे मनीश और राधिका के बीच कहीं सूक्ष्म और मौन स्तर पर पारस्परिक आकर्षण को उभारने का अवसर मिलता, उसी तरह राधिका के पिता और विद्या की पारस्परिक दूरी भी दिखाई देती; पर मैं यह उपन्यास अमेरिका से लौटने से पहले पूरा कर लेना चाहती थी, और उस रौ और प्रवाह में मुझे उसे तराशने का समय नहीं मिला।

'रुकोगी नहीं राधिका' का आकस्मिक अन्त शायद 'पचपन खम्भे' के पाठकों को रुचा नहीं। एक सहज अनुमान था कि राधिका अब पिता के साथ रहेगी; और स्थिति और दोनों के सम्बन्ध सामान्य और बहुत कुछ पहले जैसे हो जाएँगे।

परन्तु राधिका एक आकस्मिक निर्णय ले लेती है; उसे एक अनुच्चरित स्तर पर यह अनुभव हो गया है कि पापा और उसके बीच कभी भी पुराना अपनत्व नहीं लौटेगा। विद्या की आत्महत्या से उसे लगता है कि पापा किसी को भी सुख देने या खुश करने में असफल रहे हैं। राधिका की यात्रा एक नदी का प्रवाह है, उसे आगे ही जाना है; वह मनीश के साथ के रिश्ते को, जो प्रत्यक्ष नहीं है, पर अन्तर में दोनों के बीच एक अनकहा रागात्मक जुड़ाव अवश्य है, गहराई में खोजना चाहती है; क्योंकि वह सुषमा नहीं है; त्याग, बलिदान और स्वयं की अवहेलना उसे स्वीकार नहीं। वह अपना भविष्य स्वयं गढ़ना चाहती है, भले ही आगे जाकर उसे ठोकर खानी पड़े—यह सब सूत्र थे जिन्हें आगे जाकर, अधिक उकेरने की सम्भावना थी पर समयाभाव से यह न हो सका। मैंने जब भारतीजी को अपनी बेतरतीबवार हस्तलिखित प्रति ले जाकर दी, उस दिन उनका चश्मा टूट गया था। अगले दिन उन्होंने फ़ोन करके कहा, "आप जब चाय के लिए आएँ तो दो 'बफ़रिन' लेती आइएगा..." यानी उन्होंने पूरा उपन्यास बिना चश्मे के पढ़ा, जिससे उन्हें सिर दर्द हो गया।

शाम को जब मैं उनके घर गई तो उन्होंने कहा, "हम इसे छापेंगे। इसका शीर्षक...?"

धर्मयुग में अभी 'रुकोगी नहीं राधिका' के दो ही खंड छपे थे कि मेरे जाने का समय आ गया। प्रति सप्ताह पाठकों की प्रतिक्रिया से मैं एक बार फिर वंचित रही, पर भारतीजी द्वारा पता चला कि हड़बड़ी और घसीटरूप से लिखे जाने पर भी उपन्यास प्रिय हुआ।

इस सबका परिणाम यह हुआ कि मेरी सुप्त और निष्क्रिय लेखनी एक बार फिर जागरूक होकर पटरी पर आ गई—अमरीकी जीवन की व्यस्तताएँ, विश्वविद्यालय की उठापटक राजनीति, मौलिक अन्वेषण, आलेखों और समीक्षा पर अधिकाधिक ज़ोर और जीवन के उतार-चढ़ाव भी उसके वेग और रफ़्तार को न रोक सके। जब मैं गल्प नहीं लिखती थी तब डायरी और रोज़नामचे लिखती थी : कभी-कभी कविताएँ भी। पच्चीस वर्ष की डायरियाँ और 'जर्नल' एक बक्से में सुरक्षित हैं और उन्हें प्रकाशित कराने का मेरा कोई इरादा नहीं है, क्योंकि उनकी पंक्ति-पंक्ति में मेरा निजत्व बिखरा हुआ है; मेरे भीतर का मवाद, मेरी असफलताएँ, मेरी दुर्बलताएँ और ज़िन्दगी के उतार-चढ़ाव बहुत खुले और बेबाक़पन से दर्ज हैं। साथ ही साथ बाह्य जगत का भी अतिक्रमण, मई में कब बाग़ में बीज डाले; कब किस पौधे में पहली कली फूटी; कब पहला तुषार पड़ा; साथ ही साथ अपने स्वप्नों का वर्णन, उनमें कोई तारतम्य ढूँढ़ना; मेरे अवचेतन में मेरी 'ड्रीम मशीन' क्या गढ़ रही है, इस पर ध्यान देना।

यह भी लेखन की एक अभिन्न प्रक्रिया है; चाहे दो पंक्तियाँ हों या कई पृष्ठ और इस प्रक्रिया के कारण मेरा अपने से परिचय और पहचान बनी हुई है, और मैं अपने व्यक्तिगत जीवन को 'उषा प्रियंवदा' के लेखन से विभाजित कर सकी हूँ।

बहुत से पाठक-पाठिकाएँ, मेरी रचनाओं का परिवेश विदेश में होने के कारण उन्हें आत्मकथात्मक समझने लगते हैं, पर ऐसा है नहीं। मैं वही लिखती हूँ जिससे मैं परिचित हूँ—यानी भारत और विदेश का परिवेश। मेरे चारों ओर की घटनाएँ, लोग, उनके जीवन की उलझनें और समस्याएँ हर समय मेरी सृजनता को प्रभावित करती रहती हैं; उन सबके सम्मिश्रण से पात्र एक आकार लेकर मानस को ऐसा जकड़ लेते हैं कि उन्हें नाम, मानव प्रवृत्तियाँ देकर, विभिन्न घटनाओं को पिरोकर एक कहानी अपने आप बन जाती है, बस,

उसे लिखने का काम मेरा होता है। मैं अपने प्रति अन्याय करूँगी यदि मैं किसी-किसी कहानी या घटना में अनायास उतर आए 'स्व' को नकारूँगी। जैसे 'शून्य' में राहुल का अपराध-बोध और पिता की मृत्यु पर विघटन, जो मैंने अपनी माँ की मृत्यु के बाद लिखी थी।

यद्यपि यह सम्पूर्ण कहानियों का संकलन है, मुझे लगता है कि मेरी कथायात्रा अभी समाप्त नहीं हुई है। मेरे अन्दर अभी भी तमाम चरित्र, घटनाएँ, अनुभव शब्दों में अभिव्यक्ति पाने के लिए आतुर हैं। पर आगे क्या लिखा जाएगा, यह तो मेरे अन्दर की अदृश्य सृजनकर्त्री के हाथों में है जिसके आगे मैं बेबस हूँ।

19 जनवरी, 2003

**–उषा प्रियंवदा**

# अनुक्रम

# सम्पूर्ण कहानियाँ

# प्रश्न और उत्तर

मैं कोने में मुँह फुलाए बैठी हूँ। हाँऽ आँऽ, नहीं तो। बस हर वक़्त सबकी डाँट खाते रहो। कहीं साथ जाने को कहो तो सब झिड़क देंगे, तू क्या करेगी, बड़े लोगों के बीच न बोला कर, हम जो सिनेमा देखने जा रहे हैं वह तुम्हारी समझ में नहीं आएगा। क्यों नहीं आएगा ? सातवीं क्लास में फर्स्ट आई हूँ। अँगरेज़ी में सबसे ज़्यादा नम्बर मिले हैं। न मानो तो बुआ से पूछ लो। क्यों बुआ, ठीक कह रही हूँ न ? हमारी क्लास टीचर मिसेज़ मालवी ने नहीं कहा था कि तुम्हारी लता पढ़ने में बड़ी तेज़ है और क्लास की सबसे अच्छी लड़की है। अब भला बुआ क्यों सुनेंगी ? बस केशी भैया से बातें किए जाएँगी। बाप रे ! इन दोनों की बातें कभी ख़तम भी होंगी ? मैं ज़रा-सी भी बोलूँ तो सारा घर चिल्लाने लगेगा, पर खुद हैं कि आधी-आधी रात तक छत पर बैठी केशी भैया से बातें करती रहेंगी। थकती भी तो नहीं। सुबह उठेंगी तो ऐसी प्यारी-प्यारी लगेंगी जैसे जूही के फूल। सच, इन बुआ पर कभी-कभी बड़ा गुस्सा आता है, पर जहाँ वह मुस्कराकर देखेंगी तो मेरा गुस्सा जाने कहाँ उड़ जाएगा। वह बाँहें फैला देंगी और मैं दौड़कर उनसे लिपट जाऊँगी। कैसा नरम-नरम शरीर है बुआ का ! कितनी प्यारी महक आती है उससे। कल चुराकर उनका साबुन लगा लिया था, फिर उन्हीं का टेलकम पाउडर। केशी भैया की चाय लेकर गई तो उन्होंने ज़रा सा हँसकर कहा, लता, 'तुझसे तो आज बड़ी पहचानी सी सुगन्ध आ रही है।' और मैं खुश हो गई। उनसे वचन लिया कि वह बुआ को नहीं बताएँगे और तब उनसे कह दिया कि आज मैं निशी बुआ के साबुन से नहाई हूँ। केशी भैया ऐसे देखते हैं तो बड़े अच्छे लगते हैं। केशी भैया कुछ भी कहेंगे तो बहुत मन्द स्वर में, बेमतलब बातें पूछने पर झुँझलाएँगे नहीं। उसी दिन बन्नो बुआ हाथ मटकाकर कह रही थीं कि कहीं तस्वीर बनाकर किसी की ज़िन्दगी गुज़री है। कहीं काम-धाम करें। ठिकाने से लगें। मँझली भाभी तुम अपने भैया से कहती क्यों नहीं कि कुछ करें ? मँझली चाची ने तड़ाक से कहा, 'मेरे भाई की फिकर में तुम दुबली न हो, बन्नो बीबी ! तुम अपनी आक़बत बनाने में जुटी रहो।'

मैंने देखा कि बन्नो बुआ तिलमिलाकर रह गईं। बन्नो बुआ हमारे घर बहुत दिनों से हैं। सुनते हैं फूफा ने उन्हें छोड़ दिया है। अम्मा कहती हैं कि फूफा विलायत गए थे, वहीं से मेम ले आए और इन्हें मायके पटक दिया। क्या करते बेचारे, इनकी ज़बान से परेशान थे। मैं सोचती हूँ कि क्या पिताजी ने भी माँ को छोड़ दिया है ? वह भी तो बाहर रहते हैं और बहुत-बहुत दिनों में आते हैं। रात को मैं माँ के पास सोती हूँ। उस रात देर तक माँ के चेहरे को देखती रही। माँ गोरी हैं और उनका चेहरा भी लम्बा है, पर केशी भैया से भिन्न।

माँ कम बोलती हैं। इस घर की वह सबसे बड़ी बहू हैं। चाबी का गुच्छा दादी के पास रहता है, पर देखभाल माँ करती हैं। क्या तुम्हें भी पिताजी ने छोड़ दिया है ? मैं माँ से पूछना चाहती हूँ। पर साहस नहीं होता। माँ हर वक़्त झुँझलाई-सी रहती हैं। मैं तो डरती ही रहती हूँ जाने कब डाँट पड़ जाए। इस समय माँ शान्त हैं। मैं उनसे चिपटने लगती हूँ, पर माँ अनायास ही मुझे दूर हटा देती हैं। कहाँ चिपटी आ रही है लता, दूर हट, कोई बच्चा तो रही नहीं है तू।

मुझे बुरा लग जाता है। "हाँ आँऽऽ बन्नो बुआ उन मुट्टली बहनजी को अपने पास सुला सकती हैं पर तुम मुझे..."

तड़ से अम्मा का चाँटा मेरे गाल पर लगा। मैं मुँह खोले और आँख फाड़े उन्हें देखती रह गई। "फिर कभी ऐसी बात की तो मुँह कुचल दूँगी।" अम्मा दाँत पीसकर कहती हैं और मार खाने से बचने के लिए मैं कूदकर उनके पास से उतरी और बाहर भाग गई। बर्तन मलती रज्जो मुझे देखकर खिहि-खिहि हँसती है। दुष्ट कहीं की। दरवाज़े की ओट खड़ी हो मुझसे गन्दी-गन्दी बातें करती है।

मैं सीधी धड़धड़ाती हुई चौमंज़िले की छत पर चली जाती हूँ। मुझे पता है कि निशी बुआ वहीं होंगी। अँधेरी और घुमावदार सीढ़ियाँ चढ़ते हुए मुझे इस समय तनिक भी डर नहीं लगता। बुआ और केशी भैया दीवार के सहारे बैठे हैं, पास-पास। मैं जाकर धम् से बुआ के पास बैठ जाती हूँ।

"क्यों? क्या हुआ ? बुआ का कंठ रुआँसा है।

मैं शिकायत करती हूँ। बुआ के ओठ गीले-गीले-से हैं। ढीले बाल उनके माथे और गालों पर झूल रहे हैं। मैं उनके कन्धे पर सिर टिकाकर आँखें मूँद लेती हूँ। यहाँ बैठकर लगता है कि हमलोग तारों के कितने करीब़ हैं। घरवालों की किचकिच से अलग। नीचे की तीन मंज़िलों में दादी, तीन चाचा और उनका परिवार है। हर समय लड़नेवाली बन्नो बुआ और उनकी अभिन्न सहेली सिलाई स्कूल की मास्टरनी। इस छत पर कोई नहीं आता। तीसरी मंज़िल का हिस्सा मँझली चाची के पास है और घर में किसी को फ़ुरसत नहीं है कि इतनी ढेर सीढ़ियाँ चढ़कर ऊपर आए। शायद बुआ समझती हैं कि मैं सो गई। वह बड़ी अनुनय से कहती हैं, "अभी न जाओ केशी। गर्मी की छुट्टी में चले जाना। तुम्हारे ही आसरे तो मैं यहाँ रह रही हूँ।"

मैं अधखुली आँखों से देखती हूँ, केशी भैया ने बुआ का हाथ लेकर अपनी आँखों से छुलाया है। उन्हें इस समय कैसा लगा होगा ? मैं बुआ का दूसरा हाथ लेकर अपने होंठों पर रख लेती हूँ, बिलकुल केशी भैया की तरह, और वह दोनों खिलखिला कर हँस पड़े। मैं शरमा गई। फिर भी बुआ की पसीजी हुई हथेली पकड़े ही रही। बुआ ने अपना हाथ खींच लिया।

आसमान में आधा चाँद है, हवा में हल्की सी ठंड...बुआ का चेहरा उस समय केशी भैया की पेंटिंग सा लगता है। बुआ मुझे लेकर नीचे उतर आईं और अपने पास लेटा लिया। मुझे बड़ा अच्छा लग रहा है। दीवार पर केशी भैया की बड़ी सी पेंटिंग है। बुआ उसी को देख रही हैं। इस समय उनकी आँखों में बड़ा अजीब-सा पिघलता हुआ-सा भाव है, और चेहरे पर बड़ी कोमलता। अनायास ही वह मुझे कैसी पकड़ में ले, भींच लेती हैं।

"तू गर्मी में मेरे साथ चलेगी लता ? मैं तुझे पहाड़ पर ले जाऊँगी। रानीखेत चलेगी

ना ?'' मैं बिना उत्तर दिए उन्हें देखती रहती हूँ। अजीब हैं ये सब बड़े लोग। बिना बात माँ झिड़क देंगी और बिना बात निशी बुआ अन्धाधुन्ध प्यार करेंगी। मैं उनके वक्ष में मुँह छिपा लेती हूँ, बुआ की अपनी भीनी सुगन्ध, बुआ की स्निग्ध उष्णता में डूबे हुए मुझे यह ख़याल आता है, कभी मैं भी बड़ी होऊँगी, इन्हीं की तरह, और मेरे नन्हा-मुन्ना बच्चा होगा, छोटी चाची की तरह, उसे...धत् यह क्या सोचने लगी मैं ? अभी तो मैं छोटी हूँ, छोटी ! छोटी। हालाँकि बन्नो बुआ ने मुझे उसी दिन डाँट दिया था। 'फ्रॉक के बटन क्यों नहीं बन्द करती लता ? बड़ी हो गई, शऊर नहीं आया।'

''क्या करूँ बुआ–न जाने क्यों आगे के दो बटन बन्द ही नहीं होते।'' मैंने कहा।

छोटी चाची हँस दी और बन्नो बुआ ने माँ से कहा, ''अब इसे सलवार-कमीज़ पहनाया करो भाभी। बारह साल की तो हो गई लड़की, पर अकल ज़रा भी नहीं आई।'' सोचा कहूँ कि सातवीं में फ़र्स्ट आई हूँ, फिर टाल गई। कौन इनके मुँह लगे। कूदती-फाँदती ऊपर चली गई और केशी भैया से सटकर बैठ गई। ''क्यों केशी भैया, एक बात बताएँगे मैं बड़ी हूँ कि छोटी ?''

''तू न बड़ी है न छोटी। तू बस लता है।'' कहकर केशी भैया ने मेरे गाल पर लाल रंग लगा दिया। केशी भैया का कमरा मुझे अच्छा लगता है। रंगों की महक, गन्दुमी दीवार के सहारे टिके कैनवस। मैं बैठी-बैठी उन्हें देखती रही। फिर मैंने पूछा, ''अच्छा केशी भैया, आप नी बू को प्यार करते हैं ?'' मुझे जब बुआ पर लाड़ आता है तो उन्हें नी बू कहती हूँ। नी से निशा और बू से बुआ।

केशी भैया वैसे ही झुके हुए पेंटिंग नाइफ से रंग लगाते रहे। फिर उन्होंने पूछा, ''तुम लता क्या अपनी नी बू को प्यार नहीं करतीं ? जैसे सारे फूल सूरज को प्यार करते हैं वैसे ही हम सभी निशा को प्यार करते हैं।''

''कहाँ ?'' मैंने पैर फैलाते हुए कहा, ''बन्नो बुआ तो प्यार नहीं करतीं, न उनकी सहेली मिसेज़ माथुर, न महरी की लड़की रज़िया–बन्नो बुआ तो हरदम उनकी बुराई करती रहती हैं। वो मिसेज़ माथुर कह रही थीं कि केशी निशा को प्यार करते हैं।''

केशी भैया ने मुड़कर मेरे दूसरे गाल पर भी रंग लगा दिया और कहा, ''वे सब बेवकूफ हैं।''

बन्नो बुआ बेवकूफ हैं, यह सुनकर मुझे बड़ी खुशी हुई। हाँऽ जाने क्या समझती हैं अपने को। निशी बुआ तो हर समय जीजी-जीजी किया करती हैं और बन्नो बुआ सीधे मुँह बोलती नहीं। जुलाई में जब पहली बार निशी बुआ हमारे घर आईं तो बन्नो बुआ ने बड़ी नाक-भौं चढ़ाई। निशी बुआ के पिता हमारे बाबा के छोटे भाई थे, परिवार बड़ा और पैसा कम, फिर भी निशी बुआ को पढ़ाने में उन्होंने कमी न की। दादी कहती हैं कि ऐसी सुशील लड़की पूरे खानदान में नहीं है, तभी तो वह निशी बुआ को अपने पास रखने को राजी हो गईं। जब मुझे पता चला कि निशी बुआ मेरे ही स्कूल में नौकरी करेंगी तो मेरी खुशी का ठिकाना न रहा। क्योंकि निशी बुआ ने पहले ही दिन मुझे मोह लिया। निशी बुआ से बड़ी चार बहनों की शादी करने में उनकी कमर टूट गई। बुआ जब बैठकर मिट्टी के बर्तनों को रँगतीं या बेलबूटे बनातीं, तो मैं उन्हें देखकर यह सोचा करती कि मैं उनकी तरह कब हो पाऊँगी। उन्होंने तो आकर हमारी काया ही पलट कर दी। मेरे कपड़े बनाने, बाल सँवारने का सारा

भार अपने ऊपर ले लिया। दादी के लिए ढेर सी धोतियाँ काढ़ीं, पिताजी और चाचाओं के लिए स्वेटर बुने, छुट्टी के दिन रसोई में चली जातीं और कोई न कोई व्यंजन ऐसा बनातीं कि सभी उँगलियाँ चाटते रह जाते।

अभी उस दिन छोटी चाची से उन्होंने कहा कि छपी हुई साड़ी के साथ छींट का ब्लाउज़ नहीं पहनना चाहिए, तो बन्नो बुआ ने मुँह बिचका दिया। निशी बुआ कभी जार्जट या साटन नहीं पहनतीं, हमेशा सूती साड़ियाँ पहनती हैं। जाने क्यों बन्नो बुआ सभी से जला-कुढ़ा करती हैं। ऊपर से छोटी चाची की खुशामद किया करती हैं, छोटे चाचा बड़ी नौकरी पर हैं न, और साथ ही मन में कुद-बुद भी हुआ करती है। एक दिन प्यार से कहने लगीं, ''लता जाके देख तो चाचा-चाची क्या कर रहे हैं।'' और मैंने जब आकर कहा कि उनका दरवाज़ा बन्द है, तो मुँह पर पल्ला देकर हँसने लगीं और बोलीं, ''ज़रा हल्के से किवाड़ में संध करके देख।'' मैं आकर जब बता रही थी तो अम्मा अचानक ही अन्दर से निकलकर मुझे धमाधम कूटने लगीं। मुझे ऐसा धक्का दिया कि मैं नीचे ज़मीन पर गिर पड़ी। सारी कोहनी छिल गई। अम्मा चीख़कर बुआ से बोलीं, 'तुम्हारे हाथ जोड़ती हूँ बीबी, मेरी लड़की को अभी से यह गुण न सिखाओ।' मैं वहीं पड़ी-पड़ी सिसकती रही और सोचती रही कि मैंने ऐसा क्या कहा था कि अम्मा मुझे इस प्रकार मारने लगीं ?

बुआ ने बड़े तीव्र स्वर में कहा, ''मेरा मुँह न खुलवाओ भाभी। तुम ऐसी न होतीं, तो मेरे बड़े भाई परदेस में न पड़े रहते। जैसे मैं कुछ जानती ही नहीं।''

अम्मा का वह प्रचंड रूप अब भी आँखों के सामने है। बन्नो बुआ को झकझोरते हुए उन्होंने कहा, ''फाँसी से नहीं डरती बन्नो बीबी। फिर ऐसी बात सुनी तो इन्हीं हाथों से तुम्हारा गला दबा दूँगी।''

क्या था यह सब ? चाचा के कमरे में झाँकने पर ही इतना बतंगड़ क्यों ? उनके पास देर तक बैठे रहने पर अम्मा कभी नाराज़ नहीं होती थीं। चाची फ्रॉक के कपड़े लाती हैं और चाचा मेरे लिए टॉफी, फिर आज क्यों मारने लगीं। मैं निशी बुआ की ओर चली गई। उन्होंने मेरे आँसू पोंछ दिए। ''तू बन्नो जीजी से न बोला कर लता। क्यों गई थी छोटी भाभी के कमरे में झाँकने...!''

मेरी सिसकियाँ धीरे-धीरे कम होती गईं, पर मुझे बन्नो बुआ ने जिस अन्धकारपूर्ण कूप में ढकेल दिया था उससे मैं उबर न सकी।

केशी भैया ने पूछा, ''क्यों लता, सिगरेट पिएगी ?'' मैं सिसकियों के बीच मुस्करा दी। एक दिन इसी तरह लालच में चुराकर केशी भैया की सिगरेट पीने की कोशिश की थी तो खाँसते-खाँसते दम निकल गया। गले में ऐसा फन्दा-सा लगा कि आँखों में आँसू आ गए। केशी भैया खूब हँसे थे और मेरी पीठ पर खूब धौल लगाए थे।

निशी बुआ इस समय प्यार से मेरे सिर पर हाथ फेरती रहीं। केशी भैया पूरा वृतान्त सुनकर बुआ से अंग्रेजी में बोले, ''लता तो बड़ी हो रही है। मेरी राय में उसे सब कुछ बता देना चाहिए।'' हुँह समझते हैं मुझे अंग्रेजी नहीं आती। सातवीं में फर्स्ट आई हूँ। मैंने उत्सुकता से निशी बुआ की ओर देखा, और पाया कि बुआ कुछ शरमा-सी गईं, फिर उन्होंने अपने सिर को हल्का-सा झटका दिया और बिना कुछ कहे नीचे चली गईं। मैं केशी भैया को अकेले पाकर खुश हो गई। जुलाई में जब से बुआ आई थीं केशी भैया जैसे बेगाने हो गए थे। मुझे

प्यार करते तो थे, पर मुझे हर वक़्त लगता रहता जैसे उन्हें स्पेशल प्यार मिलता है। इस समय मैंने सोचा कि मैं पूछूँ, मुझे क्या सब जानना चाहिए, पर मुझे एकाएक अपने क्लास की लड़कियों की वह अनजानी, संकेतभरी बातें याद आ गईं और मैं चुप रह गई। क्लास में तीन-चार बड़ी लड़कियों का ग्रुप पेड़ की छाँह में बैठकर जाने क्या-क्या बातें करता है। मैं अगर वहाँ पहुँच गई तो सब चुप हो जाएँगी या हँसेंगी और कहेंगी, 'लता तो बिलकुल बेवकूफ है।'

मैं केशी भैया से क्या पूछूँ ? मुझे लग रहा था कि मकड़ी के से असंख्य जालों में मैं घिरती चली जा रही हूँ। और फिर मुझे ऐसा जान पड़ा कि मुझे लेकर अभी जो कांड घटित हुआ है, वह बड़ा ही घिनौना और अघटनीय था और उसे भूल जाना ही अच्छा। पर चाचा...?

उस समय तो भैया पेंट भी नहीं कर रहे थे, तख़्त पर बैठे अपने दो कैनवसों को देख रहे थे, उनमें एक पूरा भी नहीं हुआ था।

"भैया यह क्या बनाया है ?"

"कुछ नहीं। रंगों और रेखाओं द्वारा एक मूड को एक्सप्रैस किया गया है।"

"आप आज ख़ाली क्यों बैठे हैं ?" मैंने पूछा।

"रंगों के ट्यूब ख़तम हो गए हैं।"

"बाज़ार से ले आइए।" मैंने सुझाव दिया।

"पैसे नहीं हैं पगली।" केशी भैया मुस्कराए और मेरी चोटी को झटके देने लगे।

"हाय, हाय।" मैंने बनावटी क्रोध से कहा, पर केशी भैया की स्पेशल मुस्कान देख मैं तुरन्त पिघल गई।

"मेरे पास पाँच रुपए हैं, चाहिए ?" मैंने ऐसे स्वर में कहा, जैसे मेरे रुपए लेकर भैया मुझ पर बड़ी कृपा करेंगे। "ला दूँ रुपए ?" मैंने दोहराया।

"नहीं लता, तुम नायलोन का दुपट्टा ख़रीद लेना। अब जाओ रात हो गई है।"

मैं कूदती-कूदती नीचे उतरी। बन्नो बुआ का दरवाज़ा बन्द था, छोटी चाचा चाची को खाना खिला रही थीं। अम्मा अभी चौके का काम निपटा रही होंगी। बड़े चाचा के कमरे में अँधेरा था, पर मेरे देखते-देखते महरी की लड़की रज्जो वहाँ से निकलकर इधर-उधर देखती बाहर आई, और मुझे देखकर सकपका गई। बड़े चाचा अकेले रहते हैं, बड़ी चाची दो साल हुए मर गई। बड़ी चोट्टी है रजिया, अकेले कमरे में ज़रूर पैसे चुरा रही होगी। पहले भी मेरी गुड़ियों के रेशमी दुपट्टे चुरा ले जाती थी। मैंने झपटकर उसकी मुट्ठी खोली तो सचमुच ही दो रुपए का मुड़ा-तुड़ा नोट उसकी हथेली में था।

"चोर कहीं की। अभी दादी से तेरी शिकायत करती हूँ।" मैंने बड़े रौब से कहा।

रजिया कातर स्वर में गिड़गिड़ाने लगी, "मर जाऊँगी लता बीबी। अम्मा गला काट देंगी। लता बीबी, माफ़ कर दो।"

आख़िर बड़े चाचा इतने रुपयों का करेंगे भी क्या? रजिया ग़रीब ने दो रुपए ले ही लिये तो क्या हुआ। मैं उसके प्रति सदय हो उठी। तभी कमरे से बड़े चाचा की खँखार सुनाई दी और मैं भागकर जीजी के पास चली आई। पर रजिया है बड़ी हिम्मतवाली। चाचा के होते हुए भी रुपए चुरा लाई। पिछले इम्तहान में कान्ति पीछे बैठी हुई कितना कहती रही कि सवाल का जवाब बता दो, मेरी तो हिम्मत ही नहीं हुई।

निशी बुआ की चारपाई पर चढ़ उनके पास लेट गई। उनका मूड देखकर लगा कि इस समय वह शायद मेरे ढेर से प्रश्नों का उत्तर दे दें, जो मेरे मन में अकुलाया करते हैं। और मेरी बात सुन बुआ कुछ देर चुप रहीं। फिर बोलीं, ''यह सब बातें समझाने से नहीं आतीं, लता। एक दिन बिना बताए तू सब समझ जाएगी। तितली को कोई उड़ाना नहीं सिखाता। उसे उड़ना अपने आप आ जाता है। यों समझ ले, कि तू अभी कैटर पिलर है। अभी उड़ने को तैयार नहीं है, इसीलिए तू कुछ नहीं समझ पाती।''

मैं कैटर पिलर हूँ, इस कल्पना से मुझे हँसी आ गई।

जिस दिन निशी बुआ कॉलेज से बड़ी मोटर में आईं, हमारे घर में खलबली मच गई। साथ में मैं भी थी। मुझे तो उस मोटर में बैठकर बड़ा मज़ा आया। कैसी बढ़िया गद्दियाँ थीं। मैं जब उस मोटर में बैठी तो मेरे क्लास की सारी लड़कियाँ आँखें तरेरकर देखती रह गईं। मोटर हमारे स्कूल के प्रेज़िडेंट की थी और उनके बेटे सारे रास्ते जीजी से बातें करते रहे। उन्होंने बहुत ज़ोर दिया कि हमलोग घर पर उतरने से पहले कहीं होटल में चाय पी लें। होटल...मेरी आँखें चमकने लगीं, पर बुआ मानी ही नहीं। खैर, फिर भी मुफ्त में ही जो मोटर की सैर हो गई, वही क्या बुरी है ? हालाँकि बुआ के हठ पर मुझे गुस्सा बहुत आया।

बुआ मुस्कराती हुई अपने कमरे में चली गईं। बन्नो बुआ ने मेरी बाँह खींचकर पूछा, ''क्यों लता—किसके साथ आई है ?''

''निशी बुआ से पूछो।'' मैंने कहा। बड़ी आईं। पहले तो पिटवाती हैं, फिर आ जाती हैं जासूसी करने। थोड़ी देर में दादी ने निशी बुआ से पूछा, ''क्यों निशा किसकी गाड़ी थी ?''

बुआ ने बच्चों की तरह उनके गले में बाँहें डाल दीं और पूछा, ''क्यों चाची ?''

दादी ने कहा, ''ऐसे ही पूछ रही हूँ।''

'वो चाची, हमारे कॉलेज के प्रेज़िडेंट हैं न, उन्हीं की गाड़ी थी। कॉलेज में मैंने जो कार्यक्रम कराया था, वह उन सबको बहुत अच्छा लगा। आज उनके बेटे कॉलेज आए तो मुझे उनसे मिलाया गया। वही घर तक छोड़ गए थे।

दादी बुआ के आदर-सम्मान की बात सुनकर प्रसन्न हुईं। घर में हरेक ने अलग-अलग बुआ से यही प्रश्न पूछा। केवल केशी भैया ने कुछ नहीं पूछा। बुआ कॉलेज से आने के बाद हमेशा मँझली चाची के पास चाय पीती थीं। केशी भैया ने अभी तक चाय नहीं पी थी। एक अधबने कैनवस पर रंग लगाए जा रहे थे।

''यह कैसा घर है केशी भैया ?'' मैंने कैनवस को देखकर पूछा। केशी भैया मेरी बात टाल गए। निशी बुआ के हाथ से प्याला थामकर वह देर तक उनके मुख में कुछ खोजते-से रहे। फिर चाय का प्याला नीचे रख वह अपने कार्य में व्यस्त हो गए।

केशी भैया ने जब बुआ के विवाह की बात सुनी, तब भी वह चुप रहे। चौखट पर आकर मैंने कहा, ''केशी भैया आज स्कूल में लड़कियाँ कह रही थीं कि निशा दी की शादी पन्नालालजी के लड़के के साथ होगी, वही जिनकी मोटर में हमलोग आए थे। मैंने कहा कि बिलकुल नहीं, तो केशी भैया, किसी ने माना ही नहीं। बुआ ने खुद मिसेज़ मालवी से कहा था, उनकी ननद कह रही थी और आपको मालूम है केशी भैया वह कितने अमीर हैं। कपड़े की कई मिलें हैं उनकी। सच केशी भैया, अगर ऐसा हो तो कैसा अच्छा होगा ? हम भी मोटर में बैठेंगे और शान झाड़ेंगे कि हमारी बुआ की शादी बड़े आदमी से हुई है।''

"लता, बड़ा आदमी कौन होता है ?"

"जिसके पास खूब रुपया हो, मोटर हो, ढेर से नौकर हों..." मैंने उत्साह से कहा।

"तो मुझसे कोई भी लड़की शादी नहीं करेगी। मेरे पास न रुपया है, न पैसा। न मोटर, न नौकर।"

भैया की बात पर पहले तो मैं कुछ न कह सकी। फिर मैंने कहा, "वाह ! इतने अच्छे हैं। पन्नालालजी के बेटे चाहे कितने अमीर हों, आपकी बराबरी थोड़े ही कर पाएँगे।" भैया मुस्कराकर चुप हो गए।

लड़कियों की बात सच निकली। पन्नालालजी के पुत्र को हमारी निशी बुआ बेहद पसन्द आ गई थीं। छोटे नानाजी आए और सबसे बातचीत करके उन्होंने यही निश्चय किया कि वर विजातीय ही सही, लड़की रानी बनकर रहेगी। हम सभी जाकर उस घर को देख आए, जहाँ रानी बनकर रहेंगी हमारी बुआ ! वे फूल, बग़ीचा, काँच के दरवाज़े, हमसे भी साफ़ कपड़े पहने नौकरानियाँ...मैं तो हक्की-बक्की देखती रह गई। केवल रतनलाल फूफा बनेंगे, यह सोचकर थोड़ा-सा मुझे दुख हुआ। अगर केशी भैया के पास यह सब होता और बुआ की उनसे शादी हो जाती तो कितना अच्छा रहता। मैंने बुआ से यही बात कही। उन्होंने एक लम्बी साँस ली और कहा, 'मेरी किस्मत में केशी नहीं थे लता।'

"क्यों ?" मैंने पूछा।

"तू नहीं समझेगी।" बुआ ने कहा। बस सौ बात की एक बात तू नहीं समझेगी। समझाने पर ही तो समझ में आएगा। कोई भी सवाल बिना समझाए कैसे किया जा सकता ?

"क्यों बुआ ?" मैंने बुआ का पल्ला पकड़कर झटका दिया।

"ओ लता, मुझे तंग न करो।"

अब निशी बुआ भी ऐसी बात करने लगीं। अम्मा की तरह, बन्नो बुआ की तरह। उनका चेहरा तो वैसा ही था, प्यारा-सा, फिर वह कहाँ से, किधर से बदल गई ?

और फिर शादी के दिन निशी बुआ ने चुपचाप हथेलियों में मेहँदी भी मँडवा ली, बाल बँधवा लिये, ससुराल से आई वह लिपी-पुती-सी साड़ी भी पहन ली, जिसमें बॉर्डर भी था, चारखाना भी, और चारखाने में बूटियाँ पड़ी थीं। वह साड़ी देखकर मँझली चाची ने कहा था, 'हाय, हाय कैसी गँवारू साड़ी है। निशा तो इसे छुएगी भी नहीं। पर निशी बुआ को वह साड़ी और साटन का भड़कीला पेटीकोट पहनने में कोई आपत्ति नहीं हुई। बुआ ने कानों में मगरचौरानियाँ पहन लीं और गले में मोती का सतलड़ा, जिसमें हीरे और पन्ने की टिकलियाँ पड़ी थीं।

हमारे पूरे घर में उल्लास की लहर-सी दौड़ गई। बन्नो बुआ तरकारी काटती नौकरानियों पर चीख़ने लगीं। अम्मा ने खड़े होकर घड़ों सोंठ बनवा डाली और जब जीजी की सास-ननदें हमारे घर आईं तो बन्नो बुआ की सहेली मिसेज़ माथुर हारमोनियम पर गाने लगीं, 'तुम्हें जाने ज़माना अरी समधनो। तुम्हारी रेशम की साड़ी, अरी समधनो। लपटा-झपटी में फट गई...।' और इतना गाकर उन्होंने बाजा छोड़ दिया और स्वयं हँसते-हँसते लोट गईं।

अम्मा ने मुझे खामखाह बनारसी साड़ी पहना दी थी, जो रह-रहकर पैरों में फँसती थी। मैंने पटलियों को ऊपर किए केशी भैया के कमरे में झाँका। कमरा अँधेरा पड़ा था, केवल लिनसिड ऑइल की महक वहाँ मँडरा रही थी।

निशी बुआ स्कूल की सहेलियों से घिरी बैठी थीं। कोई उनकी रूबी की चूड़ियाँ छू रही थी, कोई साड़ी सँभाल रही थी, और कोई उनके भाग्य को सराह रही थी।

मुझे न जाने क्यों, निशी बुआ पर खूब ही गुस्सा आ रहा था ? मन हो रहा था कि मैं रूठ जाऊँ और खाऊँ-पिऊँ नहीं, जब तक निशी बुआ मुझे प्यार से न मनाएँ। मैं हैरान थी कि जिन सब बातों की बुआ अब तक खिल्ली उड़ाती थीं, वही सब चुपचाप करवा रही थीं। वह भड़कीली साड़ी, कोहनियों तक ज़ेवर। नई बहू बनकर बैठने के वह सब नखरे और अन्दाज। क्या यह सचमुच वही बुआ थी जिसे मैंने पूजा था ? शाम से बुआ ने एक नज़र भी मुझे नहीं देखा था...और मैं थी कि बनारसी साड़ी पहनकर मुसीबत लिए उनके इर्द-गिर्द मँडरा रही थी। क्षोभ और खीज से भरी मैं केशी भैया के कमरे की ओर चल दी। इसके साथ मुझे रह-रहकर यह भी ख़याल आ रहा था कि बुआ चली जाएँगी, फिर चौमंज़िले की सुनसान छत पर केशी भैया हाथ पीछे बाँधे, सिर झुकाए अकेले घंटों टहला करेंगे, जैसे पिछले दिनों वे टहला करते थे, जब बुआ अपने कमरे में बैठी नई ब्लाउज़ों पर बटन टाँका करती थीं। सुबह-सुबह आँखें खोलने पर निशी बुआ का मुस्कराता चेहरा नहीं दिखाई देगा। वह बदशकल फूफा रतनलाल आँखें खोलेंगे तो जूही के फूल-सी बुआ उनके पास बैठी मुस्कराती होंगी।

शादी से पहले केशी भैया ने बुआ से एक प्रश्न पूछा था। "यदि रतनलाल किसी स्कूल में मास्टर होते तो तुम्हें उनमें ये खूबियाँ दिखाई देतीं ? वह कितने ही सज्जन या उदार होते, क्या तुम उनसे विवाह करतीं ?"

निशी बुआ चुप रह गई थी। बिलकुल चुप। और अब रतनलाल उनके लिए कितने सारे जेवर लाए थे, बुआ ऊपर से लेकर नीचे तक जगमगा रही थीं। पर मैं उनसे सटकर न बैठ सकी थी। जब मैं बुआ का दमकता मुख देखती, मुझे केशी भैया के अँधेरे कमरे की याद आने लगती।

उस रात बड़ी धूमधाम और शोर रहा। सबके साथ बारात पर मैंने भी फूल बरसाए। बुआ को चुनरी उढ़ा दी और मंडप में ले जाकर बैठा दिया। मैं वहाँ खड़ी न रह सकी। पैरों में फँसती बनारसी साड़ी मैंने उतारकर फेंक दी। लगा कि केशी भैया से लिपटकर फूट-फूटकर रोऊँ। उनकी दहलीज़ पर पाँव रखते ही, लिनसिड तेल की महक मेरी साँस में भर गई।

"केशी भैया।" मैंने रुआँसे कंठ से पुकारा और कोई उत्तर न पाकर बत्ती जला दी। केशी भैया तख़्त पर जैसे औंधे लेटे थे, मैं उससे घबरा गई। उनका कन्धा हिलाकर मैंने रोते हुए कहा, "केशी भैया।"

केशी भैया ने मुख उठाकर मुझे देखा, उनके माथे पर ढलक आए बाल ! तीव्र व्यथा में डूबी उनकी काली आँखें ! मेरे अन्दर तड़ से कुछ टूट गया। मैं धीरे से उनके सिरहाने बैठ गई। फिर मैंने पूरे बल से उनका सिर उठाया और अपने सीने में गड़ा लिया। केशी भैया जैसे एक आर्त, दुखी शिशु थे और मैं उनकी असीम करुणामयी माँ।

उस क्षण मैं एकदम बड़ी हो गई। मुझे किसी से कुछ पूछना शेष नहीं रहा। नीचे मंडप में पंडितों ने समवेत स्वर में विवाह के मन्त्र पढ़ने प्रारम्भ कर दिए थे।

# मेनका : रम्भा : उर्वशी

अपने महल्ले की तो बात ही क्या, आसपास के चार महल्ले की बिरादरी में भी परशू की चाची के जोड़ की कोई खूबसूरत स्त्री न थी। शादी के अट्ठाईस साल बाद भी जब वह कहीं किसी के घर काम-काज में पहन-ओढ़कर बैठतीं, तो उनके रूप की झिलमिल आभा से नई-नई लड़कियाँ व बहुएँ शरमा जातीं। भाग्य से तीनों बेटे भी ऐसे थे, जैसे चाँद के टुकड़े। जब छोटे थे, तो चाची उन्हें डर के कारण कभी साथ-सुथरा न रखती थीं। हर तरह के लोग आते-जाते रहते थे, कहीं कोई नज़र न लगा दे। खास तौर से हरि की माँ की नज़र तो गजब की थी। पहली बार जब वह हरि को लेकर चाची से मिलने आई, तो हरि से कुछ ही बड़े विशन को देख ललककर रह गई। हरि काला, गन्दा, मरियल और चिड़चिड़ा था और विशन जैसे गुलाब का फूल। उसके जाने के बाद कितने ही दिनों तक विशन को बुखार आता रहा। इसी से विशन और नारायण को चाची जान-बूझकर गन्दा और मैला-कुचैला ही घूमने देतीं।

तीनों बेटे जब बड़े हुए, तो उन्हें देखकर चाची का कलेजा गर्व से फूल उठता। विशन के इक्कीस पार करते न करते चाची ने बहू खोजनी प्रारम्भ कर दी। उनका अरमान था कि तीनों बहुएँ बेटों से बढ़कर नहीं, तो कम से कम जोड़ की तो हों। स्वयं अपने अनुभव से उन्होंने जाना था कि मनचाहा साथी न मिलने से कैसा लगता है। पुराने घर की दबी-ढँकी लड़की थीं, इसलिए परशू के चाचा को देखकर वह चुप रह गई थीं। आँखों की सीपिया कोरें अपने आप भीग उठी थीं और वह गुमसुम बैठी रह गई थीं। भला करतीं भी क्या ? जन्म भर का साथ था, उसे निभाना ही था।

तो विशन के विवाह के लिए उनके दिल के कोने में मुद्दतों से सोए अरमानों ने करवट ली। बहू आएगी, तो अप्सरा जैसी, और उसकी खोज में चाची ज़मीन-आसमान एक कर देंगी। जान-पहचान, महल्ले-टोले, नाते-रिश्तेदार—सभी को यह बात जता दी गई। जब खोज शुरू हुई, तो चाची ने जाना कि यह काम कितना कठिन है। अगर किसी लड़की की आँख-नाक दुरुस्त, तो रंग साँवला। रंग साफ़, तो शक्ल ऐसी कि देखो और सिर पीट लो। अगर कोई ऐसी होती कि रंग भी गोरा और शक्ल भी अच्छी, तो कद नाटा होता या अधिक लम्बा। कोई मोटी होती, तो कोई सूखी लकड़ी-सी। किसी के चेहरे पर रौनक न होती, तो कोई बिलकुल पुरखा-सी लगती।

इधर चाची ज़ोर-शोर से बहू ढूँढ़ रही थीं, उधर गोरा और आकर्षक विशन अपने साथ पढ़नेवाली एक मुसलमान लड़की से मित्रता बढ़ा रहा था। रजिया खूबसूरत नहीं कहीं जा सकती थी। और वह खूबसूरत होती भी, तो क्या ? चाची को धरम थोड़े ही गँवाना था !

उन्होंने जब यह जाना, तो रो-रोकर अधमरी हो गईं। तीन दिन खाना नहीं छुआ, तो चाचा ने घबराकर विशन को तार दिया। विशन आया तो था दृढ़ बनकर, पर माँ को देख उसके पैर डगमगा गए।

चाची रोते-रोते हाथों से सिर पीटते हुए उसे भला-बुरा कहती रहीं, और वह सुनता रहा। उसे विचलित देख उन्होंने तीर छोड़ा : "तो कैलाशनाथ के यहाँ सगाई कर दें ?"

"नहीं, अम्मा, यह नहीं," धीर-निष्कम्प कंठ से विशन ने कहा—"मैंने तुम्हारी बात मान ली, अब तुम मेरी मानो। अभी कई साल तक मैं शादी नहीं करूँगा।"

चाची तड़पकर रह गईं। दो साल की खोज के बाद कैलाशनाथ की लड़की मिली थी। ऐसी लड़की थी कि कमरे में आए तो उजाला हो जाए। मगर तकदीर को कोई क्या करे ! चाची की आँखों से आँसू बहते रहे। जब उन्होंने देखा कि विशन पर कोई असर नहीं होता, तो वह उठीं और अपनी पूजा की कोठरी में जाकर लेट गईं। उस कोठरी के एक कोने में ठाकुरजी थे। उनके अलावा चाची की सभी खास-खास चीज़ें भी इसी कोठरी में रहती थीं—देसी घी की हाँडी, नाश्ते का डिब्बा, बढ़िया अचारों के मर्तबान, किसी मेहमान के आने पर निकाला जानेवाला चाय का सैट, और चाची के धराऊ कपड़ों का बक्स। जब चाची खिन्न या दुखी होतीं, तो इसी कोठरी में आकर चटाई पर पड़ रहतीं।

"सब तुम्हारी माया है, प्रभो," लम्बी और गहरी साँस लेकर उन्होंने ठाकुरजी की तरफ़ देखा। पर ठाकुरजी वही शून्य भाव मुख पर लिए अपनी छत के नीचे सिंहासन पर बैठे रहे।

यह चोट कम न हो पाई थी कि उन्हें दूसरी चोट लगी। उनकी भावज की चचेरी बहन के देवर कैलाशनाथ ने जाने कैसे भनक पाकर अपनी लड़की की सगाई कहीं और कर दी। और कहीं दूर भी नहीं, उसी महल्ले में, चार घर छोड़, नाटे, काले, बदसूरत हरि से। चाची ने सुना, तो सन्नाटे में आ गईं। हरि की माँ स्वयं यह खुशख़बरी लेकर आई थी, इसलिए चाची खून का घूँट पीकर रह गईं। मुबारकवाद भी दिया—फीकी मुस्कान होंठों पर लाकर। पर हरि की माँ के चले जाने के बाद उन्होंने रो-रोकर हरि की माँ व कैलाशनाथ को वह कोसा कि परशू के चाचा चुपचाप खड़ाऊँ पैरों में डालकर बाहर खिसक गए। हरि की माँ के खानदान में कब किस लड़की का किस पुरुष से सम्बन्ध रहा, हरि की विधवा बुआ को कब बनारस में छोड़ दिया गया और उन्हें मरा हुआ बता दिया गया—ये सब बातें भी उन्होंने ज़ोर-शोर से सुनाईं। फिर आँचल से आँखें पोंछकर रसोई में जा बैठीं, और लम्बी आह भरकर बोलीं, "जब अपना ही सोना खोटा हो, तो...विशन ही बात मान लेता, तो यह नौबत क्यों आती ?" और गुमसुम हो रहीं।

चाची बहू देखने गईं तो, मगर उनका मन बुझा-बुझा-सा था। घूँघट उठाकर उन्होंने हरि की बहू का झुका, लजाया मुख देखा, तो उनके दिल को जैसे किसी ने ऐंठ दिया। इतनी मेहनत से मेनका-सी लड़की खोजी थी, हरि की माँ को बड़ा अपना समझकर सब बातें बताई थीं, क्या इसलिए कि मौक़ा पाकर वह खुद ही उलटकर वार कर दे ! भला हरि और इस बहू का कोई जोड़ है !

किसी ने ढोलक उनके आगे रख दी। अभ्यस्त हाथ उसे बजाते रहे, पर मन भटकता रहा। जल्दी से वह जान छुड़ाकर जाने को उठीं। तभी विजय-गर्व से फूलती हरि की माँ आ गई।

"बहू कैसी लगी ?" उसने पूछा।

"तुम्हारे सबके बीच वह चमकेगी।" बहुत रोकते-रोकते भी चाची ने तीर छोड़ दिया। चादर ओढ़ी और बाहर निकल आई।

बिशन के लिए लड़की की खोज चलती रही। लड़कीवाले भी घेरे रहे। एक सज्जन जब बहुत पीछे पड़े, तो परशू चाचा ने हारकर कहा, "क्या बताएँ, साहब, लड़का राजी नहीं है। आप खुद उससे बात कर लीजिए। वह अगर राजी है, तो हमें कोई एतराज़ नहीं।"

तीसरे दिन वह सज्जन खिला हुआ चेहरा लेकर वापस आए। साथ में बिशन को भी लखनऊ से ले आए थे। चाची ने जाना कि बिशन ने वह शादी मंजूर कर ली है। उन्हें काटो, तो खून नहीं।

"मगर, बिशन, लड़की में तो कुछ नहीं है," चाची ने कहा।

"लड़की के बाप में तो है," कड़वी मुस्कराहट से बिशन ने कहा। "मैं तीन साल के लिए बाहर पढ़ने जाना चाहता हूँ। भगवती प्रसाद मेरा खर्चा उठाने को तैयार हैं।"

"बिशन, मैं तेरे लिए बहुत सुन्दर लड़की..."

"मेरे लिए बदसूरत और सुन्दर सभी लड़कियाँ बराबर हैं," बिशन ने कहा।

"बिशन बेटा, तुझे क्या हो गया है ?" चाची फिर रोने लगीं।

'बन्द भी करो यह रोना-धोना," क्रोधित होकर बिशन ने कहा, फिर एक गहरी साँस लेकर उसनें चाची की आँखों पर हाथ फेरा।

शादी हो गई। सामान इतना मिला कि चाची उठाते-धरते परेशान हो गईं। दोहरी-दोहरी, तिहरी-तिहरी चीज़ें। बैठक, बरामदा, आँगन—सब—फल, मिठाई और सामान से भरे पड़े थे।

कमरे में बहू बैठी थी। महल्ले-टोले की औरतें दहेज देखकर जल उठी थीं। बहू देखकर उनके दिल को ठंडक पहुँची। हरि की माँ बार-बार मुस्कराती और कहती, "परशू की चाची, बहू की मुँहदिखरौनी भी तो करो। सामान फिर सहेज लेना।"

वह साथ में अपनी बहू भी लाई थी। थकी और व्यस्त चाची की नज़र उसके मुँह पर गई, फिर उन्होंने बिशन की बहू को देखा। भारी जरी की साड़ी में वह गठरी बनी बैठी थी। उसके काले-काले हाथ, कोहनी तक जेवरों से भरे थे। उनकी आँखों में हल्का-सा विषाद छा गया।

नन्ही की बुआ ने कहा, "चाची, बिशन बड़ा तकदीरवाला निकला। समधी का तो घर ही ढोकर ले आया।"

"हाँ," चाची ने भरसक उत्साह दिखाते हुए कहा, "शकल-सूरत में क्या रखा है ! बहू सुशील हो, ऊँचे कुल की हो और सुलक्षणी हो।"

उनकी बात पर नन्हीं की बुआ को भले ही विश्वास हो गया हो, पर चाची अपने दिल को न समझा सकीं।

जब जाति-बिरादरी के लोग जीमकर चले गए, नौकर-चाकर भी खा-पीकर इधर-उधर लुढ़क गए, भट्टियों की आग बुझ गई, तो थकी चाची ने आँगन में खड़े होकर आसमान की तरफ़ देखा। पत्तलों के ढेर के पास कुत्ते कूँ-कूँ कर रहे थे। आँगन में फलों के झाबों से खुशबू आ रही थी। गीली आँखों से चाची ने बिशन के कमरे की ओर देखा। उसकी रोशनी

अब बुझ चुकी थी। शिथिल उँगलियों से चाबी का गुच्छा सरककर खन्न से ज़मीन पर गिरा, तो चाची चौंकीं। झुककर उसे उठाने लगीं, तो लगा कि दिल के अन्दर कुछ टूट गया है, बुझ गया है। उन्होंने धीरे-धीरे कमरा पार किया। अपने कमरे से होकर पूजा की कोठरी में गईं, चटाई खींचकर बिछाई और लेट गईं। इतनी साध और अरमानों से पहली बहू के आने के सपने देखे थे, वह आज आई, तो ऐसी आई !

विशन अमेरिका चला गया और बड़ी बहू अपने मायके। चाची को चाचा ने बहुत समझाया-बुझाया, तब कहीं उन्होंने इस सबको भगवान की इच्छा कहकर अपने को बहलाया और किशन के लिए लड़की की तलाश में लगीं। किशन उनके तीनों लड़कों में सबसे सुन्दर था। भावी पत्नी का चुनाव उसने पूरी तौर पर चाची पर छोड़ दिया था।

फिर से चाचा की ख़ाली शामें चिट्ठी-पत्री में निकलने लगीं। फिर से चाचा के घर लड़कियों की मौसियाँ, बुआएँ, चाचियाँ या ताइयाँ आने लगीं। चाची अब भरसक साफ़-सुथरी रहतीं, न जाने कौन कब आ जाए। बहुत मनोयोग से बातें सुनती कि कौन लड़की सात भाइयों की अकेली बहन है, किसको गाने और पढ़ने में इनाम मिल चुके हैं, और कौन कामकाज में इतनी होशियार है कि उसके आने पर चाची को एक गिलास पानी के लिए भी उठना न पड़ेगा। चाची सब सुनतीं, फिर कहतीं, ''बात यह है कि हम लड़की गोरी चाहते हैं, खूब उजला साफ़ रंग हो, नाक, आँख भी सुन्दर हों।''

आनेवाली उनका रूप देखतीं। ''हाँ, हाँ, क्यों नहीं !'' कितनी तो निराश लौट जातीं। कितनी ही बार लड़की देखने की जिद करतीं। ऐसे लोगों में रामबाबू की पत्नी भी एक थीं। उनकी छोटी बहन का फोटो चाची के मन को भा गया था। रामबाबू की पत्नी भी अच्छी थीं, सिर्फ़ उनके मोटापे ने उनके आकर्षण को ख़तम कर दिया था।

''रंग उसका मुझसे भी गोरा है, भोली ऐसी है, जैसे गुड़िया !'' उन्होंने चाची से कहा।

चाची ने धीरे से पूछा, ''तन्दुरुस्ती कैसी है ?''

''अच्छी है। भरा बदन है। ऐसी दुबली नहीं कि फूँक मारो, तो उड़ जाए। मेरी तो बात ही और है। चार बच्चे होने में शरीर फूल गया है। पर शीलो तो बिलकुल गुड़िया-सी लगती है।''

चाची को कुछ झुकता देख उन्होंने कहा, ''मैं तो बात साफ़ कहती हूँ। शीलो सुकटी तो नहीं, पर भरा बदन है। अच्छी तन्दुरुस्ती है। नहीं तो बाद में दो तरह की बातें हों।''

'हाँ, ठीक है। हमें धान-पान-सी बहू चाहिए भी नहीं।'' चाची ने कहा।

बाद में फोटो उन्होंने किशन को दिखाया। लड़की सचमुच सुन्दर थी।

उसने कहा, ''जैसा तुम ठीक समझो।'' पर उसके दिल में गुदगुदी होने लगी थी। लिहाजा परशू के चाचा-चाची गए और शीलो की गोद भर आए। अब चाची के अरमान पूरे होने को हुए। शीलो की तारीफ करते हुए उनका दिल भर-भर आता। ''ऐसी बड़ी-बड़ी आँखें, ऐसे लाल-लाल होंठ ! हँसती है, तो फूल झड़ते हैं। आवाज़ ऐसी मीठी कि सुनते रहो। रंग ऐसा कि सोने के गहने घुल-मिल जाएँ।''

सुननेवाली कहतीं, ''ठीक है, चाची, जैसी सास, वैसी बहू। किशन भाग्यवान है। कब करोगी शादी ?''

चाची पंखा डुलाती हुई कहतीं, "अब यह समझ लो, असाढ़ तो ख़तम हुआ अगहन तक ज़रूर कर लेंगे।"

कभी-कभी चाची को लगता कि कहीं उनके हर्ष का प्याला छलक न जाए। शीलो के लिए जानेवाले लहँगे पर साज टाँकते-टाँकते उनके हाथ रुक जाते। उनके आगे शीलो का चित्र आ जाता। उस बैंगनी बनारसी जोड़े में उनकी मँझली बहू कैसी चमकेगी ! उसकी महावर लगी एड़ियाँ, उँगलियों में चमकते हुए नए बिछुए, पैरों में बजते पायल के घुँघरू ! सचमुच उनके घर उर्वशी आ रही थी। हरि की माँ बहुत फूली फिरती है। ज़रा-सा मुँह रह जाएगा। शीलो हरि की बहू की टक्कर की आएगी। बस हरि की बहू लम्बी, दुबली है, शीलो का बदन भरा हुआ है। ये इमरतीवाले कड़े तो उसके हाथों में बिलकुल ठीक आएँगे। मुँह देखने के बाद मैं उसके गोरे-गोरे हाथों में यही कड़े पहनाऊँगी। काली चूड़ियों में ये कैसी शोभा देंगे ! काली चूड़ियाँ तो बस गोरे हाथों के लिए होती हैं। चाची को वह दिन याद आया, जब उन्हें ब्याह की काली चूड़ियाँ पहनाई गई थीं। उनकी सास ने ऐसी बहू पाकर भी खुशी न मनाई थी, क्योंकि चाची ग़रीब के घर से आई थीं। चाची सोच रही थीं कि वह शीलो को कैसा दुलार करेंगी, उसे किसी काम में हाथ न लगाने देंगी। लेकिन वह तो खुद बड़ी सुशील हैं। अपने आप ही काम करने से न मानेगी।

मगर चाची के मन की न हुई। शादी से पहले शीलो को टाइफाइड हो गया और शादी हटानी पड़ी। सवा महीने में वह ठीक हुई, पर कमज़ोर तो बहुत थी ही। उसके बाद उसका सत्तरह साल का भाई मर गया। ऐसी हालत में चाची शादी की जल्दी कैसे मचातीं ? उन्होंने किशन से कहा कि जब इतने दिन शादी हटी ही है, तो क्यों न विशन के वापस आने का इन्तज़ार कर लिया जाए। इस तरह डेढ़ साल बीत गया।

विशन के आ जाने पर चाची ने जल्दी मचाई। और एक दिन धूम-धाम और गाजे-बाजे के साथ किशन शीलो से विवाह कर लाया। बारात शाम को लौटकर आई। सुबह से ही चाची के पाँव ज़मीन पर नहीं पड़ रहे थे। कई घंटे बैठकर बड़े मनोयोग से उन्होंने आरती का थाल सजाया था। बीच-बीच में अत्यन्त व्यस्तता से पूछ लेती थीं, "बड़ी बहू, सब ठीक है न ? यह नहीं कि उधर तो बारात उतरे और इधर भट्‌टी पर हलवाई मुझे पुकारने लगे। तुम्हीं देखना-भालना सब। और, परशू की बहू, औरतें तो तुम्हारे जिम्मे हैं।"

बड़ी बहू ने हल्की-सी मुस्कराहट से कहा, "अम्मा, सब हो जाएगा। आप परेशान न होइए।"

चार बजे से ही जात-बिरादरी की औरतें जमा होने लगीं। चाची किसी की चादर उतारतीं, किसी से हँसकर दो क्षण बोलतीं कि बाजों ने बताया बारात आ गई।

पलक मारते आगे का बरामदा औरतों से भर गया। चाची के हाथों में आरती का थाल था। वह लड़के व बहू का परछन करने जा खड़ी हुईं।

किशन खिन्न और उदास था। उसके पीछे बैंगनी जोड़े में शीलो थी। गुलाबी एड़ियाँ, चमकते हुए बिछुए, पर...पहले तो चाची ने समझा कि लहँगे-ओढ़नी की वजह से शीलो का शरीर भारी लग रहा है, मगर बात यह न थी, पिछले डेढ़ साल में शीलो इतनी मोटी हो गई

थी कि उसने अपनी बड़ी बहन रामबाबू की पत्नी को भी पीछे छोड़ दिया था। पैर रखकर आने के लिए सात सकोरे रखे गए थे। शीलो के पैर रखते ही वे चूर-चूर हो गए, तो औरतें आँचल मुँह पर रखकर खिलखिलाने लगीं।

चाची की आँखें हरि की माँ से मिलीं। तुरन्त ही अत्यन्त व्यस्त होकर उन्होंने कहा, ''बड़ी बहू, नई बहू को ले जाओ, थकी होगी। हाथ-मुँह धुलाओ।'' और स्वयं हलवाई की तरफ़ चली गईं। वहाँ शाम की दावत का सामान बन रहा था। अन्दर से उन्हें ढोलक की ढपढप और मंजीरों की खनक सुनाई दे रही थी। औरतों का बेसुरा गाना, बच्चों की चीख़-पुकार, छौंकी गई तरकारी के मसालों की सुगन्ध, पूरी बेलनेवाली औरतों की हँसी और फुसफुसाते हुए स्वर।

''अरे, बूँदी के रायते में नमक अन्दाज से डालना। और, हलवाई, जब मर्द खाने बैठें, तब पापड़ उतारना, नहीं तो सील जाएँगे। छेदी, सकोरे धुल गए न ? अरे, बरफ के पानी में केवड़ा डाल देना। जाकर बड़ी बहू से बोतल माँग ला, मिट्ठू की काकी।'' पर इस सबके पीछे परशू की चाची का दिल भारी था। कैसी निर्दोष थी शीलो, जब उसे देखा था ! डेढ़ साल ही में इतनी मोटी हो गई, तो आगे क्या होगा ?

''कचौरी कुरकरी हों, यह नहीं कि उन्हें जला दो,'' चाची ने हलवाई से कहा। चाचा को अपनी ओर आते देख वह एक क्षण चुप रह गईं। फिर बोलीं, ''नहा-धो लो। क्या बेवक़्त नहाओगे ?''

चाचा उनके दिल की व्यथा खूब समझ रहे थे। हल्के से बोले, ''पहले तो इतनी मोटी नहीं थी।'' कुछ चुप रहकर उन्होंने कहा, ''किशन ने तो फेरों से उठकर ठीक से खाया-पिया तक नहीं। जाओ, उसे कुछ खिला-पिला दो, समझा-बुझा दो।''

चाची ने एक आह भरी, उन्हें लगा कि सीने में कुछ अटक सा रहा है।

''मैं क्या मुँह लेकर किशन के सामने जाऊँ ?'' भरे गले से उन्होंने कहा।

अब शादी के लिए सिर्फ़ नारायन बचा था। वह स्वभाव से हँसमुख और लापरवा था। हँस के बोला, ''अम्मा, सुन्दर बहू के चक्कर में न पड़ो। दो बार ठोकर खा चुकी हो, अब रहने दो।''

चाची नाराज़ हो गईं। ''तुम चुप रहो, नारायन। अपने ब्याह की बात में टबर-टबर न बोला करो। क्या बुरी हैं मेरी बहुएँ ? बड़ी बहू-सा मायका किसका है बिरादरी में ?''

''और मँझली बहू का शरीर !'' हँसकर नारायन बोला।

चाची और अधिक नाराज़ हो गईं। ''बस चुप रहो। तुमसे कोई सलाह माँगे, तो देना। मेरा जैसा मन होगा, वैसी बहू लाऊँगी।''

पड़ोस की कुसुमी की बुआ भी बैठी थीं। नारायन ने हँसकर उनसे कहा, ''सुनीं अम्मा की बातें ?''

उन्होंने ज़रा उदासी से कहा, ''अरे, चाची का लड़का है, जैसी बहू चाहेंगी, मिलेगी। हमारी तरह थोड़े ही...'' कहकर उन्होंने गहरी साँस लेकर बात आधी छोड़ दी।

तब चाची ने पूछा, ''चन्द्रिका बाबू कुसुमी के लिए बात करने गए थे, उसका क्या हुआ ?''

"होता क्या? फोटो देखकर ही मना कर दिया। शकल-सूरत भी तो हजारों में एक ही हैं।"

कुसुमी बुआ को बुलाने आई थी, अपनी बात सुनकर आड़ में खड़ी हो गई। पर नारायन ने उसे देखकर पुकारा : "कुसुमी, क्या बात है ? आती क्यों नहीं ?"

तब कुसुमी ने सामने आकर कहा, "बुआ, तुम्हें फूफा ने बुलाया है।"

बुआ ने तिरस्कार भरी दृष्टि से उसे देखकर कहा, "अच्छा।" और उठकर खड़ी हो गईं।

कुसुमी उनके पीछे चली, तो चाची ने कहा, "दो मिनट बैठ न, कुसुमी। आजकल तो दिखाई ही नहीं देती।"

"मैंने ही मना कर दिया है," बुआ जाते-जाते बोलीं। "सारा महल्ला उँगली उठाता है। इससे छोटी-छोटी लड़कियाँ अपने घर की हुईं।" और वह चप्पल सपर-सपर करती हुई चली गईं।

दो क्षण सन्नाटा रहा। नारायन बरामदे की ज़मीन पर उँगलियों से पैटर्न बनाता रहा, और चाची करुणा-भरी दृष्टि से कुसुमी की आँखों के भीगे कोर देखती रहीं।

और कुसुमी ? वह अपमान, अनादर, तिरस्कार सहते-सहते इतनी कठोर हो गई थी कि उसे बुआ की बातें बुरी नहीं लगती थीं। पर नारायन के सामने उन्होंने न जाने क्या-क्या कहा होगा, यही सोचकर उसकी आँखें भर आई थीं।

भरसक अपने को संयत कर उसने कहा, "आप बड़ियाँ बनाने को कह रही थीं ?" उसका स्वर भारी था।

नारायन चुपके से उठा और निःशब्द पगों से बाहर चला गया। तब चाची ने देखा कि कुसुमी की आँखों से अवश आँसू झरने लगे हैं। उन्होंने उसकी पीठ थपथपाई, पुचकारा और कहा, "रो न, कुसुमी। बुआ की बातों का कहीं बुरा माना जाता है !"

कुसुमी ने चाहा कि दीवार से सिर पटककर मर जाए। इन्हीं बुआ ने प्यार से पाला था और अब जब फूफा निराश होकर लौटते हैं, तो ही बुआ उसे विष-भरे बाणों से बींध देती हैं।

चाची ने उठकर एक तश्तरी में दो बेसन के लड्डू लाकर उसके हाथ में दे दिए और कहा, "ले, खा ले, कुसुमी। आज ही सुबह मैंने नारायन के लिए बनाए थे।"

"मन नहीं है," कुसुमी ने मोटी धोती के कोर से आँखें पोंछकर कहा।

चाची ने धीरे से पूछा, "क्यों कुसुमी, इस बार फिर इम्तहान नहीं दे सकती ?"

"दे क्यों नहीं सकती।" टूटकर कुसुमी ने कहा। "पर कहाँ तक अपनी हँसी उड़वाऊँ ? तीन बार तो फेल हो चुकी।" फिर कुछ रुककर बोली, "तकदीर को क्या करूँ ?"

चाची की आँखें उसकी ओर उठीं। दो पल उसके सूने, शोभाहीन मुख पर टिकी रहीं। सचमुच कौन इससे शादी करेगा—न रूप, न धन, न विद्या।

तभी कुसुमी का फुफेरा भाई आ गया और रटे हुए शब्द दोहरा गया : "अगर रोना-धोना ख़तम हो गया, तो घर चलो, अम्मा बुला रही हैं।"

कुछ दिनों बाद चाची से चाय के बर्तन माँगने किशोर आया, तो उन्होंने पूछा, 'क्यों, किशोर, कौन आया है ?"

''जिज्जी को देखने आए हैं,'' उसने बताया।

चाचा आँगन में चारपाई पर काग़ज़ फैलाए बैठे थे। उन्होंने भी कुछ रुचि दिखलाई। ''कितने लोग हैं ?''

''पाँच। माँ, बाप, दो बहनें और एक भावज,'' किशोर ने चम्मच सहेजकर रखते हुए कहा।

उसके जाने के बाद चाची भी चारपाई के पास पीढ़े पर आ बैठीं और बोलीं, ''हाँ, क्या लिखा पीलीभीतवालों को ?''

''मैंने लिखा है कि लड़की बहुत खूबसूरत होनी चाहिए।''

चाची का मन भटक गया। ''भगवान करे ये लोग कुसुमी को पसन्द कर लें।''

भगवान ने उनकी सुन ली, क्योंकि रात को बरतन लौटाने कुसुमी की बुआ ही आईं और क्योंकि महल्ले भर में चाची से ही उनका सबसे ज़्यादा अपनापा था, इसलिए उन्होंने कहा, ''अँगूठी पहना गए हैं कुसुमी को।''

चाची ने मुदित होकर कहा, ''अच्छा !''

''हाँ। अच्छा, लो ये बरतन। अब चलें।''

''दो घड़ी बैठो तो। हाँ, क्या करता है लड़का ?''

''लड़का बी.ए. में पढ़ता था, बीमार हो गया, तो पढ़ाई छोड़ दी। बाप वकील है। घर के अच्छे हैं। अपना मकान है। चाहते हैं कि बहू आए, तो काम-धन्धे में मदद दे।''

चाची गाल पर हाथ रखकर मनोयोग से सुन रही थीं। ''चलो, अच्छा है, तुम्हारा भार हल्का हो जाएगा। बड़ा परेशान किया कुसुमी ने।''

''सो तो है ही। शादी जल्दी ही करना चाहते हैं।'' कहते-कहते वह उठकर खड़ी हो गईं।

चाची नारायन के लिए लड़की देखने जानेवाली थीं। सुनार कंगन बनाकर दे गया था। इन्हीं को चाची ने हाथों में डाल लिया था और बक्स ठीक कर रही थीं। चाहती थीं कि कुछ दिन बाद कुसुमी की शादी तक वह पीलीभीत में बात पक्की कर लें।

तभी नारायन आकर उनके पास बक्स पर बैठ गया और बोला, ''अम्मा, एक बात मालूम है ? कुसुमी के दूल्हे को तपेदिक है।''

''नहीं।'' अचकचाकर चाची ने कहा।

''हाँ, अम्मा। बीच में कुछ ठीक हो गया था, पर बीमारी कभी भी उभर सकती है।''

''तुम्हें कैसे पता ?''

''मेरा एक दोस्त बता रहा था।''

चाची ने अपने हाथ रोक लिए और बोलीं, ''उसके माँ-बाप कैसे हैं ?'' फिर कंगनों को नारायन की तरफ़ बढ़ाती हुई बोलीं, ''सुनार अभी-अभी दे गया है। पसन्द हैं ?''

''कोई मुझे पहनने हैं !'' अनमने स्वर में नारायन ने उत्तर दिया। कुछ देर चुप रहकर उसने कहा, ''अम्मा, चन्द्रिका बाबू कोई अच्छा काम नहीं कर रहे हैं। माना कि कुसुमी के कोई नहीं है, मगर...''

चाची ने अपनी बढ़िया सिल्क की साड़ी सहेजकर रखी और कहा, ''मगर बाँ-बाप कैसे

हैं उस लड़के के ?''

''उन्हें क्या, अम्मा ? उनका क्या जाता है ?''

एक गहरी साँस लेकर चाची ने कहा, ''अब कोई करे भी, तो क्या ? कुसुमी के बुआ-फूफा जो ठीक समझें, करें। कुसुमी से शादी भी कौन करेगा ? क्या शक्ल है, क्या रंग ! उसके लिए तो वही ठीक रहेगा।''

नारायन चुप रहा। चाची की बातें ठीक ही थीं। मगर चाची का दिल भी उद्विग्न हो उठा था।

कुसुमी को उन्होंने अपनी आँखों के आगे बड़ा होते देखा था। उससे उन्हें स्वाभाविक ममता थी। इसी सोच में डूबी थीं कि चाचा आ गए। उन्होंने भी कहा, ''महल्ले भर में यही चर्चा है। लड़की को इस तरह से तो कुएँ में नहीं झोंका जाता।''

''पर अब उसे लेगा भी कौन ? हल्दी लग चुकी, रस्में हो चुकीं,'' चाची बोलीं।

''तुम तो दकियानूसी बातों में पड़ी हो। कल को कुछ हो गया, तो लड़की कहाँ जाएगी ? चन्द्रिका प्रसाद कहाँ रखेंगे ?''

''वह भी क्या करें ? तीन-चार साल बाद तो उन्हें लड़का मिला है।''

''बदकिस्मत है बेचारी। पढ़ने-लिखने में गधी, तीन साल में भी दसवीं न पास कर सकी।'' कहते-कहते चाचा धोती-तौलिया उठाकर गुसलख़ाने में चले गए।

दूसरे दिन चाची धराउठाई में लगी थीं। साथ-साथ महराजिन को धाराप्रवाह आदेश भी देती जा रही थी। उन्हें भय था कि उनके पीलीभीत जाने पर नारायन को शायद ठीक से खाना भी न मिले। तभी कुसुमी की बुआ कुसुमी को खींचती हुई ले आईं और ऊँचे स्वर में बोलीं, ''चाची, कब की दुश्मनी निकाल रही हो ?''

चाची अवाक् रह गईं। हाथ में मिर्च के अचार की बोतल थी उसे ज़मीन पर रखकर बोलीं, ''क्या हुआ ?''

महराजिन ने झट से चूल्हे से पतीली उतारकर नीचे रखी और तमाशा देखने बाहर निकल आई।

कुसुमी की बुआ रोने लगी थीं। ''तुम्हारे घर से ही बात फैली है, चाची। नारायन घूम-घूमकर सबसे कह आया है कि माधव बाबू को तपेदिक है। परशू के चाचा अलग कचहरी लगा रहे हैं। मैं कहती हूँ कि क्या हमलोग कुसुमी के दुश्मन हैं और तुम उसके सगे ?''

चाची को क्रोध आ गया। ''बात तो तुमने बैरियों-सी ही की है। जान-बूझकर तपेदिक के बीमार को कौन लड़की देगा ?''

''तुम्हारे लड़की होती, तो पीर जानतीं। अपनी बहुओं के लिए चारों दिशाएँ खोज डालीं। ऐसी ममता है इससे, तो इसी को क्यों नहीं ले लेतीं ? कर दो न नारायन से शादी !''

फिर विजय-गर्व से फूलकर उन्होंने चाची को देखा कि अब कहो।

चाची ने कुसुमी की ओर देखा। मोटी-पीली धोती, खुले हुए बाल—इस तरह मौन खड़ी रो रही थी कि जैसे पिघलकर आँसुओं के साथ बह जाएगी।

कुसुमी की बुआ ने कहा, ''चुप क्यों हो गईं ? दूसरे से कहना आसान है। क्या मेरे

दिल नहीं है ? क्या मैं नहीं चाहती कि लड़की अच्छे घर जाए ? पर मजबूरी आदमी की कमर तोड़ देती है।'' बुआ ने आँचल से आँसू पोंछे।

नारायन चुपचाप बरामदे में आकर खड़ा हो गया था। धूप उसके गौर मुँह पर पड़ रही थी। वह आँखों में अव्यक्त-सा कुछ लिए सिसकती हुई कुसुमी को देख रहा था।

नारायण पर दृष्टि डालते हुए बुआ कहने लगीं, ''ऐसी पीर है, तो कर दो नारायन से शादी। एक ही बिरादरी है। बचपन से एक-दूसरे को जानते हैं। हाँ कर दो, तो अभी वहाँ से तोड़ दूँ। है हिम्मत ? अगर नहीं, तो जो जैसा करें, करने दो—बीच में न पड़ो।''

कहती हुई कुसुमी की बाँह पकड़ वापस जाने को मुड़ीं। चाची ने कुसुमी को एक पल देखा। कुसुमी की आँखें दर्द की तस्वीरें थीं। उसकी वह कातर मुद्रा उनके दिल में उतरती चली गई—जैसे बलि के लिए बकरा जा रहा हो और उसमें विद्रोह करने तक की शक्ति न बची हो।

चाची का दिल वेग से धड़क रहा था। महराजिन की आँखें माथे पर चढ़ गईं। कुसुमी की बुआ ने साँस साध ली।

चाची नए कंगन अपने हाथों से निकालकर कुसुमी को पहनाने लगी थीं।

सहसा उनकी आँखें नारायन की ओर उठीं। वह खम्भे से टिका, मौन हो कुसुमी को देख रहा था। उसकी आँखों में सरस, स्निग्ध कोमलता करवटें ले रही थी।

# दोस्त

इतवार का दिन था। सबको खिला-पिलाकर सुरेखा ने दो बजे छुट्टी पाई। एक हाथ में ऊन और सलाइयाँ लेकर धूप में जा बैठी। सोचा था कि बुनती भी रहेगी और अजय से बातें भी करती रहेगी।

मगर उसके आते ही अजय उठ खड़ा हुआ। बोला, ''छुट्टी पा गईं तुम ? अब आराम करो, मैं ज़रा सूद के यहाँ हो आऊँ।''

सुरेखा ने यथासम्भव स्वर संयत कर कहा, ''अब कहाँ जाओगे दोपहर में ? शाम को चले जाना।''

मगर अजय अन्दर चला गया। कुछ देर में बाहर आया, तो बोला, ''शाम को इन्तज़ार न करना चाय पर। वहीं से पीकर आऊँगा।''

सुरेखा जलकर बोली, कहो तो बिस्तर भी वहीं भिजवा दूँ रामू से ? वहीं सो रहना, यहाँ आकर क्या करोगे ?''

''तुम भी बेकार...''

''मेरी सभी बातें बेकार होती हैं।'' सुरेखा का कंठ भर आया। एक दिन तो छुट्टी होती है, उस दिन भी यह नहीं कि दो क्षण बैठकर बात कर लें। जब देखो तब दोस्त—शर्मा, चौधरी, सूद। उन लोगों के भी तो आख़िर बीवी-बच्चे हैं। मगर न जाने क्यों, सबको घर बैठना बुरा लगता है।

सुरेखा ने एक आह भरी। दीपा ने बरामदे से झाँककर पूछा, ''भाभी, भैया कहाँ गए हैं ?''

''जाएँगे कहा ! सूद के घर गए हैं। न जाने क्या लड्डू मिलते हैं वहाँ !'' सुरेखा खीजकर बोली।

दीपा पास आकर बैठ गई। भाभी का बहुत दुलार था। इतने दिनों से नई साड़ी के लिए जिद कर रही थी। सुरेखा ने कहा था कि अजय से पूछकर बता देगी।

दीपा की आँखों में प्रश्न देखकर सुरेखा बोली, ''पूछने का मौक़ा ही नहीं मिला, दीपा। उन्हें घर की बातों के लिए फुरसत ही कहाँ है !''

''तो फिर,'' दीपा ने मचलकर कहा, ''तुम्हीं चलकर ख़रीद दो न, भाभी। मेरी अच्छी भाभी !''

दीपा के स्वर में न जाने क्या था कि सुरेखा का दिल भर आया। आँखें जो तर हुईं, तो दीपा ने घबराकर कहा, ''यह क्या, भाभी ?''

सुरेखा ने झट से आँखें पोंछकर लज्जित कंठ से कहा, "अच्छा, शाम को चलना, साड़ी ले दूँगी।" फिर कुछ देर बाद कहा, "चाय तो वह वहीं पीकर आएँगे।"

बच्चों को नौकर पर छोड़ा और दोनों ख़रीदारी करने के लिए चल दीं। दीपा बहुत खुश थी और इसलिए सुरेखा का चित्त भी कुछ हल्का-सा हो गया। साड़ी ख़रीदने जो दूकान में घुसी, तो देखा सूद और श्रीमती सूद !

स्वर्ण सूद ने मुस्कराकर कहा, "अजय बाबू को कहाँ छोड़ आईं ? या उन्हें बच्चों की देखरेख के लिए छोड़ दिया है ?"

सुरेखा कुछ कहने ही जा रही थी कि रुक गई। जबरदस्ती मुस्कान होंठों पर लाकर बोली, "वह तो दोपहर से ही घूमने निकल गए हैं।"

"यह भी जा रहे थे।" संकेत सूद की ओर था। "मगर मैं नहीं मानी, जाने नहीं दिया।"

सुरेखा ने आगे बात नहीं बढ़ाई। कपड़े देखने लगी, मगर दिल में कुछ शंका उठी। अजय ने कहा था कि सूद के घर जा रहा हूँ। पर ये लोग तो यहाँ...

जब अजय बेफिक्री से सीटी बजाता घर में घुसा, तो सब बच्चे दौड़कर उससे लिपट गए। सुरेखा चौके में थी। अजय ने पुकारकर कहा, "खाने में कितनी देर है ?"

उत्तर दिया दीपा ने, "अभी बना जाता है। जल्दी है, क्या ?"

"कुछ खास नहीं। ज़रा सैकिंड शो देखने जाना है।"

कुछ देर बाद दीपा ने पुकारा, "भैया, भाभी को लेते जाइए। बच्चे तब तक सो जाएँगे।"

"भाभी कैसे जा सकती हैं ? मैं दोस्तों के साथ जा रहा हूँ।"

सुरेखा ने पतीली उतारकर ज़मीन पर पटकी। चमचा खन से फेंका और पानी की बाल्टी ज़ोर से खटकाई। उसके क्रोध के स्पष्ट लक्षण देख अजय चुपचाप अन्दर कमरे में खिसक गया।

सुरेखा मन ही मन उबल रही थी। सारा दिन बाहर बिता दिया। साढ़े सात बजे घर आए हैं नवाब साहब। फिर सारी रात...क्या करूँ ? घर में टिकते ही नहीं, जैसे मैं काटे खाती हूँ। आदमी बहुत देखे हैं, दोस्त भी सभी के होते हैं। पर दोस्तों पर ऐसा दीवाना किसी को नहीं देखा।

बच्चों को खिलाया, दीपा भी खा-पीकर अपने कमरे में पढ़ने चली गई। सुरेखा ने अपना खाना ढँक दिया और अपने कमरे में लाकर मेज़ पर रख दिया। शीशे पर नज़र पड़ गई, तो गौर से अपने को देखा। छह साल पहले यही सुरेखा कॉलेज में पढ़ती थी। रंग-बिरंगी साड़ियाँ, बढ़िया से बढ़िया जूते, बेफिक्री की ज़िन्दगी। और अब ? बाल अस्त-व्यस्त थे, आँखें थकान और गम से भारी, होंठ सूखे, मुँह कुम्हलाया हुआ। सुरेखा ने गौर से अपने को देखा। हाँ, यह वही छह साल पहले की सुरेखा थी। पर कितनी भिन्न !

जब शादी हुई, तो वह कितनी प्रसन्न थी ! अजय-सा पति सचमुच भाग्य से ही मिलता था। मगर तब क्या पता था कि विवाह नारी के लिए जीवन भर की बेड़ी है। चुपचाप रो लो, अपने को पति और बच्चों पर निछावर कर दो, और पति देवता दोस्तों के संग ऐश करें !

सुरेखा ने सोचा, दोष उसी का है। कभी सीधे मुँह अजय से बात नहीं करती। बन-ठनकर नहीं रहती। मगर यह सम्भव कैसे है ? दो बच्चे हैं, सो वे गजब के शैतान ! अगर उन्हें न

देखो, तो घर ढाह दें—अगर कोई नौकर-चाकर रख लिए जाएँ, तो इतने बड़े परिवार का काम कैसे चले ?

काफ़ी रात गए अजय जब लौटा, तो दीपा ने उठकर दरवाज़ा खोला। कमरे में आया, तो देखा सुरेखा सो रही है। मेज़ पर खाना ढँका रखा है। झुककर देखा, तो पाया कि आँसू की धाराएँ उसके गालों पर सूख गई हैं।

उसके विवेक ने उसे धिक्कारा। सुरेखा रात-रात सोई है। सारे दिन उससे दो बातें भी नहीं कीं। और दिन तो यों ही निकल जाते हैं, आज छुट्टी का दिन भी...

अजय दृढ़ निश्चय करके सोया कि भविष्य में कभी सुरेखा की बिना अनुमति के वह दोस्तों के साथ नहीं जाएगा। पर दूसरे दिन दफ़्तर से निकला, तो मुखर्जी ने कहा, "चलो, यार, एक कप चाय पी लो।"

"नहीं, भाई, मुझे घर जाने दो।"

"तुम भी क्या चोंच हो !" शर्मा बोला। "एक दिन ज़रा देर से घर पहुँचोगे, तो क्या भाभी..."

और वे लोग उसे खींचकर ले गए। नीरा की स्वादिष्ट चाय के साथ उसकी आकर्षक मुस्कान भी थी। चाय के बाद सब लोग सिगरेट सुलगाकर जम गए और अजय ने जब घड़ी पर नज़र डाली, तो पौने सात बजे थे।

"ओह !" अजय जल्दी से उठ खड़ा हुआ। "नीराजी, आज तो गजब हो गया ! आपने बातों में ऐसा उलझा लिया कि..."

"चलिए, आप किसी तरह बैठे तो, चाहे उलझकर, चाहे सुलझकर !" नीरा मन्द-मन्द हँसी।

"उलझेंगे तो अब रेखाजी से।" मुखर्जी ने हँसकर कहा, "जाओ, दोस्त, तुम्हें सचमुच देर हो गई।"

और सुरेखा के सारे मनसूबे ऐसे ही रह गए। इतने मन से नाश्ता बनाया था। महीनों बाद वेणी गूँथकर फूल लगाए थे। सोचा था कि नीरा की ही तरह...

मगर अजय नहीं आया। हारकर कपड़े बदले और चौके में गई। और जब अजय आया, तो लाख पुकारने पर भी नहीं बोली। अजय चौके के दरवाज़े पर आकर खड़ा हो गया। हँसकर बोला, "सरकार, क्यों ? नाराज़ हैं ?"

"कौन नाराज़ है !" सुरेखा का स्वर काँप गया। "और नाराज़गी की फ़िक्र भी किसे है ! आपके दोस्त सलामत रहें, आपको और क्या चाहिए।"

"तुम हमेशा मेरे दोस्तों के पीछे पड़ी रहती हो। आख़िर तुम चाहती क्या हो ? मेरा ज़रा-सा हँसना-बोलना तुम्हें खटकता है ? मैं घर में बँधकर नहीं रह सकता।"

"न रहो। तुम्हारे रहने से..."

"जब देखो तब दोस्तों का रोना। आख़िर एक भला आदमी हँसे-बोले नहीं, अच्छी कम्पनी में न रहें।"

"बड़ी अच्छी कम्पनी है तुम्हारी !" सुरेखा ने कहा।

"खराब ही सही, मगर तुम्हें यों मेरे दोस्तों की बुराई करने का कोई हक नहीं।"

''हाँ, मैं हूँ ही कौन तुम्हारी ! छह साल में जो कुछ था, सब ख़तम हो गया। अब तो बच्चे पालो, दोनों वक़्त चूल्हे में सिर दो, छप्पन व्यंजन बनाकर इन्तज़ार करो।''

''अरे !'' अजय ने विगड़ती बात सँभालने की कोशिश की, ''मुझे क्या पता था कि तुमने इतना सामान बनाया था। चलो, जल्दी से दो।''

सुरेखा की पीठ उस ओर थी। ''और खाने का क्या होगा ? वह कौन खाएगा ?''

''कोई परवा नहीं खाने की। जल्दी से दो। क्या-क्या बनाया था ?''

हालाँकि पेट खूब भरा था, मगर फिर भी अजय ने सब चीज़ें खाईं। कोमल स्वर में बोला, ''सुरेखा, तुम तो ज़रा-सी बात में रूठ जाती हो। लोगों ने जबरदस्ती रोक लिया। आख़िर वक़्त पड़े पर यही काम आएँगे।''

सुरेखा कुछ नहीं बोली।

अजय ने इलायची ली और कहा, ''भई, तुम्हारी चाय में जो स्वाद रहता है, वह नीरा की चाय में कहाँ !''

''तो नीरा ने चाय पिलाई थी ?''

''लो, तुम फिर तुनक गईं ! ज़रा सुनो तो...''

सुरेखा ने झटककर हाथ छुड़ाया। अजय के स्वर में न जाने क्या था कि होंठों पर हँसी आ ही गई।

''यह डोरे नीरा पर ही डालना—समझे ?''

अजय के कुछ कहने से पहले ही रामू चिल्लाया, ''बहूजी, दाल तो बिलकुल जल गई।''

सुरेखा उठकर भागी, और अजय ने चैन की साँस ली।

बड़ी दौड़धूप और प्रयत्नों से भी अजय दीपा की शादी तय न कर पाया। दीपा उसके मुख पर चिन्ताओं की रेखा देखती, मन ही मन घुलती और अपने को कोसती।

उस दिन बाल धोए थे। अजय दफ़्तर जाने को तैयार हो रहा था। सुरेखा नौकर और दीपा पर घर छोड़ बाज़ार चली गई थी। दीपा आराम से धूप में बैठी बाल सुखा रही थी। तभी अजय ने पुकारा, ''ओ दीपा, ज़रा पेचकस दे जा।''

पेचकस लेकर कमरे में घुसी, तो ठक से रह गई। बाहर के कमरे में रेडियो के सारे अंजर-पंजर फैलाए कोई बैठा था। उसकी ओर बिना देखे ही हाथ बढ़ाकर पेचकस ले लिया। दीपा की चूड़ियाँ जो खन से बोलीं, तो अनायास ही ऊपर देखा। लगा कि एक क्षण को जीवन की गति रुक गई है। दीपा घबराकर भागने को हुई, तो बड़े आराम से अजय ने कहा, ''मैं तो चला दफ़्तर। मधुप, तुम रेडियो ठीक करते रहना। दीपा, इनकी कुछ खातिर कर।''

मधुप पेच घुमा रहा था, सहज हँसी से कहा, ''धन्यवाद, खाने-पीने से मना करने में मैं विश्वास नहीं करता।''

दीपा लौट आई। अपने ऊपर झुँझलाहट आई कि ऐसे ही बाल बिखेरे बाहर चली गई...हाय, धोती में कितनी सलवटें हैं ! फिर प्लेट में मेवा और बिस्कुट सजाते-सजाते सोचा, जाने कौन हैं ? होंगे कोई भैया के दोस्त। फिर पुकारा, ''रामू, ओ रामू।''

मगर रामू मौक़ा पाकर बीड़ी पीने निकल गया था। इसलिए स्वयं ही बाहर जाना पड़ा।

मेज़ सरकाकर ट्रे रख दी, और फिर कहा, "खाइए।"

मधुप मुस्कराया। "आप तो सचमुच खातिर करने लगीं। भला साढ़े नौ बजे क्या खाऊँ। साढ़े आठ पर तो चाय पीकर आया था।"

दीपा थी शरमीली, इसलिए चुप रह गई। नहीं कोई और होता, तो कहता, "एक प्याला यहाँ भी सही।" मगर तभी सुरेखा को आते देखा तो जान बचाकर भागी।

धीरे-धीरे पता लगा कि अजय के मित्र शर्मा का कोई रिश्तेदार है मधुप। इसी साल डिप्टी कलक्टर हुआ है। यों ही घूमने-फिरने शर्माजी के यहाँ आ गया है, कुछ दिन को। स्वभाव उसका बहुत भला था। जब-तब सुरेखा से मिलने चला आता। दीपा तब बचती-बचती सी फिरती। कभी अगर पूछ लेता, "कहो दीपा, कैसी हो ?" तो लाल हो उठती। उत्तर देते न बनता।

सुरेखा की आँखें कुछ देखकर, कुछ जानकर भी न देखतीं। अगर अजय भी घर में होता, तब चाय के प्यालों के साथ-साथ घंटों बातें होतीं। कभी-कभी शर्मा भी आ जाता। और दीपा के सामने किताब खुली पड़ी रहती, अरमान आँखों में सुनहले स्वप्नों का जाल बुनते, कान कुछ मिले-जुले स्वर सुनते।

एक दिन वह भी आया, जब मधुप को जाना था। सदा की तरह बोला, "अच्छा, दीपा, खूब मन लगाकर पढ़ना, और अपनी शादी में बुलाना न भूलना। तुम्हारे दूल्हे से आकर कहूँगा, 'महाशय, इस लाल घूँघट के अन्दर एक आँख कानी है।' "

सब ठहाका मारकर हँस पड़े। मधुप की दृष्टि एक क्षण को, केवल एक क्षण को, दीपा के मुख पर टिकी। फिर कहा, "नमस्ते !"

"नमस्ते !" दीपा ने कहा। एक छोटा-सा शब्द, उसी में सारी हरकतें, सारी शरम, सारे आँसू और सारा दर्द।

कुछ दिन बाद की बात थी। "यह कैसे हो सकता है ?" सुरेखा बोली।

"क्यों नहीं ?" अजय का स्वर था। "शर्मा से मेरी इतनी दोस्ती कब काम आएगी ?"

"वह डिप्टी कलक्टर है, उसके घरवालों के बड़े दिमाग़ होंगे। सुन्दर लड़की, धन-दौलत..."

"दीपा क्या बुरी है ?" अजय ने कहा।

"दीपा बुरी नहीं है, यह माना, पर वह सुन्दर तो नहीं है।"

दीपा दीवार से सटी, साँस रोके खड़ी थी। दिल की यह हालत थी कि अब रुका, अब रुका।

कुछ देर रुककर अजय बोला, "शर्मा से कहकर देखूँगा।"

दूसरे ही दिन अजय ने कहा, "दीपा, मेरा सूटकेस तैयार कर देना। मुझे लखनऊ जाना है।"

दीपा ने कुछ नहीं पूछा। मधुप के पिता थे लखनऊ में। जब अजय जाने लगा, तो सुरेखा बोली, "भगवान करे सफल होकर लौटो।" और दीपा के मूक हृदय ने क्या कामना की, यह तो वही जाने।

दो दिन दीपा ने जैसे काटे वही जानती थी। न सोए चैन, न जागे। आख़िरकार जब

घर के आगे ताँगा रुका, तो दीपा को लगा कि उसके हृदय की गति भी बन्द हो जाएगी। अजय ने बाहर से ही उल्लसित स्वर में पुकारा, "सुरेखा, शर्मा को मिठाई खिलाओ !"

सुरेखा ने काँपते कंठ से कहा, "हाँ, हाँ, ज़रूर।"

शर्मा ने कुरसी पर बैठकर कहा, "बुड्ढा बड़ा काइयाँ है, रेखाजी। कहने को तो मेरा दूर का साला लगता है, मगर तोबा, तोबा !"

सुरेखा ने हर्ष से आलोड़ित कंठ से कहा, "दीपा ! अरे, कहाँ छिपी हो, ज़रा अपने भावी ससुर की तारीफ़ तो सुन लो !"

दीपा ऐसे सिसक रही थी कि जाने क्या हो गया।

अजय ने दुलार से कहा, "अरे, रोती क्यों है, पगली ! तेरे बारे में इतना झूठ बोला है कि सात जन्म तक उद्धार नहीं होगा। बड़ा सुन्दर गाती है, बड़ी सीधी है, बड़ा अच्छा खाना बनाती है, हालाँकि तेरा गाना गधे को मात कर दे, और खाना ऐसा बनाएगी कि बेचारे मधुप के पेट का भगवान ही मालिक होगा !"

शर्मा के जाने के बाद अजय ने कहा, "सुरेखा, अगर शर्मा न गया होता, तो यह काम न बनता। बेचारे ने बड़ा ज़ोर लगाया। सब तरह की बातें समझाईं।"

सारा श्रेय शर्मा को देना सुरेखा को अखरा, मगर वह कुछ बोली नहीं। इनका स्वभाव ही ऐसा है, जाने अपने दोस्तों को क्या समझते हैं !

ज़ोर-शोर से विवाह की तैयारियाँ होने लगीं। अजय को बड़ा उत्साह था। तीन भाइयों में अकेली बहन थी, दोनों भाई अभी छोटे थे, माता-पिता मर चुके थे। सब कुछ उसी को करना था। सारी दौड़-धूप, सारी देखभाल। इधर सुरेखा परेशान थी। कभी कुछ किया-धरा था नहीं, दूर-दूर तक के रिश्तेदार आ रहे थे। अग़र कुछ कमी हुई, तो सब उसी का नाम धरेंगे। बहू इतनी फूहड़ है, बहू को इतनी भी तमीज नहीं...

दीपा थी कि छिपी-छिपी फिरती। भैया-भाभी के स्नेह और दुलार से बार-बार आँखें भर आतीं, पर जब मधुप का ध्यान आता, तो तमन्नाएँ जाग उठतीं।

सारा घर मेहमानों से भर गया। सुरेखा सारे घर में दौड़ते-दौड़ते परेशान थी। हर तरफ़ उसी की पुकार थी, और अजय को तो दम मारने की भी फुरसत न थी। छोटे भाई भी उसी के इशारों पर दौड़ते।

विवाह के केवल पाँच दिन रह गए थे। अजय किसी काम से वेग से सीढ़ियाँ उतरता नीचे आ रहा था कि अचानक पैर फिसला और वह नीचे आ गिरा। चारों ओर से लोग दौड़े। उसे उठाया गया। पीड़ा से वह अर्द्धमूर्च्छित-सा हो गया था। सुरेखा भी दौड़ी आई। अजय की दशा देखकर सन्न रह गई। फिर जल्दी से विनय को मुखर्जी के यहाँ दौड़ाया।

मुखर्जी जब अपनी मोटर लेकर आया, तो देखा कि सुरेखा आँखों में आँसू भरे बैठी है। पता चला कि डॉक्टर आया था। अजय के पैर की हड्डी टूट गई है। मुखर्जी सन्न रह गया। मगर नीरा ने बात सँभाल ली, "घबराइए नहीं, रेखाजी। यह अभी अस्पताल ले जाएँगे। सब ठीक हो जाएगा।" मगर वह स्वयं भी परेशान थी। शादी का घर, उस पर यह दुर्घटना।

अजय पलंग पर क्या पड़ा कि विवाह की सारी रौनक ही चली गई। सुरेखा का मुख दो दिन में ही पीला पड़ गया। विनय और अभय उदास-उदास घूमते, दीपा चुपके-चुपके रोती। मेहमान

भी दबे स्वरों में बातें करते।

आख़िरकार अजय ने नीरा को बुलाकर कहा, ''नीराजी, सुरेखा को समझाइए। शादी का घर ठहरा, ऐसी मुर्दनी-सी छा गई है। आप उसे किसी तरह बहला लीजिए।''

मुखर्जी और सूद पास ही बैठे थे। उसे परेशान देखकर कहा, ''तुम परेशान न हो। हमलोग सारा काम सँभाल लेंगे। आख़िर बहन तो हमारी भी है।''

एक आह भरकर अजय बोला, ''क्या बताऊँ, मैं तो बिलकुल लाचार हो गया हूँ। बस, हर घड़ी यही फिक्र रहती है कि कहीं बारातियों को कुछ कहने का मौक़ा न मिल जाए।''

''हमलोग किस दिन काम आएँगे ?'' मुखर्जी बोला।

नीरा तब तक बाहर चली गई थी। बोली, ''खिलावन की माँ, फरश पर कुछ बिछाओ। और, बुआजी, कुछ गाना-बजाना नहीं होगा क्या ? परसों बारात आएगी और यहाँ सन्नाटा है।''

बुआजी ने कहा, ''क्या बताएँ, अजय बेटा के कारण...''

मगर नीरा तब तक चल दी थी। दूसरे कमरे के आगे जाकर कहा, ''सुनीता चलो कुछ गाओ-बजाओ। ओ विनीता, चलो सबकी सब।''

सुरेखा सामान निकलवा रही थी। नीरा ने प्यार-भरी झिड़की से कहा, ''सुरेखाजी, चलिए, सब आपको बुला रहे हैं। लाइए सामान मैं निकलवा दूँ।''

''आप ही जाइए,'' मलिन मुस्कान से सुरेखा बोली। ''मेरा मन नहीं है।''

''चलिए, चलिए,'' नीरा ने उसे हल्का-सा धक्का दिया, और चाबी उसके हाथ से ले ली।

जब तबले और बाजे के साथ कई स्वरों की आवाज़ अजय ने सुनी, तो चैन की साँस ली।

उसके बाद सुरेखा को कुछ पता नहीं रहा कि कहाँ क्या हो रहा है। जब भी काम में हाथ लगाती, नीरा कहती, ''रेखाजी, यह सब मुझ पर छोड़ दीजिए। आप अजय बाबू के पास जाइए...आप रात भर जागी हैं, थकी होंगी, आराम कीजिए।''

सुरेखा अगर कुछ और कहती, तो नीरा कहती, ''घबराइए नहीं, आपका राजपाट नहीं छीन लूँगी। आप अजय बाबू के पास क्यों नहीं जातीं ? बेचारे अकेले पड़े हैं।''

और अगर अजय विनय, अभय से कुछ पूछता तो उत्तर मिलता, ''सूद साहब ने मिठाई का ऑर्डर दिया है, सूद साहब ने बारात के ठहरने का सारा प्रबन्ध कर दिया है। मुखर्जी ने कहा है कि छह मोटरें बारात के लिए काफ़ी होंगी।

जब-तब सूद, मुखर्जी, अस्थाना आदि आकर पूछ जाते। अजय अगर कुछ कहता, तो उत्तर मिलता, ''बस, घबराओ नहीं, सब ठीक हो जाएगा।''

विवाह का दिन भी आ गया। अजय के मित्रों ने किसी बात में कमी न होने दी।

विवाह जब होने लगा, तो सुरेखा ने कहा, ''महाशयजी, इस लाल घूँघट के अन्दर एक आँख कानी है !''

मधुप ने हँसकर कहा, ''सच ?'' और दीपा लाज से और भी सिमट गई।

धूमधाम समाप्त होने के बाद नीरा ने कहा, ''अच्छा, सुरेखाजी, अब मुझे भी छुट्टी

दीजिए। एक हफ्ते से घर की शकल नहीं देखी है।''

सुरेखा कुछ कह न सकी। अनायास ही आँखें भर आईं। और भरे गले से कहा, ''अगर तुम न होतीं, तो जाने क्या होता, नीरा। मैं तुम्हें कैसे धन्यवाद दूँ?''

मुखर्जी पास खड़ा था। हँसकर कहा, ''धन्यवाद की क्या बात, सुरेखाजी ? आप कृपादृष्टि बनाए रखें, हमारे लिए यही बहुत है।'' और अजय की ओर अर्थ-भरी दृष्टि से देखा।

उनके जाने के बाद अजय ने सिर तक रजाई तानकर आँखें बन्द करते हुए सोचा : पैर टूटा, तो कष्ट तो बहुत हुआ, पर अब इतवार को दोस्तों के साथ मौज उड़ाने पर कम से कम सुरेखा नहीं लड़ेगी।

# आश्रिता

मधु ने चाय के बरतन ज़मीन पर रख दिए और बैठकर घुटनों में मुँह छिपा लिया। आँसू वेग से बह चले। सिसकियाँ कोई सुन न ले, इसलिए उन्हें बरबस दबा दिया।

शेखर निःशब्द पगों से चौके के दरवाज़े पर आकर खड़ा हो गया, कुछ देर चुप रहकर बोला, ''मधु !''

मधु ने चौंककर सिर उठाया, उसे देखकर आँखें पोंछती हुई लज्जित कंठ से बोली, ''आप बैठिए, मैं अभी खाना लाती हूँ।''

जल्दी-जल्दी रोटी सेंककर थाली शेखर के सामने रखती हुई बोली, ''आज आपको देर हो गई ?''

''हाँ। अपना रोना-धोना शाम तक के लिए स्थगित कर दिया करो।'' वह मुस्कराया। ''क्यों रो रही थीं ?''

''ऐसे ही।''

''ऐसे ही तो तुम ज़रूर रो रही थीं !'' कुछ रुककर पूछा, ''क्या बुआ ने कुछ कहा था ?''

मधु पानी लाने के बहाने खिसक गई।

तब तक चाची का स्वर सुनाई पड़ा, ''मधु ! ओ मधु, आज बच्चे क्या भूखे ही जाएँगे स्कूल ? सवेरे से मटरगश्ती हो रही है, अब...''

मधु खीज उठी। चाची को मटरगश्ती ही सूझती है। एक पैर से नाच रही हूँ, मगर...पर वह कुछ कह न सकी। चुपचाप चाची की बात पी गई। वह आश्रिता जो है, बे माँ-बाप की लड़की, चाची की दया के कारण भरपेट खाना पा जाती है, क्या यह कुछ कम है ?

सवेरे से जो काम का सिलसिला चल पड़ता है, तो रात तक रुकने का नाम नहीं। मुन्ने को दूध दो, नीरा का मुँह धुलाओ, चाचा का हुक्का भरो, बीच-बीच में चाची की कभी न ख़तम होनेवाली फरमाइशें। और मंजु, जो है मधु की चचेरी बहन, उसके कोई मिज़ाज देखे ! आठ बजे आँखें खोलेगी और पलंग पर बैठे-बैठे ही चाय चाहिए, गरम टोस्ट हों, और न जाने क्या-क्या ! उठकर डेढ़ घंटे शृंगार करेगी, तब तक कॉलेज की बस आ जाएगी और मंजु नित्य नवीन साड़ियाँ फहराती हुई कॉलेज जाएगी। उस समय मंजु से छह महीने छोटी मधु चौके-चूल्हे में उलझी होगी। कभी चाची पुकारेंगी, ''मधु, ज़रा नीरा को तौलिया तो दे आओ।'' और चाचा कह देंगे, ''ज़रा मेरी कमीज़ में बटन लगा दो।'' या ''ज़रा-सा फटा

हुआ सी दो।'' चूल्हे पर चढ़ी हुई चीज़ जल-फुँक जाएगी और मधु के प्राण काँपते रहेंगे कि अभी शेखर खाना माँग बैठेगा, तो कैसे उसके आगे थाली रखेगी ?–तरकारी तो बनी ही नहीं, और अगर चाची की नज़र उस थाली पर पड़ गई, तब तो बस खैर नहीं ! वह उसकी अच्छी तरह ख़बर ले डालेंगी कि क्यों उनके लाड़ले भतीजे को सिर्फ़ एक तरकारी परोसी गई ? मधु कहना चाहकर भी न कह सकेगी कि मैं आख़िर दो हाथ-पैरवाली हूँ, मशीन नहीं कि सबकी फरमाइशें भी पूरा करती रहूँ और खाना भी बना लूँ।

बस, चुप रह जाएगी मधु, छलछलाई आँखें पोंछ लेगी और फिर काम में जुट जाएगी।

शेखर को मधु पर होता अत्याचार देख बड़ा क्रोध आता, पर वह कर ही क्या सकता था ! सबकी नज़र बचाकर सांत्वना के दो शब्द कह देता। अगर बुआ उधर से आ निकलतीं, तो तीक्ष्ण दृष्टि से मधु को देखकर पूछतीं, ''क्या बात है, मधु ?''

और मधु सकपकाकर कहती, ''कुछ नहीं, चाची, शेखर चाय बनाने को कह रहे हैं।''

होंठों पर मुस्कान लाकर वह कहतीं, ''किसी बच्चे से कहला दिया होता, शेखर।''

शेखर अपने कमरे में चला जाता और कुरसी पर धम से बैठ जाता। क्या करे वह, जिससे मधु का दुख कुछ कम हो ? उसकी व्यथा नहीं देखी जाती।

उस दिन एक प्याला टूट जाने पर चाची बहुत बिगड़ी थीं, बहुत चिल्लाई थीं, ''ऐसी निकम्मी लड़की है, ज़रा भी तमीज नहीं। दुनिया में ठोकरें खाती फिरती, मुझे तरस आ गया, बाप तो दो धेले भी छोड़कर नहीं मरा। हमारे घर का सत्यानाश करने पर तुली है। एक मंजु भी तो है। कभी एक काँच का गिलास तक नहीं टूटा। अच्छा-खासा सेट बिगड़ गया। अगर नौकर होता, तो पैसे भी काट लेती। इसे तो खिलाओ भी और नुकसान भी सहो।''

चाचा अपना हुक्का उठाकर बाहर चले गए और चुपचाप पीने लगे। पत्नी के स्वभाव के आदी हो चुके थे। चाची के मन में जो आता गया, बकती गईं। और मधु चुप, सिर झुकाए अपना काम करती गई, सुनती गई, रोती गई। आँसू भर आते, टपक जाते, उसने पोंछे नहीं, बहते रहे, टपकते रहे, वही उसके एकमात्र संगी थे।

तभी हाथ में किताबें लिए, यूनिवर्सिटी से शेखर लौटा। यह नाटक देखकर वह तड़प उठा पर कुछ कह न सका। मधु सिर नीचा किए बैठी रही, एक बार भी ऊपर नहीं देखा, मन में आता था कि धरती उसे निगल जाए, किसी तरह तो छुटकारा मिले इस नरक से !

एकाएक चाची फिर गरज उठीं, ''कुछ नाश्ता वग़ैरह देगी शेखर को या नहीं ? बेचारा भूखा-प्यासा लौटकर आया है, पर इन्हें रोने से ही फुरसत नहीं।''

मधु धीरे से उठी, आँचल से आँखें पोंछी, और शेखर के लिए नाश्ता बनाने लगी।

जब प्लेट लेकर ऊपर शेखर के पास गई, तो वह एकदम गुमसुम-सा बैठा था। मधु के उदास मुँह की ओर देखकर उसका दिल भर आया।

''आज बुआ तुम पर बहुत बिगड़ रही हैं, क्या हुआ ?''

''एक प्याला टूट गया।''

''बस ! इतने पर ही ?''

एक आह भरकर मधु बोली, ''आपके लिए एक प्याला कुछ नहीं, पर आपकी बुआ के लिए...''

कुछ सोचकर शेखर बोला, "तुम्हारे कोई और रिश्तेदार नहीं हैं ?"

मधु के होंठ काँप उठे, रुलाई रोकती हुई बोली, "नहीं ?"

उसकी आँखें शेखर की आँखों से मिलीं। उनमें प्रगाढ़ वेदना थी।

"मुझे बहुत बुरा लगता है, मधु। मैं तड़पकर रह जाता हूँ, मैं कर ही क्या सकता हूँ ?"

"आपकी सहानुभूति ही मेरे लिए बहुत है।" वह चुप हो गई, मंजु आ रही थी।

"शेखर दादा, आज पिक्चर चलने का वादा है न आपका ?"

"मंजु, मेरा सिर बहुत दर्द कर रहा है।"

"ज़रूर, मैं सब जानती हूँ–जिस दिन आपकी लाड़ली मधु को अम्मा कुछ कहती हैं, आपके सिर में दर्द हो जाता है।"

शेखर ने बेबस होकर कहा, "चलो, बाबा, तुम्हारी बला से, मेरे सिर में दर्द हो या न हो।"

मधु नीचे उतर आई। मन में एक इच्छा ने आँखें खोलीं, पर उसे बरबस दबा दिया...कई साल पहले, मचलकर उसने कहा था, "पिताजी, हम सिनेमा जाएँगे।"

"सिनेमा ?"

"हाँ, मंजु दीदी जा रही हैं।"

"चली जा, बेटी," पिताजी ने कहा था। बस उसके बाद सिनेमा नहीं देखा था मधु ने। उस बात को कई साल हो गए...कई साल।

"मधु !" चाची का स्वर था।

मधु अतीत से वर्तमान में आई। एक ठंडी साँस लेकर वह चाची के पास चली गई।

"शेखर, आज ज़रा जल्दी लौट आना।"

शेखर ने बाल ठीक करते हुए पूछा, "क्यों, बुआ ?"

"आज कुछ लोग आएँगे मधु को देखने, लड़का भी आएगा।"

शेखर ने विस्मय से पूछा, "मधु को देखने ?"

'हाँ। तुम्हारे फूफाजी के दोस्त शंकर बाबू हैं न, उनका भतीजा है। अच्छा कमाता-खाता है।"

शेखर ने कंघा रख दिया। दिल में कुछ टीस-सी हुई। अजीब-सी व्यथा...मधु को देखने...लड़का भी।

बुआ के जाने के बाद शेखर अनमना-सा बैठा रह गया।

घड़ी की सूई दस के निकट पहुँच गई, पर शेखर ने उठने का कोई उपक्रम नहीं किया। मधु को देखने...

"खाना खाने चलिए, भैया।" दो बार नीरा कहकर जा चुकी थी। पर शेखर न जाने क्या सोच रहा था।

"खाना नहीं खाना है ?" हारकर मधु को स्वयं आना पड़ा। शेखर ने चौंककर ऊपर देखा, जैसे पहली बार मधु को देखा हो। देखने में सुन्दर नहीं, पर बुरी भी नहीं। साँवले, सलोने मुख पर शान्त वेदना से घायल दो आँखें हैं, चाहे कुछ कह लो, डाँट दो, फटकार दो, कुछ नहीं बोलेगी, चुपचाप सुन लेगी, आँखों में व्यथा की छाया गहरी हो जाएगी, होंठ

काँप कर रह जाएँगे। फिर ऐसे विवश भाव से असहाय-सी देखेगी, जैसे छोटा बच्चा अपने सम्बन्धियों से अलग हो गया हो और भूला-सा इधर-उधर देख रहा हो।

शेखर का दिल भर आया। "मधु, आज तुम्हें कुछ लोग देखने आएँगे।"

मधु चुप रही।

"तुम्हें इस घर से जाते समय दुख तो होगा नहीं, इतना कष्ट मिला यहाँ..."

मधु ने शेखर को देखा, यह क्या कह रहा है शेखर ! जहाँ कर्कशा चाची हैं, वहाँ कोमल वाणीवाला शेखर भी तो है।

पलकों पर आँसू काँप उठे। कुछ उत्तर न देकर मधु चली गई और सीढ़ियों पर खड़ी होकर फूट-फूटकर रो पड़ी।

कौन सुने उसकी बात, कौन समझे उसकी व्यथा !

शेखर कुछ देर बाद अपने कमरे से निकला और नीचे जाने को जब सीढ़ियों तक आया, तो मधु को देख ठिठक गया।

"रो न, मधु," वह आर्द्र कंठ से बोला।

सहानुभूति पा आँसू और उमड़ पड़े। वह सिसकने लगी।

"नहीं, मधु, देखो, रोओ मत," शेखर ने अपने को सँभालकर समझाया। "कहीं बुआ आ गईं, तो..."

मधु ने कुछ कहना चाहा, पर कह न सकी। आँसू पोंछती हुई तेज़ी से नीचे उतर गई।

एक आह भरकर शेखर भी आगे बढ़ा।

नियत समय पर अतिथि भी आए। लड़के को देखकर शेखर स्तब्ध रह गया—चालीस के निकट ही अवस्था होगी उसकी।

"बुआ, यह मधु से तो बहुत बड़ा होगा," उनके जाने के बाद शेखर ने कहा।

"तो ?" कौन मधु से शादी करेगा ? न माँ, न बाप, सूरत-शकल भी तो नहीं पाई है उसने। बुराई क्या है गोविन्द में ? दो सौ रुपए का नौकर है, अच्छा-खासा तन्दुरुस्त। पहली बीवी से बस एक लड़की है, चार साल की।"

"पर, बुआ, मधु तो मुश्किल से अठारह की है।"

"यह कोई बात नहीं। पसन्द वे लोग कर ही गए हैं। अरे, पसन्द क्या, रोटी पकाने और घर देखने को एक औरत चाहिए," बड़े मजे में बुआ ने कहा।

और मधु ? उसके आँसू जो बहे, तो चाचा के पुचकारने, चाची के चिल्लाने और शेखर के समझाने से भी न रुके। वह समझा-समझाकर हार गया, अन्त में स्वयं उदास होकर उठ आया, और मधु घुटनों में मुँह छिपाए सिसकती रही। चाची को क्रोध चढ़ आया। एक तो सब काम अपने आप करना पड़ गया, दूसरे शेखर का दुलार उन्हें ज़रा भी अच्छा न लगा।

"जाने किस बात पर इतने अरमान हैं ? गोरी, सुन्दर भी तो नहीं है, न बाप जायदाद छोड़ गए हैं। एक हमलोग भी तो थे, जहाँ बड़ों ने शादी कर दी, चुपचाप चले आए। इनके मिजाज ही नहीं मिलते हैं !"

आख़िर शेखर ने खीझकर कहा, "बस, अब रहने दो, बुआ। उसे रो ही लेने दो।"

"तुम्हारी ही शह पाकर यह इतनी शेर हुई है, शेखर। मैं अन्धी नहीं हूँ। मधु के लिए

बड़ा दर्द है। कल ही मैं भैया को लिखूँगी कि शेखर का निबाह हमारे यहाँ नहीं हो सकता।''

''मैं कल खुद ही चला जाऊँगा, बुआ। तुम्हें तकलीफ करने की ज़रूरत नहीं,'' नाराज़ होकर शेखर बोला।

आख़िर चाचा भी झल्ला गए, ''तुम से चुप नहीं रहा जाता, नीरा की माँ ! आख़िर कभी तो शान्ति से बैठने दिया करो।''

''हाँ, हाँ, मैं ही हूँ सब आफत की जड़ ! मुझे मौत भी तो नहीं आती ! सबकी धौंस सहती हूँ। इस पराई लड़की के पीछे सब सगे छूटे जा रहे हैं। मेरी तो मति भ्रष्ट हो गई थी, जब इसे अपने घर में रखा। मुझे क्या मालूम था...''

चाचा ने हुक्का उठाया और बाहर चल दिए।

''मधु, खिड़की खोलो।''

कोई उत्तर नहीं।

''मधु सो गई क्या ?''

फिर भी कोई जवाब नहीं मिला।

''मधु ने उठकर खिड़की खोली, बाहर शेखर था।

अचकचाकर बोली, ''आप ?''

''हाँ, मैं हूँ, डरो मत।''

रात के सन्नाटे में, अपनी खिड़की के पास बरामदे में शेखर को देखकर उसे बड़ा अचरज लगा।

''लो।''

हौले से पूछा, ''क्या है ?''

''कुछ बिस्कुट, टॉफी।''

''क्यों ?''

''तुमने आज कुछ नहीं खाया,'' आग्रह से उसने कहा। मधु ने रूमाल हाथ में ले लिया और चुप खड़ी रही।

''मधु, मैं कल होस्टल चला जाऊँगा।''

स्वर में न जाने क्या था, मधु सिहर उठी, कम्पित स्वर में कहा, ''आप मेरे पीछे अपनी बुआ से...''

''नहीं, मधु, मैं तुम पर होता अन्याय नहीं सह सकता और जब अपनी ओर देखता हूँ, तो पाता हूँ कि कुछ नहीं कर सकता। मधु मुझे मेरी असमर्थताओं के लिए माफ़ कर देना। मैं कुछ भी न कर सका। और...और...कभी-कभी...भूले-बिसरे...याद कर लेना।'' वह अन्धकार में खो गया।

मधु ने पागल होकर खिड़की की छड़ों में सिर दे मारा। बन्द पक्षी पिंजड़े से बाहर जाने को छटपटा रहा था।

शेखर के जाने के बाद ज़िन्दगी रेगिस्तान-सी वीरान हो गई थी। न कोई हरियाली बची थी, न रंगीनी। दिन बीत रहे थे, शादी के दिन पास आ रहे थे।

अचानक एक दिन शेखर के पिता आ पहुँचे। चाची ने अचरज से स्वागत किया, "कैसे आए, भैया ?"

"शेखर की शादी के सिलसिले में आया हूँ।"

पड़ोस के इंजीनियर साहब की लड़की थी ममता, उसी को शेखर की वधू बनाने के स्वप्न चाची को बहुत अच्छे लगते थे। प्रसन्न होकर बोलीं, "हाँ भैया, शादी कर दो उसकी, लड़की बड़ी सुशील है।"

भैया ने विस्मय से उन्हें देखा, "कौन लड़की, कौशल्या ?"

"ममता—और कौन ? शेखर भी देख चुका है उसे। सुन्दर तो नहीं है, पर रुपया खूब देंगे।"

कुछ हिचककर भैया बोले, "वह मधु से शादी करना चाहता है, कौशल्या ?"

"मधु से ?" चाची की आँखें विस्मय से फैल गईं। "यह कैसे हो सकता है, भैया ! मधु से शादी !" इसके आगे क्या कहें, वह कुछ समझ न सकीं।

बेबस होकर भैया ने कहा, "क्या करूँ, कौशल्या ? वह अकेला लड़का है, उसकी खुशी भी तो देखनी है।"

"उसकी खुशी !" चाची व्यंग्य से बोलीं। "उसके साथ आपकी अक्ल भी सो गई है। ममता से शादी कर दीजिए, दो दिन बाद मधु का नाम भी याद न रहेगा।"

भैया चुप रह गए।

"ऐसा कहीं देखा भी है आपने ? बदनाम होगी, सो अलग। मधु में है ही क्या ? वह तो लड़का है, बचपना कर रहा है। आख़िर मैं उसकी बुआ हूँ, मैं थोड़े ही उसे जान-बूझकर कुएँ में गिरने दूँगी। वाह, कहीं ऐसा भी हुआ है आज तक !"

चाचा चुपचाप हुक्का पी रहे थे। शान्त स्वर से बोले, "इसमें हर्ज़ क्या है, नीरा की माँ ?"

चाची कुछ क्षण तक अवाक् रहकर बोलीं, "लो, कोई इनकी बात सुनो ! हर्ज क्या है ! मैं कहे दे रही हूँ कि शेखर की शादी मधु से नहीं होगी, नहीं होगी।"

तभी मधु किसी काम से अन्दर आई। तीक्ष्ण दृष्टि से उसकी ओर देखकर चाची बोलीं, "उसे अलग करके चैन नहीं मिला, महारानी, जो अब फूट डलवाने पर तुली हो ? क्या दोनों घरों की नाक कटवाकर ही चैन लोगी ?"

अनभिज्ञ मधु ने कातर आँखों से उन लोगों को देखा। वह कुछ समझ न सकी। एक बार शेखर के पिता को देखा, फिर चाचा को।

उस उदास मुख और व्यथित नेत्रों ने शेखर के पिता का दिल छू लिया।

कुछ सोचकर बोले, "अच्छा, देखा जाएगा, पर इस लग्न में गोविन्द से शादी न करना।"

मधु धीरे से लौट आई। इस पहेली को सुलझाने में वह असमर्थ थी। सबके सामने किया गया अपमान उसके दिल में काँटे-सा चुभ रहा था।

इम्तहान ख़तम हो गए थे। शेखर की यह अन्तिम परीक्षा थी, उसके बाद उसे जीवन-क्षेत्र में उतरना था। मन में कुछ मीठे अरमान थे, शरमाई-सी उमंगें...

बहुत दिन से बुआ की चिट्ठी नहीं आई थी। माँ उनसे मिलने और मधु के साथ कुछ

दिन रहने को उत्सुक थीं। उन्हें लेकर बनारस चला गया शेखर।

द्वार पर आम के पत्तों की सूखी बन्दनवार लटक रही थी। बुआ ने भाभी का स्वागत किया। मंजु, नीरा, किशोर, सभी शेखर दादा के पास इकट्ठे हो गए। शेखर की आकुल आँखें किसी को खोज रही थीं। इधर-उधर आतुर-सा देख रहा था।

"मधु कहाँ है, बीबी ?" माँ पूछ रही थीं।

"मधु ? क्या बताएँ, भाभी, गोविन्द बाबू की बदली बर्मा हो गई, बड़ी जल्दी में शादी कर देनी पड़ी।"

"पर तुमने कहा था वहाँ शादी नहीं करोगी ?"

"शेखर के साथ मेरा दिमाग़ तो खराब हुआ नहीं था, भाभी। चार दिन में भूल जाएगा यह उसे।"

शेखर ने कुरसी से सिर टिका लिया, आँखें कसकर बन्द कर लीं। चार दिन में भूल जाएगा !

# मान और हठ

जब बारात देखकर अमृता की सखियाँ अन्दर आईं, तो वे बहुत शान्त थीं। अमृता ने उत्सुक आँखों से उन्हें देखा, पर किसी ने उसके भावी पति के बारे में कुछ नहीं कहा।

आशंका से अमृता का हृदय धड़क उठा। पर वह कुछ नहीं बोली। सिर झुकाए बैठी रही।

अन्य स्त्रियाँ भी बारात देखकर अन्दर आ रही थीं। एक ने लम्बी आह भरकर कहा, ''अपना-अपना भाग्य है। कैसी चाँद-सी बेटी है, और कैसा वर...'' उसकी नज़र जब सिमटी, सिकुड़ी अमृता पर पड़ी, तो वह अचकचाकर चुप हो गई।

अमृता अपनी गोरी कलाई में पड़े चमकते गहनों और गुड़ियों को देख रही थी। अनायास ही आँखें भर आईं और आँसू चू पड़े।

आकुल हो सुषमा ने कहा, ''यह क्या, पगली ? रोती क्यों है ? सभी कुछ तो मिला है तुझे।''

ज़रा-सी देर को जब अन्य सखियाँ हट गईं, तो अधीर हो अमृता ने भरे कंठ से पूछा, ''सुषमा, सच बता...'' सुषमा की आँखों से एक आँसू टपक पड़ा।

''केवल रूप से क्या होता है, अमृता ? और सब बातों में वह बहुत अच्छे हैं,'' सुषमा ने उसे ढाढ़स बँधाते हुए कहा।

और सच ही और सब बातों में मुकुल बहुत अच्छा था। धनी जज का अकेला बेटा, सुशिक्षित, अच्छी नौकरी। पर अमृता को इन सबसे क्या करना ! उसके दिल में तो इस बात ने गहरा घाव कर दिया था कि उसका पति अत्यधिक कुरूप है।

झीना घूँघट उठाकर जिसने भी वधू का मुख देखा, उसने मुकुल का भाग्य सराहा। अपनी प्रशंसा का हर शब्द अमृता के दिल पर घूँसों-सा लगा। उसका मन होता कि घूँघट फाड़कर फेंक दे, स्त्रियों का मुँह नोच ले और दीवार से सिर टकरा-टकराकर मर जाए। पर वह वैसी ही शान्त, सिर झुकाए बैठी रही। बड़ी-बड़ी काली आँखों में आँसू उमड़ते रहे और सिसकियाँ अपने में दबाए वह चुप बैठी रही।

मुकुल को उन्हीं सब बातों की साध थी, जो हर एक युवक को होती है। और शायद भाग्य से उसे ऐसी पत्नी भी मिल गई थी, जो देखने में अनन्य सुन्दरी थी। पर मुकुल ने एक बार भी यह सोचने की कोशिश नहीं की कि उस उर्वशी-सी अमृता के भी न जाने क्या-क्या अरमान होंगे। उसकी समझ में स्त्रियों को केवल यही चीज़ें चाहिए—रुपया, अच्छे-अच्छे कपड़े, गहने, नौकर-चाकर और मोटर। और वह यह सब चीज़ें अमृता को दे सकता था।

जब कई दिन बीतने पर भी जगमग-जगमग करते आभूषणों के बीच भी अमृता का मुख कुम्हलाया ही रहा, तो मुकुल से न रहा गया। स्वर में विष भरकर बोला, "क्या किसी पुराने प्रेमी से बिछुड़ जाने का गम है ?"

यह एक ऐसी चोट थी कि अमृता तड़प उठी। उसकी आँखों से चिनगारियाँ-सी झड़ीं। बोली, "कोई भी आँखवाला समझ सकता है कि मुझे किस बात का गम है।"

मुकुल एक क्षण को अवाक् रह गया। फिर कहा, "ओह ! तो क्यों नहीं अपने माता-पिता से कह दिया कि तुम्हें कामदेव चाहिए।"

आँसुओं से भीगे स्वर में अमृता ने कहा, "वही लोग तो मेरे लिए दुश्मन हो गए।"

"तब फिर मुझे क्यों दोष देती हो ? मुझे तुम्हारी जैसी हज़ारों मिल सकती थीं।"

अमृता ने कुछ नहीं कहा। चुपचाप सिसकती रही।

"मैं तुम्हारी जैसी हज़ारों को ख़रीद सकता हूँ। तुम्हें अगर अपने रूप का घमंड है, तो मैं भी तुम्हें दिखा दूँगा।"

सिसककर, डूबे स्वर में अमृता ने कहा, "आपको अपनी दौलत का घमंड है, तो मैं भी आपको दिखा दूँगी।"

मुकुल बाहर निकल आया। क्रोध से उसने दरवाज़ा धड़ाम से बन्द किया। ज़रा गरूर तो देखो ! अभी पाँच दिन हुए हैं शादी को, बराबर से जबान चलाती है !

अमृता फूट-फूटकर रो रही थी। शकल-सूरत तो ऐसी है कि जी चाहता है कि आँखें फोड़ ले। ऊपर से यह मिजाज ! अगर ज़रा देखने में गनीमत होते, तो शायद ज़मीन पर पैर नहीं रखते। सोचते होंगे कि अमृता रुपए पर बिक जाएगी। अभी समझा नहीं है कि अमृता किस मिट्टी की बनी है।

फिर अमृता कुछ दिन और रही, मगर मुकुल उससे नहीं बोला। सोचता था कि पतिव्रता स्त्री की भाँति वह आकर पैरों पड़ेगी, क्षमा माँगेगी, मगर वह नहीं आई।

अमृता सोचती थी : "मैं क्यों जाऊँ ? बात शुरू तो उन्होंने ही की है। यह तो नहीं कि अपने आचरण से अपनी कुरूपता को ढाँकने का प्रयत्न करें, ऊपर से धौंस जमाते हैं !"

एक दिन अमृता चली आई। मुकुल तब भी नहीं बोला, और भारी दिल लिए इधर-उधर घूमता रहा।

सुषमा ने उन आँखों में सघन वेदना देखी। "बड़ी पागल है तू, अमृता। क्या बचपना कर बैठी ! तूने ऐसी बात कही ही क्यों ?"

"बस, मुझे ही दोष दो। यह तो नहीं कि मुझसे ज़रा-सी सहानुभूति दिखाओ। क्या मेरे अरमान, मेरी चाहें—कुछ भी नहीं ?"

"औरत की चाहें, अरमान कुछ महत्त्व नहीं रखते। यह दुनिया पुरुषों की है। फिर आख़िर रूप-रंग में रखा ही क्या है !"

"हाँ, ठीक है। तो तू कर ले न उनसे शादी ! वो तो सिर के बल तैयार हो जाएँगे। उन्होंने कहा ही था कि उन्हें रुपए के बल पर हज़ारों मिल जाएँगी।"

सुषमा ने गम्भीरता से कहा, "तेरा तो सिर फिर गया है। एक दिन रोएगी अपनी किस्मत को।"

"एक दिन क्या, अभी ही रो रही हूँ।"

और जब मुकुल के यहाँ से बुलाने का पत्र आया, तो अमृता ने जाने से साफ़ इनकार कर दिया। माँ खूब ही नाराज़ होकर बोलीं, "अजीब लड़की है ! हमलोगों की नाक कटवाने पर तुली है।"

अमृता ने कुछ उत्तर नहीं दिया।

"तो फिर क्या जवाब दिया जाए ?"

"लिखवा दो कि हमारी लड़की आपके घर में जीते-जी क़दम नहीं रखेगी।"

दुखी हो माँ बोलीं, "अरी, छोटे मुँह बड़ी बात न बोल। आख़िर क्यों नहीं जाएगी ?"

"नहीं जाऊँगी—मेरा मन।"

"वाह रे तेरा मन !

अब अमृता उबल पड़ी, "देखो, माँ एक तो तुम सबने मेरी ज़िन्दगी तबाह कर दी, ऊपर से..."

माँ की आँखें भर आईं। "हमलोगों ने तो तेरा भला ही चाहा था। शकल-सूरत से क्या होता है, इज्ज़त तो रुपए की ही होती है।"

"तो इसका मतलब है कि चाहे जिससे भी शादी कर दो ? मेरे भी हाथ-पैर हैं, कमा खा लूँगी। उनका रुपया मुझे नहीं चाहिए।"

माँ ने सिर पर हाथ मारकर कहा, "हाय रे, भगवान ! यह दिन दिखाने से पहले उठा क्यों न लिया ? पान-फूल की तरह तुझे पाला-पोसा..."

अमृता झुँझला पड़ी, "देखो, माँ, मुझे तंग न करो। मैंने कह दिया कि मुझे नहीं जाना है।"

मुकुल ने कौर मुँह में दिया ही था कि बहन ने कहा, "सुना, भैया, भाभी नहीं आएँगी।"

"क्या ?" चौंककर मुकुल ने पूछा।

"हाँ, उनके यहाँ से ख़त आया है। लिखा है कि वह बीमार हैं।"

मुकुल का दिल न जाने कैसा-कैसा सा हुआ। अमृता बीमार है। वह बिना खाए ही उठ आया। आकर सिगरेट सुलगाई और खोया-सा दूर देखने लगा। अमृता कितनी सुन्दर है ! आँखें कितनी नशीली हैं ! होंठ कितने भरे हुए ! बातचीत और उठने-बैठने में कितना आकर्षण ! और...और उसकी वह प्रगाढ़ वेदना, वह दर्प और तेज़ी !

मुकुल ने सिगरेट पैरों से कुचल दी। एक ख़याल काले बादल की तरह आया और छा गया। वह आना नहीं चाहती—मुकुल ने सोचा—क्योंकि मैं इतना बदसूरत हूँ। मैं काला हूँ, भद्दा हूँ। पर इसमें मेरा क्या दोष ? मैंने तो सदा ही सुन्दर पत्नी चाही थी, और मुझे मिली भी। मैं अमृता को सब कुछ दे सकता हूँ। उसे रानी की तरह रख सकता हूँ। अकेला बेटा हूँ, ग्यारह सौ पाता हूँ। और फिर ऐसा ही था, तो क्यों नहीं उसने मुझे शादी से पहले देख लिया ? अगर उसे अपने रूप पर मान है, तो मैं भी अपने हठ का पक्का हूँ। झुकेगी, तो अमृता—वह नारी है, पत्नी है। मैं पति हूँ।

पर मुकुल अमृता को नहीं जानता था। बार-बार मुकुल के पिता ने बुलाया, पर अमृता नहीं आई। हारकर वे लोग चुप हो रहे। मुकुल बार-बार उसे पत्र लिखने की सोचता, मगर

न जाने क्या उसे रोक देता। शायद अपने पुरुष होने का आत्माभिमान।

दिन बीतते गए। अमृता को लगा कि वह खोखली हो गई है। एक निरर्थकता की भावना उसके मन-प्राणों पर छा गई थी। ऐसा लगता कि वह पथ भूल गई है, अब कभी मंज़िल तक न पहुँच पाएगी। कभी अपने विवाह की बात सोचती, तो वह दुःस्वप्न-सा लगता। वह सोचती कि काश यह सपना टूट जाए और वह अपने को वही बेफिक्र अमृता पाए—अमृता, जिसे अपने समान ही सुन्दर पति पाने का अरमान था। पर क्योंकि वह सपना नहीं था, इसलिए नहीं टूटा। वह सत्य था, कटु और कठोर सत्य।

अगर कोई सखी नेत्रों में उत्सुकता और स्वर में विदर्प भरकर पूछती, "अरे अमृता, ससुराल कब जाओगी ?" तो वह स्वर को यथा साध्य सहज बनाकर कहती, "पहले पढ़ाई तो ख़तम कर लूँ।"

धीरे-धीरे ख़बर मुकुल के घरवालों तक पहुँच गई कि पढ़ाई का केवल बहाना है, अमृता आना नहीं चाहती है। समाचार की पुष्टि करती हुई मुकुल की दूर के रिश्ते की बुआ बोलीं :

"ऐ भाभी, तुम न जाने क्यों उस पर फिसल गई ? आजकल की पढ़ी-लिखी लड़कियाँ ऐसी ही होती हैं। खैर, अब भी क्या बिगड़ा है ! मुकुल को हज़ारों मिल जाएँगी। अरे, दूर क्यों जाती हो, मेरी ही देवरानी की चाची की बहन है। देखने में ऐसी कि अप्सरा। कामकाज में होशियार। नाचे वह, गाए वह..."

मुकुल की माँ की आँखें भर आईं। "मुझे क्या पता था ? देखने में तो ऐसा भोला मुँह है उसका। और देखो न, मुकुल अलग पीला पड़ता जा रहा है।"

"तब फिर क्या है ! मैं कहूँगी अपनी देवरानी से।"

माँ ने जल्दी से कहा, "नहीं, नहीं, ऐसी बात थोड़े ही है। पढ़ लेगी, तो वह आएगी ही।"

मगर बाद में उन्होंने जितना इस बात पर सोचा, उतनी ही उपयुक्त लगी। उन्होंने निश्चय किया कि अब अगर अमृता नहीं आई, तो जाड़ों में मुकुल की दूसरी शादी कर देंगे। तब तक पहली शादी को काफ़ी दिन हो जाएँगे।

और जब उस आख़िरी ख़त का भी जवाब आ गया कि अमृता को पढ़ना बहुत है, इसलिए वह न आ सकेगी, तब साहस कर उन्होंने प्रसंग छेड़ा :

"एक लड़की है। सुना है कि अच्छी है।"

मुकुल ने तीव्र दृष्टि से माँ को देखा। "तो ?"

"तो क्या ? अमृता तो अब आएगी नहीं। बड़े मिजाज हैं उसके। क्या पता था कि ऐसी होगी ? उसे भी पता चल जाएगा कि हमारे लड़के के..."

मुकुल के दिल में टीस-सी उठी। "माँ, तुम भी क्या बेकार बातें करती हो !" और उसके कहने के ढंग में न जाने क्या था कि फिर किसी को कुछ कहने का साहस न हुआ।

जब अमृता के यहाँ सबने सुना कि वे लोग दूसरी शादी करना चाहते हैं, तो सन्न रह गए। अमृता के हठ का यह परिणाम होगा—यह उन्होंने नहीं सोचा था। सबने उसे डाँटा, समझाया, फुसलाया, पर वह अपनी बात पर अटल रही। वह मुकुल के घर नहीं जाएगी, नहीं जाएगी।

कर ले वह दूसरी शादी। और अगर घरवालों के लिए वह भार हो गई है, तो वह जल्दी ही कहीं नौकरी कर लेगी। परिणाम यह हुआ कि पिता ने उससे बोलना छोड़ दिया, भाई झिड़कने लगे, भाभियाँ पग-पग पर अपमानित करने लगीं। अमृता का मुख पीला पड़ गया। दुबले-सूखे मुँह पर आँखें और भी बड़ी लगने लगीं, मगर एक आग उसके दिल में धधकती रही। हाँ, ग़लती उसकी अवश्य थी कि उसने शादी से पहले मुकुल को नहीं देखा, मगर वह कहती भी कैसे कि वह उसे देखना चाहती है ? भाई ने कह दिया था कि साधारण है। और फिर मुकुल का यह गर्व, यह मान ! एक पत्र भी नहीं डाला, पूरे दो साल हो गए। अगर मुकुल झुकता, तो वह उसे स्वीकार कर लेती। पर स्वयं झुकना उसे सह्य नहीं था।

इस दृढ़ निश्चय ने उसे एक आभा-सी दे दी। परीक्षा के बाद उसने नौकरी कर ली और सबसे दूर पूना चली गई।

मुकुल को एक क्षीण-सी आशा थी। अमृता के पूना चले जाने से वह भी टूट गई। उसे विश्वास हो गया कि अमृता ने उससे नाता तोड़ लिया है, शायद सदा के लिए।

एक दिन अमृता को एक निमन्त्रणपत्र मिला—मुकुल के विवाह का। किसी ने ससुराल से उसके साथ यह क्रूर परिहास किया था, जिससे अमृता भी जान जाए।

एक आह अनजाने में ही उसके होंठों तक आ गई। फिर अमृता ने वह पत्र फाड़ डाला और सूने नेत्रों से उन टुकड़ों को देखती रही। मंगल घट पर रखा हुआ नारियल, फूलमालाओं से लिपटे दो हाथ, किसी और नारी का भविष्य मुकुल के साथ बँध रहा था।

एक दिन जब पड़ोस के बच्चों का शोर असह्य हो गया, तो अमृता ने मुँह हाथों में छिपा लिया। वह आँसुओं से भीगा था। वह रोज़ देखती थी कि उस घर की पत्नी प्रसन्न मुख से पति के साथ उसे बाहर तक पहुँचाने जाती है। फिर बच्चों का मुख चूमकर स्कूल भेजती है, और दो बच्चों के मधुर कलरव से घर गूँजता रहता है। अगर कभी अमृता से मिलने आती है, तो नन्हा शिशु उसके कमरे में तूफ़ान मचा देता है। मेज़पोश खींचकर फेंक देता है, स्याही की दावात लुढ़का देता है, फूलदान में से फूल निकालकर सारे कमरे में बिखरा देता है, और माँ के डाँटने पर शरारत से हँस देता है।

अमृता को यह सब बहुत भला लगता। पर साथ ही एक अव्यक्त विषाद से दिल भारी हो उठता। यह सूनापन, यह अकेली ज़िन्दगी ! मुकुल के पत्नी है। बच्चे भी होंगे ही। आठ साल हो गए, पूरे आठ साल। मुकुल पुरुष है। वह अपनी दुनिया बार-बार बसा सकता है। पर अमृता ?

जाड़े की सूनी, लम्बी शाम। अमृता चुपचाप अँगीठी में दहकते कोयले देख रही थी। एक दिन उसके दिल में भी ऐसी ही आग धधक रही थी, मगर अब वह आग बुझ चुकी थी। बची थी गरम राख। दर्द में उतनी तेज़ी नहीं थी, मगर अब वह रोम-रोम में भिद गया था, नस-नस में बस गया था। अमृता ने बाहर नज़र डाली। अँधेरे में एक छाया-सी थी। निर्जन सड़क पर एक व्यक्ति, भूला-भटका-सा। शायद यह भी मेरी ही तरह लक्ष्यहीन है। शायद इसके भी कोई घर नहीं है, जहाँ यह शाम को जा सके। उस अनजान, अपरिचित

व्यक्ति के लिए संवेदना से उसका हृदय भर उठा।

किसी ने द्वार पर थपकी दी। अमृता ने द्वार खोल दिया, और विस्मय से पीछे हट गई। आगन्तुक बिजली के नीचे आया।

"आप ?" वह जैसे चीख़ पड़ी।

"हाँ, मैं ही हूँ," व्यथा से बोझिल स्वर में मुकुल बोला। और उसने एक नन्हे-से शिशु को सावधानी से आरामकुरसी पर लिटा दिया, जिसे वह अपने ओवरकोट से ढँके था। अमृता अवाक्।

"अमृता, मेरी पत्नी मर चुकी है। उसके मरने से मेरे लिए कुछ अन्तर नहीं। मैं उसके जीते-जी उतना ही अकेला था, जितना कि तुम्हारे जाने के बाद से था। मैं जानता हूँ कि तुम मुझे स्वीकार नहीं करोगी, मगर न जाने क्या मुझे यहाँ तक खींच लाया। एक हल्की-सी आशा..."

अमृता एकटक उसे देख रही थी। आठ सालों में वह बहुत बदल गया था। बरसों का बीमार-सा, टूटा-टूटा, खोया-खोया, उदास और बेहद अकेला। उसके दर्द ने उसे एक स्निग्ध, अलौकिक आकर्षण दे दिया था, जिसे केवल अमृता की ही आँखें देख सकीं।

शिशु रोया, और अमृता ने झपटकर उसे उठा लिया। कन्धे से लगाया और धीरे-धीरे थपकने लगी। दिल में न जाने कैसा-सा लगा कि आँखों से आँसू चू पड़े।

# नष्ट नीड़

माँ कहीं पड़ोस में गई हुई थीं। जाड़ों की अलस दोपहर में भुवन की आँखें झेप-सी गई थीं। मगर किसी का दबा-दबा कलहास सुनकर उसकी हल्की-सी नींद तुरन्त टूट गई। वह ज़रा खीझा। बरामदे के उस पार बरतन खनक रहे थे। पानी चलने की आवाज़ और महाराज का मोटा-मोटा स्वर। फिर कोई हँसा। और वह हँसी बरतनों की खनक और महाराज के स्वर के ऊपर तैरती-सी भुवन तक आई।

भुवन ने अँगड़ाई ली। धूप हटती जा रही थी। शरीर अलसित था और आँखें उनींदी।

कहारी की लड़की लाखी होगी। उसको ही घड़ी-घड़ी हँसी सूझती है। और इस वक़्त तो माँ भी नहीं हैं। पूरी छूट है।

भुवन को गुस्सा आ गया। "महाराज, एक गिलास पानी दे जाओ," पुकारकर उसने कहा।

मगर भीगे हाथों में तश्तरी पकड़े, उसके ऊपर पानी का गिलास लिए लाखी आई—महाराज नहीं। आँखें बड़ी-बड़ी है, उनमें मोटा-मोटा काजल लगा रहता है। कानों में चाँदी के करनफूल चमकते हैं और श्यामल मुख को द्युतिमान बनाए रहते हैं। काले रंग की धोती ऊपर करके कमर में खोंसे रहती है, जिससे सुडौल पिंडलियाँ दिखाई देती रहती हैं।

भुवन ने पानी पीकर गिलास वापस दे दिया। फिर स्वर कड़ा कर कहा, "क्यों इतना शोर मचाती है, लाखी ? मेरी नींद टूट गई।" लाखी का मुख अपराधी जैसा हो गया। "क्या यहाँ तक आवाज़ आती है, छोटे भैया ? बरतन तो खनकते ही हैं।"

भुवन ने घुड़ककर कहा, "मैं तेरे हँसने की कह रहा था। जा भाग, मुझे सोने दे।"

लाखी सचमुच भाग आई। भुवन का क्रोध लाखी पर नहीं है, महाराज पर है। खाना बनाकर छुट्टी पा लेता है और दोपहर को सज-सँवरकर, बालों में तेल डालकर, मुँह में पान दबाकर घर के पिछवाड़े बैठ जाता है। हाथ में गाने की किताब लेकर आने-जानेवाले लोगों से दिल्लगी किया करता है। और लाखी है कि खिलखिल हँसा करती है।

आरम्भ में ही भुवन ने माँ से कहा था, "मुझे तुम्हारा यह नया महाराज पसन्द नहीं है। इसे निकाल दो।"

माँ ने हँसकर कहा था, "जानती हूँ कि उसकी शौकीनी तुझे अच्छी नहीं लगती, भुवन। पर अच्छे नौकर मिलते कहाँ हैं ? यह जाना-बूझा है, चोर-उचक्का नहीं। भैया ने समझ-बूझकर ही मेरे पास भेजा है। शौकीन है, तो मेरा क्या जाता है !"

मामा पर माँ के अटल विश्वास पर भुवन को और भी खीझ आती है। मगर वह कुछ

न कह सका। विधवा माँ इस बड़े घर में अकेली रहती हैं। एक पुरुष सेवक का रहना आवश्यक है, और अगर वह मामा का भेजा छैला महाराज है, तो हर्ज कुछ नहीं। माँ को आदर से देखता है। काम ठीक करता है—यह तो भुवन को मानना ही पड़ेगा। लाखी की बुढ़िया माँ इधर-उधर का काम कर देती थी।

लाखी की शादी कई साल पहले हो चुकी थी। फौजदारी के सिलसिले में उसका पति जेल हो आया था। इसलिए माँ ने गौना नहीं किया था। बाप उसका पक्का ताड़ीबाज़ था। रोज़ शाम को ताड़ी पीकर शोर मचाया करता था। कितनी बार भुवन नाराज़ हो चुका था। पर घर के पीछे गन्द-भरी बस्ती है, इसलिए तो अपना घर छोड़ा नहीं जा सकता।

लाखी का तो कहना ही क्या ! मोटा-मोटा काजल लगाती है, बरतन खनकाती है और महाराज के साथ ज़ोर-ज़ोर से हँसती है। भुवन के यह समझ में नहीं आता कि लाखी महाराज से क्या पाती है ?

धूप जा चुकी थी। भुवन उठा और अन्दर कमरे में जाकर लेट गया।

"लाखी, तेरा दूल्हा कैसा है ?" महाराज ने पूछा।

"धत् !"

महाराज ने हँसकर पूछा, "मुझसे अच्छा है ?"

भुवन से रहा नहीं गया। ज़ोर से पुकारा, "महाराज !"

फिर उधर सन्नाटा हो गया। लाखी ने धीरे-धीरे बरतन धोकर रखे और दबे-दबे पैरों से भाग गई। उसे छोटे भैया से बहुत डर लगता है।

उधर भुवन ने करवट बदली। मन में किसी ने पूछा, "भुवन, तुम्हें किसी की हँसी-दिल्लगी क्यों नहीं भाती ?"

भुवन इस प्रश्न का उत्तर न दे सका। दुनिया को कोई धोखा दे ले, पर अपने को ?

सुधीरा भी तो यों ही हँसती थी। पर कहाँ लाखी और कहाँ सुधीरा !

एक कहार की लड़की, बरतन माँजती फिरती है, दूसरी सभ्य और सुसंस्कृत परिवार की लाड़ली बेटी। पर अल्हड़पन तो दोनों में ही एक-सा है। सुधीरा...भुवन ने करवट बदली...

सुधीरा को कुछ लोग देखकर पसन्द कर गए थे। भुवन उन दिनों घर आया हुआ था। लौटकर प्रोफ़ेसर कृष्ण के घर गया, तो उनकी पत्नी ने मुस्कराकर कहा, "भुवन, सुधीरा तो 'एप्रूव' कर ली गई।"

"ओह ! सच ?" भुवन ने आनन्दित हो कहा। "तब दावत रहे। क्यों, सुधीरा ?"

सुधीरा कुछ नहीं बोली। जब उसकी माँ काम से कहीं चली गई, तो भुवन ने चिढ़ाते हुए पूछा, "सुधीरा, तुम्हारा भावी पति कैसा है ?"

चंचल सुधीरा अत्यन्त शान्त थी। घनी बरौनियोंवाले पलक उठाकर कुछ क्षण अपलक भुवन की ओर देखती रही, फिर अनायास ही कहा, "धत् !" फिर कुछ चुप रहकर कहा, "तुमसे अच्छे हैं।"

"ओह !"

'क्यों ? क्या तुम समझते हो कि तुमसे कोई अच्छा हो ही नहीं सकता ?" सुधीरा अपने हृदय में उठता हाहाकार छिपाना चाह रही थी...

भुवन ने करवट बदली। माँ लौट आई थीं। ''सो रहे हो, भुवन ? महाराज से चाय बनवा ली होती।''

''महाराज को अपने कृष्ण कन्हैयापन से ही फ़ुरसत कहाँ है ! पानी माँगा, तो लाखी से भिजवा दिया, और सारी दोपहरी गा-गाकर, हँस-हँसकर सोने नहीं दिया।''

माँ एक साँस में इतने आरोप सुनकर चौके की तरफ़ बढ़ती हुई बोलीं, ''अच्छा ! बड़ा दुष्ट हो गया है यह !''

फिर बहुत देर तक वह नहीं लौटीं। भुवन ने सोचा कि अवश्य ही महाराज पर इतनी देर से डाँट पड़ रही होगी। तरस खाकर वह उठ बैठा कि जाकर माँ को हटा ले। चौके के द्वार पर जाकर देखा कि माँ बैठी मटर छील रही हैं।

''महाराज कहाँ गया ?''

''जाने कहाँ गया है ! पान की दुकान पर बैठा होगा। मटर छौंकने को कह गई थी, सो छीली भी नहीं। परेशान कर रखा है।''

''वह तो मामा ने समझ-बूझकर तुम्हारे पास भेजा है न !'' भुवन से रहा नहीं गया।

माँ मटर छीलती रहीं। बेटे का व्यंग्य चुपचाप सह लिया। मायके से भेजा गया नौकर ठहरा !

तभी लाखी ने दरवाज़े से झाँका, तो माँ का क्रोध उस पर निकला, ''तू बड़ी सिर चढ़ गई है, लाखी ! कभी-कभी तो भुवन घर आता है, तू उसे आराम नहीं करने देती। देख, तेरे बाप से कहकर कैसी कुटम्मस कराऊँगी ! महाराज कहाँ है ?''

लाखी के होंठ पान से रँगे थे। सहमकर बोली, ''पान की दुकान पर।''

''जाकर भेज उसे। बड़ा पान का शौकीन बना है !'' माँ भुनभुनाती रहीं।

भुवन कौतुक से लाखी के मुँह की ओर देख रहा था। यहाँ से जाकर महाराज ने पानवाली से पान लगवाकर लाखी को खिलाए होंगे, पानवाली से मज़ाक किया होगा।

लाखी जान छुड़ाकर भागी। थोड़ी देर में महाराज बेफिक्री से आया। लगता था कि लाखी ने सचेत कर दिया था। मगर फिर भी मुद्रा में कोई परेशानी नहीं थी। जूते उतारकर कहा, ''हटिए, माँजी, मुझे करने दीजिए।''

भुवन हट आया। पता नहीं महाराज पर क्या बीती। माँ जब आईं, तो गुस्से से मुँह अब तक लाल था।

''पक्का बेहया है। उस पर कहने का कोई असर थोड़े ही है। लाखी तो बच्ची है, उसे फुसला-फुसलाकर...'' माँ ने बात आधी छोड़ दी।

भुवन अधलेटा-सा था। माँ को देखता रहा। कुछ देर बाद माँ ने कहा, ''अमर की भाभी की फुफेरी बहन की सगाई हो गई। अगले महीने ब्याह है।'' स्वर में दर्द आ गया था। ''भुवन, तुम कब तक...''

भुवन ने कहा, ''लाखी ससुराल क्यों नहीं जाती ?'' जैसे माँ की बात सुनी ही न हो।

''क्या जाएगी ससुराल ! करमफूटी को दूल्हा भी तो ऐसा मिला है—गुंडा। उसकी माँ नहीं भेजती। पर तुम मेरी बात यों क्यों टाल गए ? प्रोफ़ेसर कृष्ण ने कितना ज़ोर दिया था ! अगर बात मान ली होती, तो...''

भुवन के दिल पर किसी ने ठक से वार किया। सुधीरा का विवाह भुवन से करने

का प्रोफ़ेसर कृष्ण का कितना मन था...

आख़िरी बार जब सुधीरा से मिला था, तब वह कितनी कुम्हला गई थी। कुरसी पर सफ़ेद शाल ओढ़े बैठी थी। उस सफ़ेदी के साथ उसका मुख अत्यन्त पीला लग रहा था। भुवन को देखकर आँखों में कुछ ज्योति-सी आ गई थी।

"बैठिए !" पर वह स्वयं उठकर खड़ी नहीं हुई थी।

"कुछ बीमार हो क्या ?" भुवन ने पूछा था।

उत्तर उसकी माँ ने दिया था, "हाँ, तबीयत ठीक नहीं रहती। परिवार वहाँ का बहुत बड़ा है। बहुत काम करना पड़ता है।" उनका स्वर भारी था, आवाज़ में कुछ क्षोभ, कुछ उलाहना-सा था।

"कितने दिन रहोगी ?" भुवन ने दूसरा प्रश्न पूछा। यह पहला ही अवसर था जब वह समझ न पा रहा था कि सुधीरा से क्या बात करे। नहीं तो उन दोनों की बातें तो निर्झर की तरह अबाध गति से चलती थीं—छेड़ना, खिजाना, रूठना, हँसना।

"अब तो कई महीने रहेगी," माँ ने उत्तर दिया था। तब भुवन के मस्तिष्क में असली बात कौंध गई। और उस ज्ञान की पीड़ा इतनी गहन और तीव्र थी कि भुवन को लगा कि उसके मुलायम मांस में दूर तक कोई पैनी चीज़ धँसती चली गई है। एक क्षण को वह हतबुद्धि सा रह गया। सुधीरा अपलक नेत्रों से भुवन को देख रही थी। भुवन ने उसकी ओर देखा, तो उन आँखों में लज्जा न पाई, बल्कि वह दीन, कातर हो क्षमा-याचना-सी कर रही थी। किस बात की ? भुवन से जानना चाहा। सुधीरा का अपराधी तो भुवन ही है न ?

कुछ देर तक वह गुमसुम बैठा रहा, फिर उठकर चला गया।

लाखी की बूढ़ी माँ ने ज़ोर-ज़ोर से महाराज को गालियाँ दे-देकर घर सिर पर उठा लिया। पर महाराज पर कुछ असर न हुआ। मसाला पीसता रहा और आँख दबाकर मुस्कराता रहा। बूढ़ी महरी और ज़ोर से चिल्लाई। भुवन ने किताब बन्द कर दी। सोचा था कि पन्द्रह दिन घर जाकर कुछ आराम करेगा, मगर लाखी और महाराज का किस्सा रोज़ नया रूप धारण कर रहा था। तब तक माँ घटनास्थल पर पहुँच गई थीं।

सहमी और दुबली-सी खड़ी लाखी को धक्का देकर महरी ने कहा, "माँजी, इस लड़की ने तो कहीं मुँह दिखाने जोग नहीं रखा।"

"क्या हुआ ?"

"क्या हुआ ! कल रात को चुड़ैल महाराज के साथ सिनेमा देखने गई थी। कल्लू के बाप ने देखा, तो आकर चार बातें महल्ले भर में कहीं। इसकी ससुरालवाले सुनेंगे, तो क्या कहेंगे !"

भुवन को हँसी आ गई। उसने सोचा कि सिनेमा हॉल केवल शिक्षित वर्ग के ही मिलन स्थान नहीं रहे। मगर महाराज की शौकीनी माननी पड़ेगी।

कुछ देर बाद लौटकर माँ ने भुवन से कहा, "मुझे तो इन सब पर हँसी आती है। मैं सब जानता हूँ। बुढ़िया चाहती है कि बेटी का कहीं अच्छी जगह ठिकाना हो जाए। ऊपर से बड़बड़ाती है।"

और दोपहर को वही कलहास, बरतनों का खनकना और महाराज का गाने गुनगुनाना।

"माँ, तुम्हारे नौकरों ने तो नाक में दम कर रखा है," भुवन ने शिकायत की।

अपने नौकरों की हर समय आलोचना करना माँ को खटक गया। "तुम भी तो हरदम घर में पड़े रहते हो। न कहीं आना, न जाना। छुट्टियाँ हैं, तो कहीं आओ-जाओ, घूमो-फिरो। ममता जब भी मिलती थी, कहती थी कि भुवन आए तो बताइएगा, मिलने आऊँगी। वहीं हो आओ।"

मैच मेकिंग माँ की हॉबी है। फलाने के साले से अगर फलाने की लड़की की शादी हो जाए, अमुक की चचेरी बहन और अमुक के बहनोई के छोटे भाई का जोड़ा बड़ा अच्छा रहेगा। यहाँ तक कि लाखी और महाराज भी नहीं बचे। अपनी बहू तो न जाने किस-किस को बनाना चाहती है। भुवन ने उत्तर नहीं दिया।

"बुढ़िया गौना करनेवाली है लाखी का। पर लाखी कहती है कि जाएगी नहीं। पंचायत होगी।" फिर कुछ रुककर कहा, "उस गुंडे से तो हमारा महाराज लाख दरजे अच्छा है।"

पन्द्रह साल की लाखी में इतनी दृढ़ता है—यह जानकर भुवन को आश्चर्य हुआ।

"पंचायत क्यों होगी ?"

"अगर महाराज के साथ रहेगी, तो..." माँ ने बात आधी छोड़ दी, क्योंकि हरि की दादी आँगन तक चली आई थीं...

बस, अकेला रह गया भुवन, और रह गई सुधीरा की स्मृति। यह याद भी न जाने कैसी है कि समय-असमय जगकर भुवन को उद्विग्न-उन्मन कर जाती है। सुधीरा को पा सकता था। बस, हाँ करने भर की देर थी। पर क्यों नहीं की हाँ ? क्यों स्वीकृति नहीं दी ? भुवन ने न जाने कितनी बार अपने को धिक्कारा और कोसा था।

पर तब तो वह विवाह के बन्धन में पड़ना नहीं चाहता था। प्रोफ़ेसर कृष्ण उसे बहुत मानते थे। सुधीरा से भी बरसों का परिचय था। पर तब तो न कर दी थी और जिद कर अड़ा रहा था। सुधीरा जानकर खूब रोई थी। ऐसा निर्मम है भुवन, ऐसा हठीला ! पर ऊपर से उसने व्यवहार में अन्तर न आने दिया था। भुवन को देख अब भी उसका मुख स्निग्ध आभा से दीप्त हो उठता था।

भुवन कमरे में अकेला था। कमरा था सुधीरा का। सुधीरा की कुछ सखियाँ आई हुई थीं और वह उनका दूसरे कमरे में सत्कार कर रही थी। वह किसी काम से इधर आई। मधुर विस्मय से कहा, "अरे, तुम हो ! कब से बैठे हो ? माँ तो बाज़ार गई हैं।"

"अभी आया हूँ।"

"अच्छा, उन लोगों को विदा कर आऊँ। अभी आई, जाना मत।"

"अच्छा।" कहकर भुवन बाहर की ओर देखता रहा। कुछ देर में देखा कि तीन युवतियों को विदा कर चपल पगों से सुधीरा वापस आ रही है। सुधीरा कमरे में आकर पलंग पर बैठ गई। हाथ बालों पर फेरती हुई बोली, "बड़ी बोर हैं तीनों। जाने का नाम ही नहीं ले रही थीं।"

भुवन खिड़की के पास खड़ा रहा। मुड़कर बोला, "माँ कहाँ गई हैं ?"

"उँह ! कुछ साड़ी-वाड़ी लेने गई हैं। क्यों, क्या मुझसे डरते हो ?"

"बहुत," हल्के से मुस्कराकर भुवन ने कहा।

न जाने सुधीरा के दिल में कैसा लगा। वह उठकर भुवन के पास जा खड़ी हो गई।

"डरते हो कि कहीं बँध न जाओ ?"

भुवन ने विचित्र-सी दृष्टि से सुधीरा को देखा और कुछ कहने जा ही रहा था कि सुधीरा ने अपने दोनों हाथ उसके कन्धों पर रख दिए।

"भुवन...भुवन...भुवन..."

"सुधीरा, तुम..." भुवन ने सुधीरा के तरल, सजल नेत्र देखे।

"क्या तुम बिलकुल पत्थर ही हो, भुवन ?"

सुधीरा का कंठ आर्द्र हो गया था। "घबराओ मत, भुवन। अब तुम्हें तंग करने को नहीं रहूँगी। चली जाऊँगी। परसों से मेहमान आने लगेंगे..." उसका स्वर मन्द और कम्पित था।

भुवन का हृदय भर आया। उसे लगा कि उसके अन्दर कठोर लौह-पिंड पिघल गया है। इतने दिनों का परिचय...इतने दिनों का नाता...उसने मृदुलता से सुधीरा को बाँहों में भरकर उसके केशों में अपना मुख छिपा लिया। भुवन का शरीर एक स्वर्गिक अनुभूति से पुलक उठा। साथ ही एक अव्यक्त विषाद ने बाँहें फैला उसे ढाँक लिया।

कुछ क्षण बाद भुवन ने जब सुधीरा को छोड़ा, तो देखा कि उसका मुख नीरव अश्रुओं से भीगा है। एक मौन, निष्कम्प शिखा-सी वह जलती रही। भुवन मुड़ा और भारी क़दमों से बाहर आ गया।

फिर भुवन पिंजड़े में बन्द पक्षी की तरह फड़फड़ाया था। मेहमान आने लगे हैं, निमन्त्रणपत्र जा चुके हैं। प्रोफ़ेसर कृष्ण अब क्या मानेंगे ! पर क्या सुधीरा चली जाएगी और वह देखता रहेगा ? मगर कितनी बदनामी होगी। वरपक्ष के लोग क्या कहेंगे, कैसे मानेंगे ? और सुधीरा...और सुधीरा...

दिन इतने पास आ गए थे कि गिनने की ज़रूरत नहीं थी। बस, बीच में एक सप्ताह और था।

माँ का कितना मन था कि सुधीरा उनकी बहू बनती ! प्रोफ़ेसर कृष्ण खुद भुवन से सुधीरा का विवाह करना चाहते थे। पर भुवन ने यह नहीं जाना था कि वह न करके अपनी ही खुशी ठुकरा रहा है। सुधीरा से बरसों का परिचय है, स्नेह है, पर पत्नी ? भुवन ने यह कहकर टाल दिया था कि वह अभी शादी नहीं करेगा। सुधीरा उसके अस्तित्व का एक अभिन्न अंग बन गई है, यह तो तब अनुभव किया, जब सुधीरा के द्वार पर आम के पत्तों की वन्दनवार बँध चुकी थी। और तब भुवन को ऐसा लग रहा था कि जैसे सुधीरा जा नहीं रही है, बल्कि भुवन के शरीर का अंग काट डाला गया है। अपने कमरे में बैठे-बैठे भुवन ने अनेक बेसिर-पैर की योजनाएँ बनाईं। मगर एक बात का ज्ञान उसे तोड़-सा देता। सुधीरा चली जाएगी...सुधीरा चली जाएगी !

फिर भी भुवन प्रोफ़ेसर कृष्ण से मिलने गया। संयोग से वह अकेले मिल गए। थके-से आरामकुर्सी पर बैठे थे।

"आओ, भुवन। बहुत दिनों में आए।"

भुवन कुरसी खींचकर बैठ गया। एक क्षण तक अपने विचारों में क्रम लाने का प्रयास किया, फिर सीधे से कह डाला, "प्रोफ़ेसर साहब, आप मुझे पता नहीं क्या समझेंगे, मगर मैं सुधीरा से शादी करना चाहता हूँ।"

"एं !" अपार विस्मय और कुछ विमूढ़ता से प्रोफसर कृष्ण ने भुवन की ओर देखा। भुवन की भवें वहुत घनी थीं, उनके नीचे मेधावी आँखों में विचित्र-सी ज्वाला थी। भुवन अत्यन्त गम्भीर है, वह जान गए। निरुत्तर हो कुछ देर पेंसिल उँगलियों में हिलाते रहे।

"मगर, भुवन, तुमने तो जब बिलकुल ही मना कर दिया, तब मैंने कहीं और बात की। पर अब..."

"तब मैंने गम्भीरतापूर्वक सोचा नहीं था। मुझे अनुमान भी न था कि मुझे ऐसा लगेगा। अब मुझे लगता है कि..." भुवन ने बात आधी छोड़ दी। क्या समझाए प्रोफ़ेसर कृष्ण को !

"मैं समझ सकता हूँ कि तुम क्या महसूस कर रहे होगे। पर, भुवन, अब तो कुछ नहीं हो सकता, मेरी पोजीशन भी तो सोचो। कितनी बदनामी होगी। वह मेरे सबसे पुराने मित्र का लड़का है। सभी तरफ़ से...अब तो बहुत देर हो चुकी, भुवन।"

भुवन का कुछ और कहने को मन नहीं हुआ। वह जानता था कि वह यही कहेंगे। चाहें, तो क्या शादी रोक नहीं सकते ? तमाम तरीके हैं। मगर वह क्यों रोकें शादी ? क्या ऐसे-वैसे किसी के कहने से कोई अपनी लड़की की शादी रोक देगा ?

भुवन की आँखों की ज्वाला बुझ गई। उनमें एक सूनापन आ गया। उसे लगा कि कमरे की दीवारें, ऊँची और ऊँची होती चली जा रही हैं। वह उठकर खड़ा हो गया। उसके दिल पर भारी बोझ रखा था। स्थिर, संयत कंठ से कहा, "कोई बात नहीं। इसे भूल जाइए।" और कमरे से ऐसे निकल आया जैसे कुछ हुआ ही नहीं। पर वह अच्छी तरह समझ रहा था कि वह अपने पीछे अरमानों को जलता छोड़ आया है।

बाहर निकलकर कुछ देर वह अनिश्चित-सा खड़ा रहा। फिर न जाने क्या मोह उसे अन्दर खींचकर ले गया। अन्दर अच्छी-खासी भीड़ थी। उसमें से किसी ने पहचानकर पूछा, "किसे खोज रहे हैं, भुवन बाबू ?"

"सुधीरा..."

"वह नहा रही है। बैठिए न।"

भुवन नहीं रुका।

अगर सुधीरा मिल जाती, तो कुछ बात कर लेता, पर अब इन्तज़ार करना उसे दुस्सह हो रहा था। वह एकान्त चाह रहा था...अँधेरा...सन्नाटा।

भुवन से यह भी न हो सका कि अपने को काम में उलझा लेता। पहले की तरह अस्पताल जाता, मरीज देखता। पर अपने को वह खोखला-सा पाता। हर काम के लिए अपने को ढकेलना पड़ता। लगता कि अन्दर कोई चीज़ मर गई है, जिसमें फिर से प्राण नहीं आ सकेंगे। वह स्वयं डॉक्टर है, लोगों को स्वस्थ करेगा, जीवनदान देगा, मगर वह स्वयं मृत है, अचेतन।

उस दिन चुप लेटा था। किसी ने दरवाज़ा खटखटाया।

"भुवन बाबू ! भुवन बाबू !" प्रोफ़ेसर कृष्ण का नौकर था। बिना कुछ कहे उसने एक पत्र पकड़ा दिया। सुधीरा ने दो पंक्तियाँ लिखी थीं :

'मैं कल चली जाऊँगी, भुवन। क्या मुझे विदा देने भी न आओगे ?"

कलम उठाकर उसी के पीछे लिख दिया : "सुधीरा, एक दिन तुमने मुझे पत्थर होने का उलाहना दिया था। इसी से नहीं आया, क्योंकि पत्थर नहीं हूँ। मुझे माफ़ कर देना, सुधीरा, मैंने तुम्हें बहुत दुख दिया। पर मैं स्वयं भी खुश कहाँ रह पाया ? अगर लिखने बैठूँ, तो रातें बीत जाएँगी, पर मेरी बातों का अन्त न होगा। तुम्हारी आँखें रीती हो जाएँगी, मगर वे सारे आँसू भी मेरा दर्द न मिटा सकेंगे। दोषी तो मैं ही हूँ, सुधीरा। मैं हृदय से कामना करता हूँ कि तुम सुखी रहो।"

नौकर ने कहा, "माँजी ने बुलाया है।"

"कह देना तबीयत ठीक नहीं है।" नौकर पत्र लेकर चला गया।

पूरे साल भर बाद जब सुधीरा को देखा, तो वह सफ़ेद शाल ओढ़े थी। उसका चेहरा पीला पड़ गया था और उज्ज्वल आँखें गीली-गीली-सी थीं।

भुवन उठकर चला आया था...

पंचायत बुलाई गई थी। निश्चय ही था कि लाखी का पति से सम्बन्ध-विच्छेद हो जाएगा। लाखी की आँखों में उल्लास था। मुख को यथासाध्य गम्भीर बनाए रखती थी, पर आँखें प्रदीप्त रहती थीं। अब कभी-कभी दोपहर में सुनाई देता :

"महाराज ! महाराज !"

"हाँ री !" महाराज अपना मोटा स्वर यथासाध्य कोमल बनाकर कहता।

पर उस दिन माँ सुबह ही सुबह परेशान-सी पुकारने लगीं : "भुवन ! भुवन, महाराज कहाँ गया ? महाराज तो घर में है ही नहीं।"

"क्या ?"

"महाराज भाग गया।"

"चलो, अच्छा हुआ।" पूरी तरह जागकर भुवन ने कहा।

"मज़ाक छोड़ो। जाने कहाँ गया ?" माँ परेशान हो उठीं।

भुवन चारपाई पर बैठ गया। अँगड़ाई लेकर कहा, "क्या बात है ?"

"बात क्या है—पीछे का दरवाज़ा खुला पड़ा है। महाराज अपने कपड़े-लत्ते समेत गायब है। लाखी चौका-बरतन को आई, तो देखा कि दरवाज़ा खुला पड़ा है। उसकी कोठरी में झाँका, तो उसका बक्सा-बिस्तर गायब पाया। हाय, कहीं कुछ उठाकर तो नहीं ले गया ?"

"मामा का भेजा नौकर था। चोर-उचक्का तो था नहीं। क्या सुबह-सुबह नींद खराब कर दी !"

"उधर लाखी बैठी रो रही है। मेरी जान को आफत है, तुम्हें मज़ाक सूझ रहा है। अब तो लाखी का गौना ज़रूर कर देगी बुढ़िया।"

"कर देने दो। तुम्हें सारी दुनिया की फिक्र क्यों है ? मैं तो एक नज़र देखकर जान गया था कि महाराज कैसा है।"

हारकर माँ ने कहा, "ठीक है। तुम्हारा-सा पत्थर दिल कहाँ से लाऊँ !" और वापस लौट गईं।

दो ही दिन बाद माँ ने खोज-ढूँढ़कर एक बड़े-बड़े दाँतोंवाली ब्राह्मणी महाराज की जगह लगा ली। किसी के बिना किसी का काम रुकता थोड़े ही है !

एक दिन शाम को लाल लहँगा और नीली चुनरी पहने लाखी अपनी माँ के साथ आकर आँगन में खड़ी हो गई।

''ससुराल जा रही है,'' उसकी माँ बोली। ''गौना कर दिया। जिसकी है, वहीं जाए।''

मिसरानी तमाशा देखने चौके के द्वार पर आकर खड़ी हुई। लाखी ने सजल नेत्रों से उसे देखा, फिर उसकी आँखें नल की ओर गईं, जिसके नीचे बैठकर बरतन माँजा करती थी। वह घुटे स्वर में रो उठी।

भुवन के हृदय में कचोट-सी उठी। कितना अखरता था उसे लाखी का हँसना-खिलखिलाना ! क्या जानता था कि वह अपनी आँखों से ही उस नीड़ के तिनके बिखेरते देख लेगा।

लाखी सिसकते-सिसकते चली गई।

माँ ने दुख से कहा, ''चली गई बेचारी। कितनी रो रही है !'' फिर एक गहरी साँस लेकर कहा, ''घर से जाते हुए दुख तो सभी को होता है। बड़े घर की लड़कियाँ क्या नहीं रोती हैं ?''

बड़े-बड़े दाँत निकाल मिसरानी ने विज्ञों की तरह सिर हिलाया। ''क्यों नहीं रोती हैं, माँजी !''

घूँघट के अन्दर दबे-दबे सिसकियाँ लेती सुधीरा का चित्र भुवन के आगे घूम गया।

चलते हुए इक्के पर से लाखी ने चीख़ मारी, और वह अवश, करुण चीख़ दूर तक, गहराई तक, भुवन का हृदय बेधती चली गई।

# पूर्ति

श्रीकान्त ने देखा कि घिरते हुए अँधेरे में अचला निर्विकार भाव से बरामदे की सीढ़ियों पर बैठी है। एक नौकर पत्थर से ताला तोड़ने की चेष्टा कर रहा है।

अचला के मुख पर क्या भाव आया, यह तो अँधेरे के कारण वह जान न सका, हाँ, अचला ने थके-से स्वर में कहा, ''चाभी कहीं गिर गई।'' हालाँकि यह कहने की ज़रूरत न थी—ताला जब तोड़ा जा रहा है, तो इसका मतलब ही है कि अचला चाभी कहीं गिरा आई है। श्रीकान्त कुछ नहीं बोला। और अचला खोई-सी आँखों से सामने देखती रही। रामदीन ने पूरे ज़ोर से पत्थर मारा और ताला खुल गया। अचला अपना पर्स और कुछ कापियाँ उठाती हुई उठ खड़ी हुई, और श्रीकान्त से कहा, ''आइए।''

श्रीकान्त बाहर घास पर टहलने लगा था, बरामदे में आकर पूछा, ''बिजली को क्या हो गया है ?''

''पता नहीं,'' अचला ने मेज़ पर कापियाँ रखते हुए कहा। ''यों ही नखरे किया करती है। आज घर में कोई है भी नहीं, सब सिनेमा गए हैं,'' वह दराज खोलकर मोमबत्ती ढूँढ़ रही थी। श्रीकान्त ने अपना सिगरेट लाइटर जलाकर उजाला किया।

अचला ने खीझ-भरे स्वर में कहा, ''जाने कहाँ रख दी है। ऐसी याद हो गई है कि घंटों एक चीज़ खोजनी पड़ती है।''

उस क्लान्त मुख को देखकर श्रीकान्त ने सोचा, अचला कैसी होती जा रही है ! जब-जब अचला को देखता हूँ, तो लगता है कि वह बदल गई है। जीवन के प्रति अचला की बढ़ती ही जाती उदासीनता देखकर उसे कुछ भय-सा लगता।

तभी अचला को मोमबत्ती मिल गई। उसे जलाकर उसने मेज़ पर रख दिया। कमरे में धुँधला और शान्तिदायक प्रकाश फैल गया।

''बैठिए, मैं अभी आई।'' कहकर उसने तौलिया उठाया और चली गई।

पारीख साहब, जिनका कि यह घर था, श्रीकान्त के मित्र थे। उसके कहने से पारीख साहब ने अचला को अपने यहाँ पेइंग गेस्ट की तरह रख लिया था। अपना कहने को बस यही कमरा अचला के पास था। कोने में पलंग था, जिस पर शायद सवेरे जाते समय अचला ने धोती और ब्लाउज़ उतारकर फेंक दिए थे और वे अब भी वैसे ही पड़े थे। कुरसी पर तमाम कपड़े थे—सलवटें पड़ी रेशमी साड़ी, जिसके नीचे उसी रंग के साटन के पेटीकोट का एक कोना झाँक रहा था। शृंगार मेज़ पर कुछ विभिन्न आकारों के छोटे-छोटे जार और शीशियाँ थीं, कुछ जूड़े के काँटे। मेज़ पर किताबों के ढेर के साथ चाय का लुढ़कता हुआ

प्याला, जो ज़रा-से धक्के से नीचे आ सकता था। फ़र्श पर एक सैंडिल उलटा पड़ा था, दूसरा शायद ठोकर लगकर पलंग के नीचे चला गया था।

कहीं बैठने की जगह न पा श्रीकान्त बिजली के मीटर के पास जाकर देखने लगा। तब तक अचला भी आ गई। उसे कमरे की दशा देखकर अपने पर ग्लानि हुई। अगर पता होता कि श्रीकान्त स्वयं आएगा, तो कुछ ठीक-ठाक कर लेती। सुबह तो केवल उसका नौकर आकर कह गया था कि मालिक ने आज रात को खाने पर बुलाया है, शाम को कार भेज देंगे। पर उसने यह नहीं सोचा था कि श्रीकान्त अपने आप ही कार लेकर लेने आएगा। देर भी तो कितनी होती जा रही है—ऊपर से यह बिजली !

श्रीकान्त ने बाहर से कहा, "ज़रा-सा फ्यूज वायर होगा ?"

अचला ने संशय से कहा, "कहीं था तो।" और कुछ देर तार ढूँढ़ने में लगी। दराज में देखा, अलमारी खोली, किताबें इधर-उधर सरकाईं।

श्रीकान्त ने कहा, "सुनो, ज़रा तकिए के नीचे भी देख लो।"

तब अचला के होंठों पर हल्की-सी हँसी आई।

"जाने दो उसे, मोमबत्ती यहाँ ले आओ।" श्रीकान्त कुरसी पर खड़ा होकर मीटर देख रहा था। अचला ने हाथ ऊँचा कर रोशनी दिखाई। सहसा श्रीकान्त का हृदय कोमल भावों से भर-सा आया। अचला के बालों में पानी की कुछ बूँदें उलझ रही थीं। तौलिया अब तक कन्धे पर पड़ा था। बालों की एक लट को हल्का-सा झटका देकर श्रीकान्त ने कहा, "पगली !"

आह्लाद की एक लहर अचला के मन-प्राणों को सिहरा गई। उसने श्रीकान्त की उँगली में फँसे बालों को छुड़ाने के लिए हाथ बढ़ाया। कहा, "ओह !" शब्द तो एक ही था, मगर कहने के ढंग में आकर्षण था। उस हल्के-से प्रकाश में लगा कि जैसे अचला की मुख की लुटी हुई सारी श्री लौट आई है।

तभी बत्तियाँ एकदम से जल उठीं। और अचला ने प्रकाश से अनभ्यस्त आँखें कई बार झपकाकर कहा, "धन्यवाद।"

श्रीकान्त ने उसके बालों में उँगलियाँ डालकर उन्हें अस्त-व्यस्त कर दिया, और फिर दुलार से कहा, "जल्दी से तैयार हो जाओ। मेरे मेहमान सोच रहे होंगे कि मैं कहाँ रह गया। मैं तब तक बाहर टहल रहा हूँ।"

"आपके मेहमान समझ गए होंगे कि अकेले पाकर आप मुझे मेरी नालायकी और बदसलीकी पर लेक्चर दे रहे होंगे," अचला ने मुस्कराकर कहा। फिर शीशे के आगे खड़े होकर, जबकि उसके हाथ व्यस्त थे, पर मन उन्मुक्त, सोचा : "अगर श्रीकान्त न आए होते, तो क्या होता ? अँधेरे में तैयार होती और जब वहाँ पहुँचती, तो पाती कि सारे कपड़े ग़लत पहने हैं। मेकअप भी ऊटपटाँग ही होता। लता के सामने तो बहुत ही बुरा लगता।" उसके विचार भटक गए : "श्रीकान्त मुझसे बीस साल बड़े हैं। हर बार मेरी-उनकी लड़ाई होती है—उन्हें मेरी शादी से बढ़कर कोई और चिन्ता नहीं। हर बार मैंने मना कर दिया। इस बार आलोक को अपना मेहमान बनाकर ठहराया है। समझते हैं कि मैं बच्ची हूँ, कुछ समझती ही नहीं, पर आलोक मुझे अच्छा लगता है। उससे मैं घंटों बातें कर सकती हूँ..."

घड़ी पर नज़र डालकर अचला ने जल्दी से अपना बैग उठाया, और एक हाथ से अपना

जूड़ा छूती हुई बाहर निकल आई।

उकताया-सा श्रीकान्त कार का सहारा लिए खड़ा था। अँधेरे में उसकी सिगरेट का जलता हुआ सिरा चमक रहा था। कार का दरवाज़ा खोलकर उसने विवेचनात्मक दृष्टि से अचला को ऊपर से नीचे तक देखा। फिर कहा, ''चलो।''

लता में एक लता की ही सुकुमारता और कमनीयता थी। वह श्रीकान्त के भतीजे नीरज की नवविवाहिता पत्नी थी। उसी का भाई था आलोक, जो कुछ अधीरता से श्रीकान्त के साथ अचला के आने की प्रतीक्षा कर रहा था। उसके पास ही एक कुरसी ख़ाली थी, अचला के लिए। अचला आकर उसी पर बैठी। आलोक ने मूक प्रशंसा से उसकी ओर देखा। अचला के सारे शरीर में एक मादक सिहरन-सी हुई। उसे पता था कि उसकी यह साड़ी उस पर वहुत फबती है, कुशलतापूर्वक किया गया मेकअप उसके चेहरे को और भी दिलकश बना देता है।

उन दोनों को एक-दूसरे में खोया देख श्रीकान्त की आँखों में गाम्भीर्य आ गया। शायद उसकी यह चतुरता ही थी कि शादी की चर्चा किए बिना ही उसने आलोक से अचला का परिचय करा दिया। खाना समाप्त करने के बाद वे लोग देर तक आपस में बातें करते रहे। फिर अचला ने घड़ी देखकर कहा, ''अब मुझे चलना चाहिए।'' उसने श्रीकान्त के गम्भीर मुख की ओर देखा।

''आलोक, तुम अचला को पहुँचा आओ, मैं थक गया हूँ,'' श्रीकान्त ने कहा।

आलोक तत्परता से उठ खड़ा हुआ। अचला ने सबसे विदा लेते हुए कहा, ''अच्छा, तो कल मिलेंगे। नमस्ते !''

नीरज और लता जाती हुई दो छायाओं को देखते रहे। फिर लता ने नीरवता भंग की, ''अचला सुन्दर नहीं कही जा सकती, पर उसमें आकर्षण बहुत है।''

श्रीकान्त वहीं था, इसलिए नीरज चुप रहा, नहीं तो उसने कहना चाहा था : ''तुम से अधिक नहीं।''

तीनों ही अचला और आलोक के बारे में सोचते रहे थे। लता ने सोचा : ''बहुत भली है। भैया को पसन्द हो, तो जोड़ी बड़ी अच्छी रहे।''

नीरज ने सिगरेट का लम्बा कश लेकर सोचा : ''अचला के साथ मेरा इतना पुराना परिचय है, पर आलोक पहला ही युवक है, जिससे कि अचला आकर्षित हुई है। अच्छा हो, वे शादी कर लें, चाचाजी की व्यर्थ की परेशानी ख़तम हो जाए।''

श्रीकान्त के विचार क्या थे—यह उन दोनों में से कोई न जान सका। श्रीकान्त सिगरेट का शेष अंश अन्यमनस्कता से ऐश-ट्रे में रगड़े जा रहा था। लता की नज़र पड़ी, तो उसकी आँखों में हल्का विस्मय आया। श्रीकान्त उसे अथाह सागर लगता है, पर ऐसी बेख़बरी उसमें पहली ही बार देखी।

तभी श्रीकान्त को भी ख़याल आया कि सिगरेट बुझ चूकने पर भी वह उसे रगड़े ही जा रहा है। वह उठ खड़ा हुआ और अपने कमरे की ओर चला गया। ''आलोक और अचला, अचला और आलोक !'' वह सोचता-सा जाकर खिड़की के पास खड़ा हो गया। ''इस समय दोनों रास्ते में होंगे। आलोक कार चला रहा होगा और अचला उसके पास बैठी होगी। खाना

खाती हुई, हँसती और मुस्कराती अचला उस शाम की अचला से कितनी भिन्न थी ! आलोक ने कुछ बात की होगी तो अचला ने मुस्करा दिया होगा। मुस्कराते समय अचला कितनी भली लगती है ! अब शायद पारीख साहब का घर आ गया होगा। अचला साड़ी और बेग सँभालकर उतरी होगी। हल्के-से मुस्कराई होगी। चारों ओर पीली, धुँधली चाँदनी, भीगती हुई रात की नीरवता, फूलते हुए हरसिंगार की मीठी, हल्की सुवास—और दो ऐसे प्राणी जो एक-दूसरे की ओर झुक रहे हैं।''

विचारों ने श्रीकान्त के हृदय में अधसोई, अधजगी, किसी अव्यक्त-सी भावना को ठेस पहुँचाई। श्रीकान्त खिड़की से हट आया।

अपने माता-पिता के साथ बिताए गए अचला के मधुर क्षणों से श्रीकान्त की याद भी जुड़ी है। बच्ची अचला ने श्रीकान्त की उपस्थिति वैसे ही स्वीकार कर ली थी, जैसे पापा की। जैसे वह पापा की छाया ही हो—श्रीकान्त सदा पापा के साथ ही रहता था। व्यवसाय में उनका साझीदार होने के साथ-साथ वह उनके हृदय के भी बहुत निकट था। अपना कहने को उसके एक सौतेले भाई भी थे, जिन्होंने जब सालों बाद सुना कि श्रीकान्त व्यापार में बहुत रुपया कमा रहा है और अकेला है, तो अपने पुत्र नीरज को उसके पास भेजने में देर न की। यह बात सच थी कि उन्होंने किशोर श्रीकान्त की कभी भी कुछ सहायता नहीं की थी, पर था तो वह भाई ही !

नीरज को श्रीकान्त ने अपने पास रख लिया था। वह अच्छी तरह समझता था कि बड़े भाई की दृष्टि उसके बढ़ते हुए धन पर ही है। श्रीकान्त की पत्नी की बहुत पहले ही मृत्यु हो चुकी थी। उसने अपने को अचला के पिता दीनानाथ के परिवार में ही खो दिया था। श्रीकान्त कभी भी पापा की तरह दिल खोलकर नहीं हँसा था, पर अपनी दयापूर्ण आँखों और कोमल कंठ से वह सहज में ही बच्चों को जीत लेता था।

वह शाम अचला को अब तक याद है—श्रीकान्त उसे अपने घर ले गया था। अचला उसके सूखे और उतरे चेहरे को देखकर सहमी-सी कार में बैठी रही थी। घर में श्रीकान्त का नौकर महादेव उसे नीरज के कमरे में ले गया, जहाँ वह तस्वीरोंवाली किताबें देख रहा था। अचला नीरज से बहुत चिढ़ती थी, क्योंकि वह उसे बहुत खिजाता था। नीरज के साथ अचला ने कुछ तस्वीरें देखीं, फिर एकाएक नीरज ने कहा, ''अचला, तुम्हारी माँ मर गई।''

''क्या ?''

''हाँ। दोपहर को जब मैं चाचा के साथ खाना खा रहा था, तो अस्पताल से फ़ोन आया था। मैंने सुना था, तुम्हारी माँ मर गई।''

बच्ची अचला चुप रही। कल रात ही तो वह पापा के साथ अस्पताल गई थी। माँ का ऑपरेशन होनेवाला था। उसे माँ की गरम बाँहें याद आईं, माँ की गोदी, जिसमें दुबककर उसे असीम सन्तोष मिलता था। फिर सहसा याद आई पापा की सवेरे से अनुपस्थिति, घर की पुरानी नौकरानी का चुपचाप रोना, घर में रहस्य का-सा वातावरण। अचला ने उन बातों को समझना चाहा, जिन्हें उसका शिशु मस्तिष्क समझने में असमर्थ था।

अचानक ही अचला उठकर भागी। दरवाज़ा खोलकर वह ''माँ ! माँ !'' चिल्लाती हुई सीढ़ियाँ उतरने लगी। सहसा श्रीकान्त ने उसे पकड़ लिया। उसकी आवाज़ सुनकर वह अपने

कमरे से भागकर आया था। अचला सहारा पा उससे चिपट गई। "नीरज कहता है कि माँ..." उसका गला रुँध गया। उसकी आँखों से आँसू टपक रहे थे।

श्रीकान्त समझ न सका कि वह अचला से क्या कहे। उसने तरह-तरह की बातों से अचला को तब तक बहलाया कि वह सो न गई। तब भी वह श्रीकान्त का हाथ कसकर पकड़े हुए थी।

इस घटना के साल भर बाद ही घर में नई माँ आ गई थीं। वह दीपशिखा-सी उज्ज्वल और रूपमयी थीं। अचला दूर से ही मुग्ध आँखों से उन्हें देखा करती, पास जाने का उसका साहस न होता। पापा उसे अब भी उतना ही प्यार करते थे, पर उन्हें अचला के साथ बिताने को अधिक समय नहीं मिलता था।

श्रीकान्त अक्सर अचला के कमरे में आया करता। वह भरसक यह प्रयत्न करता कि अचला पापा की अनुपस्थिति को महसूस न करे। किसी अपर ज्ञान ने अचला को बता दिया था कि नई माँ और श्रीकान्त की पटती नहीं है। कई बार उसने माँ को श्रीकान्त के विरुद्ध पापा से बातें करते सुना था। पापा तब गम्भीर हो जाते।

एक बार वह पापा के दफ़्तर में गई थी। वह श्रीकान्त का उत्तेजित स्वर सुनकर रुक गई : "इस तरह व्यापार नहीं चल सकता। आप हर समय...अरे अचला ! क्या बात है ?" उसके कंठ में आश्चर्यजनक मृदुता आ गई थी। अचला बिना उत्तर दिए भाग आई थी।

फिर कुछ दिनों बाद वह ऐसे बोर्डिंग स्कूल में भेज दी गई, जहाँ सिर्फ़ धनिक व्यक्ति ही अपने बच्चे भेज सकते थे। वहीं लड़कों के स्कूल में नीरज भी था। श्रीकान्त जब उससे मिलने आता, तो अचला से भी मिलता। अब वह दीनानाथ का साझीदार नहीं रहा था। अपने और दीनानाथ के बीच दीवार खड़ी करनेवाली अचला की नई माँ को श्रीकान्त माफ़ नहीं कर सका।

पापा और सौतेले भाई-बहनों से दूर अचला ज्यों-ज्यों बड़ी होती जाती, अपने को और भी अकेला पाने लगती। पर जब भी वह घर के बारे में सोचती, तो पापा के हँसते चेहरे के साथ श्रीकान्त की सौम्य आकृति भी आगे आती।

अचला की अठारहवीं सालगिरह आ रही थी कि उसे पापा का हार्ट फेल हो जाने का समाचार मिला। तार उसे श्रीकान्त ने दिया था। स्टेशन भी उसे लेने श्रीकान्त ही आया। तड़ित वेग से अचला को वह क्षण याद आया, जब वह "माँ ! माँ !" चिल्लाती हुई भागी थी और श्रीकान्त ने उसे पकड़ लिया था। तब उसे लगा था कि जैसे उसका आधार छिन गया है, अब उसे लग रहा था जैसे किसी ने निर्दयता से उसके दिल के टुकड़े कर दिए हों। उसकी छोटी-सी दुनिया का केन्द्र तो पापा ही थे।—हँसते हुए, बेफिक्र, लापरवा पापा।

अचला की आँखों में आँसू थे। उन आँसुओं के बीच उसने श्रीकान्त की धुँधली आकृति देखी। वह अपनी उमर से दस वर्ष बड़ा लग रहा था—टूटा हुआ-सा, मुख पर गहन उदासी और चिन्ता की रेखाएँ। निःशब्द ही उसने धीरे से अचला की पीठ थपथपाई, उसके बालों पर हाथ फेरा, उसका दिल भर आया और वह बोल न सका।

रास्ते-भर अचला सिसकती रही और श्रीकान्त चुप बैठा रहा। अचला उस निःशब्दता के लिए उसकी आभारी थी। वह पापा की मृत्यु का समाचार पाकर पहली बार ही रो रही

थी। वह जानती थी कि वह माँ के आगे न रो सकेगी, क्योंकि दोनों के बीच एक अदृश्य सा व्यवधान था। पर श्रीकान्त अपना था। जिन लोगों से उसकी दुनिया बनी थी, उनमें श्रीकान्त भी था।

माँ के उदास मुख और खोई आँखें देखकर अचला पिघल गई। उसने सोचा कि वह माँ और छोटे भाई-बहन की देखरेख करेगी। बाद में उसने जाना था कि मृत्यु के समय पापा प्रायः निर्धन ही थे। श्रीकान्त के अलग हो जाने के बाद पापा को घाटा ही होता गया था। जो कुछ बचा था, वह उसकी छोटी बहन रीता और भाई राजीव के लिए था। अचला अब संसार में निर्धन और अकेली थी।

माँ ने उसके सामने ही श्रीकान्त से कहा, ''मुझे तो अपने भाई के साथ रहना पड़ेगा। मेरे खुद छोटे बच्चे हैं। अचला को मैं कैसे पराए घर में ले जाकर रखूँ ?''

अचला ने मन्द स्वर में श्रीकान्त से कहा, ''जो आप कहें, मैं वही करने को तैयार हूँ।'' उसकी आँखों में असीम विश्वास था।

उन लाल सूजी आँखों को इस तरह अपनी ओर देखते देख श्रीकान्त का दिल भर गया। उसने अपने अनुभव से जाना था कि किशोर और संवेदनशील हृदयों को अपना पराया कितनी चोट पहुँचाता है। उसके क्षुधित हृदय के अभावों की पूर्ति दीनानाथ ने अपने स्नेही स्वभाव से की थी। श्रीकान्त के दिल के ज़ख्म भर गए थे। आज अचला उसी की तरह निराश्रित थी। श्रीकान्त ने निश्चय किया कि वह अचला को कभी भी अकेला या अवांछनीय नहीं अनुभव करने देगा।

माँ के जाने के बाद श्रीकान्त ने अचला को प्यार से समझाया, ''मेरी बात मानोगी, अचला ? तुम पढ़ाई न छोड़ो। बाद में मैं तुम्हारी शादी कर दूँगा। मेरा आभार न मानो, मैं तो तुम्हारे पापा का ही ऋणी हूँ।''

अचला की आँखें सजल हो उठीं।

''तुम अब कुछ भी फिक्र न करना। मैं तो हूँ, न !'' श्रीकान्त ने मृदु स्वर में कहा। ''अब तुम्हें सुखी बनाना मेरी जिम्मेदारी है।''

उदासी के क्षणों में अचला ने बार-बार यही बात याद की : ''मैं तो हूँ, न !...मैं तो हूँ...''

माँ ने चैन की साँस ली। अचला से इतनी आसानी से छुटकारा मिल जाएगा, यह उन्होंने नहीं सोचा था। ''उसकी खोज-ख़बर लेती रहूँगी। चिट्ठी डालती रहूँगी। कभी-कभी छुट्टियों में बुला लूँगी। और लोग क्या जानेंगे कि अचला का ख़र्च किस पर है। उन्होंने भी श्रीकान्त के लिए इतना किया था,'' माँ ने सोचा।

पढ़ाई चलती रही। एक बार छुट्टियों में अचला श्रीकान्त के पास दिल्ली गई। वहाँ नीरज भी आया हुआ था। श्रीकान्त अधिकतर अपने काम में व्यस्त रहता। घर में नौकर-नौकरानियों की कमी न थी। एक दिन नौकरानी ने उससे आकर कहा, ''मालिक बुला रहे हैं।''

अचला नीरज के साथ घूमने जा रही थी। आशंकित होकर पूछा, ''क्या बात है ? क्या वह नाराज़ हैं ?''

नौकरानी हँसने लगी। ''नहीं, नाराज़ तो नहीं हैं। जाइए, सुन आइए।''

अचला ने श्रीकान्त के कमरे के दरवाज़े पर थपकी दी। अन्दर श्रीकान्त अपने लिखने

की मेज़ के आगे बैठा था। उसने अत्यन्त गद्यात्मक ढंग से कहा, ''अचला, मैं इसी साल तुम्हारी शादी कर देना चाहता हूँ। इन लड़कों को तुम्हारी माँ ने भी पसन्द किया है। देखो, यह डॉक्टर है, यह इंजीनियर...''

उसने अचला की ओर कुछ तस्वीरें बढ़ाईं।

अचला ने उसकी ओर देखा। अस्त होते हुए सूर्य की एक किरण उसके बालों पर पड़ रही थी। कानों के पास एक-दो सफ़ेद बाल चमक रहे थे। अचला ने धीरे से कहा, ''मैं शादी नहीं करूँगी।''

श्रीकान्त की भवें ऊपर उठ गईं। ''क्यों ? क्या तुम किसी खास व्यक्ति...''

अचला ने उसकी तेज़ बेधती-सी आँखों को देखा। उसके घने काले बालों में चमकते एक सफ़ेद बाल को। उसके गालों पर हल्का लाल रंग आया। ''नहीं। बस मैं नहीं ही करूँगी।'' शब्द खोज रही हो, ऐसे रुक-रुककर कहा, ''मैं स्वतन्त्र रहना चाहती हूँ। मैं नौकरी करूँगी।'' अचला स्वयं ही नहीं समझ पा रही थी कि वह क्या कहे। फिर बिना किसी तुक के कहा, ''आपके बाल सफ़ेद होने लगे हैं।''

हल्की हँसी श्रीकान्त के होंठों पर दौड़ गई। ''अगर तुमने ऐसा ही बेकार का हठ किया, तो और जल्दी सफ़ेद हो जाएँगे। अच्छा जाओ, नीरज इन्तज़ार कर रहा होगा।''

अचला ने न की, तो न ही रही। उसकी जिद श्रीकान्त जानता था, इसलिए उसने अचला को लखनऊ में अध्यापन कार्य कर लेने दिया। पर समय-समय पर श्रीकान्त और माँ उससे शादी कर लेने की जिद करते रहे। माँ को लोकलाज का ख़याल था और श्रीकान्त को अचला के सुख और सन्तोष का। नीरज की व्यापार की ओर रुचि न थी। वह इंजीनियर हो गया था और कुछ ही महीने पहले उसने लता से विवाह कर लिया था। श्रीकान्त को अब केवल अचला की चिन्ता थी।

आलोक सभी तरह से अच्छा है—दूसरे दिन सुबह श्रीकान्त ने उसे जैसे फिर नए सिरे से देखा। अचला से दो वर्ष बड़ा, सभ्य और सुसंस्कृत परिवार का। नीरज, लता और आलोक को बाहर साथ-साथ टहलते और हँसते देख श्रीकान्त को ऐसा लगा, जैसे वह चवालीस वर्षों में ही अत्यन्त वृद्ध हो गया हो। उसे लग रहा था कि उसकी ज़िन्दगी में एक विचित्र-सा सूनापन व्याप्त हो गया है, जिसकी पूर्ति करना असम्भव-सा ही है। उसने बहुत छोटेपन में ही जीवन के कटु अनुभवों से जान लिया था कि अब वह एक प्रतिष्ठित और धनिक व्यक्ति समझा जाता था, उसका हृदय उन चीज़ों के लिए आकुल था, जिनके बिना जीवन अधूरा ही रहता है। पत्नी ! बच्चे ! नारी का अनुराग उसने कभी नहीं पाया। माँ की उसे याद नहीं। भाभी के बड़े अनुशासन से वह घर छोड़कर चला गया था। लज्जाशील पत्नी के साथ बिताए गए क्षण थोड़े ही थे। विवाह के कुछ ही महीने बाद उसकी मृत्यु हो गई थी। अचला की माँ सदा रुग्ण रहती थीं। हाँ, नई माँ का स्नेहभाजन वह आसानी से बन सकता था। पर उसने कभी उस ओर कोई ध्यान ही नहीं दिया।

श्रीकान्त को लगा कि उसका जीवन एक मरुस्थल की तरह सूखा है। केवल अचला का अपनापन, अचला का ध्यान, एक नखलिस्तान की तरह था। उसे खिजाकर, सताकर, चिढ़ाकर,

उसे बहुत अच्छा लगता था। पर अचला के बड़े हो जाने पर उसने अचला से बराबरी का ही व्यवहार किया था। बस, अचला की शादी हो जाए–उदास और खिन्न मन से उसने सोचा।

फिर वह शीशे के आगे जाकर खड़ा हो गया। कई साल पहले अचला ने कौतुक से कहा था, "आपके बाल सफ़ेद हो चले हैं।" श्रीकान्त ध्यान से अपने को देखने लगा। समय ने उसके ऊपर कोई छाप नहीं छोड़ी थी। वह अब भी स्वस्थ और आकर्षक था।

तभी परदा हटाकर अचला अन्दर आई। उनकी आँखें हास्य से नाच रही थीं। श्रीकान्त ऐसे चौंका, जैसे चोरी कर रहा हो।

"मैं सोच रहा था, अचला," श्रीकान्त ने शीशे के आगे से हटकर कहा, "कि अगर तुम शादी कर लेतीं, तो मेरे सिर में एक बाल कम सफ़ेद होता।"

"आपको तो बस एक ही बात आती है। आख़िर मैं आपको क्या काटने दौड़ती हूँ ?" अचला कुरसी के हत्थे पर बैठ गई।

श्रीकान्त ने गम्भीरता से कहा, "तुम बच्चों को देखकर मैं अपने को बड़ा वृद्ध अनुभव करने लगा हूँ।"

अचला ने उसे देखा। उसके मुख पर क्लान्ति के चिह्न थे।

"आपकी तबीयत तो ठीक है न ?" कोमलता से उसने कहा।

श्रीकान्त भी मुस्कराया। "घबराओ नहीं, मैं इतनी जल्दी नहीं मरूँगा।" फिर बात बदलकर कहा, "अभी यहाँ हम सब लोग हैं, तुम भी कुछ दिन क्यों नहीं रह जातीं ? आलोक और नीरज का इरादा यहाँ काफ़ी दिन तक रुकने का है।

"और आप ?" अचला का स्वर मन्द था।

"मेरी यहाँ कुछ ज़रूरत तो नहीं है, पर फिर भी मैं बीस दिन और रहूँगा।"

अचला ने कहा, "माँ ने जोधपुर से लिखा है कि वह भी यहाँ आना चाहती हैं।"

"तब ठीक है। काफ़ी चहल-पहल हो जाएगी। रीता कितनी बड़ी होगी ?"

"अठारह की। वह माँ की तरह ही सुन्दर है," अचला ने कुछ अभिमान से कहा।

"तुम्हारे लिए कमरा ठीक करवा दूँगा। अगर यहाँ तुमने वैसी ही गन्दगी फैलाई, तो नौकरानी तुम्हारी अक्ल ठीक कर देगी।"

दोनों हँसने लगे। अचला के जाने के बाद श्रीकान्त भी बाहर निकल आया। उसने देखा कि आलोक और अचला धीरे-धीरे टहलते हुए बाहर जा रहे हैं। आलोक कुछ कह रहा था और अचला रुचि से उसे सुन रही थी। श्रीकान्त अपने दफ़्तर में जाकर बैठ गया। कुछ देर अन्यमनस्क होकर वह मेज़ पर उँगलियों से तबला बजाता रहा। अच्छा है, माँ भी आकर आलोक से मिल लें। श्रीकान्त ने विस्तार से आलोक के बारे में उन्हें लिखा था। श्रीकान्त की आँखों के आगे अपने बँगले में लगी रंगीन झंडियों का चित्र आया। हरे पत्ते की बन्दनवार, नववधू अचला और काम में व्यस्त श्रीकान्त !

मगर श्रीकान्त को न जाने क्यों सूनापन खाए जा रहा था।

अपनी इच्छा के विपरीत भी श्रीकान्त को किसी काम से जाना पड़ा। जाने के कुछ घंटे पहले श्रीकान्त ने अचला को रोते देख लिया। आशंकित होकर उसने पूछा, "अचला, क्या बात है ?"

अचला ने चौंककर, चोरों की तरह आँसू पोंछते हुए कहा, "कुछ नहीं। कुछ बात नहीं है।"

"अगर मैं कुछ कर सकूँ, तो..." उसने चिन्तित होकर कहा।

दूर नीरज और लता, अचला की सौतेली बहन रीता और आलोक बैडमिंटन खेल रहे थे।

"सच, कुछ बात नहीं है," अचला के कंठ में थकान थी।

पर श्रीकान्त उसके कुम्हलाए मुख को खोजती-सी दृष्टि से देख रहा था। "बात क्या है ?—मुझे बताओ, न।" अपनेपन से उसने कहा।

अचला की आँखों में आँसू उमड़े आ रहे थे। वह कुछ उत्तर न दे, वेग से अन्दर चली गई।

श्रीकान्त उलझा-सा, खोई-सी आँखों से रीता और आलोक को देखता रहा।

अत्यन्त व्यस्त रहने पर भी श्रीकान्त इस घटना को न भुला सका। प्रायः एकान्त में वह इसका हल खोजना चाहता। अचला क्यों रो रही थी ? अचला को क्या दुख है ? अचला को उसने कभी अकारण रोते नहीं देखा था। एक अव्यक्त-सी आशंका श्रीकान्त के दिल में डोल गई।

जान-बूझकर श्रीकान्त रीता और आलोक के विवाह में नहीं गया। आलोक पर उसका क्रोध अधिक देर नहीं रहा। रीता सुन्दर थी, कमसिन थी। वह अचला की तरह अनाथ नहीं थी। कोई भी पुरुष अचला और रीता में रीता को ही चुनता। एक तरह से यह अच्छा ही हुआ—बाद में श्रीकान्त ने सोचा। अचला शायद आलोक की तरह कमज़ोर युवक के साथ, जो अचला से परिचय के बाद पहली ही सुन्दर युवती पर फिसल पड़ा, सुखी नहीं रह पाती। रीता के विवाह में जाने में उसे कोई आपत्ति नहीं थी। पर उसमें अचला के मुस्कराते मुख को देखने का साहस न था। ऐसी मुस्कान, जिसके पीछे आँसू कराह रहे होंगे।

दिन बीतने लगे। फिर एक दिन अचानक ही श्रीकान्त अपने को रोक न सका। अपने बँगले के आगे लगी रंग-बिरंगी झंडियों की जगह उसे अचला का अस्त-व्यस्त कमरा याद आया। अचला दुखी होगी, अचला अकेली होगी। वह उन्मन हो उठा। वह तो अकेले रहने का आदी हो गया था, पर कोमल दिलवाली भावुक अचला ?

श्रीकान्त ने पुकारकर नौकर से कहा, "महादेव, मेरा सूटकेस ठीक कर दो। मैं रात की ट्रेन से लखनऊ जा रहा हूँ। तुम्हें और लाखी को भी साथ चलना है।"

श्रीकान्त को अचला के कमरे में जाने का असामान्य अधिकार मिला हुआ था। श्रीमती पारीख से उसने कुछ साधारण शिष्टाचार की बातें कीं, फिर अचला के कमरे की ओर जाते हुए पूछा, "अचला है ?"

"हाँ, हाँ" उन्होंने कहा। वह श्रीकान्त को देखकर सोच रही थीं कि इस उमर में वह कैसे इतनी कम उमर का लगता है !

"हाँ, आ जाओ," अचला ने दरवाज़े पर थपकी सुनकर कहा। वह रजाई ओढ़े बिस्तर में पड़ी थी।

श्रीकान्त को देखकर उसकी आँखों में चमक आ गई। मधुर विस्मय से उसने कहा,

"आप ? कब आए ?" और पलंग से उतरकर उसने जल्दी-जल्दी कुरसी पर से चीज़ें हटाईं।

श्रीकान्त ने कमरे पर नज़र डाली। "अरे, अचला, तुम कैसे इस गड़बड़ में रह लेती हो ?"

बात टालकर अचला ने कहा, "आप कुछ दुबले-से लग रहे हैं।" उसकी आँखों में चिन्ता झाँकी। "लगता है, जैसे खाने को नहीं मिलता।"

"यह बात मेरी नौकरानी लाखी के सामने कहो, तो मैं जानूँ। अच्छा आज तुम्हें खाना मेरे ही घर खाना है। फिर मैं पहुँचा आऊँगा।

"सच ?" बच्चों की तरह सारल्य से अचला बोली। "आज मेरा मन नहीं लग रहा था। आपने तो जैसे जादू से मेरे मन की बात जान ली।"

रास्ते-भर वह हँराती और बात करती रही। श्रीकान्त को लगा कि वह अपने हृदय की व्यथा छिपाने के लिए प्रसन्न होने का आडम्बर रचे है।

दोनों खाना खाकर उठे, तो नौ बजे थे। अचला को लाखी से बात करते छोड़ श्रीकान्त वहाँ से चला आया। कमरे में आराम से कुरसी पर बैठते हुए सोचा कि वह अचला के दिल की थाह लिए बिना न मानेगा। जब अचला आकर उसके सामने कुरसी पर बैठी, तो उसने धीरे से युक्तिपूर्वक पूछा, "अचला, रीता की शादी कैसी रही ?"

"बहुत अच्छी ! आप आए ही नहीं, मैंने बहुत इन्तज़ार किया। रीता इतनी प्यारी लग रही थी और आलोक की खुशी आप देखते ! सबने कहा कि बड़ा बेशरम वर है।"

"तुम्हारी माँ सन्तुष्ट हैं ?"

"पूरी तरह। मुझे मन में बड़ी हँसी आती थी, जब वह दिखावे के लिए कहती थीं कि अचला ने मेरी बात मानी ही नहीं, नहीं तो पहले उसी की शादी कर देती।" बिना किसी संकोच के अचला कह गई।

"और तुम ? तुम सन्तुष्ट हो ?"

"मेरे सन्तुष्ट होने न होने का सवाल ही नहीं उठता।"

"इसका मतलब कि तुम सुखी नहीं हो।"

उसकी तीक्ष्ण, खोजती-सी दृष्टि से घबराकर अचला ने कहा, "मैं सन्तुष्ट हूँ—पूरी तरह। बस, अब तो आप खुश हैं ?"

श्रीकान्त दो पल उसे देखता रहा, फिर उसने उठकर अचला के कन्धे पर हल्के-से हाथ रख दिए। "अचला, क्या बात है ?"

उसके सामीप्य, उसकी मृदुता ने अचला की आँखों में फिर आँसू ला दिए। उसने ज़मीन की ओर देखते हुए कहा, "शायद आप यह समझते हैं कि मुझे रीता के विवाह से बुरा लगा। पर आपका ख़याल बिलकुल ग़लत है। यह सच है कि आलोक मुझे अच्छा लगता है। पर मेरी और उसकी केवल मित्रता थी।" उसकी आँखें नीची थीं, इसलिए उसने श्रीकान्त के मुख पर आए भाव को नहीं देखा।

"और मैं सोचता था..." श्रीकान्त ने बात आधी ही छोड़ दी। वह अचला से दूर हट आया।

हल्की-सी हँसी से अपनी आँखों का भीगापन छिपाते हुए अचला ने कहा, ''इतनी आसानी से आप मुझसे मुक्ति नहीं पाएँगे।''

श्रीकान्त ने रुककर पूछा, ''तब तुम उस दिन क्यों रो रही थीं ? या मुझे जानने का अधिकार नहीं है ?''

अचला उठकर खिड़की के पास जाकर खड़ी हो गई। बाहर बाग़ में अँधेरा था। भरी हुई आँखों से देखती रही। उसकी पीठ श्रीकान्त की ओर थी। वह इतनी देर चुप रही कि श्रीकान्त को लगा कि उसने यह पूछकर अनधिकार चेष्टा की है। धीरे से उसके पास जाकर मन्द स्वर में कहा, ''मुझे माफ़ करो, अचला। पर मैं तुम्हारा दुख बाँटना चाहता हूँ। मैं तुम्हें यों उदास और बुझी हुई नहीं देख सकता।''

''मैं उस दिन,'' रुक-रुककर सोच-सोचकर, टूटे शब्दों में अचला ने कहा, ''इसलिए रो रही थी कि आप जा रहे थे। मैं बहुत उम्मीदों से वहाँ रहने आई थी। मैं जानती थी कि आपके जाने के बाद मेरे लिए वहाँ वीरानी ही रहेगी।''

फिर उसने दोनों हाथों से मुँह छिपा लिया। ''आप मुझे निर्लज्ज समझेंगे। पर आप मुझे अकेला क्यों नहीं छोड़ देते ? मुझे आपकी दया नहीं चाहिए।''

''अचला ! तुम पागल हो क्या ? मैं...मैं...''

''हाँ !'' एक लम्बी साँस लेकर अचला ने कहा, ''शायद मैं पागल ही हूँ।''

''अचला, मैं तुमसे बीस साल बड़ा हूँ,'' श्रीकान्त शब्द खोज रहा था। ''मैं कैसे विश्वास करूँ...'' पर दूसरे ही क्षण उसका स्वर बदल गया, ''मेरी छोटी नन्हीं-सी अचला !''

चाँदी की तश्तरी में पान लेकर लाखी तेज़ी से आ रही थी। उसने महादेव को कमरे के बाहर खड़े पाया। महादेव ने उसे रोककर कहा, ''अभी नहीं, लाखी, अभी नहीं। लगता है कि अभी मालिक को अचला से बहुत बातें करनी हैं।''

# नई कोंपल

बिरादरी की औरतें इकट्ठी होने लगी थीं। अन्दर के बड़े बरामदे में अच्छी-खासी भीड़ हो गई थी। बिन्नो जल्दी-जल्दी मशीन चला रही थी कि यह गिलाफ ख़तम करके उठे। कपड़े भी तो बदलने हैं। अभी क्षण-भर में पुकार मचने लगेगी। पर गिलाफ अधूरा ही रहा।

ननद कान्ता ने आकर कहा, ''भाभी, तमोलिन आई नहीं है। नाइन को अम्मा ने पांडेजी के यहाँ भेजा है। चलो पान लगा दो। मुंशीजी की बहू कई बार पान माँग चुकी हैं।''

बिन्नो क्या कहती ! थकी-थकी आँखें उठाकर कान्ता को देखा। मशीन छोड़ दी और घूँघट नीचा करके कमरे से निकल आई।

निकलते ही चाची ने टोका, ''सुबोध की बहू, कपड़े नहीं बदले अभी ?''

नीची आँखों और मन्द स्वर से उसने कहा, ''पान लगाने जा रही हूँ।''

पानदान खोला और पान लगाने लगी। तभी वहाँ सास आ गईं। ''बहू कमाल करती हो तुम तो ! मशीन खुली छोड़कर उठ आईं और बच्चे उधर उस पर जुट गए। ख़याल रखना चाहिए कि ब्याह में देनेवाली चीज़ है। अभी तक बस इतने ही लग पाए पान ?''

कान्ता भी आ गई। ''भाभी, ज़रा जल्दी करो, न ! नाइन नहीं आई अभी ?'' कहकर वह भी बैठ गई और बीड़े बनाकर रखने लगी।

''यह क्या ?'' सास अब तक खड़ी थीं। ''कपड़े खराब करने हैं ? तुम उठो। बहू बना तो रही है। अरे, आई ! महाराज, क्यों गला फाड़कर चिल्ला रहे हो !'' महाराज की आवाज़ सुनकर सास तेज़ी से चौके की ओर बढ़ गईं।

कान्ता की शादी पारसाल हुई थी—बिन्नो की शादी के पन्द्रह दिन बाद। इस वक़्त वह ऊपर से नीचे तक गहनों से लदी थी। चमकते गहनों के बीच उसके उल्लसित मुख और दीप्त आँखों की अपनी ही शोभा थी।

बिन्नो की आँखों में व्यथा की छाया गहरी हो गई।

''भाभी, शान्ता दीदी बुला रही हैं,'' नन्हे ने आकर कहा।

''पान लगा रही हूँ,'' बिन्नो ने उत्तर दिया।

''उन्होंने कहा है कि दो मिनट को सुन जाओ,'' नन्हे बोला।

बिन्नो ने पानदान बन्द कर दिया। कमरे में गई, तो पाया कि शान्ता शीशे के आगे खड़ी है। लगातार हल्दी और उबटन लगने से उसके गौर मुख पर पीली-सी कान्ति आ गई थी। बाल खुले थे और गोटा लगी पीली धोती उस पर खूब फब रही थी।

उसने झुँझलाकर कहा, ''भाभी, तुमने तो ब्लाउज़ की गत ही बना दी। कितना कहा था

कि बाँहें कोहनी तक रहें। ऊँची कर दीं, और ढीली तो इतनी है कि..."

बाहर ढोलक पर थाप पड़ी, मंजीरे खनके और औरतों के स्वर में नौकरों की चिल्ल-पुकार और बच्चों का रोना-ठुनकना दब गया। सहसा बिन्नो ने आँखों पर दोनों हाथ रख दिए। थकान से उसके शरीर का अंग-अंग दुख रहा था।

"कपड़ा कम था, पर मैं ठीक कर दूँगी," धीरे से उसने कहा।

"चाची जो साड़ी दे रही हैं, उसके साथ का ब्लाउज़ भी कल सी देना," शान्ता ने कहा।

"अभी तो गिलाफ ही पड़े हैं," बिन्नो ने कहा। शून्य नेत्रों से वह शान्ता को देखने लगी। परसों उसका विवाह है—उसकी गोरी, खूबसूरत, मिजाजदार ननद का। ससुरालवाले अभी से उसको बहुत मानते हैं।

निरन्तर होनेवाले हल्के दर्द ने टीस मारी। बिन्नो को लगा कि सीने में कुछ अटक-सा रहा है, जिससे साँस लेना तक मुश्किल है। वह शान्ता की तरफ़ देखती रही—बोझिल पलकों और गीली आँखों से, उन आँखों से, जिनमें साल-भर पहले शान्ता की तरह अरमान बटोरे आई थी। अब उनमें पानी था, केवल पानी। अपने कमरे में जाकर वह निर्जीव-सी चारपाई पर गिर पड़ी। अधखुली आँखों से छत की तरफ़ देखती रही। नीचे से गाने की आवाज़ आ रही थी, बड़े वेग से चमचा चलने की आवाज़, और बग़ल के गुसलख़ाने से पानी गिरने की आवाज़। मेज़ पर अब तक नाश्ते की तश्तरियाँ पड़ी थीं। एक नन्ही-सी गौरैया प्लेट से कुछ उठा रही थी और बार-बार गरदन मोड़कर सशंक-सी बिन्नो को देख लेती थी। बिन्नो ने चाहा कि किसी तरह गौरैया को पकड़ ले और धीरे-धीरे उस पर हाथ फेरने लगे।

सुबोध नहाकर निकल आया। बिन्नो को यों असमय पड़ा देखकर भी उसने कुछ नहीं पूछा। कुरसी पर पैर रखकर फीते बाँधे, बिन्नो उसका सुगठित शरीर, दूध-सी सफ़ेद कमीज़, नीचे झुके हुए मुँह का कुछ भाग और फीते बाँधती उँगलियाँ, अधखुले आँखों से देखती रही।

फीते बाँधकर सुबोध खड़ा हुआ। हाथ पोंछे और सिगरेट सुलगाने लगा। एक गहरा कश लेकर उसने दियासलाई की तीली चाय के प्याले में डाल दी और बाहर चला गया। सीढ़ियों से उतरते उसके पैरों की ध्वनि बिन्नो को हथौड़े की चोट की तरह लग रही थी। वह उठी और सुबोध की चारपाई पर लेट गई। सुबोध का तकिया श्वेत और मुलायम था। बिन्नो ने उसमें अपना मुँह गड़ा लिया, तकिए की शीतलता ने उसकी जलती आँखों को विचित्र-सी शान्ति पहुँचाई। सुबोध की अपनी विशेष खुशबू उसमें बसी हुई थी। बिन्नो अचल, निश्चेष्ट सी पड़ी रही। उसके शरीर का तनाव घिरते अँधेरे में खोने लगा। उसे लगा कि जैसे गाँठें टूटती जा रही हैं। उसकी पलकें आप से आप बन्द होने लगीं।

बिन्नो चौंककर उठ बैठी। अँधेरा गहरा हो गया था। नीचे गाना और ज़ोर से हो रहा था। बिन्नो का दिल धकधक करने लगा। जल्दी से उठकर जैसे-तैसे साड़ी पहनी और नीचे चली आई।

बिरादरी की औरतें थीं, इसलिए सास खून का घूँट पीकर रह गईं। रुखाई से कहा, "बहू, कान्ता के दूल्हे को खाना खिला दो।"

बिन्नो चौके की ओर गई। कान्ता वही भारी बनारसी साड़ी और ज़ेवर पहने खड़ी थी। उसका मुँह तमतमा रहा था। बिन्नो को देखकर बोली, "भाभी, वक़्त-बेवक़्त का ख़याल किया

करो। उन्होंने शाम को नाश्ता भी ठीक से नहीं किया था। आठ कब के बज चुके। किसी को इतना भी ख़याल नहीं कि खाना लगवा दे। या तो मैं बेशरम बनकर उनके लिए थाली लगाऊँ, या वह भूखे रहें।''

बिन्नो ने धीरे से कहा, ''मुझे पता नहीं था कि नाश्ता नहीं किया है। मैं तो कपड़े सी रही थी।''

''वह बहाना तो है ही। कपड़े भी जैसे सिए हैं, पता है।''

शान्त स्वर में बिन्नो ने महाराजिन से कहा, ''थाल देना।''

गुप्ताजी की बहन कई साल बाद घर आई थीं। बिन्नो को देखकर धीरे से कहा, ''बहनजी, सुबोध तो इतना सुन्दर और सुशील है, पर बहू क्या देखकर ली !''

सिर पर हाथ मारकर सास ने कहा, ''क्या बताऊँ, धोखा हो गया। समधिन खूबसूरत, भाई-बहन खूबसूरत, मगर हमारी तो तकदीर ही खोटी थी। एक बार देखा था—सुन्दर लगी। देवरानी की बहन की ननद की लड़की है। वही बीच में पड़ी थीं। तारीफ़ तो बड़ी सुनी थी—सिलाई-कढ़ाई में होशियार है, इसमें होशियार है, उसमें होशियार है।''

''सुबोध को पसन्द है ?''

''अरे, निभाना तो है ही।''

गुप्ताजी की बहन ने सहानुभूति से सिर हिलाया।

''अम्माजी, चाभी दे दीजिए,'' बिन्नो ने पीछे से आकर कहा।

दोनों ने चौंककर पीछे देखा। बिन्नो जाने कब से खड़ी थी।

चाभी लेकर चली गई। उसके पैर डगमगा रहे थे। बातें तो सच ही थीं। पर तब भी...तब भी...

बिन्नो ने मशीन खोली और कटे हुए कपड़ों का ढेर देखा—गिलाफ थे, ब्लाउज़ सीने थे, बटन टाँकने थे। वह सीने लगी। सीती रही। दिन चढ़ा। दिन ढला। तब भी वैसे ही झुकी हुई मशीन चलाती रही। बदन का पोर-पोर दर्द कर रहा था। उसे रात तक सारे कपड़े ख़तम कर देने थे। आँखों में सुइयाँ भी चुभ रही थीं, दिल को एक अव्यक्त-सा विषाद घेरे था। फिर औरतें आईं, ढोलक बजी, बच्चे रोए, पान बँटे, नौकर दौड़े। बिन्नो के पास रखे कपड़ों का ढेर धीरे-धीरे कम होता गया। आख़िरी ब्लाउज़ सिलकर उसने साँस ली। अँगड़ाई ली। एक बार खाने के लिए उठी थी। अब दोबारा जब उठी, तो शान्ता ने कहा, ''भाभी, बटन भी टाँक देना।''

शान्ता ने अलमारी से सिले हुए ब्लाउज़ निकाले और मेज़ पर पटक दिए। बिन्नो ने चुपचाप उन्हें भी समेटा और ऊपर अपने कमरे में ले आई। बाहर छत पर हल्की चाँदनी थी। बिन्नो ने खिड़की का परदा हटा दिया और अपनी चारपाई पर बैठकर बटन टाँकने लगी।

सीढ़ियों पर कुछ लोग चढ़े। कान्ता के पति मुरली बाबू ने कहा, ''आज तो यहाँ खाएँगे छत पर, क्यों ?''

''जहाँ मन हो,'' उमगती कान्ता बोली। फिर पुकारकर कहा, ''हरिया, भैया के कमरे से ज़रा कुरसियाँ निकाल दे।

बिन्नो ने देखा हल्की चाँदनी में मुंडेर पर पास-पास खड़ी दो छाया-मूर्तियों को। वह देखती

रही। फिर अचानक कान्ता दूर हट गई। नीचे से आए सुबोध ने कहा, "मुरली बाबू, यहाँ खाएँगे क्या ?"

ब्लाउज़ पड़ा रहा। सूई हाथ में थमी रही। हरिया ने कमरे से कुरसियाँ निकालकर रख दीं। तीनों बैठ गए। कुछ देर में चाची बड़ा-सा थाल लेकर आईं और मेज़ पर रखते हुए बोलीं, "बहू कहाँ है ? नीचे बड़ी जीजी कब से पुकार रही हैं।"

सुनकर भी बिन्नो बैठी रही। चाची को देख कान्ता ने पल्ला सँभाल लिया था। धीरे से बोली, "आजकल भाभी का मूड ठीक नहीं है—काम जो करना पड़ता है।"

सुबोध थाली की तरफ़ चुपचाप देखता रहा। चाची मुरली बाबू से खाना शुरू करने का आग्रह कर अन्दर बिन्नो को पुकारती चली आईं : "अरे बहू, नीचे सारा काम पड़ा है। लोग खाने बैठे हैं। सीना-पिरोना बाद में कर लेना।"

सकुचाकर बिन्नो ने कहा, "शान्ता बीबी ने कहा था कि..."

चाची ने कुछ मुस्कराकर कहा, "तुम्हें जीजी की डाँट खाने का मन हो रहा है क्या ? चलो उठो।"

आगे-आगे चाची और पीछे-पीछे बिन्नो बाहर आई। चाची ने उसे वहीं नियुक्त किया, और खुद नीचे गईं। सीढ़ियों से मुड़कर कहती गईं, "जो चीज़ चाहिए नीचे से ले आना, बहू। नीचे भी सब जा रहे हैं।

कुछ देर बाद बिन्नो तश्तरी लेकर नीचे को मुड़ी तो मुरली बाबू बोले, "वाह, आप क्यों तकलीफ करती हैं ? जाओ, कान्ता, तुम ले आओ।"

बिन्नो झिझक गई। कान्ता ने तश्तरी ली और नीचे चली गई। फिर ऊपर नहीं आई। कुछ देर में हरिया सामान दे गया और सास की बुलाहट का पैगाम भी।

खाना खा चुकने पर सुबोध और मूरली बाबू नीचे उतरे, तो देखा चौके में दीवार से सटी सिर झुकाए बिन्नो खड़ी है और सास नौकर-चाकर, मेहमान—सभी के सामने अपनी बहू के गुण गा रही हैं।

"वाह रे वाह ! अटारी पर चढ़ी रहेगी। मेरी बेटी फालतू है—जीना चढ़कर जाए, सबको खाना खिलाए। मेम साहब हिलें भी नहीं। नौकर-चाकर मायके से लाई हो न ! बहू, तुम जैसे हमारा दिल कुढ़ाती हो, मेरा भगवान जानता है।"

कन्हई और ननकू बिना आवाज़ किए बरतन धो रहे थे। चौके में महाराज रोटी सेंकते हुए तवे पर नज़र गड़ाए था, मंडप के पास नाइन साँस साधे खड़ी थी, बरामदे में सिर नीचा किए चाची और बुआ खाना खा रही थीं।

"बस ब्याह के घर में रो-रोकर अमंगल करो। मेरी लड़कियों को कोसो। जाने कैसा खोटा दिल है तुम्हारा !" सास कहे जा रही थीं।

मुरली बाबू ठिठककर रुक गए। उनकी आँखें सुबोध से मिलीं। उनमें न जाने क्या था कि सुबोध ने आगे बढ़कर ज़रा दृढ़ता से कहा, "बस करो, अम्मा, बहुत हुआ।" फिर बिन्नो की तरफ़ देखकर कहा, "जाओ, अपना काम करो।"

यह इतना अप्रत्याशित था कि सास का मुँह खुला का खुला रह गया। विस्मित हो वह बेटे की ओर देखती रह गईं। तब तक मुरली बाबू और सुबोध आँगन पार कर बाहर जा चुके थे।

सास के डर से बिन्नो के जो आँसू आँखों में ही अटके थे, वे वेग से उमड़े और लड़ियाँ टूट-टूटकर उसकी धोती पर लगे चौड़े गोटे पर बिखरने लगीं।

उस रात मादक चाँदनी होते हुए भी सुबोध का मन मुरली बाबू के साथ घूमने में उचटा रहा। विवाह से पहले उसने निशा को दिल की गहराइयों से चाहा था, और शायद उसका अगला क़दम उससे शादी होता, अगर निशा स्वयं ही न पीछे हट जाती। उसकी बढ़ती उदासीनता देखकर घरवालों ने शादी कर दी। निश्चय ही बिन्नो किसी के सपनों का साकार रूप न थी। सुबोध ने चैन की साँस ली, जब उसने जाना कि बिन्नो स्वयं ही अपनी हीनता की भावना से इस कदर दबी है कि जो कुछ थोड़े से भी थोड़ा मिलता है, उसी से सन्तुष्ट हो जाती है। पर इस तरह का कृत्रिम जीवन बिताने का भार, और उस पर घरवालों का व्यवहार ! बिन्नो का दर्द बार-बार उसके आगे उभर रहा था। साथ ही उसने मुरली बाबू की आँखों में कुछ ऐसा देखा था, जो उसे धिक्कार रहा था। कान्ता कितनी नखरीली है—सुबोध जानता था। मुरली बाबू उसे सब दुर्गुणों के बावजूद चाहते थे।

"चलिए अब लौट चलें," अकस्मात ही सुबोध ने कहा। दूर रेल ने सीटी दी और हल्की आहें भरती हुई क्रमशः दूर होती गई। खड़खड़ करता हुआ एक इक्का पास से गुज़र गया और फटी गद्दी पर बैठा इक्केवाला एक फिल्मी गीत की कड़ी गाने लगा। सड़क पर दूर-दूर तक बिजलियों के खम्भों की कतारें जल रही थीं।

मुरली बाबू जैसे किसी दर्द से कराहकर बोले, "ज़िन्दगी भी क्या चीज़ है !" फिर पैरों से एक टीन के टुकड़े को ठोकर मारते हुए बोले, "कल सुबह बारात आ जाएगी।"

सुबोध ने खोए-खोए कहा, "हूँ !"

फिर बाजे बजेंगे, शोरगुल, दौड़धूप, भारी-भारी साड़ियाँ, चमकते हुए गहने, महकते हुए फूल, और बिन्नो की शान्त व्यथा से घायल आँखों पर सीपी की तरह लम्बी पलकें। कभी सामने पड़ जाने पर एक बार सुबोध को देख लेगी। फिर आँचल माथे पर और आगे खिसक जाएगा, पलकें झुक जाएँगी।

घर के बाहर इधर-उधर के लोगों की चारपाइयाँ बिछी थीं। बड़े मामा, छोटे मामा, किशोर दादा, छोटे फूफा लेटे थे। सुबोध और मुरली किसी से कुछ बोलते, बात करते चारपाइयों के बीच से अन्दर आ गए। अन्दर भी बिस्तर बिछ चुके थे। औरतें लेट चुकी थीं। बिन्नो की सास की चारपाई की पट्टी से सटी बुआ बैठी थीं। वहाँ से बिन्नो को उरद की दाल भिगो देने का आदेश दे रही थीं। बिन्नो भंडारघर का ताला बन्द कर रही थी। मुरली बाबू और सुबोध को ऊपर जाते देख उसके हाथ रुके। तभी ऊपर से शान्ता उतरी। मुरली बाबू ने उसे देखकर कहा, "कहाँ घूम रही हो ? कल तो इस वक़्त दुल्हन बनी बैठी होंगी।"

शान्ता शरमा गई। "हटिए भी। आप तो..."

"अभी से दुतकारने लगीं ! क्यों नहीं !"

"आप भी, जीजाजी..." शान्ता ने पूरी आँखें खोल मुरली बाबू को देखा और धोती का किनारा दाँतों से दबाकर मुस्कराती हुई अपनी चारपाई की ओर बढ़ गई।

चाभी सास को दे बिन्नो ऊपर आई। अपनी चारपाई पर फैले कपड़े उठाए और सूई-डोरा उठा लिया।

छत पर अब तक कुरसियाँ पड़ी थीं। सुबोध अकेला एक पर बैठ गया और न जाने किन विचारों में डूब गया। दूर घड़ी ने जब बारह बजाए, तो वह चौंका और कमरे में आया। देखा, बिन्नो के हाथ से सूई सरक गई है, बड़े-बड़े नीले फूलोंवाला ब्लाउज़ मुड़ा पड़ा है और बिन्नो थकी-हारी सो गई है।

सुबोध दूसरे कमरे में गया। जूते उतारे, कपड़े बदले। नींद नहीं आ रही थी। सिरहाने रखी एक पत्रिका लेकर वह अपने बिस्तर पर लेट गया। खोली, तो उसमें से एक अधूरा पत्र गिर पड़ा। यों वह बिन्नो के ख़त कभी नहीं पढ़ता था, मगर इस समय वह कुतूहल न दबा सका। बिन्नो ने अपनी सखी फूल को लिखा था :

"तुम्हारी ननद ने ग़लत ही सुना होगा, फूल। मुझे तो सभी यहाँ बहुत चाहते हैं। सासजी का स्वभाव ज़रूर तेज़ है, पर मुझसे वह कभी कुछ नहीं कहतीं। सारे घर क़ी जिम्मेदारी मुझे ही दे रखी है। वह भी मेरा ख़याल रखते हैं। हर वक़्त उन्हें यही ध्यान रहता है कि मुझे किसी तरह की तकलीफ न हो। मैं तो अक्सर सोचती हूँ कि न जाने किन पुण्यों के फल से मुझे ऐसे पति मिले..."

सुबोध ने होंठ भींचे। उसकी आँखें गीली हो गईं। आत्म-सम्मानी बिन्नो कैसे किसी से यह शिकायत करे कि उसका पति उसे नहीं चाहता। धीरे से उठकर वह बिनो की चारपाई के पास आकर खड़ा हो गया। बिन्नो की थकी-उदास मुद्रा उसका दिल कचोटने लगी। कितना अपमान, कितनी व्यथा इस नन्ही-सी बिन्नो ने चुपचाप पी ली थी ! न जाने किन पुण्यों से उसे यह पति मिले ! यदि वह स्वयं बिन्नो के जगह होता, तो वह पति की रुखाई, उदासीनता और अवहेलना का रोना हर किसी से रोता। उसने हल्के से सूई उठाई और शान्ता के ब्लाउज़ उठाकर कुरसी पर रख दिए। फिर बिन्नो का सिर धीरे से तकिए पर रख दिया। उसकी उँगलियाँ बिन्नो के अस्त-व्यस्त बालों पर आकर ठिठक गईं। वर्षा से सूखे वृक्ष में एक नन्ही-सी कोमल कोंपल फूटी। सोते-सोते ही बिन्नो की पलकों में हल्की-सी हरकत हुई और एक लम्बी साँस खींचकर वह सोती ही रही। सुबोध उसके बालों पर हाथ फेरता रहा, जैसे अपनी रुखाई के लिए माफ़ी माँग रहा हो। बिन्नो सपने में देख रही थी कि उसकी शय्या पर फूलों की वर्षा हो रही है।

# तूफ़ान के बाद

स्टूल पर खड़ा रतन नाई आम के पत्तों के ऊपर रंगीन कागज़ की झालरदार बन्दनवार बाँध रहा था। उससे कुछ दूर किवाड़ की ओट में खड़ी उसकी हाल ही में गौने आई युवती वधू गुलाबी घूँघट से झाँक रही थी। छत पर शहनाईवालों ने अभी ही दम लिया था और आसपास लोगों में अब तक शहनाई की मधुर लहरी का खुमार था। सामने मैदान में शामियाने के नीचे मुंशीजी कुर्सियों का लेखा-जोखा कर रहे थे। वकील साहब की मोटर फाटक पर रुकते देख उन्होंने मेहमानों पर नज़र डाली और जल्दी से उस ओर बढ़े। आँचल सँभालकर उतरती हुई मन्नो के पास जाकर उन्होंने कहा, ''बिटिया मन्नो !''

उन्हें नमस्कार करती हुई बिटिया मन्नो की आँखें भर आईं। वृद्धावस्था से मुंशीजी झुक गए थे, पर उनके टूटी कमानी के चश्मे के पीछे स्नेहपूर्ण दृष्टि वही थी। वह सामान उतारने के लिए नौकरों को पुकारने लगे। मन्नो के अन्दर पहुँचने के पहले ही उसके आने की ख़बर पहुँच गई। रतन नाई की बूढ़ी माँ जल्दी-जल्दी शरबत घोलने लगी। वकील साहब की पत्नी भंडार खुला छोड़कर लपकती हुई आगे आईं और मन्नो को बाँहों में भींच लिया। मन्नो ने होंठ दबाकर आँसू रोकने की चेष्टा की।

कुछ क्षण बाद वकील साहब की पत्नी ने कहा, ''क्या हालत हो गई, मन्नो रानी ! तबीयत अब कैसी है ?''

''ऐसी ही चल रही है।'' फीकी मुस्कान से मन्नो ने कहा। फिर उसने चारों ओर देखा। घर वही था, मगर समृद्धि के चिह्न स्पष्ट दीख रहे थे।

ख़बर सुन पुरानी महराजिन भी चौके से आई। धुँधली आँखों और स्नेहासिक्त कंठ से उसका हालचाल पूछती हुई खड़ी हो गई।

बूढ़ी नाइन ने शरबत पिलाकर पाया हुआ दो रुपए का नोट आँचल में बाँधते हुए अपनी नई बहू को बताया, ''मालिक की बहन हैं। अमीर घर ब्याही हैं। बहुत दिनों बाद आई हैं।''

काजल लगी आँखें झपकाकर बहू मन्नो के बीमार और उदास सौन्दर्य को देखती रही।

नहा-धो, खा-पीकर मन्नो लेटी, तो भाभी भी पास आकर बैठ गईं। उसके रूखे बालों पर दुलार से हाथ फेरती हुई बोलीं, ''अपना ध्यान रखा करो। देखो, कैसी हो गई हो। राधे बाबू तुम्हारे भैया से बड़ी शिकायत कर रहे थे।''

उनकी बात को टालकर मन्नो ने पूछा, ''भाभी, बिन्नो को जात से बाहर देने को राजी कैसे हो गईं ? भैयाजी ने कैसे मान लिया ? कुल की इज्ज़त का ख़याल नहीं आया ?''

पास की चारपाई पर पीली धोती पहने बिन्नो लेटी थी। आँखों में दबा हुआ उल्लास

था। उस पर नज़र डालकर भाभी ने कहा, ''क्या आसानी से राजी हुए ? आजकल की लड़कियाँ भी तो जबरदस्त होती हैं—पहले की तरह थोड़े ही हैं ! अन्न-जल त्यागकर पड़ गई थी। कहती थी कि आप न करेंगे शादी, तो सिविल मैरिज कर लूँगी। झख मारकर गए। लड़का पसन्द आ गया। रिश्ता पक्का कर आए। लौटकर मुझे बताया।''

अपना प्रसंग सुन बिन्नो ने आँखों पर बाँह रख ली और अपनी माँ का दबा हुआ रोष हल्की मुस्कान से सह लिया।

भाभी ने देखा कि मन्नो की आँखों में पीड़ा की गहरी छाया घिर आई है। कुछ सोचकर उन्होंने एक लम्बी साँस ली, और धीरे से कहा, ''कुछ खोकर ही इंसान सीखता है।''

मन्नो की भी आँखों का गीलापन एक पतली धार बन गया। भाभी मूक सम्वेदना से उसका हाथ धीरे-धीरे थपकने लगीं। जैसे बहुत छोटे बच्चे को सहारा दे रही हों।

मन्नो ने वर्षों के संचित सन्ताप और कड़वाहट से कहा, ''भाभी, बेटियों और बहनों में फर्क भी तो होता है। बेटियाँ अपना अंश होती हैं। बेटियों की खुशी ज़्यादा महत्त्व रखती है। और बहनें तो भार होती हैं। उनसे उल्टे-सीधे पीछा छुड़ाना होता है। बेटियाँ अन्न-जल त्याग दें, तो घर में तहलका मच जाए, बहनें हों, तो कह दिया जाए कि मर जाने दो। दुनिया ऐसी ही है, भाभी।''

भाभी चुप। क्या कहें ? कुछ देर बाद धीरे से उठकर बाहर आ गईं। उन्मन-सी हो मकान का एक चक्कर काटा और फिर आकर अपने कमरे में लेट गई।

आँसू पोंछ मन्नो उठकर बैठ गई और बिन्नो को यों देखने लगी, जैसे पहली बार देख रही हो। कौन से ऐसे संचित पुण्य थे उसकी भतीजी के कि सीता की तरह राम को, पार्वती की तरह शिव को पा रही है ? और किस जन्म के घोर पाप थे उसके स्वयं अपने कि...कि...ऊपर उठती सिसकी को दबाकर वह फिर लेट गई।

कुछ ही साल पहले जब इस घर में शहनाई बजी थी, तो राधे बाबू उसे ब्याहने आए थे। कुलीन और अमीर घर की सभी रीतियों का पालन हुआ था। गम्भीर कंठ से उसे बुलाकर वकील साहब ने समझाया था कि उसे अब पिछली बातें भूल जाना है। हिन्दू घर की मर्यादा निभानी है। ज़िन्दगी में भूलें सबसे होती हैं। पर उन भूलों पर जान देना अक्लमन्दी नहीं। अवरुद्ध कंठ से कहकर उन्होंने उसके सिर पर हाथ फेरा था। भाभी ने बार-बार अपने से चिपटाकर आशीर्वादों की बौछार कर दी : ''सुखी रहो। रानी बनकर रहो। अक्षय सुहाग हो।'' जैसे अपनी असमर्थता शुभ आशीषों से पूरी कर देंगी।

जब बाहर बारात दावत खा रही थी, मुंशीजी उसके पास आ खड़े हुए थे और अश्रुसिक्त कंठ से कहा था, ''हमें बाबू नहीं मिले, बिट्टी। वह तो कई दिन से घर लौटे ही नहीं।''

सूजी हुई लाल आँखें उठाकर उसने मुंशीजी को देखा और फिर सिर झुका लिया। मुंशीजी डगमग पैरों से वापस चले गए।

वह बात कब शुरू हुई, इससे मन्नो अनजान रही। भाई उससे सोलह साल बड़े थे। उस पर जान देते थे। भाभी ने कभी माँ का अभाव न जानने दिया। लाड़-प्यार में बड़ी होती गई। और एक दिन अनायास ही जाना कि हेम बाबू उतने बुरे नहीं हैं, जितने सब कहते हैं। वह भाई के मित्र थे, साथ ही वकालत करते थे। कुछ वर्ष पहले उनके पिता कई लाख की सम्पत्ति

छोड़कर मर गए थे और हेम ने पतन की पहली सीढ़ी पर चरण रख दिया था। खाने-पीने के शौकीन वकील साहब भी थे। आए दिन कभी अपने यहाँ, कभी हेम के घर दावतें होती रहती थीं।

पति के मित्रों में सिर्फ़ हेम से ही भाभी परदा नहीं करती थीं। इधर-उधर उड़ती बातें सुनकर एक दिन पति की अनुपस्थिति में हेम से कहा, ''हेम बाबू, आप शादी कर लीजिए। अम्माजी उस दिन आई थीं। कह रही थीं कि घर भाँय-भाँय करता रहता है। वंश भी तो चलाना है।''

पानी के गिलास पर नज़र टिकाकर हेम ने कहा, ''अरे भाभी, हम तो बूढ़े हो गए। कौन करेगा हमसे शादी !''

सदा की संकोची मन्नो न जाने कैसे बोल पड़ी, ''हमारी हेड मिस्ट्रेस हैं। पचास के लगभग होंगी। उन्हीं से करवा दो, भाभी।'' वह मुस्करा पड़ी।

भाभी ने योग देते हुए कहा, ''मगर बदले में मन्नो बीबी के लिए भी आपको वर ढूँढ़ना पड़ेगा।''

''अच्छा ?'' कहकर हेम ने मन्नो को देखा। उस स्थिर और गहरी दृष्टि को सहन करने में असमर्थ मन्नो अन्दर भाग गई।

बाद में कुछ विस्मय से उसने जाना कि वह दृष्टि प्रेमपूर्ण थी। उस दिन से मन्नो हेम से बचने लगी। वह अन्दर आता, तो कमरे में ही बैठी रहती। सामने पड़ जाता, तो लज्जा और संकोच-भरा नमस्कार कर इधर-उधर बचने का रास्ता खोजने लगती।

भाभी जब-तब हेम से वर खोजने का आग्रह कर उठती थीं। हेम कभी हँस देता, कभी टाल देता था और कभी गम्भीर हो जाता।

एक दिन सुबह तड़के ही कई मित्रों के साथ वकील साहब शिकार पर गए। रात होते-होते ख़बर आई कि हल्की-सी दुर्घटना के कारण आहत हो गए हैं और अस्पताल पहुँचा दिए गए हैं। आकुल और सन्तप्त भाभी तुरन्त मुंशीजी के साथ अकेले वापस आए और ख़बर दी कि विशेष चोट नहीं लगी है, हल्के जख़्म हैं। मोटर टकरा गई थी। हेम बाबू चला रहे थे। उनको चोट काफ़ी आई है। फिर पान मुँह में रखते हुए बोले, ''डरना मत, बिटिया। मैं नीचे सो रहा हूँ। बहूजी ने कहा है कि बिन्नो को आया के पास सुला लेना।'' और अँधेरे में सावधानी से सीढ़ियाँ उतरते नीचे चले गए।

वकील साहब कुछ दिन अस्पताल में रहे। जब पहली बार उनके पास मन्नो को छोड़ भाभी कुछ देर को घर गईं और वकील साहब की आँखें झपक गईं, तो साहस कर मन्नो बाहर निकली। हेम का भी प्राइवेट वार्ड पास ही है—उसने सुन रखा था।

चादर ओढ़े हेम अस्पताल के सफ़ेद पलंग पर लेटा था। आहट सुन उसने आँखें दरवाज़े पर लगा दीं। देखा, तो मन्नो—झिझकती, सकपकाती, इधर-उधर दौड़ती। ''अरे मन्नो !'' मधुर विस्मय से उसने कहा।

जल्दी-जल्दी पैर रखती मन्नो उसके पलंग के पास आकर खड़ी हो गई। लाज का महासागर किसी तरह पार कर चादर के ऊपर पड़ा हेम का हाथ उसने अपने हाथों में थाम लिया। भावों के उमड़ते ज्वार ने उसका कंठ अवरुद्ध कर दिया।

हेम ने उसके पीले सन्तप्त मुख की ओर देखा और धीरे से कहा, ''क्यों, मन्नो ?''

''कहीं कुछ हो जाता, तो ?'' गहरे उपालम्भ और अश्रुसिक्त कंठ से मन्नो ने कहा।

''तो क्या था ! कौन मेरे लिए दुख मनानेवाला बैठा था?''

मन्नो ने सीधी दृष्टि से उसे देखा, जो आँसुओं के कारण धूमिल हो गई थी। मान और वेदना से उसके होंठ काँप उठे।

एक दीर्घ निःश्वास लेते हुए हेम ने कहा, ''सच, मन्नो, तुम्हें दुख होता ? तुम रोतीं ?''

''जैसे रोई नहीं हूँ,'' गले में जो इतनी देर से बार-बार आकर अटक रहा था, उसे ठेलकर मन्नो ने कहा।

हेम ने कुछ और नहीं कहा। अपना दूसरा हाथ भी बढ़ाकर मन्नो की कोमल हथेलियाँ दोनों हाथों से घेर लीं। हवा से परदा धीरे-धीरे हिल रहा था। रोशनदान पर बैठी एक गौरैया गरदन टेढ़ी कर दोनों को देख रही थी। कुछ देर बाद हेम ने मन्नो के आँचल से उसके आँसू पोंछ दिए। तभी नर्स आ गई। मन्नो बाहर चली गई। वकील साहब के कमरे के आगे बरामदे में बाँहों से घुटने घेर विचारपूर्ण मुद्रा में बैठ गई।

हेम को स्वस्थ होने में बहुत दिन लगे। जब वह अपने घर आ गया, तो कभी भाभी के साथ, कभी अकेले, मन्नो उसके घर जाने लगी। आती वह पहले भी थी, पर अधिक समय हेम की माँ के पास बैठती थी। अब हेम के पास। वह उन्हीं क्षणों में पूरी तरह जीती थी–हेम के पास जाने से पहले सामीप्य की कल्पना में और वापस आने पर उन क्षणों की स्मृति में। हेम के लिए उसका प्यार उमड़ती नदी की तरह था, जो अपने प्रवाह में कूल-किनारे भी बहा ले जाती है। उसके पीले मुख पर जीवन की पूर्णता से एक तुष्टि की आभा आ गई थी, आँखों में भावमग्नता थी।

जब-तब हेम की माँ से और कभी इधर-उधर सुना कि हेम बदल गया है। अब अपनी मोटर में नहीं घूमता-फिरता, बल्कि उसने मन लगाकर काम करना आरम्भ कर दिया है। उसकी माँ ने अपने पोपले मुँह से मुस्कराते हुए भाभी से कहा, ''बहू, उसका इरादा शादी करने का भी हो रहा है। अब तो बहुत दिनों से पीना-पिलाना भी बन्द कर रखा है। मैं सोचती हूँ, इन सरदियों तक कहीं न कहीं उसकी शादी कर दूँगी।''

भाभी उनकी बातों पर सिर हिलाती रहीं, मन्नो चुपचाप सुनती रही, मुस्कराती रही।

एक दिन वकील साहब अन्दर आए, तो क्रोध से उनका मुँह लाल था। देखा कि पत्नी और मन्नो कपड़े पहने कहीं जाने को तैयार हैं। पूछने पर बताया कि हेम बाबू के घर जा रही हैं।

चीख़कर वकील साहब ने कहा, ''नहीं जाना है हेम के घर। बड़ी हेम बाबू की सगी बनी हैं ! ऐसा न होता, तो यह नौबत क्यों आती ?'' फिर मन्नो की ओर कड़ी दृष्टि से देखकर बोले, ''हेम के घर बिलकुल नहीं जाना है। समझीं ? चलो अन्दर !''

पीला मुँह और आर्द्र आँखें लिए मन्नो अपने कमरे में चली गई। कुछ आहत, कुछ विस्मित भाभी पति के पीछे-पीछे गईं। देर तक पलंग पर स्थिर बैठी, मुट्ठियाँ बाँधे, होंठ भींचे मन्नो पास के कमरे के वकील साहब की अस्पष्ट कर्कश आवाज़ सुनती रही। बीच-बीच में भाभी हल्के स्वर में प्रतिवाद करती जाती थीं।

जब वकील साहब चुप हो गए, तो भाभी उसके कमरे में आईं। दरवाज़े पर हाथ टिकाए उसे एक क्षण देखती रहीं। और फिर कहा, "तुमने हमलोगों को कहीं का न रखा, मन्नो।"

मन्नो के अन्दर कहीं कुछ चटककर टूट गया। दलित, पराजित, खंडित वह अपने बिस्तर पर औंधी गिर गई और एक गहरी काँपती हुई पतली चीख़ के साथ रो उठी।

आज जो यह साफ़-सफ़ेद पुती दीवारें हैं, जहाँ ऊपर शहनाई बज रही है और अन्दर दावत की तैयारी हो रही है, क्या उन अवश सिसकियों की साक्षी नहीं रही है, जब छटपटाकर मन्नो चीख़ती थी—तब भी ये निर्विकार भाव से देखती रही थीं, जब मुंशीजी ने उसे हेम की चिट्ठी दी थी। उसे पढ़कर मन्नो ज़मीन पर ही लेट गई थी। तब भी सिर उठाए खड़ी ऊँची दीवारों में कहीं एक दरार तक न आई थी।

हेम का वह पत्र मन्नो ने कई बार पढ़ा, मुट्ठियों में भींचा और मिटते अक्षरों पर आँसुओं से धुँधली दृष्टि जमा-जमाकर फिर पढ़ा। हेम ने लिखा था :

"रानी मन्नो,

"मुझे बड़ा गर्व था, विश्वास था अपने पर और अपनी मैत्री पर, वह टूट गया। वकील साहब से मेरी लम्बी दोस्ती नहीं टूटी, सभी कुछ टूट गया। मैंने तुम्हें माँगा था। मैं भूल गया था अपना इतिहास। तुम्हारे स्पर्श से मैं बदल गया हूँ—मैंने यह समझाने की कोशिश की। पर, मन्नो, मैं सचमुच बहुत बुरा आदमी था। वह सब तुम नहीं जानतीं, वकील साहब जानते हैं। उन्होंने जो कुछ कहा, वह तुम्हें कैसे लिखूँ ? दुश्चरित्र के साथ दोस्ती हो सकती है, पर सम्बन्ध नहीं।

"मन्नो, मैं भटक रहा हूँ। समझ में नहीं आता, क्या करूँ। तुम अभी नाबालिग हो, छोटी हो। वकील साहब तुम्हारे अभिभावक हैं। कभी सोचता हूँ, तुम्हें लेकर कहीं चला जाऊँ। पर तुम्हें यों नहीं पाना चाहता। अगर कहीं तुम्हें किसी दिन मेरे चरित्र पर लज्जा आई, तो क्या करूँगा ? अभी तुम्हारी बहुत ज़िन्दगी पड़ी है। मैं जानता हूँ कि धीरे-धीरे मेरी याद धुँधली पड़ जाएगी। तब एक दिन मेरा आभार मानोगी कि मैंने अपने बन्धन से तुम्हें मुक्त कर दिया था।

"मुझे माफ़ करना, मन्नो, कि मैंने तुम्हारी ज़िन्दगी में घोर दुख भर दिया। पर तुमसे मुझे जो मिला, उसका मोल तुम खुद न समझ पाओगी।"

तुम देखते, हेम, कि आज मन्नो कितनी सुखी है ! कितनी जल्दी तुम्हें भूल गई, कितनी आभारी है तुम्हारी ! वह चारपाई से उठकर बैठ गई। क्यों न चली गई मैं ? कुल की लाज पर लात मारकर, सब मर्यादाओं का उल्लंघन करके...

प्रसन्नमुख वकील साहब अन्दर आए। बोले, "बारात आ गई।" कुछ ठिठककर कोमल स्वर में बोले, "बैठी क्यों हो मन्नो ?"

"जी घबरा रहा था।" मन्नो ने झटपट आँखें पोंछ लीं।

"बारात आ गई ?" कहती-कहती भाभी भी अन्दर आईं।

"हाँ। जनवासे उतारकर आ रहा हूँ," वकील साहब बैठकर बोले। बातचीत सुन बिन्नो जग गई। सकुचाकर उठी और बाहर चली गई।

"सब खुश तो हैं ?" भाभी ने पूछा।

"खूब," मुदित वकील साहब मन्नो पर दृष्टि डालकर बोले। "बड़े सुधारवादी हैं वे लोग। उनके तो बड़े लड़के की बहू भी माथुर हैं। जब पहली बार मैं गया, तो उन्होंने ही मुझे समझाया कि इन सब बातों में क्या रखा है ?–बच्चों की खुशी देखनी चाहिए। पूरा कुनबा आया है बारात में। यहाँ भी शहर में मुँह पर तो वाह-वाह है ही, पीठ पीछे सभी बुराई करते हैं। उससे हमारा क्या बनता-बिगड़ता है !"

"बिरादरी के लोग–तिवारीजी, मिश्रजी, शुक्लजी शरीक होंगे ?" मन्नो ने पूछा।

"सब होंगे। न हों, तो हमें परवा नहीं। कौन हमें दूसरी लड़की ब्याहनी है !" कहते-कहते उनकी दृष्टि निमिष मात्र को मन्नो की दृष्टि से मिली और उन्हें कचोट गई। कुछ देर मौन रहने के बाद वह उठे और बाहर चले गए।

वकील साहब मन ही मन सोच रहे थे :

मन्नो से भी तो मैंने यही कहा था। बिरादरी, लोकलाज, इज़्ज़त की दुहाई दी थी। ये क्या कहेंगे, वे क्या कहेंगे ! समाज में रहना है, तो उसके नियमों का पालन करना होगा। वह रोई थी। क्यों ? इतना अमीर घर है। राधे बाबू इतने भले, इतने शरीफ हैं। लेकिन हेम भी बुरा नहीं था। अगर उसी से कर देता मन्नो की शादी, तो ? बिरादरी क्या करती ? क्या कर लेगी अब ? जिसके पास रुपया होता है, उसे बिरादरी कुछ नहीं कहती। हेम को खो दिया, मन्नो के सिर पर हमेशा के लिए दुख का पहाड़ तोड़ दिया। लोगों ने उसे कूएँ से निकाला था। होश में आने पर उसने आँखें खोलकर एक बार देखा था, फिर बन्द कर ली थीं। मैंने ही तो उससे कहा था कि तुम मर क्यों न गईं ? तुमने मुझे कहीं मुँह दिखाने लायक नहीं रखा।

मन्नो कई महीनों से बीमार थी। उसको क्षय का शक था। हेम की शवयात्रा में मेरे आँसू रुकते न थे। मैं अपने सबसे पुराने और सबसे प्यारे मित्र के साथ-साथ अपनी अकेली बहन के लिए भी रो रहा था, जो ग़लती हुई मोमबत्ती की तरह एक हल्के-से झोंके की राह देख रही थी।

आमों की बन्दनवार मुरझा गई। दो दिन भीड़भाड़, चहल-पहल और फिर सन्नाटा। मन्नो ने भी जाने की तैयारी की। कपड़े रख रही थी और वकील साहब कमरे में आकर खड़े हो गए और बोले, "जा रही है, मन्नो ?"

"हाँ, भैया। रात की ट्रेन से।"

गला साफ़ करके वकील साहब ने कहा, "बेटा, ठीक से रहा करो। अपनी देखभाल किया करो। तुम खुद समझदार हो। तुम्हारी बातों से हमें बड़ा अफसोस होता है।"

मन्नो मुँह झुकाए बैठी रही।

उद्विग्न होकर वकील साहब ने एक चक्कर लगाया, फिर कहा, "मन्नो, मैं तुमसे माफ़ी माँगता हूँ।"

अचकचाकर मन्नो ने ऊपर देखा।

"मेरे ऊपर एक पत्थर-सा रखा रहता है–जो मैंने अब किया, अगर पहले भी वैसा ही करता ! पर तब मैं अन्धा था। मैं ज़माने की रफ़्तार से लड़ रहा था। मैं यह नहीं समझ

पाया कि अपने हठ से मैं तुम लोगों के सिर पर पहाड़ तोड़ रहा हूँ।''

वकील साहब चलते-चलते रुक गए। ''मैं सच कहता हूँ, मैं खुद भी उस पहाड़ के नीचे आ गया, मन्नो। मैं भी हेम को बहुत चाहता था।''

मन्नो के होंठ भिंचे हुए थे। मूक क्रन्दन से उसका शरीर काँप रहा था।

''अब तो कुछ भी नहीं हो सकता,'' वकील साहब कहे जा रहे थे, ''हाँ, यह ज़रूर हुआ कि मेरी आँखें खुल गईं। बिन्नो की शादी के लिए मैं इसलिए राजी नहीं हुआ कि उसे मैं तुमसे ज़्यादा चाहता था। मेरे लिए तुम दोनों में कोई फर्क नहीं। मैं अपने हठ का नतीजा देख चुका था। जो मैं तुम्हारे लिए नहीं कर सका, उसके लिए, माफ़ी चाहता हूँ।''

एक क्षण चुप रहकर उन्होंने फिर कहा, ''मन्नो, जो हो गया, उसे भूलकर अब तुम फिर से खुश रहने की कोशिश करो, तो मैं शान्ति पा सकूँगा। बड़े-बड़े तूफ़ान लोगों के सिर पर से गुज़र जाते हैं। उन्हें वे भूलते तो नहीं, भूल भी कैसे सकते हैं ? पर फिर भी वे नए सिरे से जीवन आरम्भ करते हैं, क्योंकि जब तक प्राण हैं, रहना है, और अगर रहना है तो आसपास के लोगों की खुशी का ख़याल रखना है। तुम अपने लिए नहीं, राधे बाबू के लिए, मेरे लिए, खुश रहने की कोशिश करो। मेरा बोझ बहुत हल्का हो जाएगा, मन्नो।''

मन्नो ने धीरे-धीरे आँखें ऊपर उठाईं। वकील साहब चले गए। मन्नो देर तक मौन, निश्चल, विचारपूर्ण बैठी रही।

वकील साहब के प्रति जो क्रोध था, वह धीरे-धीरे पिघलने लगा। अभिमानी भाई को उसके आगे झुकने में कितना प्रयत्न करना पड़ा होगा ! उन्होंने जो माँगा है, उसे देना होगा। तूफ़ान के बाद फिर नई नींव डालनी होगी। अन्तर्मन में दबा कहीं यह ज्ञान भी था कि आख़िरी साँस तक हेम ने यही कामना की होगी कि मन्नो सुखी रहे।

# मुक्ता और शशि

अगर माँ हमेशा यह शिकायत करतीं कि मैं मुक्ता को शशि से ज़्यादा चाहता हूँ, तो उनका आरोप झूठ न था। पर मैं हमेशा इस बात को हँसकर टालता आया था। मैं जानता था कि शशि जहाँ माँ, पापा, बाबा, दादी—सबकी दुलारी है, मुक्ता अपने छह भाई-बहनों में सबसे बड़ी है और मातृहीना होने के कारण उसके नाज़-नखरे उठानेवाला कोई नहीं है।

इसीलिए जब मुक्ता का पत्र आया कि छात्रावास बन्द होने पर दशहरे की छुट्टियाँ वह हमारे यहाँ बिताने आ रही है, मैंने मुदित मन माँ से जाकर कहा, "माँ, परसों मुक्ता आ रही है।"

मैंने देखा, माँ कुछ विशेष प्रसन्न नहीं लगीं। मैंने पापा से कहा, "मुक्ता आ रही है।"

मुक्ता पापा के साथ शतरंज खेलती थी और हमेशा जान-बूझकर हार जाती थी और इसलिए पापा मुस्कराए। बोले, "अच्छा है।"

मेरी ओर एक दृष्टि डालकर माँ ने धीमे से कहा, "अच्छा तो है, पर गोविन्दसहाय के यहाँ जो आना-जाना होगा, तो ?"

"तो उससे मुक्ता को क्या करना ?" पापा ने कहा।

एक खीझी दृष्टि माँ ने उन पर डाली और लम्बी साँस खींचकर चुप हो रहीं।

तब मैं समझा। शशि उस साल बी.ए. फाइनल में थी, और बाबा-दादी का मन था कि जैसे भी हो, उसकी शादी इसी साल हो जाए, जिससे एम.ए. पढ़ने का सवाल न उठे। बाबा और पापा दोनों साल-भर से वर की खोज में प्राणपण से जुटे थे, पर अभी तक सौदा पटा न था। शशि हम तीन भाइयों की इकलौती बहन थी। फिर भी मैं निरपेक्ष भाव से उसे देख सकता था। नाक-नक्श की सादगी को उसका गोरा रंग ढँक लेता था—ऐसा रंग, जिसकी उपमा कच्चे दूध से दी जाती थी। मामूली कद। नृत्य और संगीत में पारंगत। रेडियो पर अक्सर गाती थी। उसे बढ़ावा दिया जाता था, क्योंकि माँ जानती थीं कि शादी के समय यह बात काफ़ी महत्त्वपूर्ण समझी जाएगी। हाँ, शशि सुन्दर कही जाती थी।

माँ समझती थीं कि उनकी पुत्री से विवाह करने के इच्छुक लोगों का घर के आगे क्यू लगा रहेगा। पर ऐसी बात न होने पर, और ऊपर से साल-भर की खोज के बाद वह काफ़ी हताश हो चुकी थीं। रिश्तेदारी में किसी लड़की की शादी की ख़बर सुनतीं, तो उस दिन खाना गले से नीचे न उतरता। साँस भरकर कहतीं, "देवरजी ने तो शशि से छोटी दो-दो लड़कियाँ ब्याह दीं, छोटे दादा भी कुसुम से उद्धार पा गए। न हमारा-सा ठाठ है, न हमारी-सी बेटी।"

बार-बार इसी आशय की बात सुनते-सुनते जब मैं ऊब उठा, तो एक दिन शान्त स्वर में कहा, "पर माँ, उन लोगों ने अपनी लड़कियाँ साधारण खाते-पीते लोगों को दी हैं। वे तुम्हारी तरह चोटी के लड़के नहीं ढूँढ़ते कि घर भी बहुत बढ़िया हो, लड़का भी सुन्दर हो और काफ़ी कमाता हो। तुमने लखनऊवाला लड़का यह कहकर छोड़ दिया कि बहुत काला है और नौकरों की तरह लगता है।

माँ भक से जल उठीं, "अच्छा, तुम्हारे भाषण देने की कोई ज़रूरत नहीं है। हमलोग मर जाएँ, तो जहाँ चाहो, वहाँ बहन को ढकेल देना।"

आँगन के कोने से दादी के भी डाँटने की अस्पष्ट आवाज़ आई। मैं चुपचाप खिसक गया।

इत्तफाक की बात, शहर के नए डिस्ट्रिक्ट मजिस्ट्रेट पापा के सहपाठी निकल आए। आना-जाना आरम्भ हुआ और बातों-बातों में उनकी पत्नी ने बताया कि उनका सबसे छोटा भाई दो साल पहले एडमिनिस्ट्रेटिव सर्विस में आ गया है और अभी तक कुँआरा ही है।

इनके जाने के बाद माँ ने शशि को कड़ी ताईद की कि जब कभी मिसेज सहाय आया करें, वह हमेशा रेशमी साड़ी पहनकर, अदब-कायदे से उनके सामने निकला करे। बाबा ज़ोर-शोर से चिट्ठी-पत्री में लग गए। प्रसिद्ध फोटोग्राफर का खींचा शशि का फोटो लेकर पापा गोविन्द सहाय की ससुराल के दो चक्कर भी लगा आए। इसके लिए उन्हें ज़रूरी मुकदमे भी टालने पड़े, पर लड़की की शादी का मामला था। घर के परदे बदले गए, सोफों की ओवरहालिंग हुई, शशि को नई साड़ियाँ ख़रीदी गईं और माँ ने मिसेज सहाय को यह भी जता दिया कि घर में पुरानी मोटर इस्तेमाल की जा रही है, क्योंकि शशि को तो नई मोटर ही दी जाएगी।

माँ उन दिनों बहुत प्रसन्न थीं। मिसेज सहाय ने, जिन्हें घर में सब लड़के की बहन कहने लगे थे, कुछ घुमाफिराकर यह प्रकट कर दिया था कि शशि उन्हें काफ़ी पसन्द है। फिर माँ को पता चला कि लड़का बीस दिन की छुट्टी लेकर बहन के पास कानपुर आ रहा है। उस दिन घर के पाँच बड़ों की कांफ्रेंस हुई, जिसमें मैं भी शामिल था। उसमें माँ ने यह प्रस्ताव रखा कि लड़के से शादी की कोई बात, कोई जिक्र न किया जाए, और उसे हमारे घर आने व मिलने-जुलने को प्रोत्साहित किया जाए, जहाँ वह शशि को देखे और उसके सम्पर्क में आए। मौक़ा होगा, तो सबसे छोटे भाई मीनू के जन्मदिवस के अवसर पर चाय पार्टी करके उसमें शशि के नृत्य का आयोजन भी किया जाएगा। फिर लड़के पर दबाव डाला जाए कि वह शशि से विवाह कर ले।

पापा और बाबा काफ़ी सिर हिलाने और खुजलाने के बाद राजी हो गए। पापा तो इसलिए कि वह घर की शान्ति बनाए रखने के लिए माँ की हर बात मान लेते थे, फिर वह उदार विचारों के भी थे—शशि अगर घरवालों के सामने किसी से मिले-जुले, तो उसमें उन्हें आपत्ति न थी। दादी ने अवश्य काफ़ी शोरगुल मचाया और अन्त में आँसू भरकर अपनी चारपाई पर जा लेटीं। पर माँ ने उनके पाँयते बैठकर नए रीति-रिवाजों और शादी में आनेवाली नई मुश्किलों पर अत्यन्त मीठे स्वर में समझाया और अन्त में कहा, "लड़कियाँ कॉलेज जाती हैं, वहाँ भी तो लड़कों से मिलती-जुलती हैं। इसमें कोई बुराई नहीं, अम्माजी। अपनी मुक्ता को ही देखो, लड़कों के साथ पढ़ती है।"

माँ के आगे दादी ने भी हथियार डाल दिए।

दशहरा पास आ रहा था। हमारे घर में अभिनय के लिए स्टेज तैयार था। थोड़े दिनों के लिए दो नौकर और रख दिए थे। शशि को ड्राइंग-रूम की सारी कुरसियों के लिए कुशन काढ़ने पड़े थे और दो घंटे रोज़ गाने का अभ्यास करना पड़ता था।

ऐसे में आ गई मुक्ता—अपनी चमकदार आँखों में उल्लास भरे और होंठों पर रह-रहकर फूट पड़नेवाली हँसी लिए। उसे स्टेशन लेने मैं ही गया। सामान उतरवाकर जब हमलोग चले, तो गोविन्द सहाय और उनकी पत्नी सामने पड़ गए। उनके साथ मिसेज सहाय का भाई श्रीकान्त भी था, जो उसी ट्रेन से आया प्रतीत होता था। गोविन्द सहाय ने कहा :

''श्रीकान्त, यह मेरे मित्र लक्ष्मीनारायण, एडवोकेट, का लड़का है। और यह हैं श्रीकान्त।''

श्रीकान्त मुस्कराया। उसकी आँखों के पास छोटी-छोटी सिकुड़नें पड़ गई थीं।

मुक्ता मेरे पीछे खड़ी आँखें फैलाए उन लोगों को देख रही थी। मैंने उसे आगे करते हुए कहा, ''यह मेरी ममेरी बहन है, मुक्ता। एम.ए. फाइनल में पढ़ रही है।'' फिर थोड़ी शिष्टाचार की बातों के बाद हमलोग अलग हो गए।

रास्ते में मैंने चाहा कि मुक्ता को श्रीकान्त के बारे में बता दूँ, मगर उसकी अनवरत बातों की झड़ी में मुझे अवसर ही न मिला। घर पहुँचकर मुक्ता ने पाया कि माँ उसके आने की हलचल सुनकर भी सारा काम छोड़कर बाहर नहीं निकलीं और शशि भागती हुई आकर उससे लिपट नहीं गई। मुक्ता अन्दर गई, जहाँ माँ अलमारी से धुले कपड़े निकाल रही थीं।

''आ गई, मुक्ता !'' माँ ने चिकन की धोती उलट-पलटकर देखते हुए कहा। उनकी आवाज़ में कोई उत्साह नहीं था।

मुक्ता उलझी-सी उन्हें देखती रही, फिर पूछा, ''शशि कहाँ है, बुआ ?''

''अपने कमरे में होगी,'' माँ ने उसकी तरफ़ पीठ करके कपड़ों के ढेर में से एक ब्लाउज़ खींचते हुए कहा।

मुक्ता ने आहत आँखें उठाकर मुझे देखा, और फिर शशि के कमरे में चली गई।

उसे देखकर शशि ने तानपुरे पर उँगलियाँ चलाना रोककर बैठे ही बैठे कहा, ''आ गई, जीजी !''

मुक्ता ने बैठकर कहा, ''बड़ी प्रैक्टिस हो रही है। रेडियो पर प्रोग्राम है क्या ?''

मेरी तरफ़ देखकर, शरम से लाल होते हुए शशि ने कहा, ''नहीं तो। यों ही।'' और सामने रखी कापी के पृष्ठ पर उँगली फेरने लगी। उसकी मुद्रा कह रही थी कि आप आ गई हैं, तो बैठिए, वैसे मुझे काम बहुत है।

मुक्ता कुछ देर उसे देखती रही, फिर उठती हुई बोली, ''चलो, दादा, तुम्हारे कमरे में चलें।'' मेरे कमरे में पहुँचकर उसने मुझसे पूछा, ''दादा, कहीं तुम भी तो व्यस्त नहीं हो ? फूफाजी तो कचहरी गए होंगे।''

मैं मन ही मन शशि और माँ पर उबल रहा था। इतने में मेरा प्रिय कुत्ता बाबर दौड़ता हुआ आया और अगले पैर मुक्ता के घुटनों पर रख ज़ोर-ज़ोर से पूँछ हिलाने लगा। मैं मुक्ता की तरफ़ पीठ कर खिड़की से बाहर देखने लगा, जिससे वह अपनी छलछलाई आँखें चुपचाप

पोंछ सके।

गोविन्द सहाय को सपरिवार चाय का निमन्त्रण दो दिन बाद के लिए भेज दिया गया। ये दो दिन मुक्ता ने दादी को रामायण सुनाकर काटे। रात को पापा के साथ शतरंज खेलती थी, और बहुत ऊबने पर मेरे पास आ जाती थी। इन दो दिनों में एक बार भी माँ उसके पास आकर नहीं बैठी, न उसके बालों पर हाथ फेरकर दुलार किया। न शशि ने उसके पलंग पर लेटकर मचलकर कहा, "जीजी, यूनिवर्सिटी के हाल सुनाओ।"

जब निमन्त्रणवाले दिन शशि के लिए भारी-सी मैसूर जार्जेट की साड़ी माँ ने निकाली, तो मुक्ता ने कहा, "हाय, बुआ, मैं तो एक भी अच्छी साड़ी नहीं लाई हूँ—मैं क्या पहनूँगी ?"

माँ ने बड़ी मिठास से कहा, "रानी बेटी, तुम्हें तो आज थोड़ी तकलीफ करनी पड़ेगी। ज़रा चौके में देखना पड़ेगा कि काम ठीक से हो। नौकर तो मरे ऐसे ही हैं।"

मुक्ता झट से राजी हो गई। "मैं सब कर लूँगी, बुआ। तुम फिक्र न करो। तब मेरा सादी धोती में भी काम चल जाएगा।"

मैं चुप रहा। पर माँ ने मेरा चेहरा देखकर जान लिया कि मुझे अच्छा नहीं लगा है। मुक्ता के जाने के बाद मुझे समझाया गया : "खाने की कुरसियाँ तो आठ ही हैं न। चार हमलोग हैं, पाँचवें बाबा, तीन वे लोग आएँगे। मुक्ता के लिए जगह कहाँ है ?"

मैं तब भी चुप रहा। शाम तक तैयारियाँ हो गईं। शशि को माँ ने तीन बजे से ही तैयार होने को कह दिया था। मुक्ता जगन और केवल को लेकर प्लेटें धुलवाने और मेज़ ठीक करवाने में व्यस्त थी, बीच-बीच में चौके में भी झाँक आती थी।

दादी चौके में मूढ़े पर आसीन थीं। पौने पाँच पर उन्होंने कहा, "मुक्ता, हाथ-मुँह धोकर ज़रा आदमी बन जा। चुड़ैल-सी बाल खोले घूम रही है।"

तब मुक्ता दबे पाँव ड्राइंग-रूम में आई, जहाँ माँ छोटी-छोटी चीज़ें उलट-पलट कर रही थी। कभी गुलदस्ते के फूल ठीक करतीं, कभी परदा खींचतीं, फिर कभी समेट देतीं।

मुक्ता ने कहा, "बुआ, शशि को गहरी कत्थई साड़ी बेकार पहनाई। इस वक़्त तो हल्के रंग चलते हैं।"

माँ कुछ झुँझला गईं। "मुक्ता, गोरा रंग तो गहरे रंगों में ही चमकता है।"

एक क्षण चुप रहकर मुक्ता ने पूछा, "बुआ, क्या कोई शशि को देखने आ रहा है ?"

उसी क्षण पोर्टिको में गोविन्द सहाय की मोटर रुकी और मुक्ता अन्दर भाग गई।

श्रीकान्त देखते ही माँ को भा गया। उसका सहज आचरण, हँसमुख स्वभाव और आकर्षक व्यक्तित्व था भी ऐसा। चाय की मेज़ पर शशि माँ के पास बैठी—इतनी दूर कि श्रीकान्त उसे देख-भर सकता था। बात करने के लिए बीच में गोविन्द सहाय, बाबा और माँ की दीवार पार करनी पड़ती थी।

चाय समाप्ति पर थी। अचानक मिसेज सहाय ने माँ से कहा, "आप की एक भतीजी आई हुई है न,—वह कहाँ है ?"

माँ ने चौंककर उन्हें देखा। फिर कहा, "उससे बहुत कहा, पर वह बाहर आई ही नहीं। अन्दर है।"

मिसेज सहाय ने मुझसे कहा, "जाओ, उसे भी बुला लाओ।"

मैं उठा। माँ अपनी प्लेट की तरफ़ देख रही थीं।

मुक्ता से मैंने कहा, "चलो, तुम्हें बुला रही हैं।"

उसने झिझककर कहा, "बुआ नाराज़ तो न होंगी ?"

"बुआ क्यों नाराज़ होंगी पगली ! चलो जल्दी से।"

"तुम जाओ, मैं अभी आई।"

कुछ देर में मुक्ता आई। खुले बाल लपेटकर दो काँटों से अटका लिए थे, पर जूड़ा ढलका पड़ रहा था। सादी सफ़ेद चिकन की धोती थी। उसे देखते ही श्रीकान्त अपनी कुरसी छोड़कर उठ खड़ा हो गया। "बैठिए।"

अनजाने में हल्की मुस्कराहट मुक्ता के होंठों पर आ गई। "आप बैठिए, मेरे लिए कुरसी आ जाएगी।"

मैं भी खड़ा था। अपनी कुरसी पर मुक्ता को बैठने का इशारा कर जगन को एक कुरसी और लाने को कह दिया।

मुक्ता बैठ गई। मेज़ पर नए प्राणी के आ जाने से बातों का नया दौर चल पड़ा। मुक्ता बीच-बीच में कभी माँ और कभी मेरी तरफ़ देखती जाती। पास बैठे श्रीकान्त की बातों का उत्तर उसने हाँ-हूँ में ही दिया। पर स्वभाव से ही अधिक वाचाल होने के कारण गोविन्द सहाय से उसने खूब बातें कीं। वह समझ रही थी कि श्रीकान्त से उसका ज़्यादा घुलना-मिलना ठीक नहीं है।

उसकी बातों पर सब हँस रहे थे। माँ के होंठों पर मुस्कान जम-सी गई थी। शशि नीचे देख रही थी। कभी-कभी काजल लगी मोटी आँखें उठाकर मुक्ता को देख लेती थी।

अतिथि के विदा होने के बाद मुक्ता ने हुमककर कहा, "बुआ, लड़का बड़ा अच्छा है। उसका और शशि का जोड़ा बड़ा अच्छा रहेगा। बस, हो जाए शादी !"

माँ कुछ पिघलीं। "तू तो भूतनी-सी ही सामने चली आई। यह भी न हुआ कि ठीक से जूड़ा बना ले।"

मुक्ता मुस्कराती रही। माँ उस दिन बहुत प्रसन्न रहीं। बीच-बीच में कह उठती थीं, "शशि आज कैसी प्यारी लग रही थी—गुड़िया जैसी !"

मुक्ता कहती, "बुआ, हमारी शशि जैसी लड़कियाँ होती कहाँ हैं ?"

जब गोविन्द सहाय ने हम सबको खाने पर बुलाया, तो माँ ने चाहा कि सिर्फ़ वह और शशि ही जाएँ। मुक्ता को दो दिन से जुकाम था। उसने जाने से इनकार कर दिया। माँ ने चैन की साँस ली। मेरा भी मन जाने को न था, और पापा को कोई काम लग गया था। शशि को खूब सजाकर और सबसे अनुमोदन करवाकर माँ उसे लेकर चली गईं। मैं भी इधर-उधर घूमने चला गया।

लौटा, तो देखा कि श्रीकान्त आया है। मुझे थोड़ा आश्चर्य हुआ। श्रीकान्त मुक्ता की तरफ़ देखता हुआ बोला, "आज दीदी ने तमाम लोगों को बुलाया है। मैं ज़रा भीड़-भाड़ से घबराता हूँ, इसलिए चुपचाप यहाँ चला आया।"

मैंने तो बैठते हुए कहा, "इसीलिए मैं भी नहीं गया।"

माँ की उपस्थिति का काला बादल वहाँ न था। हमलोग इधर-उधर के तमाम विषयों पर बातें करते रहे। जितना ही ज़्यादा श्रीकान्त खुलकर हमलोगों के समीप आता गया, उतना

ही मैं बार-बार सोचता कि शशि के लिए हमें कोई उससे अच्छा वर नहीं मिल सकता। मुक्ता की स्निग्ध तरल आँखों में काली पुतलियाँ मुस्करा रही थीं, मुख पर लजाया लावण्य आ गया था।

पर उसके जाने के बाद मुक्ता कुछ देर खोई आँखों से बाहर देखती रही, फिर मन्द स्वर में कहा, ''दादा, शशि के लिए यह बिलकुल ठीक है। कितने सुसंस्कृत, स्मार्ट, कितने हँसमुख ! क्या बात काफ़ी आगे बढ़ चुकी है ?''

''हाँ, गोविन्द सहाय और उनकी पत्नी शशि को पसन्द करते ही हैं—फिर शशि भी ऐसी नहीं कि कोई देखकर नापसन्द कर दे।''

इस बात का मुक्ता ने कोई जवाब नहीं दिया। कुशन के ऊपर कढ़े हुए नमूने पर उँगलियाँ फेरती रही। फिर सोफ़े से टिककर आँखें बन्द करते हुए बोली, ''दादा मैं बहुत थक गई हूँ।'' उसकी आवाज़ में अजीब-सी बेबसी, अजीब-सा सूनापन था।

माँ का आदेश था कि मैं श्रीकान्त से मैत्री बढ़ाऊँ और उसे बार-बार आने को प्रोत्साहित करूँ। शायद उसे प्रोत्साहन की आवश्यकता न थी, क्योंकि वह प्रायः रोज़ ही थोड़ी देर के लिए आने लगा था। उसने शशि से ज़्यादा मिलने का प्रयत्न नहीं किया। मुक्ता से भी वह ज़्यादा नहीं बोलता था। बस, चाय का प्याला हाथ में लेकर हम सबके साथ बैठने में ही सन्तुष्ट जान पड़ता था। जब मुक्ता से बोलता था, तो भरपूर आँखों से उसे देखता। पर उन आँखों में अथाह गहराइयाँ होती थीं।

शशि को मैंने कभी अपने कपड़ों में इतनी रुचि लेते नहीं देखा था, न मुक्ता को अपने प्रति इतना उदासीन। पहले हमेशा जूड़ा बनाती थी, अब बाल ढीले ही रहते थे। पहले उजले मुँह पर रोली का टीका रहता था, अब वह भी छोड़ दिया था। कपड़े भी हमेशा सादे। कानों में जो बालियाँ पहने रहती थीं, उन्हें भी उतार दिया था। अब उसका पीला मुँह विचित्र रूप से सूना-सूना मुरझाया लगता। बस, तरल काली आँखें चमका करती थीं। पहले की मुक्ता अगर ऐसे रहती, तो माँ उस पर हरदम चिल्लाया करतीं कि जाने कैसी मनहूस लड़की है, कुछ पहनने-ओढ़ने का मन ही नहीं होता। यही तो उमर होती है पहनने-ओढ़ने की, फिर क्या बुढ़ापे में सिंगार करेगी ! कहीं जाते समय शशि कोशिश करती कि वह मुक्ता की तरह के कपड़े पहने। पर अब माँ ने देखकर भी नहीं देखा कि मुक्ता किनारेदार धोती पहनकर अतिथियों के सामने जाती है, जबकि शशि हर वक़्त बढ़िया से बढ़िया रेशमी वस्त्र पहनती है। एक-दो बार मैंने हँसी में कहा भी, ''माँ, मुक्ता को तो एक जोगिया धोती रँगवा दो—बैरागिन बन जाए। बगुला भगत कहीं की !''

मुक्ता धीरे से हँस दी। माँ ने कहा, ''कोई जबरदस्ती थोड़े ही कर सकता है ! वह बड़ी है, समझदार है, जो चाहेगी पहने-ओढ़ेगी। क्या मैं शशि का हाथ पकड़कर उससे कपड़े पहनवाती हूँ। मुक्ता को वेश बनाकर घूमना है, तो घूमे।''

माँ की नज़र बचाकर मुक्ता मेरी तरफ़ देखकर हँसी। उनके जाने के बाद कहा, ''मन भर गया न ? बड़े मेरे हिमायती बने थे !''

मैं सोच रहा था कि माँ को हो क्या गया है।

जब मैं श्रीकान्त के पास जाता, तो अक्सर माँ शशि को मेरे साथ लगा देती थीं। उससे वार-बार मिसेज सहाय मुक्ता के बारे में पूछती हैं, यह जानकर माँ को कभी-कभी मुक्ता को भी वहाँ भेजना पड़ता। अगर वहाँ मैं और श्रीकान्त भी पहुँच जाते, तो मुक्ता तुरन्त चुप हो जाती। बात करती भी, तो रुक-रुककर, अटक-अटककर, जैसे कुछ गले में फँस गया हो। श्रीकान्त शशि से बातें करने लगता, तो मुक्ता चैन की साँस ले मिसेज सहाय की ओर ध्यान देती। मुझे लगता कि मैं एक ऐसा नाटक देख रहा हूँ, जिसके पात्र अपना स्वाभाविक पार्ट भूल गए हैं और समझ नहीं पा रहे हैं कि क्या करें कि दर्शकों को कोई सन्देह न हो।

श्रीकान्त की छुट्टियाँ बीती जा रही थीं। माँ घबराने लगी थीं। रह-रहकर मुझे और पापा को कोंचतीं कि श्रीकान्त से अब शशि के लिए स्पष्ट रूप से पूछना चाहिए। इस बीच कई बार शशि को माँ के आग्रह पर गाना भी सुनाना पड़ा था। श्रीकान्त के प्रशंसा करने पर माँ की कल्पना ने एक ऊँची उड़ान ली और उसे भावी जामाता के रूप में देखने लगी।

उस दिन मेरे साथ माँ गोविन्द सहाय के घर गई थीं। मन्तव्य था कि मौक़ा पाकर साफ़-साफ़ पूछ लेंगी। हमलोग उनके ड्राइंग-रूम में बैठे थे। बात छिड़ गई नगर के एक प्रतिष्ठित व्यक्ति की पुत्री की, जिसने विरोध के बावजूद अपने सहपाठी से शादी कर ली थी।

''कितने शरम की बात है !'' सिर हिलाते हुए मिसेज गोविन्द सहाय ने कहा।

मेरी और श्रीकान्त की आँखें मिलीं और हम दोनों ने ही मुस्कराहट रोकने की कोशिश की।

''इसीलिए तो,'' माँ ने कहा, ''मैंने शशि को लड़कियों के कॉलेज में भेजा। मेरी राय नहीं थी कि मुक्ता को यूनिवर्सिटी में पढ़ने भेजा जाए। स्वभाव की चंचल है, अकेली रहती है, बोर्डिंग में और लड़कियाँ हैं, पर कोई देखनेवाला, समझाने-बुझानेवाला तो नहीं है, न।''

मैं शंकित हो उठा। माँ ने अपनी बात का प्रभाव देखने को श्रीकान्त पर नज़र डाली, पर वह निर्विकार भाव से कुरसी से सिर टिकाए छत के पंखे को देख रहा था।

''वहाँ हर एक से मिलती-जुलती है, साथ सिनेमा जाती है, पिकनिक होते हैं, साथी पार्टियाँ देते हैं। मुझे तो कतई पसन्द नहीं। भाई साहब को कोई फिक्र ही नहीं है। बड़ी हुई, शादी कर दें। पर मुक्ता हर चीज़ में दोष निकालेगी। कोई उसे पसन्द ही नहीं आता।''

''माँ !'' मैंने चेतावनी देते हुए कहा।

माँ ने आग्नेय दृष्टि मुझ पर डाली, पर मीठे स्वर में कहती रहीं, ''अब कहती है कि एम.ए. करके नौकरी करूँगी, अलग रहूँगी। पारसाल अच्छा-खासा कॉलेज में हंगामा मच चुका है। मैंने भाई साहब को लिखा कि इस साल उसे भेजने की ज़रूरत नहीं। पर उन्होंने नहीं माना। इस साल भी वही स्टेज पर नाचना-गाना, वही ड्रामों में पार्ट लेना। दस तरह के आदमी देखते हैं, दस तरह की बातें करते हैं।''

श्रीकान्त वैसे ही पंखे को देख रहा था। मुझे माँ की बातें सुनना असह्य हो गया था। बोला, ''बस करो, माँ। अब चलोगी नहीं ?''

मिसेज सहाय की आँखें विस्मय से फैल गई थीं। ''अच्छा, ऐसी बात !'' उन्होंने अविश्वास से कहा।

''बात पर बात चल पड़ी, तो कह दिया। आप लोगों से इतना अपनापा है।'' माँ की बोली न जाने क्यों बड़ी मीठी थी। ''लाख उससे कहती हूँ कि क्या धजा बनाए है—ज़रा ढंग

से रहा कर। पर वह कहती है, बुआ, तुम बीच में न बोलो। मैं चुप रह गई। कोई और होता—सास या ननद—तो क्या कहता ? ऐसी आज़ाद तबीयत...''

मैं उठकर खड़ा हो गया। श्रीकान्त ने पंखे से नज़र हटाकर कहा, ''चल दिए ?'' और स्वयं भी उठकर मेरे साथ पोर्टिको में आ गया।

हम दोनों ही चुप थे। मैं दीवार पर चढ़ी, हवा में झूल-झूल जाती बेगम बेलिया की लचकीली शाखें को देख रहा था। श्रीकान्त दीवार के सहारे टिका खड़ा था। कुछ देर में माँ आईं। साधारण शिष्टाचार के बाद हम रवाना हुए।

रास्ते में हमलोगों में इतने ज़ोर की कहासुनी हुई कि जब तक हम घर पहुँचे, माँ रोने लगी थीं।

मैं मोटर को गैराज में रखकर जब थकाहारा अपने कमरे में पहुँचा, तो चिन्तित मुक्ता ने पूछा, ''क्या हुआ दादा ? बुआ रो क्यों रही हैं ? उन्होंने मना कर दिया ?''

'नहीं, मुक्ता, उन्होंने मना नहीं किया। पर तुम जाओ, मैं बहुत थका हूँ।''

''खाना ?'' वह और भी परेशान होकर बोली।

''नहीं खाऊँगा। बस, तुम जाओ।''

मुक्ता चली गई। पता नहीं माँ ने पापा से क्या कहा, दूसरे दिन मुझे बड़ी करारी डाँट पड़ी और पापा ने चिट्ठी देकर मुझसे कहा कि मैं स्वयं जाकर उसका जवाब लाऊँ। मैं इतना अधिक विद्रोह से भर उठा था कि चिट्ठी वहीं पापा की मेज़ पर छोड़कर वापस चला आया। बाद में पता चला कि पापा ने जगन से चिट्ठी भिजवा दी थी और उन लोगों ने कुछ दिन बाद उत्तर देने को कहा था।

घर में विचित्र-सा तनाव था। माँ मुझसे बोलती नहीं थीं। मैं भी खाने का नियत समय बिताकर काफ़ी रात को आता और ढँका रखा खाना चुपचाप खा लेता। सबसे अधिक परेशान मुक्ता थी। कभी मेरे पास आती, फिर अन्दर माँ के पास भागती। पर उसके लाख जिद करने पर भी मैं लड़ाई का कारण न बता सका।

तीन-चार दिन बाद मैं सिनेमा गया। वहाँ मुझे श्रीकान्त मिल गया। फिल्म समाप्त होने पर हम साथ ही साथ बाहर निकले। कुछ दूर जाकर श्रीकान्त रुक गया। उसकी आँखें सिनेमा हॉल की झिलमिलाती रोशनी को देख रही थीं। हवा का झोंका आया और हमारे ऊपर के पेड़ों की पत्तियों में मर्मर ध्वनि हुई। मैं प्रतीक्षा कर रहा था। अचानक ही श्रीकान्त ने मेरे कन्धे पर हाथ रखकर कहा, ''अपने पापा से कह दीजिएगा कि मुझे शशि से विवाह करने में कोई आपत्ति नहीं।''

मैं अवाक् उसका मुँह देखता रह गया।

''बाक़ी बातें तो पिताजी तय करेंगे,'' उसने आगे कहा।

न जाने क्यों मुझे लगा कि वह सच नहीं कह रहा है। श्रीकान्त सचमुच शशि से विवाह कर लेगा ? पर मुख पर यह पराजय का भाव क्यों है ? आँखों में इतना सूनापन, आवाज़ में इतनी थकान ? क्या शशि से विवाह करने के विचार में कोई हर्ष या उल्लास नहीं ?

''अच्छा, अब चलूँ। नमस्ते !'' कहकर श्रीकान्त चल दिया।

मैं घर लौटा, तो मुक्ता मेरे ही कमरे में थी। मैं थककर कुरसी पर बैठता हुआ बोला,

"तुम्हें मालूम है, मुक्ता, आज श्रीकान्त ने मुझसे कहा कि वह शशि से शादी करने को राजी है ?"

वह चौंकी और मुझे स्थिर दृष्टि से देखती रह गई। उसके हाथ कुरसी पर वैसे ही निश्चल रखे रहे। आँखों में कुछ जला, कुछ बुझा। फिर अपने को साधकर उसने एक लम्बी गहरी साँस खींची और धीरे से कहा, "बहुत खुशी की बात है, दादा।" उसका अनिश्चित-सा स्वर थोड़ी देर काँपकर चुप हो गया। वह उठी और बाहर चली गई। धीरे से मैं भी दरवाज़े तक आया। देखा बरामदे में मुक्ता दोनों हाथों में मुँह छिपाए खड़ी थी।

"मुक्ता !" मैंने धीरे से पुकारा।

मुक्ता ने मेरी ओर देखा नहीं। दाहिने हाथ से आँखें पोंछी और बाईं हथेली मुँह पर रखे वह अपने कमरे की ओर चली गई।

न जाने क्यों मैं श्रीकान्त की बात माँ या पापा से न कह सका।

दूसरे दिन सुबह मुक्ता ने चाय पीते वक़्त उसी शाम को घर जाने का निश्चय बताया। पापा ने मना किया, माँ ने भी, पर उसने दृढ़ स्वर में कहा, "नहीं बुआ, मुझे पिताजी से भी तो मिलना है। मैं काफ़ी दिन तो रह ली।"

माँ ने ज़्यादा आग्रह नहीं किया। मामा को तार भिजवा दिया गया और मुक्ता अपनी तैयारी में लगी। मुझसे एकान्त में पूछा, "बुआ को बताया नहीं, दादा ?"

गले में कुछ फँसता-सा निगलकर मैंने कहा, "तुम्हारे जाने के बाद बता दूँगा। जल्दी क्या हैं ?"

ट्रेन शाम को जाती थी। मैंने दोपहर को श्रीकान्त को फ़ोन किया : "मुक्ता आज जा रही है।"

उस तरफ़ देर तक सन्नाटा रहा। फिर उसने पूछा, "कब ?"

मैंने ट्रेन का समय बता दिया।

उसने कहा, "अच्छा, तो मैं स्टेशन पर मिलूँगा।"

स्टेशन पहुँचकर पता चला कि ट्रेन कुछ लेट थी। मुक्ता को वेटिंग-रूम में बैठाकर मैं बाहर आया, तो देखा कि श्रीकान्त एक ओर खड़ा भीड़ में हमलोगों को खोजने का प्रयत्न कर रहा है। मुझे देखकर उसने पूछा, "मुक्ता ?"

"वेटिंग-रूम में है," मैंने कहा। हमलोग भीड़ से हटकर किनारे हो गए। मैंने कहा, "उस दिन मुक्ता के बारे में माँ ने जो कुछ कहा था, वह सच नहीं था।

श्रीकान्त ने दोनों होंठ भींच लिए ओर खोया-सा अपने बालों में उँगलियाँ दौड़ाता रहा।

"ट्रेन पौन घंटा लेट है," मैं बोला, "मुक्ता वेटिंग-रूम में है।"

श्रीकान्त ने भरपूर आँखों से मुझे देखा।

"मैं ज़रा बुकस्टॉल तक जा रहा हूँ। और हाँ, मैंने आपकी कल की बात मुक्ता को छोड़कर किसी और को नहीं बताई है।"

मैं उसके साथ वेटिंग रूम तक आया। दरवाज़े पर श्रीकान्त ठिठका। एक अनिश्चित सी मुस्कान उसके होंठ के कोने को छू गई। पर उसकी आँखें, उसकी सम्पूर्ण मुद्रा किसी दृढ़ निश्चय का आभास दे रही थी। बाएँ हाथ की उँगलियाँ बालों में दौड़ाते हुए दाहिने हाथ से उसने वेटिंग-रूम के दरवाज़े को धक्का दिया। बाहर खड़े हुए मैंने अन्दर से उसका मन्द पर

स्पष्ट स्वर सुना : ''मुक्ता, मुझे बिना बताए चुपचाप यों चली जा रही थी ? बिना कुछ कहे, बिना कुछ सुने ?''

फिर मुक्ता की अनिश्चित वाणी सुनाई दी, ''मुझे कहना ही क्या था ?''

''पर मुझे तो कहना है। बहुत कुछ कहना है। अपनी सफ़ाई देनी है।''

मुझे लगा, अब मेरा बाहर खड़ा रहना व्यर्थ है। मैं जब बुकस्टॉल की तरफ़ बढ़ा, तो मुझे लगा कि इतने दिनों से जो भारी पत्थर मेरे सीने पर रखा था, हट गया है। मैंने अपना कर्तव्य निभा दिया है।

श्रीकान्त और मुक्ता की शादी में माँ को जाना तो पड़ा, हर्ष भी प्रदर्शित करना पड़ा। आए-गए, नाते-रिश्तेदारों—सभी से उन्होंने कहा, ''देखा, कैसा सुन्दर, कैसा अच्छा वर ढूँढ़ा है भतीजी के लिए ! कैसी अच्छी जोड़ी है !''

पर ये शब्द स्वयं उन्हें कितनी पीड़ा दे रहे थे—यह कुछ ही लोग समझ सके। इसीलिए जब उन्होंने कड़वाहट से मुझसे फिर कहा कि मैं मुक्ता को शशि से ज़्यादा चाहता हूँ, तो मैंने चुपचाप सुन लिया।

# अकेली राह

शाम को गौरी घर पहुँची, तो अम्मा गुस्से से भरी बैठी थीं। जाने कब से लौटने की राह देख रही थीं। रोज़ तो वह कहीं बाहर जातीं, तो दूसरी चाबी ले जाती थीं। पर आज जल्दी में रूमाल में बँधी चाबी घर में ही भूल गई थीं। कीर्त्तन से लौटीं, तो बूँदाबाँदी होने लगी। जल्दी-जल्दी घर आईं। कमर टटोली, तो रूमाल गायब। दालान में टूटी चारपाई पड़ी थी, उसी पर लेट गईं। गौरी ने आकर दालान में माँ को देखा, तो आश्चर्य से कहा, ''अम्मा, यहाँ क्यों पड़ी हो ? कमरे खोल लिए होते।''

''कमरे खोल लिए होते, अपना सिर !'' कुढ़कर माँ ने कहा—''तुमने तो दुखी कर दिया, गौरी, सुबह की गई अब लौटी हो। काम सभी करते हैं, पर तुम्हारे जैसा निराला काम किसी का नहीं देखा। इनसान वक़्त से जाए, वक़्त से आए। रूमाल निगोड़ा अन्दर ही रह गया था, दोपहर से यहीं पड़ी हूँ, भूखी-प्यासी।''

गौरी ने कमरे का दरवाज़ा खोला, बिजली जलाई और अपनी किताबें मेज़ पर रख दीं। फिर चारपाई पर बैठकर सैंडिल उतारने लगी।

अम्मा कमरे में खड़ी होकर नाटकीय ढंग से बोलीं, ''सुनो, गौरी, बहुत सहा है हमने। अब चुप नहीं रहा जाता। भले लोगों की तरह चार बजे घर लौट आया करो। दीया जले तक इधर-उधर डोलना हमें पसन्द नहीं है।''

गौरी ने कुछ झुँझलाकर कहा, ''किया क्या है मैंने ? एक मीटिंग थी, उसी में देर हो गई।''

''तुम्हारी तो आए दिन मीटिंग ही होती रहती है। तुम्हारी मेहनत से ही तो सारे हिन्दुस्तान का उद्धार होगा। तुम न काम करोगी, तो बेचारी गाँव की औरतें बिना पढ़े ही न रह जाएँगी !''

''यही तो, चाची !'' दरवाज़ा खुलते देख वासन्ती की माँ हाथ में कटोरी लेकर दही माँगने चली आई थीं और कमरे की देहली पर खड़ी हो वार्तालाप सुन रही थीं। बोलीं, ''यही तो, चाची ! आजकल की नई लड़कियाँ यही समझे हैं। जिन औरतों के नसीब में सुख है, वे बिना पढ़े ही खुश हैं। और भला बूढ़ा तोता भी कभी पढ़े हैं...थोड़ा-सा जामन चाहिए दही को...।''

गौरी की क्रोधपूर्ण दृष्टि अपने ऊपर पाकर उन्होंने झट से बात बदल दी। जब तक अम्मा ने दही लाकर दिया, वह वहीं खड़ी रहीं। जब कटोरी हाथ में आ गई, तो दुलार से कहा, ''कैसा मुँह कुम्हला गया है बिटिया का ! मेहनत पड़ती है, हाँ। दिन में लड़कियों को

पढ़ाए, शाम को बूढ़ियों से सिर मारे।''

उनके जाने के बाद माँ-बेटी मौन रहीं, फिर माँ ने पिघलकर कहा, ''ठीक ही तो कह रही थी वासन्ती की माँ। थक गई होगी, चाय पिएगी ?''

गौरी ने सिर हिलाकर जताया कि नहीं, और लेट गई। आँखें बन्द कर लीं। सचमुच वह थकी थी, पर उसे अम्मा पर गुस्सा आ रहा था। खुद तो चाबी भूल गईं। नाराज़गी मुझ पर। और यह वासन्ती की माँ—खामखाह बीच में नाक अड़ाने लगी। मगर थकान और गुस्से के बावजूद उसके मन में थोड़ा-सा सन्तोष था। अँधेरा हो गया था, इसलिए साबिरा और रहमान उसे पहुँचाने आए थे। साबिरा लगातार बात करती आई थी। रहमान और गौरी एक-दूसरे की उपस्थिति के बोध में खोए बीच-बीच में हाँ-हूँ कर रहे थे। काफ़ी देर बाद साबिरा ने जाना कि दोनों में से कोई भी उसकी बात पर ध्यान नहीं दे रहा है। गौरी सीधी दृष्टि से सामने देख रही थी और रहमान कभी-कभी सीटी बजा उठता था। साबिरा मुस्कराकर चुप हो गई। दोनों ने इस पर भी कोई ध्यान न दिया।

फैज बाज़ार के चौराहे पर तीनों रुक गए। उनमें एक मूक समझौता-सा था कि मित्रता चाहे कितनी भी हो, पर गौरी के घर तक उन्हें नहीं जाना है। साबिरा अकेली होती, तो चली जाती, पर रहमान के साथ गौरी उस चौराहे के बाद अकेली ही जाती। रहमान खोया-सा खड़ा रह जाता और गौरी जल्दी-जल्दी पैर बढ़ाती टेढ़ी गलियों और ऊँचे मकानों के बीच खो जाती। उसके अन्दर कुछ छटपटाता, कुछ कसमसाहट-सी होती और जब तक दोबारा वह रहमान से न मिलती, वह एक विचित्र-सी बेकली महसूस करती।

आज कई दिन बाद रहमान से उसकी मुलाक़ात हुई थी। पहले वह और साबिरा सोशल सर्विस लीग की कार्यकारिणी की मीटिंग में गई थीं। साबिरा का घर रास्ते में पड़ता था। गौरी वहाँ रुकी, तो देखा कि रहमान कुरसी पर उकताया-सा बैठा पुराना अख़बार पढ़ रहा है। गौरी को देखकर उसकी आँखें जाग-सी गईं। उनमें जो हर्ष की लहर आई, उसे साबिरा ने भी देखा। मुस्कराते हुए कहा, ''बैठो, गौरी, मैं चाय बनवाती हूँ।'' और अन्दर चली गई।

गौरी ने एक हाथ अपने बालों पर फेरा, आँचल ठीक किया और रहमान से कुछ दूर एक कुरसी पर बैठ गई। रहमान ने अख़बार नीचे डाल दिया और उठकर गौरी की कुरसी के हत्थे पर बैठ गया। गौरी ने आँखें ऊपर कर उसे देखा। रहमान ने कुछ झुककर पूछा, ''गौरी देवी कैसी हैं ? मिजाज तो अच्छे हैं ?''

''आपकी दुआ है। और रहमान साहब कैसे हैं ?''

रहमान ने उसके होंठों पर उँगली रख दी और कहा, ''मज़ाक करती हो ?''

''देखिए, क्या करते हैं ! साबिरा आती होगी।'' गौरी अलग हटती हुई बोली।

बाहर कुछ खटपट हुई और साबिरा अन्दर आई। उसकी आँखों में शरारत थी। रहमान ने उससे कहा, ''आज गौरी देवी कुछ नाराज़ जान पड़ती हैं। क्या बात है ?''

''बात क्या होगी। आपने ही कुछ कर दिया होगा। छू दिया क्या इन्हें ? घर जाकर नहाना पड़ेगा।''

''सच ?'' रहमान बोला।

''और क्या ? इनकी अम्मा बड़ी पुराने ख़यालों की हैं। पहली बार जब मैं गई, तो उन्हें

मेरे बारे में पता न था। चारपाई पर बैठाया। जब मैं गौरी को वापस पहुँचाने गई, तो वह चारपाई भीगी हुई धूप में सूख रही थी !"

गौरी का मुँह झेंप से लाल हो आया। कहा, "साबिरा की बातें तो आप जानते ही हैं, आधी गप होती हैं।"

पर उसने देखा कि रहमान चाय पीते हुए गम्भीर हो गया। चाय पीने के बाद ही गौरी ने घर जाने के लिए आग्रह किया। साबिरा कपड़े बदलने अन्दर गई, तो रहमान ने एकाएक कहा, "तो शादी के बाद तुम्हें कितनी बार नहाना पड़ेगा।"

गौरी का मुँह लज्जा से लाल हो गया। कहा, "आपको तो बस हर वक़्त मज़ाक ही सूझता है।"

और अब ? उन बातों को मन में दोहराकर वह आकुल-सी हो उठी। इस घर में आकर रहमान और साबिरा कितनी दूर, पहुँच से बाहर जान पड़ते थे ! रहमान की दुनिया दूसरी थी और गली के इस मकान की गौरी की दुनिया दूसरी। भले ही वह पढ़-लिखकर स्वतन्त्र हो गई हो, पर इतना बड़ा क़दम उठाते हुए उसे भय लगता था। इसीलिए एक पलायनवादी की तरह उसने वास्तविकता की ओर से आँखें बन्द कर ली थीं। साबिरा के गम्भीर प्रश्नों का उत्तर उसने टाल दिया था। अभी वह केवल चाहे जाने के सुख, तुष्टि और हर्ष की लहरों में डूबी रहना चाहती थी।

साबिरा उस शाम सिनेमा न आ सकी। रहमान से उसने कहा था कि उसे ज़रूरी काम है, पर गौरी जानती थी कि साबिरा ने बहाना बना दिया, जिससे कि रहमान और गौरी कुछ समय अकेले रह सकें। गौरी रहमान के साथ कई बार फिल्म देख चुकी थी, पर हर बार साबिरा भी साथ होती थी। आज गौरी और रहमान अकेले थे। रहमान की उपस्थिति से उसे एक अपूर्व शान्ति व शीतलता मिलती थी। रहमान साथ होता, तो गौरी को लगता कि वह पूर्ण हो गई है। सारी चिन्ताओं को वह भुला देती और रहमान के सामीप्य के सुख में डूब जाती। कितने कम मौके होते थे, जब वे दोनों साथ होते ! गौरी को अपना जीवन एक लम्बी, नीरस सड़क की भाँति लगता। लेकिन उस सड़क पर कहीं-कहीं, दूर-दूर छाँह भी थी।

रहमान ने पूछा, "क्या सोच रही हो, गौरी ?"

"कुछ खास नहीं। मुझे लगता है कि साँस तो रोज़ लेती हूँ, चलती-फिरती हूँ, सभी काम करती हूँ, पर जीती कुछ ही क्षण हूँ। जैसे आज इस वक़्त मैं ज़िन्दा हूँ, क्योंकि मेरी हँसी, मेरे अस्तित्व के कुछ मायने हैं। शाम ख़तम होगी कि ज़िन्दगी चुक जाएगी। मैं अपने घर लौट जाऊँगी और आप अपने घर, और फिर तय नहीं कि फिर कब मिलेंगे। मैं साँसें लेती रहूँगी, मगर कभी कोई साँस सीने में अटक जाएगा। मेरी आँखें अपने आप भर आएँगी।"

गौरी के आगे अपने घर का एक स्पष्ट चित्र आया। ढीली चारपाई, बदरंग पलंगपोश, किराएदारों का शोर, बेसुरे कंठ से अम्मा का भजन।

रहमान ने उसकी हथेली अपने हाथ में ले ली और धीरे से कहा, "मैं समझता हूँ, गौरी। तभी तो कहता हूँ, पर तुम मेरी बात सुनतीं ही नहीं। लोग आख़िर कर क्या लेंगे ? तुम उनसे इतना डरती क्यों हो ? आज की दुनिया बहुत आगे बढ़ गई है।

रहमान की सहानुभूति से गौरी का गला भर आया। उसने कहा, "पर मैं अम्मा को चोट नहीं पहुँचाना चाहती। मैं क्या करूँ ?"

रहमान के मुँह पर एक खोखली मुस्कान थी। "अगर तुम उम्मीद करती हो कि वह खुशी से राजी हो जाएँगी, तो तुम धोखे में हो। वह कभी राजी न होंगी। पर अब वे दिन गए, गौरी, जब वालदैन के लिए बच्चे खामोश रह जाते थे। हमें तो आगे क़दम बढ़ाना ही पड़ेगा।"

उसने गौरी के मुख पर परेशानी और दुख का ऐसा मिश्रण देखा कि वह चुप हो गया। पूरे समय गौरी असाधारण रूप से चुप रही। रहमान ने एक-दो बार पूछा भी, "बुरा मान गईं, गौरी ?" तो जवाब मिला, "नहीं। आप ठीक ही कहते हैं। कमज़ोरी तो मुझ में ही है।"

रहमान उसे छोड़ने आया। खड़े होकर उसने कहा, "एक बार तो मुस्करा दो, गौरी, नहीं तो मैं कई दिन तक खुद को बुरा-भला कहता रहूँगा। मैं तो वही करने को तैयार हूँ, जिसमें तुम खुश रहो। तुम्हारे ख़यालात को मैं समझता हूँ, इसी से तुम्हारे लिए मेरे मन में इज्ज़त बढ़ जाती है।"

गौरी मुस्कराई। एक क्षण अपने को भूल उसने रहमान के कोट की बाँह पर अपना हाथ रख दिया, कहा, "अब तो खुश हैं ? मैं कल साबिरा से लड़ाई करूँगी। कह दीजिएगा।" कहकर जब वह जाने के लिए मुड़ी, तो गली के कोने में मुड़ती हुई अम्मा और वासन्ती की माँ की पीठ उसे दिखाई दे गई। पर वह अपने विचारों में इतनी डूबी थी कि उसने कुछ भी ध्यान नहीं दिया।

घर पहुँचकर उसने देखा कि अम्मा ने तरकारी का थैला बीचोबीच पटक दिया था और गुस्से से तमतमाता लाल मुँह लिए खड़ी थीं।

गौरी एक क्षण को सकपकाई। अम्मा ने पूछा, "अब स्कूल ख़तम हुआ है ?"

"पिक्चर चली गई थी।"

"सो तो मैंने देखा। हाय भगवान, मेरी आँखें फूट क्यों न गईं ? हाय, लल्लू के बाबू, यही दिन देखने के लिए मुझे छोड़ गए !" कहते-कहते वह चीख़ मारकर रो दीं।

गौरी की अपराधी भावना तुरन्त उड़ गई। झुँझलाकर कहा, "यह क्या तमाशा कर रही हो ! ऐसा क्या पाप किया है मैंने, जो तुम सिर फोड़े ले रही हो ?"

"फोड़ूँगी, सौ बार सिर फोड़ूँगी। तुमने तो मुँह दिखाने लायक नहीं रखा। सड़क के बीच..." शरम और क्रोध से उनके कंठ से बोल नहीं निकला। फिर कुछ देर बाद चीख़कर बोलीं, "अरी चांडालिन, साबिरा के भाई से बातें हो रही थीं ! बीच सड़क पर, हाथ में हाथ देकर ! हाय, मैं क्या करूँ ? मर जाऊँ ? मरूँगी, इसीलिए बीच आँगन में कूआँ खुदवाया था। मैं यह अधर्म नहीं देखूँगी..."

उनके बाल बिखर गए थे, पल्ला सरक गया था, जैसे एक दानवी जोश उन्हें चढ़ गया हो।

घर के किराएदार इधर-उधर से झाँकने लगे थे। एक-दो नीचे भी उतर आए थे। वासन्ती की माँ धीरे-धीरे कह रही थीं, "अरी, मैंने खुद देखा। हाय, हाय, माँ का कलेजा क्यों न टूट जाए ! पढ़-लिखकर नाम डुबो दिया।"

गौरी की भीत, त्रस्त आँखों ने झाँकते हुए, विद्रूप, मुस्कराते चेहरे देखे। बाहर दरवाज़े पर छोटी-सी भीड़ का नेतृत्व करती वासन्ती की माँ को देखा और फिर अपनी माँ को देखा।

एक क्षण में वह प्यार-भरी माँ से बदलकर कोई और हो गई थीं—अनजानी।

"तुम क्यों माँ, मैं ही मर जाती हूँ। तब तुम्हारी छाती में ठंडक पड़ेगी," गौरी ने कहा।

"हाँ, मर जा। मैं बताशे बाटूँगी, ढोलक बजवाऊँगी। मर जा ! मैं तेरा मुँह भी नहीं देखना चाहती। ऐसी बेटी का मरना ही अच्छा।"

महल्ले में यह घटना अनहोनी थी। श्याम को भी ख़बर लगी, दौड़ा हुआ आया। दरवाज़े की भीड़ को डपटता हुआ बोला, "क्यों भीड़ लगा रखी है ? सब अपने घर जाओ न।"

अम्मा ने अपने भतीजे को देखा, तो और चीख़-चीख़कर रोना शुरू किया। गौरी चुप हो अन्दर चली आई और धोती मुँह में ठूँसकर बैठ गई। श्याम समझा-बुझाकर अम्मा को दूसरे कमरे में ले गया। उनकी हिस्टीरियाग्रस्त तेज़ आवाज़ अब भी सुनाई पड़ रही थी—"मैं जहर खा लूँगी, श्याम। मैं ऐसी लड़की का मुँह नहीं देखूँगी।"

और श्याम बुआ को समझा रहा था। काफ़ी देर में जब वह शान्त हुईं, तो उनके पास अपनी पत्नी राधा को छोड़ वह गौरी के पास आया। वह बहुत गम्भीर था। "तुमने ऐसा क्यों किया, गौरी ?"

"जो हो गया, वह तो बदला नहीं जा सकता, इसलिए मैं जा रही हूँ, भाई साहब।"

उसका दृढ़ स्वर सुनकर श्याम स्तब्ध रह गया। "तुम्हें जल्दी में कोई काम नहीं करना चाहिए, गौरी। माँ आख़िर माँ हैं। गुस्से में आकर कह दिया, तो क्या हुआ ?"

"जो माँ बेटी की खुलेआम इज्ज़त उतार ले, उस माँ के लिए, मेरे दिल में कोई जगह नहीं बची। जिस तरह उन्होंने तमाशा बनाया..." एक बड़ी-सी हिचकी उसका शरीर हिला गई। "अब मैं यहाँ रहूँगी ही नहीं। बताशे बाँटें, ढोलक बजवाएँ—जो चाहें सो करें..."

"कहाँ जा रही हो ?" श्याम ने देख लिया कि गौरी से इस समय विवाद करने में फायदा नहीं।

"साबिरा के पास," गौरी ने कहा। वह पर्स हाथ में लिए चलने को तैयार थी। कमरे से बाहर निकलने पर देखा कि अम्मा दीवार से सटकर खड़ी बातें सुन रही थीं। गौरी निर्मम बन गई। उसने उधर एक भी दृष्टि न डाली। श्याम ने संग-संग आकर कहा, "तुम्हें पहुँचा आऊँ ?"

"नहीं, मैं चली जाऊँगी। आप और भाभी आज यहीं रहिएगा।"

गौरी चली गई। श्याम ने लौटकर बुआ को अचेत पाया। भीतर राधा उनको होश में लाने का प्रयत्न कर रही थी।

होश में आकर अम्मा फटी-फटी आँखों से इधर-उधर देखने लगीं। गौरी चली गई ! हठीली लड़की थी। क्या उसी लड़के से शादी कर लेगी ? वहीं रहेगी, आएगी नहीं ?

श्याम डॉक्टर को बुला लाया था। उसने एक इंजेक्शन दे दिया और उन्हें नींद आ गई। राधा और श्याम काफ़ी देर तक उनके पास बैठे रहे।

अम्मा एक ऐसे परिवार से आई थीं, जहाँ हर काम बँधे समय से हो जाता था। लड़कियों की विदाई, लड़कों की शादियाँ, बाल-बच्चे—सब पुरानी बँधी लीक पर चलता चला जा रहा था। उन्होंने अपनी दो लड़कियों—सावित्री और पार्वती की शादी सोलह-सत्रह साल में कर दी थी। दोनों लड़के भी छात्रावस्था में ही बच्चों के पिता बन गए थे।

ऐसे परिवार में एक अनहोनी बात हो गई कि गौरी कुँआरी रह गई। उसके पिता को

शौक लगा कि उनकी सबसे सुन्दर, सबसे लाड़ली बेटी गौरी पढ़-लिख जाए। पत्नी के लाख विरोध करने पर भी, उन्होंने गौरी की पढ़ाई न रोकी। अम्मा कुछ न कर सकीं।

सावित्री कम उमर में ही विधवा हो गई थी, पार्वती के कोई बच्चा न था, इन दो दुखों के ऊपर तीसरा पहाड़—न गौरी शादी करने के पक्ष में और न उसके पिता। जिस साल वह एम. ए. प्रीवियस में थी, उसी साल पिता भी न रहे। विधवा माँ, कुँआरी कन्या। अम्मा के दुख का पार न रहा। बड़ी बहू स्वभाव की तेज़ और बहुत हिसाबी-किताबी थी। छोटी बहू थी बड़े बाप की बेटी, वह सास को कुछ समझती ही नहीं थी। ऐसी अवस्था में गौरी ने ही माँ को सँभाला। मकान घर का था। दो किराएदार पहले ही थे, ऊपर की मंज़िल में श्याम आकर रहने लगा। पिता की मृत्यु के बाद एक साल तक गौरी का विवाह होता भी कैसे ! उस बीच उसने एम.ए. कर लिया और सबकी इच्छा के विरुद्ध नौकरी भी कर ली। भाभियों ने मुँह बिचकाए, बहनों ने खुसर-पुसर की, फिर सब शान्त हो गए।

अब रहमान की बात सुनकर कौन क्या कहेगा, इस विचार मात्र से अम्मा काँप उठीं। वह यह भी जानती थीं कि गौरी किसी की बात सुनेगी नहीं। स्वयं उनकी अपनी बेटी ऐसा अनाचार करे, यह उन्हें असह्य था।

सुबह अम्मा जगीं, तो शरीर में बड़ा दर्द और शिथिलता थी। एकाएक उन्हें गत रात्रि की घटना याद आ गई और वह निष्प्राण-सी हो गईं। उन्हें जगा देख राधा पास आई। आँचल माथे पर खिसकाकर उसने पूछा, ''कैसी तबीयत है ?''

''गौरी चली गई न ?''

राधा मन्द, मृदु कंठ से कहने लगी, ''गौरी बीबी नादान हैं। गुस्से में चली गई थीं। ग्यारह बजे वे सब उन्हें वापस पहुँचा गए। साबिरा, उनकी माँ, और उनके भाई भी थे। आपसे मिलने आए थे। सभी बहुत शरीफ हैं। आपसे माफ़ी माँगना चाहते थे। गौरी बीबी को कसम दे गए हैं। मेरे सामने भी उन्हें डाँटते रहे कि आपका जी क्यों दुखाया।''

अम्मा ने थककर आँखें बन्द कर लीं। फिर कहा, ''कहाँ बैठे थे ?''

''गौरी बीबी के कमरे में।''

''धुलवा देना दो बाल्टी पानी से।''

''गौरी बीबी ने रात को ही धो डाला था। चारपाई भी धो दी।''

रात-भर गौरी उसी भीगी, ठंडी ज़मीन पर दरी बिछाकर पड़ी रही थी और छटपटाती रही थी। रात को उसे देखकर साबिरा ताज्जुब में आ गई थी। रहमान भी हक्का-बक्का रह गया। गौरी ने सब कह सुनाया और यह भी बताया कि वह घर से चली आई है। रहमान और साबिरा ने आपस में बात करके यह तय किया कि गौरी का यों आना ठीक नहीं। माँ माँ ही है। उसे वापस जाना चाहिए।

साबिरा की माँ को इसका थोड़ा-सा आभास था, पर वह नए विचारों की थीं। गौरी से उन्हें स्नेह भी था, वह साथ चलने को तैयार हो गईं। सब टैक्सी पर आए। रहमान ने गौरी से बार-बार कहा कि अब वह उससे तब तक नहीं मिलेगा, जब तक वह माँ से माफ़ी नहीं माँग लेगी।

''पर आप ही तो कह रहे थे कि वह कभी राजी नहीं होंगी,'' गौरी ने कहा।

"फिर भी," साबिरा ने कहा, "मुनासिब यही होगा कि तुम अपने घर में रहकर ठंडे दिल से सोचो। जोश में आकर कुछ करना ठीक नहीं।"

गौरी रात-भर रोती रही। उसे रहमान के आचरण पर आश्चर्य था। कितने विश्वास से वह घर छोड़कर चली गई थी, पर उलटे उसी को रहमान ने डाँटा। अब वह इस घर में कैसे रह सकेगी ? कैसे मुँह दिखा सकेगी ? और इस सब कांड के बाद जैसे अम्मा राजी हो ही जाएँगी ? कभी नहीं मानेंगी।

उसे रह-रहकर रहमान पर क्रोध आ रहा था। राधा ने उसके पास लाकर चाय रख दी और कहा, "बीबी, उठो। अपने को ऐसे न सताओ। तुम समझदार होकर बचपना कर रही हो ! आख़िर माँ हैं, बड़ी हैं, गुस्सा आ ही गया, तो ऐसा क्या हुआ !"

राधा उससे उमर में कुछ छोटी ही थी। उसके मुँह से ऐसी बातें सुनकर गौरी को उस दुख में भी हँसी आ गई। उठकर उसने चाय ले ली।

"कॉलेज जाओगी ? खाना बना दूँ ?"

"खाना नहीं खाऊँगी," गौरी ने कहा। कॉलेज में साबिरा ने गौरी का उदास, फीका मुँह देखा, तो उसे बहुत चोट पहुँची, पर उसने अपने को सांत्वना के दो शब्द कहने में भी असमर्थ पाया। उसे न रहमान पर आश्चर्य था, न गौरी पर। गौरी किसी भी काम को तुरन्त ही कर डालती थी। रहमान की आदत थी हर चीज़ खूब अच्छी तरह सोच-विचारकर करने की। रात को देर तक रहमान साबिरा से बातें करता रहा था। उन दोनों में बहुत ही आत्मीयता थी। और जब रहमान ने उसे यह बताया कि वह अभी जल्दी शादी करने के पक्ष में नहीं है, तो साबिरा कुछ कह न सकी। पर उसने पूछा, "और गौरी से भी पूछा है कि वह क्या चाहती है ?"

रहमान ने धीरे से कहा, "मैं गौरी की भलाई के ही लिए यह कह रहा हूँ। उसमें अभी बहुत बचपना है। जल्दी में हम शादी कर लें और बाद में वह अपने को ढाल न पाए, तो ?"

"तुम्हें यह पहले ही सोच लेना चाहिए था," कुछ तल्खी से साबिरा ने कहा।

रहमान का मन हुआ कि कहे कि जैसे उसने जान-बूझकर, आगा-पीछा सोचकर गौरी को चाहा था वह तो आकस्मिक था। जब उसने पहली बार गौरी को देखा था, तो स्वप्न में भी न सोच पाया था कि एक दिन वह उसके इतने निकट आ जाएगी।

गौरी ने न तो आत्महत्या की, न ही उसे क्षय ही हुआ। पहले की तरह काम में व्यस्त रहती। सवेरे आठ बजे घर से चली जाती, तो शाम को थककर चूर होकर चारपाई पर पड़ जाती। जो कुछ सामने आ जाता, खा लेती। महीने के आरम्भ में दो सौ रुपए अम्मा के हाथ पर रख देती।

पर अम्मा खुश न थीं। वैसे वह भी पहले की तरह काम में लगी रहतीं। घर-आँगन रगड़-रगड़कर धोतीं। बेसुरे कंठ से रामायण पढ़तीं और आसपास भजन-कीर्तन में कभी नागा न करतीं, पर उनके हृदय में शान्ति न थी। वह चिन्तित आँखों से गौरी को देखा करतीं। थाली में अगर कुछ खाना छूट जाता, तो उन्हें मन ही मन बड़ा दुख होता, अगर गौरी एक ही धोती दो दिन लगातार पहनकर चली जाती, तो उन्हें बड़ा त्रास होता। वह चाहतीं कि

गौरी भी हँसे, पहले की तरह हर समय गुनगुनाती रहे, नए कपड़े ख़रीदे और पहने।

पर कुछ कहने की उनमें हिम्मत न थी। उन्हें लगता कि उनकी अपनी बेटी अपरिचित सी हो गई है। एक दीवार बीच में आ गई है। अक्सर रात को उठकर उसके पलंग तक जातीं, चुपके-चुपके झाँककर देखतीं, कहीं वह रो तो नहीं रही है। एक दिन वासन्ती की माँ बोल पड़ीं, ''शादी क्यों नहीं कर देतीं गौरी की ? अपने घर जाए। तुम भी चैन से रामभजन करो।''

बात उनकी समझ में आ गई। घर आकर बड़े बेटे को चिट्ठी लिखने बैठ गईं कि गौरी के लिए वर तलाश करे।

उनके कुछ दिन सुखद स्वप्नों में कटे—शादी होगी, मन रम जाएगा। पुरखे बुद्धिमान थे, जो कम उमर में लड़कियों की शादी कर देते थे। बड़ा बेटा लड़का ढूँढ़ देगा, तो कर दूँगी शादी। भाग्य जग जाएँगे जहाँ जाएगी।

गौरी को पता चला भाभी के ख़त से। उन्होंने परिहास में पूछा था कि वह कैसा पति चाहती है ? गौरी की आँखों के आगे रहमान की आकृति आ गई। कुछ देर मर्माहत बैठी रही, फिर अम्मा से जाकर कहा, ''मैं आख़िरी बार कह रही हूँ कि शादी नहीं करूँगी। मुझे तंग मत करो। बैठे-बैठे कुछ न कुछ बेकार की सूझा करती है। कितनी बार कह चुकी हूँ कि मुझे शादी नहीं करनी है।''

अम्मा चुप बैठी रहीं। क्रोध तो बहुत आया, पर पी गईं। सोचा कि कहें कि शादी तो तुम सिर के बल करो, रानी, पर यहाँ तो मामला ही टेढ़ा है। जब रहा न गया, तो कहा, ''क्या ज़िन्दगी ऐसे ही काट दोगी ?''

''हाँ।''

स्वर में सख़्ती लाकर माँ ने कहा, ''अगर तुमने कुछ ऐसा-वैसा किया, तो मैं जहर खा लूँगी। इधर तुम्हारी डोली उठेगी, उधर मेरी लाश।''

''तुम्हारी लाश क्यों उठेगी ? जैसा तुम चाहोगे वैसा ही होगा। तुम्हारे दिल में किसी तरह ठंडक पड़े।''

गौरी का गला भर आया।

''मैं तो तुम्हारी दुश्मन हूँ, माँ थोड़े ही हूँ ! तुम घुलती रहोगी, और मैं खुश रहूँगी ! तुम्हारे कहने का यही तो मतलब है। पर अपना धरम भी तो है। धरम कैसे छोड़ा जाए ?''

अम्मा की बात का उत्तर न देकर गौरी चली आई। पर तब से शादी की बात बन्द हो गई। अम्मा गौरी का हठ जानती थीं। वह भी जैसे इन सब बातों से थक-सी गई थीं। तभी कुछ लोग रामेश्वरम तीर्थ-यात्रा को जानेवाले थे। उन्होंने गौरी को श्याम और राधा पर छोड़ा और स्वयं भी तैयारी करने लगीं।

जाने से एक दिन पहले जब अम्मा यमुना स्नान करके लौट रही थीं, उन्हें बड़ी लड़की पार्वती की ननद मिल गई। उससे पता चला कि शादी के ग्यारह साल बाद पार्वती की गोद भरनेवाली है। अम्मा तरंगायित हो उठीं। उन्होंने भी न जाने कितनी मन्नतें मानी थीं। जल्दी-जल्दी घर आईं कि गौरी को यह समाचार सुना दें, पर गौरी सो रही थी। अम्मा उसे जगाने को हुईं, पर रुक गईं। उन्होंने बेख़बर सोती हुई गौरी को देखा। चिकने-चिकने हाथ, उजली सुडौल बाँहें—उनके मन में एक बबूला-सा उठा। अगर वक़्त पर शादी हो जाती, तो ? उनकी ऐसी

सुन्दर लड़की कुँआरी ही रह जाएगी ? उसके सिर पर किसी की छाँह नहीं रहेगी, उसकी गोदी में कभी बच्चे नहीं खेलेंगे ?

पर रहमान से शादी ? इससे अच्छा तो यही है कि कुँआरी रह जाए। जान-बूझकर नरक में कैसे गिरा जाए ?

गौरी हिली न डुली, सोती रही। लम्बी, काली, लकीर-सी भौंह, कपोलों पर छाए बन्द पलक, चिकने-चिकने हाथ, उजली-उजली बाँहें, नींद में रहने पर भी होंठों में निःशब्द क्रन्दन !

अचानक ही अम्मा ने अपनी आँखों में आँसू पाए। धोती के छोर से आँखें पोंछती जब वह बाहर आने लगीं, तो उनका सारा हर्ष बुलबुले की तरह विलीन हो चुका था।

एक दिन अचानक भाई आ गए। बड़े भाई से गौरी डरती थी। उन्होंने जब बड़ी गम्भीरता से कहा, "तुमसे कुछ बात करनी है, गौरी," तो उसका मन एक क्षण को काँप उठा। वह समझ गई कि बात और क्या होगी। टालने के इरादे से कहा, "आज तो मुझे ज़रा जल्दी कॉलेज जाना है।"

"शाम को सही," भाई ने कहा। फिर अम्मा के कमरे में देर तक खुसर-पुसर होती रही। गौरी झटपट तैयार होकर बिना खाए ही जानेवाली थी कि राधा ने ऊपर से पुकार लिया, "बीबी, इधर से होकर जाना।"

उसने नाश्ता प्लेटों में सजा रखा था। गौरी से खाने को कहकर वह बच्चे को दुलराने लगी। गौरी देख रही थी कि राधा उससे कुछ कहना चाह रही है, पर कह नहीं पा रही है।

"क्या बात है, भाभी ?" उसने पूछ लिया।

"भाई साहब आए हैं न। शर्माजी को जानती ही हो, जिनकी बहू पारसाल मर गई थी।

गौरी कुछ-कुछ समझ रही थी। "हाँ, क्यों ?"

"वह राजी हैं," गले में फँसता कुछ निगलकर राधा ने कहा। "अगर तुम्हें पसन्द हो, तो..."

गौरी स्तब्ध रह गई। राधा ने धीरे से कहा, "उमर ज़्यादा नहीं है उनकी, चौंतीस-पैंतीस के हैं। मोटर भी है..." वह आगे भी कहती, पर गौरी की आँखें देख चुप रह गई।

"तुम भी, भाभी," गौरी ने कहा। "रहमान को देखा है ? तुम मेरी जगह होतीं, तो क्या करतीं ?"

कुछ देर चुप रहकर फिर बोली, "सबसे कह देना, भाभी, कि गौरी का जवाब है—नहीं, हज़ार बार नहीं। चाहे शर्माजी हों, चाहे कोई और। मुझे किसी का डर नहीं है। मैं समर्थ हूँ। मैं करूँगी वही, जो मैं चाहूँगी।"

और वह चली आई। क्लास तो देर से थी। उद्भ्रान्त-सी लाइब्रेरी में बैठकर पत्रिकाओं के पन्ने उलटती रही। मोटरवाले शर्माजी, नाराज़ भाई, दुखी-कातर माँ, परेशान साबिरा और रहमान—सबके चेहरे उसकी आँखों के आगे से गुज़रते रहे। गौरी को पता था कि अब आगे की राह अकेली है, रहमान से एक बार पूछना शेष था।

रहमान उसे देख उठ खड़ा हुआ। उसके स्पर्श से गौरी को लगा कि दुख-भरा अन्तराल उसने इस क्षण की कल्पना पर ही काट दिया था।

"बैठो, गौरी।" रहमान स्वयं खड़ा रहा। गौरी ने एक बार आँखें उठाकर उसे देखा। और

फिर अपनी धोती का किनारा उँगलियों से उमेठने लगी।

"गौरी, अब कब ?"

"जब कहें।"

"सच ?"

आँखों से गौरी ने कहा कि हाँ, सच। कुछ देर बाद रहमान ने कहा, "तुम्हारी छुट्टियाँ तो मई में होंगी, मैं भी तबादले की कोशिश कर रहा हूँ। शायद जयपुर हो जाए। सुना है, अच्छा शहर है।" फिर एकाएक पूछा, "गौरी, तुमने सोच लिया ? अच्छी तरह ?"

"सोचने की मोहलत तो आपने माँगी थी।"

"फिर भी। बाद में पछताओगी तो नहीं ?"

"नहीं," माँ का चेहरा पीछे धकेलते हुए गौरी ने कहा।

"आज उनतीस मार्च है। तुम्हारा कॉलेज बन्द होगा दस मई को। एक महीना बारह दिन बीच में हैं।"

"बहुत जल्दी बीत जाएँगे।" गौरी की आँखों में स्वप्न थे।

रहमान उसे बाहर तक पहुँचाने आया। बोला, "भूलना मत। एक महीना बारह दिन। इस बीच खुद खुश रहना। इम्तहान की कापियाँ जाँचना और सुनो..."

गौरी चलते-चलते रुक गई। रहमान ने वाक्य पूरा किया, "सबको मेरी तरफ़ से दो-दो नम्बर ज़्यादा दे देना।"

गौरी हँस दी।

शाम को भाई ने उससे कोई बात नहीं की। बोले भी नहीं, रात की ट्रेन से वापस चले गए। अम्मा चूल्हे के पास बैठी-बैठी रोती रहीं। वह गौरी के आगे चीख़ने-चिल्लाने की व्यर्थता जान गई थीं। बेटी है कि दुश्मन ! कैसी सीधी-सादी थी, लिहाज-शरमवाली ! ये सब काँटे उसी साबिरा चुड़ैल के बोए हुए हैं। देखने में कैसी सुन्दर, मन की कैसी काली ! हाय राम, क्या होगा ? गौरी उसी से कर लेगी शादी ? उसका क्या, वह तो उसी दिन घर छोड़कर चली गई थी। यह सब पढ़ाने-लिखाने का फल है। सावित्री और पार्वती की उमर से शादी हो गई थी। अपने घर की हुईं। पर यह गौरी ? लड़का भी अगर खत्री, बनिया या ब्राह्मण होता, तो कोई बात न थी, पर यह तो एकदम अधर्म है।

अम्मा जितना ही सोचतीं, उतने ही अधिक आँसू आते।

एक दिन गौरी कॉलेज से वापस नहीं आई। अम्मा ने ठीक वक़्त पर चाय-नाश्ता तैयार कर लिया। पहले तो उन्होंने ख़याल नहीं किया, पर जब अँधेरा आँगन में झुक आया, तो उनका मन आशंकित हो उठा। अगर सिनेमा गई होती, तो भी आ जाती। वह हमेशा तीन बजे वाले शो में ही जाती थी, और इधर तो कई महीनों से वह कॉलेज से सीधी ही घर आती थी। जाकर दरवाज़े पर खड़ी हो गईं। गली में इधर-उधर देखा, फिर दरवाज़े में ताला लगाकर सड़क पर जाकर खड़ी हो गईं।

बसें लगातार आ-जा रही थीं, पर गौरी किसी से न उतरी। अम्मा ग़ौर से सोचने की कोशिश कर रही थीं। आज तो कोई भी खास बात न थी। रोज़ की तरह सादी धोती पहनकर गई थी। कहाँ रह गई लड़की ! सच, ऐसा रुलाया है इस लड़की ने कि कहते नहीं बनता। सबसे

प्यारी थी और सबसे ज़्यादा दुख दे रही है।

वह और आगे बढ़कर बस स्टॉप पर खड़ी हो गई। उनके चारों तरफ़ शोर था, भीड़ थी, पर गौरी कहीं न थी।

फैज बाज़ार की सारी गन्दगी और कुरूपता रात्रि के अन्धकार में खो गई थी। जगह-जगह रंगीन नियोन लाइट्स चमक रही थीं। अम्मा आँसू भरी, अनदेखी आँखें एक इश्तहार पर टिकाए थीं। कभी अँधेरा होता, कभी शब्द उभर आते। सामने ही एक प्रसिद्ध होटल का नाम नियोन लाइट्स में चमक रहा था।

गई—चली गई ! अम्मा ने एक गहरी साँस ली। ऐसे लच्छन तो नज़र आ ही रहे थे, पर उन्हें अन्दर से विश्वास न होता था कि गौरी सचमुच चली जाएगी। अब वह किसी को क्या मुँह दिखाएँगी ! सर्वनाश कर दिया इस लड़की ने। एक भूले क्षण में अम्मा गौरी का भविष्य चित्रित कर उठीं—रहमान और गौरी। बच्चे भी होंगे। शायद देखने में अच्छे हों, पर क्या करना ऐसे बच्चों से ! कोई गीता-रामायण थोड़े ही पढ़ेंगे ! वे तो नमाज़ पढ़ेंगे, नमाज़। अम्मा का हृदय जैसे किसी ने मसोस दिया।

सहसा उन्होंने सोचा, कहीं ऐसा न हो कि गौरी घर पहुँचकर इन्तज़ार कर रही हो। पैर घर की तरफ़ मोड़े। मन ही मन मन्नतें माँगे जा रही थीं—"मेरी गौरी आ जाए, गंगा मैया ! हे महावीर स्वामी, चाँदी का छत्र चढ़ाऊँगी, पीर बाबा, फिरनी बाटूँगी और नई चादर चढ़ाऊँगी। मेरी बिटिया आ जाए ! मेरी बिटिया कहीं अधर्मी के साथ न चली गई हो ! वह नादान है, उसे समझ नहीं है। हे भगवान, तुम न सुनोगे, तो कौन सुनेगा ? बरसों से तुम्हारा नाम जपती रही हूँ। मेरी लाज बचा लो। यह कलंक नाम पर न लगे।"

घर में वैसा ही अँधियारा था, दरवाज़े पर ताला लगा था। ताला खोलकर वह अन्दर गईं। अँगीठी बुझ गई थी, एकाध कोयला राख की परत के अन्दर से चमक रहा था। वह उसी तरह अँधेरे में दालान में पड़ी चारपाई पर लेट गईं। बाहर हल्की-सी खटपट हुई। अम्मा जल्दी से उठीं। आ गई ! देखो, कैसा मज़ा चखाती हूँ। पर वह वासन्ती की माँ थीं। जामन माँगने आई थीं। जामन की तो कमी नहीं थी, पर अम्मा ने टालने को मना कर दिया। जब देखो, तब कटोरी लिए माँगने को तैयार है ! उनका रूखा उत्तर सुनकर भी वासन्ती की माँ गईं नहीं। बोलीं, "अँधेरे में क्यों पड़ी हो ? दीया-बत्ती भी नहीं की। तुलसीजी अँधेरे में पड़ी हैं।"

"भाड़ में जाएँ तुलसीजी। पड़ी रहें अँधेरे में। यही नतीजा मिला पूजा-पाठ का।" अम्मा ने चिड़चिड़ाकर कहा। "सिर दुख रहा है, वासन्ती की माँ, जाओ, तो किवाड़ बन्द करती जाना।"

वासन्ती की माँ ने चलते-चलते तीर छोड़ ही दिया, "गौरी नहीं आई अब तक ? दुनिया घर आ गई और लड़की अभी बाहर ही डोल रही है !"

वासन्ती की माँ को आश्चर्य तब हुआ, जब उन्हें थके-से कंठ से उत्तर मिला : "किवाड़ बन्द कर दो।"

श्याम की ड्यूटी देर से ख़तम होती थी। ग्यारह बजे जब वापस आया, तो अम्मा ने कहा, "भैया, खाना खाकर ज़रा गौरी को देख। आई नहीं है। दिल बैठा जा रहा है। कहीं कुछ चोट-चपेट तो नहीं आ गई ?"

वे रो पड़ीं। श्याम ने भी वही सोचा, जो अम्मा इतनी देर से सोच रही थीं। बोला, ''घबराओ न, बुआ, मैं अभी साबिरा के घर होकर आता हूँ।''

वह साइकिल उठाकर चला गया।

सोते बच्चे को लेकर राधा भी नीचे आ गई। अम्मा से बहुत कहा, पर वह उसी तरह ढीली चारपाई पर पड़ी रहीं, न कुछ खाया, न पिया।

आँखें खोलकर कभी कुछ अँधेरे में देखने लगतीं, फिर थककर आँखें बन्द कर लेतीं। राधा ने बच्चे को चारपाई पर लिटा दिया, और स्वयं चटाई पर पड़ी रही। जब उसकी नज़र अम्मा पर पड़ती, तो उसका दिल छटपटा उठता। उसने गौरी को सम्बोधन कर मन ही मन कहा, ''तुम तो शायद सुखी हो, बीबी, मगर तुमने यह अच्छा नहीं किया।''

श्याम तब का गया बहुत रात को लौटा। अन्दर से दरवाज़ा बन्द कर राधा भी सो गई थी। दरवाज़ा खटखटाने का शब्द सुन अम्मा उठ बैठीं। उठकर खोलने में एक क्षण झिझकीं। उन्हें आशंका थी कि श्याम अकेला आकर आशा के क्षीण तन्तु को भी न तोड़ दे। पर श्याम के साथ गौरी थी। उस धुँधले प्रकाश में भी अम्मा ने गौरी का रो-रोकर फीका पड़ा हुआ मुख देख लिया। गौरी उन्हें धक्का-सा दे अलग करती हुई आँधी की तरह अन्दर चली गई। अम्मा की समझ में न आया कि वह क्या करें, यहीं से चीख़-पुकार मचाने लगें, या रुक जाएँ। जब वह गौरी के पीछे जाने को मुड़ीं, तो श्याम ने उनका कन्धा पकड़कर, विचित्र-से कंठ से कहा, ''बुआ, उससे कुछ मत कहना। मैं उसे अस्पताल से लेकर आ रहा हूँ। दोपहर को रहमान के साथ एक्सीडेंट हो गया था।'' एक क्षण चुप रहकर वह अपने को संयत करता हुआ बोला, ''बच नहीं सका बेचारा !''

बात पूरी तरह ग्रहण करने में अम्मा को कुछ समय लगा। वह उसी चारपाई पर धम से बैठ गईं। उनके सामने बड़ी लड़की सावित्री का चित्र आया, ''हाय, मेरी गौरी भी !''

एक तीखी कटार-सी उनके हृदय में बिंधती चली गई।

राधा का बच्चा कच्ची नींद से जाग जाने पर चीख़कर रो उठा।

# बिखरे तिनके : नया नीड़

मिश्राजी के लड़के का जनेऊ था। दो-चार युवतियाँ मिलकर ढोलक पीट रही थीं। अनुराधा ने कहा, "गाओ न, छोटी चाची।" मगर छोटी चाची मुँह में आँचल दे हँस-हँसकर न जाने क्या अपनी ननद से कह रही थीं, इसलिए साथ नहीं गाया।

रोज़ ही करीब़-करीब़ शाम को बुखार आ जाता है। मणि ने पानी में भिगोकर कपड़ा आँखों पर रख लिया और चारपाई पर पड़ रही। कुछ खाने का मन नहीं हो रहा था, सवेरे भी बिना खाए स्कूल चली गई थी। सात घंटे जिस तरह पढ़ाया, उसी ने जाना। और अब हाल यह था कि कमज़ोरी के कारण उठा नहीं जा रहा था। आँखों के आगे अँधेरा छाया जा रहा था।

सबको खिला-पिलाकर पंडितानी को अचानक याद आया, "अरी रत्ना, आज तेरी मास्टरनी नहीं आई। जा ज़रा देख आ, न।"

रत्ना खेल में उलझी थी, मचलकर बोली, "मैं नहीं जाती।"

पंडितानी ने खुद जाने को सोचा, मगर काम इतना था कि उठ ही न सकीं।

एक दिन पहले अँगीठी पर चार रोटी सेंकी थीं। दो किसी तरह सूखे आलू से निगल ली थीं, दो कटोरे में ढँकी रखी थीं। काफ़ी अँधेरा होने पर भूख लगी, तो किसी तरह उठकर अलमारी पर से कटोरा उठाया। बुखार में बासी रोटी ? मणि ने अरुचि से कटोरा सरका दिया। काँपते हाथों से बिस्तर खोला और बेसुध-सी चारपाई पर गिर गई।

औरतों ने खा-पीकर छुट्टी पाई थी, आँगन में दरी बिछाकर जुड़ गई थीं। कोई हारमोनियम बजा रही थी। उसकी नीरस री-री मणि को बुरी तरह खटक रही थी। गाने-बजाने पर पंडितानी ने फिर कहा, "अरी रत्ना, अपनी मास्टरनी को बुला ला।"

तब रत्ना कूदकर उठी। मणि की कोठरी का दरवाज़ा खटखटाकर धीरे से पुकारा, "बहनजी, अम्मा बुला रही हैं।"

मणि ने जलती आँखें खोलीं, कराहकर कहा, "मेरी तबीयत ठीक नहीं है, रत्ना।"

शोर बढ़ता जा रहा था। कभी-कभी कोई बच्चा तीव्र स्वर में चीख़ उठता था। मणि ने कराहकर करवट बदली। कोई दुख-दर्द का साथी नहीं, दो घूँट पानी देनेवाला...

स्कूल के उत्सव में पंडितानी ने मणि का गाना सुना था। गले में दर्द था, और भजन सुनते-सुनते धर्मभीरु पंडितानी के नेत्र भर आए थे। उन दिनों मिश्राजी रत्ना के लिए संगीत शिक्षक की खोज में थे। लड़की बड़ी होने आई, दो-चार साल में ब्याह की बात चलेगी। और आजकल के लड़के तो गाना-बजाना, पढ़ाई-लिखाई, शकल-सूरत सभी चाहते हैं। मिश्राजी ने

दुनिया देखी थी, साथ ही साथ कृपण स्वभाव से मजबूर थे। पुराने अनुभवी मास्टर को चालीस-पैंतालीस रुपए देना बहुत अखरता था। रत्ना से मणि को कहलवाया। मणि को आपत्ति कुछ नहीं थी—हाँ, रहने के लिए एक कमरा अवश्य चाहती थी।

मिश्राजी सुनकर फूले न समाए। भगवान की कृपा से घर बहुत बड़ा था। घर में रहेगी, तो रत्ना को कुछ न कुछ बता ही देगी। एक कोने में कमरा ख़ाली करवा दिया और मणि अपना सामान लेकर आ गई।

दूसरे दिन सुबह बुखार उतर गया था। स्कूल तो जाना ही था। मणि को उठना ही पड़ा। उठकर अँगीठी सुलगाई और चाय का पानी रख दिया। हाय, कोई और होता, जो दुख-बीमारी में साथ देता। माँ, बाप, भाई, बहन...मणि का हृदय हाहाकार कर उठा। कोई नहीं, कोई नहीं। इतनी बड़ी दुनिया में कोई अपना नहीं, सगा नहीं, जिन्होंने ज़िन्दगी-भर साथ देने का वादा किया था, जब वही अपने न हुए तो...

मणि शिथिल-सी, विवश-सी दीवार की टेक लगाए बैठी थी, पानी उलबने के इन्तज़ार में।

जब यश ही अपना न हुआ तो...

पंडितानी के एक ही तो भाई थे। वह भी सपरिवार जनेऊ में सम्मिलित होने आए। रत्ना दौड़कर मणि को ख़बर दे गई : ''मामाजी आ गए हैं, बहनजी।''

मणि ने एक बुझी-सी मुस्कान होंठों पर लाकर कहा, ''बहुत अच्छा !'' रत्ना यह भी बता गई कि मामाजी के बेटे की बहू बहुत खूबसूरत है, गोरी-गोरी। घूँघट के अन्दर से मुस्कराती है, पर घूँघट नहीं खोलने देती।

मणि का दर्द से सिर फटा जा रहा था। कहा, ''अच्छा !''

''आप आइएगा देखने ?''

''आऊँगी,'' मणि ने कहा। रत्ना खुशी में उछलती-कूदती बाहर चली गई।

मणि ने आँखें बन्द कीं। गोरी-गोरी बहू, शरमीली...हाल ही में शादी हुई होगी। पैरों में नए बिछुए चमकते होंगे, हाथों में सुहाग की चूड़ियाँ होंगी।

मणि ने सूखे होंठों पर जीभ फेरी। क्या बाजे बजने से ही, अग्नि के चारों तरफ़ घूमने से ही शादी होती है ? शायद मणि की ज़िन्दगी में यह दिन कभी नहीं आएगा। मगर वह अविवाहित कहाँ है ? यश ने कहा था...

पूरे सात साल हो गए। तब वह अठारह साल की थी। शादी के नाम पर आँखें लज्जा से झुकी जाती थीं...रत्ना कह रही थी कि बहू बहुत खूबसूरत है...हाँ, तो यश ने कहा था...

मस्तिष्क में एक कोहरा-सा छाया था। मिली-जुली बातें उभर रही थीं। एक नन्हा-सा चेहरा, काले घुँघराले बाल, प्यारी-प्यारी आँखें, कोमल हाथ-पैर...

अनाथालय के बच्चे घूम-घूमकर भीख माँगते हैं, ''माताजी...माताजी...''

पंडितानी के यहाँ फिर गाना-बजाना शुरू हो गया था। कोई कोमल, महीन स्वर में गा रहा था।

यह स्वर पहले तो नहीं सुना था। गला सधा नहीं था, मगर मिठास थी। शायद नई बहू

होगी। कोमल उँगलियाँ हारमोनियम पर दौड़ रही होंगी, और अन्दर कमरे में रत्ना के भैया यह गीत सुन रहे होंगे।

चोट खाते-खाते दिल पत्थर हो जाता है। फिर कितना ही तिरस्कार, अनादर, अपमान और लांछना मिले, कुछ बुरा नहीं लगता। फिर भी गीत में न जाने क्या था कि मणि सिसकने लगी। पहले घुटी-घुटी सिसकियाँ, फिर वेग से।

रत्ना ने आकर कहा, ''अम्मा, वह तो रो रही हैं।''

पंडितानी को बड़ी दया लगी। बेचारी अकेली लड़की, परदेस में पड़ी है। न सगा, न सम्बन्धी। ऊपर से टूटती देह। कुछ सोच-विचारकर अपने भतीजे के पास गईं। कुछ दिन पहले विलायत से डॉक्टर होकर लौटा है। पुकारा : ''सो गए, बेटा ?''

उसने चौंककर देखा। ''नहीं। आओ बुआ, बैठो।''

मलिन मुस्कान से कहा, ''बैठने की फुरसत कहाँ, राजा बेटा। रत्ना की मास्टरनी कई दिन से बीमार है। देखकर दवा लिख दो। बड़ी दुखिया है बेचारी।''

उठकर जूते पैरों में डाले। कहा, ''चलो।''

पंडितानी ने कहा, ''ले जा, रत्ना। सब हाल ठीक से बता देना। मैं महाराज से कहकर साबूदाना बनवा दूँगी।''

अगर किसी के बारे में हरदम, सोते-जागते सोचा जाए, यह जानते हुए भी कि चाँद का पा जाना कहीं अधिक आसान है, और वह धीरे से पास आकर खड़ा हो जाए, तो...

मणि ने समझा कि सपना ही चल रहा है। और यश—धक् ! अवाक !

धीमी रोशनी, बुझी हुई अँगीठी, पास में जूठे, लुढ़कते बरतन, अधबिछा बिस्तर—उस पर अर्द्धमूर्छित मणि।

यश का दिल धक-धक कर रहा था। काँपते हाथों से दुर्बल सूखा हाथ पकड़ा और नब्ज देखने लगा।

मणि ने आँखें खोलीं, एक क्षण देखा, फिर धीरे से कहा, ''तुम्हीं हो, न ?''

यश चुप। यह भी न कह सका कि हाँ, मैं ही हूँ।

मणि ने आँखें बन्द कर ली थीं। हाँ, सपना ही था, मगर कितना मोहक ! यश उसके पास था।

यश चुपचाप उठ आया, नुस्खा लिखकर बुआ को दे दिया। कहा, ''बुखार बहुत तेज़ है। घर का कोई नहीं है क्या ?''

एक उसाँस-से लेकर पंडितानी ने कहा, ''कोई नहीं है अभागी का।''

यश आकर बिस्तर पर पड़ रहा। मणि का चेहरा कैसा हो गया है, सारी श्री लुट गई है। पहले कितनी दिलकश थी !

मन में एक प्रश्न उठा—पता नहीं बच्चे का क्या हुआ ? दिल पर किसी ने हथौड़ा-सा मारा।

पत्नी के पायल बज उठे। धीरे से पूछा, ''सो गए ?''

यश चुप पड़ा रहा। कुछ उत्तर नहीं दिया। कल्याणी जब लेटने लगी, तो यश ने कहा, ''ज़रा-सा पानी ला दो। गला सूख रहा है।''

कल्याणी आश्चर्य से बोली, "जाग रहे हो ! काफ़ी रात तो हो गई।"

"तुम्हारी पायल ने जगा दिया।"

"क्या करूँ ! इतनी लाज लगती है, मगर अम्मा ने जबरदस्ती पहना दी है। फिर पानी का गिलास पति को थमाते हुए बोली, "सवेरे उतार दूँगी।"

पानी पीकर लेटा, तो कहा, "मैं कल चला जाऊँगा। मेरा मन नहीं लग रहा है।"

कल्याणी ने बुरा मानकर कहा, "तुम भी अजीब हो ! आए ही क्यों थे ?"

"बुआ बुरा मान जातीं," यश ने कहा और फिर सोचने लगा– पूरे सात साल हो गए। मणि को मैं क्या मुँह दिखाऊँगा। मैं कायर हूँ। उसे समाज की लांछना सहने को छोड़ दिया। मगर मुझे पता नहीं था। अगर पता होता कि मेरा बच्चा...ओह ! मेरा बच्चा ! पता नहीं लड़की थी या लड़का ? मर गया या ज़िन्दा है ? मणि कैसी हो गई है। मैं कैसे उसके सामने जाऊँगा। उसकी आँखें मुझे ताड़ना देंगी। मैंने उससे वादा किया था...मैं कल चला जाऊँगा।

यश को एक-एक बात याद आ रही थी। मणि तब इंटर फाइनल में थी। भोली, अनजान। यश मौसी के पास रहता था। घर पास ही थे। पता नहीं कैसे घनिष्ठता बढ़ गई। यश ने बहुत वादे किए थे। मणि से विवाह करने के, उसे रानी बनाकर रखने के मगर तब उसे पिता के क्रोध का नहीं पता था। तिवारियों का लड़का और ठाकुरों की लड़की !

माँ की बीमारी का तार पाकर वह घर चला गया था। माँ बीमार अवश्य थीं, पर हल्का सा जुकाम। नाराज़ होकर कहा, "ज़रा से जुकाम का तार देने की क्या ज़रूरत थी ?"

"दिल घबरा रहा था तेरे लिए। ऐसा निर्मोही हो गया है कि माँ के पास आना भी बुरा लगता है ?" ज़रा सा मुस्कराकर माँ बोलीं।

दस-पाँच दिन घर रहा, फिर मन ऊबने लगा। तिवारीजी बाहर काम से गए थे। उनके लौटने पर कहा, "अब लखनऊ जाऊँगा। पढ़ना भी तो है।"

तिवारीजी से न रहा गया। "तुम्हारी सारी करतूतें मुझे पता है। कैसा बेवकूफ बनाया उस छोकरी ने ! पता चल गया होगा कि अमीर बाप का अकेला बेटा है। फिर भी ठाकुर साहब की आँखों के आगे पड़ जाओगे, तो खून पी लेंगे।"

यश उबल पड़ा। "मणि को कुछ न कहिए। मैंने उससे शादी करने का वादा किया है।"

"शादी करोगे ? क्या खिलाओगे, बेटा ? जब तक मैं ज़िन्दा हूँ, घर का मालिक मैं हूँ।"

माँ बीच में पड़ गई थीं। यश को रोक लिया था।

फिर बहुत बाद में यश को पता चला कि मणि को ऊँचे प्रेम के सपनों की जगह कटु यथार्थ मिला था। यश बेदाग़ बच गया था। मणि के माता-पिता को यह कहना पड़ा था कि मणि मर गई...पर मणि मरी नहीं, वह ज़िन्दा है। एक ही छत के नीचे। ज्वर में छटपटा रही है। वह अकेली है।

पाप, अगर उसे पाप कहो, तो यश का भी था। यश ने अँधेरे में क्लान्त, सुस्त रूप यौवन से भरी पत्नी को देखा। प्रायः मणि के बारे में सोचा है। मगर तब समझता था कि मणि मर चुकी है।

मणि धीरे-धीरे कराह रही थी। सपना चल रहा था...यश की तरह काले घुँघराले बाल, यश

की तरह होंठ, छोटे-छोटे कोमल मुट्ठी बँधे हाथ...फटी कमीज़ पहने नंगे पैरों धूप में अनाथालय के अन्य बच्चों के साथ घर-घर जाकर पुकारता होगा—''माताजी !''

सबके बहुत रोकने पर भी यश दूसरे दिन चला गया। कल्याणी उदास होकर बोली, ''मेरे साथ आए थे, मेरे साथ ही चलते।''

सूटकेस बन्द करते हुए कहा, ''कौन किसका साथी हुआ है ! अकेले ही आना, अकेले ही...''

तीन-चार रोज़ बाद मणि की तबीयत सुधरी। रूखे बाल सँवारकर, धोती बदलकर शाम को पंडितानी के पास आई।

तिवारीजी किसी काम से भीतर आए, तो मणि को देखकर ऐसे चौंके, जैसे साँप पर पैर पड़ गया हो। गौर से देखा—हाँ, मणि ही थी।

सोचते हुए बाहर आए। यह तो मर गई थी—यहाँ कैसे ? शायद माँ-बाप ने झूठमूठ उड़ा दिया होगा। समाज में तो रहना ही था, लड़कियाँ ब्याहनी थीं, नाते-रिश्ते करने थे। राम, राम, आजकल की लड़कियाँ जो न करें ! मुँह पर कालिख पोत दी बाप के।

सोने की खोदनी से दाँत खुरेदते हुए पूछा, ''यह लड़की कौन है, रामगोपाल, अन्दर बहू के पास बैठी है ?''

''पता नहीं,'' मिश्राजी बोले। फिर कुछ याद आने पर कहा, ''मास्टरनी होगी रत्ना की। बड़ी भली है। बेचारी को पचहत्तर रुपए मिलते हैं स्कूल से। कहीं रहने को ठौर नहीं था...''

तिवारीजी फुफकार उठे, ''बड़ी भली लड़की है ! लोगों ने कह दिया और तुमने मान लिया। अरे, इसकी एक-एक बात पता है मुझे। कुल की नाक कटवा दी इसने।''

हुक्का सरकाकर मिश्राजी ने कुतूहल से तिवारीजी को देखा। पास बैठे मुनीमजी हिसाब कर रहे थे, उनकी धुँधली आँखों में चमक आई।

''यह तो बहू-बेटियों के बीच में बैठने के काबिल नहीं है। निकाल बाहर करो घर से।'' तिवारीजी का उच्च स्वर सुन इधर-उधर से लोग जुड़ आए। पंडितानी झट से भंडारघर में ताला बन्द करके आईं। आँचल माथे तक सरकाकर आड़ में खड़े हो धीमे स्वर में पूछा, ''क्यों नाराज़ हो रहे हैं भैया ?''

मिश्राजी कुछ परेशान हुए। ''कह रहे हैं कि मास्टरनी को निकाल दो, अभी इसी दम।''

पंडितानी भौंचक रह गईं। ''ऐसी क्या खता की है बेचारी ने ?''

''खता की है ?'' तिवारीजी गरजे। ''अपने माँ-बाप का नाम डुबो दिया इसने। चार आदमियों में मुँह दिखाने काबिल नहीं रखा। क्या कहूँ कि इसने क्या-क्या किया !''

मणि का सिर फिर दुखने लगा था। जाकर वैसे ही बिना कपड़े बदले चारपाई पर पड़ रही थी कि नौकर ने आकर कहा, ''मालिक बुला रहे हैं।''

इस अप्रत्याशित बुलावे पर चकित होकर कहा, ''चलो, अभी आई।'' अन्दर जाकर देखा, तो सारी औरतें भीड़ लगाए खड़ी हैं, उत्सुक-सी, जैसे कोई तमाशा होने जा रहा है।

पंडितानी आँखों में आँसू भरे खड़ी थीं। मणि का उतरा सूखा मुँह देखकर जैसे किसी

ने उनका दिल मसल दिया। इतनी दीन, निरीह लड़की क्या ऐसे कुकर्म कर सकती है !

मिश्राजी ने पूछा, "बेटी, यह जो कहते हैं, क्या सच है ?"

मणि की आँखें कभी बहुत सुन्दर थीं, लम्बी-नुकीली बरौनियोंवाले पलक छाए रहते थे, पर अब वे भावशून्य थीं। वही शून्य आँखें उठाकर तिवारीजी को देखा।

माथे पर चन्दन का टीका, भव्य, प्रभावशाली तिवारीजी ने पूछा, "तुम्हारे बाँ-बाप नहीं हैं ?"

सिर हिलाकर जताया—नहीं।

"ठाकुर करन सिंह तुम्हारे कौन हैं ?"

मणि के पैर काँपे, और वह दीवार की टेक लेकर खड़ी हो गई। फुसफुसाकर कहा, "कोई नहीं।"

दर्शकों में एक लहर-सी दौड़ गई।

"कोई नहीं ! तुम्हारे बाप का क्या नाम है ?"

मणि भीत, कातर आँखों से तिवारीजी की ओर देख रही थी। हाय, क्या इनके दिल में ज़रा भी दया नहीं ? भरे बाज़ार में वार कर रहे हैं।

तिवारीजी ने विजय-गर्व से फूलकर कहा, "देखा, बहन ! तुम बड़ी सीधी समझती थीं। ज़रा यह भी पूछ लो कि माँ-बाप ने घर से क्यों निकाल दिया था।"

पंडितानी ने काँपते स्वर में पूछा, "क्यों, बेटी ?"

सूखे, ठंडे, भरे स्वर में कहा, "हाँ, ठीक है।"

औरतों में हलचल मचने लगी थी। "दैया रे, ऐसा चेहरा और ऐसी करतूतें ! कलयुग है, कलयुग !"

तिवारीजी ने स्वर में अत्यन्त कटुता भरकर पूछा, "और बच्चा क्या हुआ ? उसके साथ तुम भी डूबकर क्यों नहीं मर गईं ? किसलिए काला मुँह लेकर ज़िन्दा रहीं ? शरीफ बनकर भली बहू-बेटियों को खराब करती हो !"

मणि डगमगाते पैरों से मुड़ चली। जैसे दुनिया में सहसा अँधेरा हो जाए। क्या दोष केवल उसी का था ?

तिवारीजी ने कहा, "रात तक कमरा ख़ाली हो जाए। समझीं ? अहसान मानो कि स्कूल नहीं शिकायत कर रहे हैं, नहीं तो रोटी का भी ठिकाना न रहे।"

मणि सिर झुकाए चली आई। रात ही रात बात सारे शहर में फैल जाएगी। क्या मुँह लेकर रहेगी यहाँ ! जाने कौन है निर्दयी, हत्यारा। चन्दन का टीका लगाकर जैसे सारी दुनिया का ठेका ले रखा है।

कमरे में आकर खड़ी हो गई। पैर लड़खड़ाए। मगर शिथिल हाथों से ट्रंक खोला। मस्तिष्क में एक ही विचार था—यहाँ से जाना है। फिर कहीं और नौकरी ढूँढ़नी पड़ेगी। फिर से तिनके जोड़ने पड़ेंगे—निरर्थक बेमतलब ज़िन्दगी के।

मणि अपना करीब़-करीब़ सभी सामान रख चुकी थी। दबे पाँवों से पंडितानी आईं।

मणि ने देखा। शायद यह भी फटकारेंगी, धिक्कारेंगी। मगर उन्होंने भरे गले से कहा,

"कहाँ जाओगी ?"

"कहीं भी," मणि ने कहा।

"बेटी, मैं क्या करूँ, मजबूर हूँ।" कहकर उन्होंने आँचल आँखों पर रख लिया।

मणि ने उसी तरह भावशून्य स्वर में कहा, "सभी ठीक हुआ। और फिर कहने लगी, "पिताजी मुझे एक अस्पताल में छोड़ आए थे। बच्चा हुआ, लड़का था। उसे अनाथालय में दे दिया। फिर साल-भर पिताजी ने मुझे पढ़ने का ख़र्च दिया। फिर नौकरी कर ली। घरवालों के लिए तो मैं मरी ही हूँ। तब से दुनिया को धोखा देती फिरती हूँ।"

आँसू बह निकले थे अपने आप। उन्हें पोंछा नहीं। "बच्चा बिलकुल यश की तरह था। साढ़े छह साल का हो गया होगा।" फिर चुप रहकर कहा, "अगर ज़िन्दा होगा, तो..." एक सिसकी भरकर कहा। "आप मेरी माँ के समान थीं।"

मगर पंडितानी का सिर घूम रहा था। अपने को सँभालकर पूछा, "उस लड़के ने तुमसे शादी नहीं की ?"

"नहीं। वह मुझे धोखा दे गया।"

पंडितानी ने कुछ रुककर पूछा, "नाम उसका यश था ?"

"हाँ, लखनऊ में डॉक्टरी पढ़ता था।"

जैसे पहेली हल हो गई। तिवारीजी का इतने गुस्से के कारण भी समझ में आ गया। कल्याणी का भोला मुँह आँखों के आगे आया। पंडितानी आह भरकर रह गईं। मणि के सिर पर हाथ फेरा और उमड़ता क्रन्दन न दबा सकने पर अपने कमरे में आकर फूट-फूटकर रो उठीं।

मणि आकर ताँगे पर बैठ गई। जैसे तन्द्रा में सोते-सोते सब काम हो रहा हो।

"चलो स्टेशन।"

ताँगा चल दिया। मणि ने आँखों पर हाथ रख लिया। इतना अपमान, इतनी लांछना—सब हलाहल की तरह पी लिया।

उस रात कल्याणी ने यश को चिट्ठी लिखी। अन्त में लिखा—"और वह जो रत्ना की मास्टरनी थी न, जिसे तुम देखने गए थे, बड़ी दुष्टा निकली। उसकी करतूतें सुन मैं तो दंग रह गई। बातें तो कितनी भली करती थी ! पिताजी ने उसे खड़े-खड़े घर से निकाल बाहर किया। जाने कहाँ गई दुष्टा। बुआ बहुत दुख मना रही हैं उसके लिए, पर जब मैं सोचती हूँ कि उसने कुल का नाम डुबोया, बच्चे का जाने क्या किया, तो घृणा से शरीर सिहर उठता है।"

# फिर वसन्त आया

बच्चे आराम कर रहे थे। कुछ सचमुच सो गए थे और कुछ पलकें बन्द किए थे और बीच-बीच में चुपके से आँखें खोलकर देखने लगते थे। हर्ष सो गया था। छाया की आँखें बार-बार उसकी ओर उठ जाती थीं। उसके भोले मुख पर एक ऐसा खिंचाव था कि अनजान अपरिचित भी उसे गोद में उठा लेना चाहते थे। गौर मुख पर गम्भीर नेत्र, जिनकी बरौनियाँ घनी और काली थीं। बाल रेशम जैसे मुलायम थे।

अन्य बच्चों से वह बहुत भिन्न था। छुट्टी में जब सारे बच्चे खेलते-कूदते, शोर मचाते, तो वह शरमाया-सा अलग खड़ा देखता रहता। छाया ने बहुत बार उसे साथियों के साथ खेलने को उकसाया, पर वह शरमाकर, सकुचाकर खड़ा रह जाता। वैसे तो छाया को अपनी क्लास के सभी बच्चे प्यारे थे, पर जब रोज़ हर्ष अपनी भोली आवाज़ में कहता, 'गुड मार्निंग, मिस' तो उसका मन होता कि उसे गोद में उठाकर अपने दिल से लगा ले।

छाया हर्ष के माता-पिता के बारे मे कुछ नहीं जानती थी। सुबह एक चपरासी उसे स्कूल पहुँचा जाता था और शाम को ले जाता। कभी-कभी घर जाती हुई छाया को चपरासी की साइकिल पर बैठा हर्ष रास्ते में मिलता। पर वह अन्य बच्चों की तरह हाथ नहीं हिलाता, बल्कि हल्के-से मुस्कराकर मुँह फेर लेता।

एक दिन जब छाया और उसकी साथिन मिसेज जोसेफ जा रही थीं, तो हर्ष मिला। मिसेज जोसेफ ने कहा, "कितना प्यारा बच्चा है ! तुम्हारी क्लास में है ?"

"हाँ," छाया ने कहा।

"ताज्जुब है। इसके माँ-बाप तो बहुत ही मामूली हैं देखने में।"

"अच्छा ?" छाया ने कुतूहल से पूछा। "आप जानती हैं ?"

"हाँ। इसके पिता डिप्टी कलक्टर हैं—मिस्टर केशवचन्द्र।"

"मुझे नहीं पता था," छाया ने कहा। फिर कुछ देर बाद कहा, "मैं सोचती थी कि वह किन्हीं खूबसूरत माँ-बाप का बच्चा है।"

मिसेज जोसेफ का घर दिखने लगा था। वह अपने फाटक की तरफ़ मुड़ गईं और छाया अपने घर की ओर चली गई।

उस दिन शनिवार था। छाया ने देखा कि हर्ष आज भी नहीं आया है। उसने सोचा कि कहीं वह बीमार तो नहीं पड़ गया। वैसे तो वह बहुत कम अनुपस्थित होता था। उसने सोचा कि अगर वह सोमवार को भी न आया, तो किसी से पता लगवाएगी।

छाया कई दिन से सोच रही थी कि अपनी भतीजी के लिए कुछ गरम कपड़े बुन दे। इसलिए वह तैयार हुई और जाते-जाते मिसेज वार्ष्णेय से कह गई कि वह ज़रा बाज़ार जा रही है। मिसेज वार्ष्णेय ने भी एक-दो चीज़ों की फरमाइश कर दी। मिसेज वार्ष्णेय काफ़ी उमर की, हँसमुख महिला थीं। उनके बच्चे बड़े हो चुके थे और उन्हें कोई विशेष काम धन्धा न था। मिसेज जोसेफ के कहने से उन्होंने छाया को अपने यहाँ पेइंग गेस्ट की तरह रख लिया था, क्योंकि छाया जब नौकरी करने आई, तो यह शहर उसके लिए बिलकुल नया था।

किताबों की दुकान पर छाया तन्मय होकर बच्चों के लिए उपयुक्त बुनाइयों की किताबें देख रही थी। किसी की हल्की, शरमीली आवाज़ सुनाई दी : ''गुड ईवनिंग, मिस।''

छाया ने देखा, उसके पास हर्ष खड़ा था। सदा की गम्भीर आँखों में से उल्लास छलक रहा था। हर्ष ने मुड़कर ज़रा ज़ोर से कहा, ''पापा ! पापा, देखिए मेरी मिस हैं।''

हर्ष की आँखों के साथ छाया की आँखें भी घूमीं। सामने एक पुरुष खड़ा किताबें देख रहा था। हर्ष की आवाज़ सुनकर उसने भी इधर देखा, और एक क्षण को स्तब्ध रह गया।

''छाया !'' उसके मुँह से निकला।

छाया को ऐसा लगा कि किसी ने उसके दिल को मसल दिया है। उसके होंठ हिले, मगर शब्द न निकले। जब उसने देखा कि विनायक उसकी ओर आ रहा है, तो बिना सोचे-समझे वह वहाँ से चल दी और जल्दी से दुकान के बाहर निकल गई। लोग क्या कहेंगे—यदि यह ख़याल न होता तो वह दौड़ ही पड़ती। विनायक के देखते-देखते ही वह भीड़ में खो गई। विनायक इस बात से ऐसा भौचक्का-सा रह गया कि वह छाया के पीछे भी न जा सका।

हर्ष परेशान-सा उसकी ओर देख रहा था। ''पापा, मिस इतनी जल्दी क्यों चली गईं ?''

''पता नहीं, बेटे। उन्हें कुछ काम याद आ गया होगा।'' उसके बाद दोनों दुकान से बाहर निकले, तो मौन थे।

छाया का तकिया धीरे-धीरे भीगता जा रहा था। आँसू बहते और टपक जाते। छाया निश्चल पड़ी थी। तो हर्ष विनायक का पुत्र है ? क्या इसीलिए अनजाने में ही वह हर्ष की तरफ़ आकर्षित थी ? छाया ने भीगी आँखों से छत की तरफ़ देखा। रात काफ़ी जा चुकी थी। सड़क पर सन्नाटा था। कभी-कभी इक्का-दुक्का राहगीर अपना अकेलापन दूर करने को गाता हुआ निकल जाता था। आठ साल हो गए...पूरे आठ साल !

सोचा था कि भूल गई। पर क्या पता था कि ज़रा-सी खुरेंच से ही जख़्म वैसा ही ताजा हो जाएगा ? वह समझती थी कि आग बुझ गई। लेकिन राख के नीचे अब भी अँगारे छिपे हुए हैं। आठ साल बाद फिर क्यों विनायक जीवन में आ गया ? छाया का जीवन तालाब के निश्चल जल की तरह हो गया था, पर अब विनायक ने आकर उसमें कंकड़ डाल दिया, जिससे लहरें उठने लगी हैं। छाया ने फिर रो-रोकर, सिसक-सिसककर पिछली ज़िन्दगी के पृष्ठ उलटे, जिनमें सुख के अपूर्व क्षण थोड़े थे, दुख की रातें अगणित...

छाया के माता-पिता एक दुर्घटना में मर चुके थे। बस बड़ा भाई अविनाश बचा था। अविनाश के साथ ही विनायक जीवन में आ गया था। एक दिन अविनाश ने कहा, ''छाया,

मेरा एक दोस्त है। अगर वह हमारे साथ रहने लगे, तो तुम्हें दिक्कत तो नहीं होगी ?''

''मुझे क्या दिक्कत होगी, भाई साहब ! नौकर काम करेगा,'' छाया ने कहा।

एक दिन विनायक सामान लेकर आ गया। अविनाश का कमरा बड़ा था, उसी में उसका पलंग भी लग गया। रात को देर तक दोनों हँसते रहते, बात करते-करते।

कभी-कभी खीझकर छाया कहती, ''लोग सोने नहीं देते।''

बग़ल में ही उसका कमरा था।

एक दिन विनायक ने कहा, ''आपको मेरे आ जाने से तकलीफ हो गई है।''

''नहीं तो।'' छाया ने कहा।

''हमलोग सोने नहीं देते,'' हल्की मुस्कान के साथ विनायक ने कहा।

''ओह, वह तो मैंने ऐसे ही कहा था,'' लज्जित होकर छाया ने कहा।

विनायक वैसे ही कम बोलता था। कभी-कभी कई दिन छाया से बिना बोले बीत जाते थे। छाया भी उसके एकान्त मनन में व्याघात न पहुँचाती।

एक दिन दोनों के चले जाने के बाद वह कमरा साफ़ करने पहुँची, तो देखा विनायक के पलंग पर दो-तीन कमीज़ें पड़ी हैं, जिनमें एक भी बटन नहीं है। पास ही सूई, डोरा और बटन रखे थे। छाया को यह देखकर बहुत हँसी आई, और जब उसने अविनाश के कपड़े ठीक किए, तो विनायक की कमीज़ों में भी बटन लगा दिए।

शाम को विनायक कॉलेज से जल्दी लौट आया था। अविनाश को दफ़्तर से आने में देर हो जाती थी, पर विनायक नाश्ते के लिए उसका इन्तज़ार करता था। जब विनायक लौटकर आया, तो छाया ने देखा कि वह कमीज़ में सेफ्टी पिन लगाए हुए है।

छाया ने कहा, ''आपकी कमीज़ में बटन नहीं थे, तो कह दिया होता, लग जाते।''

विनायक ने कहा, ''ओह !''

''आपके छात्रों ने मन में क्या सोचा होगा !'' छाया ने कहा। विनायक बोला, ''काम तो चल गया, न !''

''आज आपकी अच्छी तरह से तलाशी ली है। एक बात और, अगर भूख लगती है, तो कुछ खाने को माँग लिया कीजिए। बिस्कुट रखे हैं, वह भी चुरा-छिपाकर !''

तब विनायक भी हँसने लगा। अविनाश के आने तक उसे ज़ोर से भूख लगने लगती थी, इसलिए उसने बिस्कुट लाकर अलमारी में रख लिए थे।

छाया ने नौकर को आवाज़ दी, फिर विनायक से कहा, ''अब आप जल्दी ही नाश्ता कर लिया कीजिए। आप भी हद का तकल्लुफ करते हैं !''

विनायक ने जब अपनी अलमारी जाकर खोली, तो देखा कई डब्बों में छाया ने खाने की चीज़ें भरकर रख दी हैं।

''आपने तो मुझे एकदम खाऊ समझ लिया है !'' उसने कहा। विनायक की आँखें उज्ज्वल थीं, जैसे स्वच्छ जल पर प्रकाश की किरणें नाच रही हों।

अनजाने में ही छाया के हृदय की गति तीव्र हो गई।

फिर विनायक छाया के जीवन का एक अभिन्न अंग बन गया। जब अविनाश का विवाह हुआ, तो विनायक ने चाहा कि अब वह कहीं और रहने लगे। पर गीता ने उसे चिढ़ाते हुए

कहा, ''क्या मैं आपको काटने दौड़ती हूँ ?''

छाया ने कहा, ''नहीं, भाभी, इन्हें डर लगता है कि कहीं तुम्हारे रूपपाश में न फँस जाएँ।''

''अच्छा, तो यह आप कह रही हैं !...भई, यह बात बुरी है—मुझे नोचो मत !'' गीता ने मुस्कराते हुए छाया से कहा।

बाद में गीता ने कुरेद-कुरेदकर विनायक के बारे में छाया से पूछा। खीझकर छाया ने कहा, ''भाई साहब से क्यों नहीं पूछतीं ? मुझे तंग कर रही हो।''

गीता गम्भीरता से बोली, ''तुम्हारे भाई साहब दुनियादारी नहीं जानते। उन्हें विनायक को घर में लाना ही नहीं चाहिए था।''

पीड़ित स्वर में छाया ने कहा, ''भाभी, हमलोगों ने कभी भी...जब तुम ही ऐसा सोचती हो, तो और लोग क्या कहेंगे !'' और उसकी आँखें भर आईं।

''तुम ग़लत समझ रही हो। मेरा मतलब यह बिलकुल नहीं था।''

''मैं कुछ नहीं जानती। हमलोग महसूस चाहे जो करें, कहते कुछ नहीं।''

छाया की छलछलाई आँखें देखकर गीता ने कहा, ''वह तुमसे शादी करेंगे कि नहीं ?''

''मैं क्या जानूँ ! मैं कभी पूछने नहीं गई,'' नाराज़ होकर छाया ने कहा।

गीता ने फिर कुछ नहीं कहा। मगर विनायक को अकेले पाकर उसने कहा, ''शादी कब करेंगे, विनायक बाबू ?''

''जब आप करवा दें,'' हँसकर विनायक ने कहा।

''मज़ाक नहीं, मैं बहुत गम्भीर हूँ।''

''अच्छा ?'' कृत्रिम विस्मय से विनायक ने कहा।

''ठीक-ठीक बताइए, हँसी मत कीजिए।''

तब विनायक गम्भीर हो गया। चाबी से खेलता हुआ बोला, ''भाभी, मेरी स्थिति अजीब सी है। मैं समझ नहीं पाता था कि किससे कहूँ। छाया को तो आप जानती हैं, कितनी सीधी और निश्चल है। उससे अगर मैं यह कहता, तो वह न जाने क्या सोचती। पर मैं आपको विश्वास दिलाता हूँ, भाभी, कि मैंने कभी भी उसके भोलेपन का फायदा नहीं उठाया।''

''मैं जानती हूँ।'' झट से गीता ने कहा।

''मेरी माँ मर चुकी हैं, पिता मामूली आदमी हैं। अब रिटायर हो चुके हैं। बाबा की कुछ ज़मीन है, उसी की देखभाल करते हैं, दो बहनें हैं। मेरे लाख ज़ोर देने पर भी उन्हें पढ़ाया-लिखाया नहीं गया। खूबसूरत भी नहीं हैं। न हमारे पास बहुत रुपया ही है। इसलिए शादी रुकी है। अब अगर मैं पिताजी की इच्छा के बावजूद शादी कर लेता हूँ, तो बहनें बिलकुल निराधार रह जाती हैं। जिस तरह पुराने विचारों का मेरा खानदान है, उसमें मेरी शादी से तूफ़ान आ जाएगा। इसलिए चाहता हूँ कि कम से कम एक की तो शादी पहले हो ही जाए।''

गीता चुपचाप सुनती रही।

''मेरे पिता यह चाहते हैं कि पहले मैं शादी कर लूँ, जिससे बहनों की शादी में मदद मिले। मैंने उनसे कह दिया है कि मैं उनकी तय की हुई शादी नहीं कर सकता। मगर वह समझ नहीं सकते कि मैं इतना स्वार्थी क्यों हो गया हूँ।''

गीता ने कहा, ''तब तो आपकी स्थिति सचमुच बड़ी विचित्र है।''

''पर मैं विश्वास दिलाता हूँ कि कुछ भी हो, मैं छाया को नहीं छोड़ सकता।''

''आप पर अविश्वास तो कभी नहीं किया, विनायक बाबू,'' कहकर गीता अपने कमरे में आई, तो देखा कि छाया तकिए में मुँह छिपाए पड़ी है। गीता ने धीरे से उसके बालों पर हाथ फेरा।

छाया ने भरे गले से कहा, ''भाभी, मैं कितनी अभागिन हूँ ! जिसके समीप आती हूँ, उसी को दुख मिलता है।''

''यह बात तो नहीं। मैं तुम्हें बहुत भाग्यवान समझती हूँ।''

''मैं इस लायक नहीं कि वह सारे परिवार को दुख पहुँचाएँ,'' छाया ने कहा।

''यह तो विनायक बाबू के सोचने की बात है,'' गीता ने कहा।

उस दिन के बाद विनायक ने पाया कि छाया की सहज, स्वाभाविक मुस्कान खो गई है। आँखों में छाया गहरी हो गई है। अवसर पाकर पूछा, ''तुम्हें क्या हो गया है, छाया ? क्या मेरी बातों से बहुत दुख पहुँचा है ? अगर ऐसा है, तो मैं माफ़ी चाहता हूँ।''

छाया की आँखें भीग गईं। ''मैं अपने को ही कोसती रहती हूँ। मैं इतनी महत्त्वपूर्ण तो नहीं कि आप मेरे लिए इतना त्याग करें।''

विनायक ने गम्भीरता से कहा, ''तुम्हें क्या पता, छाया, मेरे लिए तुम क्या हो !''

''आप मुझे भूल जाइए,'' रोकर छाया ने कहा।

''क्या नासमझी की बातें करती हो ! जैसे सिर्फ़ कहने से या कोशिश करने से कोई भूल जाएगा।''

''समय सब भुला देता है।''

''कुछ बातें ऐसी होती हैं, जिन्हें समय भी नहीं भुला सकता,'' विनायक ने कहा...

और अब आठ साल बाद ! छाया की भीगी आँखों ने अँधेरी छत की ओर देखा। उसी विनायक का पुत्र है हर्ष। शायद हर्ष जैसा पुत्र आज छाया का होता। दूसरे दिन सुबह छाया की तबीयत भारी-सी थी। मिसेज वार्ष्णेय ने कहा, ''लगता है कि जुकाम हो गया है।''

छाया की आवाज़ भारी थी, आँखें लाल। मन बहलाने को वह मिसेज जोसेफ के यहाँ चली गई। वह चर्च जाने की तैयारी में थीं और छाया भी उनके साथ चर्च चली गई। काफ़ी देर बाद जब वह लौटी, तो मिसेज वार्ष्णेय ने कहा, ''तुमसे मिलने तुम्हारे कोई परिचित आए थे। बहुत देर इन्तज़ार किया।''

छाया ने सूखे होंठों पर जीभ फेरी। ''कौन थे ?''

''वी. चन्द्र चूरामनी। तुम्हारे भाई के दोस्त बता रहे थे अपने को।''

''हाँ, जानती हूँ,'' निरुत्साहित कंठ से छाया ने कहा। ''अकेले ही थे या पत्नी भी थीं ?''

''अकेले ही थे। कह गए हैं कि फिर आएँगे। तुम्हारी क्लास में उनका लड़का पढ़ता है। पन्द्रह दिन की छुट्टी लेकर आए हैं।''

''अच्छा।'' कहकर छाया अपने कमरे में चली गई। जाकर देखा, तो पाया कि मेज़ पर एक कार्ड रखा था : वी. चन्द्र चूरामनी। ऐश-ट्रे कोई थी नहीं, इसलिए प्लेट में कई सिगरेट के टुकड़े और राख पड़ी थी।

विनायक आया था, इसी कमरे में...इसी कुरसी पर बैठा था, इन्तज़ार किया था...फिर आएगा...मगर छाया में साहस नहीं था कि उसके सम्मुख आए, विनायक का अब परिवार है, बच्चे हैं...

आठ साल पहले जब वह अल्हड़ युवती थी, तो शायद विनायक की सिगरेट के टुकड़े उठाकर सहेज कर रख लेती। पर अब तीस साल की गम्भीर समझदार स्त्री थी, इसलिए उन्हें वैसा ही पड़ा रहने दिया। घड़ी देखी, तो दो बज रहे थे। सवा चार बजे ट्रेन जाती थी कानपुर। छाया ने उठकर जल्दी-जल्दी कुछ आवश्यक सामान रखा। एक दरखास्त लिखकर मिसेज वार्ष्णेय को दी कि अगले दिन स्कूल भिजवा दें। उनकी उत्सुकता शान्त करने को कहा कि क्योंकि इधर काफ़ी दिनों से तबीयत ठीक नहीं है, इसलिए भाई के पास जा रही है।

जब विनायक शाम को आया, तो उसे पता चला कि छाया बीस दिन की छुट्टी लेकर अविनाश के पास चली गई है।

ट्रेन में बैठी छाया सूनी आँखों से बाहर देख रही थी। आसमान में एक-दो तारे चमकने लगे थे। विनायक आया होगा, क्या सोचा होगा ? क्या उसके दिल में भी कुछ ख़याल अभी बाक़ी बचा होगा ? दिल मजबूर करता है, इसलिए आया होगा—सिर्फ़ फर्जअदाई करने। बातें तो कितनी ऊँची की थीं, वादे तो जन्म-भर साथ देने के लिए किए थे। कच्चे डोरों की तरह तोड़ने के लिए। कौन किसका होता है...छाया याद कर रही थी...

विनायक के बूढ़े पिता अपनी बड़ी लड़की को लेकर आए थे। अविनाश के पास ही ठहरे थे। दुखी होकर बोले, ''बेटा, तुम विनायक को समझाओ। मेरी तो सुनता नहीं। शादी करे, बहनों को सहारा हो।''

अविनाश चुप रहा। गीता ने मन्द स्वर में कहा, ''मैं तो हमेशा कहती रहती हूँ।''

उसकी बात का दोहरा मतलब समझ विनायक मुस्करा दिया। ''क्या किया जाए—यह जनम का ही ऐसा हठी है,'' पिता ने कहा।

छाया के दिल में काँटे चुभ रहे थे। वृद्ध शरीर, व्यथित मन। विनायक के पिता का मुख झुर्रियों से भरा था। बहन श्यामल और सरल थी। छाया से धीरे से कहा, ''सुना है कि भैया यहाँ किसी ख़ास लड़की से शादी करना चाहते हैं। आप उसे जानती हैं ?''

छाया ने लम्बी साँस लेकर कहा, ''नहीं, मीना, मैं नहीं जानती।''

मीना ने कहा, ''भैया के हठ से पिताजी का दिल एकदम टूट गया है।''

छाया चुप रही। दोनों अन्दर कमरे में बैठी रहीं, बरामदे में और सब लोग थे। सहसा छाया ने विनायक का उच्च स्वर सुना : ''मैं यह कभी नहीं होने दूँगा।''

छाया लेटी थी, घबराकर उठकर बैठ गई।

''यह तो सरासर उसका गला काटना है,'' विनायक ने फिर कहा।

''किसी न किसी का तो गला कटेगा ही। तुम लड़के हो, इसलिए मनचाही कर सकते हो।'' पिता भी क्रोधित थे।

तभी गीता ने अन्दर आकर कहा, ''मीना, चलो हमलोग थोड़ी देर घूम आएँ।''

मीना कपड़े बदलने चली गई, तो छाया ने पूछा, ''भाभी, क्या बात है ?''

''मीना की एक जगह शादी तय की है। लड़का अच्छा नहीं है, पहली पत्नी ज़िन्दा

है—फिर भी किए दे रहे हैं। विनायक बाबू मना कर रहे हैं, तो वह बिगड़ रहे हैं।''

''भाभी, उनसे कह दो बेकार हठ कर रहे हैं।'' छाया का गला भर आया।

''सुनते हैं उस लड़के का चरित्र भी अच्छा नहीं है।''

पर मीना के आ जाने से बात रुक गई और तीनों बाहर आ गईं। मीना उदास और मौन थी, छाया की आँखें बार-बार भर आती थीं, गीता परेशान थी।

''अब तो शायद आज ही हमलोग चले जाएँ।'' मीना ने कहा।

''क्यों ? इतनी जल्दी ?'' गीता ने पूछा।

''हाँ। यहाँ एक बिजनसमैन हैं। उनकी लड़की पिताजी को बहुत पसन्द है। पिताजी ने सोचा था कि अगर भैया राजी हो गए, तो उनकी भी सगाई कर देंगे।''

''उनकी भी ?'' गीता ने कहा।

मीना ने दाँतों से होंठ काटा। उसे भी विनायक से बहुत उम्मीदें थीं।

उसी रात मीना को लेकर पिताजी लौट गए।

घर का वातावरण अजीब, भारी-भारी, घुटा-घुटा-सा हो गया था। गीता और अविनाश चिन्तित थे, छाया दुखी और उदास। विनायक रात-दिन अपने को काम में उलझाए रखता।

छाया को देखता, तो खीझ से कहता, ''तुम्हें क्या हो गया है ? मैं मर तो नहीं गया ?''

''आपको क्या मीना का बिलकुल ख़याल नहीं है ?''

''तो मैं क्या करूँ ? मिट जाऊँ उसके लिए ? गले में फाँसी लगा लूँ ? उसकी किस्मत उसके साथ, मेरी मेरे साथ।''

विनायक को अत्यन्त क्रोधित देख छाया चुपचाप हट आई। फिर अविनाश से कहकर छाया कुछ दिनों को मौसी के यहाँ चली गई। स्टेशन पहुँचाने विनायक आया था। फीकी मुस्कान से कहा, ''मैंने तुम्हारी ज़िन्दगी ऐसी दूभर कर दी कि तुम्हें घर छोड़कर जाना पड़ रहा है।''

''नहीं, ऐसी बात तो नहीं है।''

''छाया, बस कुछ दिन और ठहर जाओ—मीना की शादी हो जाने दो।'' विनायक की आँखों में विचित्र-सा भाव था। उसके आगे छाया की दृष्टि काँप गई।

''मैंने तुम्हें बहुत दुख दिया।'' विनायक ने उसके सूखे मुख की ओर देखा।

''आप तो ऐसे कह रहे हैं, जैसे हम फिर मिलेंगे ही नहीं। जैसे अन्तिम विदा हो,'' छाया बोली। अब तक छाया ने यह नहीं जाना था कि वह सचमुच अन्तिम विदा थी, विनायक सदा के लिए उसके जीवन से जा रहा है।

ट्रेन चल दी। विनायक खड़ा रह गया और छाया को दूर जाते देखता रहा।

बाद में छाया को गीता का पत्र मिला। पढ़कर वह स्तब्ध रह गई। अन्य बातों के साथ गीता ने लिखा था :

''मीना की बीमारी का तार पाकर विनायक बाबू चले गए थे। कॉलेज से तीन महीने की छुट्टी ले ली है, और आज उनकी शादी का निमन्त्रण आया है। मैंने उन्हें ऐसा नहीं समझा था। बातें तो कितनी की थीं...''

मौसी ने गीता के पत्र और छाया के सहसा बुझ जाने का सम्बन्ध नहीं जान पाया था।

छाया रोई नहीं, चीख़ी नहीं, आत्महत्या नहीं की। बस धीरे-धीरे बुझती गई।

अविनाश ने अपना ट्रांसफर करवा लिया और गीता ने अगणित यत्न किए कि छाया को कुछ महसूस न होने दे। छाया सिर्फ़ उन लोगों को दिखाने के लिए हँसती-बोलती थी, पर आँखों के पीछे आँसुओं का अपरिमित सागर लहरें लेता था।

बाद में गीता और अविनाश ने चाहा कि छाया की शादी कर दें, पर उसने दृढ़तापूर्वक मना कर दिया। उसने ट्रेनिंग ले ली थी, और नन्हे-नन्हे बच्चों में अपने को डुबा लिया था।

सोचा था कि भूल गई, दर्द हल्का पड़ गया, पर अब वह जान रही थी कि सब केवल छलना थी, दर्द में वही तीव्रता है, याद में वही पैनापन।

बातों-बातों में उसने गीता को बताया, ''मेरी क्लास में एक लड़का पढ़ता है–हर्ष चन्द्रा। बाद में पता चला कि वह विनायक का लड़का है।''

गीता अपनी पुत्री नीरा के बाल सँवार रही थी, उसके हाथ रुक गए, बोली, ''क्या ?''

''हाँ, वह तो चन्द्रा नहीं लिखते थे, इसलिए मैं न समझ सकी। बाद में वह मुझसे मिलने आए, पर मैं थी नहीं। शायद फिर भी आए हों।''

''तुमने खूब खरीखोटी नहीं सुनाई ? मुझे मिलें, तो ख़बर लूँ,'' गीता ने कहा।

''कोई वजह ज़रूर होगी, भाभी। बिना कारण थोड़े ही...''

''अच्छा, तो आप अब भी उन्हीं की वकालत करेंगी !''

छाया ने भतीजे शरद को अपने से लिपटा लिया और उसे गुदगुदाने लगी।

''हर्ष भी इतना ही बड़ा है। इतना सुन्दर है कि देखते ही रहो।''

''सुना था कि बहुत खूबसूरत लड़की से शादी की थी।''

छाया ने बात टाल दी। विनायक के बारे में हर बात उसे चोट पहुँचाती थी। उसने गीता को नहीं बताया कि विनायक का सामना करने का उसमें साहस नहीं था, इसलिए वह चली आई। और जब बीस दिन की छुट्टी बिताकर जाने लगी, तो गीता ने कहा, ''अब अगर विनायक बाबू मिलें, तो भागना मत। पूछ तो लेना आख़िर बात क्या थी, हालाँकि उससे कुछ होगा नहीं। जो होना था, वह तो हो ही गया।''

छाया ने शान्त भाव से गीता की बातें ग्रहण कीं।

''अच्छा,'' उसने कहा।

छाया का ताँगा चलने के बाद भी गीता देर तक खड़ी रही। उसके मुख पर चिन्ता की रेखाएँ थीं।

वापस लौटकर छाया ने अपने बँधे, क्रमपूर्ण जीवन में व्यस्त होने की चेष्टा की। हर्ष अब भी उसी तरह 'गुड मार्निंग' करता था। औरे एक बार साहस कर, जब सारे बच्चे खेल रहे थे, उसने छाया से पूछा, ''आप पापा को जानती हैं ?''

''हाँ, हर्ष।'' छाया ने कहा।

हर्ष ने विश्वास से छाया के हाथ में अपनी मुलायम हथेली पकड़ा दी और कहा, ''मैंने पापा को आपके बारे में सारी बातें बता दीं।''

''क्या ?''

तब हर्ष शरमाकर मुस्करा दिया। छाया उसके हाथ को पकड़े रही।

अब छाया जब भी किसी लम्बे और रेशम-से बालोंवाले पुरुष देखती, तो एक क्षण को लगता कि विनायक ही है। और इस तरह जब सचमुच फिर विनायक को देखा, तो धक से रह गई। भागना चाहा, मगर उसे पास से फिर आँखें भरकर देखने का लोभ उसे बाँधे रखा। चुपचाप हाथ उठाकर उसे नमस्कार किया और निर्लज्जता से जी-भर देखा—वही बाल थे, वही चौड़ा माथा, वही स्वच्छ, गम्भीर नेत्र, दाहिने कान के पास वही तिल था। वही विनायक, फिर भी वही विनायक नहीं।

उससे साधारण शिष्टाचार की बातें कीं। अविनाश व गीता के बारे में पूछे गए प्रश्नों का उत्तर दिया। उसके साथ चलती रही। अपने संयम पर, अपनी स्थिर, सन्तुलित आवाज़ पर उसे स्वयं आश्चर्य हो रहा था।

दोनों चलते-चलते कोलाहल से भरी सड़क पीछे छोड़ आए। आगे की सड़क पर सन्नाटा था और दूर तक जलती हुई बिजली बत्तियों की कतार दिखने लगी थी।

"छाया, मैं तुमसे कुछ कहना चाहता हूँ।"

"कहिए।" छाया की मुस्कान में पीड़ा थी और स्वर में व्यंग्य।

"तुम चुप क्यों हो? क्यों नहीं मुझे डाँटतीं, बुरा-भला कहतीं। मैं सब सुन लूँगा। मैं..."

"मगर उससे क्या होगा ? बातें पुरानी पड़ गईं, जख़्म भर गए, अब उन्हें क्यों कुरेदते हैं ! जो हो गया, वह हो गया। मैंने आपके योग्य अपने को कभी नहीं समझा था।" छाया ने एक लम्बी साँस भरी। "अपने को...तो..."

"छाया, इन वर्षों में कोई भी दिन ऐसा नहीं गया कि जब मैंने अपने को कोसा-धिक्कारा न हो। मुझे अपने आप से नफरत हो गई। मुझे अपने आत्मबल पर बड़ा गर्व था, पर क्षणिक आवेश में मैंने स्वीकार कर लिया कि मैं शादी कर लूँगा। वहाँ पिताजी की इज्ज़त और मीना की जान का सवाल था। पर, छाया, तुम मुझे यह दोष नहीं दे सकतीं। मैंने प्यार का प्याला सिर्फ़ ऊपर ही ऊपर पिया, जिसमें सिर्फ़ मिठास थी। नहीं, मैंने प्याले को आख़िरी घूँट तक पिया है, जो जहर था। मैंने तुम्हारा ऋण पाई-पाई चुका दिया। मैंने कुछ कम व्यथा नहीं सही..."

छाया का मुख नीरव आँसुओं से भीग उठा था। भरे गले से उसने कहा, "अब बस कीजिए। आपसे बस यही कहना है कि मुझे अकेला छोड़ दीजिए। मैं अपने इस जीवन की आदी हो गई हूँ। अब कभी मुझसे न मिलिएगा, मैं यही चाहती हूँ।"

विनायक ने अपना सिगरेट सुलगाया। दियासलाई के क्षणिक प्रकाश में विनायक का मुख आलोकित हो उठा। छाया ने उसके मुख पर गहन वेदना के चिह्न देखे।

उसका मन हुआ कि हाथ बढ़ाकर मृदुलता से वह पीड़ा की रेखाएँ मिटा दे। पर वह दिल पर बोझ-सा रखे हुए वापस जाने को मुड़ गई। उसका हृदय अनेक नीरव सन्देश विनायक से कहना चाह रहा था, पर वह चलती ही गई और विनायक निश्चल खड़ा उसे देखता रहा। उसे जो कुछ कहना था, उसका शतांश भी वह न कह सका। पर शायद छाया को वह सबकुछ सुनने का अवकाश न था।

छाया सीधे घर नहीं गई। आकाश में बादल छा गए थे। छाया उद्देश्यहीन इधर-उधर घूमती रही। वह इतना थक जाना चाहती थी कि लेटते ही नींद आ जाए। अब वह निद्राहीन अँधेरी, लम्बी रातों के विचार से ही डरने लगी थी। बादल गरजकर बरसने लगे। जब पानी वेग से

आया, तब छाया घर जाने के लिए मुड़ी। पानी की बूँदें जलते हुए मुख को राहत दे रही थीं।

'अच्छा है बीमार पड़ जाऊँ...अच्छा है मर जाऊँ...मेरे लिए रोने को कौन बैठा है ?' वह बार-बार अपने से कहती गई। आधे रास्ते तक ही वह पानी से लथपथ भीग गई थी। तन्द्रावस्था में उसने घर जाकर कपड़े बदले और लेट गई। वह जान रही थी कि उसे बुखार आ रहा है।

फिर उसके बाद उसे लगा कि वह अजीब-अजीब तरह के सपने देख रही है। कभी मिसेज वार्ष्णेय का चिन्तित मुख दिखाई देता, पर तुरन्त ही वह विनायक में बदल जाता। लगता है जैसे विनायक बार-बार उसे पुकार रहा है, अपनी उसी मृदुल, गरम आवाज़ में। कभी लगता कि अनेक अनजान अपरिचित लोग कमरे में आ-जा रहे हैं।

जब उसने आँखों खोलीं, तो सचमुच मिसेज वार्ष्णेय उसके पास बैठी थीं।

"कैसी तबीयत है ?"

छाया ने पूछा, "मुझे क्या हो गया ?" वह अपने को अत्यन्त दुर्बल महसूस कर रही थी।

"निमोनिया। हम सब बुरी तरह घबरा गए थे। मिस्टर चूरामनी, उनकी बहन, उनका लड़का सभी तुम्हें देखने आते रहे।"

"बहन ?"

"हाँ, मिसेज माया केशवचन्द्र, जिनके पास हर्ष रहता है। हर्ष की माँ के मरने के बाद उन्हीं ने तो उसे पाला है।"

छाया को लगा कि उसका सिर घूम रहा है। एक क्षण को उसने सोचा कि क्या निमोनिया का प्रभाव दिमाग़ पर भी पड़ता है ? मिसेज वार्ष्णेय की बातें वह ग्रहण नहीं कर पा रही थी।

"हर्ष की माँ..." मन्द, अस्पष्ट स्वर में उसने कहा।

"हाँ, क्या तुम्हें मालूम नहीं ? हर्ष के जन्म के कुछ दिन बाद ही उसकी मृत्यु हो गई थी। अच्छा, अब आराम करो।" कहकर वह कमरे से बाहर चली गईं। पर दरवाज़ा तुरन्त ही खुला और हर्ष ने झाँका। छाया को आँखें खोले देख वह धीरे-धीरे पैर रखता हुआ सावधानी से अन्दर आया। उसके पीछे विनायक भी था।

"कैसी तबीयत है ?" विनायक ने पूछा। "तुमने तो हमें डरा ही दिया था।"

"ठीक हूँ," छाया ने धीरे से कहा। और अपना क्षीण हाथ बढ़ाकर हर्ष का हाथ पकड़ लिया। "हलो, हर्ष।"

हर्ष की झिझक खुल गई थी, कहा "आप पानी में कैसे भीग गई थीं ? छाता नहीं था ?"

"नहीं," हल्की मुस्कान से छाया ने कहा।

"यह ठीक हो जाएँगी, तो हमलोग इन्हें ले चलेंगे। ले चलेंगे न, पापा ? आप ही तो कह रहे थे।"

"हाँ, बेटे, ज़रूर ले चलेंगे। नहीं जाएँगी तब भी जबरदस्ती ले चलेंगे," विनायक ने गम्भीरता से कहा।

हर्ष के सर के ऊपर छाया और विनायक की नज़रें मिलीं, और तब तक मिली रहीं कि जब तक अनायास ही लजाकर छाया ने अपनी आँखों पर हाथ नहीं रख लिया।

# ज़िन्दगी और गुलाब के फूल

सुबोध काफ़ी शाम को घर लौटा। दरवाज़ा खुला था, बरामदे में हल्की रोशनी थी, और चौके में आग की लपटों का प्रकाश था। अपने कमरे में घुसते ही उसे वह ख़ाली-ख़ाली सा लगा। दूसरे क्षण ही वह जान गया कि कमरे का कालीन निकाल दिया गया है और किनारे रखी हुई मेज़ भी नहीं है। मेज़ पर काग़ज़ के फूलों का जो गुलदस्ता रहता था, वह कुछ ऐसे कोण से खिड़की पर रखा था कि लगता था, जैसे मेज़ हटाते वक़्त उसे वहाँ वैसे ही रख दिया गया हो।

उसने बहुत कोमलता से गुलदान उठा लिया। काग़ज़ के फूल थे तो क्या, गुलदान तो बहुत बढ़िया कट ग्लास का था। पहले कभी-कभी शोभा अपने बाग़ के गुलाब लगा जाती थी, पर अब तो इधर, कई महीनों से यही बदरंग फूल थे और शायद यही रहेंगे। सुबोध ने फिर खिड़की का गुलदान रखते हुए सोचा, हाँ, यही रहेंगे, क्योंकि शोभा की सगाई हो गई थी, और उसका भावी पति किसी अच्छी नौकरी पर था। सुबोध ने कोट उतारकर खूँटी पर टाँग दिया।...आख़िर कब तक शोभा के पिता उसके लिए अपनी लड़की कुँवारी बैठाए रखते ?...सुबोध खिड़की के पार देख रहा था—धूल-भरी साँझ, थके चेहरे, बुझे हुए मन...

फिर वह माँ के पास आया। उसकी माँ चौके में चूल्हे के पास बैठी थीं। वह वहीं पीढ़े पर बैठ गया। कुछ देर कोई नहीं बोला। माँ ने दो-एक बार उसे देखा ज़रूर, पर कुछ कहा नहीं, पत्थर की मूर्ति की तरह बैठी रहीं, ऐसी मूर्ति जिसकी केवल आँखें जीवित थीं।

एकाएक सुबोध पूछ बैठा, ''अम्माँ, मेरे कमरे का क़ालीन कहाँ गया ? धूप में डाला था क्या ?''

बाएँ हाथ से धोती का पल्ला सिर पर खींचती हुई माँ बोलीं, ''वृन्दा अपने कमरे में ले गई है। उसकी कुछ सहेलियाँ आज खाने पर आएँगी।''

सुबोध को अपने पर आश्चर्य हुआ कि वह इतनी-सी बात पहले ही क्यों न समझ गया ? उसकी सारी चीज़ें वृन्दा के कमरे में जा चुकी थीं, सबसे पहले पढ़ने की मेज़, फिर घड़ी, आराम-कुर्सी और अब क़ालीन और छोटी मेज़ भी। पहले अपनी चीज़ वृन्दा के कमरे में सजी देख उसे कुछ अटपटा लगता था, पर अब वह अभ्यस्त हो गया था यद्यपि उसका पुरुष हृदय घर में वृन्दा की सत्ता स्वीकार न कर पाता था।

उसे अनमना हो आया देख माँ ने कहा, ''तुम्हारे इन्तज़ार में मैंने चाय भी नहीं पी। अब बना रही हूँ, फिर कहीं चले मत जाना। और पतीली का ढँकना उठाकर देखने लगीं।

सुबोध दोनों हाथों की उँगलियाँ एक-दूसरे में फँसाए बैठा रहा। उसके कन्धे झुक गए

और उसके चेहरे पर विषाद और चिन्ता की रेखाएँ गहरी हो गईं। सशंक नेत्रों से माँ उसे देखती रही। मन-ही-मन कई बातें सोचीं कहने की, मौन का अन्तराल तोड़ने की, पर न जाने क्यों वाणी न दे सकी। उसकी आँखों के सामने ही सुबोध बदलता जा रहा था। इस समय उसके नेत्र माँ पर अवश्य थे, पर वह उनसे हज़ारों मील दूर था। मौन रहकर जैसे वह अपने अन्दर अपने-आपसे लड़ रहा हो। काश, सुबोध फिर वही छोटा सा लड़का हो जाता, जिसके त्रास वह अपने स्पर्श से दूर कर देती थी। पर सुबोध जैसे अब उसका बेटा नहीं रहा था, वह एक अनजान, गम्भीर, अपरिचित पुरुष हो गया था, जो दिन-भर भटका करता था, रात को आकर सो रहता था। सुख के दिन उसने भी जाने थे। अच्छी नौकरी थी, शोभा थी। अपने पुराने गहने तुड़ाकर माँ ने कुछ नई चीज़ें बनवा ली थीं, और अब वे नए बुन्दे और बालियाँ, हार और कंगन बक्स में पड़े थे। शोभा की शादी होनेवाली थी और सुबोध बदलता जा रहा था।

दो धुँधली, जलभरी आँखें दो उदास आँखों से मिलीं। उनमें एक मूक अनुनय थी। सुबोध ने माँ के चेहरे को देखा और मुस्करा दिया। शब्द निरर्थक थे, दोनों एक-दूसरे की गोपन व्यथा से परिचित थे। उनमें एक मूक समझौता था। माँ ने इधर बहुत दिनों से सुबोध से नौकरी के विषय में नहीं पूछा था, और सुबोध भी अपने-आप यह प्रसंग न छेड़ना चाहता था।

उसने कहा, ''देखो, शायद पानी खौल गया।''

माँ चौंकीं, दो बार जल्दी-जल्दी पलक झपकाए। फिर खड़ी होकर अलमारी से चायदानी उठाई। उसे गरम पानी से धोया, बहुत सावधानी से चाय की पत्ती डाली और पानी उँड़ेला। फिर उस पर टीकोज़ी लगा दी। वह टीकोज़ी वृन्दा ने काढ़ी थी और उसकी शादी की आशा में बरसों माँ बक्स में रखे रहीं। अब उसे रोज़ व्यवहार करना माँ की पराजय थी। उससे बड़ी पराजय थी सुबोध की, जो अपनी छोटी बहन की शादी नहीं कर पाया था। टीकोज़ी पर एक गुलाब का फूल बना था और सुबोध उन गुलाब के फूलों की याद कर रहा था, जो शोभा उसके कमरे में सजा जाती थी, उन बाली और बुन्दों की सोच रहा था, जो शोभा अब नहीं पहनेगी...

दूध गरम कर और प्याला पोंछकर माँ ने चाय सुबोध के आगे रख दी। सुबोध पीढ़े पर पालथी मारकर बैठ गया, और चाय छानने लगा।

माँ अपनी कोठरी में जाकर कुछ खटर-पटर कर रही थी। ज़रा देर में ही एक तश्तरी में चाँदी का बर्क़ लगा हुआ सेब का मुरब्बा लाकर माँ ने उसके सामने रख दिया और बड़े दुलार से कहा, ''खा लो !''

अपने विचार पीछे ठेलकर, कुछ सुस्त हो, हँसते हुए सुबोध ने कहा, ''अरे अम्माँ ! बड़ी ख़ातिर कर रही हो ! क्या बात है ?

माँ ने स्नेह-कातर कंठ से कहा, ''तुम कभी ठीक वक़्त से आते भी हो ! रात को दस-ग्यारह बजे आए। ठंडा-सूखा खा लिया। सुबह देर से उठे, दोपहर को फिर ग़ायब। कब बनाऊँ, कब दूँ ?''

यह चर्या तो सुबोध की पहले भी थी। तब वृन्दा और माँ दोनों उसके इन्तज़ार में बैठी रहती थीं। वृन्दा हमेशा बाद में खाती थी। सुबोध की दिनचर्या के ही अनुसार घर के काम होते थे। पर तब वृन्दा नौकरी नहीं करती थी, तब सुबोध बेकार न था। अब खाना वृन्दा

की सुविधा के अनुसार बनता था। सुबह उसे जल्दी उठना होता था, इसलिए रात को जल्दी खाकर सो जाती थी। अब सुबोध जब साढ़े आठ पर सोकर उठता तो आधा खाना बन चुकता था। जब नौ बजे वृन्दा खा लेती, तो वह चाय पीता। पहले जब तक वह स्वयं अख़बार न पढ़ लेता था, वृन्दा को अख़बार छूने की हिम्मत न पड़ती थी, क्योंकि वह हमेशा पन्ने ग़लत तरह से लगा देती थी। अब उसे अख़बार लेने वृन्दा के कमरे में जाना पड़ता था और इसीलिए उसने घर पर अख़बार पढ़ना छोड़ दिया था।

जूठे बर्तन समेटते हुए माँ ने कुछ कहना चाहा, पर रुक गई। उसका असमंजस भाँपकर सुबोध ने पूछा, ''क्या है ?''

प्याला धोते हुए, मन्द स्वर में माँ ने कहा, ''घर में तरकारी कुछ नहीं है।''
सुबोध ने उठकर कील पर टँगा मैला थैला उतार लिया। माँ ने आँचल की गाँठ खोलकर मुड़ा-तुड़ा एक रुपए का नोट उसे थमा दिया और कहा, ''ज़रा जल्दी आना ! अभी सारी चीज़ें बनाने को पड़ी हैं।''

सुबोध कोट पहने बिना ही बाज़ार चल दिया। यह पतलून वह काफ़ी दिनों से पहन रहा था। कमीज़ के फटे हुए कफ़ और कालर काफ़ी गन्दे थे, पर उसने परवाह नहीं की। पर दोनों हाथों से थैले का मुँह पकड़कर उसमें गन्दी तराजू से मिट्टी लगे आलू डलवाते हुए सुबोध को एक झटका-सा लगा। उसके पास ही किसी का पहाड़ी नौकर भाव पूछ रहा था। उसके चीकट बालों से माथे पर तेल बह रहा था, मुँह से बीड़ी का कड़वा धुआँ निकल रहा था। वह भी थैला लिए था और तरकारी लेने आया था। सुबोध अचानक ही सोच उठा कि वह कहाँ से कहाँ आ पहुँचा है ! अपने अफ़सर की अपमानजनक बात सुनकर तो उसने अपने आत्मसम्मान की रक्षा के लिए इस्तीफ़ा दे दिया था, लेकिन अब कहाँ है वह आत्म-सम्मान ? छोटी बहन पर भार बनकर पड़ा हुआ है। उसे देखकर माँ मन-ही-मन घुलती रहती है। ज़िन्दगी ने उसे भी गुलाब के फूल दिए थे, लेकिन उसने स्वयं ही उन्हें ठुकरा दिया और अब शोभा भी...

हाथ झाड़कर सुबोध ने पैसे दिए और चल पड़ा। इस सबके बावजूद उसके अन्दर एक तुष्टि का हल्का-सा आलोक था कि इस्तीफ़ा देकर उसने ठीक ही किया। उसके जैसा स्वाभिमानी व्यक्ति अपमान का कड़वा घूँट कैसे पी लेता ? स्वाभिमान ? सुबोध के होंठ एक कड़वी मुस्कान से खिंच उठे। वाह रे स्वाभिमानी ! उसने अपने आप से कहा। उसे वह सब बातें स्पष्ट होकर फिर याद आ गईं, वे बातें जो रह-रहकर टीस उठती थीं। सुबोध स्मृति का एलबम खोलने लगा। हर चित्र स्पष्ट था।

नौकरी छोड़कर वह कुछ महीने घर नहीं लौटा, वहीं दूसरी नौकरी खोजता रहा और जब लौटा तो उसने घर का चित्र ही बदला हुआ पाया। उसकी अनुपस्थिति में वृन्दा ने उसकी मेज़ ले ली थी और उसके लौटने पर वृन्दा ने अवज्ञा से कहा था, ''दादा, आप क्या करेंगे मेज़ का ? मुझे काम पड़ेगा।''

सुबोध कुछ तीखी-सी बात कहते-कहते रुक गया। कई साल में घिसट-घिसटकर बी.ए., एल.टी. कर लेने और मास्टरनी बन जाने से ही जैसे वृन्दा का मेज़ पर हक़ हो गया हो ! कोई अध्यापिका होने से ही पुस्तकों का प्रेमी नहीं हो जाता। सुबोध की उस मेज़ पर अब जूड़े के काँटे, नेल-पॉलिश की शीशी और गर्द-भरी किताबें पड़ी रहती थीं और फिर कुछ

दिनों बाद माँ ने कहा, ''वृन्दा को रोज़ स्कूल जाने में देर हो जाती है। अपनी अलार्म घड़ी दे दो, सुबोध !''

सुबोध ने कठोर होकर कहा था, ''नई घड़ी ख़रीद क्यों नहीं लेती ? उसे कमी है ?''

माँ ने आहत और भर्त्सनापूर्ण दृष्टि से उसे देखकर कहा, ''उसके पास बचता ही क्या है ! तुम ख़र्च करते होते तो जानते !''

''नहीं, मुझे क्या पता ? हमेशा से तो वृन्दा ही घर का ख़र्च चलाती आई है। मैं तो बेकार हूँ, निठल्ला।'' और झुँझलाकर सुबोध ने घड़ी उसे दे दी थी।

सबसे अधिक आश्चर्य तो उसे वृन्दा पर था। अक्सर वह सोच उठता था कि यह वही वृन्दा है, जो उसके आगे-पीछे घूमा करती थी, उसके सारे काम दौड़-दौड़कर किया करती थी ! जब भी उसने चाय माँगी, वृन्दा ने चाय तैयार कर दी। और अब ? एक रात ज़रा देर से आने पर उसने सुना, ''वृन्दा बिगड़कर माँ से कह रही थी, काम न धन्धा, तब भी दादा से यह नहीं होता कि ठीक वक़्त पर खाना खा लें। तुम कब तक जाड़े में बैठोगी, माँ ? उठकर रख दो, अपने-आप खा लेंगे।''

उसके बाद सुबोध रात को चुपचाप आता। ठंडा खाना खाकर अपने कमरे में लेट जाता। सुबह जग जाने पर भी पड़ा रहता और वृन्दा के चाय पी लेने पर उठकर चाय पीता। बाज़ार से सौदा ला देता। मैले ही कपड़े पहनकर बाहर चला जाता। और जब थक जाता, तो खिड़की के बाहर देखने लगता।

माँ प्रतीक्षा में दरवाज़े पर खड़ी थीं। उनके हाथ में थैला देकर वह अपने कमरे में चला गया। कमरा उसे फिर नग्न और सूना-सा लगा। जूते उतारकर वह चारपाई पर लेट गया। चारपाई बहुत ढीली थी। उसके लेटते ही दरी सिकुड़ गई, तकिया नीचे खिसक आया। दरी की सिकुड़नें पीठ में गड़ती रहीं। सुबोध की आँखें बन्द थीं। हाथ शिथिल और कान अन्दर और बाहर के विभिन्न स्वर सुनते रहे। खिड़की के पास से गुज़रते दो बच्चे, सड़क पर किसी राही की बेसुरी बजती बाँसुरी, खटखट करते दो भारी जूते, अन्दर बर्तन की हल्की खटपट, तरकारी में पानी पड़ने की छन्न और खींची जाती चारपाई के पायों की फ़र्श से रगड़...।

तभी बाहर का दरवाज़ा अचानक खुला और वृन्दा ने कुछ तीखे स्वर में पूछा, ''अम्माँ, दादा घर में हैं ?''

सुबोध सुनकर भी न उठा। माँ का उत्तर सुन वृन्दा उसके कमरे के दरवाज़े पर खड़ी होकर बोली, ''दादा, ताँगेवाले को रुपया भुनाकर बारह आने दे दो।''

सुबोध ने चप्पलों में पैर डाले, उसके हाथ से रुपया लिया और बाहर आया।

उसकी दृष्टि सामने खड़ी शोभा से मिल गई। उसके नमस्कार का संक्षिप्त उत्तर दे वह बाहर आ गया। नोट तुड़ाकर ताँगेवाले को पैसे दिए और फिर अन्दर नहीं गया। पड़ोस में एक परिचित के घर बैठ गया, और शतरंज की बाज़ी देखने लगा।

वहाँ बैठे-बैठे जब उसने मन में अन्दाज़ लगा लिया कि अब तक शोभा और निर्मला खाना खाकर चली गई होंगी, तो वह घर आया। सड़क पर सन्नाटा हो गया था। बत्तियों के आसपास धुँधले प्रकाश का घेरा था, और पानवाला, ग्राहकों की प्रतीक्षा में चुप और स्थिर बैठा था।

वृन्दा ने झुँझलाकर कहा, ''कहाँ चले गए थे, दादा ? शोभा और निर्मला कब से घर

जाने को बैठी हैं ! तुम्हें पहुँचाने जाना है।''

''मुझे मालूम नहीं था,'' सुबोध ने कहा।

''जैसे कभी शोभा को घर पहुँचाया नहीं है !'' वृन्दा ने कहा।

'तब,' सुबोध ने सोचा, 'तब शोभा की सगाई कहीं और नहीं हुई थी, तब वह बेकार न था। शोभा उससे शरमाती थी, पर उसके गुलदान में फूल लगा जाती थी। माँ नए गहने बनवा रही थीं, और वृन्दा अपने कमरे में बैठी-बैठी कुढ़ती थी, क्योंकि वह बदसूरत थी और उससे कोई शादी करने को राजी नहीं होता था...'

''अच्छा तो चलें,'' सुबोध ने शोभा की ओर नहीं देखा।

पर शोभा बोल पड़ी, ''हमें जल्दी नहीं है। आप खाना खा लीजिए।''

माँ ने कढ़ाई चूल्हे पर चढ़ा दी। वृन्दा निर्मला को लेकर अपने कमरे में चली गई। सुबोध बैठ गया और शोभा ने उसके आगे तिपाई लाकर रख दी। फिर उसने रेशमी साड़ी का आँचल कमर में खोंस लिया और थाली लाकर उसके सामने रख दी। सुबोध नीची नज़र किए खाने लगा। चौके से बरामदे, बरामदे से चौके में बार-बार जाती हुई शोभा की साड़ी का बॉर्डर उसे दिखाई देता रहा, हरी साड़ी, जोगिया बॉर्डर, जिस पर मोर और तोते कढ़े हुए थे। कभी-कभी एड़ियाँ भी झलक उठतीं, उजली, चिकनी एड़ियाँ। सुबोध को लगता कि वह अतीत में पहुँच गया है। और शोभा वही है, वही जिससे कभी उसकी प्यार की बातें नहीं हुईं, पर जो अनायास ही उससे शरमाने लगी थी। शायद उसे पता चल गया था कि उसके पिता ने सुबोध से बातचीत शुरू कर दी है...और शायद अब तक शादी भी हो जाती, अगर सुबोध को कोई दूसरी नौकरी मिल जाती या अगर सुबोध पहली अच्छी नौकरी न छोड़ता...

सुबोध ने खाना बन्द कर दिया। पानी पीकर, हाथ धोने उठा, तो शोभा झट से हाथ धुलाने लगी। उसकी आँखों में विनय-भरी कातरता थी, उसके मुख पर उदासी, पर उसके बालों से सुबास आ रही थी।

जब वह ताँगा लेकर आया, तो शोभा माँ के पास चुप खड़ी थी और माँ उसके सिर पर हाथ फेर रही थीं।

रास्ते-भर दोनों चुप रहे। सबसे पहले निर्मला का घर आया, उसके उतर जाने पर शोभा ने आँसू-भरे कंठ से कहा, ''आप यहाँ पीछे आ जाइए न !'' वह उतरकर पीछे आ गया, तब बोली, ''कुछ बोलेंगे नहीं ?''

''क्या कहूँ ?'' सुबोध ने उसकी ओर मुड़कर उसे देखते हुए कहा।

शोभा की आँखें छलक रही थीं। पोंछकर कहा, ''मैंने तो पिताजी से बहुत कहा। ...फिर आख़िर मैं क्या करती ?''

''मैं तो कुछ भी नहीं कह रहा हूँ। इस बात को स्वीकार कर लो कि मैं ज़िन्दगी में फ़ेलियर हूँ, कम्पलीट फ़ेलियर। कुछ नहीं कर सका ! जैसे मेरी ज़िन्दगी में अब फुलस्टॉप लग गया है। अब ऐसे ही रहूँगा। तुम्हारे फ़ादर ने ठीक ही किया। तुम सुखी होओगी। प्यार से बड़ी एक और आग होती है, भूख की, पेट की ! वह आग धीरे-धीरे सब कुछ लील लेती है...''

''आप इतने बिटर क्यों हो गए हैं ?''

''ज़िन्दगी ने ही मुझे बिटर बना दिया है,'' फिर जैसे जागकर ताँगेवाले से कहा, ''अरे

बड़े मियाँ ! लौटा ले चलो, घर तो पीछे छूट गया।''

शोभा उतरी। कुछ क्षण अनिश्चित-सी खड़ी रही। सुबोध के हाथ बढ़े, पर फिर पीछे लौट आए, ''अच्छा, शोभा।''

''नमस्ते,'' शोभा ने कहा और वह अन्दर चली गई। ताँगे में अकेला सुबोध सड़क पर घोड़े की एकरस टापों के शब्द को सुन रहा था। कभी-कभी ताँगेवाला खाँस उठता और वह खाँसी उसका शरीर झिंझोड़ जाती। अँधेरा...खाँसी...और आख़िरी सपने की भी मौत !

सुबह उठकर सुबोध ने सबसे पहले बरामदे में बैठे धोबी को देखा। जितनी देर में उसके लिए चाय बनी, उसने अपने सारे गन्दे कपड़े इकट्ठे कर, उनका ढेर लगा दिया। अलमारी में सिर्फ़ एक साफ़ कमीज़ बची थी, पीठ पर फटी हुई। उसे ढकने के लिए सुबोध ने कोट पहन लिया। कोट को भी काफ़ी दिनों से धोबी को देने का इरादा था, परन्तु अब जब तक धोबी कपड़े लाए, तब तक यही सही।

चाय पीकर वह बाहर चला आया। कोट की ज़ेबों की तलाशी लेने पर उँगलियाँ एक इकन्नी से जा टकराईं। पानवाले की दुकान पर सिगरेट ख़रीदा और जलाकर एक गहरा कश खींचा, और दो-एक जगह रुककर वापस चला। रास्ते में धोबी मिला, और उसने सुबोध को दोबारा सलाम किया।

''कपड़े ज़रा जल्दी लाना, समझे ?'' कुछ रोब से सुबोध ने कहा।

''अच्छा बाबूजी,'' धोबी चला गया।

कमरे में घुसते ही मैले कपड़ों का ढेर उसे वैसे ही दिखाई पड़ा, जैसा कि छोड़ गया था। उसने वहीं रुककर पुकारा, ''अम्माँ ! मेरे कपड़े धुलने नहीं गए।''

''पता नहीं, बेटा। वृन्दा दे रही थी, उससे कहा भी था कि तुम्हारे भी दे दे...''

सुबोध को न जाने कहाँ का गुस्सा चढ़ आया। चीख़कर बोला, ''कितने दिनों से गन्दे कपड़े पहन रहा हूँ ! पन्द्रह दिन में नालायक़ धोबी आया, तो उसे भी कपड़े नहीं दिए गए। तुम माँ-बेटी चाहती क्या हो ? आज मैं बेकार हूँ, तो मुझसे नौकरों-सा बर्ताव किया जाता है ! लानत है ऐसी ज़िन्दगी पर।''

माँ त्रस्त हो उठीं। जब सुबोध का कंठ-स्वर इतना ऊँचा हो गया कि बाहर तक आवाज़ जाने लगी, तो वह रो दीं। उन्होंने कुछ कहना चाहा, मगर सुबोध ने अवसर नहीं दिया। कहता गया, ''मुझे मुफ़्त का नौकर समझ लिया है ? पहले कभी तुमने मुझे यह सब काम करते देखा था।'' फिर उनके कंठ की नक़ल करता हुआ बोला, ''घर में तरकारी नहीं है ! वृन्दा की सहेलियाँ खाना खाएँगी। उधर हमारी बहन हैं कि हुकूमत किया करती है ! अब मैं समझ गया हूँ कि मेरी इस घर में क्या क़द्र है। मैं आज ही चला जाऊँगा। तुम दोनों चैन से रहना।''

कहता-कहता वह घर से बाहर आ गया। अपनी छटपटाहट में उसके अन्दर तक तीव्र विध्वंसक प्रवृत्ति जाग उठी। उसका मन चाह रहा था कि जो कुछ भी सामने पड़े, उसे तहस-नहस कर डाले। वह चलता गया और उसी धुन में एक साइकिल सवार से टकरा गया। वह गिर पड़ा, उसके ऊपर साइकिल आ गई और वह व्यक्ति सबसे ऊपर। जब उसकी कोहनियाँ खुरदुरी सड़क से छिलीं, और एक तीव्र पीड़ा हुई, तो उसका ध्यान बँटा। वह कुछ हक्का-बक्का-सा रह गया। उसने पाया कि उस व्यक्ति ने उससे तकरार नहीं की, अपने कपड़े झाड़े और साइकिल उठाते

हुए कहा, "भाई साहब, ज़रा देखकर चला कीजिए। चोट तो नहीं आई।"

अगर वह लड़ता तो उस मूड में शायद सुबोध मारपीट करने को उतारू हो जाता। पर उसकी अप्रत्याशित विनम्रता से सुबोध ठिठककर रह गया।

जब सुबोध ने उठकर चलने की कोशिश की, तो पाया कि बायाँ पैर सूजने लगा है। लँगड़ाता हुआ वह पार्क की बेंच पर आकर बैठ गया। उसकी दाहिनी कोहनी से ख़ून टपक रहा था। ज़रा-सा भी हिलने से पैर में तीव्र पीड़ा होने लगती थी। उसने सँभालकर पैर बेंच पर रख लिया और लेट गया।

अपना ध्यान पीड़ा से हटाने के लिए वह फूलों को देखने लगा। उसकी बेंच के पास ही गुलाब की घनी बेल थी, जिसमें हल्के पीले फूल थे। दर्द बढ़ता जा रहा था। उसने हिलना-डुलना भी बन्द कर दिया। कुछ देर स्थिर पड़े रहने से दर्द में विराम हुआ, तो उसके ख़याल फिर सवेरे की घटना पर केन्द्रित हो गए।

उसका पैर हिला और दर्द की एक तेज़ लहर उठकर पूरे बाएँ पैर में व्याप्त हो गई। सुबोध ने होंठ भींच लिए।

जाड़ों की धूप थी पर लोहे की बेंच धीरे-धीरे गरम होती जा रही थी और बेंच का एक उठा हुआ कोना उसकी पीठ में गड़ रहा था। पर वह हिला-डुला नहीं। आँखें खोलकर सड़क की ओर देखा, तो स्कूल जाते हुए बच्चे, साइकिलें, ख़ोमचेवाले...उसने आँखें बन्द कर लीं। जब पैर का दर्द कम होता, तो कोहनी छरछराने लगती। पर इस आत्म-पीड़न से जैसे उसे कुछ सन्तोष-सा हो रहा था।

वह कब सो गया, उसे पता नहीं। जब आँखें खुलीं, तो सूरज सिर पर था और बेंच तप रही थी। वह उठकर, बायाँ पैर घसीटता और दर्द सहता हुआ छाँह में घास पर लेट गया। उस पर एक बेहोशी-सी छाई जा रही थी। घास का स्पर्श शीतल था, सुखदाई हवा में गुलाब के फूलों की सुवास थी, पर उसे चैन न था।

उसे अचानक माँ का ध्यान आ गया। शायद वह चिन्तित दरवाज़े पर खड़ी हों, शायद वह उसके इन्तज़ार में भूखी हों। उसने एक लम्बी साँस ली और बाँहें सिर के नीचे रख लीं।

दिन कितना लम्बा हो गया था कि बीत ही नहीं रहा था। जैसे एक युग के बाद आकाश में एक तारा चमका और फिर अनेक तारे चमक उठे। सुबोध घास में से उठकर फिर बेंच पर लेट गया। उसके सिर में भारीपन था, मुँह में कड़वाहट, पैर में जैसे एक भारी पत्थर बँधा था। सारा दिन हो गया था, पर उसे कोई खोजता हुआ नहीं आया। वृन्दा को तो पता था कि वह अक्सर पार्क में बैठा करता है। मगर उसे क्या फ़िक्र ?

पार्क से लोग उठ-उठकर जाने लगे थे। बच्चे, उनकी आयाएँ, स्वास्थ्य ठीक रखने के लिए घूमने आनेवाले प्रौढ़, दो-दो चोटियाँ किए, हँस-हँसकर एक-दूसरे पर गिरती मुहल्ले की लड़कियाँ...पार्क शान्त हो गया। हरी घास पर बच गए मूँगफली के छिलके, पुड़ियों के काग़ज़ के टुकड़े, तोड़े गए फूलों की मसली हुई पंखुड़ियाँ...

तीन फाटक बन्द कर लेने के बाद चौकीदार सुबोध की बेंच के पास आकर खड़ा हो गया।

"अब घर जाओ, बाबू, पार्क बन्द करने का टेम हो गया।"

बिना कुछ कहे सुबोध उठ गया। दो-दो क़दम लड़खड़ाया, फिर चलने लगा। हर बार

जब बायाँ पैर रखता, तो दर्द होता। धीरे-धीरे लँगड़ा-लँगड़ाकर वह पार्क से बाहर निकल आया।

दरवाज़ा खुला था। बरामदे में मद्धिम रोशनी थी। चौके में अँधेरा। वह अपने कमरे में आया। कोने में मैले कपड़ों का ढेर था। ढीली चारपाई, गन्दा बिस्तर, तिपाई पर खाना ढँका हुआ रखा था।

सुबोध चारपाई पर बैठ गया, और तिपाई खींचकर लालचियों की तरह जल्दी-जल्दी बड़े-बड़े कौर खाने लगा।

# वापसी

गजाधर बाबू ने कमरे में जमा सामान पर एक नज़र दौड़ाई—दो बक्स, डोलची, बाल्टी—"यह डिब्बा कैसा है गनेशी ?" उन्होंने पूछा। गनेशी बिस्तर बाँधता हुआ, कुछ गर्व, कुछ दुःख, कुछ लज्जा से बोला, "घरवाली ने साथ को कुछ बेसन के लड्डू रख दिए हैं। कहा, बाबूजी को पसन्द थे, अब कहाँ हम ग़रीब लोग आपकी कुछ खातिर कर पाएँगे।" घर जाने की ख़ुशी में भी गजाधर बाबू ने एक विषाद का अनुभव किया, जैसे एक परिचित, स्नेह, आदरमय, सहज संसार से उनका नाता टूट रहा था।

"कभी-कभी हम लोगों की भी ख़बर लेते रहिएगा।" गनेशी बिस्तर में रस्सी बाँधता हुआ बोला।

"कभी कुछ ज़रूरत हो तो लिखना गनेशी। इस अगहन तक बिटिया की शादी कर दो।"

गनेशी ने अँगोछे के छोर से आँखें पोंछी, "अब आप लोग सहारा न देंगे, तो कौन देगा। आप यहाँ रहते तो शादी में कुछ हौसला रहता।"

गजाधर बाबू चलने को तैयार बैठे थे। रेलवे क्वार्टर का वह कमरा, जिसमें उन्होंने कितने वर्ष बिताए थे, उनका सामान हट जाने से कुरूप और नग्न लग रहा था। आँगन में रोपे पौधे भी जान-पहचान के लोग ले गए थे, और जगह-जगह मिट्टी बिखरी हुई थी। पर पत्नी, बाल-बच्चों के साथ रहने की कल्पना में यह बिछोह एक दुर्बल लहर की तरह उठकर विलीन हो गया।

गजाधर बाबू ख़ुश थे, बहुत ख़ुश। पैंतीस साल की नौकरी के बाद वह रिटायर होकर जा रहे थे। इन वर्षों में अधिकांश समय उन्होंने अकेले रहकर काटा था। उन अकेले क्षणों में उन्होंने इसी समय की कल्पना की थी, जब वह अपने परिवार के साथ रह सकेंगे। इसी आशा के सहारे वह अपने-अभाव का बोझ ढो रहे थे। संसार की दृष्टि में उनका जीवन सफल कहा जा सकता था। उन्होंने शहर में एक मकान बनवा लिया था, बड़े लड़के अमर और लड़की कान्ति की शादियाँ कर दी थीं, दो बच्चे ऊँची कक्षाओं में पढ़ रहे थे। गजाधर बाबू नौकरी के कारण प्रायः छोटे स्टेशनों पर रहे, और उनके बच्चे और पत्नी शहर में, जिससे पढ़ाई में बाधा न हो। गजाधर बाबू स्वभाव से बहुत स्नेही व्यक्ति थे और स्नेह के आकांक्षी भी। जब परिवार साथ था, ड्यूटी से लौटकर बच्चों से हँसते-बोलते, पत्नी से कुछ मनोविनोद करते—उन सबके चले जाने से उनके जीवन में गहन सूनापन भर उठा। ख़ाली क्षणों में उनसे घर में टिका न जाता। कवि प्रकृति के न होने पर भी, उन्हें पत्नी की स्नेहपूर्ण बातें याद रहतीं। दोपहर में, गर्मी होने पर भी, दो बजे तक आग जलाए रहती और उनके स्टेशन से वापस

आने पर गर्म-गर्म रोटियाँ सेंकती। उनके खा चुकने और मना करने पर भी थोड़ा-सा कुछ और थाली में परोस देती, और बड़े प्यार से आग्रह करती। जब वह, थके-हारे बाहर से आते, तो उनकी आहट पा वह रसोई के द्वार पर निकल आती, और उनकी सलज्ज आँखें मुस्करा उठतीं। गजाधर बाबू को तब, हर छोटी बात भी याद आती और वह उदास हो उठते...अब कितने वर्षों बाद वह अवसर आया था जब वह फिर उसी स्नेह और आदर के मध्य रहने जा रहे थे।

टोपी उतारकर गजाधर बाबू ने चारपाई पर रख दी, जूते खोलकर नीचे खिसका दिए, अन्दर से रह-रहकर क़हक़हों की आवाज़ आ रही थी, इतवार का दिन था और उनके सब बच्चे इकट्ठे होकर नाश्ता कर रहे थे। गजाधर बाबू के सूखे चेहरे पर स्निग्ध मुस्कान आ गई, उसी तरह मुस्कराते हुए, वह बिना खाँसे अन्दर चले आए। उन्होंने देखा कि नरेन्द्र कमर पर हाथ रखे शायद गत रात्रि की फ़िल्म में देखे गए किसी नृत्य की नक़ल कर रहा था, और बसन्ती हँस-हँसकर दुहरी हो रही थी। अमर की बहू को अपने तन-बदन, आँचल या घूँघट का कोई होश न था और वह उन्मुक्त रूप से हँस रही थी। गजाधर बाबू को देखते ही नरेन्द्र धप से बैठ गया और चाय का प्याला उठाकर मुँह से लगा लिया। बहू को होश आया और उसने झट से माथा ढँक लिया, केवल बसन्ती का शरीर रह-रहकर हँसी दबाने के प्रयत्न में हिलता रहा।

गजाधर बाबू ने मुस्कराते हुए उन लोगों को देखा। फिर कहा, ''क्यों नरेन्द्र, क्या नक़ल हो रही थी ?'' ''कुछ नहीं बाबू जी।'' नरेन्द्र ने सिटपिटाकर कहा। गजाधार बाबू ने चाहा था कि वह भी इस मनोविनोद में भाग लेते, पर उनके आते ही जैसे ही सब कुंठित हो चुप हो गए, उससे उनके मन में थोड़ी-सी खिन्नता उपज आई। बैठते हुए बोले, ''बसन्ती, चाय मुझे भी देना। तुम्हारी अम्माँ की पूजा अभी चल रही है क्या ?''

बसन्ती ने माँ की कोठरी की ओर देखा, ''अभी आती ही होंगी,'' और प्याले में उनके लिए चाय छानने लगी। बहू चुपचाप पहले ही चली गई थी, अब नरेन्द्र भी चाय का आख़िरी घूँट पीकर उठ खड़ा हुआ, केवल बसन्ती, पिता के लिहाज़ में, चौके में बैठी माँ की राह देखने लगी। गजाधर बाबू ने एक घूँट चाय पी, फिर कहा, ''बिट्टी—चाय तो फीकी है।''

''लाइए, चीनी और डाल दूँ।'' बसन्ती बोली।

''रहने दो, तुम्हारी अम्माँ जब आएँगी, तभी पी लूँगा।''

थोड़ी देर में उनकी पत्नी अर्घ्य का लोटा लिए निकलीं और अशुद्ध स्तुति कहते हुए तुलसी में डाल दिया। उन्हें देखते ही बसन्ती भी उठ गई। पत्नी ने आकर गजाधर बाबू को देखा और कहा, ''अरे, आप अकेले बैठे हैं—यह सब कहाँ गए ?'' गजाधर बाबू के मन में फाँस-सी करक उठी, ''अपने-अपने काम में लग गए हैं—आख़िर बच्चे ही हैं।''

पत्नी आकर चौके में बैठ गईं—उन्होंने नाक-भौं चढ़ाकर चारों ओर जूठे बर्तनों को देखा। फिर कहा, ''सारे में जूठे बर्तन पड़े हैं। इस घर में धरम-करम कुछ नहीं। पूजा करके सीधे चौके में घुसो।'' फिर उन्होंने नौकर को पुकारा, जब उत्तर न मिला तो एक बार और उच्च स्वर में, फिर पति की ओर देखकर बोलीं, ''बहू ने भेजा होगा बाज़ार।'' और एक लम्बी साँस लेकर चुप हो रहीं।

गजाधर बाबू बैठकर चाय और नाश्ते का इन्तज़ाम करते रहे। उन्हें अचानक ही गनेशी

की याद आ गई। रोज़ सुबह, पैसेंजर आने से पहले वह गर्म-गर्म पूरियाँ और जलेबी बनाता था। गजाधर बाबू जब तक उठकर तैयार होते, उनके लिए जलेबियाँ और चाय लाकर रख देता था। चाय भी कितनी बढ़िया, काँच के ग्लास में ऊपर तक भरी लबालब, पूरे ढाई चम्मच चीनी, और गाढ़ी मलाई। पैसेंजर भले ही रानीपुर लेट पहुँचे, गनेशी ने चाय पहुँचाने में कभी देर नहीं की। क्या मज़ाल कि कभी उससे कुछ कहना पड़े।

पत्नी का शिकायत-भरा स्वर सुन उनके विचारों में व्याघात पहुँचा। वह कह रही थीं, सारा दिन इसी खिच-खिच में निकल आता है। इसी गृहस्थी का धन्धा पीटते-पीटते उमर बीत गई। कोई ज़रा हाथ भी नहीं बँटाता।

''बहू क्या किया करती है ?'' गजाधर बाबू ने पूछा।

''पड़ी रहती है। बसन्ती को तो, फिर कहो कि कॉलेज जाना होता है।''

गजाधर बाबू ने जोश में आकर बसन्ती को आवाज़ दी। बसन्ती भाभी के कमरे से निकली तो गजाधर बाबू ने कहा, ''बसन्ती, आज से शाम का खाना बनाने की ज़िम्मेवारी तुम पर है। सुबह का भोजन तुम्हारी भाभी बनाएँगी।''

बसन्ती मुँह लटकाकर बोली, 'बाबूजी पढ़ना भी तो होता है।''

गजाधर बाबू ने बड़े प्यार से समझाया, ''तुम सुबह पढ़ लिया करो। तुम्हारी माँ बूढ़ी हुई, उनके शरीर में अब वह शक्ति नहीं बची है। तुम हो, तुम्हारी भाभी हैं, दोनों को मिलकर काम में हाथ बँटाना चाहिए।''

बसन्ती चुप रह गई। उसके जाने के बाद, उसकी माँ ने धीरे से कहा, ''पढ़ने का तो बहाना है। कभी जी ही नहीं लगता, लगे कैसे ? शीला से ही फ़ुरसत नहीं, बड़े-बड़े लड़के हैं उस घर में, हर वक़्त वहाँ घुसा रहना, मुझे नहीं सुहाता। मना करूँ तो सुनती नहीं।''

नाश्ता कर, गजाधर बाबू बैठक में चले गए। घर छोटा था और ऐसी व्यवस्था हो चुकी थी कि उसमें गजाधर बाबू के रहने के लिए कोई स्थान न बचा था। जैसे किसी मेहमान के लिए कुछ अस्थायी प्रबन्ध कर दिया जाता है, उसी प्रकार बैठक में कुर्सियों को दीवार से सटाकर बीच में गजाधर बाबू के लिए पतली-सी चारपाई डाल दी गई—गजाधर बाबू उस कमरे में पड़े-पड़े, कभी-कभी अनायास ही, उस अस्थायित्व का अनुभव करने लगते। उन्हें याद हो आती उन रेलगाड़ियों की, जो आतीं और थोड़ी देर रुककर किसी और लक्ष्य की ओर चली जातीं।

घर छोटा होने के कारण बैठक में ही अब अपना प्रबन्ध किया था। उनकी पत्नी के पास अन्दर एक छोटा कमरा अवश्य था, पर उसमें एक ओर अचारों के मर्तबान, दाल, चावल के कनस्तर और घी के डिब्बों से घिरा था—दूसरी ओर पुरानी रज़ाइयाँ, दरियों में लिपटी और रस्सी से बँधी रखी थीं, उसके पास एक बड़े से टीन के बक्स में घर-भर के गरम कपड़े थे। बीच में एक अलगनी बँधी हुई थी, जिस पर प्रायः बसन्ती के कपड़े, लापरवाही से पड़े रहते थे। वह भरसक उस कमरे में नहीं जाते थे। घर का दूसरा कमरा अमर और उसकी बहू के पास था, तीसरा कमरा, जो सामने की ओर था, बैठक था। गजाधर बाबू के आने से पहले उसमें अमर की ससुराल से आया बेंत की तीन कुर्सियों का सेट पड़ा था, कुर्सियों पर नीली गद्दियाँ और बहू के हाथों के कढ़े कुशन थे।

जब कभी उनकी पत्नी को कोई लम्बी शिकायत करनी होती, तो अपनी चटाई बैठक

में डाल पड़ जाती थीं। तो वह एक दिन चटाई लेकर आ गईं। गजाधर बाबू ने घर-गृहस्थी की बातें छेड़ीं, वह घर का रवैया देख रहे थे। बहुत हल्के से उन्होंने कहा कि अब हाथ में पैसा कम रहेगा, ख़र्च कुछ कम होना चाहिए।

''सभी ख़र्च तो वाजिब-वाजिब हैं, किसका पेट काटूँ ? यही जोड़-गाँठ करते-करते बूढ़ी हो गई, न मन का पहना, न ओढ़ा।''

गजाधर बाबू ने आहत, विस्मित दृष्टि से पत्नी को देखा। उनसे अपनी हैसियत छिपी न थी। उनकी पत्नी तंगी का अनुभव कर उसका उल्लेख करतीं, यह स्वाभाविक था, लेकिन उनमें सहानुभूति का पूर्ण अभाव गजाधर बाबू को बहुत खटका। उनसे यदि राय-बात की जाती कि प्रबन्ध कैसे हो, तो उन्हें चिन्ता कम, सन्तोष अधिक होता। लेकिन उनसे तो केवल शिकायत की जाती थी जैसे परिवार की सब परेशानियों के लिए वही ज़िम्मेदार थे।

''तुम्हें किस बात की कमी है अमर की माँ—घर में बहू है, लड़के-बच्चे हैं, सिर्फ़ रुपए से ही आदमी अमीर नहीं होता।'' गजाधर बाबू ने कहा और कहने के साथ ही अनुभव किया। यह उनकी आन्तरिक अभिव्यक्ति थी ऐसी कि उनकी पत्नी नहीं समझ सकतीं। ''हाँ, बड़ा सुख है न बहू से। आज रसोई करने गई है, देखो क्या होता है।'' कहकर पत्नी ने आँखें मूँदी, और सो गईं। गजाधर बाबू बैठे हुए पत्नी को देखते रह गए। यही थी क्या उनकी पत्नी, जिसके हाथों के कोमल स्पर्श, जिसकी मुस्कान की याद में उन्होंने सम्पूर्ण जीवन काट दिया था ? उन्हें लगा कि वह लावण्यमयी युवती जीवन की राह में कहीं खो गई और उसकी जगह आज जो स्त्री है, वह उनके मन और प्राणों के लिए नितान्त अपरिचिता है। गाढ़ी नींद में डूबी उनकी पत्नी का भारी-सा शरीर बहुत बेडौल और कुरूप लग रहा था, चेहरा श्रीहीन और रूखा था। गजाधर बाबू देर तक निस्संग दृष्टि से पत्नी को देखते रहे और फिर लेटकर छत की ओर ताकने लगे।

अन्दर कुछ गिरा और उनकी पत्नी हड़बड़ाकर उठ बैठीं, ''लो बिल्ली ने कुछ गिरा दिया शायद,'' और वह अन्दर भागीं, थोड़ी देर में लौटकर आईं, तो उनका मुँह फूला हुआ था, ''देखा बहू को, चौका खुला छोड़ आई, बिल्ली ने दाल की पतीली गिरा दी। सभी तो खाने को हैं, अब क्या खिलाऊँगी ?'' वह साँस लेने को रुकीं और बोलीं, ''एक तरकारी और चार पराठे बनाने में सारा डिब्बा घी उँड़ेलकर रख दिया। ज़रा-सा दर्द नहीं है, कमानेवाला हाड़ तोड़े और यहाँ चीज़ें लुटें। मुझे तो मालूम था कि यह सब काम, किसी के बस का नहीं है ?''

गजाधर बाबू को लगा कि पत्नी कुछ और बोलेंगी तो उनके कान झनझना उठेंगे। होंठ भींच करवट लेकर उन्होंने पत्नी की ओर पीठ कर ली।

रात का भोजन बसन्ती ने जान-बूझकर ऐसा बनाया था कि कौर तक निगला न जा सके। गजाधर बाबू चुपचाप खाकर उठ गए, पर नरेन्द्र थाली सरकाकर उठ खड़ा हुआ और बोला, ''मैं ऐसा खाना नहीं खा सकता।''

बसन्ती तुनककर बोली, ''तो न खाओ, कौन तुम्हारी ख़ुशामद करता है।''

''तुमसे खाना बनाने को कहा किसने था ?'' नरेन्द्र चिल्लाया।

''बाबूजी ने।''

''बाबूजी को बैठे-बैठे यही सूझता है।''

बसन्ती को उठाकर माँ ने नरेन्द्र को मनाया और अपने हाथ से कुछ बनाकर खिलाया। गजाधर बाबू ने बाद में पत्नी से कहा, "इतनी बड़ी लड़की हो गई और उसे खाना बनाने तक का शऊर नहीं आया।" "अरे आता सब कुछ है, करना नहीं चाहती।" पत्नी ने उत्तर दिया। अगली शाम को रसोई में देख, कपड़े बदलकर बसन्ती बाहर आई तो बैठक से गजाधर बाबू ने टोक दिया, "कहाँ जा रही हो ?"

"पड़ोस में, शीला के घर।" बसन्ती ने कहा।

"कोई ज़रूरत नहीं है, अन्दर जाकर पढ़ो।" गजाधर बाबू ने कड़े स्वर में कहा। कुछ देर अनिश्चित खड़े रहकर बसन्ती अन्दर चली गई। गजाधर बाबू शाम को रोज़ टहलने चले जाते थे, लौटकर आए तो पत्नी ने कहा, "क्या कह दिया बसन्ती से। शाम से मुँह लपेटे पड़ी है। खाना भी नहीं खाया।"

गजाधर बाबू खिन्न हो आए। पत्नी की बात का उन्होंने कुछ उत्तर नहीं दिया। उन्होंने मन में निश्चय कर लिया कि बसन्ती की शादी जल्दी ही कर देनी है। उस दिन के बाद बसन्ती पिता से बची-बची रहने लगी। जाना होता तो पिछवाड़े से जाती। गजाधर बाबू ने दो-चार बार पत्नी से पूछा तो उत्तर मिला, "रूठी हुई है।" गजाधर बाबू को और रोष हुआ। लड़की के इतने मिजाज़, जाने को रोक दिया तो पिता से बोलेगी नहीं। फिर उनको पत्नी ने ही सूचना दी कि अमर अलग रहने की सोच रहा है।

"क्यों ?" गजाधर बाबू ने चकित होकर पूछा।

पत्नी ने साफ़-साफ़ उत्तर नहीं दिया। अमर और उसकी बहू की शिकायतें बहुत थीं। उनका कहना था कि गजाधर बाबू हमेशा बैठक में ही पड़े रहते हैं, कोई आने-जानेवाला हो तो कहीं बैठाने की जगह नहीं। अमर को अब भी वह छोटा-सा समझते थे, और मौक़े-बेमौक़े टोक देते थे। बहू को काम करना पड़ता था और सास जब-तब फूहड़पन पर ताने देती रहती थीं। "हमारे आने के पहले भी कभी ऐसी बात हुई थी ?" गजाधर बाबू ने पूछा। पत्नी ने सिर हिलाकर जताया कि नहीं। पहले अमर घर का मालिक बनकर रहता था—बहू को कोई रोक-टोक न थी, अमर के दोस्तों का प्रायः यहीं अड्डा जमा रहता था और अन्दर से नाश्ता-चाय तैयार होकर जाता रहता था। बसन्ती को भी वही अच्छा लगता।

गजाधर बाबू ने बहुत धीरे से कहा, "अमर से कहो, जल्दबाज़ी की कोई ज़रूरत नहीं है।"

अगले दिन वह सुबह घूमकर लौटे तो उन्होंने पाया कि बैठक में उनकी चारपाई नहीं है। अन्दर आकर पूछनेवाले ही थे कि उनकी दृष्टि रसोई के अन्दर बैठी पत्नी पर पड़ी। उन्होंने यह कहने को मुँह खोला कि बहू कहाँ है; पर कुछ याद कर चुप हो गए। पत्नी की कोठरी में झाँका तो अचार, रज़ाइयों और कनस्तरों के मध्य अपनी चारपाई लगी पाई। गजाधर बाबू ने कोट उतारा और कहीं टाँगने को दीवार पर नज़र दौड़ाई। फिर उसे मोड़कर अलगनी के कुछ कपड़े खिसकाकर, एक किनारे टाँग दिया। कुछ खाए बिना ही अपनी चारपाई पर लेट गए। कुछ भी हो, तन आख़िरकार बूढ़ा ही था। सुबह-शाम कुछ दूर टहलने अवश्य चले जाते, पर आते-आते थक उठते थे। गजाधर बाबू का अपना बड़ा-सा, खुला क्वार्टर याद आ गया। निश्चिन्त जीवन, सुबह पैसेंजर ट्रेन आने पर स्टेशन की चहल-पहल, चिरपरिचित चेहरे और पटरी पर रेल के पहियों की खट्-खट् जो उनके लिए मधुर संगीत की तरह था। तूफ़ान

और डाकगाड़ी के इंजनों की चिंग्घाड़ उनकी अकेली रातों की साथी थी। सेठ रामजीमल के मिल के कुछ लोग कभी-कभी पास आ बैठते, वही उनका दायरा था, वही उनके साथी। वह जीवन अब उन्हें एक खोई निधि-सा प्रतीत हुआ। उन्हें लगा कि वह ज़िन्दगी द्वारा ठगे गए हैं। उन्होंने जो कुछ चाहा, उसमें से उन्हें एक बूँद भी न मिली।

लेटे हुए वह घर के अन्दर से आते विविध स्वरों को सुनते रहे। बहू और सास की छोटी सी झड़प, बाल्टी पर खुले नल की आवाज़, रसोई के बर्तनों की खटपट और उसी में दो गौरैयों का वार्तालाप—और अचानक ही उन्होंने निश्चय कर लिया कि अब घर की किसी बात में दख़ल न देंगे। यदि गृहस्वामी के लिए पूरे घर में एक चारपाई की जगह यहीं है, तो यहीं पड़े रहेंगे, अगर कहीं और डाल दी गई, तो वहाँ चले जाएँगे। यदि बच्चों के जीवन में उनके लिए कहीं स्थान नहीं, तो अपने ही घर में परदेशी की तरह पड़े रहेंगे...और उस दिन के बाद सचमुच गजाधर बाबू कुछ नहीं बोले। नरेन्द्र माँगने आया तो बिना कारण पूछे उसे रुपए दे दिए। बसन्ती काफ़ी अँधेरा हो जाने के बाद भी पड़ोस में रही तो भी उन्होंने कुछ नहीं कहा—पर उन्हें सबसे बड़ा ग़म यह था कि उनकी पत्नी ने भी उनमें कुछ परिवर्तन लक्ष्य नहीं किया। वह मन-ही-मन कितना भार ढो रहे हैं इससे वह अनजान ही बनी रही। बल्कि उन्हें पति के घर के मामले में हस्तक्षेप न करने के कारण शान्ति ही थी। कभी-कभी कह भी उठतीं, ''ठीक ही है, आप बीच में न पड़ा कीजिए, बच्चे बड़े हो गए हैं, हमारा जो कर्त्तव्य था, कर रहे हैं। पढ़ा रहे हैं, शादी कर देंगे।''

गजाधर बाबू ने आहत दृष्टि से पत्नी को देखा। उन्होंने अनुभव किया कि वह पत्नी व बच्चों के लिए केवल धनोपार्जन के निमित्त मात्र हैं। जिस व्यक्ति के अस्तित्व से पत्नी माँग में सिन्दूर डालने की अधिकारी है, समाज में उसकी प्रतिष्ठा है, उसके सामने वह दो वक़्त भोजन की थाली रख देने से सारे कर्त्तव्यों से छुट्टी पा जाती है। वह घी और चीनी के डिब्बों में इतनी रमी हुई है कि अब वही उनकी सम्पूर्ण दुनिया बन गई है। गजाधर बाबू उनके जीवन के केन्द्र नहीं हो सकते, उन्हें तो अब उनकी शादी के लिए भी उत्साह बुझ गया। किसी बात में हस्तक्षेप न करने के लिए निश्चय के बाद भी उनका अस्तित्व उस वातावरण का एक भाग न बन सका। उनकी उपस्थिति उस घर में ऐसी असंगत लगने लगी थी, जैसे सजी हुई बैठक में उनकी चारपाई थी। उनकी सारी खुशी एक गहरी उदासीनता में डूब गई।

इतने सब निश्चयों के बावजूद गजाधर बाबू एक दिन बीच में दख़ल दे बैठे। पत्नी स्वभावानुसार नौकर की शिकायत कर रही थीं, ''कितना कामचोर है, बाज़ार की हर चीज़ में पैसा बनाता है, खाने बैठता है, तो खाता ही चला जाता है।'' गजाधर बाबू को बराबर यह महसूस होता रहता था कि उनके घर का रहन-सहन और ख़र्च उनकी हैसियत से कहीं ज़्यादा है। पत्नी की बात सुनकर लगा कि नौकर का ख़र्च बिल्कुल बेकार है। छोटा-मोटा काम है, घर में तीन मर्द हैं, कोई-न-कोई कर ही देगा। उन्होंने उसी दिन नौकर का हिसाब कर दिया। अमर दफ़्तर से आया तो नौकर को पुकारने लगा। अमर की बहू बोली, ''बाबूजी ने नौकर छुड़ा दिया है।''

''क्यों ?''

"कहते हैं ख़र्च बहुत है।"

यह वार्तालाप बहुत सीधा-सा था, पर जिस टोन में बहू बोली, गजाधर बाबू को खटक गया। उस दिन जी भारी होने के कारण गजाधर बाबू टहलने नहीं गए थे। आलस्य में उठकर बत्ती भी नहीं जलाई—इस बात से बेख़बर नरेन्द्र माँ से कहने लगा, "अम्माँ, तुम बाबूजी से कहतीं क्यों नहीं ? बैठे-बिठाए कुछ नहीं तो नौकर ही छुड़ा दिया। अगर बाबूजी यह समझें कि मैं साइकिल पर गेहूँ रख आटा पिसाने जाऊँगा तो मुझसे यह नहीं होगा।" "हाँ अम्माँ"—बसन्ती का स्वर था, "मैं कॉलेज भी जाऊँ और लौटकर घर में झाड़ू भी लगाऊँ, यह मेरे बस की बात नहीं है।"

"बूढ़े आदमी हैं" अमर भुनभुनाया, "चुपचाप पड़े रहें। हर चीज़ में दख़ल क्यों देते हैं।" पत्नी ने बड़े व्यंग्य से कहा, "और कुछ नहीं सूझा तो तुम्हारी बहू को ही चौके में भेज दिया। वह गई तो पन्द्रह दिन का राशन पाँच दिन में बनाकर रख दिया।" बहू कुछ कहे, इससे पहले वह चौके में घुस गई। कुछ देर में अपनी कोठरी में आईं और बिजली जलाई तो गजाधर बाबू को लेटे देख बड़ी सिटपिटाईं। गजाधर बाबू की मुखमुद्रा से वह उनके भावों का अनुमान न लगा सकीं। वह चुप, आँखें बन्द किए लेटे रहे।

गजाधर बाबू चिट्ठी हाथ में लिए अन्दर आए और पत्नी को पुकारा। वह भीगे हाथ लिए निकलीं और आँचल से पोंछती हुई पास आ खड़ी हुई। गजाधर बाबू ने बिना किसी भूमिका के कहा, "मुझे सेठ रामजीमल की चीनी-मिल में नौकरी मिल गई है। ख़ाली बैठे रहने से तो चार पैसे घर में आएँ, वही अच्छा है। उन्होंने तो पहले ही कहा था, मैंने ही मना कर दिया था। फिर कुछ रुककर, जैसे बुझी हुई आग में एक चिनगारी चमक उठे, उन्होंने धीमे स्वर में कहा, "मैंने सोचा था कि बरसों तुम सबसे अलग रहने के बाद अवकाश पाकर परिवार के साथ रहूँगा। ख़ैर, परसों जाना है। तुम भी चलोगी ?" "मैं ?" पत्नी ने सकपकाकर कहा, "मैं चलूँगी तो यहाँ का क्या होगा ? इतनी बड़ी गृहस्थी, फिर सयानी लड़की..."

बात बीच में काट गजाधर बाबू ने थके, हताश स्वर में कहा, "ठीक है, तुम यहीं रहो। मैंने तो ऐसे ही कहा था," और गहरे मौन में डूब गए।

नरेन्द्र ने बड़ी तत्परता से बिस्तर बाँधा और रिक्शा बुला लाया। गजाधर बाबू का टिन का बक्स और पतला बिस्तर उस पर रख दिया गया। नाश्ते के लिए लड्डू और मठरी की डलिया हाथ में लिए गजाधर बाबू रिक्शे पर बैठ गए। एक दृष्टि उन्होंने अपने परिवार पर डाली और फिर दूसरी ओर देखने लगे और रिक्शा चल पड़ा। उनके जाने के बाद सब अन्दर लौट आए, बहू ने अमर से पूछा, "सिनेमा ले चलिएगा न ?" बसन्ती ने उछलकर कहा, "भइया, हमें भी।"

गजाधर बाबू की पत्नी सीधे चौके में चली गईं। बची हुई मठरियों को कटोरदान में रखकर अपने कमरे में लाईं और कनस्तरों के पास रख दिया, फिर बाहर आकर कहा, "अरे नरेन्द्र, बाबूजी की चारपाई कमरे से निकाल दे। उसमें चलने तक की जगह नहीं है।"

# चाँद चलता रहा

उस दिन वर्षों बाद अचानक ही नरेश से भेंट हो गई। मेरे साथ श्यामा भी थी, नरेश ने विवाह में न बुलाने का उलाहना दिया, श्यामा-सी पत्नी पाने पर बधाई दी। और फिर बातों के दौरान में उसने, जैसे कोई बहुत ही महत्त्वहीन बात कह रहा हो, कहा, ''तुमने शायद सुना होगा, रोहिनी शर्मा की मृत्यु हो गई।''

''कब ? कैसे ?'' मैं इसके लिए बिल्कुल तैयार न था।

''अभी कुछ महीने हुए हैं। शायद नवम्बर में। न्युमोनिया हो गया था।''

श्यामा पूछ बैठी, ''कौन थी रोहिनी शर्मा ?''

नरेश मुस्कराया, ''आपके पति की एक मित्र।''

''क्यों ?'' श्यामा ने मुझे देखा, उसके होंठ के कोने हल्की-सी मुस्कराहट से हिल रहे थे।

वापस लौटते में श्यामा ने मुझे चुप देखकर कहा, ''बहुत अफ़सोस हुआ आपको ? वह बहुत प्यारी थीं ?''

''तुम भी नरेश की बातों में आ गईं ?'' मेंने प्रश्न का उत्तर प्रश्न में ही दिया। पर मन-ही-मन मैं सोच रहा था, ''रोहिनी—अकेली, बेसहारा, तुम चली गईं रोहिनी, मैं नवम्बर में श्यामा से शादी कर हनीमून मना रहा था, और तुम दम तोड़ रही थीं।''

मेरी उँगलियों में रोहिनी के बालों का स्पर्श जाग उठा, मेरी साँसों में फिर उसकी सुगन्ध बस गई। मुझे रोहिनी फिर याद आई—

मुझे रोहिनी से प्रथम परिचय याद नहीं। पढ़ाई छोड़ने के बाद जब मैं एक इंगलिश फ़र्म में नौकरी करने लगा तो मैंने पाया कि मित्रों और साथियों के दायरे में रोहिनी भी थी। कभी क्लब में, कभी किसी के घर दावत या चाय पर मेरी रोहिनी से मुलाक़ात होने लगी। अफ़सरों की बीवियाँ रोहिनी के विरुद्ध थीं, उनकी बातें मैंने सुनी थी, फिर भी रोहिनी हरेक के घर बुलाई जाती थी, क्योंकि खुल्लमखुल्ला उसका बहिष्कार करने का साहस किसी में न था। और सभी के पति रोहिनी के मित्र थे। एक डिनर पार्टी में रोहिनी ने हीरे के कर्णफूल पहने तो कहा गया, ''अभी किसी के साथ पन्द्रह दिन शिमला रहकर आई है, उसी ने दिए होंगे।'' बात इतने ज़ोर से कही गई थी कि मुझे भय हुआ कि कहीं उसने सुन न लिया हो। पर रोहिनी के चेहरे की मुद्रा में बिल्कुल भी अन्तर न आया, उसकी आँखें स्थिर रहीं, होंठों पर मुस्कान बनी रही, और वह अपने पास बैठे कर्नल शर्मा से बात करती रही। मैं डिनर टेबल पर अपने अगल-बग़ल बैठी मिसेज़ शर्मा और मिसेज़ नाथ की जली-कटी बातें सुनता रहा,

कर्नल शर्मा की बात उसी तल्लीन मुद्रा से सुनते-सुनते रोहिनी ने एक द्रुत दृष्टि मुझ पर डाली और उस लघु दृष्टि-विनिमय से ही मैं समझ गया कि रोहिनी ने वह बात सुन ली है—मुझे लगा कि रोहिनी मुझे भी दोषी ठहरा रही है, क्योंकि मेरे सामने यह बात हुई है। सामने की मेज़ से जब सब उठे, तो संयोगवश रोहिनी को मैंने अपने पास पाया। उसने पूछा, "अच्छे हो विनय ?"

"हाँ, ठीक हूँ। आपकी ट्रिप कैसी रही ?" कहकर मैंने तुरन्त अनुभव किया कि मैंने कैसी ग़लती की है। दोष निवारण की चेष्टा में शिमला की ट्रिप का स्वयं ही उल्लेख कर दिया।

"अच्छी रही। वापस आने का मन नहीं था।" रोहिनी ने बहुत सहज, स्वाभाविक ढंग से कहा, "वहाँ पर कुछ पुराने मित्र मिल गए थे। समय मज़े में कट गया।"

रोहिनी को फिर कर्नल शर्मा ने घेर लिया, और मैं हट आया। सारी स्त्रियाँ एक जगह इकट्ठी होकर बातें कर रही थीं, बीच-बीच में मिसेज़ शर्मा जिस प्रकार रोहिनी को देख रही थीं, उससे मैं समझ गया कि बात रोहिनी के ही विषय में हो रही है। कमरे में जब सभी की आँखें बार-बार रोहिनी और कर्नल शर्मा की ओर उठने लगीं, तो मिसेज़ शर्मा उठीं, और बहुत ही मीठी मुस्कान से आतिथेय से विदा लेकर, अपने पति से कहा, "चलिए, देर हो रही है।"

कर्नल शर्मा ने पत्नी की रोषपूर्ण मुद्रा देखी और कहा, "चल रहा हूँ। आप अपनी कार लाई हैं ?" प्रश्न रोहिनी से किया गया था।

"कार तो नहीं लाई हूँ पर विनय मुझे घर पहुँचा देंगे।" कहकर वह मुड़ीं, और मिसेज़ शर्मा आगे बढ़ीं, तो कर्नल ने कुछ झुककर, मुस्कराते हुए, धीमे से मुझसे कहा, "लकी डॉग।"

उनके जाने के बाद मैंने रोहिनी से कहा, "आपको जब चलना हो तो बता दीजिएगा।" "तो बस चलो।" उसने कहा। कार में उसकी सुगन्ध बार-बार मेरी साँसों में भरने लगी; पर मैं निरपेक्ष रूप से विश्लेषण करने का प्रयत्न करने लगा कि क्या मेरे पास मौन बैठी रोहिनी वैसी ही है जैसा कि सब कहते हैं। क्या वह आशा कर रही होगी कि मैं कहीं निर्जन स्थान पर कार रोक दूँ, और उसकी कमर में बाँह डाल दूँ और मान लो यह मैं करूँ भी तो क्या वह बिल्कुल प्रतिवाद न करेगी। यह सोचकर मेरा मन ऐसा उचटा कि मोटर तेज़ कर दो मिनट में ही रोहिनी को घर पहुँचा दिया। उसके घर में अन्धकार था। रात की रानी की तेज़ महक मुझ तक आई—मैं कार से नहीं उतरा। रोहिनी उतरने से पहले मेरी ओर घूमकर बोली, "थैंक यू विनय, तुम बहुत भले हो" और उतरकर कहा, "गुड नाइट"।

अगले दिन नरेश ने मुझसे पूछा, "कहो, क्या हाल-चाल है ?" उसकी मुस्कान कुटिल थी।

"कल रात को तो मैं तुमसे मिला था।" मैंने कहा।

"मिस शर्मा ने तुम्हारी क्या आवभगत की ?"

"आवभगत क्या ? मैं तो उन्हें घर पर छोड़कर चला आया था।"

"रहे तुम बेवक़ूफ़।" नरेश ने विशेषज्ञों की तरह सिर हिलाते हुए कहा।

"शट अप।" मैं बोला, पर मुझे दिन-भर ख़याल आता रहा कि क्या वह हीरे के टॉप्स सचमुच उसने किसी से लिए होंगे। उसे कमी क्या है, फिर वह ऐसा क्यों करती है। पढ़ी-लिखी

अच्छी लड़की है, अच्छे ख़ानदान की, फिर भी...।

कुछ दिन बाद नरेश ने ख़बर दी कि मिसेज़ शर्मा लड़-भिड़कर कहीं चली गई हैं, क्योंकि कर्नल शर्मा ने रोहिनी से बहुत आत्मीयता बढ़ा ली थी। अधिकतर उसी के साथ रहते थे। सभी ने बात सुनी, और भूल गए। पर मेरे मन में वह अटक गई। प्रौढ़ और भारी शरीर के कर्नल शर्मा और रोहिनी की मैत्री की बात मैं स्वीकार न कर सका, फिर सुना कि मिसेज़ शर्मा आ गई हैं और अगर रोहिनी का साथ न छोड़ा तो कुछ एक्शन लेने की धमकी दे रही हैं, फिर नरेश ही ख़बर लाया कि कर्नल शर्मा शिलांग जा रहे हैं, ट्रांसफ़र हो गया है। जाने से पहले रोहिनी ने उन्हें एक डिनर दिया, जिसमें उसने काफ़ी लोगों को बुलाया। मिसेज़ शर्मा नहीं आईं–कर्नल शर्मा काफ़ी उदास और खोए-से लग रहे थे। वहाँ पर आए सभी लोगों को रोहिनी और कर्नल के बारे में मालूम था। रोहिनी सदा की तरह प्रफुल्लित लग रही थी। लोग यह जानने को उत्सुक थे कि रोहिनी का अगला प्रेमी कौन् होगा। मुझे ऐसी बातों से झुँझलाहट हो रही थी। मुझे लग रहा था कि रोहिनी को कर्नल के जाने का बहुत दुःख है, पर जब मैं उसके हँसते चेहरे को देखता, जिसके कानों में कर्णफूल प्रकाश पड़ने से सतरंगी किरणें फेंकने लगते थे, तो मुझे अपने-आप संशय होने लगता।

डिनर और कॉफ़ी के बाद लोग जब चलने लगे और मैंने भी रोहिनी को धन्यवाद देते हुए विदा माँगी तो उसने कहा, ''अभी से जाओगे ? कुछ देर रुको–बाद में जाना।''

मैं रुक गया–पर मुझे लग रहा था कि कहीं किसी के ध्यान में यह बात न आ जाए कि मैं अभी तक वहीं हूँ। धीरे-धीरे अतिथि जाने लगे। अन्त में मन-कोकर दम्पति को पहुँचाकर आने के बाद रोहिनी लौटकर आई और थकी-सी सोफ़े पर बैठ गई। कमरे भर में ख़ाली कॉफ़ी के प्याले रखे थे। ऐश-ट्रे में बुझी सिगरेटों की राख थी, और कमरे में अभी भी अतिथियों की सिगरेटों का धुआँ था।

''मैं बेहद थक गई हूँ।'' रोहिनी ने कहा।

उसके कहने के ढंग में गीत की कड़ी-सा संगीतमय उतार-चढ़ाव था।

उसका नौकर ख़ाली ट्रे लेकर कमरे में आया।

''अब यह ऐसा ही पड़ा रहने दो, सुबह साफ़ कर देना। तुमने खाना खा लिया ? अच्छा अब जाओ।''

नौकर ख़ाली ट्रे लिए वापस हो गया। रोहिनी ने अपने सुनहरे सैंडिल उतार दिए और पैर सहलाने लगी।

''आराम से बैठ जाओ विनय। अभी तो सिर्फ़ साढ़े ग्यारह बजे हैं। एक कप कॉफ़ी और पियोगे ?''

'नौकर तो चला गया होगा न।''

''तो मैं बना देती हूँ।'' यह कहकर वह उठी और नंगे पैरों ही दूसरे कमरे में चली गई। कुछ देर में वहाँ से आई और जाकर लम्बी खिड़की पूरी खोल दी। कॉफ़ी बनी और हम दोनों ने एक-एक कप ली। रोहिनी अचानक ही बहुत थकी और उदास दिखने लगी। कॉफ़ी पीकर मैं उठ खड़ा हुआ। ''तुम्हें जाने की जल्दी पड़ी है। ऐसी क्या बात है? डरते हो कि कहीं बदनाम न हो जाओ।''

यह मेरे पुरुषत्व को चुनौती थी। मैं बैठ गया। कॉफ़ी का ख़ाली प्याला रखकर रोहिनी

ने पीछे सिर टिकाकर आँखें बन्द कर लीं और कमरे में बिखरे कुशन, ख़ाली प्याले, राख, कुम्हलाते फूल और रात की रानी की तीव्र सुगन्ध—मैंने सिगरेट-केस निकाला, दो सिगरेट सुलगाईं और कहा, ''यह लीजिए।''

रोहिनी ने आँखें खोलीं, सिगरेट ले ली, धीरे से कहा, ''थैंक यू।''

कुछ देर हम चुपचाप अपनी-अपनी सिगरेट पीते रहे। फिर उसके जलते सिरे पर दृष्टि टिका कर रोहिनी ने कहा, ''यह सब—प्याले, राख, कुशन, कितने उदास दीखते हैं। लोग आए, कुछ देर इकट्ठे हुए; हँसी-मज़ाक़—बातचीत और चले गए। घर वैसा ही फिर रह गया, अकेला, सुनसान, एक क़ब्र की तरह—तुम हो, तो कुछ कह भी लूँगी, नहीं तो कोई दो शब्द बोलनेवाला भी नहीं, ओ गॉड, कितनी अकेली हूँ मैं।''

वह उठी और मेरे पास दीवान पर बैठ गई।

''जानते हो विनय, मेरा आज क्या मन हो रहा है कि सारी रात बोलती रहूँ, बातें करती रहूँ। अगर मैं अकेली होती हूँ तो डरने लगती हूँ, लगता है कि मैं अपने अँधेरे बचपन में लौट वही पाँच साल की बच्ची हो गई हूँ, रात में सोते-सोते जगी हूँ तो पास के कमरे में से एक अजीब, घुटी हुई आवाज़ सुनती हूँ। चुपचाप चारपाई से उतरकर दरवाज़े तक आती हूँ। दूसरे कमरे में बत्ती जल रही है, माँ की चारपाई ख़ाली है—माँ ज़मीन पर लेटी है, और उसके सीने पर दोनों हाथ रखे, झुके हुए पिताजी बैठे हैं और रो रहे हैं। उनके गालों पर मोटे-मोटे आँसू हैं। मैं सहमकर भाग आती हूँ—निश्शब्द लेट जाती हूँ पर नींद नहीं आती, मैं सोच रही हूँ कि माँ नीचे क्यों लेटी हैं, उन्हें सर्दी लग रही होगी, पिताजी क्यों रो रहे हैं—

''मैं हिलना चाहती हूँ, हिल नहीं पाती, उठ नहीं पाती—मैं अँधेरे में आँखें खोले लेटी रहती हूँ—सारी रात पिताजी रोते हैं, उसी तरह घुटे-घुटे, दबे-दबे।

''अगले दिन लोग कहते हैं कि माँ मर गई। मैं सबसे गुस्सा हूँ, माँ को ठंडे फ़र्श पर क्यों लेटा दिया, उन्हें जाड़ा लगा होगा, तभी तो मर गईं। बूढ़ी अन्ना मुझे समझाती हैं—नहीं बिटिया, मरने पर न दुःख है न सुख—न दर्द न खुशी। पर माँ मर क्यों गईं ? मुझे माँ की गरम बाँहें याद आती हैं—मैं ज़िद नहीं करती, रोती भी नहीं, पर रोज़ जब रात होती है, तब माँ मरती हैं और पिताजी रोते हैं।''

रोहिनी की झुकी हुई आँखें ऐश-ट्रे में धीरे-धीरे जलती सिगरेट पर थीं। मुझे लगा कि वह मेरी उपस्थिति भूल गई है, पर नहीं, अगले क्षण उसने मुझे देखा—उसकी आँखों में गहरा अँधेरा था।

''उसके बाद अगली याद है, मैं कुछ और बड़ी हो गई हूँ। घर में विधवा ताई, चाचा, चाची हैं। पिताजी नहीं हैं—रोज़ ताई सवेरे उठा देती हैं, रगड़-रगड़कर नहलाती हैं, रोज़ सिर में तेल लगाती हैं और कस-कसकर दो चोटियाँ कर देती हैं। उसके बाद अपने तोते के पिंजरे को धोती हैं—मुझे भी दूध-जलेबी खाने को देती हैं—तोते को भी—तोते को वह प्यार से किट्टू कहती हैं। मेरी किट्टू से बड़ी दोस्ती थी, बड़ा प्यार था। वह बीच-बीच में दूध-जलेबी खाना रोककर मुझे पुचकारता था, 'रानी-रानी।'

''आँगन में एक अनार का पेड़ था। लाल-लाल फूलों से भरा रहता। ताई कहतीं, फूल मत तोड़ना, फूल झड़ेंगे तो अनार निकलेंगे, फिर दाना-दाना छीलकर तुम्हें खिलाऊँगी और किट्टू को भी दूँगी—किट्टू को अनार बहुत प्यारे हैं। मुझे अनार के फूल बहुत अच्छे लगते,

पर मैंने एक भी नहीं तोड़ा, रोज़ पेड़ के नीचे खड़ी होती और देखती कि कब अनार निकलेंगे। जब अनार बढ़ने लगे तो झुंड-के-झुंड तोते हमारे आँगन में आने लगे। सवेरा होता और तोते मँडराने लगते। किट्टू, तक व्याकुल हो जाता—मानव-भाषा भूलकर वह भी टाँय-टाँय कर उठता और पंख फड़फड़ाता, रूठ जाता, कुछ नहीं खाता।

"मैं रोज़ यही देखा करती, जब तोते आते तो हम सब कनस्तर बजा-बजाकर उन्हें उड़ाया करते, पर जब वह उड़ते तो हमारा किट्टू उनका स्वर सुन बेचैन हो जाता और पिंजरे की तीलियों से लड़-लड़कर अपने को घायल कर लेता।

" 'किट्टू ऐसा क्यों करता है ताई ?' मैंने एक दिन पूछा।

" 'बेटा यह पंछी है न, उड़नेवाला, पिंजरे में रहकर घबराता है। इसका मन होता है निकलने को—संगी-साथियों के साथ उड़ने को।' ताई ने समझाया। अगले दिन, रोज़ की तरह जब तोते ऊपर उड़े और किट्टू के पिंजरे में चक्कर काटना शुरू किया तो मैंने पिंजरे का दरवाज़ा खोल दिया। पहले तो किट्टू मेरी तरफ़ देखता रहा, फिर निकलकर सीधा उड़ गया। मैं उसे टकटकी बाँधे देखती रही। जब वह बहुत दूर चला गया तब मैंने पाया कि मेरी आँखों से अपने-आप आँसू बह रहे हैं। मैं बहुत प्यार करती थी उसे।

"ताई ने जब ख़ाली पिंजरा देखा तो वह सन्न रह गईं। पिंजरा हाथ में लेकर वह आगे-आगे, मैं उनके पीछे-पीछे, जाने कहाँ-कहाँ भटकते रहे। किट्टू-किट्टू पुकारकर उनका गला बैठ गया, पर किट्टू कहीं न था। अन्त में उदास होकर हम घर लौट आए। उन्होंने ख़ाली पिंजरा ले जाकर अनार के पेड़ के नीचे रख दिया और मुझे झकझोरकर पीटने लगीं, उनके थप्पड़, घूँसे मैंने चुपचाप सह लिए। जब वह थक गईं तो स्वयं ज़ोर-ज़ोर से रोते हुए मुझे छोड़ दिया। वह अन्दर चली गईं और चारपाई पर लेटकर फूट-फूटकर रोने लगीं। तब ऊपर की मंज़िल से चाची उतरीं और मुझे उठा लिया—वह मुझे पुचकार रही थीं, सहला रही थीं और ताई की आवाज़ सुन मुझे लग रहा था कि माँ मर गई हैं और पिताजी रो रहे हैं।

"नंगे पैरों ताई के साथ भटकने से मेरे पैर हिल गए, उनके मारने से मेरे शरीर में जगह-जगह नीले दाग़ पड़ गए थे। तेल गरम कर चाची कोमल हाथों से मालिस करने लगीं—फिर भी कई दिन मेरी सारी देह दर्द करती रही। उस रात मैं चाची के पास ही सोई, पर रात में आँख खुली तो देखा कि मैं नित्य की तरह ताई के हाथ पर सिर रखकर सोई हुई थी, हिलने से दर्द हुआ तो मैं कराही। 'बहुत दर्द हो रहा है बिटिया ?' ताई ने पूछा।

'हाँ।'

'मेरे इन हाथों में आग लगे...' ताई रोने लगीं।

'रोओ मत ताई। तुम रोती हो तो माँ और पिताजी की याद आती है।' ताई होंठ भींचकर चुप हो गईं।

'ताई !'

'हूँ।'

'तुम किट्टू को बहुत प्यार करती थीं न ?'

'हाँ।' रुँधे गले से ताई बोलीं। फिर जैसे अपने से ही बोलीं, 'किसी को प्यार करना अपने को ही दुःख देना है। प्यार में दुःख के सिवा और कुछ नहीं।'

"ताई के यह शब्द मुझे पन्द्रह साल बाद याद आए। किसी को प्यार करना अपने को

ही दुःख देना है। प्यार को कवियों ने, लेखकों ने कितना रोमैंटिसाइज़ किया है। पर क्या है प्यार ? अपने को दुःख देना, पीड़ा देना। पर शायद कवि भी ठीक ही कहते हैं—प्यार अगर फुलफिल हो जाए तो वह...''

रोहिनी ने एक लम्बी साँस ली—''क्या हो गया है आज मुझे ? मैं क्यों अपनी राम-कहानी तुम्हें सुना रही हूँ। पर मुझे अच्छा लग रहा है। बरसों से भार ढो रही हूँ—और आज कर्नल भी चले गए।'' कहकर वह कुछ पल चुप रही, फिर बोली—

''मैं बड़ी हुई तो ताई को मेरे विवाह की चिन्ता हुई। शहर में एक ही बड़े डॉक्टर थे, घर से भी आना-जाना था। उनके लड़के थे अरविन्द। बड़े गम्भीर, बड़े मेधावी। मैं बचपन से ही उनका बड़ा आदर करती थी और चुपके-चुपके उनके बारे में सोचा करती थी, सपने देखा करती थी। जब मुझसे विवाह करना उन्होंने स्वीकार कर लिया तो मैं हर्ष और लाज-संकोच से भर उठी। मुझे उनका परिवार बहुत पसन्द था। मुझे लगा कि उनकी माँ में मैं अपनी खोई हुई माँ पा लूँगी, उनके भाई-बहन मेरे अकेले बचपन के अभावों की पूर्ति कर देंगे। मैं उन दिनों की कल्पना में खोई रहने लगी जबकि मेरे शरीर पर मोती और पन्ने के आभूषण होंगे, जबकि मैं अरविन्द के साथ, उनकी कार पर घूमने निकला करूँगी। पहले अरविन्द प्रायः घर पर आते थे, पर सगाई होने के बाद ताई ने मुझ पर बन्धन लगा दिए थे, अब मैं न उनके घर जा सकती थी, न उनके आने पर मैं निःसंकोच बातें कर सकती थी। हमारी शादी नवम्बर में होना तय हुई थी। यह बात गर्मियों की है। उनकी बहन शैला बी.ए. में पास हुई थी। उन लोगों ने बहुत बड़ी पार्टी दी थी। ताई ने मुझे भी भेजा। गर्मी के दिन थे इसलिए मैंने सफ़ेद साड़ी पहनी थी, बालों में कलियाँ लगाई थीं—सगाई पर मिला मोतियों का पूरा सेट पहना था। उनकी माँ ने मुझे बहुत प्यार किया, मेरा बहुत आदर-सत्कार हुआ। उस स्नेह, उस सत्कार से मेरी जन्म-भर की तृष्णा मिट गई।

''वैसे वहाँ गाना-बजाना काफ़ी रात तक चलनेवाला था, पर जब ग्यारह बज गए तो मैंने घर जाने की ज़िद की, पता नहीं वह संयोग था कि शैला की शरारत—वह अरविन्द को ढूँढ़ लाई और कहा मुझे घर पहुँचा दें। सारे समय अरविन्द मुझसे दूर ही रहे थे। कुछ क्षणों के लिए उनके सामीप्य की कल्पना मुझे सुखद लगी। मैं कार में बैठ गई और उन्होंने कार स्टार्ट कर दी। पर वह दूर नहीं गए—बँगले का आधा चक्कर लगाकर उन्होंने पीछे की ओर रोक दी। मुझे चकित होते देखकर उन्होंने कहा, 'उतर जाओ रोहिनी, मुझे तुमसे कुछ ज़रूरी बातें करनी हैं ?'

''अगर मैं उस वक़्त ज़िद पकड़ गई होती, झिझक गई होती तो शायद आज यहाँ न होती। पर मैं चुपचाप उतर गई। हम एक छोटे दरवाज़े से फिर बँगले के अन्दर आ गए। उन्होंने कहा—'घबराओ मत ! इस समय सब लोग खाने-पीने में लगे हैं। इधर कोई नहीं आएगा।'

''मैं, मतिभ्रष्टा, उनके पीछे-पीछे चलने लगी। उनके कमरे उसी ओर थे, उन्होंने दरवाज़ा खोलकर मुझे अन्दर जाने का इशारा किया—कमरा अँधेरा था, केवल खिड़की से थोड़ा-सा प्रकाश आकर बिस्तर पर गिर रहा था। मैंने अपने पीछे दरवाज़ा बन्द किए जाने का शब्द सुना। दूसरे ही क्षण उन्होंने मुझे बाँहों में भर लिया। पहले तो मैं स्तब्ध रह गई। अरविन्द को मैंने देवस्वरूप माना था—उनसे ऐसा आचरण। मुझे लगा कि मेरी दुनिया, मेरे विचार उलटने-पलटने लगे।

'देखिए, मुझे छोड़ दीजिए।' रुँधे गले से मैंने कहा।

'क्यों ?'

'यह ठीक नहीं है।' मैंने उनसे बहस करने की कोशिश की।

'ठीक क्यों नहीं है ? क्या तुम पर मेरा अधिकार नहीं है ?' उन्होंने कहा। 'पर अभी हमारी शादी नहीं हुई है।' मैं उन बाँहों में भिंची भी काँप रही थी।

'तुम सौदा करोगी रोहिनी, मैं तुम्हारी माँग में सिन्दूर डालूँगा, उसके बदले में तुम मुझे शरीर दोगी। आओ रोहिनी, हम दोनों केवल प्रेमी रहें, बन्धनों से मुक्त...'

रोहिनी चुप हो गई। मुझे लगा कि उस पल रोहिनी फिर उसी अतीत में जी रही है। अँधेरा कमरा, रोहिनी, अरविन्द—

''मैंने किसी तरह अपने को छुड़ा दिया। मुझे मालूम था कि बिजली का स्विच कहाँ है। प्रकाश हुआ तो मैंने अरविन्द की ओर देखा, जो कुछ मैंने उनके मुँह पर देखा, उससे मैं सन्न रह गई। उन आँखों में कामना थी, नग्न, अदम्य कामना—उस दृष्टि के सम्मुख जैसे मैं निरावरण-सी हो गई—मैं उसे सह न सकी—अरविन्द ने पास आकर मेरे दोनों कन्धों पर हाथ रखकर बहुत ही मनाते हुए-से कहा, 'रोहिनी !'

''उस स्पर्श से मेरा सारा शरीर थरथरा उठा। उस क्षण में मैं जैसे दो हो गई। मेरा एक भाग शरीर से अलग, दूर खड़ा निरपेक्ष दृष्टि से मेरे दूसरे भाग को जो कि अरविन्द के स्पर्श मात्र से आकुल, अधीर हो उठा था, देखने लगा, अरविन्द की उँगलियाँ मेरे कन्धों में गड़ने लगीं—और उस क्षण मेरा चीख़कर रोने को मन हो आया। मुझे लगा कि मेरी कुछ अमूल्य, अप्राप्य निधि छिनी जा रही है—एक झटके से अरविन्द को धक्का दे, आँधी के वेग से भागती हुई मैं बाहर निकल आई—मुझे पता नहीं कि मैं घर कैसे पहुँची। जाकर चुपचाप अपने कमरे में लेट गई। रात-भर न जाने कहाँ से आँसू उमड़ पड़े, मैं ऐंठ-ऐंठकर रोती रही, सारी रात रोती रही।

''तीन दिन बाद अरविन्द की एक दुर्घटना में मृत्यु हो गई। कुछ मित्रों के साथ शिकार खेलने गए थे। पर मुझे लगा कि शायद दोषी मैं थी—मैं। तो विनय, रह गई मैं, अपनी पवित्रता लिए, नैतिकता लिए। मेरा मन होता कि मैं भी अपने को नष्ट कर दूँ—कोशिश भी की, पर बचा ली गई, मर नहीं सकी। पर अल्टिमेटली अपने को मार डाला मैंने—हर बार मैं जब किसी की शय्या पर सोती हूँ, मेरा एक अंश मर जाता है। मुझे मालूम है कि लोग मेरे लिए क्या कहते हैं। वह सच कहते हैं विनय—वह हीरे के टॉप्स मुझे पन्द्रह दिन शिमला रहने के बदले में ही मिले थे। इस तरह से मैं अपने से बदला लेती हूँ—क्योंकि मैंने उस रात अरविन्द को 'डिनाई' किया था। मैंने केवल उन्हीं को चाहा था, केवल उन्हें।''

प्रकाश की पहली किरण जब कमरे में झाँकी, तो मैं उठा। रात-भर मैं उस खिड़की से आकाश में चलते चाँद को निद्राहीन नेत्रों से देखता रहा था। रोहिनी अब भी दीवान पर बेख़बर सोई हुई थी, सुबह के उजाले में मुझे उसकी बन्द पलकों पर समय द्वारा बुने गए मकड़ी के जाले दिखाई दिए। मैं कुछ देर उसे देखता रहा। मुझे रात का वह क्षण याद आया जब कि मैंने भावावेश में उससे विवाह का प्रस्ताव किया था। अँधेरे में मुझे उसका मुँह नहीं दिखा था, पर वह हँसी थी, फिर उसने कहा, ''मुझे अकेले ही जीना है विनय। जो कुछ मैंने तुमसे कहा उसे प्रलाप समझकर भूल जाओ। मैंने धीरे से उसके अस्त-व्यस्त, माथे पर आए

बाल हटा दिए, सरक गई शाल उढ़ा दी, और उससे विदा लेकर चला आया।

उसी शाम रोहिनी मुझे क्लब में मिली। ब्रिज खेलते-खेलते उसने मुझे देखा और उस अलग, अछूती दृष्टि से मैं बँधकर रह गया और अब जब रोहिनी नहीं है, तब भी मुझे लग रहा है कि उसके साथ मेरा भी कुछ अंश मर गया है। जहाँ मैं बैठा हूँ—वहाँ से मुझे शीशे के आगे बैठी केश सँवारती अपनी पत्नी दिखाई दे रही है, और उसके पार, चाँद—जो अब भी आकाश में अपनी अन्तहीन यात्रा पर चला जा रहा है।

# दो अँधेरे

सीढ़ियों पर सुमित्रा की पदचाप पहचान कौशल्या उठ बैठी। हरी सो गया था। उसकी चादर की सलवटें कोमलता से ठीक कर उसने चारपाई से नीचे पैर रखा ही था कि सुमित्रा कमरे में आ गई।

हरी को सोता देख उसने बहुत धीरे से हाथ का सामान मेज़ पर रख दिया। फिर पूछा, ''तबीयत कैसी रही ?''

''बुख़ार तो है,'' कौशल्या ने कहा।

एक क्षण दोनों सोते हुए हरी को देखती रहीं। बुख़ार में पपड़ाए उसके होंठ, दुर्बल और सुकुमार पीला मुख। फिर दोनों की आँखें एक-दूसरे से मिलीं।

सुमित्रा ने कौशल्या की आँखों में अवशता और आशंका की घिरती छायाएँ देखीं और कौशल्या ने सुमित्रा की स्थिर और विश्वास-भरी दृष्टि से बल ग्रहण किया। दरवाज़े के पास जाकर पूछा, ''पार्टी में तो जाना है न?'' सुमित्रा ने अन्यमनस्कता से सिर हिलाकर कहा, ''हाँ।''

कौशल्या अँगीठी सुलगाने चली गई। कोयला डालकर नीचे से काग़ज़ लगाकर उसने मुड़कर सुमित्रा को देखा। वह दरवाज़े के बाहर, बरामदे में पड़े तख़्त पर बैठकर नेल पॉलिश की शीशी खोल रही थी।

शंकर कल जा रहा है। कौशल्या अँगीठी धौंक रही थी। शंकर कल आसाम जा रहा है। आज ऑफ़िस की ओर से फेयरवेल पार्टी है। केवल आज की शाम कौशल्या का दिल बैठने लगा। पर शंकर नासमझ नहीं है, एक शाम बहुत होती है—सुमित्रा को वह दो साल से जानता है, देखा-परखा है, पर अगर आज की शाम शंकर ने चली जाने दी तो भविष्य में कोई आश्वासन नहीं। सुमित्रा रो-रोकर मर जाएगी, वह जीवन अकेले कैसे काटेगी।

सुमित्रा पैरों के नाख़ून रँग चुकने के बाद तख़्त पर लेट गई थी। उसके नाख़ून रह-रहकर चमक उठते थे। अब वह इस दुविधा में थी कि हाथों में भी लगाए या नहीं। उसने ब्रश उठाकर बाएँ हाथ के अँगूठे पर पॉलिश लगाई। कई बार उलट-पलटकर देखा। फिर सन्तुष्ट न होने पर रुई से पोंछ दिया। जीजी को एकटक अपनी ओर देखते पा वह कुछ शरमा गई और करवट बदल ली। कौशल्या का चेहरा इतना पारदर्शी था कि सुमित्रा उसके भावों को सहज ही पढ़ सकती थी। बेचारी जीजी—घबरा रही है कि कहीं ऐसा न हो कि शंकर चला जाए, बिना कोई वादा किए, और बहन कुँवारी रह जाए। सुमित्रा मुस्कराई, उसे प्यार और सामीप्य के क्षण याद आए—तुम्हारे बाल मुझे गहरी नदी पर चाँद की फिसलती किरणों की

याद दिलाते हैं। सुना—तुम इतना मधु कहाँ से बटोर लाईं। सुना—मेरा मन चाहता है तुम पर किसी की आँखें न पड़ने दूँ...

कौशल्या पुरुष दृष्टि से सुमित्रा का लम्बा मुख देख रही थी—पतली-पतली भौंहें और लम्बी आँखें, मुस्कान का आभास देते हुए होंठ, लम्बा छरहरा शरीर—अगर घर में कोई बड़ा-बूढ़ा होता तो अवश्य ही शंकर से विवाह का प्रस्ताव भिजवा देती। कौशल्या को पति की याद आई—उसने एक साँस मसोस ली और शंकर कल जा रहा है—कौशल्या एकदम से थक गई है। उसे लगा कि उसके हाथों में इतनी शक्ति भी नहीं है कि सुलगती अँगीठी पर चाय का पानी रख दे। वह पीछे दीवार के सहारे बैठ गई, दोनों हाथों में अँगीठी धौंकने का पंखा लिए हुए। उसने आँखें बन्द कर लीं। हरी की दवा दोपहर में ही ख़तम हो गई थी। सुमित्रा से सुबह कहा भी था, शायद ले आई हो। बहुत देर बाद हरी सोया है, उसके उठने से पहले ही बार्लीवाटर तैयार कर लेना है, रोएगा तो उसे छोड़कर बनाना सम्भव नहीं होगा, आज की शाम तो सुमित्रा भी नहीं होगी। पार्टी के बाद शंकर सुमित्रा को कहीं डिनर के लिए ले जाएगा, हो सकता है वह अन्तिम बार साथ खाए, अन्तिम बार क्यों ? कौशल्या के आगे एक चित्र आया, शंकर कहीं बाहर गया है, बच्चा बीमार है, सुमित्रा चौके में बैठकर अँगीठी सुलगा रही है।

कौशल्या ने आँखें खोलीं। बरामदे से जाती हुई धूप सुमित्रा के पैर के नाख़ूनों पर पड़ रही थी—एक बाँह सिर के नीचे रख सुमित्रा निश्चल लेटी थी। बन्द पलकों के पीछे क्या-क्या सपने काँप रहे थे, यह कौशल्या न जान सकी। पर आज की शाम बहुत महत्त्वपूर्ण थी। सुमित्रा को नई साड़ी उसी ने ज़िद करके ख़रीदवाई थी। सुमित्रा ने कहा भी, 'क्या ज़रूरत है जीजी—ख़र्च वैसे ही बढ़ा हुआ है, कोई पुरानी पहन लूँगी' पर कौशल्या नहीं मानी। सुमित्रा पैंसठ रुपए की फ़ीरोज़ी साड़ी लाई थी, आठ रुपए का ब्लाउज़ पीस। दर्ज़ी को दिए जाने का समय न था। घर पर कौशल्या ने ही सी दिया। आज हरी सारे दिन रोता रहा था, इसलिए उस पर इस्तरी करना शेष था।

अँगीठी पर पानी रख कौशल्या ने कहा, ''देर न हो जाए, सुमित्रा, कै बजे जाना है ?''

''अभी पूरा एक घंटा है।'' सुमित्रा अलसाती हुई उठ बैठी। कौशल्या ने इस्त्री का प्लग लगा दिया।

''अब आयरन न करो जीजी। वैसे ही पहन लूँगी।''

''वैसे ही कैसे—नायलौन के नीचे से ब्लाउज़ की एक-एक शिकन दीखती है।'' कौशल्या ने तख़्त पर इस्त्री करने के लिए कम्बल बिछा लिया। सुमित्रा गुसलख़ाने में चली गई। गरम होने पर कौशल्या ब्लाउज़ पर इस्त्री करने लगी। सुमित्रा अन्दर हल्के-हल्के गुनगुना रही थी—कभी-कभी स्वर ऊँचा हो जाता, ''अलि मोरी पिया बिन...'' आगे के शब्द अस्पष्ट, एक गुनगुनाहट मात्र ''कल न परत-पिय बिन'' कौशल्या ने मन-ही-मन गीत की कड़ी पूरी कर दी। स्विच बन्द कर दिया और चाय बनाकर तख़्त पर लाकर रख दी। बीच-बीच में हरी की आहट भी लेती जाती थी। सुमित्रा बाल सँवारकर आकर बैठ गई और चाय छानने लगी। उसका चेहरा चिकना और कोमल था, आँखों के पास बहुत महीन रेखाओं के जाल ही उसकी वय के द्योतक थे।

''जीजी, शायद मैं खाना न खाऊँ''—उसने कुछ झिझककर कहा।

"लौटोगी कब तक ?" कौशल्या ने पूछा।

"आ जाऊँगी। फ़िक्र न करना।"

दोनों बहनें एक-दूसरे के विचार जानती हुई भी उस विषय से बच रही थीं। दोनों के बीच बहन होने की लज्जा और शील था। जीजी ने साड़ी क्यों ख़रीदवाई, सुमित्रा जानती थी—सुमित्रा रह-रहकर खो सी जाती थी। जीजी को यह पता था। चाय पीकर सुमित्रा अन्दर तैयार होने चली गई। कौशल्या हरी के पास आ बैठी। अगर माँ-बाप होते तो इस समय सुमित्रा शरमाई-सी बैठी होती और कौशल्या को उसे तैयार करना पड़ता, बीच-बीच में माँ भी राय देतीं, कभी सुमित्रा दबी ज़बान से कह देती, "इस साड़ी के साथ हरी ब्लाउज़ दीजिए। जीजी, पीली नहीं चलेगी।" पिताजी कमरे के दरवाज़े से बाहर-बाहर चक्कर लगाते रहते, पर आज की बैटिल केवल सुमित्रा की है। उसमें जीत केवल सुमित्रा की अपनी जीत होगी। वह वर को दिखाई नहीं जा रही है। आज उसके लिए पिता कुछ चिन्तित, कुछ दीन स्वर में यह नहीं पूछेंगे, "आपको लड़की पसन्द आई ?" आज बारी शंकर की है, "तुम मेरी बन सकोगी—" या जिन भी शब्दों में प्रोपोज़ किया जाता हो। इसीलिए सुमित्रा क्रीम लगा रही है, भौंहें सँवार रही है, होंठ रँग रही है...

तैयार होकर सुमित्रा कौशल्या के पास आकर खड़ी हो गई। कौशल्या ने उसे ऊपर से नीचे तक देखा, सुमित्रा हल्का-सा मुस्कराई। वह सच बहुत अच्छी लग रही थी। वह जाने को मुड़ी तो कौशल्या ने कहा, "सुनो।"

"हाँ।"

"एक बेनी ख़रीदकर बालों में लगा लेना।"

सुमित्रा हँस दी और चली गई—उसकी साड़ी का लहराता आँचल, उजली पीठ से दो अँगुल ऊँची ब्लाउज़, साड़ी के नीचे से रेशमी पेटीकोट की झलक—कौशल्या ने दोनों हाथ जोड़ लिए और मन में कहा, "इसका भला करना भगवान !" जब से हरी को टाइफाइड हुआ था, इस तरह भगवान से प्रार्थना करना उसका स्वभाव बन गया था, वह दूर होती गई पदचाप सुनती रही।

हरी ने जगकर सुमित्रा को याद किया, "बेटा, मौसी पार्टी में गई है।"

"कहाँ ?" हरी ने पूछा।

"कनॉट प्लेस में।" फिर उसे बहलाने को कहने लगी।

"हरी ठीक हो जाएगा तो मौसी की शादी होगी। मौसी दुल्हन बनेगी, ससुराल जाएगी। ख़ूब बाजे बजेंगे, रोशनी लगेगी—दावत होगी, हरी भी ख़ूब अच्छे-अच्छे कपड़े पहनकर खेलेगा..."

"मौसी कहाँ जाएगी ?"

"मौसी अपने दूल्हे के संग जाएगी।" कौशल्या चुप हो गई। दूल्हा पहले प्यार करेगा, सिर आँखों पर रखेगा, फिर धीरे-धीरे प्यार कम होता जाएगा। बच्चे बीमार होंगे तो मौसी रात को अकेली जगेगी, घबराएगी, रोएगी, फिर आदत पड़ जाएगी। पागल सुमित्रा ! अच्छी नौकरी है, अपना घर है, स्वतन्त्रता है, फिर भी शंकर से शादी करना चाहती है। समझती है उसी में सुख है, जबकि मैं उसकी सहोदरा उसके सामने एक उदाहरण हूँ कि विवाह नारी को क्या कर देता है।

एक दिन कौशल्या ने इसी तरह सज-सँवरकर दिनेश को रिझाया था। बाजे बजे थे, कौशल्या ससुराल गई थी। उसकी शादी में पिता ने विरासत में पाया हुआ घर बेच दिया था। दो ही तो लड़कियाँ थीं—सुमित्रा की क़िस्मत होगी तो सब हो जाएगा। सबने कौशल्या को सहारा था। कितनी सुशील, कितनी निपुण। हाँ उसे सुख का स्वाद मिला था।

कौशल्या ने चाँद पा लिया था। पहली लड़की जब कुछ ही महीनों की थी तो दिनेश उसे पहली बार अपने साथ ले दिल्ली नौकरी पर ले गया था जहाँ कि वह अपने मित्र के साथ रहता था। उसके पास केवल एक कमरा था जिसका रुख ऐसा था कि गर्मियों में धूप भरी रहती और जाड़ों में अँधेरा। कौशल्या अपने को समझाने की कोशिश करती कि वह स्वर्ग का एक कोना है, क्योंकि वहाँ उसका पति है, जो बिल्कुल उसका अपना है। वह उसी एक कोने में स्टोव जलाकर खाना बना लेती, वहीं बर्तन धो लेती, और पूनम के रोने पर उसी में टहलाती रहती। दिनेश सुबह साढ़े आठ बजे चला जाता और ग्यारह घंटे बाद जब लौटता तो इतना थका हुआ कि कौशल्या को कहीं बाहर जाने के लिए कहने का साहस न होता। वह थाली सामने रख देती और वह चुपचाप खा लेता और जब वह सो जाता तो कौशल्या बर्तन धीरे-धीरे धोती जिससे शोर न हो। उसका मन अंजलि-भर चाँदनी के लिए, हवा के एक ठंडे झोंके के लिए, दो बोल प्यार के लिए तड़पता रहता।

फिर पूनम को लिवर की बीमारी हो गई। हर वक़्त ज़िद करती, रोया करती। दिनेश के मित्र के भी बच्चे थे। उनकी पत्नी हर वक़्त कौशल्या से लड़ती रहती कि कहीं पूनम की बीमारी उनके बच्चों को न लग जाए। हारकर दिनेश दोनों को घर पहुँचा आया। अगली बार जब कौशल्या दिनेश के पास आई, तो उसकी गोद में पूनम की जगह मुन्ना था। इस बार दिनेश के पास अपना छोटा सरकारी क्वार्टर था। कौशल्या ने बड़ी उमंगों से आगे फूलों के पेड़ लगाए—बाक़ायदा बैठक, खाने का कमरा आदि सजाने की योजना बनाई। हर तरफ़ से ख़र्च में काट-छाँट कर अपने-आप अधिक-से-अधिक श्रम कर पहले परदे बनाए, फिर बैठक के लिए कुछ फर्नीचर ख़रीदा। इस बीच विवाह में मिले हुए सारे कपड़े फट गए थे। चार सालों में उसने अपने ऊपर कुछ भी ख़र्च न किया था और तब भी उसने निश्चय किया कि घर में मोटी, पुरानी ही धोतियाँ पहनती रहेगी, कौन देखनेवाला है, बाहर जाने को साड़ियाँ तो हैं ही। यद्यपि जब कहीं जाना हो तो शादी की बनारसी साड़ी पहनने में झेंप-सी लगती। कई बार दिनेश ने कपड़े ख़रीद लेने को कहा भी, पर वह टाल गई। अभी तो खाने की मेज़ और कुर्सियाँ बाक़ी थीं। कुछ क्राकरी लेने का भी इरादा था, किसी को अगर बुलाएँगे तो खिलाएँगे किसमें।

पौधों में कलियाँ निकलतीं तो पड़ोसी बच्चे तोड़ लेते, होली के दिनों में दरवाज़े की चिकें और परदे तक उतारकर ले गए। कौशल्या मन मसोसकर रह गई और एक दिन दिनेश ऑफ़िस से आया तो सीधे अलमारी में जाकर कुछ बन्द कर दिया, वह कहीं इधर-उधर गया तो कौशल्या ने जल्दी से अलमारी खोलकर देखी, एक लिपटे हुए पैकेट में नीली और लाल छपी हुई साड़ी थी। कौशल्या मन-ही-मन ख़ुश भी हुई, कुछ खीझी भी, तीस-पैंतीस रुपए यों ही डाल आए। काम तो चल ही रहा था। पर खीझ कम थी, तोष अधिक। दिनेश बिना कहे अपने-आप उसके लिए साड़ी ले आया, यह उसे बहुत अच्छा लगा।

दूसरे ही दिन उसने पड़ोस की कँवल को वैसी ही साड़ी पहने देखा। कँवल अपने भाई

के पास रहकर बी.ए. में पढ़ रही थी, कौशल्या से काफ़ी मैत्री थी। कौशल्या ने पूछा तो कँवल ने कुछ मुस्कराकर कहा, ''दी है किसी ने।''

''मेरे लिए भी यह ऐसी ही साड़ी लाए हैं।'' कौशल्या ने कहा।

कँवल ने आश्चर्य से उसे देखा—''अच्छा ?'' और चुप हो गई।

कौशल्या अपनी साड़ी पहनने को उतावली हो गई, दिनेश लौटा तो उसने कहा, ''ताला खोलकर मुझे साड़ी तो निकाल देना।''

''कौन साड़ी ?'' अचकचाकर दिनेश ने पूछा।

''वही जो कल लाए थे।''

दिनेश एकदम कुछ कह न सका। अपराधी-सा खड़ा रह गया। कौशल्या के मस्तिष्क में बिजली-सी कौंधी, और वह चीख़ उठी, ''वह साड़ी कँवल को तुमने दी...तुमने दी...और मैं यहाँ...

बाद में दिनेश ने उसे बहुत-बहुत मनाया, माफ़ी माँगी, भविष्य में कँवल से कोई सम्बन्ध न रखने का वादा किया तब भी कौशल्या उस आकस्मिक धक्के से न सँभल सकी। उसे लगता कि वह किसी अपरिचित के साथ रही है। रह-रहकर चौंक उठती। उसने पहली बार अनुभव किया कि यह दिनेश के लिए सहज प्राप्य नारी शरीर है, उस शरीर से परे, अन्यत्र भी कुछ है, यह उसने कभी जानने की चेष्टा न की, न उसे छू पाने की। पड़ोसी बच्चों के फूल तोड़ लेने पर; रुआँसी क्यों हो जाती है, कहीं से गीत के स्वर सुन पाने पर क्यों अनमनी हो उठती है—यह दिनेश ने समझना न चाहा। इस घटना के बाद जब भी दिनेश उसके निकट होने का यत्न करता तो वह बरबस चीख़ उठती। ''तुमने मेरा विश्वास तोड़ दिया दिनेश, तुमने मुझे छला। क्या मैंने तुम्हें प्यार नहीं दिया, क्या मैंने तुम्हें अपना शरीर नहीं दिया ? मैं कष्टों में भी मुस्कराती रही, थोड़े में ही सन्तुष्ट रही, उसका बदला तुमने मुझे इस तरह दिया...'' उसकी बातों पर दिनेश कुंठित होकर चुप रह जाता। अन्त में कौशल्या ने यही निश्चित किया कि मकान बदल दिया जाए। जैसे ही नया मकान मिला, उसने घर बदल लिया और अपने रोपे हुए पौधों, यत्न से सजाए घर को एक बार भी बिना मुड़े देख निर्मम बन चली आई।

मुन्ने के बाद हरी। इस बीच सुमित्रा भी कितनी बड़ी हो गई थी। पिता अक्सर उसे सुमित्रा की शादी के बारे में लिखते रहते, एक दिन वह भी चल बसे, माँ तो पहले ही मर चुकी थी, सुमित्रा अकेली रह गई। पर वह डरी नहीं, घबराई नहीं, उसे नौकरी मिल गई, मकान मिल गया, रहने लगी। कौशल्या मन-ही-मन घुला करती, बेचारी सुमित्रा, शादी न ब्याह, न कोई आगे, न पीछे, एक घूँट पानी देनेवाला तक नहीं पर वह करती क्या। दो बच्चों और पति से बँधी हुई थी। फिर दिनेश नौकरी बदलकर एक प्राइवेट फ़र्म में आ गया। तनख्वाह बढ़ी, कौशल्या मुन्ने को इंगलिश स्कूल में भेजने के स्वप्न देखने लगी, पर इन स्वप्नों के पूरे होने से पहले ही दिनेश के ट्रांसफर का समाचार आ गया। जाना उसे केरल था। अनजान जगह उसने परिवार को ले जाना उचित न समझा।

कौशल्या बच्चों को लेकर ससुराल चली आई। सारे दिन अपने को व्यस्त रखती, पर हर रात उसे दिनेश के समीप अनजाने चेहरे हांट किया करते। अपने को बहलाने वह हरी को लेकर कुछ दिनों के लिए सुमित्रा के पास आ गई।

सुमित्रा को देख उसे बड़ा सुख मिला। एक प्राणी के उपयुक्त छोटा-सा घर था। फर्नीचर,

पर्दे, फूल-पत्तियाँ सभी कुछ। पूर्ण स्वतन्त्रता, जब जी में आता कहीं भी चली जाती, सिनेमा, पिकनिक, कॉफ़ी हाउस। इन सबमें उसका साथी शंकर था। कौशल्या के मन में अक्सर विचार उठता कि अगर उसने विवाह न कर नौकरी कर ली होती तो वह भी शायद सुखी रहती। न बत्तीस दिन से टायफायड में पड़े हरी की चिन्ता, न मुन्ने की याद, न दिनेश की ओर से आशंका—बँधा, सन्तुष्ट जीवन होता—यौवन ढलने पर भी युवती बनी रहती, लम्बा, छरहरा शरीर, पतली कमर।

सुमित्रा हरी की दवा लाना भूल गई थी। मेज़ पर नेल वार्निश की नई शीशी रखी थी। कौशल्या ने उसे उठाकर, उलट-पलटकर देखा, और रख दिया। शंकर सुमित्रा को पहुँचाने आएगा तो कम-से-कम कॉफ़ी को तो पूछना ही पड़ेगा। बैठने का कमरा तो ठीक है, कौशल्या को अचानक याद आया कि गुलदान में कई दिन से सूखे फूल रखे हैं। शंकर की नज़र पड़ेगी तो क्या सोचेगा। वह धीरे से उठी और पास के कमरे में बिजली जलाकर गुलदान से सूखे फूल निकालकर फेंकने चली। तभी उसे सीढ़ियों पर पदचाप सुनाई दी। लग तो सुमित्रा ही रही थी, पर इतनी जल्दी कैसे आ सकती है। अभी तो वह शंकर के साथ किसी रेस्तराँ में गई होगी। मन्द प्रकाश, आर्केस्ट्रा की धुन, फूलों की बेनी की सुगन्ध—भीड़ में भी अलग मेज़ पर केवल सुमित्रा और शंकर—एक-दूसरे में खोए हुए—सीढ़ियों पर कोई और होगा, पर वह सुमित्रा ही थी। आकर दरवाज़े के पास खड़ी हो गई। कौशल्या ने पूछना चाहा—"इतनी जल्दी कैसे आ गईं ? अकेली क्यों हो ? शंकर कहाँ है ?" पर वह हाथों में फूल पकड़े चुप खड़ी सुमित्रा के मुख को देखने लगी। सुमित्रा रो नहीं रही थी, उसकी आँखों में आँसू भी नहीं थे, पर जब दोनों की दृष्टियाँ मिलीं, तो जैसे अँधेरे के दो वृत्त मिलकर, बढ़ते हुए, फैलते हुए दोनों को लील गए।

# कँटीली छाँह

चोटी का फुँदना हिलाती हुई राजी मोटर से उतरकर आ रही थी, पीछे-पीछे नौकर उसकी किताबें लिए था। जगत बाबू को देख राजी रुककर बोली, ''आज शाम को हम नहीं पढ़ेंगे।''

''क्यों ?'' जगत बाबू बाज़ार से आए थे, उनके हाथ में एक थैला था, जिसमें से साग के हरे-हरे पत्ते झाँक रहे थे।

''हमारा मन। मास्टर साहब, आइएगा मत, सच हम नहीं पढ़ेंगे।'' राजी ने बच्चों की तरह मचलकर कहा। किताबें हाथ में लिए हरखू ने हँसकर कहा, ''मास्साब, आज आनन्द भैया आ रहे हैं।''

राजी लजा गई, होंठों पर फूटती मुस्कराहट को दबाकर उसने हरखू को आँखें टेढ़ी कर ताका। जगत बाबू खोखली-सी हँसी हँसते हुए बोले, ''तो राजी, हमें क्या मिठाई खिलाओगी, कहो तो खाना न बनाएँ।''

''हाँ मास्टर साहब, खाना आज हमारे घर खाइएगा।'' उसने बड़े आग्रह से कहा।

''तुम बनाओगी ?''

''बनाऊँगी। साढ़े आठ बजे आ जाइएगा। भूलिएगा नहीं।''

''नहीं भूलूँगा। छह से आठ तक तुम्हें पढ़ाऊँगा, आधा घंटे की क्या है, रुक जाऊँगा।'' जगत बाबू उसे चिढ़ाते हुए बोले।

''हम कह देते हैं, हम पढ़ेंगे नहीं। चाहे आप कुछ भी कहें।'' कहती हुई राजी अन्दर चली गई।

''किससे उलझ रही थी ?'' पहुँचते ही माँ ने पूछा।

''किसी से नहीं। हाँ अम्माँ, मास्टर साहब आज यहीं खाना खाएँगे।''

''क्यों ?'' माँ ने बड़े भोलेपन से पूछा, ''कोई त्योहार है क्या ?''

''त्योहार न हो तो किसी को खाना ही नहीं खिलाओगी ? बेचारे सुबह-शाम रोटी बनाते हैं। इतना तरस आता है।'' राजी बोली।

''अच्छा बेटा ! कोई ख़ास चीज़ बनेगी ?''

''हम नहीं जानते, हाँ नहीं तो'' राजी मुँह फुलाकर अपने कमरे में चली गई। सुबह से ही उसे सब खिजा रहे थे। आनन्द क्या आ रहा था, जैसे कोई अनोखी बात हो रही थी। कॉलेज में आनन्द की बहन ने सबको बता दिया और सब उसे छेड़ती रहीं। और तो और, मास्टर साहब भी, जो उसे इतने साल से पढ़ाते आ रहे हैं, उसे चिढ़ाने लगे हैं।

''हाँ नहीं तो।'' राजी ने एक बार फिर कहा और खिड़की से बाहर झुककर देखा कि

ताल में कितने कमल हैं। बहुत दिनों से मन में सोच रखा था कि ज़िस दिन आनन्द आएगा, उसी दिन पहली बार कमल तोड़कर कमरे में सजाएगी। वह बाहर जाने को मुड़ी कि हरखू नाश्ता लेकर आ गया। पहले राजी ने सोचा कि नाश्ता लौटा दे। फिर माँ की जिरह से बचने के लिए उसने पेठे का एक टुकड़ा तोड़कर मुँह में डाल लिया। कमरा उसका साफ़-सुथरा था, हर चीज़ क़ायदे से रखी हुई। राजी ने घड़ी देखी, सिर्फ़ साढ़े तीन बजे थे। तीन घंटे का अन्तराल कैसे कटे, पहले सोचा कि स्नान कर ले, पर मन में अच्छा नहीं लगा, सब क्या सोचेंगे। कोई बाहर का तो नहीं आ रहा था। आ तो आनन्द रहा था। उसकी शादी तो आनन्द से तभी तय हो गई थी, जब राजी छोटी-सी थी। लहँगा पोलका पहनकर वह आनन्द के साथ खेल रही थी। खेलकर आनन्द का हाथ पकड़कर वह अन्दर आई और बोली, ''पिताजी, मेरी आनन्द से शादी कर दीजिए।''

उसकी बात पर सब ठहाका लगाकर हँस दिए और राजी झेंपकर माँ से लिपट गई। और अब तो आनन्द से पूरी रस्मों के अनुसार सगाई भी हो गई थी। राजी के पिता नगर के प्रख्यात डॉक्टरों में से थे और उनकी इच्छा के अनुकूल आनन्द भी डॉक्टरी ही पढ़ रहा था। आनन्द के लखनऊ चले जाने पर राजी बहुत गम्भीर हो गई, उसका अधिकांश समय बाग़वानी में बीतता। बाग़ में ताल था, ताल में कमल थे और आनन्द आनेवाला था। अपने घर तो वह सुबह ही आ गया था, पर शाम को खाने के लिए उसे निमन्त्रण गया था। राजी थोड़ा नाश्ता कर बाग़ में गई तो ताल के किनारे जगत बाबू बैठे थे। मास्टर साहब भी बैठकर कमल के फूलों को एकटक ताक सकते हैं, यह देख राजी को मन में आश्चर्य-सा हुआ। झुककर कमल तोड़ते हुए उसने कहा, ''अच्छा मास्टर साहब, आप इन्द्रा भाभी को क्यों नहीं बुला लेते ?''

''उन्हें छुट्टी कहाँ मिलेगी।'' जगत बाबू ने कहा।

''उन्हें यहाँ नौकरी नहीं मिल सकती ?'' राजी ने पूछा।

''वहाँ उन्हें आराम ज़्यादा है। यहाँ शहर छोटा है और उन्हें इतनी तनख्वाह नहीं मिलेगी।''

ऐसी शादी राजी की समझ में नहीं आती। साल-भर पहले बयालीस साल की उम्र में जगत बाबू ने अड़तीस साल की इन्द्रा से विवाह किया था। पढ़ीं वह चाहे कितनी हों, सच पूछो तो राजी को वह बिल्कुल पसन्द नहीं थीं। मास्टर साहब बेचारे इतने शरीफ़ हैं, बरसों से वह डिस्पेंसरी के ऊपर रहते आए थे। इन्द्रा के आने पर अम्माँ ने एक कमरा और खुलवा दिया था। फिर भी उनके मिजाज़ नहीं मिले। एक नौकरानी भी रखी, हैड मिस्ट्रेस क्या हैं, जैसे कहीं की तोप हों, साथ नहीं रहती हैं, मास्टर साहब अकेले रहें, पकाएँ, खाएँ, उनकी बूढ़ी माँ पहले साथ रहती थीं और राजी को बहुत अच्छी लगती थीं, बहू रानी ने आकर उन्हें भी न रहने दिया। गाँव में रहती हैं। उन्हें ऐसा क्लेश दिया कि वह दुखी हो गईं। राजी ने जगत बाबू को भी थोड़ा-बहुत दोषी ठहराया, ऐसे भी क्या बीवी के कहने में कि कुछ बोल ही न सकें, अब माँ को ख़र्च भेजते हैं, छोटे भाई को इंजीनियरिंग पढ़ा रहे हैं, ख़ुद का ख़र्च। इतने दिनों तो शादी ही नहीं की, लोगों ने बहुत समझाया कि ऐसे थोड़े ही दूसरों के लिए ज़िन्दगी होम कर दी जाती है। बहन की शादी हो गई, भाई पढ़-लिखकर अलग घर बसाएगा, माँ सो कितने दिन की; तो तैयार हुए। इन्द्राजी को तो देखकर ही राजी का माथा

ठनका था; बिल्कुल सिलाईवाली चन्द्रभागा बहनजी की तरह थीं। छोटी पर चकमक-चकमक करती आँखें, मुहर्रमी सूरत, तेज़ ज़बान, राजी को अब भी चन्द्रभागा देवी के चाँटे याद थे। एक बार डॉक्टर साहब ने प्रिंसिपल से शिकायत कर दी थी, तब से राजी को ऐसे घूरती थीं, जैसे कच्चा चबा जाएँगी। जगत बाबू ने राजी का परिचय कराते हुए कहा था, "यही सबकी लाड़ली राजी है इन्द्रा। इसकी भोली सूरत देख धोखे में न आ जाना, बड़ी नटखट है, बड़ी कामचोर।" उनके स्वर में इतना स्नेह था कि राजी चकित रह गई। मास्टर साहब उससे इतना स्नेह करते हैं, उसने कभी सोचा भी न था। उसने पहली बार जगत बाबू को मानवीय संवेदना युक्त पुरुष के रूप में देखा। अब तक वह उसके मास्टर मात्र थे, यन्त्र समान उसे पढ़ाते थे, वेतन पाते थे और राजी के हृदय में उनके प्रति बहुत श्रद्धा थी।

राजी खड़ी हुई। इन्द्रा को देखती रही। "बैठो राजी" जगत बाबू ने कहा तो वह सकुचाकर, जिस चारपाई पर इन्द्रा बैठी थी, उसी के पैताने बैठ गई। उसे बड़ा अजीब-अजीब लग रहा था। कभी-कभी नज़रें बचाकर इन्द्रा के मुख की ओर देख लेती। उसमें नववधूचित लज्जा या माधुर्य का चिह्न मात्र न था। थोड़ी देर में जगत बाबू की माँ हाथ में तश्तरी लेकर आईं और बड़े दुलार से बोलीं, "राजी, लो मिठाई खाओ।"

"अभी खाकर आ रही हूँ माताजी। भूख नहीं।" राजी ने कहा।

"थोड़ी-सी खा लो। तुम्हारी भाभी के घर की है। रोज़-रोज़ कहाँ खाने को मिलेगी। अब तो जब भतीजा होगा, तभी दोबारा मिलेगी।" कहकर उन्होंने बहू की ओर मृदु दृष्टि से देखा और हँस पड़ीं। इन्द्रा के होंठ भिंचकर एक पतली रेखा मात्र रह गए। यह प्रत्यक्ष था कि उसे यह परिहास अच्छा नहीं लगा। राजी ने तश्तरी हाथ में ले ली।

"इनकी अम्माँ तुम्हें कल साड़ी-जम्फर दे गई हैं। बड़ी लाड़ली बिटिया है, डॉक्टर साहब की।" सास ने बहू से कहा। इन्द्रा की मुद्रा कह रही थी—होगी, हमें क्या ?

राजी वहाँ से लौटी तो अम्माँ से कहा, "हमें नहीं अच्छी लगीं। खूसट बुढ़िया-सी तो हैं।"

माँ ने घुड़क दिया, बड़ी मुँह-फट होती जा रही है राजी।" और चौके से महराजिन गा उठी—"जैसी हम अलबेली, तैसे सैंया न मिले" फिर बोली, "ठीक ही तो कह रही हैं बिटिया, वह तो ऐसी चंट हैं कि मास्टर साहब को चौराहे पर बेच आएँ।"

"बहुत पढ़ी-लिखी हैं।" माँ ने कहा।

राजी ने अँगूठा दिखाया, "होंगी, हमें क्या ?"

गरमी की छुट्टी बीतते-बीतते बूढ़ी अम्माँ अपना बोरिया-बिस्तर लेकर गाँव रवाना हो गईं। जाने से पहले वह प्रायः रोज़ ही राजी की माँ के पास आतीं और बहू की बुराई करती रहतीं—"बड़े मिजाज़वाली हैं। रखे दूध की चाय नहीं पीतीं। नाश्ता गरम होना चाहिए। जाने कहाँ से गले पड़ गई। जगत मेरा इतना सीधा है, सब सह लेता है। कोई और होता तो दो जूते देकर सीधा कर देता।"

"पढ़ी-लिखी हैं तो क्या कोई जान दे दे। आजकल एम.ए., बी.ए. लड़कियाँ गली-गली मारी फिरती हैं। बड़ा घमंड है अपनी कमाई का। है तो अपने पास रखे हैं। कौन हमें दे दी। शादी में मन की साड़ी भी नहीं दी कि सास है, खुश होकर पहनेगी। सस्ती-सी साड़ी में टाल दिया। अच्छी आजकल की शादियाँ हैं, लेने के नाम पर तो मुँह फाड़े रहें और देने के नाम पर सींग दिखाएँ। जो कुछ गहना-गुरिया पास था, इन देवी को देकर पछता रही हूँ।"

ऐसी ही जाने कितनी शिकायतें। कम्पाउंडर की बीवी, महराजिन, हरखू की बहू, इन सब बातों में बड़ी रुचि लेतीं और आ-आकर राजी की माँ को सुनाया करतीं। राजी तो सच, सुनते-सुनते बोर हो गई थी। पर उसे अधिक फ़िक्र भी न थी, क्योंकि छुट्टियों में आनन्द आया हुआ था और ख़ूब सैर-सपाटे हुआ करते। कभी सिनेमा देख रहे हैं, कभी आइसक्रीम खाने जा रहे हैं, कभी बाग़ में टहल रहे हैं। साथ में आनन्द की बहन किरन भी रहती, पर उससे क्या परदा, वह तो राजी की अभिन्न सखी थी। राजी को विश्वास था कि उसका विवाहित जीवन मास्टर साहब से बहुत भिन्न होगा। वह और आनन्द एक-दूसरे से बहुत अच्छी तरह परिचित थे। आर्थिक समस्या का प्रश्न नहीं उठता था, क्योंकि वह पिता की इकलौती बेटी थी और सब कुछ उसी का था। राजी को पूरा विश्वास था कि आनन्द के साथ उसका जीवन लम्बे हनीमून के समान होगा। ताल में कमल फूलेंगे, उपवन में पक्षियों का संगीत होगा। वह और आनन्द, निश्चिन्त सुखी जीनव-यापन करेंगे। कभी-कभी उसे लगता कि वह आनन्द के विचारों में ऐसी ढल गई है कि उसकी अपनी इच्छाएँ आनन्द के शब्दों की प्रतिध्वनि हैं। सुख के ऐसे क्षणों में अम्माँ द्वारा सुनाई गई इन्द्रा की कथा उसे खटक उठती। ऐसी बातें सुन उसे मास्टर साहब के प्रति बहुत करुणा होती। जुलाई में जब इन्द्रा नौकरी पर वापस चली गई तो सबको बड़ा आश्चर्य हुआ। पर जगत बाबू से पूछने का साहस किसी को न हुआ। एक बार उनके बीमार पड़ने पर राजी की माँ ने पूछा, ''मास्टर साहब, बहूरानी को क्यों भेज दिया ? अम्माँ थीं तो देखभाल तो कर लेती थीं, बीमारी-दुखी में भी आराम न मिला तो औरत से फ़ायदा ही क्या ?'' उत्तर में जगत बाबू फीकी-सी हँसी हँसकर रह गए। जब तक वह बीमार रहे, हरखू पथ्य-पानी करता रहा। फिर उन्होंने स्वयं ही उसे मना कर दिया। निर्धन थे तो क्या, कब तक डॉक्टर साहब का आभार लेते रहते। फिर वह पनपे ही नहीं, स्कूल की कड़ी मेहनत, शाम को ट्यूशन और फिर अपना खाना बनाना। राजी को संशय था कि वह भरपेट खाते भी हैं या नहीं। डॉक्टर साहब का कहना था कि वह दुबले-पतले तो हैं ही, अगर ठीक से ख़याल नहीं करेंगे तो कोई भारी बीमारी धर दबाएगी। कम्पाउंडर की बीवी राधा अक्सर राजी के पास आ बैठती थी। एक दिन कहने लगी, ''बताइए बिटिया, मास्टर साहब को कौन सुख मिला ? व्याह हुआ, फिर भी अकेले-के-अकेले रहे। मैं तो सुनती रहती हूँ, रात-रात-भर कराहते हैं, उठते हैं, कमरे में चक्कर लगाने लगते हैं। मुझे दिल में बड़ा दर्द लगता है पर क्या करूँ ? कभी-कभी उनकी रोटी भी अपने चूल्हे पर सेंक दीं, कभी साग बनाकर दे दिया। इससे ज़्यादा कौन कर सकता है।''

उसकी सिंसेरिटी से अभिभूत हो राजी ने कहा, ''अच्छा करती हो, राधा—अपने लिए तो सभी करते हैं, दूसरों के लिए जो कुछ कर सके, वही सच्ची सेवा है।'' राधा के जाने के बाद राजी सोच उठी कि मास्टर साहब के लिए सभी इतना क्यों करते हैं।'' एक बार आनन्द ने कहा था, ''मास्टर साहब नागफनी की तरह हैं, लम्बे, टेढ़े, विकृत, उनकी ज़िन्दगी भी रेगिस्तान-सी है, जहाँ नागफनी पनपते हैं।''

पर राजी सहमत नहीं हुई। मास्टर साहब में काँटे कहाँ हैं, वह तो बहुत निरीह, नम्र और शालीन हैं।

आनन्द ने उकताकर कहा, ''छोड़ो भी...'' पर राजी अक्सर सोच उठती कि मास्टर साहब सचमुच रेगिस्तान-सा शून्य, तप्त, रसहीन जीवन बिताते हैं। पढ़ा आए, पका खा लिया

और रात-भर कराहते रहे। जीवन तो राजी-सा होना चाहिए, सुख का सागर उसके चरण भिगो-भिगोकर उमड़ता रहता है, उस पर स्नेह और अनुराग की वर्षा होती रहती है। आनन्द, अम्माँ, पापा, किरन, हरखू, मास्टर साहब, सभी उसे चाहते हैं, कभी एक कड़ा शब्द नहीं सुना, कभी तीक्ष्ण दृष्टि नहीं सही। राजी ने एक लम्बी साँस ली, उन सब अभागों के लिए जो स्नेह के भूखे हैं।

उस शाम अम्माँ के बहुत आग्रह पर राजी ने वह साड़ी पहनी, जो पापा उसके लिए दक्षिण से लाए थे। नीले रेशम की साड़ी उसके युवा अंगों को सहला-सहलाकर उसे अपने ही शरीर में आ गए परिवर्तन का बोध करा रही थी। साड़ी का चौड़ा काला बॉर्डर उसकी एड़ियों को गुदगुदा उठता। राजी को जैसे सताने के लिए साड़ी बार-बार कन्धों से नीचे बाँह पर उतर आती। स्निग्ध स्पर्श से राजी की बाँह का रोम-रोम जाग उठता। सारे वक़्त राजी और साड़ी में यही कशमकश चलती रही। खाने की मेज़ पर आनन्द और पापा सबको हँसाते रहे, पर, राजी पहले की तरह पटर-पटर नहीं बोली। चुपचाप हँसती रही। रह-रहकर उसके चेहरे पर जो रंग दौड़ जाता था, वह जैसे पुकार-पुकारकर कहता कि नन्ही राजी बड़ी हो गई थी, उसका चापल्य आनन्द के सम्मुख गाम्भीर्य में बदल गया था। अपनी साड़ी में लिपटी-लिपटाई, राजी को पहली बार लग रहा था कि वह सचमुच बड़ी हो गई। उसकी साड़ी कमर से जिस प्रकार लिपट आई थी, उसे दर्पण में देख राजी को अब तक पढ़ी हुई नारी शरीर की उपमाओं की सार्थकता सहसा ही समझ में आ गई। खाने के बाद किरन और आनन्द राजी के कमरे में आए। राजी ने बाग़ की ओर खुलनेवाली दोनों खिड़कियों के पर्दे हटा दिए और उसके साथ ही एक पागल सुगन्ध कमरे में घुस आई।

"राजी, तुम्हारे बाग़ के क्या हाल हैं ?" आनन्द ने पूछा।

"कई नए-नए पौधे लगाए हैं भैया।"

"राजी, भैया को दिखा लाओ न।" किरन मुस्कराई।

"तुम भी चलो किरन" राजी ने कहा।

"न भाई, मैं बहुत थकी हूँ।" किरन ने कुर्सी पर फैलते हुए कहा।

आनन्द और राजी बाग़ में चले गए। राजी ने दो उँगलियों से पकड़ आगे की साड़ी थोड़ी सी ऊँची कर ली और दोनों ताल के किनारे पड़ी बेंच पर बैठ गए। राजी एकटक कमल के फूलों को देखने लगी, कैसे सिमटे हुए थे अपने में, अलग, सुबह सूरज की पहली किरन जब आकर उन्हें सहलाएगी, तब आँखें खोलेंगे। रात की रानी के तीनों पेड़ फूलों के बोझ से झुके हुए थे, सुगन्ध हवा के हर झोंके के साथ आती और हवा राजी के ढीले बालों में उँगलियाँ फेरने लगती। राजी अपने चुटीले के फुँदने से रेशमी काले धागे खींचने लगी और आनन्द ने थोड़ा पास सरककर कहा, "और सुनाओ राजी, तुम कैसी हो। दिन में कितनी बार मेरी याद करती थीं ?"

"एक बार भी नहीं।" राजी ने मुस्कराकर कहा--ताल के जल में एक नन्ही-सी हिलोर उठी और पेड़ अनायास ही एक लहरा खा गए।

राजी ने धीरे से पलकें खोलीं, कुर्सी की पीठ पर गत रात्रि को पहनी गई साड़ी तहाई हुई

टँगी थी। राजी उठकर बैठ गई और पुकारा, "हरखू।" सुबह की चाय का प्याला महराजिन को लाते देख उसे कुछ आश्चर्य हुआ। महराजिन ने उसके मुँह धोकर आने तक का बड़ी उतावली से इन्तज़ार किया। वह तौलिया से मुँह पोंछ ही रही थी कि महराजिन ने बड़े रहस्यपूर्ण स्वर में कहा, "बिटिया रानी, कल रात बड़ा हंगामा मचा।"

"क्यों क्या हुआ ?" राजी ने पूछा।

महराजिन की आदत बात बड़े गोलमोल तरीक़े से कहने की थी। बोली, "कम्पाउंडर तो छुट्टी पर गए थे। राधा अकेली थी..."

"क्या चोरी हो गई ?" राजी ने उत्सुकता से पूछा। "नाहीं बिटिया, सुन तो। राधा अकेली थी," फिर वह समझ न सकी कि ऐसी चटपटी ख़बर बिटिया को किन संयत शब्दों में दे, बोली, "बड़ी बदमाश है राधा—मास्टर साहब से दोस्ती रही उसकी..."

"क्या ?" राजी के हाथ से चाय छलककर उसकी धोती पर गिर पड़ी।

"हाँ बिटिया। कम्पांउडर बिना बताए कल रात लौट आए, राधा को मार-मारकर देह नीली कर दी है। मालिक ने आज सुबह ही मास्टर साहब को पर्चा लिखकर भेज दिया कि हमारा घर ख़ाली कर दें और बिटिया के लिए दूसरे मास्टर का इन्तज़ाम कर लिया जाएगा।" राजी ने प्याला रख दिया और दौड़कर माँ के पास पहुँची। अम्माँ बहुत क्रोध में थीं।

"पर मैं दूसरे मास्टर से नहीं पढ़ूँगी" उसने रुँआसे होकर कहा।

"तू बीच में दख़ल न दे राजी। तेरे पापा बहुत नाराज़ हैं।" माँ ने कहा।

"और क्या, अब तो बिटिया भी सयानी भई।" महराजिन ने बीच में जोड़ा। राजी ने उन्हें घूरा तो वह चुपचाप चौके में सरक गई।

"तो अब वह कहाँ रहेंगे, कैसे उनकी गुज़र होगी ? " राजी का कंठ काँप रहा था।

"जैसे चाहें करें, हमने कोई उनका ठेका ले रखा है। सोच तो राजी, कैसी अशोभन बात है।" माँ ने कहा।

पापा मरीज़ देख रहे होंगे, कम्पाउंडर डिस्पेंसरी में, माँ पूजाघर में थीं और महराजिन दाल पीस रही थीं। राजी चुपके से बाहर निकली, बाग़ का एक चक्कर लगाया और फिर डिस्पेंसरी के पीछे से, ऊपर जाने की सीढ़ियाँ चढ़ने लगी। कम्पाउंडर के घर के दरवाज़े अन्दर से बन्द थे, राधा चुप पड़ी होगी, सारा अपमान, तिरस्कार झेलती हुई, नीली देह का दर्द चुपचाप पीती हुई—राजी कुछ सीढ़ियाँ और चढ़ी और रुक गई। मास्टर साहब के दरवाज़े पर बड़ा-सा ताला पड़ा था, मज़बूत ताला जो रात को फाटक में लगाया जाता था। मास्टर साहब चले गए। राजी कुछ देर ताले को देखती रही। मास्टर साहब की शादी के अवसर पर दरवाज़े के इधर-उधर लगाई गई नारी-हाथ की लाल थाप धूमिल हो चली थी। ऊपर छत पर मकड़ी जाला बुनने में व्यस्त थी।

मास्टर साहब चले गए, राजी सोच उठी वह तो उनसे यह कहने आई थी कि मास्टर साहब चाहे कोई कुछ कहे, मेरे लिए आप उतने ही आदर के पात्र हैं। जीवन की राह पर चलते हुए यदि कोई राही किसी पेड़ की छाँह में खड़ा हो जाए, तो मैं उसे बुरा नहीं समझती, क्योंकि मैंने जाना है कि सुख क्या है...।

# छुट्टी का दिन

पड़ोस के फ़्लैट में छोटे बच्चे के चीख़-चीख़कर रोने से माया की नींद टूट गई। उसने अलसाई पलकें खोलकर घड़ी देखी, पौने छह बजे थे। फिर उसे याद आया, आज तो छुट्टी का दिन है। उसने पैर फैला लिए। पलकें आँखों पर ढलक आने दीं। वह रेशमी चादर का नरम चिकना स्पर्श गालों पर महसूस करती हुई पड़ी रही। नींद की मीठी खुमारी अब भी उस पर छाई थी। खुली हुई खिड़की से सवेरे की ठंडी हवा आ रही थी, पूरी तरह से जगी होने पर भी नींद को बहलाकर फिर बुलाना चाह रही थी। पर वह बच्चा था कि रोए ही जा रहा था। छोटा-सा कोमल गोरा-गोरा बच्चा ! गोल मुँह पर भवों की जगह पतली-सी लकीर, लम्बे-लम्बे रेशमी पलक। जब क्रोधित होकर रोता था तो गोल-गोल आँसू गालों पर आ फिसलते थे और सारा काजल अपने साथ बहा ले जाते थे।

छुट्टी का दिन माया के लिए पहाड़-सा होता था, सप्ताह-भर जो काम टालती आती थी कि उन्हें ख़तम करके भी इतना समय बच जाता था कि खीझ उठती थी। झुँझला उठती थी। और जब भाई-बहनों के साथ घर पर रहती थी तो समझ भी न पाती थी कि इतवार कब आया और कैसे पंख लगाकर उड़ गया।

रोज़ की तरह आज भी चैती दरवाज़े पर धक्के देने लगी। तकिए में मुँह गड़ाकर माया ने अनसुनी करने की चेष्टा की पर लगातार धक्कों के साथ चैती ने 'बीबी जी' की पुकार लगानी शुरू कर दी तो माया ने ठंडी साँस ली, चादर हटाकर आँखें मूँदे ही मूँदे, उसने टटोलकर पैर स्लीपरों में डाले और दरवाज़े की तरफ़ बढ़ी, अभ्यस्त उँगलियों ने चटखनी गिरा दी। और सवेरे-सवेरे चैती का मुँह न दीख जाए, इसलिए वापस मुड़कर अपने बिस्तर पर आ गिरी। उसका मन चैती को भरपूर डाँट लगाने का हो रहा था, पर पलकों पर अभी कुछ भारीपन था। इसलिए वह चुप ही रही। चैती ने पहले नल खोलकर बर्तन उसके नीचे डाल दिए और खुरखुर करती हुई झाड़ू लगाने लगी।

तब माया उठकर बैठी। हाथ फैलाकर अँगड़ाई ली, फिर ज़ोर से कहा, "सोने नहीं दिया न ? क्यों चैती ?"

धोती का पल्ला कमर में खोंसे झाड़ू हाथ में लिए पर्दा हटाकर चैती ने दर्शन दिए। कहा, "सोती काहे नहीं ?" और परदे के पीछे ग़ायब हो गई।

माया उठकर खिड़की के पास आई। इधर-उधर के फ़्लैट्स में हलचल हो रही थी। एक तरफ़ दूधवाला अपनी बाल्टी में मैला-गन्दा हाथ बार-बार डालकर दूध नाप रहा था। हर बार नाप का बर्तन बाल्टी से टकराता और फिर लोटे में दूध गिरने की आवाज़ के साथ दूधवाले

का मोटा खरखराता कंठ कहता, चार-पाँच—छह।

माया ने गुसलख़ाने में जाकर बेसिन में नल खोल अपने हाथ उसके नीचे कर दिए। पानी की तेज़ और ठंडी धार हाथों पर पड़ती रही। चौके से चैती की खटपट सुनाई देती रही। माया ने गीत की एक कड़ी गुनगुनाने का प्रयत्न किया, पर आवाज़ बेसुरी हो गई। उसकी आँखें बेसिन के ऊपर लगे शीशे में अपना प्रतिबिम्ब देख रही थीं, सूना मुँह, सूनी आँखें, एक क्षण को उसे लगा कि यह प्रतिबिम्ब किसी और का है। वह स्वयं कैसे इतनी थकी, इतनी टूटी-सी हो सकती है। शीशे के अन्दर से वह अनजान-सी युवती, माया को, जैसे पहचानने की कोशिश कर रही हो, ऐसे देखती रही, जब तक कि माया ने भीगे, असहाय, विवश हाथों से अपने बाल छूते हुए दृष्टि हटा न ली। उजले, सफ़ेद बेसिन के किनारे पानी की बूँदें फिसल रही थीं। माया की आँखें उस एक बूँद पर टिक गईं, जिसे सूरज की पहली किरन ने इन्द्रधनुषी रंगों से सजा दिया था। बूँद हिली फिर चिकने बेसिन पर फिसलती हुई पानी की धारा में मिल गई।

माया ने रुकी हुई लम्बी साँस बाहर आ जाने दी फिर अपने पर जैसे काबू पा, दोनों हाथों से अँजुलियाँ भर-भर अपने मुँह पर ज़ोर से छींटे देने लगी। उसी तरह, पानी भरती और मुँह पर उछाल देती, बिना कुछ सोचे, बिना कुछ सोचने का यत्न किए।

फिर उसने नल बन्द कर दिया। तौलिया उठाई और उसके नरम-नरम रोयों में अपना मुँह छिपा लिया। कुछ देर बाद उसने हाथ बढ़ाकर तौलिया स्टैंड पर फेंक दी। तौलिया ज़मीन की ओर तेज़ी से गिरी, पर तभी खूँटी में उसका कोना फँस गया और वह झूलती रही, धीरे-धीरे, बेबस-सी, पर माया ने उधर नहीं देखा, वह फिर पंजों पर ज़ोर दे शीशे में झाँकने लगी थी, एक अदम्य आशा लिए कि शायद इस बार वह झाँकनेवाली युवती पहले से भिन्न हो और वह कुछ भिन्न थी भी, आँखें कुछ ज़रा-सी फैली थीं बरौनियों में, भौंहों में चिकना गीलापन था, उजले कोयों में बड़ी-सी तरल पुतलियाँ, होंठों में कोमलता, माया के देखते-देखते वह खिंचे और खुल गए। उस छोटी-सी मुस्कान ने सारे चेहरे पर एक कमनीय स्निग्धता ला दी। माथे को घेरे हुए जो बालों की लटें थीं, उनमें कुछ बूँदें उलझी थीं, माया ने गरदन मोड़ी तो कनपटी के पास...एक बूँद में उसे रंग दिखाई दिए, ढेर सारे रंग, चमकते हुए, झिलमिलाते हुए, तड़पते हुए, कहीं वह गिर न जाएँ इस डर से माया शीशे के आगे से हट आई। दरवाज़ा खोला और कमरे में आकर कुर्सी पर पैर उठाकर बैठ गई। हाथ गाल पर टिकाकर सोचा, और अब ?

चैती पास की मेज़ पर चाय पहले ही रख गई थी। रोज़ की तरह मोटे, पतले, बेढंगे, कहीं गीले, कहीं कड़े, टोस्ट थे, रोज़-रोज़ का सुनहरी धारीवाला नाज़ुक प्याला था, वही कढ़ी हुई कोज़ी थी, जिस पर एक चिड़िया पंख खोलकर उड़ने को तैयार थी। पर उड़ेगी नहीं, उड़ सकती भी कैसे थी ? उसे देखकर माया का मन एक निरर्थक आक्रोश से भर उठा था। उसका मन हुआ कि पैर से ठोकर मारकर मेज़ उलट दे और सारे बर्तन खनखनाकर ज़मीन पर जा गिरें। चीनी के बर्तनों के टूटने की आवाज़ कितनी प्रिय होती है ? पर मन में उसके मूल्य का अन्दाज़ा लगा और यह सोच कि बेकार में नए ख़रीदने पड़ेंगे उसने अपने को रोक लिया और प्याले में चाय उँड़ेलने लगी।

गरम चाय को गले से उतार वह फिर खिड़की के पास जाकर खड़ी हो गई। नीचे सड़क

थी, कहीं-कहीं तारकोल हट जाने के बड़े-बड़े धब्बे थे। कहीं गहरे गढ़े थे। अगर किसी ताँगे का पहिया उसमें फँस जाता तो चाबुक फटकार कर ताँगेवाला एक गाली दे उठता, अगर रिक्शे का पहिया होता तो रिक्शेवाला ज़ोर लगाकर निकलने की कोशिश करता और अगर तब भी न निकलता तो सवारियों को उतरना पड़ता। इस बाधा से उसके चेहरे रोष से लाल हो-हो जाते और बाद में मैले अँगोछे से माथा पोंछता रिक्शावाला और सवारियाँ सड़क की ऐसी हालत पर दुःख से सिर हिलाते नज़रों से दूर हो जातीं। सड़क के उस पार एक इमारत थी, बड़ी-सी, पुरानी-सी, मरम्मत की सख़्त ज़रूरत थी, सड़क की तरफ़ मुँड़ेर थी, जिस पर एंटिगोनम की लता छाई हुई थी और पोर्टिको की धूमिल पीली दीवारों पर गहरे बैगनी रंग में फूलती हुई घनी बेगमबेलिया थी, अपने वैभव में लचकती-झूमती बल खाती। जब हवा आती तो माया अपनी खिड़की से उनके बैगनी रंग के फूल टूट-टूटकर उड़ते हुए देख सकती थी। उन तीन पंखुड़ियों के फूलों में कितना रंग था, कितनी मृदुता, पर माया के दिल में वह एक घनी पीड़ा भर जाते थे। इस वक़्त सूरज की किरणें बेगमबेलिया पर पड़कर उसके रंग को और चटकीला बना रही थीं। सूबह की हवा से कभी-कभी कोई फूल नीचे भटककर आ गिरता था।

माया उसमें डूबी थी, रमी हुई थी, हाथ खिड़की पर टिके थे, आँखें सामने, उसने नहीं जाना कि कब चैती आई। जब पायदान के पास बैठकर उसने दो बार झाड़ू ज़मीन पर पटकी तो उसने आँखें हटाईं। वह कल्पना और स्वप्न थे, यह कमरा, यह दीवारें, यह बन्धन, जीवन और सत्य।

मालकिन का ध्यान अपनी ओर आकर्षित हुआ देख चैती ने कहा, ''खाएका का बनिहै ?''

इतवार का दिन है, छुट्टी का दिन, आज तो कुछ विशेष खाना बनाना चाहिए। चैती को स्वामिनी का खोयापन अच्छा नहीं लगा।

''न खाबे का शौक़ न पहिरे का !'' सिर हिलाते हुए उसने जो झाड़ू पटकी तो लाख की एक चूड़ी चट से टूट गई। उसके टुकड़े बीनते हुए चैती ने कहा, ''का बनाई ?''

''कुछ भी बना लो।'' माया ने उदासीनता से कहा।

''खिचरी डाल देई ?'' व्यंग्य से चैती ने पूछा।

''अयँ खिचड़ी...वही बना दो।'' माया ने कहा।

तब चैती ने कहा, ''ऐ बिटिया। तोहार अस परानी हम नाहीं देखा न कबो कछू खाएँ न बनवाएँ। हमहूँ आदमी हन। हमरो मन है, हम खीर-पूरी खाब, कहै देइत है। दूध हम लै लिया है।''

चैती ढीठ हो गई। पर माया ने कुछ नहीं कहा। हटकर चली आई और कपड़ों की अलमारी खोली, कुछ रेशमी कपड़े धोने के लिए सप्ताह-भर से रखे थे, उन्हें बाहर किया, और जाकर गर्म पानी में साबुन घोलकर डाल दिए, अनमनी होकर फिर आकर अपनी मेज़ पर बैठ गई। एक ओर कापियाँ रखी थीं। उन पर धूल की गहरी परत थी। माया ने लाल पेंसिल उठा ली, धूल झाड़कर एक कापी खोली, ग़लतियों पर गहरे लाल निशान लगा दिए, पर मन उसमें भी नहीं लगा। हाथ बढ़ाकर पास की छोटी मेज़ पर से अख़बार उठा लिया, खोला।

अचानक ही वह कुर्सी खिसकाकर उठ खड़ी हुई, घड़ी पर नज़र डाली तो पाया कि बड़ी

आसानी से दस बजे की फ़िल्म देखी जा सकती है। जाकर फिर अलमारी खोली। कुछ सोचकर एक साड़ी निकालकर पलंग पर रख दी और तैयार होने लगी। अभ्यस्त हाथों से बाल ठीक किए। पाउडर लगाया। कुछ देर अपने को देखती रही और लिपस्टिक उठाकर अपने होंठ, ख़ूब गहरे लाल कर लिए। कपड़े बदले और चैती से कहा, ''मैं सिनेमा जा रही हूँ।''

चैती ने पूछा, ''कब तक अइहौ ?''

''यही बारह साढ़े-बारह तक,'' और पर्स उठाकर बाहर आ गई। खुली खिड़की से हवा आई और अख़बार के पृष्ठ उड़कर फ़र्श पर जा गिरे, खुली कॉपी के पेज सरसराते रहे, मेज़पोश का कोना हिलता गया।

और हॉल में बैठी माया को लगा कि जिस अकेलेपन से बचना चाहकर वह सिनेमा चली आई थी, उससे निष्कृति कहाँ हुई ? अभी उसकी नितान्त अकेले बैठकर सिनेमा देखने की आदत नहीं हुई थी, कुछ विचित्र अटपटा-सा लग रहा था। इंटरवल में उसने एक उड़ती-सी नज़र से इधर-उधर देखा, तो पाया कि कॉलेज की संस्कृत टीचर मिसेज़ भारद्वाज भी कुछ दूर बैठी हैं, उन्होंने भी माया को देखा और हाथ हिलाकर पास बुलाया। माया को उनका साहचर्य विशेष प्रिय न था पर यह सोचकर कि एक से दो भले, उठकर उनके पास चली गई।

''अकेली ही हो ?'' प्रश्न हुआ। मिसेज़ भारद्वाज की तीव्र दृष्टि माया पर थी।

''जी।''

''आज तो तुम पहचानी नहीं जा रही हो,'' कुछ व्यंग्य से मिसेज़ भारद्वाज ने कहा।

उत्तर में माया ने मुस्करा दिया।

तभी एक वयस्क-से सज्जन उसकी ओर देखते हुए पास आ गए। मिसेज़ भारद्वाज ने कहा, ''यह मेरे पति हैं, मि. भारद्वाज। आप मिस सहगल...हमारे कॉलेज में हिन्दी पढ़ाती हैं।'' मि. भारद्वाज ने नमस्कार किया और पासवाली सीट पर बैठ गए। कुछ वार्तालाप करने का प्रयास करते हुए पूछ दिया, ''अभी ही आई हैं आप ?''

कुंठित हो माया ने कहा, ''जी।''

पत्नी की ओर उन्मुख होकर पूछा, ''चाय वग़ैरा कुछ मँगवाऊँ ?''

''मँगवा लें। यह साड़ी बड़ी प्यारी है ! यहीं से ली है ?'' मिसेज़ भारद्वाज ने पूछा।

''मदर ने भेजी है।''

''आपका घर यहाँ नहीं है ?'' मि. भारद्वाज को जैसे कुछ बात करने का विषय मिला।

''जी नहीं,'' और फिर कहा, ''लखनऊ में है।''

''वहाँ से आप यहाँ आईं ? इस छोटे शहर में ?''

माया की मुस्कान अनजाने में ही विषादपूर्ण हो गई। कहा, ''यहाँ आसानी से नौकरी मिल गई।''

''आपको कभी पहले नहीं देखा।''

पति को धीरे-धीरे खुलते देख मिसेज़ भारद्वाज ने कुछ चेतावनी के-से स्वर में कहा, ''यह नई आई हैं इसी साल।''

बेयरा के चाय ले आने से व्यवधान पड़ा। माया ने अभी एक घूँट ही चाय पी थी कि हॉल की रोशनी बुझ गई। उसके उठने का उपक्रम करने पर मिसेज़ भारद्वाज ने बाँह पर

हाथ रखकर रोकते हुए कहा, यहीं बैठी रहो न ! माया फिर बैठ गई, पर उसका मन हो रहा था मिस्टर और मिसेज़ भारद्वाज के बीच की सीट से उठ इधर मिसेज़ भारद्वाज के पास बैठ जाए, पर यों उठ जाना अभद्रता होती। मि. भारद्वाज शालीनता से बैठे रहे। कभी भूल से भी उनकी कोहनी या कन्धा माया से नहीं छुआ, पर कुछ हँसी की बात पर उनका ज़ोर से, खुलकर हँसना माया को खटक जाता था, आख़िर ऐसा ठहाका कि हॉल गूँज जाए, लगाने की क्या ज़रूरत ? बीच में माया ने अपने को झिड़का भी, फिर इस ज़रा-सी बात पर वह बेकार ही मन-ही-मन क्यों कुढ़ रही है।

फ़िल्म अधिक लम्बी न थी। जब समाप्त हुई तो माया ने मानसिक यातना से छुटकारा पाया। शिष्टता के साथ, जितनी जल्दी उनसे छुट्टी ले सकती थी, लेकर माया अलग हुई, पर अभी उसका मन घर जाने को न हुआ। सड़क के एक किनारे खड़े होकर कुछ देर सोचा कि और क्या किया जाए ? ध्यान आया कि दूर के रिश्ते के एक भाई यहीं कहीं आसपास रहते हैं और माया के न आने का कई बार उलाहना दे चुके हैं। उनके घर आधा घंटा बिता आया जाए। पर्स में एक स्लिप पर उनका पता लिखा था, उसे ढूँढ़कर निकाला।

घर उनका आसानी से मिल गया। बाँसों को बाँधकर एक घेरा-सा बना दिया गया था। कुछ सूखे-सूखे टमाटर के पेड़ और कुछ गेंदे फूल रहे थे। माया ने दरवाज़े पर थपकी दी। कुछ देर में एक महिला अन्दर से झाँकी, अन्दाज़ से सोचकर कि यही भाभी होंगी, माया ने नमस्कार कर कहा, ''चन्दन भाई साहब हैं ? मैं माया हूँ।''

भाभी उत्तर में मुस्कराईं और दरवाज़ा खोलते हुए कहा, ''आइए।''

कमरे में एक गन्दी-सी निवाड़ का पलंग पड़ा था, पास ही चारपाई थी, जिस पर बिस्तर बिछा था। एक गीली-सी गद्दी भी थी और सिरहाने छोटे बच्चे के कुछ कपड़े।

''बैठिए।''

माया पलंग की पट्टी पर बैठ गई, भाभी की धोती मैली थी और उसमें से घी की तेज़ महक आ रही थी।

''आपने मुझे पहचाना न होगा। चन्दन भाई साहब की चाची हैं न ! वह मेरी बुआ लगती हैं।''

सम्बन्ध जानकर भाभी ने कहा, ''ओ बाँदेवाली सासजी की आप भतीजी हैं। इन्होंने जिक्र तो किया था।''

''कहाँ हैं भाई साहब ?'' माया ने पूछा।

''आज इतवार है, घूमने चले गए हैं।'' उत्तर मिला।

''कब तक लौटेंगे ?'' फिर यह देख कि वह अभी खड़ी ही हैं माया ने कहा, ''आप भी तो बैठिए।''

''चूल्हे पर तरकारी चढ़ी है।'' और उसका ध्यान आते ही भाभी बोलीं, ''अभी दो मिनट में आई।'' कहकर कमरे से चली गई। माया उसी तरह पट्टी पर बैठी निरुद्देश्य इधर-उधर देखती रही। कमरे के बाद बरामदा था और उसी के निकट शायद चौका, क्योंकि कढ़ाई में कलछी चलने की आवाज़ साफ़ सुनाई दे रही थी। फिर एक छनाका हुआ, शायद पानी डाला गया और फिर हाथ में दरी लिए भाभी आई और कहा, ''उठिए इसे बिछा दूँ तो आराम से बैठिए।''

दरी बिछाते हुए कहा, ''आज तो आपकी छुट्टी होगी, इतवार है।''

''जी।''

''आपको तो ख़ूब अच्छा लगता होगा।''

प्रश्न सुन माया कुछ देर चुप रही, फिर कहा, ''जी हाँ, लगता तो है। वैसे तो कॉलेज का ही काम रहता है। कभी-कभी इधर-उधर चले गए, सिनेमा वग़ैरह। अभी सिनेमा से ही आ रही थी, सोचा कि मिलते चलें।''

बड़ी हसरत से भाभी ने कहा, ''अकेले रहने में तो यह है ही, जो मन आया, कर लिया। शादी से पहले मुझे सिनेमा देखने का बड़ा चाव था, मेरे एक चाचा गेट-कीपर थे, सब मुफ़्त में देखते थे, पर अब तो साल-डेढ़ साल से कोई सनेमा ही नहीं देखा। मुन्ना छोटा है, घर में कोई है नहीं। छोड़ें भी किस पर ? कौन-सी फ़िल्म देखी आपने ?''

माया ने फ़िल्म का नाम बताया।

''अँगरेज़ी की थी।'' भाभी बड़ी सच्चाई से बोलीं, ''भई हमें तो कुछ समझ में नहीं आती। दो-एक बार गए भी, पल्ले कुछ नहीं पड़ा,'' फिर रुककर भाभी ने पूछा, ''आप तो शायद बी.ए. होंगी ?''

''जी नहीं, एम.ए.,'' आहिस्ता से माया ने कहा। भाभी ने एक लम्बी साँस ली, कुछ कहने को मुँह खोला, फिर रुक गईं। बात बदलकर कहा, ''खाना परस लाऊँ, आपके लिए ?''

''जी नहीं, नौकरानी ने बनाकर रखा होगा। अब मुझे चलना चाहिए।''

''कुछ देर तो रुकिए।'' भाभी के स्वर में कुछ विशेष आग्रह नहीं था। माया जैसे एकदम उकता गई। उठती हुई बोली, ''अब चलूँ, भाभीजी, कभी हमारी तरफ़ भी आइए।''

''कहूँगी उनसे, लाना-न-लाना उनके हाथ है।''

भाभी ने जल्दी से हाथ जोड़ दिए।

बाहर निकलते हुए माया को लगा कि वह बेकार ही आई, भाभी को शायद काफ़ी काम हो, पहुँचकर बाधा दी। घड़ी पर नज़र डाली, सवा बारह बजे थे। कुछ-कुछ भूख भी लग आई थी। बाँस का फाटक खोलकर बढ़ी ही थी कि चन्दन से भेंट हो गई।

''अरे, वाह, माया ! किधर जा रही हो ?''

पकड़े जाने पर माया ने रुककर कहा, ''घर जा रही हूँ। आई थी, आप मिले ही नहीं।''

''अब तो मिल गया। चलो, चलो, अन्दर चलो। अपनी भाभी से मिलीं ?''

''जी, भाई साहब, अभी माफ़ी चाहती हूँ फिर आऊँगी।''

पर वह नहीं माने और बेतकल्लुफ़ी से उसका हाथ पकड़ लिया और कहा, ''नहीं बिना खाना खाए नहीं जा सकोगी।''

माया ने हाथ छुड़ाने का प्रयत्न किया, पर चन्दन हाथ पकड़े-पकड़े ही अन्दर तक ले गए और ज़ोर से पुकारकर कहा, ''सुनो, एक मेहमान आए हैं।'' भाभी चौके से बाहर आईं और देखा, फिर कहा, ''मैंने तो पहले ही रुकने को कहा था,'' फिर माया के मुख की ओर देखकर बोलीं, ''हाथ तो छोड़ दो बेचारी का।'' उनके कहने का ढंग ऐसा था कि चन्दन ने तुरन्त उसका हाथ छोड़ दिया, फिर कुछ अपराधियों की तरह कहा, ''खाने का इन्तज़ाम करो।''

''हो रहा है।'' रुखाई से कहकर वह वापस चली गई। चन्दन और माया ने स्पष्ट रूप

से महसूस किया कि उन्हें प्रसन्नता नहीं हुई है।

माया ने फिर कहा, "भाई साहब, बेकार झंझट होगा, मेरी नौकरानी इन्तज़ार कर रही होगी।"

"झंझट क्या ? खाना अभी बना जा रहा है।" स्वर ऊँचा कर उन्होंने पत्नी को पुकारा, "सुनो, ज़रा जल्दी कर दो।"

अन्दर से उत्तर आया, "कर रही हूँ। पहले ज़रा मुन्ने को नहला दूँ।"

तब माया जाकर उधर खड़ी हो गई। कहा, "भाभीजी, आप को परेशानी हो रही है, मैंने तो कहा था..."

भाभी धूप में बैठकर बच्चे को नहलाने की तैयारी कर रही थीं। माया को भूख लगने लगी थी। जहाँ वह खड़ी थी, वहीं से झाँककर देखा, चूल्हा ख़ाली था। बच्चा चीख़-चीख़कर रोता रहा, भाभी उसे साबुन लगाती रहीं, उनके ढंग से लग रहा था कि जैसे आज ही रगड़-रगड़कर बच्चे को गोरा कर देंगी। माया बैठी-बैठी अपने को कोसती रही कि किस क्षण में उसने यहाँ आने को सोचा। आख़िरकार भाभी ने बच्चे को पोंछकर कपड़े पहनाए और कपड़े पहनाकर पालने में लिटा दिया और कहा, "ज़रा दही ला दीजिए, रायता बन जाएगा।"

"नहीं-नहीं," माया ने जल्दी से कहा, "रायते की कोई ज़रूरत नहीं।"

पर भाभी ने नहीं सुना। चन्दन भाई साहब दही लाने को भेज दिए गए, भाभी चौके में जाकर खटर-पटर करने लगीं। बच्चा रोता गया, माया ने उठकर उसे गोद में ले लिया। हिलाया-डुलाया, तो वह चुप हो गया। उसे कन्धे से लगाकर माया ने बरामदे में कई चक्कर लगाए, फिर देखा, वह सो गया था, धीरे से लिटाया तो फिर वह जग गया। उसके चीख़ने से पहले ही माया ने उसे फिर कन्धे से लगा लिया और टहलने लगी। घूमते-घूमते उसके पैर थक गए, कन्धा दुखने लगा पर भाई साहब दही लेकर नहीं लौटे। भाभीजी रोटी बनाने का सारा आयोजन कर चूल्हे के पास चुपचाप बैठी थीं। माया से कहा, "देखा, जहाँ जाते हैं वहीं के हो रहते हैं। दो क़दम पर बाज़ार है।" फिर एकाएक उठती हुई बोलीं, "जाने कब तक आएँगे, मैं नहा लूँ। आप कहें तो आपको खाना परस दूँ।"

"भाई साहब को आ जाने दीजिए।" माया ने कहा।

भाभी उठकर अन्दर गईं। गुसलख़ाना बन्द किया ही था कि भाई साहब आ गए। प्रश्न-भरी दृष्टि से इधर-उधर देखा। माया ने अपने-आप ही कह दिया, "नहाने गई हैं।"

"नहाने गई हैं ? यह नहाने का टाइम है, इनके सब काम उलटे होते हैं।" कहकर दही उन्होंने रख दिया और बाहर से कुंडी खड़काई। भाभी चुप रहीं। माया ने बच्चे को पालने पर लिटा दिया। इस बार वह सोता ही रहा। वह थकी थी और भाई साहब झुँझलाए, दो-एक बात कर दोनों चुप हो गए, और प्रतीक्षा करते कि कब भाभी निकलें।

भाभी साफ़-सुथरी धोती पहनकर बाहर आईं, माथे पर बिन्दी लगाई। माँग से सिन्दूर छुआया। बिना किसी जल्दी के धीरे-धीरे चौके में आकर बैठ गईं। रायता बनाया। चूल्हा फूँका। फिर उन्होंने पूछा, "कहाँ खाएँगे ? चटाई बिछा लें। वह रखी है कोने में।"

माया ने चटाई बिछा ली, सैंडिल उतार डाले, हाथ धोकर चौके में गई, और थालियाँ उठाकर बाहर ले आई। दाल एकदम ठंडी और पतली थी। रायते में कॉफ़ी ज़्यादा नमक। माया को बरबस चैती की बनाई नरम-नरम पूरियाँ और मेवे की खीर की याद आ गई। खाने

के बाद कुछ देर वह और बैठी। जब भाभी स्वयं भी खा चुकीं, तब वह विदा लेकर आई।

चैती शायद इन्तज़ार करते-करते थककर चली गई थी। माया ने अपने पास की दूसरी चाभी से ताला खोला, घड़ी की सुइयाँ तीन पार कर चुकी थीं। कमरे की छाँह में मधुर शीतलता थी। माया ने सैंडिल उतार दिए। पर्स कुर्सी पर डाल दिया और चौके की तरफ़ गई। खाना सब ढँका रखा था। पूरियाँ, सूखी मटर, दम आलू तथा गाढ़ी मेवे की खीर। लगता था कि चैती ने भी खाया नहीं था, कुपित हो भूखी ही घर चली गई थी। माया वहाँ से गुसलख़ाने में गई। उसकी आँखें जल रही थीं। सोचा कि ठंडे पानी से धो ले, तब उसकी दृष्टि पड़ी उन कपड़ों पर, जिन्हें गरम पानी और साबुन में डुबाकर वह बिल्कुल भूल गई थी। उसने झटपट कपड़े अलग-अलग उठा लिए। एक ब्लाउज़ का पीला और हरा रंग निकलकर दूसरी ब्लाउज़ों और सफ़ेद सिल्क की साड़ी में लग गया था। दोष अपना ही था, फिर भी न जाने क्यों उसे रोना आ गया। रेशमी ब्लाउज़ के कच्चे निकल जाने पर और कपड़े ख़राब हो जाने पर नहीं, बल्कि अपनी ज़िन्दगी के पैटर्न पर, उसके खोखलेपन और सारहीनता पर। किसलिए वह घर-बार छोड़कर इतनी दूर आकर पड़ी थी, किसलिए वह सुबह से शाम तक कॉलेज में मगज-पच्ची करती थी। इसलिए कि ज़िन्दगी के दिन एक-एक करके गुज़रते जाएँ और हर गुज़रा हुआ दिन उसके जीवन का ख़ालीपन और भी गहरा करता जाए और एक दिन, सोचे कि इस जीवन में उसने क्या पाया, तो पता चले कि वह एक लम्बे अनन्त मरुस्थल की तरह था।

माया ने ब्लाउज़ फिर उन्हीं कपड़ों में डाल दिया और आकर औंधी ही पलंग पर पड़ गई।

जब वह जगी तो कमरे में अँधेरा था। धूप न जाने कब की खिड़की की राह चली गई थी। घड़ी की सुइयाँ अँधेरे में चमक रही थीं। रोते-रोते सो जाने से उसका सिर बुरी तरह दर्द कर रहा था। इतवार की शाम को चैती नहीं आती थी। माया ने उठकर पानी पिया और कमरे में बत्ती जला दी। मेज़ के पास कुर्सी पर बैठ गई। मेज़ पर कॉपी खुली पड़ी थी। लाल पेंसिल के निशान चमक रहे थे। माया बहुत देर तक बैठी-बैठी बाहर देखती रही। आसमान में दो-एक तारे निकल आए थे। पड़ोस में दूधवाला बाल्टी खटका रहा था। दूध नापता हुआ, मोटे से एक रस स्वर में कह रहा था, "दो-तीन...चार...।" सीढ़ियों पर ऊपर-नीचे आते-जाते जूतों की आवाज़ आ रही थी। गुसलख़ाने में कपड़े भींग रहे थे। चौके में ठंडा खाना रखा हुआ था और कनपटी के पास एक शिरा बुरी तरह दुःख रही थी।

धीरे-धीरे आकाश काला हो गया। तारों की ज्योति में उज्ज्वलता आ गई। आने-जानेवालों का रव थम गया, माया एक साँस लेकर उठी। बिजली बुझाकर फिर पलंग पर लेट गई। उसे पता था कि नींद रात में बहुत देर से आएगी। फिर भी आँखें बन्द कर लीं।

कहीं घड़ी ने धीरे-धीरे आठ के घंटे बजाना आरम्भ किया, माया ने करवट बदली। अगला दिन, काम का दिन...।

# जाले

भारत के प्राचीन इतिहास के प्रोफ़ेसर राजेश्वर और कौमुदी के भाग्यसूत्र तब बँध गए, जब गुलबिया की शादी ठाकुर से हो गई।

कौमुदी उन आधुनिक युवतियों में थी, जो पुरुषों से शत-प्रतिशत समानता का दावा करती हैं। यूनिवर्सिटी से एम.ए. कर और एक प्रभावशाली सम्बन्धी के द्वारा पाँच सौ रुपए महीने की सरकारी नौकरी पा, अब वह माता-पिता से दूर अकेली रहती थी। अपने छोटे से बँगले को उसने बड़े श्रम और घंटों विचार करने के बाद सजाया था। उसकी बैठक और शयन-कक्ष किसी अँगरेज़ी मैगज़ीन के होम डेकोरेटिंग के अन्तर्गत दिए गए कमरों के चित्रों के आधार पर सजाए गए थे। बँगला स्वयं एक चित्र-सा लगता था। ड्राइंगरूम के दरवाज़ों पर हाथ-करघे के कपड़े के महँगे पर्दे थे, जिनकी डिजाइन को उसने स्वयं बनाकर ऑर्डर दिया था। सोफ़ों पर अँगरेज़ी जेकोबियन के कढ़ाई के कुशन थे। मेंटलपीस पर एक नाजुक-से फूलदान में कुछ फूल रखे रहते थे और मेंटलपीस के बराबर लगे पतले शीशे में उनका प्रतिबिम्ब हमेशा काँपा करता था। कमरे के बीच में लम्बी, पतली और नीची-सी, नाजुक मेज़ थी, जिस पर पारदर्शक काँच जड़ा था। उस पर कभी कोई महँगी अँगरेज़ी किताब लापरवाही दिखाते हुए रखी रहती थी। कमरे-भर में मोटा कालीन बिछा था, जिसका रंग भी कमरे की डिसटेम्पर की हुई दीवारों से मेल खाता था।

घर के अन्दर गुलबिया का राज्य था। समय-समय पर खाना बनाना, घर साफ़-सुथरा रखना उसके जिम्मे था। यही नहीं, कौमुदी पूर्ण निश्चिन्तता और विश्वास से अपने मित्रों को चाय या डिनर पर आमन्त्रित कर देती थी। यह जानते हुए कि पहले कोर्स के सूप से लेकर स्वीट डिश तक गुलबिया बिना किसी मदद के सब बना लेगी।

कौमुदी के पुरुष परिचितों के लिए उसका घर और लघु साहचर्य एक मधुर घटना थी। वहाँ न पत्नी की चढ़ी हुई त्योरियाँ होती थीं, न बच्चों का शोर। दो-तीन साथ के समवयस्क लोग, कुछ दूर दीवान पर बैठी कौमुदी, अधिकतर सिल्क की साड़ी और महँगी दक्षिणी ब्लाउज़ में जो कि उसके सुडौल शरीर की पूरी सुन्दरता का आभास देती थी, बातचीत, हास-परिहास और कुछ समय बाद चाय की ट्रे में नाजुक इंगलिश टी सेट लिए, स्वच्छ वस्त्रों में गुलबिया, प्यालों में बढ़िया फ्लेवरवाली चाय डालती हुई कौमुदी की सुगढ़ कलाइयाँ—प्याला बढ़ाते हुए उसकी आँखों की चमक और एक छोटी मुस्कान और फिर कमरे में एक सहज प्रीतिकर शान्ति। केवल प्याली में चम्मचों की हल्की खनक और दृष्टियों का एक मूक विनिमय।

उसके परिचित पुरुषों ने कभी भी अचानक पहुँच जाने पर भी उसे ऑफ़िस या क्लब

के किसी युवक के साथ अकेले नहीं पाया। उनकी पत्नियों को भी कौमुदी से कोई शिकायत न थी। वह उनसे प्रेम और सौहार्द्र से मिलती थी। बच्चों से मीठा बोलती थी। पर उनके घर से लौटने पर कौमुदी उन्हें कितनी करुणा से देख रही है, यह वह क्या जानतीं ? उनके जीवन की संकुचित परिधि, उनकी असमय वृद्धावस्था, उनके ज़िद्दी बच्चे। कौमुदी मन-ही-मन सिहर उठती। किसी पुरुष की देखभाल, कि कमीज़ में बटन हैं, कि खाना समय पर बन गया है, कि कमरे साफ़-सुथरे हैं, इन सबसे अपना ठहरावदार यौवन, छोटा-सा घर और अपनी स्वतन्त्रता कौमुदी को अधिक प्यारी और मूल्यवान लगती थी।

प्रोफ़ेसर राजेश्वरसिंह ने काफ़ी कम उम्र में ही सफलता का शिखर छू लिया था। यूनिवर्सिटी के पास एक बड़े-से पुराने बँगले में रहते थे। जब वह कोई पेपर, लेख या किताब नहीं लिख रहे होते थे तो पढ़ते थे। स्टडी से निकलकर आने पर उन्हें दूर तक फैला मखमली लॉन दिखलाई देता था। इधर-उधर गुलाबों की क्यारियाँ थीं, जिनमें तरह-तरह के देश-विदेश के दुर्लभ गुलाब फूला करते थे। फीके पीले रंग की पोर्टिको पर इंकेन सोल्जर की लता चढ़ी हुई थी और जब उसमें फूल आते तो दूर सड़क चलते राहियों को भी उसकी गहरी मीठी सुगन्ध आती रहती। जाड़ों में अपने लॉन पर सुनहरी धूप में गर्मी की सुवास-भरी संख्याओं को स्टैंडर्ड लैम्प के नीचे पाइप पीते हुए राजेश्वर निश्चिन्त बैठे रहते थे। ऐसे अवसरों पर जबकि दूर तक कहीं कोई शब्द न होता, आँखें उठाने पर कुछ दूर यूनिवर्सिटी के ऊँचे गुम्बज, बुर्जियाँ और मीनारें अँधेरे में स्पष्ट छायाकृतियों-सी दिखाई देतीं। राजेश्वर पर एक अनुभूत, अनिर्वचनीय सन्तोष की भावना छा जाती।

और उनकी बँधी चर्या में किसी प्रकार की कोई रुकावट न पहुँचे, यह देखनेवाला था ठाकुर, उनका नौकर।

पहले पति से सम्बन्ध विच्छेद हो जाने पर गुलबिया के माँ-बाप ने उसी ठाकुर को गुलबिया का दूसरा पति चुना।

गर्मी की छुट्टी, एकान्त, रमणीय और पर्वतीय प्रदेश पर बिताकर पहले से कुछ अधिक प्रसन्न होकर राजेश्वर घर लौटे।

उधर कौमुदी भी गर्मी पड़ने पर पन्द्रह दिन की छुट्टी लेकर शिमला गई, आनेवाली विपत्ति से नितान्त बेख़बर। जाते समय गुलबिया ने एक अच्छी साड़ी की माँग की। उसने क़रीब एक नई ही साड़ी उसे दे दी, क्योंकि उसके सहकारी की पत्नी के पास भी वैसी ही साड़ी थी और उसी बीच गुलबिया की शादी ठाकुर से हो गई और अपनी अपेक्षाकृत युवती पत्नी को उसके शहराती प्रेमियों से बचाने के लिए वह खेतीबारी को देखने-भालने गाँव लौट गया।

राजेश्वर लौटे तो उन्होंने अपने घर को विशेष रूप से उदास और उपेक्षित-सा पाया। उनके माली ने उन्हें ठाकुर के प्रस्थान की सूचना दी।

राजेश्वर इस अप्रत्याशित आघात से लड़खड़ा गए। ठाकुर बहुत दिनों से उनके पास था। उसके पारिवारिक जीवन से उन्हें मतलब न था। यह अवश्य था कि वह जब रात को देर तक जगते, ठाकुर उनकी स्टडी के बाहर कम्बल ओढ़कर ऊँघता रहता और समय-समय पर उन्हें कॉफ़ी पहुँचाता रहता। तब उसकी पत्नी न होने की सुविधा उन्हें बार-बार याद आती। वह उनकी मेज़ पर एक कण धूल न जमने देता। उनकी किताबों को बहुत प्रेम से

झाड़ता-पोंछता और अशिक्षित होने पर भी एक अपर ज्ञान से माँगी हुई किताब निकाल देता। घर के ख़र्च, धोबी आदि से निपटना, यह सारे भार उस पर थे। इतनी सारी समस्याओं का सामना करने के विचार से वह विमूढ़-से हो गए।

उनके वफ़ादार माली और चपरासी ने मिलकर दूसरे दिन ही तीन नौकरों का इन्तज़ाम कर दिया। वह वृद्ध महराजिन खाना बनाने के लिए, माली की पत्नी बर्तन धोने और चपरासी का भतीजा ऊपर का काम देखने के लिए। घर में कोई स्त्री न होने के कारण तीनों बड़े सन्तुष्ट और प्रसन्न थे और अपनी सामर्थ्यानुसार मालिक को आराम पहुँचाने की चेष्टा करते।

महराजिन पहले किसी सात्त्विक प्राणी के घर खाना बनाती थी, इसलिए सुबह मूँग की दाल, एक कोई तरकारी बनाकर रोटी बना देती और शाम को प्रायः लौकी की रसेदार फीके रंग की बेस्वाद तरकारी बनाकर पूरी सेंक देती। दोनों समय का नाश्ता चपरासी के भतीजे लाखन पर पड़ा। चूल्हा जलाकर चाय का पानी रख देता और सारे दरवाज़े ज़ोर-ज़ोर से खोल-बन्द कर सारे घर में झाड़ू लगाता फिरता। राजेश्वर प्रायः देर में सोते थे, इसलिए सुबह की नींद उन्हें बड़ी प्यारी थी। उनकी आदत थी, देर से सोकर उठते, मजे-मजे में मुँह-हाथ धोते और तब तक ठाकुर मौसम के अनुसार अन्दर या बाहर चाय लगा देता। पर जब लाखन की भड़तड़ असह्य हो जाती तब एक दीर्घ साँस ले वे बिस्तर छोड़ देते।

किसी तरह लाखन ने टोस्ट बनाने सीख लिए थे। राजेश्वर को तैयार देखकर चाय लाकर मेज़ पर रख देता, धुआँई, पतली स्वादहीन। यही हाल शाम के भी नाश्ते का था और अपने स्वभाव के प्रतिकूल जब उन्होंने लाखन सिंह को डाँटने का प्रयत्न किया तब उसने उन्हें ऐसी निरीह, मूक और आँसुओं से धूमिल आँखों से देखा कि करुणा से अभिभूत हो वह चुप हो गए।

यही नहीं माली के अनगिनत बच्चे बाहर-भीतर आने-जाने लगे। इससे पहले साहब के डर से वे बग़ीचे में भी पैर नहीं रखते थे, पर जब से उन्होंने अपनी माँ से साहब के गऊपन की प्रशंसा सुनी थी, उनका डर जाता रहा। इसी के फलस्वरूप कभी-कभी उनके प्रिय गुलाब के फूल भी ग़ायब होने लगे।

मालिन और महराजिन की बहुत पटती थी, इसलिए रात को खाना बनाकर भी महराजिन अन्दर के खुले हुए बरामदे में बैठी रहती और अपने दो-एक छोटे बच्चों को लेकर मालिन पहले से ही आ बैठती। दोनों के कंठ स्वर और बच्चों की चीख़-पुकार से राजेश्वर जब उकता जाते तो वह किसी तरह भूख न होने पर भी खाना निगलकर दोनों को छुट्टी दे देते।

इसी तरह एक दिन, साढ़े छह बजे लौकी की तरकारी में डुबा-डुबा कुछ कौर उन्होंने निगल लिए और सबको छुट्टी दे दी। तब निश्चिन्तता से अपना पाइप जलाकर वह एक नई खोज के सूक्ष्म बिन्दु में तल्लीन हो गए।

उनके पेट में होती विचित्र-सी खरोचन से उनका ध्यान टूटा। तब पौने दस बजे थे। तब उन्हें याद आया कि प्रायः सारा दिन उन्होंने यों ही उल्टा-सीधा खाकर बिताया है। जमकर काम कर लेने से मन कुछ हल्का-हल्का हुआ था और वह कार निकालकर कहीं किसी होटल में खाने की तलाश में निकले। शहर के प्रसिद्ध सिनेमाघर से सटा हुआ एक होटल था, जहाँ का खाना उन्हें बहुत पसन्द था। उन्होंने कार उधर ही मोड़ी।

गुलबिया का जाना भी कौमुदी को उतना ही अखरा जितना की राजेश्वर को ठाकुर का। दूसरी नौकरानी उसे भी मिल गई, मगर वह बिल्कुल फूहड़ थी। फिर कौमुदी के मिले-जुले अतिथियों को देख उसके आश्चर्य की सीमा न रही। पाँच पुरुष और दो स्त्रियाँ, पर्दे के पीछे झाँककर उसने बेतकल्लुफ़ी का वह वातावरण देखा और जब कौमुदी अन्दर उसे चाय बनाने को कहने आई तो उसने विशेष अभिप्राय-भरी दृष्टि से उसे देखा। कौमुदी घुटकर रह गई, मगर कुछ मिनट बाद जब नौकरानी ने बढ़िया सेट की चायदानी के ढक्कन के तीन टुकड़े कर दिए तो क्रोध से लाल कौमुदी उँगली से बाहर जाने का रास्ता ही दिखा सकी। नौकरानी इतनी विस्मित हुई कि अवाक् ही दिखाए हुए रास्ते से चली गई। जाने के बाद जब किवाड़ अन्दर से एक क्रोधित भड़ से बन्द कर लिए गए तब उसने जाना कि वह सचमुच बर्ख़ास्त कर दी गई है। बन्द किवाड़ों से उसने कहा, "वाह रे नख़रे !" और अपनी राह चली गई।

उधर कौमुदी ने दूसरे बर्तन में चाय बनाई, बिस्कुट सजाए, फिर माथे पर आया पसीना पोंछकर ट्रे बाहर ले गई। यह शायद किसी ने भी ध्यान न दिया कि उसकी मुस्कान उतनी सहज नहीं है और साड़ी में सलवटें पड़ गई हैं।

इसी तरह कई नौकरानियाँ आई थीं जो बूढ़ी थीं, उनका काम कौमुदी के ऊँचे स्तर को न छू पाता था। शेष में कोई खाना ठीक न बना पाती तो कोई बर्तनों की शामत बुला देती।

उस शाम एक पुरानी सखी रागिनी के साथ कौमुदी सिनेमा गई थी। शाम ही को उसने अपनी छठी नौकरानी को अपनी ड्रेसिंग टेबल से बढ़िया सेंट की शीशी ग़ायब कर देने पर निकाल दिया था। इसलिए पिक्चर्स के बाद बाहर ही खाना खाने का इरादा था।

फ़िल्म समाप्त होने पर एकदम से रेस्तराँ भर जाता था, पर एक मेज़ रागिनी और कौमुदी को मिल गई। बात करते-करते रागिनी ने अचानक सामने देखा। एकदम उठी और कुछ सोचकर फिर बैठ गई। विस्मित कौमुदी से उसने कहा, "वह देखो, डॉ. राजेश्वर, मेरे टीचर रह चुके हैं।" उसके इशारे पर कौमुदी ने देखा और पाया कि रागिनी के एकदम उठने और बैठने ने उनका ध्यान आकर्षित कर लिया है।

कोई चारा न देख रागिनी ने नमस्कार किया और उसे पहचानकर देर से खड़े राजेश्वर धीरे-धीरे उसकी ओर बढ़ आए। रागिनी ने कौमुदी का और उनका परिचय कराया और ख़ाली कुर्सी पर बैठने का आग्रह किया। वे दोनों खाना समाप्त कर चुकी थीं। बेअरा ने आकर मेज़ साफ़ की और राजेश्वर का ऑर्डर ले लिया।

कौमुदी कुछ कौतूहल से राजेश्वर को देख रही थी। उसने पाया पास से वह अधिक आयु के नहीं लगते हैं। कनपटियों के पास बाल सफ़ेद हैं, जिन्होंने उनके व्यक्तित्व में कुछ गहराई और गाम्भीर्य बढ़ा दिया है। भौंहें घनी और काली, आँखें गहरी और मेधावी, पर कभी-कभी उनमें एक खोयापन आ जाता था और उनकी दृष्टि तैरती हुई-सी कहीं कुछ दूर देखने लगती। होंठ परिष्कृत और संवेदनशील व्यक्तित्व की ओर संकेत करते थे। हाथों की उँगलियाँ गोरी, लम्बी और पतली। उनके कुछ कहने से पहले एक क्षण सोचने की, फिर चुने हुए शब्दों में स्पष्ट करके बोलने की आदत, उनके सिर मोड़कर देखने का कोण उनके लम्बे अध्यापन का सूचक था।

कौमुदी और रागिनी कॉफ़ी पीती रहीं। रागिनी औपचारिक और कृत्रिम मृदु स्वर में उनके काम की बातें करती रही। और क्योंकि राजेश्वर के विशिष्ट व्यक्तित्ववाले ठाकुर से उनके

सभी छात्र परिचित थे, इसलिए साधारण बातें समाप्त करते हुए रागिनी ने ठाकुर के बारे में पूछ लिया। एक उदास-सी मुस्कान से राजेश्वर ने कहा, ''वह शादी कर अपने गाँव चला गया है।''

''अच्छा !'' फिर कुछ सहानुभूति से रागिनी ने कहा, ''तब तो बड़ा कष्ट होगा आपको।'' उत्तर में राजेश्वर फीका-सा मुस्कराए। इस बात ने कौमुदी के दिल का घाव कुरेद दिया। उसने एक लम्बी साँस ली। उसी क्षण उसने पाया कि राजेश्वर उसे देख रहे हैं, एक भेदक गहरी दृष्टि से ! एक पुरुष द्वारा यों देखे जाने पर कौमुदी के अनुभव में, पहली बार समझ में नहीं आया कि वह किधर देखे।

जब वह और रागिनी घर के लिए रवाना हुईं तो कौमुदी ने कहा, ''तुम्हारे प्रोफ़ेसर बड़े रोचक लगते हैं।'' तब रागिनी ने अभिभूत हो उसे बताया कि कितना धन उनके पास है, फिर भी कितने वे सरल हैं। वह कितने बड़े स्कॉलर हैं और उनकी लाइब्रेरी...बड़े-से लम्बे कमरे में किताबें ही किताबें। वहाँ जाकर अपनी नगण्यता का अहसास होता है और न जाने क्यों कभी यह नहीं लगा कि वे पुस्तकें पुरानी और बेकार हैं। हमेशा लगता था कि न जाने कितना ज्ञान का कोष छिपाए अनेक रहस्य हैं। एक पुराने जंग खाए सिक्के या टूटे हुए बर्तन के टुकड़े को लेकर हमारे आगे अपूर्व संस्कृति का चित्र खींच देते थे जैसे अतीत में जान पड़ जाती थी। कौमुदी ने कहा, ''वाह, भावों में इतनी बह सकती हो, यह मैं नहीं जानती थी, रागिनी।''

कुछ बुरा-सा मानकर रागिनी ने कहा, ''तुम जॉग्रफ़ी पढ़नेवाले यह क्या समझो।'' मृदुता से जिसमें काटता हुआ व्यंग्य था कौमुदी ने कहा, ''गड़े मुरदे उखाड़ना कभी मुझे प्रिय नहीं रहा।''

कौमुदी को राजेश्वर, खाना खाकर निकलने से पहले ही भूल चुके थे। ऊँचा जूड़ा बनाए, नीचे गले की ब्लाउज़ पहने, चेहरे पर मेकअप की परतें जमाए ऐसी युवतियाँ उन्होंने बहुत देखी थीं और अध्यापक होने के कारण सम्पर्क में भी आए थे। उनके सम्बन्ध में उनके अपने व्यक्तिगत विचार कुछ अधिक अच्छे न थे।

दशहरे की छुट्टियों में जब वह बाहर गए और ठाकुर न होने के कारण अलग दूर बँगला न लेकर एक होटल में ठहरे तो उनकी कौमुदी से फिर भेंट हुई। एक बार देख लेने पर वह चेहरा कभी भूलते न थे। इसलिए कौमुदी से सामना हुआ तो शिष्टता से उसे अभिवादन कर अपनी राह चले गए। कौमुदी को स्वप्न में भी ख़याल न था कि उन्हें उसकी याद होगी। इसलिए कुछ विस्मित, कुछ हर्षित वह उन्हें जाता देखती रह गई।

दूसरे दिन जब उसने देखा कि लंच के बाद राजेश्वर होटल के बड़े-से गार्डन में गुलाब की क्यारी के पास खड़े हैं, तो अपने बालों को चिकना कर, दोबारा जूड़ा बना, लिपस्टिक गहरी कर और सेंट उँड़ेलकर वह भी उधर ही गई और सामने आने पर जैसे अचानक सामना हो गया हो इस प्रकार अचकचाकर अभिवादन करते हुए कहा, ''ब्यूटीफुल रोजेज़ ! कितने प्यारे गुलाब हैं।'' राजेश्वर ने स्वीकृति में सिर हिलाया।

''मुझे क्रिमसन ग्लोरी हमेशा बहुत प्यारा लगता रहा है।'' गुलाब की गहरी लाल पंखुड़ियों को उन्हीं के रंग से मैच करती नेल पॉलिश लगी उँगली से प्यार से छूकर कौमुदी ने कहा।

तब राजेश्वर ने उसे ग़ौर से देखा। गुलाब का नाम उसे पता रहा होगा यह उन्होंने नहीं सोचा था।

लॉन पर उस समय सन्नाटा था। सुनहरी धूप दूर तक बिखरी हुई थी। उनके क़दमों से क़दम मिलाकर चलती कौमुदी से उन्हें किसी महँगे-से इत्र का कुछ तुर्शी लिए मीठा झोंका आया और पनसुटी की लाल पत्तियाँ भी धीरे से हिल उठीं।

"मैंने आपकी हाल ही में निकली किताब देखी थी, अब आप किस विषय पर लिख रहे हैं ?" कौमुदी ने पूछा।

"आप प्राचीन हिस्ट्री की विद्यार्थी रही हैं ?" राजेश्वर ने पूछा।

"जी नहीं।" हल्की खेदपूर्ण हँसी से कौमुदी ने कहा, "पर मुझे हिस्ट्री से सदा से शौक़ रहा है। विशेषकर प्राचीन इतिहास से। कुछ थोड़ा-बहुत समय मिलने पर पढ़ लेती हूँ।" साड़ी को हल्के छूते हुए, कुछ संकोच, विभ्रम, कुछ श्रद्धा, कुछ हर्ष-भरे स्वर में, आँखें उठाकर, आँखें झुकाकर कौमुदी ने उन्हें यह बता दिया कि उनसे भेंट उसके लिए बहुत महत्त्वपूर्ण घटना है।

राजेश्वर ने उसे दोबारा जैसे नई दृष्टि से देखा और उन्हें प्रतीत हुआ कि यह युवती औरों से भिन्न है। व्यक्तित्व में गहराइयाँ हैं। शिक्षित ही नहीं, सुसंस्कृत भी है और देखने में आकर्षक।

कौमुदी जैसे उनकी दृष्टि से अवगत न हो, दूर क्यारियों पर नज़र गड़ाए रही, पर वह जान रही थी कि नए बंगाली स्टाइल का केशविन्यास उसके मुख पर एक अव्यक्त-सा आकर्षण ला देता है, कि उसके चेहरे पर ताज़गी और मुलायमियत है। उसकी रूज इतनी हल्की और इतनी कुशलता से लगाई गई है कि वह कपोलों की स्वाभाविक हल्की अरुणाई लगती है। सफ़ेद सिल्क की साड़ी और गहरी नीली ब्लाउज़ का गहरा चौड़ा लाल बॉर्डर कोहनियों को छूता हुआ उन्हें और उज्ज्वल बना देता है।

राजेश्वर जब अपने कमरे में गए तो कुछ उद्विग्न थे। देर तक वह कुर्सी पर बैठे अशोक के शिला-लेखों पर आधे लिखे लेख को विचारपूर्ण नेत्रों से देखते रहे और फिर अधीर उलझे भाव से कुर्सी खिसकाकर पाइप लेकर तेज़ क़दमों से होटल से बाहर चले गए।

उन्हें लगता कि वह न जाने किन अनचीन्हे भावों में घिर गए हैं। उनका हर विचार सदा कौमुदी पर ही जाकर समाप्त होता था। कभी वह होटल छोड़कर जाने की सोचते, कभी उससे कोई सम्पर्क न रखने का निश्चय करते पर जिस क्षण उल्लसित और मुस्कराती कौमुदी साड़ी के आँचल से पीठ ढके और एक सिरा बाएँ हाथ से थामे उनकी ओर कुछ अधीर चपल पगों से आती, उनके सारे निश्चय बह जाते। उसके आकर्षण के आगे वह अपने को अत्यन्त अशक्त पाते। एक दिन जब पास बैठी कौमुदी ने गर्दन मोड़कर उनकी ओर देखा, उसकी आँखों पर प्रकाश की किरणें चमक उठीं। उसकी पतली, लम्बी और उजली गर्दन के नीचे जहाँ बलाउज़ का गला आरम्भ होता था उसके ऊपर के कोमल भाग पर अपने होंठ रख देने की एक अदम्य लालसा ने उन्हें अभिभूत कर दिया। उस समय वह कौमुदी को जर्मनी से मँगाए अलभ्य गुलाबों के बारे में बता रहे थे। उनकी बात अधूरी ही रह गई।

वह एक झटके से उठ खड़े हुए और अस्पष्ट शब्दों में कौमुदी से कुछ कह वह अपने कमरे में आए और बैठ गए। उनकी आँखें एक बार चारों ओर घूमीं—अलमारी, किताबों पर, मेज़ पर आसपास रखे पाइप, दियासलाई और चश्मे पर और एक गहरी साँस लेकर उन्होंने

सोचा कि वह क्या करने जा रहे थे। उनका अपना बँधा जीवन, वह बँगला, पढ़ना-लिखना, लाइब्रेरी और गुलाब के फूल, अपनी स्वतन्त्रता, यह सब एक ज़रा-सी भावनाओं पर बलि हो जाती। अपनी छात्राओं से वह सदा सतर्क रहते थे। पर कौमुदी के प्रति यह आकर्षण नितान्त अप्रत्याशित था।

और अपने तैंतालिस वर्षों के एकाकी, पर सुखी, सम्पूर्ण जीवन की रक्षा करने के लिए उसी रात वह वापस लौट गए। कौमुदी को पता न चले, इसलिए उन्होंने डिनर के बाद होटल छोड़ा। जाते समय उन्होंने एक बार विषाद, चैन और अपराध की मिली-जुली भावनाओं से होटल को देखा और फिर बढ़ आए।

यह पहला अवसर था जब कौमुदी को अपने घर लौटकर ख़ुशी न हुई। वह अब उसके लिए अपना अभेद्य दुर्ग नहीं रह गया था, बल्कि एक बन्दीगृह हो गया था, जहाँ प्यार का प्रकाश, स्नेह की स्निग्ध छाँह न थी। वहाँ एक ऐसा अकेलापन था, जिसे उसने पहले कभी महसूस नहीं किया था। उसकी शृंगार-मेज़ धूल से पटी हुई थी।

और अनेक मेकअप के उपादानों से हीन वह विचित्र रूप से ख़ाली-ख़ाली-सी लग रही थी।

कौमुदी आँसू न रोक सकी। विषाद के उमड़ते ज्वार ने नेत्र प्लावित कर दिए। कचोटती पीड़ा और गहरी पराजय की भावना से कौमुदी रोती रह गई। अपने पर क़ाबू पा लेने पर असमर्थ, धूल-भरी मेज़, ख़ाली पलंग, दीवार का कलेंडर और राजेश्वर के द्वारा भेंट की गई किताबें उसे निर्विकार निःसंग भाव से देखती रहीं।

राजेश्वर कौमुदी के लिए एक भारी चुनौती बनकर आए थे। उसकी पहचान के लोगों से भिन्न, उसके अस्तित्व से अपरिचित, कौमुदी को अपने पर गहरा अटल विश्वास था। वह सोचती थी कि अवसर पाने पर वह राजेश्वर को भी झुका सकती है। वह उसके सामने अशक्त-दुर्बल हो उठेंगे, और याचक बन उसकी कृपा-दृष्टि चाहेंगे। पर अब उसने जाना कि उसके बन्धन इतने दृढ़ न थे और वह पराजिता, खंडिता, दलिता रह गई थी, छोटे बच्चे की तरह सुबकते हुए कौमुदी ने सोचा कि उसका जीवन कितना खोखला, कितना निःसार है। पहली बार उसे अपने पर करुणा और अपिरिचित स्त्रियों से ईर्ष्या हुई। वे अपनी संकुचित परिधि में रानी थीं। उन्हें अपने जीने के लिए श्रम नहीं करना पड़ता था। उनका जीवन पति और बच्चों के स्नेह से सरस था।

कौमुदी ने विवश क्रोध से शेल्फ में पैर मार दिया। राजेश्वर द्वारा उसे भेंट की गई किताबें एक गम्भीर शब्द के साथ भूमि पर आ गिरीं और वह गहरे उपालम्भ से उसे देखने लगी।

राजेश्वर के लौट आने पर महराजिन, मालिन और लाखन आ उपस्थित हुए। पहले की तरह काम चलने लगा फिर भी पहले की तरह नहीं। राजेश्वर अपने पर काबू पा अपने काम में व्यस्त हो गए और कौमुदी के अस्तित्व को उन्होंने जड़-मूल से भुला डालना चाहा।

सर्दी बढ़ने से गुलाबों में नया रंग, नई सुगन्ध आ गई थी। दीवार पर चढ़ी पीली और सफ़ेद गुलाबों की लताएँ असंख्य कलियों और फूलों से ढँक गईं। दूर घनी गुड़हल की बाड़ के चिकने, गहरे हरे पत्तों में बड़े-बड़े लाल फूल चमकने लगे और क्यारियों में कहीं-कहीं नारंगी और पीले नैस्टेशियम चौड़े-चौड़े पत्तों से सिर निकाल झाँक उठे।

और एक दिन उन्होंने अपनी मेज़ पर एक काँच के नाज़ुक गुलदस्तों में क्रिमसन ग्लोरी की बड़ी-बड़ी अधखिली कलियों को रखा पाया। उस पर नज़र आते ही कौमुदी का सेंट, उसकी लम्बी बाँहें, उसकी गर्दन, उसके माथे पर गिर आए बाल और कन्धों पर ढुलक आया जूड़ा इतनी स्पष्टता से उनके आगे आया कि वह एक क्षण को तीव्र पीड़ा से मर्माहत हो उठे।

दोनों हाथों से मेज़ थाम उन्होंने चारों ओर देखा। उनकी किताबें, उनकी बरसों पुरानी आरामदेह कुर्सी, बदरंग गलीचा, उनकी मेज़ और खुली खिड़की से दिखता दूर तक लॉन और फूलों की क्यारियाँ, उनके लम्बे एकाकी जीवन के एक अंग जिन्होंने उसके जीवन में पूर्णता दी थी।

हृदय से हृदय और शरीर से शरीर का परिणय, विचारों का साम्य, घुटते अकेलेपन का अन्त, साथ ही महराजिन और मालिन की सत्ता से मुक्ति, उस क्षण राजेश्वर ने निश्चय कर लिया। कुर्सी पर बैठ उन्होंने कौमुदी को पत्र लिखना आरम्भ कर दिया।

विवाह के पाँच-छह महीने बाद राजेश्वर ने अपनी खिड़की पर खड़े होकर बाहर देखा। लॉन की घास तेज़ धूप से पीली पड़ चली थी। गुलाब की क्यारियों में फीके-फीके मुरझाए फूल थे। जाड़े के फूलों की क्यारियाँ खुदी पड़ी थीं और माली के बर्ख़ास्त कर दिए जाने के कारण उनमें कुछ बोया न जा सका था। कहीं-कहीं एक-दो हौली हॉक्स के लम्बे पेड़ धूल-भरे लाल फूलों को लिए खड़े दिखाई दे रहे थे, किनारे दो-तीन सूरजमुखी के पेड़ अपने-आप उग आए थे, और उनके चटक फूल राजेश्वर को उदासीन काली आँखों से देख रहे थे। सान्ध्यसूर्य की अन्तिम किरणों में सभी कुछ बहुत उदास लग रहा था।

उनके पढ़ने के कमरे में नया गलीचा था, जिस पर पाइप की राख झाड़ते हुए उन्हें संकोच होता था। छात्रावास से जो मेज़ उनके पास थी और जिस पर बैठकर उन्होंने कितनी किताबें लिखी थीं, पुरानी कहकर अपनी जगह से हटा दी गई थी। उसकी जगह लम्बी-चौड़ी शानदार चमकती हुई, उनके पद के अनुसार मेज़ आ गई थी। उनकी आराम-कुर्सी की जगह भी स्प्रिंगदार कुर्सी रख दी गई थी और अँधेरी स्टडी में उचित प्रकाश के लिए, फ्लोरोसेंट लाइट्स लग गई थीं।

शेल्फ पर जो किताबें थीं, कमरे की कलर स्कीम के अनुसार उन पर रंग-बिरंगी जिल्दें बँधवा दी गई थीं। और राजेश्वर को लगता कि वह कहीं नई जगह आ गए हैं। हर समय उन्हें लगता रहता था कि उनके शरीर के अंग काट डाले गए हैं। उनकी मेज़, उनकी किताबें, उनकी कुर्सी, उनका बग़ीचा, सब उनसे छिन गए हैं और तन्दुरुस्ती न ख़राब हो जाए, इसलिए मनमाना पाइप पीने पर प्रतिबन्ध लगा दिया गया है।

और उनका बड़ा शयनकक्ष, उनका पुराना पलंग, वहाँ भी नए पर्दे, नया सामान था। कौमुदी की शृंगार-मेज़ पर तरह-तरह की शीशियों, बोतलों और डिब्बों की कतारें थीं। कौमुदी की अनुपस्थिति में जिज्ञासावश उन्होंने एक-दो शीशियाँ उठाकर देखी थीं। स्किन फूड, क्लिंसिंग मिल्क, टिंटेड पाउडर-वेस, थोड़ा-सा तो भ्रम बना रहे, इसलिए उन्होंने और चीज़ें उठाकर नहीं देखीं।

अपने पुराने ढर्रे पर जीवन फिर से लौटा लेने को वह हर समय छटपटाते रहते। उनको लगता कि वह मकड़ी के जाले में घिरकर रह गए हैं, जिसके तार दूर से बहुत सुकुमार, बहुत

आकर्षक लगते हैं, पर, एक बार उसमें फँस जाने के बाद निष्कृति की कोई आशा नहीं रहती।

विवश उँगलियाँ अपने बालों में फेरते वह एक साँस लेकर खिड़की से मुड़नेवाले ही थे कि एक आकृति उनकी खिड़की के पास आकर बोली, "सलाम हुजूर।"

अचकचाकर उन्होंने पूछा, "कौन ?"

"हुजूर मैं हूँ ठाकुर। औरत का मन देहात में नहीं लगता, इसलिए लौट आया हूँ।"

# मोहबन्ध

ऊपर कमरे में अँधेरा-सा हो गया तो अचला नीचे चली आई। नीलू के कमरे का दरवाज़ा बन्द था, पर नीचे दरार से प्रकाश बाहर आ रहा था। गैलरी में बिछी मैटिंग से उसके पैरों की आहट दब गई। जब वह बैठक में आई तो देखा कि आग के पास, आरामकुर्सी पर अधलेटा-सा, तिपाई पर फैलाकर पैर रखे हुए राजन सो रहा है। पास की कुर्सी पर नीलू की पश्मीने की शाल लापरवाही से पड़ी हुई थी। उसे हटाते हुए अचला धीरे से बैठ गई। उँगलियों में उँगलियाँ फँसाकर उस पर ठोढ़ी टिका ली और सामने की दीवार देखने लगी। ये रंग की दीवार पर बड़ा-सा चाइनीज चित्र था—कुछ देर उसे देखा, नीली झील के ऊपर झुके हुए पेड़, कहीं हल्का नीला, कहीं सफ़ेद आकाश। सोते हुए राजन को देख, अचला को अचानक नीलू के पत्र की कुछ पंक्तियाँ याद आ गईं। तब नीलू अपना हनीमून मना रही थी, और उसने अचला को लिखा था—

"मैं बनती नहीं, अब तक मेरे जीवन में अनेक व्यक्ति आए और उनमें से कुछ के लिए मैंने थोड़ा-बहुत अनुभव किया ही। पर राजन के लिए मेरे दिल में जो कुछ है, वह उन भावनाओं से बहुत भिन्न और बहुत व्यापक और गहरा है। मैं उसकी गहराई से स्वयं ही डर जाती हूँ। राजन के सामीप्य के बाद मेरे मन में कुछ कचोटने लगता है कि काश, मैं अछूती और बेदाग़ इन बाँहों में आती—उन सुन्दर और असुन्दर चेहरों के प्रेत मुझे घेरा न करते। मैं सच कहती हूँ अचला, अगर कोई दिन ऐसा आया, जबकि मैंने राजन की आँखों में अपने लिए प्यार न पाया, उस दिन मैं मर जाऊँगी..."

अचला ने यह पत्र इतनी बार पढ़ा कि उसे अक्षर-अक्षर याद हो गया। फिर उसके टुकड़े-टुकड़े कर हवा में उड़ा देने पर भी उसे लगता रहा कि जैसे ये अक्षर उसके दिल पर लकीरों की तरह अमिट हो गए हैं।

कोयलों पर राख की पर्तें जमती जा रही थीं, कभी हवा चलती और पेड़ झुक-झुककर एक-दूसरे को छूने लगते। राजन सो रहा था, उसके मुँह पर एक शिशु की तरह सारल्य था।

दौड़ते हुए दो नंगे पैरों की आहट—और फिर अन्दर हॉल में नारंगी की आवाज़, "गाड़ी आ गई है, मेमसाब"। और दूर से नीलू का स्वर, 'अच्छा'। कुछ देर में नीलू अन्दर आई—अचला को देख हल्का-सा मुस्कराई। नीलू के अन्दर आते ही राजन ने आँखें खोल दीं और उठकर बैठते हुए पूछा, "कहीं जा रही हो ?"

नीलू के सेंट की सुवास से कमरा भर उठा।

"तुम्हें बताया तो था डार्लिंग—आज मीनू देसाई के घर डिनर है। क्लब के वार्षिकोत्सव

के लिए प्रोग्राम तय करना है।''

''वताया होगा, याद नहीं। पर जाना क्या ज़रूरी है ? अचला जब से आई हैं तुम रोज़ कही-न-कहीं ग़ायब रहती हो।'' राजन के स्वर मे तलख़ी थी।

''अचला कोई ग़ैर थोड़े ही है। तुम्हें एतराज़ है, डियर ?'' उसने अचला की ओर देखा। सदा की तरह नीलू छोटी बच्ची थी जिसे कोई कुछ देना अस्वीकार नहीं कर पाता।

''नहीं नीलू, मैं जानती हूँ कि तुम बहुत व्यस्त हो।'' मोरपंखी नीले रग की सिल्क की साड़ी के चौड़े जरी बॉर्डर को गोरी उँगलियों से ठीक करती नीलू ने राजन को मनाते हुए कहा, ''मैं जल्दी आने की कोशिश करूँगी। तुम अचला का ध्यान रखना, अच्छा, जाती हूँ।''

पर राजन ने मुँह फेर लिया और नीचे गिरी हुई पत्रिका उठाकर देखने लगा। नीलू एक पल ठिठकी–फिर कमरे से निकल आई। अचला उसके साथ आई। नीलू ने विचारपूर्ण मुद्रा से कहा, ''राजन को न जाने क्या हो गया है। यों ही नाराज़ होते रहते हैं। कितने दिन पहले से कह रखा था कि आज मुझे जाना है, अपना कुछ प्रोग्राम बना लेते। हफ़्तों से क्लब नहीं गए हैं। जब से तुम आई हो कभी उन्हें कहीं जाते देखा है ?'' फिर प्यार से कहा, ''तुम्हारा सिरदर्द अब कैसा है ? अपने को ज़्यादा मत थकाना।''

अचला उसके कानों में पड़ी लम्बी-लम्बी मोती की लड़ियों को देख रही थी। उसकी कल्पना दो क़दम आगे बढ़ गई–मिस्टर देसाई की आँखों की हसरत, मीनू देसाई की आँखों में ईर्ष्या–जो उसे नहीं जानते थे वे आपस में कानाफूसी करते थे–''वह कौन है, वह सुन्दर युवती ?'' वह मिसेज राजन हैं–''राजन एक लखपती मिल-मालिक का लड़का है। वह किसी महारानी की तरह लगती है।'' होंठों की लालिमा, मोतियों की आब–दक्षिणी सिल्क की साड़ी से झलकती शरीर की कमनीय रेखाएँ।

कार चली गई। जाने के बाद भी अचला बाहर ही खड़ी रही, हवा में ठंडक थी, तारों में चमक–उसकी साँसों में नीलू की सुगन्ध थी–और उसका दिल बुझा हुआ–न कामना, न ईर्ष्या, न दर्द। लॉन के कोने में युकैलिप्ट्स के दो बड़े-बड़े पेड़ अँधेरे में सिर ऊँचा किए खड़े थे–और दिन में लाल दिखनेवाले गुलाब काले पड़ गए थे। अचला का सिर फिर दुखने लगा और वह अन्दर वापस आ गई। खुले में बिना ओढ़े खड़े-खड़े उसके हाथ ठंडे हो गए थे, झुककर वह कोयलों के पास बैठ गई। राजन कमरे में नहीं था–वह कब आया, अचला ने नहीं जाना, उसे तो राजन की उपस्थिति का पता तब चला जब उसने नीलू की शाल अचला के कन्धे पर डाल दी। पश्मीने का नरम स्पर्श और गर्मी–वह चौंक पड़ी। पर जब राजन ने उसका चेहरा देखा तो पूछा, ''क्या बात है ? सिरदर्द अभी भी हो रहा है ?'' अचला ने स्वीकृति में सिर हिलाया।

''अपने कमरे में आराम करो। मैं नारंगी को भेजता हूँ। सिर दबा देगी।''

अचला शाल उतारकर रखने लगी। राजन ने कहा–''ओढ़े रहो, ऊपर जाकर भेज देना।''

नारंगी नीलू की आया की लड़की थी। अचला का सिर दबाते-दबाते वह बातें करती रही और अचला आँख बन्द किए 'हूँ-हाँ' करती रही। उसे रह-रहकर यह ख़याल आ रहा था कि इतने बड़े डाइनिंग रूम में राजन अकेले ही खाना खा रहा होगा।

अचला को लगता है कि जीवन ऐसे ही बीत जाएगा—और एक दिन मौत भी द्वार पर आ खड़ी होगी। उस अन्तिम क्षण अपनी ज़िन्दगी पर दृष्टि डालकर उसे लगेगा कि वह जैसे रोती-रोती आई थी, वैसे ही जा रही है। सूखे फूलों-सी, पुराने प्रेमपत्रों के पीले पड़े काग़ज़-सी कुछ स्मृतियाँ लिए हुए चली जाएगी। अचला के देखते-देखते ही सुजाता की शादी हुई, दो बच्चे हुए—और वह अचला से कहती रहती है—ज़िन्दगी बहुत छोटी है, बहुत मूल्यवान् है—भविष्य की ओर देखो—नारी की सृष्टि इसलिए नहीं हुई कि वह पुरुषों की समानता कर, लड़कियों को अर्थशास्त्र पढ़ाते-पढ़ाते काट दी जाए। सुजाता ने अचला के लिए एक सुयोग्य पात्र भी ढूँढ़ रखा था, पर अचला को लगता है कि उसके दिल में जो कुछ भी था, चुक गया है—अब वह कुछ महसूस नहीं कर पाती—साँसें आती हैं, दिल धड़कता है, पर ज़िन्दगी समाप्त हो गई है।

नीचे पोर्च में कार रुकने की आवाज़ आई। नीलू अब डिनर से लौटी थी। अचला ने अँधेरे में चमकती घड़ी की सूइयों को देखा, एक बजा था। उसके कमरे के आगे से दो जोड़ी पैर गुज़र गए। नाराज़ होने के बावजूद शायद राजन अभी तक नीचे बैठा नीलू का इन्तज़ार कर रहा था।

अचला का मन छटपटाने लगा, किसी को इतना अनुराग, सुख और मान, किसी के भाग्य में कुछ नहीं, रूप जीत जाए, प्यार हार जाए, उसने कम्बल खींचकर अपना शरीर ढँक लिया। सोने की चूड़ियों के बीच पड़ी दो काँच की चूड़ियाँ खन्न से बोलीं और बहुत दिनों पहले का एक सपना, एक याद दबे पाँव उसकी आँखों के आगे आकर खड़ी हो गई। अचला को लगा कि नीलू उसके पास ही पलंग पर लेटी है। कमरे में अँधेरा है, दोनों जाग रही हैं, पर दोनों मौन हैं। कमरे की खिड़की से बाहर इमली का पेड़ दिखाई दे रहा है और उसके पीछे धीरे-धीरे थका चाँद, अकेला आकाश का रास्ता पार कर रहा है। अचला ने मुँह में आँचल दबा रखा है—नीरव अश्रु उसकी कनपटियों से होकर तकिए पर गिर रहे हैं—निःशब्द क्रन्दन से उसका शरीर काँप रहा है। नीलू ने कुछ देर बाहर से आकर कपड़े बदले हैं—पन्ने के रंग की हरी साड़ी का पल्ला अब भी कभी-कभी हिल उठता है। और नीलू के तकिए के नीचे एक पत्र है—''मुझे इस बात की खुशी है कि मुझे प्यार भी मिला तो तुम्हारी-सी सुन्दर लड़की का—'' लिपि देवेन्द्र की है, पत्र नीलू के लिए। अचला मौन रो रही है, नीलू चुप है। रोज़ की तरह उसने लौटकर अचला से शाम की अपने साथी की बातें नहीं की हैं। पर अचला को मालूम था कि वह देवेन्द्र के साथ बाहर गई थी।

देवेन्द्र ने सहसा अचला की बाँह कसकर पकड़ ली और कहा, ''वह कौन है अचला ? उधर देखो, तुम्हें वेव कर रही हैं।''

अचला ने हाथ हिलाकर, उत्तर में वेव करते हुए मुस्कराकर कहा, ''नीलू—मेरे ही कमरे में रहती हैं।''

शहर में कुछ इंग्लिश एक्टर्स आए थे और वह उस रात शेक्सपियर का एक नाटक कर रहे थे। सदा की तरह अचला देवेन्द्र के साथ आई थी और नीलू अपने मित्र कुँवर इन्द्रजीत के साथ आगे रिजर्व सीट्स में बैठी थी।

''तो यह हैं तुम्हारी नीलू !'' देवेन्द्र ने प्रोग्राम से दृष्टि हटाकर एक बार फिर नीलू की

ओर देखा। कटे हुए बालों के फ़ैशन के बावजूद नीलू के बाल लम्बे थे—और इस समय उसने जूड़े में चाँदी का बड़ा-सा आभूषण लगा रखा था, जिसमें छोटे-छोटे घुँघरू लटक रहे थे। वह शौकिंग पिंक रंग की साड़ी पर काली शाल ओढ़े थी। इंटर्वल में अचला ने देवेन्द्र का परिचय उससे कराया। कुँवर इन्द्रजीत के पास मर्सीडीज कार थी, पर वह नाटे और भारी शरीर के थे। देवेन्द्र लम्बा था, दुबला—अब तक वह बराबर यूनिवर्सिटी में प्रथग आता रहा था, उसकी थीसिस की काफ़ी चर्चा हुई थी, अचला को नीलू पर भी गर्व था, देवेन्द्र पर भी। इंटर्वल ख़तम होने के बाद जब लौटने लगे तो देवेन्द्र ने कहा, "अब तो आपसे मुलाक़ात होती रहेगी।"

नीलू मुस्कराई, "हाँ, क्यों नहीं। अचला आपका ज़िक्र तो हरदफ़ा करती थी, अगर आज यहाँ न मिलते तो शायद शादी में ही मिलते।"

"किसकी शादी डियर ?" कुँवर इन्द्रजीत पूछ बैठे।

"अचला की।" नीलू अचला की ओर देखकर शरारत से हँसी।

"बड़ी खराब है नीलू !" वापस अपनी सीट पर बैठकर अचला ने देवेन्द्र से कहा। पर देवेन्द्र ने कुछ उत्तर नहीं दिया।

रात को अचला ने कहा, "तुमने ऐसा क्यों कहा नीलू ? अभी तो कुछ भी निश्चय नहीं है।"

नीलू अपने मुँह पर कोल्ड क्रीम लगाते हुए बोली, "बनो मत। जब से देवेन्द्र की यूनिवर्सिटी में नियुक्ति हो गई है, हवा में उड़ती रहती हो। मुझे बहुत अच्छे लगे तुम्हारे देवेन्द्र—तुम बहुत सुखी रहोगी।"

"सच नीलू ? मुझे विश्वास नहीं होता। अभी तक उन्होंने कुछ भी नहीं कहा।"

"पगली। साल-भर से रोज़ हाज़िरी देते हैं—घंटों बातें करते हैं—तो क्या यह सब केवल बौद्धिक मैत्री है।" नीलू ने अचला के दिल के कोनों में दुबकी विभिन्न आशंकाओं को सुनने से इनकार कर दिया। पर अचला सोचती रही। विवाह में तो कोई बाधा थी नहीं, उसके अपने एक वृद्ध पिता थे, देवेन्द्र भी घर में सबसे लाड़ला था। ऊपर से कुछ भी कहे, मगर अचला ने मन-ही-मन देवेन्द्र का घर सजाने की योजनाएँ बना ली थीं, आगे जो थोड़ी ऊबड़-खाबड़ ज़मीन पड़ी थी, उसमें बाग़ लगाने का मन था, नील काँटे की बाड़, एक गोल घेरे में गुलाब, सामने की दीवार पर चढ़ती हुई कुबेराक्षी की लतर, और फाटक के इधर-उधर इन्द्रबेला के गुम्बज। बेले के कुछ पेड़, जिसके फूल वेणी में लगाए जा सकें—उसने यह भी निश्चय कर लिया था कि अगर इन्हीं गर्मियों में देवेन्द्र विवाह करने को कहेगा तो वह फिर आगे फाइनल नहीं करेगी और वह जानती थी कि वह देवेन्द्र के साथ बहुत सुखी होगी। साल-भर पहले जबसे लाइब्रेरी में देवेन्द्र से उसका परिचय हुआ था, क़रीब-क़रीब हर शाम देवेन्द्र ने उसके साथ बिताई थी। अगर कभी आ न सका, तो फ़ोन अवश्य किया, कहीं शहर से बाहर गया तो उसे बराबर पत्र लिखता रहा, चाहे वह देवेन्द्र के साथ किसी शानदार रेस्तराँ में हो, या शाम के धुँधलके में यूनिवर्सिटी के पास निर्जन सड़कों पर टहलती हो, अचला की आँखें एक अलौकिक आन्तरिक उल्लास से दीप्त रहती थीं। उसे लगता कि नैकट्य के इन क्षणों में उन पर इन्द्रधनुष के रंग बरसते हैं, तारक धूलि झरती रहती है और जो कुछ उसने पाया है, वह अत्यन्त सुकुमार और स्पृहणीय है।

इसी तरह एक बार सिनेमा से लौटते हुए अचला ने कहा, "अगले हफ़्ते एक बड़ी अच्छी फ़िल्म आ रही है। उपन्यास मैंने पढ़ रखा है, चलेंगे न ?" कुछ क्षण चुप रहकर देवेन्द्र ने कहा, "मुझे इधर बहुत काम है अचला। शायद अब मैं काफ़ी दिनों तक बाहर न आ-जा सकूँ। और तुम्हें भी तो पढ़ना होगा।" अचला का एकदम फीका पड़ गया, मुख देखकर उसने हल्की-सी मुस्कान से कहा, "मैं महसूस करता हूँ कि मैंने तुम्हारे मूल्यवान् समय का बहुत बड़ा हिस्सा बर्बाद कर दिया। मैं नहीं चाहता कि मेरे कारण तुम अपनी प्रथम श्रेणी खोओ। अभी कुछ महीने हैं—कसकर पढ़ लो।"

अचला दाँतों से होंठ काटती हुई चुप रही। उसे स्वयं याद आ रहा था कि वह पढ़ाई में कितनी पिछड़ गई है।

"मैं तुमसे मिलता रहूँगा, मगर रोज़ नहीं। मुझे उम्मीद है कि तुम समझोगी, अचला।"

अचला अपने आँसुओं से लड़ रही थी। न जाने क्यों उसके आगे सहसा अन्धकार-सा हो गया था। उसने कहना चाहा कि वह प्रथम श्रेणी नहीं चाहती, पर साथ ही उसे यह भी लग आया कि देवेन्द्र यह नहीं समझेगा।

पर उसके बाद उसने किताबों की गर्द झाड़ी, पढ़ने का टाइमटेबल बनाया और अर्थशास्त्र की मोटी, नीरस किताबों में अपने को डुबाना चाहा। पर अक्सर उसका ध्यान भटक जाता और उन्मन हो पेंसिल दाँत से चबाती हुई वह बाहर देखने लगती। उसे शाम को भी पढ़ते देख नीलू ने कोई प्रश्न नहीं पूछा, इस पर कभी-कभी उसे आश्चर्य होता। नीलू हमेशा की तरह शाम को तैयार होकर बाहर जाती, पर कुँवर इन्द्रजीत की कार कम ही दिखाई देती।

पत्ते झरते रहे, सूनी, उदास हवा निर्जन सड़कों पर भटकती रही, अचला का मुख पीला होता गया—उसका जीवन एक लम्बी प्रतीक्षा बन गया था—उस पदचाप के लिए, जो सुनाई नहीं पड़ी, पत्र, जो नहीं आया; फ़ोन, जिसकी घंटी कभी उसके लिए नहीं बजी और एक दिन पास के कमरे की सुजाता उसके पास आकर बैठ गई और धीरे से बोली, "आज देवेन्द्र का फ़ोन आया था।"

चौंककर अचला ने कहा, "कब ? मुझे क्यों नहीं बताया ?"

"नीलू के लिए था।"

अचला अविश्वास से सुजाता की ओर देखती रह गई। फिर कहा, "क्या तुम्हें पक्का मालूम है ?"

सुजाता ने उसका चेहरा देखकर आँखें झुका लीं—फिर कहा, "नहीं, किसी और का होगा—मैंने फ़ोन उठाया तो मुझे पहचानी-सी आवाज़ लगी, तो मैंने सोचा। मगर देवेन्द्र क्यों नीलू को फ़ोन करेंगे ?"

"यही तो मैं भी सोच रही थी।"

उस रात नीलू लौटी तो अचला ने कहा, "नीलू, तुम्हें देवेन्द्र ने फ़ोन किया था ?"

जूड़े से काँटें निकालते हुए नीलू के हाथ स्थिर हो गए—"क्यों ?"

"यों ही पूछा मैंने।"

"नहीं तो," नीलू ने अचला की ओर देखा।

"सुजाता को भ्रम हुआ होगा। मैं सारी शाम इसी उलझन में पड़ी रही। तुम कहाँ गई थीं ?"

"कहीं नहीं—जरा-सा इधर-उधर।"

नीलू तौलिया लेकर बाहर चली गई, और जब बहुत देर में आई तो अचला सो चुकी थी।

कुछ दिन बाद अचला को कुछ डाक टिकटों की ज़रूरत पड़ी तो नीलू की अलमारी खोलकर उसने हमेशा की तरह टिकट ले लिये। जब लेटरपैड रख रही थी, तब एक लिफ़ाफ़ा उसके पैरों के पास आ गिरा। झुककर उठाते हुए उसने देवेन्द्र की लिपि पहचान ली। बिना कुछ सोचे हुए वह पढ़ने लगी—पहले उसे अपने पर विश्वास न हुआ और जब विश्वास हुआ तो कितनी ही छोटी-छोटी बातें, जो उसे परेशान करती रही थीं एकाएक स्पष्ट हो गईं—नीलू, सुजाता, देवेन्द्र—'और मुझे प्यार भी मिला तो तुम्हारी-सी सुन्दर लड़की का' देवेन्द्र ने लिखा था। होस्टल के पीछे बाँसों के पेड़ थे—उन्हीं की पीली, चुभीली पत्तियों पर अचला जाकर औंधी पड़ गई। हवा में बाँस सरसराते रहे—एक अज्ञात पक्षी रह-रहकर बोल पड़ता, पर उसके उत्तर में कोई आवाज़ नहीं आती।

अचला को सुजाता जबर्दस्ती बाज़ार ले गई थी। लौटकर वह थकी हुई, कमरे के आगे की सीढ़ियों पर—खम्भे की आड़ में बैठ गई। तभी कमरे का परदा हिला, और देवेन्द्र तेज़ी से बाहर आया। उसका मुख देखकर अचला का दर्द फिर हरा हो आया। हल्का-सा अँधेरा था, मगर फिर भी उसे लगा कि देवेन्द्र की आँखों में आँसू हैं। आँधी की तरह जब देवेन्द्र सीधा देखता हुआ उसके पास से गुज़रा तो अचला के कंठ से रुँधी हुई पुकार निकली, 'देवेन' और उसने उठना चाहा—पर सुजाता ने कसकर उसकी बाँह पकड़ ली और जब तक अचला ने अपने को छुड़ाया, तब तक देवेन्द्र गेट से बाहर जा चुका था। अचला की गोद में रखा और उठने से गिर गया ओवल्टीन का डिब्बा, हर सीढ़ी से टकराकर ठक-ठक करता हुआ नीचे आ गिरा। अचला की चीख़ निकलने से पहले ही सुजाता ने मुँह पर हाथ रख दिया और उसे अपने कमरे में ले जाकर लिटा दिया। उस दिन के बाद अचला ने देवेन्द्र को फिर नहीं देखा।

डॉक्टर ने राय दी कि अचला को घर चले जाना चाहिए, क्योंकि वह नर्वस ब्रेकडाउन की सीमा पर थी। जिस सुबह वह जा रही थी, उससे एक रात पहले नीलू, सुजाता के कमरे में अचला के पास झिझकी हुई आई थी। बिना कुछ कहे उसने अचला के पलंग की पट्टी पर सिर रख लिया और बच्चों की तरह रोने लगी !

"मेरा कुछ दोष नहीं था अचला—मेरी बात पर विश्वास करो..." टूटे शब्दों में वह कह पाई।

अचला के जाने के बाद भी नीलू उसे पत्र लिखती रही। आगे उसने नहीं पढ़ा और अपने माता-पिता के साथ वह विदेश भ्रमण को चली गई। अचला ने उसके बाद दूसरी यूनिवर्सिटी से एम.ए. किया—उसके पिता बहुत चाहते रहे कि उसका विवाह कर दें पर अचला ने नहीं माना। अब छह-सात साल बाद उसका अपना छोटा-सा घर था, गुलाब भी थे और नीलकाँटा भी। पर बेले के फूल वेणी में नहीं लगाए जाते थे, खिलते थे और झर जाते थे।

अगली सुबह जब राजन नाश्ते के लिए नीचे आया तो नीलू नाश्ता खत्म कर कॉफ़ी पी रही थी। उसने सफ़ेद रंग की सिल्क की साड़ी पहन रखी थी और गहरे नीले रंग का शाल ओढ़ा

हुआ था। वह सुबह के फूलों-सी ताज़ी लग रही थी, टोस्ट पर जेम लगाते हुए राजन ने पूछा, ''आज का क्या प्रोग्राम है ?'' और पहले नीलू, फिर अचला की ओर देखा—अचला का मुँह कुम्हलाया हुआ था और उसकी आँखों के नीचे काली परछाइयाँ थीं।

''आज किशनपुर जाना है।'' नीलू ने अपराधी जैसी मुद्रा से कहा।

''ओ-ऽ-ऽ...'' राजन ने कहा, फिर अचला से कहा, ''देखा न, हमारी नीलू कितनी व्यस्त रहती हैं। कभी क्लब का डिनर है, कभी कल्याण कार्य के लिए किसी पिछड़े हुए गाँव में जाना है, कभी विमेंस लीग की मीटिंग है। अगर नीलू और इनकी तरह अकर्मण्य साथिनें यह सब न करें तो देश का उद्धार कैसे हो ?''

''तुम समझने की कोशिश क्यों नहीं करते, राजन ! मैं एक दायरे में बँधकर नहीं रह सकती,'' नीलू ने कहा।

''तुम्हारा घर में रहना बन्धन है ?'' राजन ने पूछा। स्थिति गम्भीर होती जा रही थी। नीलू ने राजन की रोषभरी मुद्रा को देखकर, कुछ फीकी हँसी हँसते हुए अचला से कहा, ''यह चाहते हैं कि मैं घर में रहूँ। कुत्ते पालूँ, बाग़ देखूँ और उन पर चर्चा करूँ जैसे कि सब करते हैं। मुझसे नहीं होता। बेहद ऊब जाती हूँ।''

फिर उसकी नज़र घड़ी पर गई, उठती हुई बोली, ''मैंने मिसेज़ कादिर को आठ बजे उनके घर से लेने को कहा था। आठ तो यहीं बज गए।'' जाने से पहले उसने अनुनय-भरी दृष्टि राजन पर डालकर कहा, ''कल से मैं कहीं नहीं जाऊँगी। सच। फिर घर में अचला भी तो है। तुम अकेले तो नहीं हो।'' राजन चुपचाप अपनी कॉफ़ी पीने लगा, उसने नीलू की बात की उपेक्षा कर दी। एक क्षण खड़े रहने के बाद नीलू चली गई। कार स्टार्ट हुई और चली गई। डाइनिंगरूम में निस्तब्धता रही। फिर राजन ने पूछा, ''अब सिर-दर्द कैसा है ?''

''सुबह तो कम रहता है। दोपहर को बढ़ जाता है।'' अचला ने कहा।

फिर मौन। फिर राजन बोला, ''नीलू इतनी व्यस्त रहने लगी है कि मैं अक्सर बिल्कुल अकेला रह जाता हूँ। मुझे लगता ही नहीं कि घर में मेरी पत्नी भी है।''

''आप भी क्लब चले जाया कीजिए,'' पिछली रात की बात याद कर अचला ने कहा।

''जब सोचता हूँ कि लौटकर इसी अकेले घर में आना पड़ेगा तो कहीं जाने का मन नहीं होता।'' फिर कुछ रुककर पूछा, ''अचला, क्या नीलू को मैंने बहुत स्वतन्त्रता दे रखी है ?''

उस प्रश्न पर अचला ने कुछ मुस्कराकर कहा, ''नीलू को अगर आप बाँधकर रखेंगे तो वह नीलू नहीं रहेगी।''

''नहीं, दोष मेरा ही है। मैंने शुरू से ही उसे बहुत बिगाड़ दिया। जो उसने चाहा, दिया, कभी राह में नहीं आया। पर अब सोचता हूँ कि मैंने ठीक नहीं किया।'' फिर अपने को ही समझाते हुए बोला, ''मगर नीलू की इच्छाओं की अवज्ञा करता भी तो कैसे ? मैं सबल, समर्थ होने के मद में रहा और वह अवश बनती हुई, जो चाहती करती गई।''

राजन ने अचला की ओर देखा, उसके होंठ विद्रूपमय मुस्कान से कुटिल हो आए।

''और अब मैं सिर्फ़ वह व्यक्ति हूँ, जो उसे शान-शौक़त में रख सकता है। मेरा काम तो बस, उसके नाम आए, लम्बे बिल चुकाना है। मैं उसके जीवन में गौण हो गया हूँ।''

"जहाँ तक नीलू का प्रश्न है, उसके आगे सभी गौण हो जाते हैं," अचला ने कहा।

अचला की बात की ध्वनि से राजन चौंका।

दोनों हाथों की उँगलियों को एक-दूसरे में फँसाकर, तीक्ष्ण दृष्टि से अचला को देखते हुए उसने कहा, "मुझे सब मालूम है और उसके लिए मैं नीलू को दोषी ठहराता हूँ।"

"शायद नीलू का दोष इतना न था, जितना," अचला नाम लेने से पहले एक पल रुकी, "कि देवेन का।"

"पर अचला। इस वक़्त कह ही दूँगा क्योंकि यह बहुत दिनों से सोचता आया हूँ—वह यह कि तुम क्यों डिकेंस की पात्री मिस हैविशम की तरह, ज़िन्दगी नष्ट कर रही हो। उसी अतीत में रहकर, स्मृतियों के घेरे में भटकती हुई देवेन्द्र-से दुर्बल मनुष्य के लिए इतना सब क्यों ?"

सोच में डूबी हुई अचला ने कहा, "क्योंकि दुर्बल तो मैं भी हूँ। अपने दर्द से मोह-सा हो गया है।" उसकी उँगलियाँ चम्मच को निरुद्देश्य घुमा-फिरा रही थीं।

"यह बेकार बात है," राजन ने बड़ी ही स्पष्टवादिता से कहा। अचला ने चौंकी हुई आँखें उठाईं और बहुत धीरे से कहा, "और—मैं फिर आहत नहीं होना चाहती। मुझे डर लगता है।"

चौंकने की बारी राजन की थी, "डर लगता है ? पर सभी पुरुष देवेन्द्र नहीं होते। ज़रा सोचो, जीवन की लहर तुम्हारे पास से टकरा-टकराकर लौटी जा रही है और तुम किनारे खड़ी हो। तुम्हारे साथ समस्या यह है कि तुम सोचती बहुत हो। सोचो मत और सीधे, बेझिझक नदी में कूद जाओ।"

"डूबने के लिए ?"

"उहुँक। बचने के लिए। जियो तो पूरी तरह जियो, हर क्षण जियो।"

"पर मैं तो निर्जीव हूँ—पूरी तरह मृत।"

चुप राजन अचला की ओर सीधी, अविचल दृष्टि से देखने लगा। अचला के हाथ एक असहाय मुद्रा में उठकर गिरे और उसने बहुत विवशता-भरे ढंग से कहा।

"हाँ, सच..."

"तुम्हारे लिए देवेन्द्र उपयुक्त नहीं था। तुम्हें चाहिए एक ऐसा पुरुष, जो तुम्हें समझ सके, तुम्हारी कमज़ोरी को अपना बल दे। तुम्हारे शब्दों में, तुम्हें प्राणदान दे। जब तुम ऐसे व्यक्ति से मिलोगी, तो तुम अपने-आप उसे पहचान लोगी। तुम्हारे यह बदलते हुए मूड, सिरदर्द, सब यों, चुटकी बजाते हुए ग़ायब हो जाएँगे। अच्छा, हटाओ इन सब बातों को। आज पिकनिक पर चलोगी ?"

"पिकनिक पर ?" चम्मच छोड़, अचकचाकर अचला ने पूछा।

"हाँ, पिकनिक पर।" राजन अचला के अचानक यों पकड़े जाने पर मुस्करा उठा।

"पिकनिक पर तो मैं बरसों से नहीं गई।"

"तभी तो।"

अचला कमरे में लौटी। राजन की बातों से उसे सहसा, जो धक्का-सा लगा था, उससे वह अभी सँभल नहीं पा रही थी। राजन को वह कितना सीधा, भिन्न प्रकार का व्यक्ति समझे थी। राजन ने उसे इस तरह देखा-परखा है, इस पर उसे आश्चर्य था। उस मुस्कराते बाह्य

के पीछे इतना समझनेवाला व्यक्ति है, उसकी इतनी सूक्ष्म अन्तर्दृष्टि है ? उसने नई दृष्टि से, राजन की दृष्टि से अपने को देखा। उसे राजन की इस स्पष्टवादिता पर थोड़ा-सा रोष हो आया। और उसी मनःस्थिति में उसने कपड़ों की तह में दबी एक चटक रंग की साड़ी निकालकर पहन ली। बालों को बाँधा, माथे पर गोल बड़ी-सी कुमकुम की बिन्दी लगाई। आए कहीं के मिस हैविशम कहनेवाले, जैसे सिर्फ़ उनकी नीलू ख़ूबसूरत है। अचला एक क्षण रुक गई, कितना अपरिचित-सा लग रहा था उसका चेहरा—और उतने ही अचीन्हे थे रोष और राजन को ग़लत प्रमाणित कर देने के वह भाव।

राजन ने उसे ऊपर से नीचे तक देखा, कार में बैठने से पहले गुलाब की एक कली तोड़कर उसे पकड़ा दी। अचला देर तक उसे सूँघती रही और फिर बालों में लगा ली। न उसने पूछा, न राजन ने बताया कि वह कहाँ जा रहे हैं।

तीव्र गति से जाती कार में अचला का मन उड़ने लगा। मन हो आया कि कार चलती ही रहे, बाल उड़-उड़कर माथे पर आते जाएँ, हवा गालों, गले को गुदगुदाती रहे, साड़ी का आँचल रह-रहकर फड़फड़ा जाए। उस क्षण अचला वर्षों की निद्रा के बाद धीरे-धीरे जागी, कुहासा भेदकर उसकी आच्छन्न चेतना लौटी। उसे लगा कि उसका हर रोम फिर से साँसें लेने लगा है। वह जीवित है। उसने मुड़कर राजन को देखा। पहली बार देखा एक नए बोध से राजन का गोरा चेहरा; माथे से ऊपर सँवारे गए बाल, उसकी घनी भौंहें, सामने सड़क को देखती सीधी आँखें—उसकी नाक, उसके होंठ, उसकी ठोड़ी में हल्के-से गढ़े का आभास, उसकी कमीज़ का बढ़िया कालर, उसकी मैरून टाई, स्टीयरिंग ह्वील पर रखे हाथ, लम्बे गोल नाख़ून, उँगलियाँ—बाईं कलाई में घड़ी, जिसकी सेकंड की सुई अचला के हृदय की गति के साथ आगे बढ़ रही थी। बहुत बरसों बाद अचला ने किसी पुरुष को इस तरह देखा।

"इतने ग़ौर से क्या देख रही हो, अचला ?" राजन ने पूछा लिया।

अचला हड़बड़ा गई, "आपके माथे पर यह दाग़ कैसा है ?"

"बचपन में गिर पड़ा था। बहुत शैतान था मैं।" राजन ने बताया। कुतुबमीनार के पास पहुँचकर राजन ने कार रोकी। एक छायादार वृक्ष के नीचे राजन ने सामान उतारकर रख दिया। छोटी-सी शतरंजी बिछाकर अचला ने खाने का सामान लगा दिया। कई तरह के सैंडविच, फल, मेवे, थर्मस में गर्म कॉफ़ी। खा-पीकर राजन कुछ दूर टहलता हुआ निकल गया और सामान समेटकर एक किनारे रख अचला वहीं लेट गई, बाँह का तकिया लगाकर। अधखुली आँखों से नीला आकाश, कुतुबमीनार पर चढ़ते बच्चे देखती रही। पत्तों से छनकर आती धूप उसके शरीर को हल्का-हल्का सेंक रही थी। अचला के मन की गाँठों का कसाव ढीला होने लगा। उसने मानसिक कपाट बन्द कर लिए और उस क्षण कुछ भी न सोचना चाहा। चाहा कि इसी तरह हरी घास पर, लेटी रहे। मन सोए, पर इन्द्रियाँ जागें—आँखें देखती रहें आकाश का नीलापन, कुतुबमीनार की ईंटों की लाली। बच्चों का शोर, सड़क से गुज़रती भारी बसों की घर्र-घर्र कानों में पड़ती रहे। हाथ दुखने लगा तो उसने बिना सोचे ही, पास में उतारकर रखा राजन का कोट सिर के नीचे लगा लिया। करवट ली, तो उसकी साँसों में बरसों बाद पुरुष शरीर की अपनी विशिष्ट गन्ध भर गई, तम्बाकू, पसीने और अनाम हल्की-सी सुगन्ध, सूखी धरती पर पानी की पहली बौछार-सी चिर प्रिय, चिर नूतन। अचला को जैसे किसी भूले गीत की कड़ी याद आ गई। उसके आगे फिर देवेन्द्र आ खड़ा हुआ,

वह झटके से उठ बैठी। राजन का कोट ठीक से तह किया। बाल ठीक किए और साड़ी की सलवटें मिटाने लगी। तब तक राजन भी आ गया। उसे तैयार देखकर पूछा, "वापस चलें ?"

"चलिए !" अचला उठ खड़ी हुई।

दोनों के मध्य सुखद मौन था, बिना कहे, बिना जाने, दोनों के सम्बन्ध में कुछ परिवर्तन आ गया था। न राजन नीलू का पति मात्र रहा था, न अचला नीलू की मित्र। नीलू को बीच से हटा, दोनों एक-दूसरे को पहचान रहे थे।

बदली फिर घिर आई। लगातार कई दिनों से रह-रहकर ऐसे ही बादल बरसते जा रहे थे, थोड़ी बूँदें पड़ जातीं, ठंडक बढ़ जाती। थकी नीलू अपने कमरे में सो रही थी। अचला ने उसकी शाल उठाकर ओढ़ ली और बाहर चली आई। ठंडी हवा के झोंके से पहले तो उसके रोएँ खड़े हो गए, पर बाद में उसे वह स्पर्श बहुत प्रीतिकर लग उठा। हल्की-हल्की बूँदें पड़ रही थीं। अचला ने मुँह ऊपर किया—बूँदें कभी माथे, कभी आँखों पर आ-आकर गिरने लगीं। कहीं कुछ शब्द न था, केवल पत्तियों की सरसराहट और अचला के अपने दिल की धड़कन। अचला ने कन्धों पर शाल कस ली—पर उसका मन हो रहा था कि यों ही खड़ी-खड़ी भीगती रहे—

"अचला..." पीछे से राजन का कंठ सुन वह चौंकी। "क्या कर रही हो अचला ?"

"टहल रही हूँ।"

"इस पानी में ? सर्दी लग जाएगी।"

"आप भी तो बूँदों में खड़े हैं।"

"मेरी बात कुछ और है।"

"और क्या ?"

"मैं पुरुष हूँ। स्वस्थ और सबल।"

अचला मुस्कराई; "बड़े स्वस्थ और सबल। मैं कौन कम हूँ ?"

"वह तो मैं जानता हूँ।" राजन के स्वर से चौंक अचला उसे अविश्वास से देखती रह गई, फिर वह मुड़ी और घर की ओर चलने लगी।

"बस—इतने से ही डर गईं। देख लिया तुम्हारा साहस..." राजन ने हँसकर कहा। अचला ने पाया वातावरण का तनाव अचानक ही कम हो गया है।

"चैलेंज कर रहे हैं। चलिए उस खम्भे तक चलेंगे।"

"चलो।"

हवा का वेग अचानक ही बढ़ गया। अचला की शाल का कोना बार-बार उड़ने लगा। उसकी धोती बार-बार पैरों में उलझने लगी। सड़क पर अँधेरा-सा था, कभी-कभी कोई मोटर या टैक्सी निकल जाती। बिजली के खम्भे तक पहुँचते अचला थक गई। दिन में पेड़ के नीचे एक लड़का साइकिलों की मरम्मत किया करता था। उस वक़्त भी उसकी बेंच रखी थी और पेड़ के नीचे होने के कारण अपेक्षाकृत सूखी थी। अचला उसी पर बैठ गई। राजन ने उस बेंच को दृढ़ रखने के लिए अपना पैर उठाकर रख लिया। कुछ दूर खम्भे का प्रकाश अचला के भींगे मुँह पर पड़ रहा था। अचला अपना मुँह पोंछने लगी। राजन ने देखा उसके पीछे

गालों पर झुकी पलकें और बरौनियों की वक्र पंक्ति, उसके चेहरे की आर्द्र स्निग्धता।

"एक बात कहूँ, अचला ?"

"कहिए।" उसने आँखें ऊपर कर राजन को देखा।

"तुम्हें कभी किसी ने बताया है कि तुम सुन्दर हो।"

अचला ने उसकी आँखों में जो पाया उससे वह स्तब्ध, मौन रह गई।

"तुम सुन्दर हो, अचला। बहुत सुन्दर।" राजन ने कहा।

उसकी प्रतिध्वनि-सा एक दूसरा कंठ कह उठा, "नीलू, मुझे प्यार भी मिला तो तुम्हारी-सी सुन्दर लड़की का..."

अचला ने होंठ भींच लिए। राजन ने एक बहुत सुन्दर क्षण के जादू को तोड़ दिया था।

अचला राजन की आँखों के भाव पहचान रही है। धुली पत्तियों से फिसलकर बूँदें उस पर टपक जाती हैं। अचला के मन में कुछ चक्कर काटने लगता है। पानी में भीगी चमकती सड़क, दूर-दूर तक कहीं कोई नहीं, सिर्फ़ वह और राजन—और तब नीलू ने जो कुछ भी उसके साथ किया, उसकी पीड़ा अचानक मिट गई। वह नीलू से बहुत बड़ी, बहुत ऊपर हो गई। वह मुक्त हो गई है उस शाप से, उस कचोट के बन्धन से, क्योंकि राजन की आँखों ने उससे कहा है कि वह सचमुच सुन्दर है।

राजन की स्थिर, अचंचल दृष्टि से अचला की आँखें बँधकर रह गईं। पारिजात पुष्पों-सी कोमल सुवासित बूँदें उस पर झरती रहीं। राजन की हथेलियाँ ठंडी हैं, अचला का शरीर उस स्पर्श से थरथराने लगता है—उसकी झिझकती उँगलियाँ आगे बढ़कर उसके माथे का दाग़ छूती हैं। 'अचला'—राजन का रुद्ध कंठ उसे पुकारता है।

और मैंने सोचा था कि मैं मर चुकी हूँ। अचला के मन में यह विचार कौंध गया। अचानक ही जब राजन उसके इतना निकट था, उसके आगे दो आँसू-भरी आँखें आ गईं। उसे लगा कि बाँसों की चुभीली पत्तियों पर लेटकर, कोई अभी-अभी रोया है, उसकी सिसकियाँ अब भी वातावरण में भटक रही हैं। असीम सुख के उस क्षण में भी अचला ने स्पष्ट रूप से अनुभव कर लिया है कि इस मोहबन्ध को तोड़कर उसे जाना ही है क्योंकि वे भीगी आँखें उसकी अपनी हैं।

# पैरम्बुलेटर

तब कालिन्दी की नई-नई शादी हुई थी। एक शाम को वह परमेश्वरी के साथ घूमने गई, और बाज़ार में इधर-उधर दो चक्कर लगाकर वे बाद में पार्क में एक बेंच पर जा बैठे। थकी कालिन्दी ने झुककर देर से गड़ता हुआ सैंडिल का बकसुआ ढीला कर दिया और एक लम्बी साँस छोड़कर बेंच से टिक गई। परमेश्वरी ने अपने घुटनों पर रूमाल बिछा दिया, और ज़ेब से एक मुट्ठी मेवा उस पर रखता हुआ बोला, ''खाओ !'' कालिन्दी की उजली आँखों में कभी-कभी लाज के डोरे उभर आते थे। अब तक खुल्लम-खुल्ला सबके सामने पति के साथ आज़ादी से बैठने की आदी नहीं हो पाई थी। वह शर्मीली आँखें उसने उठाकर एक बार परमेश्वरी को देखा, फिर एक काजू उठाकर मुँह में डाल लिया और आँखें सामने गड़ा दीं।

हवा में ठंडक आ गई थी। जाड़े के फूलों में कलियाँ फूट चुकी थीं और पनसुट्टी के झुरमुट में बड़े-बड़े लाल फूल झूम रहे थे। कुछ दूर पर कुछ बच्चों की गाड़ियाँ खड़ी थीं, और तीन-चार आयाएँ आपस में बैठकर बातें कर रही थीं।

परमेश्वरी ने भी उधर देखा, फिर ज़रा-सी मुस्कराहट उसके होंठ छू गई। ''तुम्हें भी ख़रीद दूँ एक पैरम्बुलेटर ?''

कालिन्दी कानों तक लाल हो गई। सायास आँखें उठाकर परमेश्वरी को देखा। ''हटिए, बड़े ख़राब हैं आप !'' और थोड़ा दूर खिसककर बैठ गई। परमेश्वरी हँस दिया और उसकी दुष्टतापूर्ण हँसी कालिन्दी के दिल में हिलोरें लेती रही।

कुछ महीनों बाद, जब घर का काम समाप्त कर कालिन्दी थकी-सी अपनी चारपाई पर लेटी तो परमेश्वरी ने कहा, ''एक बात सोचता हूँ।'' कालिन्दी के कान चौके में काम करती महरी पर लगे थे। बर्तन माँजने की आवाज़ बन्द हो गई थी, कहीं चीनी न निकाल ले डिब्बे से, सोचते हुए कालिन्दी ने कहा, ''हूँ ?''

''दफ़्तर के जोशीजी की बदली हो गई है।'' फ़ालतू सामान निकाल रहे हैं। बच्चे की गाड़ी भी है, सस्ती मिल जाएगी।'' चौके में नल गिरने लगा था, और बर्तन धोने की आवाज़ आई, इसलिए पूरा ध्यान परमेश्वरी की ओर दे उसने कहा—''नहीं भाई, हम पुरानी चीज़ें नहीं लेंगे।''

''तो फिर जाने दो। मैंने तो वैसे ही कहा था।'' यह कहकर परमेश्वरी चुप हो गया।

कुछ देर चुप रहने के बाद कालिन्दी ने कहा, ''एक बात हो सकती है, वो रुपए रखे हैं न, उनसे नई ख़रीद लें।''

बिना उत्साह दिखाए परमेश्वरी बोला, ''रहने दो। तुम तो कानों के लिए कुछ बनवाने

को कह रही थीं।''

पर कालिन्दी उठकर बैठ गई थी। उसकी आँखें उत्साह से चमक उठीं, ''ओह ! बाली बुन्दों का क्या होगा ? हम तो गाड़ी ही लेंगे। एक चीज़ हो जाएगी घर में। रुपयों का तो पता ही नहीं लगता, जाने कहाँ ख़र्च हो जाते हैं। सुनिए न, तो कल ही चलकर ले लें ?''

उसकी अधीरता पर परमेश्वरी को हँसी आ गई। ''कल क्यों ? चलो आज ही ख़रीद लें, अभी दुकान खुली ही होगी।''

''आपको तो बस, हँसी ही सूझती है। जाइए, हम नहीं ख़रीदते गाड़ी-आड़ी। बस ख़ुश।'' और कालिन्दी रूठ गई और रूठी ही रही। परमेश्वरी के कई बार कहने पर भी गाड़ी पसन्द करने नहीं गई। लाचार परमेश्वरी अपने-आप ही ख़रीद लाया, तब लाख प्रयत्न करने पर भी रोकने से कालिन्दी की आँखों से हँसी फूट पड़ी। जल्दी-जल्दी उसे चारों तरफ़ से देख डाला, फिर मुग्ध होकर बोली—''कैसी प्यारी है, कैसा अच्छा-सा रंग, कैसे पहिए, कैसे सुन्दर हुड। अब तो इसके नाप की गद्दी बनानी पड़ेगी, हैं न ?''

और उस क्षण परमेश्वरी को लगा कि अब जीवन में उसे कुछ और नहीं चाहिए। उसने आसमान छू लिया है। पुलकित कालिन्दी और आनेवाले शिशु की प्रतीक यह गाड़ी अब कुछ दिन बाद इसमें लेटा नन्हा-मुन्ना घर में परिवर्तन ले आएगा। उसी की आवश्यकता पर दोनों को नई चर्या बनेगी। फिर बैठना सीखकर इसमें से झाँका करेगा। सारे घर में उसकी हँसी, उसकी किलकारियाँ प्रतिध्वनित हुआ करेंगी।

और गाड़ी का हैंडिल पकड़े कालिन्दी सोच रही थी, अब मैं इसमें नाप की गद्दियाँ सीऊँगी, छोटे-छोटे तकियों पर रंग-बिरंगे फूल बनाऊँगी। उसकी आँखें परमेश्वरी की आँखों से मिलीं और दोनों अपने-अपने सपनों की अमूल्य निधि को सँजोए मुस्करा दिए।

छोटा-सा घर था, सीमित आय, पर कालिन्दी वहाँ की रानी थी। काम-धन्धा समाप्त कर लेट जाती और कभी-कभी कुछ करते-करते भी हाथ रुक जाते और एक गोल-सा चेहरा आँखों के आगे आ जाता, उसकी पीठ पर भार देकर ठुनकता हुआ, उसके हर काम में विघ्न डालता हुआ। जितनी बार कमरे में जाती एक नज़र गाड़ी का ज़रूर डाल लेती। उसके दिन एक मधुर, उत्सुक आशा में बीतते जा रहे थे।

परमेश्वरी को तब ऑफ़िस में कुछ देर हो गई थी। छुट्टी पाकर मज़े में कुछ गुनगुनाता हुआ वापस लौट रहा था। घर के बाहर बरामदे में साइकिल टिकाकर ज्यों ही दरवाज़े पर हाथ लगाया, अन्दर से खुल गया।

दरवाज़े पर पड़ोसी केशव बाबू की लड़की थी, उसे देखकर बोली—''अम्माँ के संग भाभी अस्पताल गई हैं, आप जैसे ही आएँ वैसे ही जाने को कहा है।'' कुछ देर चुप रहकर परमेश्वरी ने यह बात ग्रहण की। फिर कहा, ''अच्छा जाता हूँ।''

चन्दा ने कहा—''नाश्ता कर लीजिए, भाभी निकालकर रख गई हैं।'' परमेश्वरी भूखा था, मगर कहा—''नहीं, पहले वहाँ हो आऊँ।'' परमेश्वरी ने साइकिल उठाई, तेज़ी से पैर चलाए और आगे बढ़ा। एक ओर तो उसे आह्लाद पुलका जाता था, दूसरी ओर कई चिन्ताएँ थीं। माँ को बुलाया था, वह आ नहीं पाई थी। पता नहीं कालिन्दी कैसी होगी ! अस्पताल पहुँचकर उसने इधर-उधर पता लगाया, तब चन्दा की माँ आई। परमेश्वरी को देखकर उन्होंने

तुरन्त आँचल आँखों पर रखकर ऊँ-ऊँ करना शुरू कर दिया !

हकलाकर परमेश्वरी ने पूछा, ''क्या बात है ?'' तब उन्होंने बताया कि ''कालिन्दी ने एक मृत कन्या को जन्म दिया है।''

कालिन्दी फिर धीरे-धीरे सिसकने लगी थी। परमेश्वरी ने मुट्ठियाँ भींच लीं, और निश्चेष्ट पड़ा रहा। बग़ल की कोठरी से कुछ खटपट की आवाज़ आ रही थी, फिर रानी का बच्चा रो पड़ा, और रानी उसे चुप कराने लगी।

परमेश्वरी लेटे-लेटे सब कुछ सुन रहा था। एक भारी पत्थर-सा दिल पर रखा था, और कालिन्दी है कि रोती ही जा रही थी। परमेश्वरी ने हाथ बढ़ाकर उसका हाथ पकड़ लिया और कहा—''चुप हो जाओ। क्या बचपना करती है ?''

कालिन्दी चुप रही। बच्ची गई तो गई ही, ऊपर से नाते-रिश्तेदार, टोला-पड़ोस, सास-ननद, सबने थोड़ा दुःख मनाकर, बाद में कहा—''चलो भगवान की इच्छा। लड़की न रहने का क्या दुःख है। परमेश्वरी के गले की फाँसी बन जाती, पाप ही कटा।'' पर कालिन्दी क्या करे ? वह नन्हे-नन्हे कपड़े, वह नरम तकिए, वह धुली-धुली चादरें, और कमरे के कोने में खड़ी गाड़ी, हरेक चीज़ किसी की प्रतीक्षा में। परमेश्वरी यह सब क्या समझेगा ? वह तो खुलकर, चीख़कर रो भी न पाई। उसके निरन्तर उदास रहने पर ही सास ने कह दिया, ''मेरे दस बच्चों में छह जाते रहे, मैंने तो ऐसा दुःख कभी नहीं मनाया।''

बरामदे में बैठी अपने लड़कों को तेल लगाती रानी ने कहा—''अरे अम्माँ, हम भला बाल-बच्चों की क्या ममता जानें। इनकी तो सारी बातें निराली हैं।''

कालिन्दी चुप रही।

अपने दो महीने के बच्चे को एक सूती चादर में लपेटकर मेहतरानी दरवाज़े पर उसे लिटा काम करने लगी तो कालिन्दी एक क्षण उस बच्चे को देखती रही। तेल से तर बाल, कानों तक काजल लगी बन्द आँखें, चिपटी नाक, छोटे-छोटे अंग, गुलाबी हाथ और सिकुड़े-सिकुड़ाए पैर।

कालिन्दी ने जाकर बक्स खोला, और अपने बनाए कपड़ों की गठरी ले जाकर बिना कुछ कहे मेहतरानी को दे दी। छलछलाती आँखें लेकर अपने कमरे में पड़ी रही। आशीषें देती हुई मेहतरानी जब एक-एक कपड़ा खोलकर देखने लगी, तो पुकारकर माँ को सुनाते हुए रानी ने कहा—''हमारे लल्लू के लिए तो एक टोपा भी न बुना गया उनसे।'' चौके में सास रानी के पसन्द की तरकारी बनाने गई थी, वहीं से देख रही थी। उत्तर में उन्होंने पानी की एक बाल्टी ज़ोरों ने खड़काई और कढ़ाई उतारकर खट्ट से ज़मीन पर पटक दी।

कालिन्दी सुन रही थी।

फिर एक दिन रानी ने गाड़ी पर अपने लल्लू की गद्दी बिछाई और अपने नौकर के साथ घूमने भेज दिया। फिर गाड़ी अपनी कोठरी के सामने ही खड़ी करवा ली। अब उस पर लल्लू का राज था, उसी का हैंडिल पकड़कर खड़ा होता और एड़ियों के बल उचकता रहता। अगर कभी लुढ़ककर नीचे जा गिरता तो उसकी नानी लपककर उसे उठातीं और कहतीं—''यह मरी नासपीटी गाड़ी लल्लू का प्राण ही ले लेगी।''

अपनी बड़ी-बड़ी आँखों से कालिन्दी सब देखा करती।

भाभी को देखने आई हुई रानी ने जब सवा महीने बाद चलने की तैयारी की, तो परमेश्वरी उसे पहुँचाने जा रहा था। सामान बटोरते हुए उसने पूछा, ''हाँ भइया, ये गाड़ी कैसे चलेगी ?''

परमेश्वरी ने कहा—''बुक करा लेंगे।''

रानी उसका रुख देखकर ख़ुश होकर बोली—''हाँ लल्लू को बड़ा आराम रहेगा। उसकी आदत पड़ गई है। फिर यहाँ तो बेकार ही पड़ी रहती है।''

कालिन्दी चौके के दरवाज़े पर जा खड़ी हुई। और कम्पित कंठ से कहा—''गाड़ी तो, बीबी, नहीं जाएगी।''

रानी और परमेश्वरी ने चौंककर उसे देखा और कुछ अप्रतिभ होकर रानी बोली—''लल्लू के लिए... ।''

कालिन्दी चुप खड़ी रही। उस अचानक आ गए तनाव के बीच परमेश्वरी की माँ गरज उठी, ''कैसे नहीं जाएगी। आई वहाँ से, जा रानी ले जा, देखें क्या करती हैं ?''

कालिन्दी वापस चौके में लौट गई। गीली पलकों से धुएँ से गहरी काली दीवार को देखा और फिर चमकते, धुले बर्तनों की पाँत को, जो नीरव, निश्चल सब कुछ देख रहे थे। खुली अलमारी में रखे चीनी के डिब्बे पर से असंख्य चीटियाँ बड़ी संलग्नता से चढ़-उतर रही थीं। एक गहरी, सूखी सिसकी उसे हिला गई और उसने असहाय, विवश आँखें छत की ओर उठाईं, जो वहाँ की पुरानी काली घन्नियों से टकराकर नीचे जा झुकीं।

बाहर मुँह फुलाए रानी अपने कपड़े तहा रही थी। परमेश्वरी चुप था। सास अपनी कोठरी में चली गई। एक विचित्र से, बनावटी सन्नाटे ने सबको घेर लिया था। परमेश्वरी को कालिन्दी पर क्रोध आ रहा था। घर का मालिक वह था, उसे बीच में बोलने की क्या पड़ी थी। रानी को बेकार ही नाराज़ कर दिया, गाड़ी ले ही जाती तो क्या था।

सामान बँध गया। गाड़ी बरामदे में खड़ी रही, उपेक्षित-सी, अपमानित-सी। हैंडिल में लल्लू का जो झुनझुना झूलता था वह रानी ने उतार लिया था, बस काला डोरा लटक रहा था। वह एक झुनझुना मात्र ही उतर जाने से लुटी-सी लग रही थी।

परमेश्वरी ने पूछा, ''गाड़ी नहीं बाँधी, रानी ?''

चलने के लिए रेशमी साड़ी पहने, सिन्दूर की बिन्दी लगाए रानी तैयार खड़ी थी। उपेक्षा से बोली—''उँह, रहने दो भइया, लल्लू की उमर बड़ी हो, उसे पच्चीसों गाड़ियाँ मिल जाएँगी।''

परमेश्वरी ने जाते समय कालिन्दी की तरफ़ देखा भी नहीं। जब ताँगे के पहियों की आवाज़ सड़क के कोलाहल में डूब गई तब भी कालिन्दी मर्माहत नेत्रों से दरवाज़े पर टिकी खड़ी रही।

कुछ दिन बाद सास भी अपने छोटे लड़के के पास चली गई, और घर में रह गए परमेश्वरी और कालिन्दी। बहुत प्रयत्न करने पर भी कालिन्दी पहले-सी नहीं हो पाई थी। अब उसकी आँखों में गहरा गाम्भीर्य आ गया था, जिसमें कभी-कभी दर्द के डोरे उभर आते थे।

परमेश्वरी ने मुँह सिकोड़कर कहा, ''तुम भी किस चक्कर में फँसी हो ? आजकल कोई पढ़ा-लिखा आदमी इन बातों पर विश्वास नहीं करता।'' फिर भी उसने अपने हाथ बाबाजी

के प्रसाद के लिए बढ़ा दिए। भर्त्सनापूर्ण दृष्टि से कालिन्दी ने उसे देखते हुए एक अमरूद और दो बताशे उसे दे दिए। फिर मन्द स्वर में कहा—"तो वह सारे लोग बेवक़ूफ ही हैं, जो उन्हें घेरे रहते हैं ?"

अमरूद के फीकेपन पर मुँह बनाते हुए परमेश्वरी ने कहा, "दुनिया में बेवक़ूफ़ों की कमी है ?"

"अच्छा तो उन बेवक़ूफ़ों में मैं भी सही," कुछ बुरा मानकर कालिन्दी ने कहा, और अन्दर चली गई।

परमेश्वरी गम्भीर हो आया। कालिन्दी पर उसे पहले हँसी आई थी, फिर क्रोध, और अब गहन करुणा। पास-पड़ोस में आए ही दिन किसी-न-किसी के बच्चे की छठी-बरही हुआ करती थी। पहले कालिन्दी कहीं जाने के नाम से ख़ुश हुआ करती थी, फिर धीरे-धीरे उदासीन होती गई। और अब किसी के घर बच्चे होने का समाचार सुन उसकी आँखें दुखी हो जाती थीं, मुख पर छायाएँ घिर जाती थीं।

परमेश्वरी ने भी मन-ही-मन एक अभाव-सा महसूस किया था, पर कालिन्दी के दुःख का पूरा अहसास उसे तब हुआ जबकि पड़ोस में मुंशीजी के पाँच लड़कियों के बाद लड़का होने के उपलक्ष में रतजगा था। कालिन्दी बहुत जल्दी ही लौट आई और साड़ी बदलकर लेट गई। रात के अँधेरे में जब सारा कोलाहल डूब गया, तब ढोलक की ढप-ढप और सम्मिलित स्त्री कंठों का बेसुरा गीत स्पष्ट सुनाई पड़ने लगा। कुछ देर बाद परमेश्वरी ने पाया कि कालिन्दी ने तकिए में मुँह गड़ा लिया है। उसके पुकारने पर भी वह चुप रही और नीरव क्रन्दन से उसका शरीर काँपता रहा।

परमेश्वरी ने धीरे से बहलाते हुए कहा, "क्या बात है ? हूँ ? बताओ ?" तब कालिन्दी ने पतले, काँपते, पर तीव्र स्वर में कहा—"तुम क्या जानो ? तुम क्या समझो ? सुनना तो मुझे पड़ता है।"

परमेश्वरी चौंक-सा गया, फिर कहा—"क्या सुनना पड़ता है ? कौन तुमसे कुछ कहता है ? कोई तुम...कोई...तुम..." और प्रयत्न करने पर भी वह यह उच्चारण न कर सका कि तुम वन्ध्या तो नहीं हो।

उसका बढ़ा हुआ हाथ कालिन्दी ने झटक दिया। परमेश्वरी तब चुपचाप उठा, और दरवाज़ा खोल बाहर आ गया। यहाँ गीतों की एकरस आवाज़ कुछ धीमी थी। सड़क किनारे पेड़ एकदम शान्त थे, और धीमी बत्तियों पर दो-एक पतंगे मँडरा रहे थे। आसपास घरों की बत्तियाँ बुझ गई थीं, और सड़क पर अपनी दुकान बन्द कर पानवाला घर जा रहा था, और उसके भारी जूते सड़क पर खट-खट करते जा रहे थे। दूर, एक इक्का जर्जर काया खड़खड़ाता जा रहा था, जिसका घोड़ा थके हुए पैर उठा रहा था और कोचवान रह-रहकर खाँस उठता था।

अगर वह लड़की ज़िन्दा रहती तो कम-से-कम सात बरस की होती। परमेश्वरी ने सोचा। अब तक स्कूल भी जाने लगती।

फिर दरवाज़ा बन्द करता हुआ अन्दर आया।

बाँहें आँखों पर रखकर कालिन्दी निश्चल लेटी थी, परमेश्वरी उससे कुछ नहीं बोला।

ताल के स्थिर जल में एक पत्थर जा गिरा, और उसकी हिलोरों ने दोनों के जीवन में भारी परिवर्तन ला दिया। परमेश्वरी की नौकरी छूट गई और अवसन्न कालिन्दी ने सब ओर आँख फैला-फैलाकर देखा, कोई सहारा नहीं दिखा। ससुराल में परमेश्वरी का छोटा भाई था, उसी की तरह मामूली-सी नौकरी, माँ को भी साथ रखता था। मायके में दो भाई, आठ बहनें, अपने पास ऐसा कुछ नहीं कि साल-दो-साल कट सकें। पर परमेश्वरी ने ढाढ़स दिया। पढ़े-लिखे आदमी को कुछ-न-कुछ काम तो मिल ही जाएगा। पर दिन बीतते गए। परमेश्वरी को नौकरी नहीं मिली।

एक दिन पानी-सी पतली दाल और उसके साथ रोटी खाते-खाते उसने कालिन्दी की ओर देखा, वह दीवार का सहारा लगाए चिन्ताकुल बैठी थी। काली आँखों पर पलक छाए थे, दुबले मुँह पर अब भी लावण्य की क्षीण आभा थी। परमेश्वरी के गले में कौर अटकने लगा। कहा—"बिशन बाबू हैं न, उन्हें गाड़ी की ज़रूरत है, मैंने कहा—नई ही है, तो राजी हो गए।" कालिन्दी ने एक आर्त्त चीत्कार से कहा—"नहीं, नहीं, मैं गाड़ी नहीं बेचूँगी। उसके हाथ एकमात्र आभूपण अपने गले की चेन के काँटे से उलझने लगे। "इसे ले लो; पर गाड़ी नहीं।" लाकेट के मोती बिजली के प्रकाश में एक क्षण चमके...परमेश्वरी ने सिर झुका लिया, "जाने दो, मैंने तो यों ही कहा था," और उठ गया।

आठ साल बाद शिशु के आगमन का समाचार सुन परमेश्वरी के होंठ विद्रूप की हँसी से कुटिल हो गए। इस बार प्रसव के लिए कालिन्दी को घर जाना पड़ा। उसके आभरण रहित अंग और पीला उदास मुख देखकर उसकी माँ की आँखों में अपने-आप पानी भर आया। पर कालिन्दी को वहाँ विचित्र-सी राहत मिली, भाई-बहनों की हँसी में वह अपनी अगणित चिन्ताएँ भूल-सी गई। पर उठते-बैठते, काम करते-करते उसे परमेश्वरी का ख़याल आ जाता, कैसे होंगे, क्या खाते होंगे, कितनों का रुपया देना है, कैसे दिया जाएगा। फिर आनेवाला शिशु...पर उन सबके बावजूद उल्लास की एक नन्ही-सी हिलोर उठती और उसके मन-प्राणों को तरंगित कर जाती। और जब माँ ने उसके पास उसके नवजात शिशु को लिटाया तो कालिन्दी सब कुछ भूल गई, सारी पीड़ा, सारी चिन्ताएँ, दिल के ऊपर जमी हुई गहरी काली काई, उसके एक कोमल स्पर्श से न जाने कहाँ तिरोहित हो गई। उसने धीरे से बच्चे के काले बालों को उँगली से छुआ और उसकी आँखें देखकर पास बैठी बहन को लगा जैसे स्वच्छ जल पर चाँद की किरणें फिसल गई हों। बच्चा निवाड़ के पुराने पालने में लेटा रहता था। कालिन्दी को लगता कि अगर गाड़ी होती तो कैसा अच्छा रहता। वह भी हैंडिल में एक रंग-बिरंगा खिलौना लगा देती और बच्चा अपनी काली-काली पुतलियों से उसे देखता रहता।

फिर जैसे बर्फ़ के बीच एक फूल खिल जाए, ऐसा ही कालिन्दी को लगा, जब उसे परमेश्वरी का पत्र मिला कि नौकरी मिल गई है। है तो साठ रुपए की, पर कालिन्दी चाहे तो आ जाए। कालिन्दी माँ के यहाँ रहते-रहते ऊब गई थी, सो चलने की तैयारी की।

पर परमेश्वरी के पास पहुँचने का सारा उत्साह फीका पड़ गया। घर एक गन्दी-सी गली में था, सीलन-भरी कोठरी, खिड़की खोलने से धूप कम, पड़ोस का धुआँ अधिक आता था, आगे खपरैल का एक बरामदा; यह घर था। परमेश्वरी बिल्कुल दुबला हो गया था। गालों की हड्डियाँ उभर आई थीं। सामान के नाम पर दो चारपाई और बेंत की दो कुर्सियाँ थीं। बच्चे को चारपाई पर लिटाकर कालिन्दी चुपचाप कुर्सी पर बैठ गई, फिर जब परमेश्वरी की

आँखों से दृष्टि मिली तो परमेश्वरी ने सायास मुस्कराते हुए कहा, ''आपकी गाड़ी रखी है। दो दिन पहले तक माथुर साहब माँग रहे थे। पर अब तो हक़दार थे। मैंने मना कर दिया।''

''अच्छा किया,'' उसने धीरे से कहा।

न जाने सफ़र से, या कि ऐसे ही, बच्चे को शाम ही को बुख़ार आ गया। कालिन्दी उसे दाबे-ढाँके रही। सोचा, ठीक हो जाएगा, नन्ही-सी जान है। दूसरे दिन परमेश्वरी अस्पताल ले गया, दवा दिला लाया। बच्चे ने कुछ मुँह बिगाड़कर पी, कुछ उगल दी। तीसरे दिन भी बुख़ार रहा तो मकान मालकिन की बताई दवा कुछ पीस-कूटकर पिलाती रही। फिर भी बुख़ार नहीं उतरा। चौथे दिन शाम को थका-थकाया, पैबन्द लगे जूते घसीटता परमेश्वरी घर में घुसा तो कालिन्दी ने रोकर कहा—''यह तो जाने कैसी साँस ले रहा है। जाओ किसी को बुलाकर लाओ।'' परमेश्वरी वापस गया और एक डॉक्टर को लेकर आया। डॉक्टर ने एक नज़र अँधेरे, घुटे कमरे पर डाली, फिर बच्चे की परीक्षा करके कहा—''ठंड लगने से निमोनिया हो गया है, आप लोग घबड़ाइए नहीं।''

फिर उन्होंने नुस्ख़ा लिखकर कहा—''यह इंजेक्शन है, लाकर लगवा लीजिएगा।''

बटुए की तह में कहीं दबाया हुआ पाँच का नोट निकालकर कालिन्दी ने उसकी फ़ीस दी। हाथ में नुस्ख़ा लिए खड़े हतबुद्धि परमेश्वरी ने कालिन्दी की तरफ़ देखा। एक गहरा अँधेरा उसे घेरने लगा। वह दरवाज़े की ओर बढ़ा और रुक गया, उसकी उँगलियों ने ख़ाली ज़ेब छुई और शिथिल हो गई।

कालिन्दी ने बच्चे को गोद में लेकर अच्छी तरह ढँक दिया और काँपते कंठ से कहा—''खड़े क्या हो ? गाड़ी लेकर जाओ और कहीं बेचकर दवा ले आओ।'' और आँखों पर आँचल रख लिया।

# कच्चे धागे

पड़ोसिन जीजी बहुत व्यस्त दिखीं। कुछ उलाहने से बोलीं, ''अब आई हो कुन्तल ? कब से तुम्हारा इन्तज़ार कर रही थी।''

''आ नहीं सकी, कल मुन्नी को बुख़ार था।'' कुन्तल ने कहा।

''अरे, वह पर्दे तो दर्ज़ी ही सी देता, पर मैंने सोचा कि उसका क्या ठिकाना, वक़्त पर दे न दे,'' कहती-कहती जीजी पर्दों का कपड़ा निकाल लाईं, ''ऊपर के कमरे में जाकर दरवाज़े का नाप ले लो।''

कुन्तल ऊपर गई। कभी न खुलनेवाला कमरा इस वक़्त धुला, पुँछा चमक रहा था। जो खिड़की नीचे कुन्तल के आँगन में खुलती थी, उसके सामने मेज़, कुर्सी रखी थीं। मेज़ पर फूल, टेबललैम्प, कुर्सी पर मोटी गद्‌दी। कुन्तल को खिड़की से नीचे झाँकते देख आँगन से बिट्‌टी ने पुकारा—''जीजी—ओ ऽ-ऽ-ऽ जीजी।

कुन्तल मुस्कराई, फिर पुकारकर कहा, ''आलू उबलने को रखे हैं, उतारना मत भूलियो, नहीं तो आके हड्‌डी-पसली एक कर दूँगी।'' जीजी तो यों धमकाया करती हैं। बिट्‌टी फिर अपनी गुड़िया को लहँगा पहनाने लगी।

कुन्तल जब खिड़की, दरवाज़ों के नाप लेकर नीचे आई तब तक सिलाई की मशीन निकलवाकर रख दी गई थी। कुन्तल ने क़ैंची से पर्दे के नाप के अनुसार काटते हुए पूछ ही तो लिया—''कौन आ रहा है, जीजी ?''

जीजी पास आकर बैठ गई, ''भइया है मेरा, छोटा, आज शाम को आ रहा है।''

कुन्तल ने सूई में डोरा डाला, ''अच्छा ? कितना बड़ा है ?''

जीजी हँसीं, ''बाईस-तेईस बरस का होगा। कोई बच्चा थोड़े ही है। फिर भी हम सबके लिए तो बच्चा ही है। चार बहनों में अकेला भाई है।''

जीजी सन्तानहीन थीं। पति बिज़नेस करते थे। घर में सभी कुछ था। मशीन की खट-खट उस सन्नाटे को छोटे-छोटे टुकड़ों में तोड़कर बिखराती चली गई। ''पढ़ने में बड़ा होशियार है। हमेशा फ़र्स्ट आता रहा। यहाँ भी कलेक्टरी का इम्तहान देने आ रहा है। दो-एक महीने मेरे पास ही रहेगा।''

कुन्तल को आगे पढ़ने की अपनी तीव्र आकांक्षा याद आई। उसने मशीन और तेज़ी से चलानी आरम्भ कर दी।

जीजी कहे जा रही थीं—''हाँ—और किसका है यह सब, उसी का तो है, पर मानता नहीं, कहता है कि पहले नौकरी, फिर शादी। लाख कहती हूँ कि शादी कर लो, बहू आएगी उसका

भी भाग्य होगा...''

जीजी को कोई भूली बात याद आ गई—''अरे कुन्तल, तुम्हारी शादी का क्या हुआ ?''

कुन्तल शरमा गई। दाहिने कन्धे पर गिरा पल्ला खींचकर उसने सिर ढँक लिया।

''अरे, बताती क्यों नहीं ?'' उमाचरन बाबू बातचीत कर रहे हैं या नहीं ?''

''क्या मालूम, जीजी,'' कुन्तल ने आँखें झुकाकर कहा।

''बड़ी क़िस्मतवाली होगी तुम्हारी सास। इतनी गुनी बहू किसे मिलती है।''

जीजी के कंठ में बड़ी सच्ची प्रशंसा थी। कुन्तल ने मुस्करा आए ओठ दबा लिए। उसने चटपट दोनों पर्दे सी दिए। उन्हें जीजी को देती हुई बोली—''कुछ और काम हो तो कहिए।''

''आज तो बस यही काम था, बहना'' जीजी प्रसन्न हो गई, ''फिर फुर्सत मिले तो बताना। इतनी बड़ी गृहस्थी में कुछ न कुछ काम निकल ही आता है।''

''कुन्तल अपने घर आई तो पाया कि भाई, बहन व मोहल्ले के बच्चे छत पर शोर मचा रहे हैं—उन्हें चुप करती हुई बोली—''टिन्नू, जाकर बाहर गली में खेलो। ख़बरदार, जो आज से कोई छत पर गया और शोर मचाया।''

सब बच्चों को गली में बाहर कर कुन्तल ने मन में सोचा कि वह बेचारे तो पढ़ने को आएँ, और यहाँ यह राक्षस पढ़ने न दें।

रात को जब वह बर्तन इकट्ठे कर नल के पास बैठी तो उसने देखा कि पड़ोस की खिड़की में से प्रकाश झर रहा है। तो आ गए वह, उसने सोचा और न जाने क्यों वह एक विचित्र-सी उत्कंठा से भर उठी।

अगले दिन जब वह बहाना खोजकर पड़ोसिन जीजी के घर गई तो उनके कमरे में उनका भाई नाश्ता कर रहा था। मेज़ पर तरह-तरह की मिठाइयाँ, मेवे और फल थे। उस वक़्त कुन्तल सब कुछ भूलकर सोच उठी, अगर बिट्टी, मुन्नी और टिन्नू इन जीजी के घर पैदा हुए होते तो...

''यह कुन्तल है, सिद्धार्थ, हमारे पड़ोस में रहती है, मेरी बहुत मदद करती है,'' जीजी ने कहा। ''बैठो, कुन्तल, खड़ी क्यों हो ?''

शरमाई-सी नमस्ते कर कुन्तल बैठ गई। कुछ देर नीचे फ़र्श की ओर देखती रही, फिर आँखें उठाकर सिद्धार्थ को देखा—गोरा रंग, चौड़ा माथा, घुँघराले बाल...

''...बना देना,'' जीजी कह रही थीं।

''हूँ ?'' कुन्तल ने पूछा।

''मैं कह रही थी कि सिद्धार्थ को सेवई बहुत पसन्द है, मुझे तो फ़ुर्सत कहाँ है, नौकर भी सारे हरामख़ोर हैं। तुम बना देना,'' जीजी ने बात दोहरा दी।

कुन्तल ने कहा, 'अच्छा,' और चूल्हे पर चढ़ी दाल की याद कर उठ खड़ी हुई।

अपने घर की टूटी, दीमक खाई चौखट पर खड़े होकर उसने दरवाज़े पर अवश हाथ टिका सब कुछ देखा। मकड़ी के जालों से भरे कई साल से न पुते हुए बरामदे की मटमैली, बदरंगी दीवारें, दो बल्लियों पर सधा हुआ खपरैल का छप्पर, जहाँ कुन्तल रसोई बनाती थी। चूल्हे में एक लकड़ी लगा गई थी। कुछ जूठे बर्तन भी अभी आँगन में टपकते नल के पास पड़े थे। नल बहुत दिनों से ख़राब हो गया था और हर वक़्त टपका करता था। एक मैली किनारी उस पर बँधी हुई थी।

कुन्तल साँस साधकर रह गई। कुछ तीखा, पैना-सा दिल में दूर धँसता चला गया। एक पल वैसे ही खड़ी रही, फिर धीरे-धीरे अन्दर चली गई, कमरा अँधेरा था। उसमें रखे सामान की कुरूपता उसमें डूब गई थी। अलमारी में शीशा था। कुन्तल के पैर उसी तरफ़ बढ़ गए। दोनों हाथ बढ़ाकर उठा लिया और अनजानी उत्सुकता से उस पर झुक गई, देखती रही। आँखें फाड़-फाड़कर, फिर हाथ बढ़ाकर शीशा उलटकर अलमारी पर रख दिया।

कुन्तल ने शीशा उलटकर रख दिया था। आँखें पोंछ ली थीं और चूल्हे में फूँक मार रही थी। फूँक रही थी और बार-बार आँखें पोंछती जा रही थी।

फिर कई दिन बीते। कुन्तल को कभी-कभी सिद्धार्थ की एक झलक मिल जाती, यों लगता कि जैसे आँगन में इन्द्रधनुष निकल आया है। सिद्धार्थ उसी तरह मोहक और अप्राप्य था। अगर कभी आमना-सामना हो जाता तो वह नमस्ते कर देती, और कभी-कभी बरामदे में, कभी छज्जे में आड़ में खड़ी रहती और देखती रहती।

उस दिन उमाचरन आधी धोती पहने, आधी से बदन ढाँके, बरामदे में बैठे थे। कुन्तल चौके में थी। मोहल्ले के गजाधर चाचा आए और उमाचरन के पास चारपाई पर बैठ गए। इधर-उधर के बाद सदा की तरह बात कुन्तल की शादी की छिड़ गई। कुन्तल ने सिर झुका लिया और तरकारी चलाती रही। कोयलों से छोटी-छोटी नीली लपटें निकल रही थीं। पास बैठी तीन साल की मिन्नी ने एक दियासलाई की तीली उसमें फेंक दी। भक से उजाला हुआ, लम्बी-सी लपट उठकर कढ़ाई से टकराई, और बुझ गई। इधर-उधर रखे पड़े बिखरे बर्तन एक लघु पल को चमके, फिर लपट के बुझने के साथ ही उन्होंने अपनी कालिमा फिर अपने में ओढ़ ली। बरामदे में कम पावर के बल्ब की उदास सिसकती रोशनी थी, जिसके नीचे बैठकर कुन्तल के भविष्य का नक़्शा खींचा जा रहा था। चौके में भी एक रोशनी ऊपर थी, एक नीचे चूल्हे में। एक छोटी, नन्ही-सी लौ कुन्तल के दिल में भी छिपी हुई, सिमटी-सिकुड़ी, जो एक ओर सूने क्षणों में उसे प्रेरणा देती थी, आँखों में सपने बसा देती थी, और साथ-ही-साथ उसे मिटा भी रही थी, घुला रही थी। एक तेज़, उज्ज्वल रोशनी ऊपर सिद्धार्थ के कमरे में भी थी जो बन्द खिड़की की दरारों से नीचे कुन्तल के आँगन में झाँका करती थी।

गजाधर चाचा ने कहा, ''और सुना है कि राजकृष्ण बाबू का साला भी तो है। आजकल यहीं आया हुआ है। बड़ा अच्छा लड़का है। वह लोग तो बड़े सुधारक बनते हैं। कहकर देखो उनसे ?''

कुन्तल ने सुना—उसके रोम-रोम में एक हल्की सिहरन हुई।

उमाचरन ने कहा—''क्या बात करते हो, गजाधर, कहाँ राजा भोज कहाँ...अरे, हमारी कहाँ पहुँच हो सकती है, इधर-उधर देखो, कोई रेलवे में बाबू हो, दफ़्तर-अफ़्तर में। तुम पहुँचे भी तो कहाँ।''

गजाधर ने माथे पर बल लाकर कहा, ''बस हार गए, भई, बेटी की तक़दीर भी तो है, क्या मालूम राजरानी ही होना लिखा हो, कौन जानता है ? बालकिशन की लड़की को देखो, कैसे राजघराने में गई है।''

पर उमाचरन मना करते रहे, ''नहीं भाई, हमसे न होगा। तुम चाहो तो अपनी तरफ़ से कहो राजकिशन बाबू से।''

सबको खिला-पिलाकर काम खत्म कर, मसाले के डिब्बे अलमारी में बन्द कर कुन्तल

सोने लेटी। ऊपर तारों की शीतल छाँह थी, दरवाज़े पर बड़े-से पीपल की पत्तियों में कभी-कभी धीरे-से सरसराहट होने लगती। आँगन में नल टपकता जा रहा था। आँगन में लगे बेल के पेड़ों में दो नन्ही-नन्ही कलियाँ चिकने हरे पत्तों से सटी हुई, धीरे-धीरे अपनी पंखुड़ियाँ खोल रही थीं। कुन्तल ने एक गहरी साँस ली। गजाधर चाचा के अपूर्व मिठास-भरे शब्द कानों में गूँज गए—लड़की की तक़दीर भी तो है...राजरानी...उसके होंठों पर एक नन्ही-सी शरमाई मुस्कान आ गई। और सपनीली आँखों पर पलक झुक आए।

जब नौकर ने आकर कहा कि बहूजी ने बुलाया है, तो कुन्तल ने कुछ देर सोचा, फिर कहा, ''अच्छा, फ़ुर्सत मिलते ही आऊँगी।''

वह देर तक खड़ी सोचती रही। फिर एकाएक बाहर से चूड़ीवाली की आवाज़ सुनी तो दौड़कर उसे रोका। और क्योंकि तीज-त्योहारों पर लाख आवाज़ें देने पर भी कुन्तल चूड़ी नहीं पहनती थी, इसलिए मनिहारिन को आश्चर्य हुआ। आकर आँगन में अपनी डलिया उतार दी और मोटी-मोटी सस्ती चूड़ियाँ ऊपर निकालने लगी। घर में सन्नाटा था, बिरजू, टिन्नू और बिट्टी स्कूल में थे। मिन्नी सो रही थी। कुन्तल ने बैठकर कहा, ''अरे, ये मोटी चूड़ी कौन पहनेगा ? महीन निकालो ? मीनेवाली, कामदार।''

चूड़ीवाली को विस्मय का दूसरा धक्का लगा। पर उसने हाथ डालकर डिब्बा निकाला और महीन सतरंगी चूड़ियाँ आगे कर दीं।

कुन्तल देखते ही मुग्ध हो गई। देर तक हुज्जत करने के बाद दाम तय हुए और दोनों कलाइयों में आधी-आधी दर्जन चूड़ियाँ पहनने के लिए उसने हाथ बढ़ाया।

चूड़ीवाली को तीसरा धक्का लगा। कभी दो चूड़ी से ज़्यादा वह कुन्तल को नहीं बेच पाई थी। आज पूरा दर्जन।

बोली, ''दाम नक़द होंगे।''

कुन्तल झुँझला गई—''क्या बात करती हो मनिहारिन ? तुम्हारे पैसे कब रोके गए हैं, लाओ पहनाओ।''

पहले से पड़े हुए पाँच रुपए कुन्तल की अपनी थाती थे, कभी-कभी मिन्नी और टिन्नू से बहुत मचलने पर एक-आध आने के लेमनचूस की गोली लेने, या घर में मौक़े पर कोई चीज़ न होने पर ही बड़ी अनिच्छा से ख़र्च किया जाता था। कुन्तल ने जाकर देखा, एक रुपए नौ आने बचे थे। लाकर निर्विकार भाव से डेढ़ रुपया चूड़ीवाली को दे दिया। फिर कहा, ''सामने पंसारी की दूकान से रंग ला दो एक आने का।'' मनिहारिन मना न कर सकी। चूड़ी की डलिया वहीं छोड़कर गई और बसन्ती रंग ला दिया।

कुन्तल के बक्स में केवल एक साबित और साफ़ धोती थी, जिसे न जाने किस दिन की आशा में वह सहेजकर रखे थी। बड़े उत्साह से कुन्तल ने बाल्टी में रंग घोला और हल्के पीले रंग में धोती रँगकर तार पर डाल दी। फिर ढूँढ़कर बिट्टी और मिन्नी की फ़्रॉकों को भी एक बार डुबकी देकर फैला दिया। फिर बालों को झटका देकर लपेट लिया, और गुनगुनाती हुई अन्दर चली गई। शीशे में लाल बिन्दी जम गई थी। उसे पानी डालकर हिलाया और ऊँचे ताक पर रख दिया कि बच्चे न पहुँच सकें। अपने घिसे, टूटे नाख़ूनों पर नज़र डाली तो क़ैंची से काटने बैठी।

जाते हुए सूरज की किरणें तिरछी हो गई थीं। कुन्तल गुनगुनाती ही उठी और चौके में चली गई। बच्चे स्कूल से आए और रखी हुई रोटियाँ खाकर मोहल्ले में खेलने चले गए। उमाशंकर भी आए। कुन्तल का खिला चेहरा देखकर मन में थोड़ी-सी खुशी हुई। न जाने कितने दिनों बाद उन्होंने उसे गुनगुनाते सुना था।

तिरछी-तिरछी किरणें विदा हो गईं। तब आए गजाधर चाचा। रोज़ की तरह कुन्तल चौके में थी, मिन्नी पास बैठी थी। थोड़ी देर दोनों चुप रहे। फिर गला साफ़ करके गजाधर चाचा ने कहा, ''तुम्हारा ही ख़याल ठीक था, हमने बेकार ही राजकृष्ण बाबू से चर्चा की।''

उमाचरन ने जिज्ञासु आँखें उठाईं। तरकारी काटती कुन्तल ने हाथ रोक दिए। मिन्नी कुछ कह रही थी, उसे घुड़ककर कहा, ''चुप रह।''

चाचा बोले, ''राजकृष्ण बाबू ने कहा कि घर में बात करके जवाब देंगे। दोबारा गया तो उनकी घरवाली ख़ुद ही सामने आ गईं। बोलीं, ''अकेला भाई है हमारा, चार बहनों में। हमें और कुछ नहीं चाहिए, रुपया-पैसा ईश्वर की कृपा से है, बस लड़की खूबसूरत हो, रंग साफ़, नाक-नक़्शा सुन्दर हो। वैसी लड़की हो तो हमें इनकार नहीं है। पर उमाचरन से माफ़ी माँग लीजिएगा, मजबूरी है।''

उमाचरन ने कड़वाहट से कहा, ''मैं तो पहले ही जानता था।''

हवा आई और तार पर पड़ी पीली धोती का एक छोर उड़कर ज़मीन पर आ गिरा।

जब ख़ूब देर में बिरजू, बिट्टी और टिन्नू खेलकर आए तो उन्होंने देखा, बरामदे में मीने की सतरंगी चूड़ियों के तमाम छोटे-छोटे टुकड़े बिखरे हुए हैं। किलककर उन्होंने कहा, ''हाय जीजी, कैसी सुन्दर चूड़ियाँ हैं, किसकी थीं ? कैसे टूटीं ?''

पर घुटनों में मुँह छिपाए बैठी जीजी से कोई उत्तर नहीं मिला।

# दृष्टि-दोष

चन्द्रा ऑफ़िस पहुँची तो मधुर और कावेरी आपस में बातें कर रही थीं।

मधुर ने कहा, ''कल मेरे साथ बड़ी मज़ेदार घटना हुई।'' गत शाम अचानक ही पानी बरस गया था और घर पहुँचते-पहुँचते चन्द्रा बिल्कुल भीग गई। जाकर ज्ञान से चाय बनाने को कहा। कुछ देर में जब मेज़ पर पीने गई तो ज्ञान ने कहा कि सुबह का दूध तो फट गया है और अभी ताज़ा दूध आया नहीं है। नीबू भी नहीं था। दिन-भर की थकान और भीगने से उसके सिर में दर्द हो आया। रात को उसका भाई प्रकाश और उसकी पत्नी मीरा खाने पर भी नहीं थे, और अकेले खाना चन्द्रा को बहुत खलता था। आज सुबह भी उसके सिर में दर्द था और गला सूख रहा था। तालु में जैसे हज़ारों चींटियाँ रेंग रही हों।

मधुर ने फिर कहा, ''कल बड़ा तमाशा रहा, मैं बस-स्टैंड पर खड़ी-खड़ी बहुत थक गई। पानी अलग से बरसने लगा। बस आई तो ठसाठस भरी हुई। वह धक्का-मुक्की हुई कि मैं पीछे ही रह गई। मुझे खीझ से रोना आ गया। तभी एक क्रीम कलर की नई एम्बेसेडर उधर से निकली। मुझे पता नहीं क्या सनक सूझी कि हाथ ऊँचा कर कार को ठहर जाने का संकेत कर दिया। कार रुक गई। मैंने कहा, 'आर यू गोइंग टूवर्ड्स् पूर्वी मार्ग ?' ड्राइवर ज़रा चौंका। पीछे एक भद्र पुरुष बैठे हुए थे, बोले, 'यस।'

''मैंने कहा, 'पानी बरस रहा है और कहीं कोई सवारी नहीं है। क्या मुझे वहाँ तक लिफ़्ट दे देंगे ?' उन्होंने दरवाज़ा खोल दिया और मैं बैठ गई। मैं उन्हें घर तक नहीं ले गई, पूर्वी मार्ग शुरू होते ही उतर गई।''

कहकर मधुर ने कावेरी की ओर आशा-भरे नेत्रों से देखा।

''तो इसमें मज़ा क्या आया ?''

''कावेरी तुम इतनी बोर हो। वह बहुत ही सुन्दर थे और नई कार, ही वॉज़ सच ए हैंडसम मैन, एंड ए न्यू कार। मैं घर पहुँची तो मेरे सारे बाल भीगे हुए थे, और भीगकर वह प्राकृतिक रूप से घुँघराले हो जाते हैं। कल तो मैं नई लिपस्टिक भी लगाए थी। उस कार का नम्बर भी मैंने नोट कर लिया, डी.एल.डी., सात हज़ार सात सौ सत्तर। नम्बर भी मज़े का था।''

सुबह की डाक लिए चपरासी आया। कावेरी का ध्यान अब चन्द्रा की ओर गया। उसने पूछा, ''क्या बात है, कुछ उदास दीख रही है।''

''जुकाम हो गया है। मधुर की तरह मुझे कोई मोटरवाला नहीं मिला, जो घर तक पहुँचा देता।'' चन्द्रा के शब्दों में व्यंग्य या ईर्ष्या नहीं थी।

"मधुर तो पागल है, बिल्कुल नासमझ, और अगर कुछ हो जाता तो ?" कावेरी ने कहा। कावेरी ने फिर मधुर की ओर मुड़कर पूछा।

"क्या हो जाता ?" भोलेपन से मधुर ने कहा। फिर उसकी आँखों में शरारत झलक गई। "और अगर कुछ हो भी जाता, तो वह नया अनुभव ही होता।"

कावेरी की अविश्वासपूर्ण आँखें चन्द्रा की ओर उठ गईं। हाथ के पत्र से दृष्टि उठाकर चन्द्रा ने कहा, "मधुर, बहुत बातें मत किया करो। नया अनुभव, इंडीड।"

चन्द्रा बड़ी थी, उसका अधिकारपूर्ण स्वर सुन मधुर चुप हो गई पर उससे रहा नहीं गया। जब ग्यारह बजे वह कावेरी के साथ कॉफ़ी पीने गई तो उसने कहा, "कावेरी, मुझे मालूम नहीं, पर उस घड़ी, उस क्षण ऐसा लगा कि यह आकस्मिक घटना बहुत ही महत्त्वपूर्ण है। क्या तुम्हारे साथ कभी ऐसा नहीं हुआ कि तुम पहली बार किसी से मिलीं..." "ओ नो मधु..." बहुत ही ऊबने की मुद्रा में कावेरी ने कहा, "इन छह महीनों में कम-से-कम तुम्हें चार बार ऐसा महसूस हो चुका है।" उसने उँगलियों पर गिनना आरम्भ किया। "कामशास्त्री ने तुम्हें रोककर रेडियो स्टेशन का रास्ता पूछा और तुम्हें लगा कि तुम्हारा उनका युग-युग का परिचय है।" मधुर ने दूर से देख लिया कि चन्द्रा कैंटीन में घुस रही है। कावेरी को चुप करने का उसे यही उपाय सूझा कि चन्द्रा को अपनी मेज़ पर बुला लिया जाए।

कामशास्त्री से सम्बन्धित घटना याद कर वह अब तक लाल हो जाती थी। चन्द्रा उनकी मेज़ पर आकर बैठ गई। कावेरी पर कुछ असर नहीं हुआ। अपनी कॉफ़ी में चौथा शुगर क्यूब डालते हुए कहती गई, "फिर नर्सिंगहोम का वह सिन्धी आदमी...।"

"मगर यह बात ही फ़र्क़ है।" मधुर ने बुरा मानकर कहा।

"तुम्हारी उम्र क्या है मधुर ?" चन्द्रा पूछ बैठी।

"मधुर पसोपेश में पड़ गई, फिर कहा, "अक्टूबर में बीस साल की हो जाऊँगी।"

"तभी तो," चन्द्रा ने कहा, फिर वह अनायास ही मुस्करा पड़ी, "मुझे याद है कि जब मैं उन्नीस साल की थी, तो मेरे क्या स्वप्न थे। पर बीसवाँ लगते ही मेरी शादी हो गई।"

इतने दिन साथ काम करने के बावजूद आज चन्द्रा ने पहली बार अपनी शादी का उल्लेख किया था। कावेरी और मधुर, दोनों ही कुछ दबी हुई उत्सुकता से सुनने लगीं। पहली बार चन्द्रा ने अनुभव किया कि वह बीसवाँ साल कितना पीछे छूट गया है, जीवन-धारा कितनी आगे बह आई है, मधुर का यौवन, उसके रूमानी स्वप्न चन्द्रा का उपहास करने लगे। उड़ाने पर भी बार-बार आ जाती मक्खियाँ, किनारे टूटे हुए कॉफ़ी के प्याले, खुलते-बन्द होते दरवाज़ों की एकरस खटखट, मटमैली वर्दीवाले बेयरे, इन सबके मध्य—कैंटीन की मेज़ पर उँगलियों से अदृश्य रेखाएँ खींचती, बहुत सालों बाद चन्द्रा अपने उस भग्न अतीत को आकार देने का यत्न करने लगी। डैडी प्रायः साम्ब का उल्लेख करते रहते थे। सुन-सुनकर चन्द्रा ने जो उसका काल्पनिक चित्र बनाया था, उससे साम्ब भिन्न था। वह न बहुत गोरा था, न उसके अंग साँचे में ढले थे। साधारण, स्वस्थ युवक, जो कि मेधावी था और अब आई.ए.एस. हो गया था। चन्द्रा की सभी बड़ी बहनों के पति आई.सी.एस. थे, उसके पिता ने उनके रंग-रूप या कुल का ध्यान नहीं रखा था। चन्द्रा की शादी साम्ब से हो गई। साम्ब का परिवार पूर्णरूप से भारतीय था। बहुएँ घर का काम करती थीं, सास की आज्ञा सिर आँखों पर। कांवेंट में पढ़ी चन्द्रा को ऐसे घर आकर लगा कि उसकी दुनिया उलट-पलट गई है, बेड-टी का तो प्रश्न

ही न था, सुबह का नाश्ता नौ बजे होता। जल्दी या देर, जब भी खाना तैयार हो गया, खा लिया, न समय की पाबन्दी, न कहीं सुरुचि या सजावट।

चन्द्रा को हर चीज़ खटकती, हर बात पीड़ा देती—साम्ब को भी रोज़-रोज़ क्लब या पार्टियों में जाना अच्छा न लगता। चन्द्रा अपने में घुटती रहती, कुढ़ती रहती। सास का स्नेह, ननदों का आदर और साम्ब का असीम प्यार उसे दम घोटता-सा लगता।

मधुर और कावेरी प्रतीक्षा में थीं कि चन्द्रा कुछ और कहेगी। चन्द्रा ने कहा, ''तो मधुर, बीसवें साल में मेरी शादी हो गई और वह मेरे स्वप्नों का अन्त था। स्वप्न बहुत सुकुमार होते हैं, वे दुनिया की कठिन जलवायु में नहीं पनप पाते। मगर मधुर स्वप्न देखे जाओ—सपने देखने में क्या हर्ज़ है,'' मधुर ने मुस्कराकर कावेरी को देखा।

अगले दिन भी आकाश में बादल थे। मधुर ने उस दिन अपने रेनकोट से मैच करती साड़ी पहनी। काम समाप्त कर मेज़ के कागज़ ठीक से रख वह लिपस्टिक लगाने लगी। चन्द्रा ने उठते हुए कहा, ''मधुर, आज मैं प्रकाश की कार लाई हूँ, तुम्हें घर छोड़ दूँ, शायद पानी बरसने लगे।'' मधुर ने कुछ सोचा, फिर कहा, ''बहुत-बहुत शुक्रिया चन्दा दी। पर आज मुझे कहीं और जाना है।''

''शायद उस हैंडसम स्ट्रेंजर से मिलने।'' कावेरी हँसी।

मधुर ने जैसे नहीं सुना।

सीढ़ियों से नीचे उतरते हुए उसके होंठों पर छोटी-सी मुस्कान थी और आँखों में दीप्ति। चन्दा को बार-बार मधुर की मुख-मुद्रा याद आती रही। उसे याद नहीं पड़ा कि कभी वह इतनी उत्सुकता से साम्ब से मिलने गई, या उसने साम्ब के आने की प्रतीक्षा की, पर साम्ब उसका प्रेमी न था, पति था, जिससे उसके पिता ने केवल इसलिए विवाह कर दिया था, क्योंकि वह आई.ए.एस. हो गया था, और इसके लिए चन्द्रा अपने पिता या साम्ब को माफ़ न कर सकी थी। हारकर उसने साम्ब को अपने विचारों के अनुरूप ढालना चाहा था, और तब उसे पता चला कि साम्ब किस कठोर धातु का बना है, पूरे परिवार में वही एक ऐसा पुत्र था, जिसने कि उन्नति की थी, वह अपने परिवार में ऐसा रमा हुआ था कि उससे अलग होकर रहना उसके लिए अकल्पनीय था।

तब चन्द्रा ने विद्रोह आरम्भ किया। जल्दी ही अवसर भी आ गया। चन्द्रा ने कहा कि वह कोई व्रत नहीं करेगी। घर की परम्परा के अनुसार सभी बहुएँ तीज-त्योहारों पर व्रत रहती आई थीं। माँ ने दबे स्वर में यह बात साम्ब तक पहुँचाई, पर साम्ब ने चन्द्रा का ही पक्ष लिया। साम्ब की बड़ी बहन सपरिवार जिस दिन आई, उसी शाम चन्द्रा अपने घर चली गई। शोरगुल में उसे तकलीफ़ होती थी। बहन कहने से नहीं चूकीं, ''भैया तुम अपनी बहू को ले आओ, मैं कल चली जाऊँगी।''

साम्ब तब भी चुप रहा। गर्मी में छोटी बहन के विवाह की लग्न पड़ी, पर चन्द्रा के कुछ कहने से पहले ही साम्ब ने उसके पिता को लिख दिया और प्रकाश आकर चन्द्रा को मसूरी लिवा ले गया। बचपन से ही गर्मियों में उसकी पहाड़ पर रहने की आदत थी। घर में इस बात को लेकर सब औरतों में बड़ी चख़-चख़ होती रही। सिर्फ़ साम्ब के गम्भीर मुख को देखकर माँ चुप रहीं। चन्द्रा जब अगस्त में घर लौटी तो साम्ब नहीं था। पता चला कि उसकी

बदली आगरा हो गई है। घरवालों को आश्चर्य भी हुआ, पर चन्द्रा किस मुँह से कहती कि इन तीन महीनों में दोनों के बीच एक भी पत्र का आदान-प्रदान नहीं हुआ।

आगरा जाने से पहले वह कुछ दिन घर में ही रही। देवर की शादी बाद में हुई थी, पर फिर भी देवरानी के दो बच्चे हो गए थे। छोटे लड़के के जन्म पर जो उत्सव मनाए गए, उनसे चन्द्रा अलग-अलग-सी रही, पर फिर भी भनक कान में पड़ती रही, किसी ''डॉक्टर वैद्य को दिखाया ?''

''क्या जाने तीन साल तो हो गए।''

''न जाने किस घमंड में रहती हैं भाभी। हमारे भइया को तो उन-सी पचास मिल जातीं।'' हर बार चन्द्रा घुटकर रह जाती। साम्ब भी आगरा से आया था। रिश्ते की एक चाची कुछ मुँहफट थीं, पूछ बैठीं, ''क्यों साम्ब, बहू को किसी डॉक्टर को दिखाया ?''

''क्यों चाची ? वह तो भली-चंगी है।'' साम्ब नहीं समझा।

''औ़र अभी तक कोई बाल-बच्चा...'' चाची बोलीं।

साम्ब हँस पड़ा। उसकी माँ, जो पौत्र-जन्म पर रात-भर गाती रही थीं, बोलीं, ''अरे अभी बहू की उमर ही क्या है ? खाने-खेलने के दिन हैं।''

साम्ब अन्दर आया तो मुस्करा रहा था। चन्द्रा दरवाज़े की ओट से हट शृंगार-मेज़ के आगे बैठ गई थी। साम्ब ने आकर उसके कन्धों पर हाथ रख दिए, और झुककर कहा, ''तुमने सुना, चाची क्या कह रही थीं।''

उसके झुके हुए मुख, उसके स्वर और कन्धों पर रखे हाथों के स्पर्श में कुछ ऐसा था कि चन्द्रा का हृदय फड़फड़ा उठा। साम्ब की आँखों में मृदुता, प्यार और गर्व का विचित्र सम्मिश्रण था।

''तुम कितनी सुन्दर हो !'' उसने चन्द्रा के गाल को हल्के से उँगली से छुआ।

वह भाव चन्द्रा ने साम्ब के मुँह पर दोबारा देखा, जबकि साम्ब ने अपने पुत्र को पहली बार देखा। प्रसव के लिए वह अपने घर गई थी, जिस पर उसके ससुरालवाले काफ़ी खिन्न हुए थे। पर पुत्र-जन्म की बात सुनकर उनके हर्ष का ठिकाना न रहा, सभी उसे देखने आए। उसके सीधे-सरल ससुर और उच्च पदाधिकारी पिता, उसकी मोटी, अधेड़ सास और बिना बाँहों की ब्लाउज़ पहने, कटे हुए बालोंवाली माँ में आकाश-पाताल का अन्तर था। हर बार जब साम्ब से उसकी दृष्टि मिलती, वह मुस्करा देता, एक प्रसन्न छोटे शिशु की तरह ! सास पौत्र का नाम स्कन्द रखना चाहती थीं, माँ राकेश। चन्द्रा को न स्कन्द पसन्द था, न राकेश। पर साम्ब ने जब बच्चे को स्कन्द कहकर पुकारा तो चन्द्रा ने कहा, ''मैं इसका नाम स्कन्द नहीं रखूँगी।''

''क्यों ?'' उसे आश्चर्य हुआ।

''स्कन्द भी कोई नाम है। तुम्हारी माँ को ऐसे ही नाम सूझते हैं, स्कन्द, साम्ब...''

साम्ब ने कहा, ''मुझे तो अपने नाम पर बड़ा गर्व था। मुझे यह नहीं मालूम था कि तुम्हें मेरा नाम तक नहीं पसन्द है।'' फिर कुछ देर बाद कहा, ''मुझसे शादी करके तुम्हारा कोई भी अरमान पूरा नहीं हुआ। चन्द्रा बेचारी लड़की, मुझे तुम्हारे लिए अफ़सोस है।'' वह चन्द्रा का हाथ देर से पकड़े हुए था, बड़ी सावधानी से पलंग पर रखकर वह बाहर चला गया। रात

को माँ आईं तो वह कुछ उखड़ी-उखड़ी-सी थीं। चन्द्रा को उन्होंने बताया कि बेयरा ने साम्ब की माँ से कुछ बेअदबी की थी, अस्पताल से लौटकर जब साम्ब को पता चला तो वह उसी समय कार पर अपने माँ-बाप को लेकर चला गया।

"डार्लिंग, हम लोगों से बड़ी भूल हो गई। शादी से पहले अच्छी तरह देखभाल लेते। ऐसे ज़ाहिल गँवार लोगों से तुम्हारी कैसे पट सकती है।"

चन्द्रा का मन रोने को होने लगा। ममी की बात के उत्तर में वह कुछ कह भी न सकी।

अगले दिन मधुर ने कहा, "पता नहीं उसका नाम क्या है ?"

"किनका ?" कावेरी बनने लगी।

"जैसे जानती नहीं हो ?"

"क्या कल मिले थे ?"

"मिले ही नहीं। उन्होंने मुझे लिफ़्ट भी दी थी। कावेरी, सच, आई एम फ़ॉलिंग इन लव (मैं तो दिल हारने लगी)।"

"तुम्हारा क्या, आए दिन तुम्हें किसी-न-किसी से प्यार हो जाता है। तुम्हें कामशास्त्री और यह सिन्धी आदमी, और उस काश्मीरी एनाउंसर की तरह..."

मधुर की आँखें भर आईं। कावेरी कमरे से बाहर चली गई। कुछ देर में चन्द्रा ने देखा, मधुर निःशब्द रो रही थी। उसका झुका हुआ मुँह, नाक का लाल सिरा और लगातार बहते हुए आँसू—यह चित्र चन्द्रा को बहुत ही निरीह और करुण लगा। वह अपनी मेज़ से उठकर आई और प्यार से बोली, "मधुर, यह क्या पागलपन है ?"

"कावेरी हरदम मुझे ताने दिया करती है।"

"शायद उसे तुमसे ईर्ष्या होती है, तुम्हारी भी तो सभी के सामने हर तरह की बात कहने की आदत है।"

अपने आँसू पोंछते हुए मधुर ने कहा, "चन्द्रा दी, आप इतनी अच्छी हैं। अब मैं आपके सिवा किसी से कुछ नहीं कहूँगी।" वह मुँह धोने बाथरूम में चली गई। चन्द्रा उस दिन भी प्रकाश की कार लाई थी। उसने मधुर से फिर पूछा। मधुर ने बड़ी सच्चाई से कहा, "नहीं दीदी, आज मैं फिर उनसे मिल रही हूँ। मेरा मतलब यह कि उन्हें यह नहीं पता है कि मैं वहीं खड़ी रहूँगी। वह देखेंगे तो अपने-आप कार रोक देंगे।"

"मधुर, यह पागलपन ठीक नहीं है।"

"क्या पागलपन दीदी ?" मधुर ने भोलेपन से कहा। आख़िर बस में भी तो मैं अकेले जाती हूँ कि नहीं ? कार में आराम से पहुँच जाती हूँ, और बस की चवन्नी भी बचती है।"

"चार आने बचाने के लिए तुम किसी दूसरे का आभार क्यों लेती हो।"

"उसमें हर्ज क्या है चन्द्रा दी। सबको एक-दूसरे की मदद करनी चाहिए। फिर मैं इतनी मूर्ख नहीं कि अच्छे-बुरे का भेद न जानूँ। जो भी मैंने जाना है, उससे यही पता लगता है कि वह बहुत ही शरीफ आदमी है।"

"अच्छा, गुड लक।" चन्द्रा ने कहा।

दूसरे दिन लंच ब्रेक में मधुर सीधी बाज़ार गई। जब वह कुछ देर में लौटी तो चन्द्रा ने उससे पूछा कि वह कहाँ गई थी ? कुछ खिलखिलाते हुए मधुर ने कहा, "मुझे सेंट ख़रीदना

था। मालूम क्या ख़रीदा। नाम है 'टेंपटेशन'।

"पुअरमैन !" चन्द्रा से हँसे बग़ैर नहीं रहा गया। उसे क्या मालूम कि मधुर उसके लिए क्या-क्या जाल बिछा रही है।

मधुर ड्रार में पैकेट रखती हुई बोली, "दीदी, मैंने ऐसा भला आदमी अभी तक नहीं देखा। मुझसे एक भी बात नहीं की, न कुछ पूछा, न बताया। जैसे मेरे वहाँ होने पर भी वह अकेले ही हों, अपने में डूबे हुए। उतरने पर जब मैं धन्यवाद देती हूँ, तो धीरे से मुस्कराते हैं, "आपका स्वागत है," बहुत मन्द पर गहरी आवाज़, बहुत ही सुसंस्कृत, और दीदी, उनके होंठ बिल्कुल ग्रेगरीपेक की तरह हैं।"

कावेरी को आते देख वह चुप हो गई और मेज़ पर रखे काग़ज़ ठीक करने लगी। कावेरी ने दोनों को देखा, फिर वह स्वयं अपनी मेज़ पर जाकर बैठ गई। कुछ देर बाद जब चन्द्रा बाहर गई तो उसने कहा, "मधुर, मुझे खेद है कि कल मैंने तुमसे कुछ कटु बातें कह दीं।"

मधुर अभी तक ग्रेगरीपेक के स्वप्न में थी, बोली, "कोई बात नहीं, कावेरी।"

"आज शाम को कॉफ़ी पीने चलोगी ?" मधुर ने कुछ सोचा, कपड़े तो वह ठीक ही पहने थी। फिर रोज़-रोज़ लिफ़्ट लेना भी ठीक नहीं था, उसने स्वीकृति दे दी। चन्द्रा को यह देखकर आश्चर्य हुआ कि मधुर और कावेरी में फिर सुलह हो गई। है। बस के लिए लम्बे क्यू में खड़े-खड़े वह तमाम व्यर्थहीन बातें सोचने लगी।

बंटी छुट्टी में चन्द्रा के पास न आकर साम्ब के पास आना चाहता था। यह बात उसे गड़ रही थी। अगर वह बंटी को बुलवा भी लेती तो वह सारी छुट्टियाँ उदास रहता, और सुबह-शाम साम्ब की चिट्ठी का इन्तज़ार करता। छह-सात साल के बच्चे में इतनी गम्भीरता देख चन्द्रा को बहुत बुरा लगता था। वह इसके लिए अपने को ही दोषी ठहराती थी। चन्द्रा के अलग होकर नौकरी करने के सभी विरुद्ध थे और साम्ब ने पहले ही कह दिया था कि वह चन्द्रा को नहीं रोक सकता, पर बंटी (साम्ब उसे स्कन्द कहता था) पर उसका हक़ है, वह उसे नहीं देगा। साल-भर से उसे साम्ब ने हॉस्टल भेज दिया था—जहाँ से वह हर हफ़्ते, अपनी टीचर के निदेशन में, टेढ़े-मेढ़े अक्षरों में, डियर ममी, करके ख़त भेजता था। साम्ब हर महीने उससे मिलने जाता था। चन्द्रा को लगता कि साम्ब ने उसका जीवन ही नहीं बिगाड़ा, उससे उसका पुत्र भी छीन लिया है और वह, पति, पुत्र, पिता, भाई, सबके होते हुए भी, इस समय थके-हारे, घर जानेवाले लोगों की भीड़ में एक थी। साम्ब अपने ऑफ़िस से लौटकर घर जाता होगा, अकेला, सुनसान घर, बंटी खेलकूदकर अपनी टीचर के साथ अपने कमरे में लौटता होगा, और वह स्वयं जाकर, प्रकाश के घर के एक कोने में पड़ जाएगी। अगर मैंने शादी से पहले इतनी ऊँची कल्पनाएँ न की होतीं तो शायद मैं सुखी हो पाती। अगर साम्ब और उसका परिवार, हर प्रकार से साधारण और मध्यवर्ग का न होता तो शायद मैं इतना असन्तोष न अनुभव करती। अगर शादी से पहले मेरी ज़िन्दगी नए कपड़ों, पार्टियों, लेट नाइट्स में न लिप्त होती तो शायद मैं...अगर डैडी और ममी ने मेरे अन्दर यह भावना न भरी होती तो मैं सब भाई-बहनों में सुन्दर हूँ, अगर मेरी हर इच्छा की तुरन्त पूर्ति न हुई होती...

ऊँची इमारतों पर शाम का अँधियारा घिरता आ रहा था। कई दिन बाद बादल खुले थे, हवा में ठंडक थी—पत्तों पर हरियाली। चन्द्रा के होंठों पर एक मुस्कान आई, न जाने किस

इन्द्रधनुष की आशा में वह अब भी जीवन से लड़ती जा रही थी। थककर, हारकर भी उसे एक विश्वास था कि कभी तो उसके जीवन में रंग बरसेंगे—प्रकाश और मीरा उसे सिनेमा ले गए और यों शाम बीत गई। सुबह मधुर सीढ़ियों पर उसका इन्तज़ार कर रही थी। "दीदी, आपको सुनाने के लिए अधीर हूँ—कल रात फ़ोन भी किया, पर आप थीं नहीं।" चन्द्रा को लगा कि मधुर और उसका क़िस्सा सीमा का अतिक्रमण कर रहा है, पर वह उसके दीप्त चेहरे को देख, एक छोटी साँस मसोसते हुए बोली, "क्यों, क्या हुआ ?"

"कल हम लोग गए न..." मधुर के पैर थिरक रहे थे। "कॉफ़ी बार में बड़ी भीड़ थी। हम लोग बाहर खड़े हो गए। इतनी देर में वही कार रीगल के पास रुकी, उसमें से मेरे वही मित्र उतरे, उनके साथ एक दम्पति भी थे। वे लोग शायद स्टैंडर्ड जा रहे थे। उनकी नज़र मुझ पर पड़ गई, अब मेरी समझ में न आया कि क्या करूँ। मैंने नमस्ते तो कर ही दी। तब शायद उन्होंने पहचाना। मैंने कहा, "हम लोग कॉफ़ी पीने आए थे, पर यहाँ बड़ी भीड़ है।" उनके साथ जो देवीजी थीं, उन्होंने हमें भी निमन्त्रण दे दिया। पर कावेरी इतनी दुष्ट है, कहने लगी मुझे काम है, जाना है, कहकर मुझे छोड़कर चल दी। तब वह मिस्टर बोले, 'आइए, हम लोगों के साथ कॉफ़ी पी लीजिए।' मैं चली गई। कोई मिस्टर-मिसेज़ खन्ना थे, वह दम्पति..."

बातों का प्रवाह, और सीढ़ियाँ, मधुर थक गई। दम आया तो उसने फिर शुरू किया, "दीदी, वे सब बड़े अच्छे हैं, उन्हीं मिस्टर-मिसेज़ खन्ना के साथ रहते हैं, मैंने बताया था न कि उनके होंठ..."

"हाँ, हाँ" चन्द्रा ने बात काटकर कहा।

"अब कल से मैं यह याद करने की कोशिश कर रही हूँ कि वह किस इंगलिश एक्टर से मिलते हैं। बाल कॉफ़ी कुछ गेरी कपूर-से हैं।"

"गेरी कपूर तो कॉफ़ी बूढ़ा है, थोड़ा-सा गंजा भी है," चन्द्रा ने उसे चिढ़ाया।

मधुर ने उसे आहत भर्त्सनापूर्ण दृष्टि से देखा, 'आप देखिए तो कहिए। ज़रा मेरा परिचय और होने दीजिए तो आपको भी मिलाऊँगी। कल मैंने बड़ी निर्लज्जता से उन्हें देखा। कार में तो एक ही झलक मिलती थी। कल हम आमने-सामने बैठे थे न—उनकी भौंहें बड़ी घनी और काली हैं, आँखें—लगती तो काली हैं, पर ग़ौर से देखो तो पता चलता है कि वह गहरी भूरी हैं।"

"भूरी आँखोंवाले पुरुषों पर विश्वास नहीं करना चाहिए।"

"दीदी, आप तो चिढ़ रही हैं, और बरौनियाँ इतनी काली, लम्बी और रेशम-सी हैं कि अगर किसी लड़की की होतीं तो..."

"मेरे बंटी की भी बरौनियाँ ऐसी हैं।"

"और उनके हाथ, बहुत गोरे तो नहीं, पर बड़ी अच्छी उँगलियाँ हैं और उन पर हल्के-हल्के काले रोएँ हैं।" मधुर स्वयं शरमा गई।

"मधुर, अब बस करो। काम बहुत इकट्ठा हो गया है।" चन्द्रा ने कुछ बड़प्पन से कहा। अवसर पाकर कावेरी ने कहा, "कल मैं भी मधुर के मित्रों से मिली।"

"हूँ ?" चन्द्रा ने कहा।

"वह कामशास्त्री आदि सबसे भिन्न हैं। भले आदमी लगते हैं, वह तो मधुर को पहचाने भी नहीं, मधुर अपने-आप उनके संग हो ली। इसी से मुझे गुस्सा आ गया।"

"क्या वह ऐसे ही हैं, जैसे मधुर कहती है।" चन्द्रा ने हँसते हुए पूछा।

"प्यार नई आँखें देता है, जिसे हम चाहते हैं, उसकी हर बात भली लगती है। वह तो हमारे लिए एक विशिष्ट व्यक्ति हो जाता है न, सबसे अलग। हमें वह साधारण भी लगें, पर मधुर की आँखों को तो वह दुनिया के सबसे सुन्दर व्यक्ति होंगे।"

"कावेरी की शादी एक बहुत काले व्यक्ति से होनेवाली थी, चन्द्रा के होंठों पर सूक्ष्म मुस्कान देख वह लजाकर हट आई।

प्रकाश ने कहा, "चन्द्रा, आज मुझे साम्ब भाई मिले।"

"कहाँ ? क्या यहाँ आए हुए हैं ?"

"हाँ। वह कहीं जाने की जल्दी में थे। ज़्यादा बात नहीं हुई। मेरा पता उन्हें नहीं मालूम था, बता आया हूँ, शायद वह आएँ।"

अगली शाम जब चन्द्रा ने बताया कि उसने पन्द्रह दिन की छुट्टी ले ली है और बंटी के पास जा रही है, तो न प्रकाश को आश्चर्य हुआ, न मीरा को। चन्द्रा साम्ब की छाया से बचती आई थी, उसमें साम्ब से मिलने का साहस न था। चन्द्रा उसी रात बंटी के पास चली गई। बंटी उसे देखकर प्रसन्न हुआ, उसने साम्ब के लाए हुए कपड़े और खिलौने भी दिखाए। चन्द्रा देखती कि बंटी की अधिकतर बातें साम्ब के ही बारे में होती हैं। वह शाम के दो ही घंटे बंटी के साथ बिता सकती थी। शेष दिन वह होटल में पड़ी रहती थी। बाहर देखा करती और सोचा करती। शायद साम्ब प्रकाश के पास आया हो। उसे न पाकर वह बहुत उदास हुआ होगा।

और बंटी—उसका पहला प्रश्न था कि पापा को क्यों नहीं लाईं, फिर झिझक खुल जाने पर उसने पूछा था, "मैं छुट्टी में घर जाऊँगा तो तुम वहाँ रहोगी न ? बड़ा मज़ा आएगा। हम तीनों ख़ूब घूमेंगे।" फिर शरमाकर कहा, "पिछली बार जब मैं तुम्हारे पास से गया तो मुझे रात को तुम्हारी बहुत याद आई, मैं रोने लगा तो पापा ने मुझे अपने पास लिटा लिया, बहुत कहानियाँ सुनाईं। तब भी तुम्हारी याद आई।"

"पागल ! इतना बड़ा होकर रोता है ?"

"पापा ने मुझे बहुत-सी चीज़ें लाकर दीं। तब भी मुझे अच्छा नहीं लगा, मैंने कहा मुझे ममी की खुशबू सूँघने का मन होता है !"

चन्द्रा ने उसे बाँहों में भर लिया।

"एक दिन पापा ने एक सूटकेस खोला, उसमें तुम्हारे कुछ कपड़े भी थे, मैंने कहा, पापा, पापा, इनमें ममी की खुशबू है। पापा ने भी देखा, फिर कहा कि हाँ है तो, पर ममी की ख़ुशबू इससे मीठी है।"

बंटी से विदा लेकर आने पर चन्द्रा को उसके शब्द बार-बार याद आते रहे।

"ममी, तुम भी स्टेशन आना पापा के साथ। ममी, तुम्हें पापा क्यों नहीं अच्छे लगते ? मुझे तो बहुत अच्छे लगते हैं।"

"ममी...ममी...ममी..." बंटी के आशापूर्ण नेत्र। उसकी बातें...हर बच्चे की तरह एक ही घर में ममी और पापा को पाने की इच्छा।

दिल्ली लौटकर चन्द्रा ने अपने को फिर उसी में लिप्त करना चाहा। छुट्टी के दो दिन

बाक़ी थे, अपने कपड़े ठीक किए, मीरा की मदद की। साम्ब के आने या चन्द्रा के न होने के बारे में किसी ने कुछ न कहा।

ऑफिस की बिल्डिंग देख उसे मधुर की याद आ गई। वह मुस्कराती हुई अपने कमरे में गई। मधुर अभी नहीं आई थी। कावेरी आई तो चन्द्रा ने मधुर के बारे में पूछा।

''मुझे तो पहले ही मालूम था कि कुछ ऐसी ही गड़बड़ होगी। वह भी छुट्टी पर थी। शायद आज आए।'' कावेरी ने उत्तर दिया। मधुर ने आकर बुझी हुई मुस्कान से पूछा, ''दीदी, आ गईं आप ? अच्छी रहीं ?''

''तुम कैसी हो मधुर ?'' चन्द्रा ने अतिशय कोमलता से पूछा। मधुर की पलकों ने आँसू पीछे ठेल दिए। उसने उसी आर्द्र दृष्टि से चन्द्रा को ताका, फिर अपनी मेज़ पर बैठ गई।

ग्यारह बजे मधुर और कावेरी उठकर थोड़ी देर को चली गईं और चन्द्रा भी क्लोक रूम की ओर गई। वेसिन में नल खोले मधुर झुकी खड़ी थी।

''मधुर, तुम्हारी तबीयत तो ठीक है ? आज तुम बड़ी उद्विग्न लग रही हो ?'' चन्द्रा ने बड़े अपनेपन से पूछा। मधुर की उँगलियाँ पानी की धार में भीगती रहीं। पानी की बूँदें उसकी कोमल, युवा त्वचा पर फिसल रही थीं और भीगी बरौनियाँ और भी लम्बी लग रही थीं। ''क्या बताऊँ दीदी, सब समाप्त हो गया।''

''कैसे ?'' चन्द्रा ने पूछा। फ़र्श भीगा था और बन्द दरवाज़े के अन्दर फ़िनायल की महक घुट रही थी। चन्द्रा ने धोती ऊँची कर ली और मधुर के पास आ गई। ''दीदी, मैं ही बावरी थी। इन्द्रधनुष की आशा करती रही।'' मधुर रह-रहकर चुप हो जाती थी। ''दीदी, वह केवल वाह्य आकर्षण, इनफैक्चुएशन नहीं था। वह मेरे बहुत निकट आ गए थे। मैंने पाया कि उनमें उदासी और पीड़ा की अनजान गहराइयाँ थीं। पर मुझे उस पीड़ा का क्षणिक साथी भी बनाने को वह तैयार नहीं हुए। आपसे झूठ नहीं कहती, उनके लिए मैं सब कुछ...''

चन्द्रा दीवार पर गन्दे पानी के धब्बे देखती रही। कुछ देर मौन रहा। कॉरिडर से गुज़रते चपरासी के जूतों की खट्खट्, दरवाज़े के बाहर दो नारी कंठों की हँसी। ''कौन थे वह ?'' चन्द्रा ने पूछा।

''बताने को मैं बताए दे रही हूँ, पर आप क्या करेंगी ? उन्हें कुछ बुरा-भला मत कहिएगा,'' मधुर ने एकाएक चन्द्रा की बाँह पकड़कर अनुनय की—उनका क्या दोष ? यह तो मुझे सोच लेना चाहिए था, उन्होंने कहा वह अपनी पत्नी को बहुत चाहते हैं। उनके शब्दों से मैं बिंधकर रह गई।''

दरवाज़ा खुला। ऑफ़िस की दो और लड़कियाँ उन्हें कौतूहल से देखती हुई अन्दर घुस आईं। मधुर खुले नल पर झुक गई कि रुदन से विकृत मुख वे न देख सकें। चन्द्रा खड़ी-खड़ी खिड़की पर जमी धूल की परतें, दरार पड़ा शीशा—कई मंज़िल नीचे सड़क देखती रही। फिर वह बिना कुछ कहे निकल आई।

चन्द्रा शृंगार-मेज़ के आगे, आँखें नीची किए बैठी थी। अभी तक वह तैयार भी न हो पाई थी। बालों को गूँथते हुए उसके हाथ थरथरा उठते। साम्ब ने आकर उसके कन्धों पर अपने हाथ रख दिए। उसने लाज-भरीं पलकों को उठाकर शीशे में साम्ब को देखा। उसमें एक अचीन्हा आकर्षण था, क्योंकि मधुर के प्यार ने उसका दृष्टिदोष मिटा दिया था।

# पूर्ति

ताला खोलकर रामदीन ने सामान कमरे के अन्दर रख दिया था, और अँगोछे से मुँह पोंछ रहा था। तारा ने आकर रीत्यनुसार अठन्नी उसे दी, और अन्दर गई। कमरा ढाई महीने से बन्द था, रोशनदान ग़लती से खुला रह गया था, पहले धूल जमी होगी फिर पानी आया होगा, सफ़ेद दीवार पर लम्बी-लम्बी मैली रेखाएँ थीं। बन्द खिड़की में जाले लग गए थे। हवा आए इसलिए उसने सँभलकर खिड़की खोल दी। बाहर इमली का बड़ा पुराना पेड़ निःस्पन्द था, उसके पास होस्टल किचन की बड़ी-बड़ी चिमनियों से धुआँ निकलकर धीरे-धीरे इधर-उधर फैल रहा था। सूटकेस और होल्डाल कमरे के बीचोबीच रखे थे। एक बार सब ओर देखकर तारा ने एक लम्बी-सी साँस ली। छुट्टी का आख़िरी दिन, सत्रह जुलाई की सुबह...नए साल का आरम्भ...नए, उत्सुक, उत्साह-भरे चेहरे, नई-नई किताबें...निरन्तर वर्षा से धुलकर निखरी हुई कॉलेज की दीवारें और हरी-भरी घास।

कमरे में आहट सुन सुनीला बाहर आई। तारा को देखकर उसने हर्ष-भरे कंठ से कहा, ''अरे, तुम आज ही आ गईं ? कहो, हमारे चले जाने के बाद तुमने क्या-क्या किया मसूरी में ? हमें तो लड़कियों ने रास्ते में परेशान कर डाला...हमने तो तय कर लिया है कि अब इन्हें कहीं नहीं ले जाएँगे। हमसे तो तुम ही अच्छी रहीं, दस-बारह दिन बाद में अकेले तो रह लीं।''

तारा मुस्कराती रही।

''तो फिर क्या-क्या मज़े किए ? बताया नहीं तुमने ? मन लग गया ?''

''एंजोय तो ख़ैर, कुछ ख़ास नहीं किया। मन भी बस लग ही गया।''

''और नलिनजी का क्या हाल है ? अभी हैं कि वापस गए ?''

''हैं,'' तारा ने संक्षेप में कहा।

सुनीला रेलिंग का सहारा लेकर आकर्षक मुद्रा में खड़ी हो गई और स्वर को धीमा करके पूछा, ''तुम्हें कुछ लिफ़्ट दी उन्होंने या नहीं ?''

तारा को प्रश्न पर पहले तो आश्चर्य हुआ, कुछ कड़ी-सी बात ज़बान तक आई, पर फिर परिस्थिति सँभाल कुछ हल्का-सा परिहास का पुट देते हुए कहा, ''नीला, जब तुम्हारी जैसी चार्मर का उन्होंने कुछ नोटिस नहीं लिया तो हमको कौन पूछता भई ?''

''कौन जाने ? अपना-अपना 'टेस्ट' है। तो सच उन्होंने क्या चाय भी वापस नहीं की हमारी ?''

''वह कुछ बीमार हो गए थे।''

''सब्स हिम राइट। बस तारा, यू हैव इंप्रूव्ड, आइ मीन, यू आर लुलिंग एज़

इफ़...एज़ इफ़...!''

तारा के मुख का भाव देखकर सुनीला रुक गई, ''मेरा मतलब था कि बहुत अच्छी लग रही हो।''

''शुक्रिया,'' बड़ी गम्भीरता से तारा ने कहा। तारा हटकर फिर अन्दर चली आई, और निवाड़ की चारपाई की पट्टी पर बैठ गई। सामने अलमारी में जड़े शीशे पर नज़र पड़ी तो उसने एक विस्मय से जाना कि आज उसका चेहरा, सचमुच पहले की तरह सादा और सूना नहीं लग रहा है।

अपने कॉलेज के कंटिजेंट को वापस पहुँचाकर तारा धीरे-धीरे लौट रही थी। एकाएक ही वह अपने को बहुत ही थका-सा महसूस करने लगी। जब वह अपने 'सनीविला' के लिए पोस्ट ऑफ़िस के पास से गुज़र रही थी तब उसे कुछ चिट्ठियाँ डालता हुआ नलिन मिल गया। अभिवादन कर और चिट्ठियाँ छोड़कर वह भी वापस जाने के लिए तारा के संग हो लिया और पूछा—''आपके चार्जेज़ आज चले गए ?''

अनजान में ही अपने बाल छूकर तारा ने कहा, ''जी, पहुँचाकर ही आ रही हूँ।''

''आप अभी रहेंगी ?''

''जी, इरादा तो है, अभी तो उधर कॉफ़ी गर्मी होगी। कॉलेज खुलने में भी अभी दस दिन हैं।''

बाक़ी रास्ते में दोनों मौन रहे। जब सनीविला सामने दिखाई देने लगा तो नलिन ने कहा, ''आप अकेली रह सकेंगी ? कोठी तो बहुत बड़ी है।''

तारा ने कहा, ''मेरी अकेले रहने की आदत है।'' उसके स्वर में अपने-आप कुछ दुखता-सा आ गया। नलिन ने उसके मुँह की ओर देखा। नज़रें मिलीं तो तारा मुस्करा दी। उस मुस्कान में न हर्ष था न विषाद।

तारा ने फिर कहा, ''और फिर आप तो हैं ही।'' कह तो गई बिना सोचे, मगर कहते ही उसने अनुभव किया कि क्या बोल गई। ''मेरा मतलब कि अगर कुछ ज़रूरत हुई तो आप ही क़रीब के नेबर हैं।'' तारा ने महसूस किया कि बात बिगड़ती जा रही है। कहकर तारा झट से नमस्कार कर अन्दर चली गई।

अन्दर बड़े-बड़े कमरों के दरवाज़े खुले पड़े थे। चारपाइयाँ और पलंग बेतरतीब, ख़तों के टुकड़े, पुराने अख़बार, बिस्कुटों के ख़ाली डिब्बे, टूटी चूड़ियाँ, पतली डोरियों के टुकड़े...। तारा निरुद्देश्य ही एक कमरे से दूसरे में घूमती रही। हर जगह जानेवालों के चिह्न के...कमरों में अजीब-सी ख़ामोशी थी। दो-तीन घंटे पहले तक वहाँ कॉलेज की अठारह लड़कियाँ थीं...उनके फ़िल्मी गीतों, मुक्त हँसी, चीख़-पुकार से वातावरण मुखरित रहता था। अब वहाँ केवल तारा थी और उसका अकेलापन, कमरों की ख़ामोशी। वह अपने अकेलेपन को और भी तीव्रता से महसूस कर उठी। मन-ही-मन वह अभी इसमें उलझी ही थी कि आख़िर इतने अल्पपरिचय में नलिन से वह कैसे ऐसी बात कह उठी कि...अकेलापन दूर करने के लिए आप तो हैं ही। उसने भी आख़िर क्या सोचा होगा। उसने कई बार चाहा भी कि इस छोटी-सी बात को मन से निकाल दे। आख़िर वह वयस्क है, समझदार है, कोई नलिन पर अपने को ज़बर्दस्ती फोर्स तो कर नहीं रही है। यह टेढ़ी फाँस की तरह उसके अन्दर

घुसी रही और रह-रहकर कसकती रही।

परिचय सचमुच बहुत अल्प था। सनीविला के बिल्कुल पास ही वह सनीविला नलिन कॉटेज़ में अकेला रहता था। दोनों का रास्ता एक ही था, पर जबसे बीस लोगों की पार्टी वहाँ आकर टिक गई और जब-तब बिना ओढ़नी ओढ़े वक़्त-बे-वक़्त अल्हड़ लड़कियों से सामना होने लगा तो तब से उसने रास्ता भी बदल दिया, अठारह अल्हड़ नवयुवतियों और उनकी दो टीचरों से कतराना सुनीला को कहाँ गवारा था कि इतने पास, इतना भला-सा पुरुष रहे और वह उसके बंगाली सौन्दर्य की उपेक्षा करे। पता नहीं कब और कैसे उसने नलिन से जान-पहचान कर ली और एक दिन बाक़ायदा चाय पर बुलाकर तारा से भी परिचय करवा दिया।

सुनीला के कुछ मित्रों को वह पहले से भी जानती थी पर उन सबसे नलिन भिन्न था। आयु उसकी अड़तीस के आसपास होगी। अधिक अच्छी बात उसे जो नलिन में लगी वह उसका गाम्भीर्य और मितभाषिता थी। जब वह मुस्कराता था तो उसके सादे मुख पर एक आकर्षण आ जाता था। तारा दूर से, निरपेक्ष भाव से उसे देखती रही और सुनीला के फ्लर्ट करने पर मन-ही-मन मुस्कराती रही।

उस घर में वह रात पहली थी जो तारा ने अकेले बिताई। उस रात आँधी भी आई और पानी भी बरसा। तारा की आँख खुल गई। सिरहाने की मेज़ पर घड़ी रखी थी जिसकी चमकदार सुइयाँ दो बजकर दस मिनट बता रही थीं। तारा ने उठकर बत्ती जलाई तो पाया कि लाइट नहीं आ रही है। ड्रार खोलकर उसने मोमबत्ती निकाली। अँधेरे में ही हाथ से इधर-उधर छूकर दियासलाई ढूँढ़ी और मेज़ पर रख दी। हवा से किसी कमरे की खुली रह गई खिड़की भड़भड़ा उठती थी। बाहर तेज़ हवा वृक्षों को झकझोर रही थी और खिड़कियों के बन्द शीशों पर पानी की मोटी-मोटी धारें बह रही थीं।

तारा को देर तक नींद नहीं आई। वह स्थिर नेत्रों से मोमबत्ती की स्निग्ध लौ को देखती रही। बाहर आँधी और तूफ़ान था, अन्दर गरमाई और नरम-नरम बिस्तर और एक विश्वास कि हवा भले ही दरवाज़ों और खिड़कियों से सिर पटकती रहे, अन्दर पानी और बौछार नहीं आ सकती। अगर उसके सिर पर किसी की छाँह होती, अगर उसे किसी का सहारा होता तो वह पानी और बौछार का भी सामना कर लेती। पर वह अकेली थी और निर्बल भी...इसलिए उसने अपने चारों ओर दीवारें-सी खड़ी कर ली थीं, अपने को आहत होने से बचाने के लिए, क्योंकि तारा जीवन को स्वीकार कर चुकी थी। जो कुछ उसे ज़िन्दगी ने दिया था, उसके लिए वह कृतज्ञ थी और जो कुछ उसे न मिल सका था, उसकी हसरत उसने कुशलतापूर्वक दिल में छिपा रखी थी।

उस समय, लेटे-लेटे, तारा को एकाएक अपना कमरा याद आया, बोर्डिंग का एक छोटा सा किनारे का कमरा, जहाँ कि ज़िन्दगी एक मेज़, एक कुर्सी और एक चारपाई में बँध गई थी। जहाँ से वह लड़कियों की हँसी और क़हक़हे सुन सकती थी। कमरा जो कि किचन के इतने पास था कि खाना बनानेवालियों की आपस की लड़ाई और सैकड़ों थालियाँ और कटोरियाँ दोनों वक़्त माँजे जाने का शोर उसे साफ़-साफ़ सुनाई देता रहता था। कितनी बार उसने चाहा कि वह कमरा बदल ले, मगर कोई उससे कमरा बदलने को राजी नहीं हुआ और फिर चार-पाँच साल के बाद उसे अपने उस कोने के कमरे से मोह-सा हो गया, हर वसन्त में गौरैयों का एक जोड़ा उसके सिरहाने की तरफ़ घोंसला बनाता था। महीनों घास-फूस, तिनके

उड़-उड़कर कमरे-भर में फैले रहते थे और फिर भूखे, नन्हे बच्चों की चूँ-चूँ...दिन में बार-बार गौरैयों का बाहर जाना और चोंच में कुछ दबाकर खिड़कियों की राह अन्दर आना...तारा को सच ही अपनी उस अलमारी से, जिसके किवाड़ गर्मी में सूखते और वर्षा में फूलते रहते थे, कमरे के बीच में फ़र्श पर, उखड़ जाने से दोबारा किए गए सीमेंट के बड़े-बड़े चकत्तों, वर्षा और ग्रीष्म से बदरंग हुए खिड़की के पर्दों और खिड़की से दिखाई देते हुए, दूर किसी पुराने बँगले की खपरैल की छत के अदृश्य से, हर छोटी और बदसूरत चीज़ से मोह हो गया था, क्योंकि वह दो खिड़कियों और एक दरवाज़े का चौखूँटा कमरा ही उसका घर था, उसी की दीवारों में पहली बार तारा ने जीवन में स्थायित्व पाया था।

अपनी माँ की मृत्यु के बाद अब नितान्त अकेली रह जाने पर ज़िन्दगी बड़ी बँधी लीकों पर चल रही थी। बैंक में थोड़ा-सा रुपया भी था, बक्सों में कुछ कपड़े और देखनेवाले तो जीवन की सफलता इन्हीं से मापते हैं, दिल का खोखलापन कौन देखता या गुनता है।

और लेटे-लेटे अनायास ही उसे नलिन का ख़याल आ गया। दिन के उजाले में जिन बातों के उड़ते-से विचार को भी हम वर्ज्य समझते हैं, रात के अँधेरे में उनके बारे में विस्तार से सोचा जा सकता है। अन्धकार और अकेलापन उनकी वर्जना को बहुत कुछ कम कर देता है। तारा नलिन के बारे में सोचने लगी। नलिन ने उस दिन बातों के दौरान में अपनी पत्नी का ज़िक्र किया था। तारा सोच उठी कि कैसी होगी वह स्त्री, शायद सुन्दर, अपने पति का गर्व होगा उसे। उसका घर होगा, साफ़-सुथरा, सजा-सजाया, उसके बच्चे होंगे...करवट बदलकर तारा सोचने लगी कि अगर उसे भी नलिन-सा पति मिल जाता तो जीवन कितना भिन्न होता, कितना भरा-पूरा, कितना सुखी। अपने उड़ते विचारों को रोक लगाकर तारा ने अपने-आपसे कहा—"मैं सुखी हूँ, सुखी हूँ। मुझे अपना काम अच्छा लगता है...मैं स्वतन्त्र हूँ, मेरे पास धन है...सुखी हूँ..." पर तारा जान रही थी कि इन सबके बावजूद उसके जीवन में एक बहुत बड़ा अभाव है...एक हूक-सी है जिसे वह बलपूर्वक अन्तरतल में दबाए रखती है, जो कसक असावधान क्षणों में हृदय में सालने लगती है। जो कि अक्सर ऐसी ही आँधी-पानी की रातों में उसकी आँखों में आँसू ला देती है।

पीठ के बल लेटकर तारा ने छत की ओर देखते हुए सोचा, "ज़िन्दगी भी क्या है ? किसी को सब कुछ, किसी को कुछ भी नहीं। मुझे तो कुछ भी न मिला, न रूप, न सुख...न लाड़, न दुलार। माँ-बाप ने उपेक्षा की, दुनिया ने उपेक्षा की, फिर भी मेरे अन्दर ऐसा बलवान क्या था कि मैं जीती रही, लड़ती रही। फिर भी जो कुछ मुझे मिला उसके लिए मुझे कृतज्ञ होना चाहिए। अगर बहनों की तरह मेरी भी किसी गॉर्ड या टिकट कलेक्टर से शादी हो जाती तो कहाँ नसीब थीं यह मसूरी में छुट्टियाँ—यह कपड़े...बैंक में रुपए। चूल्हा फूँकने और बच्चे पालने में ही ज़िन्दगी बीत जाती।

पर नलिन—अगर उस जैसा पति मिलता तो...उसकी आँखें कैसी मुस्कराती हैं, उसकी बाँहें कितनी उजली और कितनी सबल लगती हैं, उसके होंठ...।

मोमबत्ती बुझ गई, खिड़की रह-रहकर भड़भड़ा उठती थी, वर्षा का प्रचंड वेग कम हो गया था, पर पेड़ों के पत्तों पर निरन्तर गिरती बूँदों का स्वर था।

सुबह तारा नहा ही रही थी कि बादल का एक टुकड़ा उड़ता हुआ आया और बरसने लगा। बाहर निकलने पर तारा का मन कॉफ़ी पीने का हो आया। किचन में जाकर वह पानी

गरम करने को कह आई, और फिर सोचा कि कुछ देर बाहर ही बैठे। बेंत की कुर्सी पर बैठ—पैर फैलाकर, हत्थे पर उँगलियों से ताल देकर वह तन्मय होकर कुछ गा रही थी जब पानी से तर नलिन वापस आता दिखा।

बूँदों के शब्द में उसका गीत डूब छिप गया था। नलिन ने एक बार भी उसे मुड़कर नहीं देखा...अपनी राह चला जा रहा था कि तारा एकाएक पुकार उठी, ''कुछ देर यहाँ ठहर जाइए, भीग जाएँगे।''

चौंककर नलिन ने उसे देखा, फिर कहा, ''अब दूर ही कितना है, चला जाऊँगा, भींग तो गया ही हूँ।''

कुछ अप्रतिभ होकर तारा ने कहा, ''अगर कोई एतराज़ न हो तो एक कप कॉफ़ी पी लीजिए।''

''धन्यवाद, मगर आज क्षमा करें।'' कहकर नलिन चला गया। गाना रोककर तारा की आँखें उसे देखती रहीं, कुछ दूर जाकर वह मुड़ा और लम्बे-लम्बे हॉली हॉक्स के पेड़ों के पीछे छिप गया।

तारा ने कॉफ़ी अकेले ही पी। कुछ देर में पानी रुक गया मगर वह घूमने नहीं गई। बिस्तर में लेटकर कुछ पढ़ती रही। बूढ़ा चौकीदार पीछे क्यारियों में काम करते माली से बात करता रहा और रह-रहकर खाँसता रहा। तारा कभी-कभी पृष्ठों के बीच उँगली लगाकर, कुछ सोचने लगती या इधर-उधर देखने लगती। जब उसका मन किताब पढ़ने में बिल्कुल न लगा तो वह उठ बैठी। सबसे पहले शीशे के आगे जाकर बाल ठीक किए। रात की मोमबत्ती का पिघलकर गिरा मोम ड्रेसिंग टेबल पर जमा हुआ था। चाक़ू से उसे खुरच-खुरचकर निकाला, मेज़ पर पाउडर गिरा था, एक गन्दा कपड़ा ढूँढ़कर मेज़ साफ़ की। शीशा पोंछा, जूड़े के काँटे एक ड्रार में सँभालकर रखे और फिर स्वभाव के विपरीत उसे ज़ोर से बन्द कर दिया। फिर मेज़ का सहारा लेकर खड़े होकर उसने पूरे कमरे को देखा। सुनीला के चले जाने पर कमरे में काफ़ी जगह हो गई थी। तारा ने कपड़े तहाकर रखे...किताबों पर धूल की हल्की-सी पर्त थी। उसे पोंछा। तब भी सन्तोष नहीं हुआ। कुछ सोच-विचार के बाद वह चारपाई खींचकर बड़ी-सी खिड़की के पास ले आई। चादर की सिलवटें खींच-खींचकर ठीक कीं और फिर बैठ गई। खिड़की से हवा का एक ठंडा झोंका आया और तारा ने यों ही बाहर देखने को सिर फेरा तो पाया कि अब जहाँ उसकी चारपाई है वहाँ से नलिन की कॉटेज़ की छत, चिमनी और दीवार में ऊँचे-ऊँचे दो रोशनदान दिखाई देते हैं। न जाने क्यों उसे बड़ा ढाढ़स सा बँधा। उसे लगा कि वह नितान्त अकेली नहीं है।

उसी रौ में वह कपड़े बदलकर बाहर घूमने चल दी। अभी घूमनेवाले धीरे-धीरे निकल रहे थे। तारा एक जगह रेलिंग के सहारे खड़ी होकर नीचे की घाटी को देखने लगी। पहाड़ों के बीच-बीच कहीं-कहीं सड़क नज़र आती थी। और कभी-कभी देहरादून जाती हुई कोई मोटर या बस कुछ क्षण को दिखाई देती और फिर चक्करदार सड़क के मोड़ों पर खो जाती। कभी-कभी उसके पास से गुज़रती हुई पार्टियों के क़हक़हे उसकी चेतना में प्रवेश कर जाते थे। तारा जाकर एक रेस्तराँ में बैठ गई। उसमें अधिक तड़क-भड़क न थी। हल्के नेत्रप्रिय रंगों की दीवारें और धीमा-धीमा आर्केस्ट्रा। तारा की मेज़ के काँच के टॉप पर छत की परछाईं पड़ रही थी। तारा ऑर्डर देकर कोहनियाँ मेज़ पर टिका, कुछ आगे को झुककर बैठ गई

और ऐसा करने में काँच में अपनी परछाईं भी उसे दिखाई देने लगी, इतनी साफ़, जैसे रंगीन काँच की जगह दर्पण हो। अपेक्षाकृत लम्बा और दुबला चेहरा, आगे के बाल थोड़े-से प्राकृतिक रूप से घुँघराले, आँखें खामोश और नम, छोटी-सी खड़ी नाक, पतले होंठ, कानों मे गोल, नक़ली नगों के टॉप्स, ब्लाउज़ का गोल गला और पतली-सी सोने की चेन, लम्बी, दुबली बाँहें और पूरी मुद्रा बड़ी विचारपूर्ण और चिन्तन में डूबी।

बेयरा ने चाय की चीज़ें मेज़ पर लगानी शुरू कर दीं। तारा ने कोहनियाँ मेज़ से हटा लीं और अपनी साड़ी की अदृश्य सिलवटें ठीक कर, क़ायदे से बैठ गई।

रेस्तराँ में अचानक ही भीड़ बढ़ गई थी। प्रायः सभी मेज़ें भर गई थीं। दरवाज़े के पास खड़े कई लोगों ने कई बार पूरी मेज़ पर अकेली बैठी तारा की ओर देखा, पर उस ओर कोई आया नहीं। उन सात-आठ लोगों के पीछे तारा ने नलिन की भी एक झलक पाई, चाहती तो हाथ से संकेत कर उसे बुला लेती, पर उसने ऐसा कुछ नहीं किया। नज़र नीची कर अपने प्याले में चाय डालने लगी। जब उसने प्याला होंठों से लगाया, तब देखा कि नलिन उसी की ओर आ रहा है। नलिन ने आकर तारा के सामने की ख़ाली कुर्सी के हत्थे पर हल्के हाथ टिकाकर पूछा, "अगर मैं यहाँ बैठ जाऊँ तो आपको एतराज़ तो न होगा ?"

उत्तर में तारा ने बड़ी गम्भीरता से कहा, "जी नहीं, बैठिए।"

नलिन ने, पाइप मेज़ पर रखकर बैठते हुए पास से गुज़रते वेटर को ऑर्डर दे दिया।

बात पहले नलिन ने ही आरम्भ की, "कहिए, अच्छी तरह हैं ?" जैसे बरसों बाद मिला हो।

तारा मुस्कराई।

नलिन ने कहा, "आपने जब कॉफ़ी का निमन्त्रण दिया तो मैं क़रीब-क़रीब रुकने ही वाला था। पर भीगा हुआ था।"

"कोई बात नहीं है, मैंने तो ऐसे ही कह दिया था।" तारा ने कहा। उसे बड़ा अजीब लग रहा था। एक तो नलिन बिल्कुल सामने बैठा था और कुछ खा-पी नहीं रहा था। तारा को अपनी चाय पीते हुए भी झिझक-सी हो रही थी। उसने सैंडविच की प्लेट कुछ आगे खिसकाते हुए कहा, "कुछ खाइए।"

नलिन ने एक सैंडविच उठा लिया। तारा बहुत सँभलकर चाय के छोटे-छोटे घूँट पीती रही और नलिन की सीधी नज़रों से बचाकर इधर-उधर देखती रही। दोनों चुप रहे।

पर वह मौन भी तारा को बड़ा शान्तिप्रद लगा।

चाय पीकर और बहुत प्रतिवाद करने पर भी तारा का बिल भी चुकाकर नलिन और तारा बाहर निकले। अभी माल पर काफ़ी भीड़ थी। कुछ देर खड़े होने के बाद नलिन ने पूछा, "आप अभी ठहरेंगी।"

"जी, नहीं, मैं तो वापस जाऊँगी। काफ़ी चलना पड़ता है और फिर अँधेरा होने पर...!"

अपना पाइप जलाकर नलिन ने कहा, "मुझे तो ऐसा इम्प्रेशन था कि आप अँधेरे से डरती नहीं हैं।"

"डर तो नहीं...कुछ अजीब-सा लगता है। आप ठहरेंगे ?"

"सोच रहा हूँ, क्योंकि एक फ़िल्म बहुत दिन से देखने का इरादा है।"

"अच्छा," तारा मुड़कर चलनेवाली थी, रुककर बोली, "चाय के लिए बहुत-बहुत धन्यवाद।"

नलिन आरामकुर्सी पर बैठा था, अपना पट्टी बँधा हुआ दायाँ पैर स्टूल पर टिका रखा था। तारा को देखकर उसने उठने का उपक्रम किया।

"रहने दीजिए, तकलीफ़ होगी आपको। कैसे लग गई चोट ?"

"पैर स्लिप कर गया। मोच आ गई है। पर चलने से तो मजबूर हो गया हूँ।"

"किसी को दिखाया ? कभी-कभी सीरियस इंजरी भी हो जाती है।"

"ऐसा तो नहीं है। जैतसिंह ने मालिश कर दी थी। दर्द कॉफ़ी है।"

"मेरे पास दवा है। भिजवा दूँगी। काफ़ी फ़ायदा करती है। शायद उससे दर्द कम हो जाए। पट्टी भी तो आपकी ठीक नहीं बँधी है।"

नलिन हल्के से मुस्कराया। तारा ने अध्यापिका की तरह समझाते हुए कहा, "कुछ साल मैंने बैंडेजिंग भी की है। स्प्रेन में बिल्कुल डिफ़रेंट बैंडेज होती है। बड़ा आराम मिलता है।"

नलिन ने बात पलटते हुए कहा, "आजकल क्या पढ़ रही हैं आप ?"

तारा थोड़ा-सा हँसी, "छुट्टियों में तो, मैं केवल हल्की-फुल्की चीज़ें पढ़ती हूँ कहानियाँ, मर्डर स्टोरीज़।"

"हत्या और झगड़े-फ़साद की ओर आपकी रुचि होगी, देखकर ऐसा तो नहीं लगता," नलिन की आँखें कौतुक से दीप्त थीं, तारा के उजले दाँत झलके, "मैंने कहीं पढ़ा था कि जिसका जीवन जितना ही अधिक घटनाहीन होता है, उतनी ही उसे ऐसी कहानियों में रस और रोमांच की उपलब्धि होती है, कोई कुछ कहे, मैं तो ऐसी किताबें ख़ूब पढ़ती हूँ, आपको अच्छी नहीं लगतीं ?"

"कभी-कभी उकवाहट कम करने को पढ़ लेता हूँ, वैसे विशेष प्रिय नहीं हैं," नलिन बोला।

"हमारे लिए तो उकवाहट के सिवा कुछ और होता ही नहीं," तारा ने अपनी साड़ी का किनारा हल्के-हल्के छूते हुए कहा।

"आपको अपनी टीचिंग लाइन पसन्द नहीं है ?" नलिन के स्वर में हल्का विस्मय था।

"ऐसा कुछ बुरा भी नहीं। काम कम होता है, छुट्टियाँ ज़्यादा।" तारा ने उत्तर दिया।

"आपके कॉलेज की लाइफ़ कैसी है ? गे है ?"

"हाँ, हाँ गे उनके लिए है जो लाइफ़ सीरियसली नहीं लेते हैं।"

"मगर आप तो उन लोगों में शायद नहीं हैं। आप तो बहुत सीरियसली बहुत ओनेस्टली अपनी किताबों में उलझी रहती होंगी।"

तारा की आँखों में विस्मय था। फिर पूछा, "आप कैसे कह सकते हैं ?"

"देखता जो हूँ। आप घर में ही रहती हैं। बाहर गईं भी तो जल्दी लौट आईं। मैंने आपको माल पर कम ही देखा है।"

तारा विचारों में डूबती-उतराती चुप रही, तो नलिन ने भी ध्यान दिया है कि वह क्या करती है।

जैतसिंह ने आकर नीची-सी मेज़ पर ट्रे रख दी, और फिर जाकर चुपचाप स्टैंडर्ड लैम्प

का स्विच खोल दिया।

तारा ने कॉफ़ी प्यालों में डाली। एकाएक उसे सब कुछ बड़ा सुखद, प्रीतिकर-सा लग उठा। हल्की-सी सर्दी, मुलायम शाल, गर्म कॉफ़ी और नलिन, प्याला नलिन को पकड़ाते हुए उसे ऐसा लगा कि यह पहली बार नहीं हो रहा है। पहले भी हो चुका है। वह क्षण बड़ा परिचित-सा लगा जैसे कितनी ही सन्ध्याएँ उसने ऐसे ही नलिन के साथ बिताई हैं। यह क्षण एक लम्बी शृंखला की एक कड़ी मात्र है। वह शृंखला जिसमें अतीत और भविष्य गुँथे हुए हैं। उस क्षण दूरी और औपचारिकता की दीवारें अनायास ही ढह गईं।

चारों ओर सन्नाटा था। हवा भी न थी जो कि लम्बे-लम्बे पेड़ों को छेड़ती। आसपास, इधर-उधर, कहीं कुछ शब्द न था, जैसे सारी दुनिया सो गई हो, केवल जागता हो तारा का बावरा हृदय, उसका रोम-रोम और पोर-पोर। तारा अपने प्याले पर आँखें गड़ाए इतनी देर तक मौन, निश्चल बैठी रही कि नलिन ने कौतुक से कहा—''कॉफ़ी ठंडी हो जाएगी, ऐसे क्या सोच में पड़ गई ?''

तारा की आँखों में चौंकापन आया। उसने प्याला उठा लिया और फिर उसके ऊपर से हल्के-से आँखें उठाकर नलिन को देखा, दृष्टि मिल गई। नलिन की आँखें स्वच्छ और मुस्करा रही थीं, उनमें खुलापन था।

तारा ने अपनी आँखें झुका लीं कि कहीं उनकी चाहना नलिन न देख ले।

जब से नलिन को चोट लगी थी, तारा दिन में दो-तीन चक्कर लगा जाती थी। रुकना चाहती थी, पर संकोचवश जल्दी ही उठकर चली आती थी और ख़ाली बैठ अपने को ही बुरा-भला कहती क्योंकि अपनी कोठी से उसका मन बिल्कुल उचट गया था। उस शाम भी तारा ने देर तक पसोपेश में पड़े रहने के बाद यही निश्चय किया कि थोड़ी देर को हो ही आए। उसने एक सूती, चौड़े ज़री बॉर्डर की धोती पहनी, कानों की लवों में सेंट लगाया और चलते-चलते फिर रुककर शीशे में अपने को देखा।

कमरे के पर्दे खुले थे, ठंडक की वजह से अँगीठी में कोयले जल रहे थे। नलिन ने आहट पाकर ऊपर देखा, और कहा, ''मैंने तो सोचा था कि अब आओगी नहीं।''

तारा किवाड़ पकड़े निश्चल खड़ी रह गई। जिस स्वाभाविकता से नलिन ने कहा था, वह उसी तरह उसे ग्रहण न कर सकी। उसे लगा कि अनायास ही वह नलिन के बहुत निकट आ गई है। मन्द कंठ से उसने उत्तर दिया, ''नहीं, आती क्यों नहीं ? मुझे मालूम नहीं था कि आप इन्तज़ार कर रहे होंगे।''

''मैं तो इस कमरे में ऐसा ऊब गया हूँ कि कुछ हद नहीं। एक जगह बँधे-बँधे...''

''ठीक होने में कुछ दिन तो लगेंगे। वैसे आप तो अधीर हो जाते हैं।''

नलिन अचानक मुस्करा पड़ा, ''माफ़ करना तारा, तुम्हें मैं बेकार ही परेशान करता हूँ। आज घूमने नहीं गईं ?''

उस समय तारा को नलिन का चेहरा बहुत मासूम, बहुत ख़ूबसूरत, बहुत युवा लगा। उसकी मोटी-मोटी भौंहों के नीचे गहरी, चिन्ताकुल आँखें, उसके भरे-भरे, मुस्कराते होंठ, उसके निश्चल पड़े हुए हाथ—जिनका स्पर्श मृदु भी हो सकता था और सशक्त भी। तारा ने चाहा कि वह उन हाथों को अपनी हथेलियों में ले ले, अपने स्पर्श से नलिन की पीड़ा हर ले,

उसका गोपन दुःख स्वयं झेल ले, क्योंकि वह नारी है, नारी जो कि माँ पहले है प्रेयसी बाद में।

नलिन तारा को देख रहा था, उस दृष्टि को तारा का भीरु हृदय न सह सका, वह नलिन की ओर पीठ कर, खिड़की से बाहर देखने लगी। नलिन ने पूछा, ''शतरंज खेलोगी ? सारे दिन मैं आज 'सौलिटेयर' खेलता रहा।''

अपने को संयत कर तारा ने कहा, ''अच्छा।''

''ड्रार में मोहरे रखे हैं।''

तारा ने ड्रार खोलकर निकाले, मेज़ खींचकर नलिन के पास रखी और सामने कुर्सी पर बैठ गई। नलिन बोर्ड बिछाकर मोहरे लगाने लगा। तारा उसकी उँगलियों को देख रही थी।

खेल चला पर तारा ने पाया कि नलिन का मन भी उखड़ा-उखड़ा है। कहा, ''थके हों तो रहने दीजिए। दो बार ग़लत चल चुके हैं।''

''यह बाज़ी पूरी हो जाय''—नलिन ने कहा।

तभी बिजली धीमी पड़ गई और दूसरे क्षण कमरे में अँधेरा हो गया।

तारा ने एक लम्बी साँस ली, फिर पूछा, ''मोमबत्ती होगी ?''

''होगी तो ज़रूर, मगर कहाँ यह पता नहीं। टॉर्च जैतसिंह बाज़ार ले गया है।''

अँगीठी में जलते कोयलों पर राख की तह जम गई थी, पर उसके आसपास हल्का-सा उजाला था।

तारा कुर्सी खिसकाकर उठी, ''तो मैं जाकर ढूँढ़ने की कोशिश करूँ, अँधेरे में कब तक बैठे रहें।'' उठकर वह कुछ क़दम चली ही थी कि किसी चीज़ से टकरा गई। उसके मुँह से हल्की-सी आह निकली।

चिन्तित स्वर में नलिन ने कहा, ''चोट तो नहीं लगी ? आकर बैठ जाओ तारा। अँधेरे में कहाँ जा रही हो ?''

तारा से कुछ उत्तर न पाकर उसने फिर कहा, ''तारा ?''

''हाँ !''

''यहाँ आओ, अभी रोशनी आ जाएगी।''

तारा वापस आकर बैठ गई। नलिन ने कहा—''अभी जैतसिंह आता होगा।''

फँसे गले से तारा ने कहा, ''हूँ।''

कुछ विस्मय से नलिन ने कहा, ''तुम्हें क्या हो गया है ? डर रही हो ?''

''नहीं तो, डरूँगी क्यों ?'' तारा ने हँसना चाहा। निबिड़ अन्धकार और नीरवता।

नलिन के हाथों ने तारा के हाथ छुए। तारा धक् से रह गई। उसने अपने हाथ खींच लिए। पर उसे लग रहा था कि पानी की एक तेज़ धार उसे बहाए लिए जा रही है, न चाहने पर भी उसके पैर उखड़े जा रहे हैं। उसने पाया कि उसमें उस बहाव से लड़ने की शक्ति नहीं है, वह अत्यन्त दुर्बल है। अन्त में तारा शिथिल हो गई, उसने वस्त्र डाल दिए, वर्जना के स्वर को दब जाने दिया, नलिन की भुजाओं में अपने को खिंच जाने दिया।

जैसे अनायास ही वह नलिन की बाँहों में सिमट गई थी, वैसे ही अचानक वह मुक्त भी हो गई। अलग हटकर नलिन ने कुछ अस्वाभाविक से स्वर में कहा, ''आइ एम सॉरी, सम थिंग केम ओवर मी। मुझे पता नहीं क्या हो गया। मुझे माफ़ कर दो।''

तारा की आँखों में चौंकापन था। बिना सोचे ही उसके दोनों हाथ बालों पर चले गए,

उन्हें छूकर ठीक कर वह जल्दी से अँधेरे में ही वहाँ से चल पड़ी। उसके अभ्यस्त पैर चल रहे थे, पर उसे दिखाई नहीं दे रहा था। उसकी आँखों के आगे सब धुँधला-सा हो गया। अपनी भावनाओं की तीव्रता ने उसे स्वयं ही दहला दिया था।

तारा के अपने घर आते ही बिजली आ गई। तारा अन्दर आकर बैठ गई। नलिन के स्पर्श का संवेदन अभी ताज़ा था। उसे लग रहा था कि वह अभी भी उसी तरह बाँहों में लिपटी है, उष्ण, पिपासु होंठ अभी भी उसके होंठों पर हैं। उसने अपने को संयत करना चाहा, पर उसके पैर काँप रहे थे। उसने एक गिलास पानी पिया और गिलास रखकर मुड़ते हुए शीशे पर नज़र पड़ गई। तारा ने रुककर अपने को ध्यान से देखा, कुछ भी नहीं बदला था, कहीं भी कुछ परिवर्तन नहीं था। लम्बा, पतला चेहरा, वही स्वच्छ आँखें, अनमुस्कराते होंठ, बाल थोड़े से बिगड़ गए थे और रोरी की बिन्दी धूमिल पड़ गई थी। तारा को कुछ अचम्भा-सा हुआ...पलक मारते ही उसकी दुनिया बदल गई थी, सूखे उपवन में हज़ारों कलियाँ फूट पड़ी थीं और उसका चेहरा वैसा ही था।

उस रात तारा अपने पलंग से, खुली खिड़की के पार, नलिन के कमरे के चमकते रोशनदानों को देखती रही और सोचती रही, हैरत करती रही कि यह कैसे और क्यों हो गया। पर उसके अन्तर्मन में एक गहरा सुख था क्योंकि जाने-अनजाने उसने कुछ ऐसी ही कामना की थी।

रात उसने सोते-जागते काटी। सुबह से ही वह नलिन को देखने के लिए अधीर-सी हो उठी। पर वह जानती थी कि नलिन अभी इतना नहीं चल सकता कि यहाँ आ जाए। उसने बलपूर्वक अपने को संयमित किया। अपने को आत्मसम्मान, नारीसुलभ लज्जा और संकोच का ध्यान दिलाया। तैयार होकर तारा घूमने चली गई, निरुद्देश्य ही कैमल्स बैंक रोड का पूरा चक्कर लगाया। वह चल रही थी, कभी-कभी रुक जाती पर उसका मस्तिष्क एक तूफ़ान से गुज़र रहा था। उसने न कुछ देखा, न गुना और ऐसी मनःस्थिति केवल सुबह-भर ही रही, ऐसा नहीं। दो दिन तक तारा अतृप्त प्रेतात्मा की तरह इधर-उधर भटकती रही, नहीं गई तो नलिन की तरफ़। वह एक स्तब्ध, अधीर प्रतीक्षा में थी। तीसरे दिन, दोपहर को खाने के वक़्त लौटने पर उसे पत्र मिला। खोलने पर उसके हाथ नहीं काँपे, पर उसका दिल वेग से धड़क उठा। नलिन ने लिखा था :

''तारा,

ज़िन्दगी में कुछ ऐसे अवसर भी आते हैं, जबकि इंसान अच्छा और बुरा भूल जाता है। तुम्हारे प्रति मैं जो महसूस कर रहा हूँ, सब कुछ जानते हुए और समझते हुए भी मैं उसे रेशनलाइज नहीं कर पाता। वह एक ऐसी ओवर-पावरिंग—अदम्य इच्छा थी कि मैं लड़खड़ा उठा। मुझे माफ़ कर दो। दो दिनों से तुम नहीं आईं, ख़बर भी नहीं ली कि कैसा हूँ। इसी से ज़ाहिर होता है कि तुम मुझसे कितना ज़्यादा नाराज़ हो और अब तो कल शाम तुम चली ही जाओगी। जाने से पहले, दो मिनट को ही, मेरे पास हो ज़रूर जाना तारा, नहीं तो मैं अपने-आपको क्षमा न कर पाऊँगा।''

नलिन ने आहट पाकर सिर उठाया। कमरे की देहरी पर, दोनों किवाड़ों पर हाथ टिकाए तारा खड़ी थी। उसके मुख पर नलिन ने कुछ ऐसा देखा कि उसने बाँहें फैला दीं और तारा उनमें

कुछ ऐसे आ गई जैसे दिन-भर का भटका पक्षी, साँझ को अपने नीड़ में आ जाए।

होस्टल में लंच का घंटा बज उठा। झुंड-की-झुंड लड़कियाँ कमरे के आगे से गुज़रकर सीढ़ियों से डाइनिंग हॉल की ओर जाने लगीं। एक आह लेकर तारा उठ खड़ी हुई, और झुककर होलडाल खोलने लगी। पर उसके अन्दर एक गहरी तुष्टि थी, क्योंकि वह जानती थी कि अब वह कभी अपने को अकेली महसूस नहीं करेगी क्योंकि वह परिपूर्ण है, उसके स्नेह का नद अब उसी के जीवन को सिंचित करता रहेगा क्योंकि इसी दुनिया में, किसी जगह नलिन भी है जिसने उसे निर्गन्ध फूल समझकर मुँह नहीं फेर लिया बल्कि लेकर सिर माथे चढ़ा लिया। और उसी स्पर्श ने उसमें इतनी सुगन्ध भर दी है कि तारा का जीवन सदैव सुरभित रहेगा।

# एक कोई दूसरा

मैं अब भी सुन्दर हूँ।

मेरे होंठों पर वही लाली है, आँखों की पुतलियों में वही चमक और लोग अब भी उसी सराहना-भरी दृष्टि से मुझे देखते हैं। मेरे अन्दर बड़ा गहरा सन्तोष है कि मेरा रूप, मेरा चापल्य, मेरी हँसी किसी रिक्त जीवन का थोड़ा-सा कोना तो भर सकी !

और कुछ महत्त्व नहीं रखता। मँझली भाभी कहती हैं, ''रानी, बचपना न करो ! बहुत अच्छा लड़का है, रंगवालों का वैभव, उनकी कुलीनता, उनकी शालीनता सारी बिरादरी में प्रसिद्ध है ! वह तुम्हें पूजेंगे...''

''पूजा के ऊँचे आसन पर तो बहुत अकेलापन होता होगा, भाभी !''

''तुम किसलिए अपने को मिटाए दे रही हो ? तुम्हारा रूप, तुम्हारा रंग धीरे-धीरे खो जाएगा। हर चीज़ की अपनी रुत होती है। हरे पत्ते नोंचकर फेंक देने से ही पतझड़ नहीं आ जाता !''

''पतझड़ कहाँ ? मेरे ऊपर तो चिर-वसन्त है !'' मैं मुस्कराती हूँ, मैं सच ही वासंती बयार हूँ। जहाँ जाती हूँ, घर-प्रांगण सुगन्धित कर देती हूँ—ऐसा ही—कभी किसी ने कहा था ! किसने ? अब याद नहीं पड़ता।

''अपने घर जाओ, सुख से रहो।'' भाभी उसी बात को पकड़े हुए हैं।

''मैं सुखी नहीं हूँ, यह तुम कैसे कहती हो, भाभी ? देखो, कितने आराम से तुम रखती हो, मँझले भैया ने मोटर ख़रीद दी है, जहाँ चाहूँ जाऊँ। मेरे नाम इतना रुपया बैंक में है ! क्या यह सुख नहीं रंगवाले के ? यहाँ मुझे इससे अधिक क्या मिलेगा ?''

भाभी धीरे से कहती हैं, ''रानी, मन के मीत की बात ही और होती है !''

''तो भाभी, वह रंगवालों के शहज़ादे, तुमने यह कैसे जाना कि वह मेरे मन के मीत बन सकेंगे ?''

भाभी बड़े उत्साह से उत्तर देती हैं, ''वह इतने साल विलायत में रहे हैं, बड़े स्मार्ट हैं, तुमने तो स्वयं देखा है कि कितनी अच्छी अंग्रेज़ी बोलते हैं।''

''मन के मीत नहीं भाभी, तन के भोक्ता कहो !''

मेरे मुख से ऐसी बात सुन भाभी सकुचाकर चुप हो जाती हैं। मेरी मीठी, भोली भाभी बातें बन्द कर कहती हैं, ''बाहर चलो, देखो कैसे तारे छिटके हैं ! गंगा के पुल की बिजलियाँ अँधेरे में बड़ी सुन्दर लगती हैं !''

तारों की छाँह में खड़ा होना मुझे अच्छा लगता है। मुँह ऊपर करके आकाश को देखती

हूँ। धप-धप करते हुए कितने तारे हैं। मैं पहचानने का प्रयत्न करती हूँ कि कौन-सा तारा स्निग्ध दृष्टि से मुझे देख रहा है ? अचानक ही मैं एक उपस्थिति की सुवास से भर उठती हूँ। आकाश से झरती किरणें, जाग्रत, स्पन्दित उँगलियाँ बनकर मुझे सहलाने लगती हैं।

उस रात यूनिवर्सिटी में न जाने कौन-सी लता फूली थी कि चारों ओर तीव्र सुगन्ध फैल रही थी। मेरा मन, वहीं खड़े होकर, उस सुवास में लम्बी-लम्बी साँसें पीने को होने लगा। रात में सबकुछ कितना बदला-बदला-सा लग रहा था। दिन-भर मुखरित रहनेवाले क्लासरूम और सड़कें निस्तब्धता को ओढ़ सुस्ता रही थीं। रात्रि के आकाश की पृष्ठभूमि में बुर्जियों और मीनारों की आकृति गाढ़े रंग के धब्बों की तरह लग रही थी। उस विस्तृत नीरवता में श्यामा का स्वर एक फुसफुसाहट-सा लगा, "तुम तो डॉ. कुमार से अभी मिलीं नहीं ?"

"नहीं श्यामा, जा ही न सकी। सोचती तो रोज़ रही, पर कुछ विशेष काम भी न हो पाया था, जो लेकर जाती।"

"मेरे किए चैप्टर की उन्होंने बहुत प्रशंसा की," श्यामा बड़े अभिमान से बोली, "और उन्होंने प्रशंसा की, इससे मुझे बहुत खुशी हुई। इतने सुलझे हुए विचारों और गहन अध्ययनवाले व्यक्ति कम ही होते हैं !"

मैंने चुपचाप उसकी बात सुन ली। श्यामा की थीसिस उसका जीवन-प्राण बन गई थी। उठते-बैठते सिर्फ़ उसी की चर्चा ! डॉक्टर सिंह के रिटायर होने पर उसे इस बात से अधिक दुख हुआ था कि नए अध्यक्ष के आने तक थीसिस की प्रगति में बाधा पड़ेगी। डॉ. कुमार हमारे डिपार्टमेंट में आ रहे हैं, यूनिवर्सिटी उन्हें मैक्सिमम सैलरी दे रही है, वह कैम्ब्रिज के डॉक्टर हैं...ये सब समाचार मुझे श्यामा ने ही समय-समय पर दिए थे। एक अध्यक्ष के जाने और दूसरे के नियुक्त होने से मेरे ऊपर कोई असर न पड़ा था। बल्कि उस कुछ समय के अन्तराल से मैं प्रसन्न ही हुई थी और अपने क्लब के वार्षिक उत्सव में निश्चिन्त होकर भाग ले सकी थी।

कार से उतरते हुए मैंने देखा कि काफ़ी मोटरें पहले से ही आकर खड़ी थीं और पोर्टिको में भी कुछ लोग बातें करते दिख रहे थे। मैं अपने अध्यापकों को नमस्कार करती अन्दर चली गई। अन्दर हॉल में तीव्र प्रकाश था और बड़ी-बड़ी खिड़कियाँ यूनिवर्सिटी लॉन की ओर खुली हुई थीं। मैं साड़ी सँभालती, अतिथि-अभ्यागतों पर दृष्टि डालकर यह विचार कर ही रही थी कि कहाँ बैठूँ कि एक ओर से धीरेन्द्र आता दिखाई पड़ा।

"तुम लोगों के लिए हम लोगों ने जगह रख ली है।"

"उधर ? मुख्य टेबल के पास ?" मैंने पूछा।

"और क्या ? आकर्षण का केन्द्र तो तुम ही हो, बेचारे डॉक्टर कुमार तो तुम्हारे सामने फीके पड़ जाएँगे।" धीरेन्द्र मुस्कराया।

"डोंट बी फनी !" मैंने धीरेन्द्र को मीठी-सी घुड़की दी। ऐसी बातें सुनने का अभ्यास है; मेरे लिए ये उद्‌गार नए नहीं हैं। श्यामा धीरेन्द्र से बोली, "डॉक्टर कुमार ने मुझसे कहा है कि यदि मैं ऐसे ही श्रम करती रही तो मेरी थीसिस उच्च कोटि की होगी।"

मैं जानती थी कि आज श्यामा प्रत्येक परिचित से यही कहेगी। मुझे मन में बुरा-सा लग उठा। एक आकांक्षा जग उठी कि मेरे कार्य की भी ऐसी ही प्रशंसा हो। पर मैंने तो सिनॉप्सिस

के अतिरिक्त अभी कुछ भी न किया था। मैं वहाँ से कहीं और हटना चाहती थी कि तब तक दीक्षित और स्टड भी मेरे ही पास आ गए।

"हाई !" स्टड ने कहा।

"हाई, स्टड !" उत्तर में मैं मुस्कराई। स्टड लौनीगन हमारे विभाग में एक साल से आया हुआ था। विदेशी छात्रों की देखभाल की जो कमेटी थी, उसकी मैं सदस्या थी और इसी कारण स्टड से मेरा परिचय घना हो गया था।

धीरेन्द्र स्टड से मेरी मैत्री के प्रति सदा ईर्ष्यालु रहा है। "आज तो तुम अपना नाम सार्थक कर रही हो !" उसने मुझसे कहा।

"मेरे नाम का यह अर्थ बिलकुल नहीं है !" मैं मुस्कराई।

डॉक्टर कुमार के स्वागतार्थ दिए गए उस भोज में मैंने नीली साड़ी पहनी थी।...इतने दिनों के बाद भी, मैं अपने को उस रात के परिधान में स्पष्ट रूप से देख रही हूँ। नीली सिल्क की साड़ी, उस पर चटक नारंगी बॉर्डर। नीला ब्लाउज़ साड़ी में कुछ ऐसा घुल-मिल गया था कि सुनहरे तारों से बुना नारंगी बॉर्डर ही झिलमिला रहा था। बॉर्डर के रंग की वैसी ही चटक लिपस्टिक। तैयार होकर जब मैं ड्राइवर के गाड़ी लाने की प्रतीक्षा कर रही थी, भाभी बाहर आईं और मेरी बलाएँ लेने लगीं : "रानी, सच, बिलकुल परी-सी लग रही हो ! तुम तो जो भी पहन लो, उसी में खिल उठती हो। साड़ी का रंग भी कितना सोबर है ! फिर भी बॉर्डर की शोभा साड़ी पर और चटक लिपस्टिक का निखार चेहरे पर ! पर यह सब यूनिवर्सिटी में पहनने से क्या ? कहीं और पहनतीं तो लोग देखते भी !"

धनी ठेकेदार की बेटी मेरी भाभी, यूनिवर्सिटी-प्रोफ़ेसर और रिसर्च को हेय समझती हैं। उनके अनुसार मैं अपना समय नष्ट कर रही हूँ; मुझे भी किसी धनी व्यवसायी या मिल-मालिक के घर की शोभा बढ़ानी चाहिए।

आत्मविश्वास की मुझमें कमी नहीं, पर भाभी की बातों से मन में थोड़ी-सी खुशी और भर गई...श्यामा की बौद्धिकता के प्रभाव में न आ, धीरेन्द्र दीक्षित और स्टड जिस प्रकार मुझे घेरे खड़े थे, वह मुझे बहुत अच्छा लग रहा था। मादक द्रव्यों के सेवन से कैसा लगता होगा यह मैं नहीं जानती, पर पुरुषों की चाहना-भरी दृष्टि की मदिरा मुझे सदा गुदगुदा जाती है। यदि मेरे पास अथाह रत्न-राशि भी होती, तब भी मुझे ऐसा न लगता, जैसा कि धीरेन्द्र के मुख पर प्रीतिमय दास-भाव देखकर लग रहा था।...कितना कुछ था मेरे पास देने को, पर वह सब मुट्ठी में भींच किसी को कुछ न देने का निश्चय करके भी, मैं सबको ललचा रही थी। पूर्ण विकसित पुष्प को कैसा लगता होगा, यह मैं उस समय जान पा रही थी।

भोज प्रारम्भ हो गया। किसी ने मेरे हाथों में खाद्य पदार्थों से भरी प्लेट पकड़ा दी।

"तुम छुट्टी में यहीं रहोगी ?" स्टड ने पूछा।

"यह यहाँ रहेंगी तो नैनीताल सूना हो जाएगा !" श्यामा ने कहा।

बेचारी श्यामा ! डॉक्टर कुमार भले ही उसकी थीसिस की प्रशंसा करें, पर उसका समवयस्क कोई भी युवक उसे दुबारा मुड़कर नहीं देखता।

"कैसी जगह है नैनीताल ?" स्टड ने मुझसे पूछा।

"पानी ?" धीरेन्द्र ने पूछा और गिलास मेरे हाथ में पकड़ा दिया।

मैं स्टड की ओर मुड़ गई और उसे नैनीताल के बारे में बताने लगी। मैं उससे बातें करने

में ऐसी लीन थी कि अपनी ओर आते हुए लोगों को मैं देख ही नहीं पाई। जब स्टड एकदम गम्भीर हो गया और धीरेन्द्र, श्यामा सादर, सम्भ्रम एक ओर हट गए तो मैंने देखा, डॉक्टर कुमार ठीक मेरे सामने खड़े हैं। वह डॉक्टर कुमार ही होंगे, यह मैंने उनके साथ विभाग के दो सीनियर प्राध्यापकों को देखकर अनुमान लगाया।

डॉक्टर प्रसाद ने उन्हें हम सबका परिचय देते हुए कहा : "मि. स्टड लौनीगन—हमारे विभाग में फुलब्राइट स्कॉलर हैं। वर्जीनिया से आए हैं।...और ये तीनों अब आपके पथ-पदर्शन में शोध-कार्य करेंगे।" कहकर उन्होंने हमारी ओर संकेत किया।

डॉक्टर कुमार श्यामा और धीरेन्द्र से पहले ही मिल चुके थे। वह मेरी ओर सीधी, स्थिर दृष्टि से देख रहे थे। मैं एक हाथ में पानी का गिलास और दूसरे में प्लेट पकड़े खड़ी थी और इस उलझन में पड़ी थी कि उन्हें नमस्कार कैसे करूँ ? मेरे विचार उस आकस्मिक आघात से टूटकर बिखर गए थे और इस अवसर के उपयुक्त कोई भी शब्द मैं नहीं सोच पाई। उस क्षण मुझे लगा कि खिड़कियाँ खुली होने के बावजूद हॉल में बड़ी घुटन और गर्मी-सी है, जिससे मेरी हथेलियाँ पसीज उठी हैं। हॉल का तेज़ प्रकाश, अनेक कंठों के वार्तालाप के सम्मिलित स्वर, चम्मचों-प्लेटों की खनक एकाएक उमड़ आई लहर की तरह मुझे डुबाने लगी। तभी किसी के हाथ से छूटा काँच का गिलास झन्न से टूट गया और उसने मेरी डूबती चेतना को झकझोर दिया।

"आपकी रिसर्च का विषय क्या है ?"

"आधुनिक काव्य में प्रतीकवाद," मैंने उत्तर दिया।

उनका मन्द स्वर शीतल उँगलियों की भाँति था, जिससे कि मेरे अस्पष्ट विचारों में कुछ स्पष्टता आई।

"आपका कितना काम हो गया है ?"

"इसी साल आरम्भ किया है। अभी तो शब्दों और पुस्तकों के सागर में डूब-उतरा रही हूँ।"

डॉक्टर कुमार आगे बढ़ गए। स्टड ने मेरे हाथ से गिलास और प्लेट ले लिये। मैं रूमाल से अपनी हथेलियाँ पोंछने लगी। डॉक्टर कुमार युवा हैं या प्रौढ़, सुन्दर अथवा असुन्दर, मैं नहीं बता सकती। मेरी समस्त चेतना उस सीधी, गहन, तल तक जाती दृष्टि में केन्द्रीभूत हो गई थी। उनके चले जाने के बाद भी मैं कुछ खा न सकी। मैं न जाने किन अदृश्य तन्तुओं में उलझकर रह गई थी। डॉक्टर कुमार का मेरे प्रति विचार कुछ अच्छा नहीं बना होगा। मैं किस प्रकार उजड्ड की तरह चुप खड़ी रह गई थी, बार-बार याद कर मैं खिन्न हो गई। मुझे एकाएक अपनी साड़ी का रंग बहुत शोख और उस अवसर के लिए अनुपयुक्त-सा लग उठा। मुझे खीझ हुई कि श्यामा की तरह सफ़ेद साड़ी मैंने भी क्यों नहीं पहनी ! स्टड ने कौतुक-भरी दृष्टि से देखते हुए मुझे खिझाया : "हाँ, तो नैनीताल..."

सबकुछ वैसा ही है, जैसा एक वर्ष पहले था। ऊँचाई पर हमारा घर, जिसके बरामदे से झील दिखाई देती है। सफ़ेद पालवाली नावों को मैं घंटों बैठकर देख सकती हूँ। कभी-कभी दृष्टि भटककर ढलानों पर उगे हरे, युवा, शक्तिशाली वृक्षों में उलझ जाती है। उनके नीचे धूप और छाया मिलकर चटक और फीके रंगों से धरती रँगती रहती है। मैं प्रसन्न हूँ। गरमी के कुछ

और बढ़ने पर नीचे से जो लोग आए हैं, उनमें से बहुत अपने परिचित हैं। उनके साथ कभी-कभी पार्टी, चाय, सिनेमा और बोटिंग का प्रोग्राम बनने लगा और मेरे दिन काफ़ी व्यस्तता से बीतने लगे। एक बक्से में मैं पुस्तकें भी भरकर लाई थी, पर उन्हें पढ़ेगा कौन ? बेकार ही बोझ बढ़ाया। मैं बुक स्टाल से 'वुमन एंड होम,' अर्ल स्टैनली गार्डनर की कुछ किताबें, कुछ चित्रमय पत्रिकाएँ ले आई और उन्हीं के पृष्ठ उलटते हुए दिन बिता देने लगी।

स्टड के कुछ दिनों के लिए नैनीताल आने पर मेरे मनोरंजन का साधन बढ़ा। कभी-कभी श्यामा को याद करती हूँ। वह उसी गरमी में तपते रिसर्च-रूम में बैठकर काम करती होगी। उस ठंडक और चहल-पहल में अपने जीवन का रूप बहुत दूर लगता है। कभी-कभी मन में कुछ आँसने-सा लगता है कि जब रिसर्च के लिए नाम लिखाया है तब कुछ तो करना ही चाहिए। डॉक्टर सिंह के साथ तो निभ गई, पर डॉक्टर कुमार दूसरी ही प्रकृति के जान पड़ते हैं।...पर अभी तो नीला आकाश है, स्टड है, नृत्य-संगीत है ! स्टड को बोटिंग का बड़ा शौक़ है, वक़्त-बेवक़्त जब मन हुआ तभी चल दिए।

मुट्ठी-भर बजरी आकर मेरे कमरे के शीशों पर गिरती है, और मैं झुककर झाँकती हूँ, तो देखती हूँ, स्टड नीचे खड़ा मुस्करा रहा है। मैं चुपचाप नीचे उतर आती हूँ और हम दोनों साथ चल देते हैं।...स्टड नाव खेता है और मैं झुककर पानी में हाथ डाले बैठी रहती हूँ। उँगलियों से झिरकर गिरती पानी की बूँदें...उन्हीं गीले हाथों से कभी-कभी बाल सँवार लेती हूँ और स्टड मेरी आँखों में देखकर मुस्करा देता है और कोई गीत गुनगुनाने लगता है।...नाव किनारे से लगी और स्टड उतर गया, उसने हाथ बढ़ाया और उसकी मज़बूत पकड़ के सहारे मैं भी नीचे सूखी भूमि पर कूदी और उससे टकरा गई। फिर हँसते हुए हम दोनों अलग हो गए। स्टड नाववाले को पैसे देने लगा और मेरी दृष्टि यों ही भटककर ऊपर सड़क की ओर चली गई जहाँ लोग प्रायः खड़े होकर झील की ओर देखा करते हैं। मेरी दृष्टि का अनुसरण कर स्टड ने भी ऊपर देखा और उसकी भौंहें ऊपर गईं।

सीढ़ियाँ चढ़कर हम लोग ऊपर आए। तब तक डॉक्टर कुमार वैसे ही रेलिंग के सहारे खड़े थे। हमने उन्हें अभिवादन किया।

"आप कब आए ?" मैंने पूछा।

"दो-तीन दिन हुए आया हूँ।"

"ठहरेंगे ?"

"हाँ।"

मैं दोनों हाथ मरोड़ती, नर्वस-सी खड़ी रही। काश, मेरे साथ स्टड न होता ! क्या सोच रहे होंगे डॉ. कुमार ?...इस अलस दोपहरी में मैं स्टड के साथ लौटी हूँ, मेरे रूखे बाल उड़ रहे हैं, मेरी बिन्दी ज़रूर फैल गई होगी। डॉक्टर कुमार ने सोचा होगा कि मैं बड़ी ही फ़्लाइटी लड़की हूँ, विदेशियों के साथ घूमा करती हूँ...शायद उन्हें यह भी लगा हो कि मैं जान-बूझकर ही स्टड के ऊपर गिरी थी।

लौटते समय मैं बहुत चुप थी। स्टड मन्द स्वर से सीटी बजाता चल रहा था, मेरे अन्दर की हलचल से अनभिज्ञ। मैंने एक पत्थर को ठोकर मारी और जब तक वह नीचे नहीं गिर गया, उसे देखती रही।

मैं बुरी नहीं हूँ, केवल पूरी तरह जीने का प्रयत्न कर रही हूँ। मुझे किसी भी प्रकार की

आर्थिक चिन्ता नहीं, मेरे लिए उपयुक्त वर की तलाश जारी है। यदि इस अन्तराल को मैं हँसी-खुशी से ज़िन्दगी को बिलकुल सीरियसली न लेकर बिता रही हूँ तो कुछ बुरा नहीं कर रही। पर मेरी यह फ़िलासफ़ी औरों को कैसी लगती होगी ? डॉक्टर कुमार के मन में अवश्य ही मेरे प्रति कुछ अरुचि उपज आई होगी। उनके सामने पड़कर मुझमें बौनेपन की भावना क्यों आती है ? और मैंने निश्चय कर लिया है कि मैं डॉक्टर कुमार को दिखा दूँगी कि मैं भी कुछ कर सकती हूँ। पर थीसिस का चैप्टर लिखना पुरुषों को आकर्षित करने के समान सहज नहीं।

वे कोरे पृष्ठ मेरे लिए बहुत बड़ी चुनौती बन गए थे। कितनी ही बार मैं लिख-लिखकर पृष्ठ फाड़ चुकी थी। एक स्थल पर आकर मस्तिष्क रिक्त-सा हो जाता था। मैं कभी अपने पर खीझती, कभी सारी दुनिया पर।

''देखो न भाभी, कैसा दुरूह विषय मुझे दे दिया है। कुछ समझ में नहीं आता कि कैसे लिखूँ। उधर श्यामा है कि आधुनिक उपन्यासकारों पर चैप्टर-के-चैप्टर लिखे जा रही है।''

''तो तुम यह रिसर्च का किस्सा ही ख़तम करो न ! तुमने यह जान का जंजाल बेकार ही पाल रखा है।''

मैंने आहत दृष्टि से भाभी को देखा : ''तुम यह सब नहीं समझोगी।''

बात ही ऐसी थी कि मैं स्वयं नहीं समझ पाती थी। मेरे अन्दर एक तीव्र हठीली भावना जम आई थी कि मैं डॉ. कुमार के समक्ष अपनी योग्यता सिद्ध कर दूँगी। ऐसा क्यों था, क्यों मैं उनकी दृष्टि में ऊँचा उठना चाहती थी, यह सब मैं स्वयं नहीं जान पा रही थी। मैंने एम.ए. कर जब रिसर्च के लिए नाम लिखाया तो मेरा मतलब गम्भीरतापूर्वक काम करने का नहीं था, मैं तो विश्वविद्यालय के सम्पर्क में रहना चाहती थी। पर अचानक मुझे यह क्या हो गया ? अब मैं इस बात पर तुली हुई थी कि मैं ऐसा अध्याय लिखूँगी, जो कि श्यामा के लिखे अध्याय से उत्तम ही हो।...कितनी बार सूर्य उदय होकर ढला, इसकी मुझे गिनती नहीं थी। सुबह से शाम तक दत्तचित्त बैठी रहती। सोते-जागते, उस अध्याय में सामग्री कैसे प्रस्तुत की जाए, मुझे यही चिन्ता लगी रहती। कभी-कभी झुँझलाहट में मन होता कि यह सब छोड़ दूँ, पर तभी यह भाव जग उठता कि तब तो डॉक्टर कुमार मुझे वैसी ही लड़की समझेंगे।

अपने लिखे पृष्ठों को मैंने कितनी बार दोहराया। कितनी बार कई पैराग्राफ़ काट-काटकर फिर लिखे। भाषा सँवारी। फिर भी, चैप्टर पूरा लिख चुकने के बाद भी, मैं डॉक्टर कुमार के पास न जा सकी। तीव्र ज्वर उतर जाने के बाद की-सी शिथिलता मेरे मन पर व्याप गई थी। आख़िर एक दिन साहस बटोर मैं उनके घर जाने निकल ही पड़ी। मुझे बड़ा संकोच हो रहा था और लगता था कि मैं कहीं से बहुत ही अपूर्ण हूँ। मेरा परिवेश देखकर भाभी मुस्कराईं।

मैंने हल्के पीले रेशम की सादा-सी साड़ी पहनी थी, जिसके आँचल के छोर पर पीले ही फुँदने लटक रहे थे। साड़ी से कुछ ही गहरा ब्लाउज़, बाल बिलकुल सादे और पीछे जूड़ा। लिपस्टिक और दिनों से बहुत हल्की थी और वह गुलाबीपन मुझे अच्छा लगा। मुझे दर्पण में अपना मुख कुछ अनचीन्हा-सा लगा। जूड़े में खोंसने के लिए जंगली गुलाब का फूल तोड़ने को हाथ बढ़ाया पर छूते ही उसकी पँखुरियाँ बिखर गईं। मैंने दूसरा फूल नहीं तोड़ा। फ़ाइल को कसकर पकड़े मैं ऊपर की चढ़ाई पर चल दी। उस समय मुझे केवल अपने वेग से धड़कते

हृदय का ही ज्ञान था। धूप, हरियाली, पक्षियों का गान, यह सब मेरे हृदय की गति में डूब गया था।

डॉक्टर कुमार के बँगले के फाटक पर मैं ठिठक गई। चारों ओर बड़ी प्रीतिकर नीरवता व्याप्त थी और गेट के अन्दर फूलते हुए डहेलिया के रंग मुझे बड़े आकर्षक लगे। तभी डॉक्टर कुमार बाहर बरामदे में निकल आए और मैंने उन्हें अभिवादन किया। उस समय मेरा दर्प और मेरा आत्मविश्वास जाने कहाँ चला गया ! अपने अज्ञान के बोध से बोझिल मैं उनके समक्ष अपने को बहुत ही नगण्य पा रही थी। वह मुझे सामने के ही कमरे में ले गए, जिसे वह स्टडी की तरह इस्तेमाल करते होंगे। मेरी दृष्टि शेल्फ में रखी किताबों, मेज़ पर रखे हुए प्रूफ़, उनके पढ़ने के चश्मे और पेन पर घूमती हुई उन पर टिक गई। वह मुझे कुछ खिन्न और चिन्तित-से लगे। मैंने फ़ाइल मेज़ पर रख दी। जिस दृष्टिकोण को लेकर मैंने अध्याय लिखा था, उस पर वे मुझसे बातचीत करने लगे। उनके आचरण की सहजता से मेरे शरीर का कसाव अनायास ही ढीला हो गया और मेरा आत्मविश्वास धीरे-धीरे लौट आया। उन्होंने दोनों हाथों की उँगलियाँ एक-दूसरे में फँसा लीं और उन पर दृष्टि टिका ली। उन्होंने मुझे कुछ पुस्तकें पढ़ने को बताईं, फिर छोटी-सी मुस्कान से कहा : ''अभी तो तुम छुट्टी में आई हो। पढ़ाई की फ़िक्र न करो। यहाँ तुम्हें वे पुस्तकें भी नहीं मिलेंगी।'' फिर उन्होंने नौकर को भेज अपनी पत्नी को बुलवाया। मिसेज़ कुमार तुरन्त ही आ गईं। पहली झलक में ही वह बड़े हँसमुख स्वभाव की लगीं। चटक रंग की साड़ी उनके खूब गौरवर्ण पर बड़ी फब रही थी। होंठ पान से लाल थे। डॉक्टर कुमार ने मेरा परिचय करा चुकने के बाद कहा, ''इन्हें कुछ चाय वग़ैरा पिलाओ।''

''चाय तो बन गई है, वहीं ले जाकर पिला दूँगी। यहाँ बैठकर बात करूँगी तो तुम्हारे काम में हर्ज होगा।'' और फिर रुककर पूछा, ''तुम पियोगे ?''

उस प्रश्न में कितना ममत्व और नैकट्य था ! मैं मन-ही-मन सोच उठी कि यह प्रसन्नचित्त, पान खानेवाली स्त्री डॉक्टर कुमार के जीवन का कितना अभिन्न भाग है। दोनों के बीच कितना खुलापन, साथ ही बरसों से साथ रहते आए व्यक्तियों की तरह एक-दूसरे के प्रति कितनी पूर्ण स्वीकृति है ! पर वह क्या अपने गम्भीर, चिन्तनशील, प्रखर बुद्धिवाले पति को पूर्ण रूप से सन्तुष्ट कर सकी होंगी ? क्या उस मन का एक कोना अछूता ही न रह गया होगा ?

मिसेज़ कुमार मुझे अपने साथ दूसरे कमरे में ले आईं। मेरे सामने फल काटकर रखते हुए उन्होंने मेरे बारे में अनेक बातें पूछ डालीं। फिर वह हँसती हुई बोलीं, ''तुम्हें वहाँ से इसीलिए ले आई थी। डॉक्टर साहब मेरी बेमतलब की बातों से बहुत खीझते हैं। पर तुम्हीं बताओ, क्या करूँ ! एक लड़का है, उसे भी उन्होंने बोर्डिंग में रख दिया है। और कोई भी नहीं मन लगाने को। सारा दिन ख़ाली रहती हूँ। जो सामने पड़ा, उसी से बोल लिया। डॉक्टर साहब को तो अपना ही काम बहुत है। नई किताब के प्रूफ़ आए हुए हैं, पर कई दिन से उनके सिर में बड़ा दर्द है।''

मिसेज़ कुमार मुझे अच्छी लगीं।

कुछ दिन बाद जब मैं उनके पास फिर गई, तो डॉक्टर कुमार और भी थके-थके-से लग रहे थे।

"तुम्हारा चैप्टर तो मैं पढ़ नहीं सका। यदि तुम्हें जल्दी न हो तो पढ़कर सुना दो," उन्होंने कहा।

मैं कुर्सी खींचकर बैठ गई और धीमे, पर स्पष्ट स्वर में पढ़ने लगी। पहले मैं झिझकी, पर डॉक्टर कुमार को ध्यान से सुनते देख मेरी झिझक खुल गई। मुझे उस समय अपने कान्वेंट के उच्चारण पर खुशी-सी हुई। स्टडी की बड़ी खिड़की का परदा खुला था और धूप कार्पेट पर आकर सो गई थी। मेरी आँखें शब्दों पर थीं, और मेरी सम्पूर्ण चेतना एक उपस्थिति-बोध से सजग।

डॉक्टर कुमार ने हाथ के संकेत से मुझे रुकने को कहा, "बस, आज इतना ही रहने दो। तुम थक गई होगी !"

मैंने जिज्ञासु नेत्रों से उन्हें देखा।

"ठीक लिखा है। पर अभी इसमें वह गहराई नहीं है जो अध्ययन और अंडरस्टैंडिंग से आती है। उनके लिए तुम्हें परेशान होने की ज़रूरत नहीं है। फ़ाइल छोड़ जाओ, और बाक़ी किसी और दिन आकर पढ़ देना।" डॉक्टर कुमार ने नहीं जाना होगा कि प्रोत्साहन के ये कुछ शब्द मेरे लिए कितने महत्त्वपूर्ण थे !

मिसेज़ कुमार ने मुझे फ़ाइल बन्द करते देखा, तो झाँककर पूछा, "अब चाय आए ?"

"ज़रूर आए और तुम भी आओ !" डॉक्टर कुमार ने कहा। फिर उन्होंने प्रूफ़ का पृष्ठ उलटा।

"डॉक्टर कहते हैं कि आँखों पर ज़ोर न पड़े, पर तुम मानते नहीं हो। मैं किताब उठाकर बन्द कर दूँगी !" मिसेज़ कुमार ने बड़े प्यार से पति को झिड़का। मुझे लगा कि मिसेज़ कुमार के लिए उनके वयस्क पति एक अबोध शिशु की तरह हैं, जिनका हर काम बिना कहे ही सम्पन्न होता है। वे दोनों ही जीवन के उस मोड़ पर पहुँच गए हैं, जहाँ पारस्परिक प्रेम का वेग एक मन्थर गति से बहती नदी में बदल जाता है। उसमें ठहराव है, यह उसकी गहराई का प्रमाण है।

"न देखूँ तो काम रुक जाएगा," डॉक्टर कुमार मुस्कराए।

"किताब दो महीने बाद भी छप जाएगी, ऐसी जल्दी क्या है ?"

बात यहीं रुक गई, चाय आई और हम सब चाय पीने लगे।

"अगर मैं कुछ सहायता कर सकूँ तो मुझे बता दीजिए, मैं प्रूफ़ देख दूँगी," मैंने डॉक्टर कुमार से कहा।

"तुम ?" डॉक्टर कुमार ने सहज ही अपने स्वर में आ गए विस्मय को ढँकते हुए कहा, "तुम क्यों परेशान होगी, मैं दो-एक दिन में ठीक हो जाऊँगा।"

"परेशानी कुछ भी नहीं। सुबह तो ख़ाली ही रहती हूँ। यहीं आ जाया करूँगी !" मैंने आग्रह किया।

"ठीक तो है, यही देख देंगी," मिसेज़ कुमार ने कहा।

डॉक्टर कुमार बहुत मुश्किल से सहमत हुए। शायद वह किसी प्रकार भी अपनी छात्रा का आभार नहीं लेना चाहते थे।

उसके बाद मैं प्रायः प्रतिदिन ही उनके घर जाने लगी। प्रूफ़ देखना पहले अटपटा-सा लगा, फिर मुझे उसमें आनन्द आने लगा। मैं प्रूफ़ देखती और मिसेज़ कुमार पास बैठकर कुछ

बुनतीं और मुझे खिलाती-पिलातीं। वहाँ जाकर मुझे अपूर्व शान्ति-सी मिलती। मिसेज़ कुमार से मुझे अप्रत्याशित स्नेह मिला। एक अपरिचित लड़की को इतना स्नेह वही स्त्री दे सकती थी, जिसका स्वयं का जीवन भरा-पूरा हो; जिसमें द्वेष, स्वार्थ या कोई भी अभाव न हो। मैंने मिसेज़ कुमार के चरित्र और उनके आचरण से डॉक्टर कुमार को समझा। मैंने जाना कि डॉक्टर कुमार की सर्वत्र प्रशंसा झूठ नहीं होती। वह इसके योग्य हैं।

मेरे पहुँचने के कुछ समय बाद उनका नौकर चाय, नमकीन और फल लाकर मेज़ पर रख देता। मिसेज़ कुमार डॉक्टर कुमार को बुलातीं। उनके आने पर उन्हें चाय बनाकर देतीं और बार-बार आग्रह कर मुझे ढेर-सा खाने को बाध्य कर देतीं। प्रूफ़ देखते हुए भी मैं इसी क्षण के लिए उत्सुक रहती, क्योंकि इस समय मैं डॉक्टर कुमार से खुलेपन से बात कर सकती थी। मेरा पहले का संकोच धुलने लगा था और मैं बड़े मज़े से उनसे बोला करती। अगर मेरी कही किसी बात पर वह मुस्करा पड़ते तो मुझे लगता कि मेरा श्रम सफल हो गया ! मैं सदा ही यह चाहती कि वह मुझे बड़ी गम्भीर, श्रमशील छात्रा के रूप में देखें।

उनकी बात सुनकर कभी-कभी लगता कि उन्होंने जीवन की गहराइयाँ केवल देखी ही नहीं, बल्कि वह हम सबसे विपरीत उन्हीं गहराइयों में रहते हैं। मेरा जीवन क्या था, उथला, सतही ! मेरे परिवार में सभी लोग अधिक-से-अधिक धनोपार्जन में व्यस्त थे। हमारी भाषा और मान्यताओं से डॉक्टर कुमार की भाषा और मान्यताएँ कितनी भिन्न थीं ! अपनी सुन्दर युवती पत्नी को नैनीताल में छोड़ मँझले भैया और अधिक धन एकत्र करने में व्यस्त थे। उन्होंने कभी भाभी की उदासी नहीं देखी। व्यवसाय के काम से वह महीनों विदेश में रहते। जब आते तब भाभी पर अनेक बहुमूल्य उपहारों की वर्षा कर देते। पर जो कुछ मिसेज़ कुमार को मिला होगा, उससे मँझली भाभी निःसन्देह वंचित रही थीं। मैं प्रायः अपने बारे में सोचकर कुंठित-सी हो जाती। उन्हें हम सब कितने घोर भौतिकवादी लगते होंगे ! रुपया-पैसा, मोटरें, कोठियाँ, आभूषण...मेरे परिवार में चर्चा के विषय यही थे। मेरे लिए ऐसे पति की खोज थी, जो धनी हो, जिसकी कोठियाँ हों, अपना व्यवसाय हो। मँझले भैया और भाभी के साथ किसी पार्टी में जाकर, सूप सिप करते हुए मुझे अब अजीब-सा लग उठता। मैं धीरे-धीरे उस जीवन से दूर हटती जा रही थी। औपचारिक बातें करते हुए सहज ही मैं सोचने लगती कि हम सब कितने ढोंगी हैं ! क्लब में कभी स्त्रियों की बातें सुनती तो प्रायः सोच उठती कि क्या जयपुर के जड़ाऊ गहनों, चन्देरी और गढ़वाल की साड़ियों और लेटेस्ट मॉडेल की मोटरों की परिधि में सिमट आया जीवन ही सबकुछ है ?

मैंने मुट्ठी में कंकड़ियाँ भर लीं और एक-एक कर उन्हें पानी में फेंकने लगी। देवी के मन्दिर में एकाएक घंटे गूँज उठे और मेरे पीछे, सड़क पर कुछ घोड़े दौड़ते हुए निकल गए। मैं अकेले बैठकर अपने विचारों को व्यवस्थित करना चाहती थी। अब, जब पहली बार मैं अपने काम में रुचि और उत्साह से लगी थी, बड़े भैया ने बम्बई में मेरे विवाह की बात आरम्भ कर दी। पहले मैंने उस पर ध्यान नहीं दिया। लेकिन कल रात वह विजय और परिवार के साथ आ पहुँचे। विजय के पिता की बम्बई व अहमदाबाद में कई मिलें थीं। मुझे उसके विरुद्ध कुछ नहीं कहना था, पर इस समय मैं अपने को विवाह के लिए तैयार नहीं पा रही थी। रात से लेकर इस समय तक विजय कई बार अपने पूरे एयरकंडीशंड घर और हर गरमी में यूरोप

जाने का ज़िक्र कर चुका था। बड़ी भाभी उसकी बातों पर मुझे साभिप्राय देखतीं। मैंने एक बार सोचा कि उसके फूलते हुए गुब्बारे-से अहम को पिन की नोक से फोड़ दूँ, पर मन-ही-मन मुस्कराती मैं चुप रही। मैं बड़े भैया व भाभी को उसकी ख़ातिरदारी में संलग्न देखती रही। भाभी के कुरेद-कुरेदकर पूछने पर भी जब मैंने कुछ उत्तर नहीं दिया, तो वह रूठ गईं। बोलीं, ''कुछ तो बताओ रानी ! हाँ या ना कुछ तो कहो ! हम सबको तो विजय अच्छा लगता है। पढ़ा भी है, घूमने-फिरने का शौक़ीन...''

''ऐसी बातों का एकदम से उत्तर नहीं दिया जा सकता,'' मैंने उन्हें टाला।

''शादी तो तुम्हारी होनी ही है। समय भी हो गया, बहुत पढ़ भी लिया। मेरी तो अब यही इच्छा है कि तुम्हारा शीघ्र विवाह हो जाए।''

''ऐसी बुजुर्गी की बातें तुम्हारे मुँह से नहीं सोहतीं। जाने भी दो भाभी, कुछ और बात करो।''

पर बड़े भैया से मैं ऐसा नहीं कह सकती थी। मुझे पता था कि किसी भी समय वह मुझे बुलाकर स्पष्ट रूप से पूछ लेंगे; और तब मैं उन्हें क्या उत्तर दूँगी ?

मैंने एक कंकड़ी पानी में और फेंकी और नन्हे-से वृत्त को लहरों में मिल जाते देखा। विवाह नहीं करूँगी, ऐसा तो मेरा विचार कभी न था, और न बड़े भैया द्वारा तय किए गए विवाह पर ही मुझे कोई आपत्ति थी। पर विजय ? मैं उलझन और संशय की गाँठों में फँसकर रह गई थी। उसे पति-रूप में स्वीकार करने में मैं हिचक क्यों रही थी ?

शायद इसलिए कि विजय उन्हीं सब बन्धनों का प्रतीक था, जिनसे मैं मुक्त होने का प्रयत्न कर रही थी। यदि विजय से उसकी सम्पत्ति छीन ली जाए तो उसके पास अपना क्या बचेगा ? वह एयरकंडीशंड घर, मिलों और भरी तिजोरियों के आवरण में अपनी मानसिक दरिद्रता को छिपाए हुए है। पहले मैं शायद विजय को वर लेती। गाजे-बाजे, तेज़ रोशनियों और कोलाहल के मध्य मैं उसकी पत्नी बन जाती, क्योंकि दो अमीर भाइयों की बहन का मूल्य विजय चुका सकता था। लेकिन अब...

फिर भी विजय को लेकर मुझे कई दिन बड़ा व्यस्त रहना पड़ा। रंगीन वस्त्र, आभूषण मुझे अच्छे लगते थे। फ़िल्म मैं हमेशा पहले दिन देखती थी, बैठने के लिए रेस्तराँ के बीच की जगह मेरी फ़ेवरिट थी...पर आजकल जीवन के प्रति वह उल्लास जैसे कहीं खो गया था। मैं इन सबसे दूर चली जाना चाहती थी।

उस शाम विजय की बड़ी बहन आनेवाली थी। बड़ी भाभी ने अपने आभूषण निकालकर मुझे दिए थे, पर मैंने न वे गहने पहने, न उनके द्वारा चुनी हुई साड़ी। प्रतिदिन जैसे विजय के साथ जाती थी, वैसे ही कपड़ों में मैं बनी रही। विजय की बड़ी बहन पहले भाभी से बात करती रहीं। फिर वह मेरे पास आ बैठीं। उनके संकेत पर उनकी नौकरानी एक ढँका हुआ थाल ले आई। जब उसका आवरण हटाया गया तो उसमें आभूषणों के लाल डिब्बों का अम्बार लगा था। उन्होंने मेरा हाथ थाम लिया और मुझे अँगूठी पहनाने लगीं।

मैंने झटके से अपना हाथ खींच लिया और कहा, ''आप मुझे यह क्यों दे रही हैं ?''

''आज मैं तुम्हें अपना बना रही हूँ, इसलिए। लाओ, हाथ दो !''

जितना ही उनका आग्रह बढ़ा, मैं अस्वीकार करती गई। कमरे का वातावरण एकाएक ही बहुत तनावपूर्ण हो गया। मैंने विनीत, कातर नेत्रों से अपने लोगों की ओर ताका, पर किसी

से मुझे आश्वासन नहीं मिला। मुझे लगा कि मैं बिलकुल अकेली हूँ। मँझली भाभी ने भी मेरा पक्ष नहीं लिया। अबस मैं रो पड़ी। विजय की बहन कुंठित-सी हो आईं। बोलीं, ''तुम्हारी परिस्थिति मैं समझ रही हूँ। हर लड़की ऐसा ही अनुभव करती है।''

मैं उन्हें यह न समझा सकी कि यह मेरी झूठी लज्जा नहीं है। चमकीले पत्थरों के ये टुकड़े मुझे अब न ख़रीद सकेंगे। मेरा समस्त व्यक्तित्व इस परिस्थिति को स्वीकार करने से विद्रोह कर रहा है। उन लोगों के चले जाने पर मैंने कहा, ''यह सब वापस कर दो भाभी, मैं वहाँ शादी नहीं करूँगी।''

मेरे शब्द उन लोगों को एक विस्फोट की भाँति लगे होंगे। चुप हो जाने के बहुत देर बाद तक भी मैं उनकी प्रतिध्वनि सुनती रही। मँझली भाभी ने कॉफ़ी का प्याला नीचे रख दिया और उनका चेहरा एकदम फीका पड़ गया। बड़े भैया मुझे सीधी दृष्टि से देखते रहे। बड़ी भाभी की मुख-मुद्रा कठोर हो गई।

पर कोई कुछ बोला क्यों नहीं ? बड़े भैया मुझ पर नाराज़ क्यों नहीं हुए ? बड़ी भाभी कटूक्तियाँ कहने से क्यों चूक गईं ? मँझली भाभी ने उठकर मेरे कन्धों पर आश्वासन के हाथ क्यों नहीं रखे ? मेरे शब्द मुझको ही छोटी-छोटी, तीखी सुइयों-से चुभने लगे। पीताम्बर आकर कॉफ़ी के प्याले समेटने लगा, तो बड़े भैया उठकर चले गए। भाभी उनके पीछे-पीछे गईं। मैंने जिस विश्वास से विजय से विवाह करना अस्वीकार कर दिया था, वह अचानक ही डिग उठा। मैंने कातर दृष्टि से मँझली भाभी को देखा, पर वह सिर झुकाए बैठी थीं। मेरी बात से वह बहुत ही दुखी हुई हैं, यह मैं जान गई पर उस समय न जाने कैसी दूरी आ गई थी कि मैं उनसे भी सहारा न माँग सकी। अचानक मुझे अपनी माँ की याद आ गई और मेरी आँखें भर आईं...पर शायद वह भी न समझ पातीं। हीरे-चुन्नी के गहने, मोटर, रुपए...वह भी शायद यही भाषा समझतीं। अब मैं अकेली थी, नितान्त अकेली !

सुबह जल्दी ही नहाकर और तैयार होकर मैं मिसेज़ कुमार से मिलने चली गई। मुझे पूरा विश्वास था कि वह मुझे सही राय देंगी। मेरी स्थिति के प्रति सहानुभूति प्रदर्शित करेंगी। गेट खोलकर अन्दर घुसते ही, सामने बरामदे में बैठे डॉक्टर कुमार दिखाई दिए। मुझे असमय आते देख वह कुछ विस्मित-से हुए, पर उन्होंने मुझे बैठने को कहा। कुछ देर बाद उन्होंने पूछा, ''तुम्हारी तबीयत ठीक नहीं है क्या ? बहुत सुस्त दिखाई दे रही हो।''

मैंने अपने परिवार से इसी स्वर, इसी स्निग्ध दृष्टि की अपेक्षा की थी। मैंने काँपते कंठ से कहा, ''नहीं, ठीक तो हूँ। ऐसे ही चली आई।''

''वह तो नौकर को लेकर अभी-अभी बाज़ार गई हैं।''

छोटा-सा मौन। बीच में मेज़। उस ओर बैठे डॉक्टर कुमार, गहरे शान्त जल की तरह। और पहाड़ी नदी की तरह उद्विग्न, वेगवती मैं। मेरी परेशान उँगलियाँ बार-बार पर्स का क्लैप्स खोलने-बन्द करने लगीं। डॉक्टर कुमार की दृष्टि में उलझन न थी, जिज्ञासा भी न थी, केवल खुलापन लिए सदय आँखें। उस मौन से छुटकारा पाने के लिए मैंने पूछा, ''आपकी तबीयत अब कैसी है ?''

''इधर पहले से अच्छा हूँ। तुम बहुत दिनों से नहीं आईं। लक्ष्मी तुम्हारी प्रतीक्षा करती थीं।''

"आ न सकी। घर में कुछ अतिथि आ गए हैं।" मेरा स्वर फिर भींगने लगा, "मेरे बड़े भाई चाहते हैं कि मैं रिसर्च छोड़ दूँ।"

डॉक्टर कुमार मुझे देखने लगे। मेरी दशा उस प्राणी की-सी थी, जो दलील से बचने के लिए पानी की तीव्र धारा में घुस जाए।

"वे लोग कहते हैं कि मुझे नौकरी तो करनी नहीं है।"

"तुम क्या चाहती हो ? जीवन तुम्हारा है। तुम्हें अपना पथ निर्धारित करने का अधिकार है।"

"मैं तो रिसर्च ही करना चाहती हूँ।"

"उसके बाद ?"

नौकरी कहने में मैं झिझक गई।

"तुम स्वयं ही नहीं जानतीं कि तुम क्या चाहती हो," छोटी-सी मुस्कान के साथ उन्होंने कहा।

पर वह एकाएक चुप क्यों हो गए ! उस क्षण, मेरी आँखों में उन्हें ऐसा क्या दिखाई दिया कि उन्होंने दृष्टि फेर ली। फिर जैसे बहुत थक गए हों, ऐसे उन्होंने कहा, "हरेक को अपनी राह स्वयं खोजनी होती है, पर यह ख़याल रखना कि भावावेश में तुम ग़लत राह न पकड़ लो।"

और वह चुप हो गए। उस क्षण वह बहुत थके-हारे-से लगने लगे। उनकी आँखों में बहुत-बहुत अकेलापन घिर आया और मैं चुपचाप उठकर चली आई।

बड़ी भाभी का आग्रह था कि सभी पिकनिक पर चलें। शायद वह घर में आए तनाव को कम करना चाहती थीं। विजय के लौट जाने के बाद बड़े भैया मुझसे बोले न थे। मैं प्रायः अपने कमरे में पड़ी-पड़ी कुछ पढ़ा करती और असम्भव स्वप्न गढ़ा करती। ऊब जाती तो नीचे उतरकर झील के पास जा बैठती और पानी में कंकड़ियाँ फेंका करती।

पिकनिक में खूब खाना-पीना हुआ, बच्चे ग्रामोफ़ोन बजाने लगे और भाभी वृक्षों की छाँह में आराम करने लगीं। मैंने एक हरी टहनी तोड़ ली और उसे हिलाती, अपने में कुछ सोचती, गुनगुनाती एक पगडंडी पर चल पड़ी। अनजान रास्तों पर चलने का मुझमें बहुत मोह है। वह पगडंडी कहाँ जाकर निकलेगी, इसी आग्रह को लिए मैं चली जा रही थी, इस बात का ज्ञान लिए कि मेरे खुले अंगों पर हल्की धूप बहुत मधुर लग रही है, मेरी साँसों में हरे-भरे वृक्षों की सुगन्ध है और मेरे ऊपर लम्बे-लम्बे पेड़ों की पत्तियाँ हिलतीं-डुलतीं अपने वार्तालाप में मग्न हैं। उस समय मुझे किसी भी चीज़ ने तंग नहीं किया। नीचे उतरते हुए साड़ी एक बार भी पैरों में नहीं उलझी, जूड़े का एक भी काँटा गरदन में नहीं चुभा, आँचल कन्धों से बाँह पर नहीं ढलका, उस ऊबड़-खाबड़ पहाड़ी पगडंडी पर मेरा पैर एक बार भी नहीं लड़खड़ाया। प्रत्येक क्षण और प्रत्येक श्वास के साथ पूर्ण रूप से जीवित मैं उस राह पर बढ़ती गई। ज़िन्दगी अपने आँचल में मेरे लिए क्या छिपाए है, यह न जानते हुए भी लगा कि एक रंगीन और झिलमिलाती दुनिया मेरा आह्वान कर रही है।...पर मैंने पगडंडी को बीच में ही छोड़ दिया, क्योंकि अचानक ही आस-पास की जगह बड़ी पहचानी-सी लगने लगी थी। मैं उधर ही मुड़ गई और कुछ देर बाद डॉक्टर कुमार के घर के सामने खड़ी थी। गेट बन्द था

और अन्दर शान्ति। गेट के खम्भे पर, सफ़ेद पत्थर पर काले अक्षरों से उनका नाम लिखा हुआ था। मैं गेट की नुकीली छड़ों पर हाथ टिकाकर खड़ी हो गई।

मुझे एक बार फिर एक बड़ी ही दृढ़, अडिग भावना ने अभिभूत कर दिया। लगा कि मैं जीवन के उस मोड़ पर खड़ी हूँ, जहाँ से फिर लौट नहीं सकती। उस छोटे-से क्षण में मैं बहुत बड़ी हो गई, मैं स्वयं मुड़कर उस लड़की को देख सकती थी, जो हाथ में हरी टहनी पकड़े, गुनगुनाती हुई 'टिफ़िन टाप' से नीचे उतार रही थी। उसे जीवन में बहुत कुछ, सभी-कुछ मिला था। बन्धु-बान्धवों का स्नेह, रूप, धन, यौवन, सभी इच्छित वस्तुओं से परिपूर्ण वह कुछ देर पहले निरुद्देश्य ही चल पड़ी थी। उस क्षण मैंने सम्बन्धियों के स्नेह-बन्धन एक झटके से तोड़ डाले; तेईस वर्षों के जीवन का सारा सुख इस क्षण पर वार दिया। भगवान पर मैं विश्वास नहीं करती, कभी मन्दिर में गई हूँ, यह याद नहीं पड़ता; पर श्रद्धा और विश्वास से नत भक्त को मन्दिर की पहली सीढ़ी पर पैर रखते हुए कैसा लगता होगा, यह उस बन्द द्वार के आगे खड़े-खड़े मैंने जान लिया ! अपनी भावनाओं की गहराई से मैं स्वयं काँप उठी, पर उस क्षण का सुख मेरा था।...

लाइब्रेरी में मेरी मेज़ पर कितनी धूल जमी हुई थी। मैंने उसे साफ़ कराया, किताबों की लम्बी-सी लिस्ट बुकलिफ्टर को लाने को दी और खिड़की से बाहर देखने लगी। वर्षा के कारण यूनिवर्सिटी के लॉन कितने गहरे हो गए थे ! किनारे-किनारे फूलते हुए केनों का रंग उस हरी पृष्ठभूमि में और भी सुन्दर लग रहा था। लाइब्रेरी के पास लगी मालती फूलों के भार से झुकी थी, और कुछ नई लड़कियाँ सहमी-सी लाइब्रेरी के बाहर खड़ी थीं। घिरे हुए बादलों के कारण वातावरण कुछ उदास, बोझिल-सा था जिसमें उन लड़कियों की चटक पीली और गुलाबी साड़ियाँ बड़ी प्यारी लगीं। मैं कुछ देर उस समूह को देखती रही। एक ढीठ लड़की काउंटर पर खड़े स्मार्ट-से छात्र को तिरछी आँखों से देख रही थी। मैं खिड़की से हट आई और अपनी कुर्सी पर बैठ गई। खुली हुई, ऊपर की मंज़िल की खिड़की से गुलमोहर के पेड़ों की फुनगियाँ दिखाई दे रही थीं, धीरे-धीरे हिलती हुईं। बाक़ी सब शान्त था, नीरव। रिसर्च-रूम में भी मेरे अतिरिक्त कोई न था। मैं अनायास ही उदास हो आई और अपने सामने खुले कोरे काग़ज़ों पर आड़ी-तिरछी रेखाएँ खींचने लगी। बाहर बादल बरसने लगे और पानी से लथपथ श्यामा हँसती हुई रिसर्च-रूम में आ गई।

उसके बाद सभी आ पहुँचे—वे भूले हुए चेहरे, जो मेरे साथी थे। पर मैं उनसे कितनी दूर हो गई थी ! बातें होने लगीं छुट्टियों की। मैंने नैनीताल में कितने नए प्रशंसक बटोरे, इस पर हास-परिहास हुआ।

"तुम तो डॉक्टर कुमार से मिली होगी ?" श्यामा ने पूछा।

"हाँ, मिली थी।" इससे अधिक मैं और कुछ न कह सकी।

नीचे से मेरी किताबें आ गईं और मैं उन्हें तरतीबवार रखने लगी। मेरे आसपास खड़े होकर लोग अभी भी बातें कर रहे थे, पर मैं अचानक ही उनसे कट गई थी। अब शायद उन बातों में मुझे कभी रस नहीं आएगा।

मैं लाइब्रेरी कैफ़े में पहुँची तो वहाँ सभी थे। दीक्षित, धीरेन्द्र, श्यामा आदि। स्टड ने दो कॉफ़ी का ऑर्डर दे दिया और मैं मेज़ पर कोहनियाँ टिकाकर बैठ गई।

"तुम्हारी ही प्रतीक्षा थी। हम लोगों ने एक प्रोग्राम बनाया है बोटिंग का। गंगा में आजकल बहुत पानी है।" धीरेन्द्र ने कहा।

स्टड की आँखों में चमक आ गई। वह आशा-भरे नेत्रों से मेरी ओर देखने लगा।

"नहीं, धीरेन्द्र मैं तो न जा सकूँगी। परसों डॉक्टर कुमार से मिलना है और इस सप्ताह मैं कुछ भी नहीं कर पाई हूँ।"

मेरे इस उत्तर से धीरेन्द्र हतप्रभ हो गया। दीक्षित ने कहा, "क्या बात है ? इस साल तुम बड़ी लगन से काम में लगी हो ? हमारे लिए तुम्हारे पास समय ही नहीं रहता !"

"जो डॉक्टर कुमार के गाइडेंस में रिसर्च नहीं करते, वे यह नहीं समझ सकते।" मेरे स्वर में दीक्षित के प्रति नितान्त उपेक्षा थी।

"मुझे तो लगता है कि डॉक्टर कुमार की विद्वत्ता से अधिक तुम उनके व्यक्तित्व से प्रभावित हो !"

"डोंट बी सिली ! जो कुछ डॉक्टर कुमार से मैंने सीखा है, उसकी तुम कल्पना भी नहीं कर सकते, क्योंकि तुम तो जड़ हो, तुम्हारे अस्तित्व का स्तर कीड़े-मकोड़ों से अधिक ऊँचा नहीं..."

मैं एक झटके से उठी और कैफ़े से बाहर आ गई। स्टड मेरे पीछे-पीछे आया। मैं क्रोध से काँप रही थी। ऐसा आक्षेप करने का दीक्षित को साहस ही कैसे हुआ ? मैं डॉक्टर कुमार को प्यार नहीं करती। यह शब्द बहुत ही संकुचित है। उनके लिए जो कुछ मेरे हृदय में है, वह बहुत अधिक व्यापक, बहुत विस्तृत, बहुत गहरा है।

"मुझे कोई नहीं समझता, कोई नहीं !" मैंने स्टड से कहा। स्टड मुझे जिस सहानुभूति से देख रहा था, उससे मेरे मन का अवरुद्ध बाँध खुल गया।

"क्या यह अनिवार्य है कि एक पुरुष और स्त्री में एक ही प्रकार का सम्बन्ध हों ? डॉक्टर कुमार मेरे जीवन में नए आयाम लाए हैं। उन्होंने जीवन के प्रति मुझे नई दृष्टि दी है। मुझे एकाएक ही लगने लगा कि मेरा जीवन कितना खोखला और बेमानी-सा था, यों ही निरर्थक, खोया हुआ-सा। मैं ऐसे प्राणी की तरह हूँ, जो एक बार पीड़ा की गहराई में डूब चुका हो, और फिर ऊपर आने के बाद उसे सब बड़ा ही कृत्रिम लगता है।"

मुझे एकाएक लगा कि व्यर्थ ही स्टड को उबा रही हूँ। मैं चुप हो गई, पर मेरी आँखों में आँसुओं की परत उतर आई।

मुझे लगता है कि मैं मात्र भटकन हूँ, इस अवास्तविक लगनेवाले मायाजाल से निकल भागने को आकुल—मैं, मैं जो हूँ, वह मेरे शरीर में जन्मा नया कोई अपरिचित है। उसमें तपस्वी की भाँति एकाग्रता है, एक गूढ़ लीनता है। प्रत्येक विचार, प्रत्येक प्रश्वास का केन्द्र एक है।

भाभी का मुख मुझे दूर, बहुत दूर लगता है। स्टड, धीरेन्द्र बहुत पहले स्वप्न में देखे धूमिल चेहरों-से लगते हैं...फिर मेरी आँखों के आगे से कोहरा हट जाता है और स्टड के मुख पर कुछ परेशानी-सी आती है, धीरेन्द्र मेरी मेज़ के पास आकर खड़ा हो जाता है, श्यामा अपनी जगह बैठी-बैठी मुझे ताकती रहती है। लाइब्रेरी में पंखे घर्र-घर्र करते हुए चलते हैं, तेज़ बत्तियाँ जलती हैं, कभी-कभी बादल बरसकर फूलों की पंखुरियाँ बिखरा जाते हैं, दीवारों में नमी आती जाती है, और किताबों के अम्बार से, विचित्र गीली-गीली महक आती है, और मैं, खो-सी जाती हूँ।

उस बुध को बहुत ही उत्फुल्लित मैं उनसे मिलने गई थी। वह शायद क्लास ले रहे थे और मैं बाहर खड़ी हुई बरामदे में पत्थर से तराशे हुए कमल के फूलों को देख रही थी। एक सप्ताह पहले मैंने दूसरा अध्याय लिखकर उन्हें दिया था, उसी को लेने आई हुई थी। कमल के फूलों को देखते-देखते उकता गई तो मैं अनार के वृक्ष के पास जाकर एक लाल फूल को तोड़ लाई और उसे अँगुलियों में नचाने लगी। चपरासी ने बाहर झाँका और मुझसे कहा, ''चलिए, साहब बुला रहे हैं।''

उनकी कठोर मुद्रा देख मेरी मुस्कान खो गई और मैं सशंक उन्हें देखने लगी। उन्होंने मेरे लिखे पृष्ठ मेरी ओर खिसका दिए और कहा, ''तुम्हारी रुचि इस ओर नहीं है तो मैं राय दूँगा कि तुम रिसर्च छोड़ दो।''

मैं हतबुद्धि उन्हें देखती रह गई। कुछ देर बाद जब मैं कमरे से बाहर निकली तो मेरे हाथ काँप रहे थे और आँसू-भरी आँखों की दृष्टि धुँधली पड़ गई थी। मैं उनके कमरे के पीछे की सीढ़ियों पर बैठ गई और हथेली आँखों पर रख ली। उनके इस अकारण क्रोध ने मेरा सारा ज्ञान हर लिया था। उनकी इस प्रताड़ना ने मेरे मन को कितना आहत किया है, वह नहीं जान सकेंगे। मेरे हाथ से खिसककर पृष्ठ नीचे गिर गए थे। उन्हें झुककर समेटते हुए मेरी दृष्टि मार्जिन में लगे गहरे निशानों पर पड़ी। अनार के फूल वैसे ही लाल थे, पर मेरी सारी खुशी कहीं डूब गई थी।

मैं बार-बार उन पृष्ठों को उलटती, पर समझ न पाती कि डॉक्टर कुमार इतने अधिक नाराज़ क्यों हो गए ? श्यामा के प्रति वह बहुत उदार हैं। कभी मेरी ग़लतियों को भी उन्होंने बहुत ही अच्छी तरह समझाया था। मेरी रुचि इस ओर नहीं है, ऐसा वह कैसे कह सके ? इधर मैं कितना श्रम कर रही थी, मेरा हारा-थका शरीर ही जानता था। मैं इसी उलझन में फँसी रही। कभी-कभी रो पड़ती और स्वयं ही आँसू पोंछ लेती।

मेरी शब्दावली में कुछ शब्द नए अर्थ लेकर आए थे। प्लेज़र और पेन, यह सुख और यह पीड़ा, मैंने पहले कहाँ जानी थी ?...डिपार्टमेंट के किसी भी समारोह में एकत्रित जन-समूह को पार कर, अचानक उनकी दृष्टि का मुझसे मिल जाना और अपनापन लिए उनका हल्के से मुस्करा देना...किसी से यह सुनना कि डॉक्टर कुमार ने मेरे लिखे चैप्टर की प्रशंसा की है, मुझे सुख के चरम शिखर तक पहुँचा देता...उनके घर जाती और वहाँ पता चलता कि वह कहीं बाहर गए हैं...उनसे कुछ पूछना होता और चपरासी से पता लगता कि वह अभी क्लास ले रहे हैं, और उसके बाद फैकल्टी की मीटिंग में जाएँगे, मेरे लिए सूरज एकाएक ही ढल जाता। जीवन की उपलब्धियाँ कितनी बदल गई थीं...प्रत्येक अनुभव का नया दृष्टिकोण, प्रत्येक सम्वेदना में एक पैनापन...मैं जैसे एक फूल थी जिसकी पंखुरियों का रंग अनायास ही चटक हो आया हो...मुझे यह सब उन्होंने दिया था और मैं उनके प्रति आभारी थी।

और तभी मिसेज़ कुमार ने मुझे बुला भेजा। डॉक्टर कुमार के सम्मुख कैसे पड़ सकूँगी, मैं यही सोचती रही। क्या मैं फिर न रो पड़ूँगी ? पर मिसेज़ कुमार के निमन्त्रण की अवहेलना करना मुझसे न हुआ। वह सदा की तरह बड़े स्नेह से मुझसे मिलीं और बोलीं, ''आज विनय का जन्मदिन है। पन्द्रह साल का हो गया। वह बोर्डिंग में है। फिर भी कुछ किए बिना मन नहीं मानता। चलो, तुम मिठाई खा लो। डॉक्टर साहब से सुबह ही कहा था कि तुम्हें बुलवा

दें। उन्होंने कहा कि वह मुझसे बहुत नाराज़ हैं, नहीं आएँगी।'' फिर वह कुछ हँसकर बोलीं, ''तुम पर डॉक्टर साहब बहुत बिगड़ गए थे ? घर आकर बहुत पछताते रहे। मन-ही-मन बहुत बुरा लगता रहा। क्या करें, तबीयत ही ठीक नहीं रहती। सिर का दर्द ऐसा लगा है कि जड़ से जाता ही नहीं। इतना कहती हूँ कि छुट्टी ले लो, सुनते ही नहीं।''

''तबीयत ठीक नहीं रहती क्या ?'' मैंने पूछा।

''एकदम पीले तो पड़ते जा रहे हैं। काम भी तो इतना है, फिर स्वभाव ऐसा है कि हरेक की चिन्ता रहती है। तुम कई दिन तक नहीं आतीं, तो वह पूछने लगते हैं। उस दिन लौटकर बोले, 'मैं बेकार उस पर इतना नाराज़ हो गया। वह रो पड़ी तो मुझे बहुत बुरा लगा।' मैंने कहा, 'आपको ऐसा नहीं करना चाहिए था, वह कितने दुलार से पाली गई है' !'' मेरा रोम-रोम सजग हो, उनकी बात सुन रहा था। वह कहती गईं, ''बोले, इतनी इंटेलीजेंट है, पर मन लगाकर पढ़ेगी नहीं। लड़कों के साथ घूमेगी। लोग तरह-तरह की बातें करते हैं। मेरे विभाग की किसी लड़की को ऐसा कहा जाए, यह मुझे सह्य नहीं।...अच्छा सच, तुम्हें बहुत बुरी लग गई थीं उनकी बातें ?''

''उस वक़्त तो मुझे रुलाई आ गई थी, पर डॉक्टर साहब की बातों का बुरा मानने का प्रश्न ही नहीं उठता, वह मेरे श्रद्धेय हैं।''

''उस रात तुम पार्टी में गई थीं। छह-सात लड़के थे और तुम थीं। उन्होंने भी देखा था, उसी पर नाराज़ थे।''

तब मैं समझी ! जाने से पहले स्टड ने पार्टी दी थी। मुझे बहुत आग्रह से बुलाया था। अगले दिन बुध था और मेरा मन बहुत हल्का और बहुत उत्कंठित था। बहुत दिन बाद मैं इतने चाव से तैयार होकर कहीं गई थी। हम लोग बहुत हँसे थे, बहुत बातें की थीं और बहुत देर तक वहाँ बैठे रहे थे। पर मेरे उल्लास का स्रोत वह न था, वह तो केवल उसकी अभिव्यक्ति थी।

''इन सब बातों का ख़याल रखा करो,'' मिसेज़ कुमार ने मुझे प्यार से समझाया। तभी बाहर कार रुकी और डॉक्टर कुमार अन्दर आए। एक पल ठिठके। मैं उठकर खड़ी हो गई और उन्हें नमस्कार किया।

''इतनी मुश्किल से मना पाया है,'' मिसेज़ कुमार ने मेरी ओर देख, हँसकर कहा। डॉक्टर कुमार मुस्कराए और अपने कमरे की ओर चले गए। उस मुस्कान ने मुझे एक बड़ी मीठी दासता के पाश में बाँध लिया। हृदय और चित्त पर पड़ा गहरा मालिन्य एकाएक कच्चे रंग की तरह धुल गया और मैं अपने को बहुत हल्का-फुल्का अनुभव करने लगी।

वर्षान्त। आकाश में सफ़ेद बादलों की चहल-पहल। हवा में शरद के आगमन का प्रथम सन्देश। मैं किताब खोले पेंसिल दाँतों से चबाती उन्मन बैठी रहती। जीवन के सारे दीपक जैसे एक साथ ही बुझ गए थे, और मैं उस निविड़ अन्धकार में डूब गई थी।

पुत्र-जन्मोत्सव पर बड़ी भाभी ने मुझे बम्बई बुलाया। बड़े भैया ने विजयवाली बात के लिए मुझे अभी भी क्षमा न किया था। नगर से बाहर जाने के लिए मुझे डॉक्टर कुमार की आज्ञा लेनी थी। पिछले कुछ सप्ताह से वह छुट्टी पर थे, जिससे उनसे मिलने का क्रम भी टूट गया था। मैं उनसे मिलने घर गई तो वह इतने पीले और शक्तिहीन लग रहे थे

कि मैं धक्-से रह गई। वह मुझे अनायास आया देख विस्मित हुए।

"तुम ? नीलांजना ?" उनकी स्वागत की मुस्कान में बड़ी दुर्बलता थी, पर उनकी आँखें सदा की तरह दिप उठीं।

मैं उनके पास पड़ी कुर्सी पर बैठ गई। कुछ देर वह मुझे देखते रहे। फिर उन्होंने पूछा, "कुछ पढ़-लिख रही हो ?"

"इधर मन बड़ा अस्थिर रहा। सुव्यवस्थित रीति से कुछ भी नहीं कर पाई।"

उन्होंने धीरे से कहा, "तुमसे मुझे बड़ी आशाएँ हैं। तुम काम में लगी रहना।"

मैंने उन्हें अपने आने का प्रयोजन बताया। इतनी-सी ही बात करने में वह थक-से गए। उनकी पलकें नीचे झँप आईं और वह बहुत देर मौन बैठे रहे। फिर उन्होंने आँखें खोलकर मुझे देखा और कहा, "अच्छा है, चली जाओ। जल्दी ही लौटोगी न ?" वह जैसे पीड़ा की गहराइयों में भटक गए थे। मैं पलकें नीचे किए, विकल हो अपनी अँगूठी उतारने-चढ़ाने लगी। मैं उनसे विदा लेने के लिए उठी तो मेरे बहुत मना करने पर भी वह बाहर तक पहुँचाने आए।

बम्बई में भैया के घर पर बड़ी चहल-पहल थी। तमाम सम्बन्धी आए हुए थे, क्योंकि कई लड़कियों के बाद वह पहला पुत्र हुआ था। उस भीड़-भाड़ में मैंने अपने को सायास डुबो दिया। पर उस कोलाहल के बीच भी पार्थक्य की तीव्र भावना मुझे उद्विग्न करती रहती। नई स्पोर्ट्स कार लिए विजय की सरगरमी पर मुझे अब हँसी भी न आती। बड़ी भाभी मुझे जड़ाऊ हार देना चाहती थीं और जिस दिन श्यामा का पत्र आया, उस दिन तैयार हो मैं हार पसन्द करने जा रही थी। मैं कपड़े पहनकर बाहर निकली तो मेज़ पर उसका पत्र पड़ा था। बिना किसी लम्बी भूमिका के उसने लिखा था, डॉक्टर कुमार को डॉक्टरों ने ब्रेन ट्यूमर बताया है। अभी तो वह बम्बई जा रहे हैं, बाद में यदि हुआ तो कहीं और जाना पड़ेगा।

मैंने उन पंक्तियों को बार-बार पढ़ा। भय जैसे एक तरल पदार्थ था, जिसे मैं अपनी शिराओं में घुलते, अपने रोमों में भिदते अनुभव कर रही थी। मेरी भिंची हुई मुट्ठी में काग़ज़ का कड़ापन, मेरी साड़ी पकड़कर खींचती, हठ करती रुचि, "बुआ, हमें भी ले चलो ! हम भी चलेंगे, बुआ !"

उस क्षण मैं अपूर्व दृष्टिवान हो गई और भविष्य में क्या है, यह मैंने स्पष्ट रूप से देख लिया।

मैं उन्हें देखकर सिहर उठी। उनके इर्द-गिर्द कैसी भयावह छायाएँ डोल रही थीं। तीव्र पीड़ा के कारण निचुड़ा हुआ चेहरा, उनकी मुँदी हुई पलकें मैं निश्चल खड़ी देखती रही और आशंका की निर्मम उँगलियों ने मेरी आशा और विश्वास को नोंचकर फेंक दिया।

मिसेज़ कुमार फूट-फूटकर रो रही थीं। उन्हें तो सबकुछ मिला था...उनके जीवन के इतने वर्ष...उनका पुत्र...वह रो रही थीं और मैं चुप थी। लोग उन्हें धैर्य बँधा रहे थे और मैं देख रही थी।

काग़ज़ के उस भूरे पैकेट को मैंने खोला। मुझमें जिज्ञासा नहीं, कोई भी भाव नहीं, केवल अन्तरात्मा तक भिद गई उदासीनता। काग़ज़ फटने की चर्र...और एक नई किताब मेरे हाथों

में है। मैंने उसका शीर्षक पढ़ा और मेरे एकाएक निर्जीव हो आए हाथों में वह थमी रह गई।

पर मैं रोऊँगी नहीं। यह कैसी अपूर्व शान्ति मेरे ऊपर छा गई है, यह कैसी परितृप्ति का बोध ! मैं किताब हाथ में लिए उजली धूप में बैठी हूँ। उसका समर्पण का पृष्ठ मेरे सामने खुला है–'टु दैट अदर वन (उस दूसरी को) !' अक्षर कहते हैं। और एक मृदु दृष्टि बार-बार मुझसे कह रही है–तुम, नीलांजना, तुम ही तो थीं वह दूसरी !

# झूठा दर्पण

अमृता ने दोनों किताबें भूरे काग़ज़ में लपेटकर बाँध दीं। डोरी में गाँठ लगाते हुए उसके हाथ ठिठक गए और उसकी दृष्टि ख़ाली कमरे को पार कर, दूर देख उठी। सघन अशोक वृक्षों की टहनियाँ काँप रही थीं और हवा के हर झोंके पर दो-एक पीले कनेर नीचे गिर जाते थे। बाहर बैठा हुआ बढ़ई लकड़ी की पेटियों में, सधे हुए हाथों से आख़िरी कील ठोंक रहा था। ममी शायद इन पेटियों को उस कमरे में रखवा दें, जहाँ फ़ालतू सामान भरा हुआ है। धीरे-धीरे सीलन उनमें भिदती जाएगी और बन्द किताबों के पृष्ठ अपने-आप पीले पड़ते जाएँगे। उस कमरे में विगत वैभव के कितने ही प्रतीक थे। बाबा के हाथ का हौदा, महफिल में बिछनेवाली दरियाँ, रंगमहल के झाड़-फ़ानूस, उसके साथ आदित्य का टूटा स्टेथेस्कोप, और अब—अमृता की किताबें।

अमृता ने काग़ज़ खोलकर एक बार फिर उन किताबों को उलटा-पलटा। कितनी ही कड़वी-मीठी स्मृतियाँ उनसे सम्बन्धित हैं।

बिबिया का सारे कुशन, कार्पेट, इकट्ठे कर उन पर बैठ जाना, यति का पैर फैलाकर सेटी पर लेटना और खिड़की के सींखचे पकड़कर बेम्बी का मीरा की गोद में उछलना—अब यह घटनाएँ स्मृति में अंकित होकर रह जाएँगी। अवकाश के क्षणों में अमृता जब कभी यह याद करेगी तो उसे यह चेहरे उतने ही धूमिल से लगेंगे जितना धूमिल आज कुँवर का चेहरा है। पिछले कई दिनों से उसने बार-बार कुँवर की मुखाकृति याद करना चाही है; पर वह पकड़ में न आकर अलग ही रही है, मात्र छाया।

सुबह-सुबह ही सत्यभामाजी का फ़ोन आया था। हँसकर बोली थीं, ''तुम्हारा ही काम करने जा रही हूँ। परसों शाम के लिए तुम्हारे लिए फूलों के आभूषण बनवाने हैं। इन लोगों के यहाँ नई बहू को पहली रात फूलों के गहने पहनाने का चलन है।''

अमृता ने रिसीवर रख दिया। उसे लग रहा था कि सत्यभामाजी किसी और की बात कर रही हैं। यह भीड़-भाड़ और चहल-पहल किसी और के निमित्त है। अमृता तो अलग-थलग है। वह तो स्मृतियों की गहराइयों में डूबकर रह गई है, सम्वेदनाओं की गोधूलि में भटक रही है...।

सत्यभामाजी ने पार्टी दी थी, कोई खास बात न थी, बस ऐसे ही, जिसमें ऊबे हुए पुरुषों ने बिजनेस, ब्रिज और क्लब की बात की थी, सजी-सँवरी स्त्रियों ने एक-दूसरे की साड़ियों के दाम भाँपने की चेष्टा की थी, छिटपुट बातें और अनुपस्थित लोगों की निन्दा की थी। अमृता ममी के चलने की प्रतीक्षा में थी। सत्यभामाजी ने आकर कहा, ''यह कुँवर हैं मीनू—मेरे

देवर लगते हैं।"

अमृता ने बिना किसी रुचि के कुँवर के नमस्कार का जवाब दे दिया। नए व्यक्तियों से परिचय उसे बड़ा ही उबानेवाला लगता था; और उतने ही उबानेवाले वह प्रारम्भिक प्रश्न—

अमृता को लगातार उद्यान की ओर देखते हुए कुँवर ने पूछा, "आप गार्डनिंग में रुचि रखती हैं ?"

"जी नहीं !" उससे भी कुछ अपेक्षित है यह अनुभव कर अमृता ने पूछा, "आप ?"

"थोड़ा बहुत," कुँवर ने उत्तर दिया। अमृता ने सोचा कि उसे बताए कि वह आजकल एक नई भाषा पढ़ रही है। पर यति का ध्यान आते ही उसके अन्दर दीप-सा जल उठा; तभी ममी आईं। कुँवर को अमृता के पास खड़ा देख वह मुस्कराईं, और रास्ते-भर कुछ सोच-सोचकर मुस्कराती रहीं।

उसके बाद कई बार, कुँवर दिल्ली आया और हर बार सत्यभामाजी ने अमृता को बुलाया, पर वह नहीं गई।

और, कल का दिन और उसके बाद का दिन और फिर एक के बाद कितने ही दिन...जीवन—

कुँवर का चेहरा यदि स्पष्ट भी होता तो क्या होता—कुँवर को अच्छी तरह जानती होती तब भी उसके अन्दर यही डूबती-सी भावना होती; क्योंकि किताबों की पेटियों में कीलें ठुकतीं और बिबिया, यति, मीरा और बेम्बी सभी को छोड़ना पड़ता।

किचनर रोड की कोठी में इस समय बड़ी चहल-पहल होगी। डैडी ड्रेसिंग गाउन पहने, हाथ में सिगरेट का टिन पकड़े इन्तज़ाम कराते घूम रहे होंगे। बल्लीमारॉवाली मौसी सपरिवार सुबह से ही आ गई होंगी और ममी से उनकी चखचख आरम्भ हो गई होगी। उसी भीड़-भाड़ में सुन्दरनगरवाली बुआ का ड्राइवर रुकमन से फ्लर्ट कर रहा होगा। सम्बन्धियों के मन में बड़ा उत्साह है अमृता के विवाह का, और इस अवसर पर कई बरस से अलग रहते ममी और डैडी भी इकट्ठे हो गए हैं। दोनों को एक-दूसरे पर विश्वास नहीं, फिर भी राय पूछे बिना काम नहीं चलता। अभी डैडी का अधिक-से-अधिक धन ख़र्च करवाने पर तुली हुई हैं। डैडी के आनाकानी करने पर ख़ानदान में हुई अन्य शादियों का हवाला देने लगती हैं। सब अपने में व्यस्त हैं और सत्यभामाजी चकरघिन्नी की तरह दोनों परिवारों के बीच नाच रही हैं। विवाह में सहूलियत हो, इसलिए कुँवर के परिवारवाले भी दिल्ली आ गए हैं और इसलिए सत्यभामाजी की पोज़ीशन बड़ी महत्त्वपूर्ण हो गई है। कुँवर उनका देवर, अमृता उनके बिज़नेस-पार्टनर की लड़की। बीच-बीच में ममी से भी खुसफुस : "अरे घबराती क्यों हो, इतना मिलेगा अमृता को कि देखनेवालों की आँखें चौंधिया जाएँगी।"

और, अमृता को अपनी कॉटेज़ याद आती है। वह जाड़े की रातें जब हल्के पीले सेट में रुकमन सबको कॉफ़ी देती थी, खिड़की के पास बेम्बी को थामे बैठी मीरा, अमृता और यति को कौतुक-भरी आँखों से देखती हुई। कुशन को तोड़-मरोड़कर सिर के नीचे लगाकर यति सेटी पर लेट जाता था। उसके पैर बाहर निकले रहते थे, और उसी तरह बड़े आराम से लेटे-लेटे किताब पढ़कर अमृता को शब्दों का उच्चारण और अर्थ बताता जाता और वह कॉपी में लिखती जाती। बिबिया मौक़ा पाकर बुक-शेल्फ़ से किताबें निकालकर भूमि पर पटकने लगती।

“नहीं बिबिया,” अमृता के मना करने पर वह दुष्टतापूर्वक हँसती और फिर मेज़पोश खींच लेती और मेज़ पर रखा मनीप्लांट का ताँबे का गमला नीचे आ गिरता।

“मीरा, तुम बिबिया को ज़रा भी नहीं देख सकतीं ! देखो कितना उत्पात करती है !” यति चीख़ता और जब तक अमृता उठे बिबिया भागकर कबाड़ में छिप जाती।

अमृता ने उखड़ आए मनीप्लांट को फिर से मिट्टी में खोंसा और मेज़पोश बिछाकर गमला रखा। अमृता कितनी नफ़ासतपसन्द है। उसकी हर वस्तु अपने स्थान पर सजी रखी रहती है। बिबिया के उत्पात से उसके मन में खीझ अवश्य होती होगी, यह जानकर यति ने कहा, “इस लड़की ने न जाने किसकी विध्वंसात्मक प्रवृत्ति पाई है।”

“तुम्हारी, और किसकी ?” मीरा ने कुढ़कर कहा।

“बस-बस।” अमृता ने बीचबचाव किया और मीरा बेम्बी को ऊँचा-ऊँचा उछालने लगी।

“पटक दो न ज़मीन पर, अगर इतना गुस्सा आ रहा है।”

“क्या है यति ? चुप रहो न ! बच्ची है, शैतानी तो करेगी ही। उसमें मीरा पर क्यों बिगड़ रहे हो ?” अमृता ने कहा।

पर गृहयुद्ध का सूत्रपात हो जाता। आगे-आगे सोते बेम्बी को कन्धे से लगाए लम्बे क़दम रखता हुआ यति और पीछे मुँह फुलाए मीरा। विमनस्क अमृता खिड़की से उन्हें जाते देखती और एक उसाँस ले वापस लौट आती। ऐसे क्षणों में उसका मस्तिष्क और पीछे चला जाता—चार वर्ष पहले जब मीरा और यतीन्द्र का विवाह नहीं हुआ था।

इस आयु में ममी और डैडी के अलग हो जाने से अमृता के दिल पर खरोंच-सी पड़ गई। अमृता का जब तक विवाह न होगा तब तक वह वैधानिक रूप से अलग न होंगे; यह निर्णय उन्होंने अमृता के कारण ही लिया था। उन दोनों में मतभेद तो सदा रहा, पर उनके अलग हो जाने की कल्पना उसने कभी न की थी। जवान डॉक्टर-पुत्र की मृत्यु के बाद से ममी टूट-सी गई थीं। डैडी अब भी आकर्षक थे और हमेशा चुनकर खूबसूरत सेक्रेटरी रखते थे। यह बात नहीं कि ममी में कोई दोष था; फिर भी—और अमृता अपने को दोषी ठहराती। यदि वह न होती तो ममी पहले ही डैडी से अलग हो जातीं और जीवन के छिन्न सूत्रों को उसी प्रकार सँवार लेतीं। अब तो उनका जीवन हर प्रकार से रिक्त हो गया था और अमृता के जीवन में अचानक जो दरार पड़ गई उसने उसके विश्वास को तोड़ दिया।

“अमृता, तुम शादी कर लो।” मीरा ने एक बार कहा था।

“ऐसे सम्बन्धों पर मेरी आस्था नहीं रही, मीरा ! विवाह बहुत कुछ माँगता है, मुझमें न कोई चाव बचा है, न अरमान। ऐसे ही रहती आई हूँ—ऐसे ही रहूँगी। अब इस आयु में मुझसे दुलहन नहीं बना जाएगा।” अमृता थोड़ा-सा हँसी।

“अपने को ही देखो—क्या तुम्हारे वह रुपहले-सुनहले स्वप्न बदरंग नहीं हो गए ! बिबिया, बेम्बी, नई-नई परेशानियाँ, गिरता हुआ स्वास्थ्य और तुम्हारे ही शब्दों में यति-सा कुतर्की पति।”

मीरा एक क्षण को चुप हो गई।

“तू ज़िन्दगी को एक झूठे दर्पण में देख रही है, अमृता। यह आवश्यक नहीं कि जो

ममी और डैडी में हुआ, वही तेरे साथ हो। और रहे मेरे स्वप्न, मेरा ही दोष था। मैंने ज़िन्दगी को बहुत रोमांटिक दृष्टि से देखा था। तुझे यति की तरह के व्यक्ति से विवाह करने की आवश्यकता नहीं। किसी ऐसे पुरुष से कर, जो तुझे धन-दौलत और प्रतिष्ठा दे सके। जैसे वह हैं, सत्यभामा के कुँवर।''

''लोहे के उस कारखाने में मैं घुटकर मर जाऊँगी।''

''धन-दौलत में कोई घुटकर नहीं मरता।'' मीरा ने बेम्बी के कपड़े तह करते हुए कहा।

अमृता ने बाँहों से घुटने बाँध लिए, और कहा, ''सच बात तो यह है मीरा, कि अगर यति-सा कोई पुरुष मुझे मिले तो मैं चट से शादी कर लूँ।''

मीरा ने रुककर देखा कि अमृता की बात में कितना परिहास है, पर उसके मुख से वह कुछ अन्दाज़ा न लगा पाई। बात को परिहास के रूप में ही लेते हुए मीरा ने कहा, ''बड़ी आई यतिवाली। यति के साथ चौबीसों घंटे रहना पड़े, तो पता चले।''

माँ से डाँट खाकर बिबिया अमृता के पास भागती है, उसकी गोद में दुबक जाती है। ईवनिंग क्लासेज से थका यति अमृता के कॉटेज़ में चैन पाता है। दो कमरों के घर में हर जगह बेम्बी और बिबिया की चीज़ें बिखरी रहती हैं। पीछे बरामदे में बेम्बी के भींगे महकते नैपकिन। गुसलख़ाने में बच्चों का बाथटब। कमरे के कोने में बच्चों की पैरेम्बुलेटर। बिना बाल सँवारे, बिना कपड़े बदले, मीरा किसी-न-किसी काम से व्यस्त रहती है। कहीं चलने के समय अस्सी रुपए की साड़ी के साथ मीरा छींट का बिना आयरन किया हुआ ब्लाउज़ पहन लेगी। एक गाल पर पाउडर का धब्बा, बिन्दी टेढ़ी और लिपस्टिक बे-परवाही से लगाए जाने के कारण होंठों की प्राकृतिक रेखा के बाहर फैली हुई। यति के माथे पर शिकन पड़ जाएगी और उसके होंठ भिंच जाएँगे। अमृता भी यह सब देखती है। मीरा को टोकती भी है। ''अरे, अब मैं दो बच्चों की माँ हुई। इन सब बातों की मुझे फुरसत नहीं है,'' मीरा का उत्तर होता है। अकारण मार खाई बिबिया की बाँहें जब उसके गले में होती हैं, यति जब थकी और सिनिकल बात करने लगता है तो अमृता को डर-सा लगता है। क्या मीरा नहीं समझती कि बिबिया कभी बेम्बी को बड़ी बहन का स्नेह न दे सकेगी, कि यति शायद कहीं भटक जाए—बिबिया को अमृता दुलार-पुचकार लेती है, पर यति किसी दिन अकस्मात् भटक जाएगा—दूर हो जाएगा—तब मीरा सीना पीट-पीटकर पुरुष जाति को बुरा-भला कहेगी, अपने वह सब त्याग गिनाएगी जो कि उसने यति के लिए किए थे।

और, विवाह के एक दिन पहले अमृता को कुछ वर्ष पहले की एक रात याद आ गई। वह मीरा के साथ रहती थी और मीरा की शादी नहीं हुई थी। मीरा के कमरे में यति का बड़ा-सा फ़ोटो रखा था। सहज और हँसमुख प्रकृतिवाला यति, जिसकी आँखों में गरमाई थी और बोलने में अजीब-सी अलसता, लम्बा और दुबला, पर साथ ही अपूर्व शक्ति का परिचय देता हुआ।

रुकमन ने मीरा और अमृता की चारपाइयाँ खुले में बिछाई थीं। बिस्तर ओस से गीले थे। अमृता को मीरा के चेहरे का वह भाव नहीं भूलता। मीरा ने कहा, ''हमने निश्चय कर लिया है कि हम इन्हीं छुट्टियों में विवाह कर लेंगे।''

मुलायम तकिए में कोहनी गड़ाए लेटी अमृता मीरा को देखती रही। आँगन के पीछे दीवार की लता सफ़ेद और लाल फूलों के भार से झुक गई थी ओर उनकी सुगन्ध चारों ओर मँडरा रही थी।

"यति का तो कोई भी नहीं। वड़ी बहन ने पाल-पोसकर बड़ा किया। मेरे पेरेंट्स यति को पसन्द नहीं करते। वह कहते हैं कि हमारी बैकग्राउंड भिन्न है। मैंने कभी रुपए की परवाह नहीं की, घर चलाना मुझे नहीं आता। फिर फ़ादर कहते हैं कि विदेशी भाषाएँ पढ़ानेवाले अध्यापक के लिए आगे क्या चांस है ? असल में यति जब फ्रांस से लौटा, तो विभाग में कोई जगह न थी। फ्रेंच पढ़ाने की पोस्ट थी, ग्रेड एक ही था, यति ने वही स्वीकार कर ली।" मीरा के चेहरे का साँवलापन चाँदनी में धुलकर बड़ा लुभावना लगने लगा। ढीले बालों की चोटी का सिरा खोलते-गूँथते मीरा ने कहा, "मुझे तो अमृता, कभी-कभी बड़ा डर लगता है।" अमृता को लगा कि इस तरह बैठे-बैठे वह थक गई है। वह लेट गई और खुली बाँहों पर चादर के भीगे ठंडेपन से रोएँ उठ आए।

मीरा सो गई, पर अमृता देर तक जागती रही। यति, मीरा, डैडी और ममी—और वह कल्पना-मूर्ति जो उसने बचपन से सँजोई थी, अचानक ही स्पष्ट हो गई और उन आँखों की गरमाई बड़ी पहचानी-पहचानी-सी लगने लगी।

अमृता को उपहार में क्या दिया जाए, इस पर मीरा और यति में बहुत बहस हुई थी। बिबिया के रिबन से खेलती अमृता ने उस बहस में कोई हिस्सा नहीं लिया। मीरा उसे प्रेशर-कुकर देना चाहती थी पर यति का कहना था कि वह ऐसी अनरोमैंटिक चीज़ नहीं देगा।

"यह लड़की स्वयं बड़ी अनरोमैंटिक है, नहीं तो जिसे केवल एक बार पार्टी में देखा, उससे विवाह करने को तैयार हो जाती ? बड़ी भोली बनती है, बड़ी आज्ञाकारिणी, जो डैडी की इच्छा हो करें ! डैडी किसी साधारण-से पुरुष से शादी ठहराते तब हम देखते कि यह कैसे करती ?" मीरा के मन में अमृता के प्रति बड़ा आक्रोश था।

"अच्छा तो है, एकाध पंखा, साइकिल और अलमारी वग़ैरा हमें भी मिल जाएगी।" यति ने हँसकर कहा, पर उसकी आँखों में खोयापन-सा था। कुछ परेशानी, कुछ उलझन। अमृता ने एकाएक विवाह की स्वीकृति कैसे दे दी ? यह बात यति और मीरा के लिए पहेली-सी बन गई थी। और, अमृता कुछ हताश, कुछ खोई हुई-सी थी। उसे यही मलाल था कि यति भी उसके मन की गाँठ नहीं पकड़ सका। कुँवर से विवाह की स्वीकृति देकर उसने अपने को पूर्ण रूप से अदृश्य पर छोड़ दिया था, और उसकी मनःस्थिति ऐसे प्राणी की-सी थी जो कि अपनी नौका में धीरे-धीरे पानी आता देख रहा हो और फिर भी चुपचाप बैठा हो क्योंकि उसे यह अच्छी तरह पता है कि इससे लड़ना बेकार है। विवाह में क्या उपहार मिलें, कैसी साड़ियाँ ख़रीदी जाएँ, क्या दिया जाए, यह उसने पूर्ण रूप से औरों पर छोड़ दिया था। उसके मन में एक छिपी हुई आशा थी कि शायद यति समझे।

"ऐसे कब तक चलेगा ?" अमृता ने यति से पूछा।

"क्या," यति खिड़की के बाहर देख रहा था, मीरा बच्चों को लेकर अपने पिता के पास चली गई थी और अमृता को बिबिया की बहुत याद आ रही थी।

"यही, तुम्हारी नाराज़ी ? जाकर मीरा को ले आओ न ?" अमृता सेटी के एक किनारे बैठी थी। उसकी गोद में किताब खुली हुई थी, और उसके अनुरोधपूर्ण नेत्र यति पर थे।

"मीरा को क्यों नहीं समझाती ?"

"समझाया तो, पर वह तो हठीली है। नहीं मानती। तुम तो वैसे नहीं हो ?"

"हूँ ! बहुत हठीला हूँ, तुम नहीं जानतीं अमृता, पर मीरा ने मुझे तोड़ दिया है। मेरा विश्वास उठ गया है। मैं अब सोचने लगा हूँ कि यदि मैं किसी अपढ़, निर्धन लड़की से शादी करता तो सुखी रहता। उसके अन्दर वे इच्छाएँ, हसरतें न होतीं जो मेरे धनाभाव से मीरा के अन्दर घुटकर मर गईं।"

"मीरा ने तुम्हारे लिए बहुत किया है, यति।" अमृता ने मृदु स्वर में कहा। यति ने झटके से खिड़की पर परदा डाल दिया, फिर उसने पास आकर हाथ से किताब नीचे गिरा दी और नीचे बैठकर अपना मुख अमृता की गोद में छिपा लिया।

अमृता स्तब्ध रह गई। उसकी भीत दृष्टि ने चारों ओर देखा। खिड़कियों पर परदे पड़े थे। द्वार बन्द था। कॉफ़ी देकर रुकमन सोने चली गई थी। उस सन्नाटे में घास में झींगुरों का स्वर बहुत शोर मचाता-सा लगा। यति निश्चल बैठा था, उसके उड़ते हुए बालों की रेखा, उजली-सी गर्दन, और चौड़े कन्धे। अमृता की दृष्टि अचानक ही धुँधली हो आई। यति का स्पर्श पुरुष का स्पर्श न था, एक प्रेमी का भी नहीं, सांत्वना पाने की इच्छुक आहत बिबिया का था, गिरकर रोते हुए बेम्बी का...।

"यति," अमृता ने कहा। उसने बड़ी मृदुता से दोनों हाथों से उसका मुख उठाया। उसकी उँगलियाँ भीगकर रह गईं।

यति रो रहा था। अमृता थरथराकर रह गई। "यति, यह क्यों ? यह क्यों यति ?" उसकी उँगली में खारे आँसू थे, यति के आँसू।

"यति, तुम इतने बड़े, इतने क्षमतावान् होकर ऐसा आचरण कर रहे हो !" अमृता समझ नहीं रही थी कि वह क्या कह रही है। अगर बिबिया होती तो उसे पुचकारकर, चुमकारकर मना लिया जाता। अमृता की दोनों हथेलियाँ यति के बालों पर टिकी थीं, और वह समझाते हुए उससे कुछ कहती जा रही थी। उसकी साँस गले में फँस रही थी और शरीर में बड़ी विचित्र-सी बेकली समाई जा रही थी।

यति थका-हारा-सा उठकर चल दिया। अमृता उसके पीछे-पीछे द्वार तक गई और फिर जाते हुए यति की लम्बी परछाईं देखती रही।

अगली शाम जब यति उसे पढ़ाने आया तो दोनों में से किसी ने गत रात्रि का उल्लेख नहीं किया। पर दोनों ही एक अनुभूत सम्वेदना के साझीदार हो गए थे, और इसी कारण एक-दूसरे के पहले से कहीं अधिक निकट।

अमृता के कई पत्रों के जाने के बाद मीरा लौटी। अमृता उसे लेने स्टेशन गई। मीरा गई थी बड़े गर्व से, पर लौटी वह पराजिता-सी, बहुत विनीत और उदास। बिबिया अमृता से लिपट गई और टैक्सी में लौटते हुए अमृता सोचे हुए भर्त्सना के शब्दों में से कुछ भी न कह सकी।

"यति बड़े खोए-खोए-से रहे," अमृता ने कहा। मीरा चुप रही।

उस रात बिबिया अमृता के पास ही सो गई, और यति सदा की तरह, अमृता को फ्रेंच

पढ़ाने नहीं आया। वह क्लासेज़ के बाद ही सिनेमा चला गया और लौटा तब तक देर हो गई थी। सोई बिबिया को गोद में लेकर अमृता पहुँचाने गई। कुछ गर्मी-सी होने के कारण सामने का द्वार खुला था। अन्दर कमरे में मीरा के सिरहाने टेबिल लैम्प जल रहा था और मीरा की चारपाई पर यति बैठा था। अमृता परदे के पीछे ही ठिठककर रुक गई। रोशनी बेम्बी के कोट और मीरा के मुख पर पड़ रही थी। जैसे वह चाँदनी-सी थी जिसमें मीरा के चेहरे का उदास साँवलापन धुलकर निखर आया था। अपने शरीर का भार बाएं हाथ पर टेक यति बैठा था और दाहिने हाथ की उँगलियों से धीरे-धीरे कभी मीरा की मुलायम लटें, कभी उसका माथा, कभी होंठ छू रहा था।

''ओफ़। बिबिया कितनी भारी थी।'' अमृता उसे बाँहों में थामे लौट आई। उसे अपनी चारपाई पर सुला दिया और स्वयं सेटी पर लेट गई। खुली खिड़की से चमकीले आसमान का एक टुकड़ा दिखाई दे रहा था। अमृता उसी को कभी गीली, कभी सूखी आँखों से ताकती अपनी ज़िन्दगी का पैटर्न बुनती रही।

अमृता तौलिए से भीगे बाल पोंछती स्नानागार से निकली। मीरा उसकी प्रतीक्षा कर रही थी—चंचल, उत्फुल्लित।

''आज कॉलेज नहीं जाओगी ?'' उसने पूछा।

''जाऊँगी, फोर्थ पीरियड है।'' अमृता ने कहा। मीरा का उमँगता मुख उसके खोएपन को और गाढ़ा कर रहा था।

''कहो, मेल हो गया ?'' उसने तौलिए को झटका देते हुए पूछा।

''अरे अमृता, क्या बताऊँ, कल तो यति बिलकुल...''

''चुप भी रहो मीरा, तुम तो सारी लाज-शर्म घोलकर पी गई हो।''

अमृता एड़ियों पर भार दे मीरा की ओर पीठ कर घूम गई।

''ओहो—तो तुम्हें क्यों लाज लग रही है ?''

मीरा खिलखिलाकर हँस पड़ी, वही चार बरस पुरानी हँसी। भीगे तौलिए से अपना मुख फिर पोंछ, अमृता ने मुड़कर मीरा को देखा, नई दुलहनों के चेहरे पर यही प्यार और सुहाग होता होगा। उसने हाथ फैलाकर अपनी उँगलियाँ देखीं और फिर मुट्ठी भींच ली। तौलिया फैलाते हुए उसने कुछ घुटे-से स्वर में कहा, ''तुम्हारी खुशी देखकर बड़ी ईर्ष्या होती है, मीरा। इसीलिए, मैंने डैडी को पत्र लिख दिया है कि मुझे कुँवर से विवाह करने में कोई आपत्ति नहीं।''

अमृता सेटी के किनारे आकर बैठ गई। उसके गीले बालों से पानी की बूँदें रह-रहकर टपक जातीं।

''पर तुम तो कुँवर को जानतीं भी नहीं। अमृता मज़ाक न करो।'' मीरा ने व्यग्र होकर कहा। अमृता चुप रही, उसकी दृष्टि बड़े यत्न से सजाए गए अपने कमरे पर गई और उसके अन्दर कुछ टूटने-सा लगा।

''कुँवर और तुममें क्या साम्य है ? तुम इतनी सम्वेदनशील, कलात्मक प्रवृत्ति की और वह लोहे के कारखानों की देखभाल करनेवाले। अमृता, तुम पागल हो गई हो।''

''हाँ, मैं पागल हो गई हूँ। तभी तो अपनी जमी-जमाई ज़िन्दगी को यहाँ से उखाड़कर

दूसरी जगह रोप रही हूँ। बात यह है कि मीरा मैं तुमसे दूर जाना चाहती हूँ, बहुत दूर, जहाँ तुम्हारे चेहरे भूली-सी याद बन जाएँ।''

अमृता अपने बालों से टपकते जल-बिन्दुओं पर दृष्टि जमाए रही। आँखें बार-बार भर आती थीं।

और फिर, जब उसने आँखें उठाकर मीरा को देखा, तो उसे बड़ा उद्विग्न-सा पाया। सुबह की वह खुशी, वह उल्लास विलीन हो गया था। सहसा मीरा ने उसके कन्धों पर हाथ रख दिए और अटककर पूछा, ''क्या मेरी अनुपस्थिति में यति ने... ?''

अमृता के चेहरे पर जो भाव दौड़ गया उससे मीरा कुंठित होकर चुप हो आई। फिर उसने बहुत मृदुता से कहा, ''मैं तुम पर या यति पर अविश्वास नहीं कर रही हूँ, अमृता। मुझे हमेशा से यह लगता रहा, जैसे कि वह तुम्हें कुछ-कुछ प्यार-सा करता आया है। तुम्हारे लिए यति के मन में बड़ी टेंडरनेस है। मैं ईर्ष्यालु नहीं हूँ, अमृता। मैं तुमसे यह सब कहती ही नहीं। पर तुम्हारे इस आकस्मिक निश्चय से मैं ऐसी डगमगा गई और मैं कह गई। मेरे इस प्रश्न को भूल जाओ अमृता...''

अमृता ने पलकें मींच लीं, उँगलियों से अपने आँसू पोंछती हुई कुछ भर आए कंठ से बोली, ''मैं विचित्र उलझन में फँसी हुई हूँ। मैं स्वयं नहीं जानती कि मैंने ऐसा क्यों किया।''

''झूठी, झूठी।'' उसकी समस्त चेतना विद्रोह कर उठी। पर मीरा के चेहरे से हैरत का जाल हट गया।

कौन जानता था कि हमेशा के सुस्त डैडी इस बार इतनी फुर्ती दिखाएँगे। सब बातें तय हो गईं। शादी की तारीख निकल आई। निमन्त्रण-पत्र बँट गए और अमृता अपने में ही डूबी रही। उसने किसी चीज़ में रुचि न ली। कॉटेज़ वह तभी छोड़कर चली आई थी और डैडी के साथ रहने लगी, क्योंकि वहाँ सभी प्रकार की सुविधा थी।

मीरा अस्वस्थ थी और डॉक्टर ने इस बार उसे आरम्भ से ही बहुत सावधान रहने की चेतावनी दे दी थी। यति कभी-कभी दो-चार मिनट को आ जाता और कभी अमृता से साथ चलने के लिए आग्रह भी करता। पर अमृता नहीं गई। यति के नेत्रों की आकुलता उससे छिपी न थी। यति के पूछने पर वह क्या उत्तर देगी ?

वह यति को कैसे समझा सकेगी कि कुँवर से विवाह करने के मूल में कौन-सी प्रेरक घटना थी ?

दो-तीन दिन पहले यति प्रेशर-कूकर दे गया था।

''बिबिया तुम्हें बहुत याद करती है,'' यति ने कहा।

''मुझे भी उसकी बहुत याद आती है।'' अमृता को एकाएक लगा कि वह बिबिया की बात नहीं कर रहे हैं।

''यह तो मीरा की ओर से है। मैं तुम्हारे लिए कुछ और दूँगा; ढूँढ़ रहा हूँ।''

अमृता चुप रही। उसके जाने के बाद ममी और बल्लीमाराँवाली मौसी आकर इस बात पर विवाद करने लगीं कि बरात के आगमन के समय अमृता को कौन-सा जोड़ा पहनाया जाए।

'मुझसे दुलहन नहीं बना जाएगा,' अमृता ने चाहा कि चीख़कर कह दे, पर अपने शब्दों

की अनुगूँज से वह स्वयं चौंककर रह गई।

बढ़ई पेटियाँ बन्द कर चुका था और ठक्-ठक् की आवाज़ बन्द थी। केवल अशोक की शाखों की एक-दूसरे से रगड़ और आम के पेड़ पर के दो तोते पंख फड़फड़ाते हुए उड़ गए।

दीवानसिंह और मनोहर ने पेटियाँ ले जाकर अन्दर रख दीं और ताला बन्द कर दिया। वह पसीना पोंछते हुए आए और बड़ी-सी काली चाबी उसे पकड़ा दी।

''तुम दोनों अब किचनर रोड चले जाओ। मैं एक बजे तक आ जाऊँगी।'' अमृता ने कहा। फिर उसने कपड़े बदले और दोनों किताबें उठा लीं। उसने सोचा था कि यति की यह दोनों किताबें उसे लौटा देगी : अब इनका क्या प्रयोजन, और यति के साथ आख़िरी बार चाय पिएगी, फिर किचनर रोड लौट जाएगी, और अपने को कल वह अपने उन सम्बन्धियों की दया पर छोड़ देगी। हाथ में चुपचाप मेहँदी लगवा लेगी। मुख पर चन्दन-बिन्दु, और उसके बाद फूलों के गहने भी पहन लेगी। पर आज का दिन उसका अपना; सोचने के लिए, याद करने के लिए, दुख मनाने के लिए।

अमृता ने रेस्तराँ में जाकर चारों ओर यति को खोजते हुए देखा। अन्दर हल्का-सा अँधेरा था और धूप से आने के कारण उसे सबकुछ स्पष्ट नहीं दिखाई दे रहा था। बैंड पर नाच की एक पापुलर धुन बज रही थी और सब ओर धुआँ-धुआँ-सा था। एक कोने की मेज़ पर से कोई उठा और उसकी ओर बढ़ने लगा। अमृता ने एक क्षण को समझा कि यह यति है। पर ध्यान से देखने पर पाया कि वह तो उसे जानती भी नहीं। वह जब ठीक सामने आकर खड़ा हो गया तो वह एक आघात से काँपकर रह गई। कुँवर उसे देखकर मुस्कराया, ''किसी को खोज रही हैं आप ?''

''जी,'' बहुत पतले स्वर में अमृता ने कहा।

उसने चारों ओर फिर देखा, पर यति कहीं न था। उसका असमंजस भाँपकर कुँवर ने कहा, ''जब तक आप इन्तज़ार करें, तब तक एक प्याला चाय पी लीजिए।''

अमृता कुछ सोच न सकी। जाकर बैठ गई। कुँवर शायद शॉपिंग कर रहा था क्योंकि उसके पास कुर्सी पर कई पैकेट रखे हुए थे। उसका प्याला आधा ख़ाली था।

''आप कॉफ़ी लेंगी या चाय ?'' कुँवर ने बड़ी शिष्ट और औपचारिक रीति से पूछा।

कुँवर को मेन्यूकार्ड उठाते देख उसने कहा, ''मैं कुछ खाऊँगी नहीं।''

आमने-सामने बैठे होने पर भी वह कुँवर को सीधी दृष्टि से न देख सकी। उसकी पीठ दरवाज़े की ओर थी, पर सामने दीवार पर स्वच्छ दर्पण का एक लम्बा पैनेल लगा था जिसमें उसे आने-जानेवालों का प्रतिबिम्ब दिखाई दे रहा था। कॉफ़ी के छोटे-छोटे घूँट पीती हुई वह दर्पण पर आँखें गड़ाए रही। पर उसकी चेतना सजग थी। कुँवर यथार्थ था, वास्तविक। देख लो, अच्छी तरह देख लो। एक छोटा-सा विचार अमृता को उद्विग्न कर रहा था। अभी भी समय है, अभी भी तुम वापस जा सकती हो, अपने कॉटेज़ में, जहाँ बिबिया है, बेम्बी और मीरा।

कुँवर ने अचानक ही मेज़ पर शिथिल पड़े अमृता के हाथ को अपनी बड़ी-सी हथेली में ढँक लिया।

''आप बहुत चिन्तित लग रही हैं।'' उसने बड़े मन्द और कोमल स्वर में कहा। चौंकी

अमृता की दृष्टि उसकी आँखों से टकरा गई। उसने पहली बार कुँवर को भरपूर दृष्टि से देखा। कुँवर के चेहरे पर हल्की-सी मुस्कान थी, मुस्कान में आश्वासन और आँखों में गहरा धीरज।

अमृता ने अनुभव किया कि उसके झुके हुए हाथ का स्पर्श उसे अनेक अनजाने सन्देश दे रहा है। वह एक पुरुष का स्पर्श है, एक प्रेमी का भी—और वह अरुचिकर, अप्रीतिकर भी नहीं।

और, तभी उसने सामने के दर्पण में देखा कि हाथों में एक पैकेट पकड़े यति उसे खोज रहा है। अमृता निश्चल बैठी यति के प्रतिबिम्ब को ताकती रही। उसने चाहा कि वह अपना हाथ खींच ले, पर उस पर ऐसी जड़ता आ गई, वह हिल-डुल भी न सकी।

और, यति ने उसे देख लिया। देर तक वह वहीं खड़ा रहा। दर्पण में दोनों की आँखें मिलीं और अमृता ने अपना हाथ खींच, कॉफ़ी का प्याला होंठों से लगा लिया। यति मुड़ा और बाहर चला गया। अमृता दर्पण को देखती रही, देखती रही, और कुँवर मौन बैठा उसे देखता रहा।

अमृता ने एक लम्बी साँस ली : ''अब चलूँ। डैडी लंच पर मेरा इन्तज़ार कर रहे होंगे।''

कुँवर ने बिल चुकाकर अपने पैकेट उठा लिए। अमृता उठ खड़ी हुई। बैंड बन्द हो गया था और चारों ओर बातचीत का हल्का-सा रव उठ रहा था।

''यह पैकेट आपका है ?'' कुँवर दोनों किताबों को उठाकर पूछ रहा था।

''नहीं,'' अमृता ने कहा और कुँवर के साथ बाहर निकल आई।

# कोई नहीं

अक्षय को अपने ठीक सामने पा, विस्मय-भरा 'अरे तुम' भी हृदय की धड़कन में डूब गया।

"पहचाना नहीं ?" अक्षय ने हँसते हुए पूछा।

मैंने बाएँ हाथ की किताबें दाहिनें हाथ से थामते हुए, ऐसे स्वर में जो स्वाभाविक से कुछ मन्द पड़ गया था, कहा, "तुम यहाँ क्या कर रहे हो ? मैंने सुना था तुम कहीं विदेश में थे !"

"विदेश से लौट भी आते हैं। तुम यहाँ क्या कर रही हो ?"

मेरी दृष्टि दूर भटक गई। पत्थर की बनी सत्तर साल की पुरानी इमारत, टावर की घड़ी, दूर-दूर तक फैले लॉन और जैकेरेंडा के वृक्ष जिनमें अभी कुछ दिन पहले तक फूल थे।

"क्या कर रही हूँ अक्षय ! वहीं हूँ, जहाँ तुम मुझे छोड़ गए थे। मेरा मतलब, वहीं हूँ जहाँ तुम्हारे जाने के पहले थी।"

"वही घर, वही जगह, वही लोग ?" अक्षय ने पूछा।

"हाँ, वही घर, वही जगह, वही लोग।" मैंने दोहराया।

फिर मैं अचानक ही सँभल गई। बहुत ही व्यावहारिक स्वर में मैंने पूछा, "अभी तुम ठहरोगे अक्षय ? अगर रुको तो आज शाम मेरे पास चाय पीना !"

"मैं तो तुम्हें निमन्त्रित करनेवाला था," कुछ रुककर उसने कहा, "तुम मिलोगी, इसकी मुझे आशा न थी।"

इसके उत्तर में मुझसे क्या अपेक्षित है, यह न जान पा मैं अक्षय की ओर ताकती रही। मेरी और अक्षय की आयु में थोड़ा ही अन्तर रहा होगा। अक्षय अब एक सफल व्यक्ति है। और मैं ?

न जाने क्यों अक्षय से उसके लड़के-बच्चों के बारे में न पूछ सकी।

"अच्छा, तो आओगे न ? मैं इन्तज़ार करूँगी।" कहकर मैं चल पड़ी।

पानी की टंकी के पास के आम बौर से ढँक गए थे। क्यारियों में अभी भी सूखी बदरंगी पिटूनियाँ और हॉली हाक्स अपने धूल-भरे चेहरे लिए मुझे देख रहे थे। कितना कुछ था, अक्षय से पूछने को। और मैं ऐसे भाग आई थी जैसे अक्षय की उपस्थिति मेरे लिए अचानक ही असह्य हो उठी हो। अपने कम्पाउंड में घुसते हुए मैं अपने उस घर को आँखों से देख उठी। खपरैल का बड़ा-सा बहुत ही पुराना बँगला—सड़क की ओर सहजन के पेड़ों की लम्बी क़तार और गुड़हल की बाढ़, जहाँ लॉन होना चाहिए था वहाँ अब पीले फूलों से ढँके भटकटैया के कँटीले पेड़ थे।

मुझे वहाँ खड़े-खड़े समय की गति का बोध हुआ। इन सात वर्षों में हमारा घर और वीरान लगने लगा था। इस बीच न तो कोई बरात यहाँ आकर रुकी थी, न कोई नवजात शिशु रोया था। केवल मिसेज़ कुँवर पागल हो चुकी थीं और सुमन श्रीअरविन्द आश्रम में चली गई थी। पहले उसके नियमित रूप से पत्र आते रहे थे और अब तो कभी उसकी बात भी नहीं होती थी। हम सबकी ज़िन्दगी निर्बाध गति से चली जा रही थी। उसमें नन्ही-सी हिलोर उठती जब पहली तारीख़ को हमें चेक मिलते।

जब हमारी नौकरानियाँ पीली साड़ियाँ पहनकर आतीं तो हम चौंककर याद करते कि वसन्त का पर्व आ गया है। कुछ दिन बाद गर्द-गुबार-भरी हवा हमारी खिड़कियाँ और दरवाज़े भड़भड़ाती हुई आगे निकल जाती। और फिर उन लम्बे उकताहट-भरे दिनों का अन्त करती बरसात आ जाती। हमारी खपरैल की छत जगह-जगह से टपकती और कीचड़-मिट्टी से अपनी साड़ियाँ बचाते हुए, ऐसी ऋतु को कोसते हुए हम कॉलेज जाने लगते। ऐसे ही दिन बीतते रहे और हमारी आँखों की चमक फीकी पड़ती गई, हमारे काले बालों में कहीं-कहीं सफ़ेद तार दिखने लगे और हमारे युवा, हँसते हुए चेहरों पर न जाने कैसी रूखी, रीती, कठोर मुद्रा आकर जमकर बैठ गई।

मैं आकर अपने कमरे की सफ़ाई में जुट गई। शाम को जब अक्षय आया तब भी मैं उससे सन्तुष्ट न हो पाई थी। कितने जाले हटाने थे, गर्द की कितनी तहें दूर करनी थीं, अपने को सजाना था, चेहरे की झाइयाँ, बालों का रूखापन और एड़ियों की कलौंच साफ़ करनी थी। इन सबके बीच जब अक्षय आ गया, उसने सब ओर देखकर कहा, ''अब मुझे लग रहा है कि मैं घर आ गया हूँ। कुछ भी तो नहीं बदला है।''

अक्षय बात को ढाँप-तोपकर नहीं कहता। मेरे पास लौटकर उसे अच्छा लगा है, और उसने सहज भाव से कह दिया है। अब यह मेरे ऊपर है कि उसे कैसे ग्रहण करूँ।

मैंने मेज़ पर खाद्य पदार्थों के ढेर लगा दिए। अक्षय हरेक चीज़ थोड़ी-थोड़ी चखता है। मुस्कराता है और मेरी ओर देखता है। मैंने कितने सालों बाद बिन्दी लगाई है, हाथों में चूड़ियाँ डाली हैं। इस समय मैं कोटा की जालीदार साड़ी पहने हूँ जो कि कच्चे बैंगनी रंग में रँगी हुई है। मैं अच्छी लग रही होऊँगी, यह भाव मेरे मन में गाढ़ा होता जा रहा है। मैं ढीले होकर कान पर झूल आए बाल पीछे कर अक्षय के प्याले में चाय छानती हूँ। अक्षय मुझे देखता है।

बच्चे नहीं हैं हम...अक्षय और मैं...यौवन का प्रथम उल्लास हम पीछे छोड़ आए हैं। हम दोनों के आचरण में एक-दूसरे की पूर्ण स्वीकृति है। हम दोनों के बीच कभी कोई दुराव न था, वही सहज ग्रहणीयता इस समय भी है। अक्षय के फॉरेन सर्विस में जाकर मुझे पीछे छोड़ देने की कटुता मेरे उन अनगिनत आँसुओं में डूब चुकी है।

खुशी की एक छोटी-सी लहर मुझे छू गई। मैं इस क्षण के प्रति कृतज्ञ थी, क्योंकि अक्षय मेरे निकट था। नहीं, अक्षय को मैं अब प्यार नहीं करती। पिछले सात वर्षों की जी हुई ज़िन्दगी में वह प्यार धीरे-धीरे मर चुका है। मुझे कोई अफ़सोस नहीं है। इस जीवन को मैंने स्वीकार कर लिया है !

''अब चलें ?'' अक्षय ने प्याला रखते हुए कहा।

''कहाँ ?'' मैंने पूछा।

"कहीं भी," अक्षय उठ खड़ा हुआ। मैंने जूठे प्याले और तश्तरियाँ जल्दी-जल्दी नल के नीचे रखीं। बाक़ी सामान उठाकर जाली की अलमारी में रखती हुई मैं मुड़कर अक्षय से कहने लगी, "तुमने तो कुछ भी नहीं खाया।"

अक्षय मुस्कराया। हर बात की अक्षय की अपनी विशिष्ट मुस्कान थी। सात साल में जो कुछ भूला गया है वह एक शाम में कैसे याद किया जा सकता है ! मैं दोनों हाथों से साड़ी की सिलवटें सीधी करती हूँ और फिर हम दोनों भटकटैया के पेड़ों से बचते हुए निकल आते हैं। सड़क पर एक ख़ाली रिक्शा गुज़र रहा है, रिक्शेवाला हमें आशावान नेत्रों से देखता है, उसकी गति कुछ क्षणों को मन्द होती है, फिर वह सीधी सड़क पर बढ़ता चला जाता है। रिक्शे में लगी रंग-बिरंगी फिरकियाँ हवा में नाचती रहती हैं और सड़क पर गच्चा खाकर सारे घुँघरू एकसाथ बज उठते हैं।

हम दोनों यूनिवर्सिटी की ओर बढ़ते हैं। रेल की सीटी सन्नाटे को एकाएक चीर देती है। बिजली के तारों पर एक नीलकंठ बैठा है, और प्रोफ़ेसर नारायण के बरामदों में टँगे मिट्टी के गोल गमलों में मनीप्लांट की लम्बी शाखाएँ हिलती हैं। बाईं ओर हमारे कॉलेज की लाल बिल्डिंग है।

"पोर्टिको की मालती लता क्या हुई ?" अक्षय के प्रश्न पर मैं चौंक पड़ी।

"बहुत घनी हो जाने के कारण कटवा दी गई।" मैंने कहा।

"वाट ए पिटी !" अक्षय कहकर चुप हो गया। हमारे आगे सड़क बिखरी पड़ी है। निर्जन, सुनसान सड़क—बरसों पहले के हमारे पद-चाप क्या आज जाग सकेंगे ? प्रोफ़ेसर नारायण की छत के पीछे से उगता चाँद—और हिना की खुशबू—लाल इमारतवाला हमारा कॉलेज और पानवाले की दूकान के रेडियो से आते संगीत के स्वर—और इन सबके ऊपर यूनिवर्सिटी की घड़ी के घंटों की मीठी अनुगूँज। यह सब मुझे फिर क्यों याद आ गया है !

"आओ, अन्दर से चलें।" अक्षय ने कहा।

मैं चुपचाप उसके साथ मुड़ गई। अक्षय एक जगह रुका।

"यहाँ का गेट बन्द कर दिया गया है, अक्षय ! लड़कियाँ होस्टल से बिना पूछे चली जाती थीं। हमें मेन गेट से जाना पड़ेगा।"

यूनिवर्सिटी की मीनारें और गुम्बद छूती हुई शाम उतर रही है। अंग्रेज़ी विभाग के ऊपर एक चमकीला तारा है, और पास-पास लगे अनारों के पेड़ों में नए-नए फूल ! मैं अक्षय को देखती हूँ। शायद उसने भी अनार के फूलों को देखा है।

"तुम्हें याद है नमिता..."

"हूँ !" मैं कहती हूँ ! न जाने क्यों कंठ में एक बगूला-सा आकर टिका हुआ है। इन पिछले सात वर्षों में मुझे कभी ऐसी भावना नहीं हुई। कितनी बार इस सड़क से गुज़री हूँ पर अंग्रेज़ी विभाग के ऊपर चमकते तारे को देख कभी आँखें गीली नहीं हुईं। सुनसान पड़ी यूनिवर्सिटी में अपूर्व शान्ति है। इस समय एक विचित्र-सा विचार मन में आता है। कितने आकुल चरण इन राहों में भटके होंगे—कितना हर्ष और विषाद, आँसू और फूल, शब्द प्यार के और भूल जाने के आग्रह—कितनी चीज़ों की साक्षी होंगी यह दीवारें...

"तुम यहाँ कब तक हो अक्षय ?" मैंने पूछा।

"बस एक दिन !" अक्षय गम्भीर है।

"कुछ काम था ?"

"नहीं, दिल्ली जा रहा था, जब स्टेशन रास्ते में पड़ा तो रहा न गया, उतर पड़ा। सोचा कि एक दिन रुककर उन सब जगहों को एक बार फिर देख लूँ, जो मुझे अब तक हांट करती हैं। तुम यहाँ होगी, मैंने यह आशा भी न की थी। सोचता था कि तुम्हारा विवाह हो गया होगा और तुम अब तक पक्की गृहस्थिन बन चुकी होगी। तुमसे कभी अकस्मात् मिलूँगा, यह कल्पना तो मैंने बहुत बार की थी, पर इस सबके मध्य, तुम वैसी ही होगी यह नहीं सोच पाया था। अच्छा नमिता, एक बात पूछूँ, तुमने विवाह क्यों नहीं किया ?"

"पता नहीं क्यों ?" मैं इसका उत्तर देती हुई अपने अन्दर की गहराइयों में डूब जाती हूँ, "तुम्हारे जाने के बाद दो-तीन साल तो मैं ऐसे ही बेजान, सुन्न-सी पड़ी रही। फिर पाया कि धीरे-धीरे सारे समवयस्कों की शादी हो गई है। मेरे लिए कोई बैठा रहता, ऐसा था ही कौन। और फिर बस...ऐसे ही जीवन बीत गया।" मेरे स्वर में न तल्ख़ी है, न शिकायत। रिक्तता का जो सागर मेरे अन्दर है वह कभी सूख सकेगा, यह अकल्पनीय लगता है। "रुपया काफ़ी जमा हो जाने पर एक मकान बनवा लूँगी। बुढ़ापा उससे कट जाएगा।" मैं सहज भाव से फिर कहती हूँ।

रुककर अक्षय देर तक मेरी आँखों में क्या देखता है ! उसके चेहरे पर चीन्हा-सा भाव है, पर मैं उसे पहचानूँगी नहीं।

अब हम लाइब्रेरी के पास आ गए हैं। कुन्द की लताएँ सफ़ेद फूलों से भरी हैं। मैं एक फूल बालों में खोंस लेती हूँ। अक्षय किसी गहरे विचार में डूबा हुआ है। और हम दोनों देर तक एक-दूसरे से कुछ नहीं कहते। फिर छोटी-सी मुस्कान मेरे होंठों को छू गई। हम प्रगाढ़ प्रेमियों का सात वर्ष बाद यह कैसा मिलन है ? अक्षय से मैं क्या-क्या पूछना चाहती थी, पर चुप हूँ। शब्द वह सेतु हैं जिन्हें हम मौन के सागर पर बाँधते हैं। मैं उसे तोड़ना नहीं चाहती। यदि यह क्षण फूल होते तो उन्हें बटोरकर रख लेती, सूखने पर भी वह हाथ से तो छूए जा सकते। मैं जानती हूँ कि अक्षय के चले जाने के बाद मुझे फिर, उसे नए सिरे से खो देने का दुख होगा। उन अनाहूत आँसुओं और निद्राहीन रातों की स्मृति मैं पीछे ठेल देती हूँ और अक्षय की ओर मुस्कराकर देखती हूँ। अभी तो मेरे माथे पर लाल बिन्दी है और बालों में कुन्द का फूल। यदि हाथ बढ़ाऊँ तो घने रोओं से ढँकी अक्षय की बाँहें छू भी सकती हूँ।

दाहिनी ओर होस्टल की रेलिंग पर कुछ तौलिए सूख रहे हैं और नीचे कोर्ट में तेज़ बल्बों के प्रकाश में बैडमिंटन का खेल ज़ोर से चल रहा है। हम लोग अब यूनिवर्सिटी रोड पर निकल आए हैं। जगमग करते हुए रेस्तराँ, जिनमें ज्यूक बॉक्स पर रिकॉर्ड बजते हैं और कॉफ़ी के प्यालों पर साहित्य, राजनीति और सेक्स की बातें होती हैं।

"मैंने तुम्हें कोपेनहेगेन से पिक्चर पोस्टकार्ड भेजे थे।" अक्षय ने कहा।

"हाँ, मुझे याद है। उस पर हैंस एंडरसन की कहानीवाली जलपरी की तसवीर थी और तुम्हारा लेक डिस्ट्रिक से भेजा हुआ कार्ड भी मिला था और नियाग्रा फाल्स का भी। मैंने कई बार सोचा कि उत्तर में तुम्हें यहाँ की कुछ तसवीरें भेजूँ...संगम का सूर्यास्त, अपने कम्पाउंड में उगे भटकटैया के फूल, मगर फिर; फिर मिसेज़ कुँवर पागल हो गई और बात मेरे ध्यान से उतर गई।" मैं एक लम्बी साँस लेती हूँ।

"पुअर थिंग !" अक्षय ने कहा।

"अच्छा अक्षय, अगर कभी मैं पागल हो जाऊँ तो ?" मैं अकस्मात् प्रश्न करती हूँ।

अक्षय ने अचानक ही मेरी दाहिनी हथेली पकड़कर दबा दी। मैं झटके से अपना हाथ छुड़ा लेती हूँ। भीड़-भरी यूनिवर्सिटी रोड पर !

अक्षय की मुस्कान में बड़ा निजत्व है पर मुझे रोष-सा है कि अक्षय ने मुझे क्यों छुआ ? मैं होंठों को सिकोड़ती हुई दूसरी ओर देखने लगी। हँसते हुए अक्षय ने कहा, "ऐसा न करो नमिता, तुम काफ़ी अग्ली लगती हो।"

ना, ना, अक्षय की हँसी मुझे अपनी ओर न खींच पाएगी। मैं एक कगार पर खड़ी हूँ, तनिक-सा भी झटका मुझे नीचे अथाह जल में गिरा देगा और इस बार मैं उससे न उबर पाऊँगी।

"मैं अग्ली तो हूँ ही !" मैंने बुरा-सा मानकर कहा। मुझे ऐसा लगा कि अक्षय ने देर तक मेरी ओर देखा है। मैं जानती हूँ कि मैं कुरूप नहीं हूँ। अब हम दोनों साइंस फैकल्टी में आ गए और घास पर बैठ गए। यहाँ बैठकर लगा कि चाँद काफ़ी देर पहले निकल आया होगा। लॉन पर दूर तक पीली झरी हुई पत्तियाँ बिखरी थीं। चाँदनी में डोम के टाइल्स बेतरह चमकने लगे। स्टेडियम ख़ाली आँखों से हमें देखते रहे।

"यहाँ अब भी क्रिकेट होता है ?" अक्षय ने पूछा। अपने समय में अक्षय क्रिकेट टीम का कैप्टन था।

"सबकुछ वैसा ही चला जा रहा है अक्षय ! इतनी भीड़ में कौन कहाँ खो गया, इसका लेखा-जोखा कौन रखे।"

"तुम भी नहीं रखतीं ?"

"नहीं, अब मैं भी नहीं रखती। साल के साल बीतते चले जाते हैं। स्पोर्ट्स, कनवोकेशन, इम्तहान, छुट्टियाँ...सभी नियमित रूप से होता रहता है। नोट्स पीले पड़ जाते हैं। फिर भी हम वही पढ़ाए चले जाते हैं। इस जीवन में कोई गति नहीं बची। होस्टल से कभी कोई लड़की भाग गई, किसी लड़के ने आत्महत्या कर ली, किसी अध्यापक को लेकर कोई स्कैंडल हो गया, यही हमारी ज़िन्दगी के हाईलाइट्स बचे हैं।"

मैं बाँहों से घुटनों को घेर लेती हूँ। मेरी आँखें कभी अक्षय, कभी चाँदनी में चमकते डोम पर चली जाती हैं। सभी कुछ बड़ा अपरिचित-सा लगता है।

"फिर भी मेरे लिए यह सभी सुन्दर हैं। अब भी ! देश-विदेश में घूमकर भी मैं इस सबको नहीं भूल पाया।" अक्षय का स्वर अनजान रास्तों पर भटक गया। मेरे बालों में लगा कुन्द का फूल नीचे घास पर गिर जाता है। मैं उसे उठाकर अपने होंठों पर रख लेती हूँ और फिर अक्षय कहता है, मैं सुनती हूँ—चुप, निश्चल बैठी हुई। मुझे यह सब रात्रि के पिछले पहर देखा गया। स्वप्न-सा लगता है। अक्षय मुझे उन जगहों के बारे में बताता है जहाँ-जहाँ वह रह चुका है। वह अपनी नौकरी की समस्याएँ डिस्कस करता है और अन्त में वह उस ऑस्ट्रियन युवती के बारे में भी बताता है जिससे वह विवाह करना चाहता था, पर फॉरेन सर्विस के नियम के कारण उसे छोड़कर आना पड़ा। अब अक्षय ने एक जनरल की बेटी से विवाह कर लिया है जो बहुत अच्छे डिनर सर्व करती है, जिसे स्कॉच के अनगिनत पेग पीकर भी नशा नहीं चढ़ता और जो कि फर्राटे से फ्रेंच बोलती है। मैं अक्षय की पत्नी की कल्पना करती हूँ पर मेरे आगे वह अपरिचित ऑस्ट्रियन लड़की आ खड़ी होती है जिसे अक्षय

छोड़कर चला आया था। बातें करते-करते अक्षय घड़ी की ओर देखता है। उसे साढ़े ग्यारह बजे वापस जाना है। और, अक्षय अब चुप है। उसे शायद आशा है कि मैं भी उससे अपने दुख-सुख की बातें कहूँगी। तार पर फैली साड़ी समेटकर अपनी फैला देने पर मिसेज़ धर और कान्ता के झगड़े, नज़र बचाकर किसी और की चीनीदानी से अपने डिब्बे में मालती का चीनी उँड़ेल लेना, शाम से शारदा और मिसेज़ धर का अपना कमरा बन्द कर लेना। सारे दिन काम कर शाम को रो लेना। और, रात में अपनी चारपाइयों पर बैठ पासबुक खोलकर दिन-प्रतिदिन बढ़ता धन देखना। क्या उसे मैं यही सब बताती ?

मैं अक्षय की ओर देखकर मुस्कराती हूँ, चुप रहती हूँ। किसी और के लिए अपना एक भटकी स्मृति बनकर रह जाने का यह सम्वेदन विचित्र-सा है। मुझे अक्षय से कुछ नहीं कहना है। वह पूछे-अनपूछे प्रश्न मेरे होंठों के पीछे निस्पन्द पड़े हैं। मैं चाहती हूँ कि मैं चाँदनी में घुलती जाऊँ, घुलती जाऊँ और फिर मैं, मैं न रहूँ—अक्षय के सामीप्य का बोध, दुख, दर्द, तल्ख़ी, शिकायतें, एक्सप्लेनेशंस, रिक्तता...मेरे व्यक्तित्व के यह सारे तीखे कगार चाँदनी के हाथों द्वारा चिकने कर दिए जाएँ और फूल-सा हल्कापन मेरे ऊपर छा जाए। मैं अक्षय के पास बैठी, उसे उत्सुक, आकुल आँखों से ताकती, कच्चे बैंगनी रंग की साड़ी पहने नमिता को देखूँ और इस बात पर हैरत करूँ कि उसने किन अलक्ष्य गाँठों में अपने को कस रखा है।

'अक्षय, तुम मेरे कोई नहीं हो,' मैं उससे कहना चाहती हूँ। और, हम दोनों उठ खड़े होते हैं, क्योंकि वहाँ बैठे-बैठे बहुत समय बीत गया है और अक्षय को वापस भी जाना है।

हम लोग यूनिवर्सिटी बहुत पीछे छोड़ आए हैं। टी.बी. अस्पताल की बत्तियाँ दूर से चमकती हैं। पुल पर अँधेरा है, नीचे रेल की पटरी पर कोई ट्रेन निकल जाती है और ऊपर खड़े हम उसकी धमक महसूस करते हैं। मैं आँखें फैलाए उस अँधेरे में न जाने क्या देख रही हूँ। गंगा सूख गई है और दूर-दूर तक बालू चाँदनी में चमक रही है।

''नमिता !'' अक्षय कहता है, ''नमिता, तुम कैसी हो गई हो ? ठंडी, बेजान !'' अक्षय के स्वर में थोड़ी उलझन, थोड़े दुख की खनक है। अँधेरे में मेरी टेढ़ी-सी मुस्कान अक्षय को नहीं दिखेगी।

''जब बसन्त आता है तो तुम्हारे कम्पाउंड में नींबू के फूलों की महक मँडराती होगी ?''

''पता नहीं, अक्षय !''

''और फिर बरसात में झर-झर पानी बरसता होगा और तुम्हारे गेट पर लगी सावनी गुलाबी फूलों से भर जाती होगी।''

''पता नहीं...।''

''आसमान के कच्चे गड़हों में कुमुद खिलते होंगे, और यूनिवर्सिटी में रजिस्ट्रार ऑफ़िस के पास गन्धराज गमकते होंगे। तुम रो रही हो नमिता ?''

''नहीं अक्षय...'' मैं धम् से पुल के पास पड़े पत्थर पर बैठ जाती हूँ। हम दोनों बच्चे हैं। भटक गए हैं। दो शिशु डरे हुए, अँधेरे में सिसकते हुए।

अपने कमरे में लेटी हुई मैं रेल की सीटी सुनती हूँ। अक्षय इसी ट्रेन में जा रहा होगा। मैं करवट ले बिस्तर पर औंधी हो जाती हूँ। भटकटैया के वे सारे काँटे जैसे एक साथ ही मेरे शरीर में चुभ उठते हैं।

# सागर पार का संगीत

दरवाज़े में आधी अन्दर, आधी बाहर खड़ी होकर देवयानी पत्रिका के पृष्ठ जल्दी-जल्दी पलटती हुई लेखकों के नाम और शीर्षकों को पढ़ डालती है। पत्रिका कई महीने पहले की है, और न जाने कहाँ-कहाँ भटककर अब देवयानी तक पहुँची है। फटे हुए भूरे रैपर पर देवयानी को अपना नाम वर्षों पहले के किसी परिचित-सा जान पड़ता है !

पत्रिका हाथ में पकड़े हुए देवयानी खाने के कमरे में लौटती है जहाँ उसका कनेडियन पति औस्कर उसकी प्रतीक्षा कर रहा है।

''कोई पत्र ?'' वह पूछता है।

''ना, केवल हिन्दी की एक पत्रिका—कई महीने पहले की,'' देवयानी पत्रिका को मेज़ पर रख देती है। दोनों चुपचाप भोजन आरम्भ कर देते हैं।

मेज़ के उस ओर बैठे औस्कर की आँखें देवयानी को रह-रहकर ताकती हैं—देवयानी मुस्कराती है पर प्रतीत होता है कि वह मुस्कान औस्कर को छल नहीं पाएगी। भोजन समाप्त कर वह उठ खड़ा होता है, और जाने से पहले एक क्षण रुककर देवयानी के बालों को थपकता हुआ कहता है, ''मेरे पीछे मुझे छोड़कर कहीं चली मत जाना।''

देवयानी फिर मुस्कराती है, ''नहीं।'' उस मुस्कान में एक वचन है, एक आश्वासन—साँझ को, औस्कर के लौटने पर वह यहीं मिलेगी, सोफ़े पर लेटी हुई, उसके आने की प्रतीक्षा में द्वार की ओर देखती हुई।

औस्कर चला गया है। देवयानी कुछ देर कुर्सी पर निश्चल बैठी रहती है और निरुद्‌देश्य बाहर देखती है। बाहर औस्कर द्वारा प्लैन किया हुआ जैपेनीज़ उद्यान है, छोटा-सा ताल है, कुमुदिनियाँ हैं, और हैं सुनहरी मछलियाँ। कुछ दिन पहले बाज़ार से लौटने पर देवयानी ने अपने कमरे में एक गमला रखा पाया था जिसमें बेगमबेलिया की एक टहनी बैंगनी फूलों से भरी हुई थी।

''यह कहाँ से आया ?'' देवयानी ने पूछा था।

''लियौन के यहाँ से ले आया हूँ, खास तुम्हारे लिए।''

''यहाँ जी सकेगा ?'' देवयानी ने एक फूल की पँखुरियों को छूते हुए पूछा।

''सर्दी बढ़ने पर अगर कमरे में रख दें तो शायद जी जाए।''

उस रात स्टूडियो में देर तक काम करने के बाद औस्कर ने देवयानी को तकिए में मुँह गड़ाकर लेटे पाया।

वह सिरहाने बैठ गया। उसके बालों को थपथपाता हुआ, बहुत कोमल स्वर में बोला,

''घर की बहुत याद आती है, देवी ?''

औस्कर की ओर बिना देखे ही देवयानी जान गई कि इस समय उसकी आँखें उदास हो आई होंगी।

''नहीं तो,'' देवयानी उठकर बैठ गई और औस्कर के कन्धे पर सिर टिका दिया।

शीशे की दीवार के बाहर देखते हुए औस्कर ने कहा, ''जब मैं स्टूडियो में देर तक काम करता रहता हूँ तो रोशनी ताल पर पड़ती रहती है और कुमुदिनियाँ खिल जाती हैं। पागल कुमुदिनियाँ !''

''हूँ।'' देवयानी बोली। औस्कर ने उठकर अपने लिए एक ड्रिंक मिक्स की और पूछा, ''क्यों रो रही थीं ?''

''वह बेगमबेलिया—उसके साथ एकदम सबकुछ याद आ गया। सुबह-सुबह हज़ारों चिड़ियों का झाड़ी में शोर मचाना और शाम को लौटते सूरज की रोशनी में कमरे की छत पर बेगमबेलिया के रंग का गुलाबी प्रतिबिम्ब।''

औस्कर की बाँह पर सिर रखे लेटी देवयानी चढ़ते ज्वार के कारण सागर की बढ़ती लहरों का रव सुन रही थी। उसको बोध था कि अत्यन्त थका होने पर भी वह जाग रहा है।

''देवी !''

''हूँ।''

''कभी-कभी लगता है कि तुम्हें बाँधकर मैंने ठीक नहीं किया !''

''क्यों ?''

''तुम्हें घर की बहुत याद आती है।''

''नहीं औस्कर, घर की याद नहीं है। न जाने मुझे क्या हो जाता है। मेरे अन्दर जैसे एक दानव है जो हर घड़ी मुझे नोंचा करता है। मैं भटकती हूँ, कुछ खोजती हूँ—कुछ देर काम में मन लगता है, फिर उचट जाता है और कुछ अच्छा नहीं लगता, तब मन चाहता है कि रेत में पैर गड़ा दूँ और सागर-तट पर बैठी रहूँ।''

और, औस्कर वापस चला गया है, और देवयानी अकेली है, जूठे बर्तन हैं, एक भटककर आ पहुँची पत्रिका है। देवयानी ने उठकर बर्तन समेटकर सिंक में रख दिए, खुले बालों को लपेटकर जूड़ा बाँधा। वह सोफ़े पर लेट गई और पत्रिका पढ़ने लगी। एक नए लेखक की पहली पुस्तक की प्रशंसा, एक परिचित लेखिका की कहानी, दो बचकानी कविताएँ। फिर वह नए प्रकाशनों की सूची पढ़ गई और पत्रिका नीचे डाल बाँह आँखों पर रख ली। विवाह से पहले कुछ कविताएँ उसने भी लिखी थीं, पर अब जैसे रिक्त हो गई है।

''पागल हुई हो ?'' मनोरमा ने कहा था : ''कुछ दिन बाद जब प्यार का जोश उतर जाएगा तब क्या करोगी ? भारत में जिससे सगाई हो चुकी है वह क्या कहेगा ? साड़ी पहनना छोड़कर स्कर्ट पहनोगी ?''

देवयानी ने चुपचाप सुन लिया। जिस उत्साह और हर्ष से मनोरमा को आकर समाचार दिया था वह स्वयं देवयानी को असंगत लगने लगा। अपने कमरे में जाकर छत को ताकते हुए देवयानी ने सोचा, शायद मनोरमा ठीक कहती है। अपना देश है, अपनी भाषा, माता-पिता बड़ी उमंग से प्रकाश के साथ विवाह रचाएँगे, पर मन में कुछ कचोटेगा नहीं क्या, औस्कर की आँखें पीछा नहीं करेंगी ?

उस साँझ 'मूवी' के बाद दोनों कुछ देर सड़क पर टहलते रहे थे। देवयानी ने चटक पीली साड़ी पहनी थी, हल्दी के रंग-सी पीली, और सड़क की रंग-बिरंगी नियन लाइट्स की छाया में चलते हुए उस पर अकस्मात् एक पूर्णता का बोध छा गया। उसे होस्टल के बाहर छोड़ने से पहले औस्कर ने देवयानी को बाँहों में समेट लिया और देवयानी उसमें ऐसी सहजता से घिर गई जैसे वह इसी वातावरण में पलकर बड़ी हुई हो।

देवयानी औस्कर के साथ कैनेडा जा रही है, यह सुनकर अमरीकन मित्रों ने कहा, "वहाँ लगातार वर्षा होती है, हर समय आकाश घिरा-घिरा रहता है, ऊब जाओगी।"

"पर जब वर्षा हो चुकती है तो पैसिफ़िक सागर के तीन ओर बसे शहर की बत्तियाँ बड़ी स्वच्छ झलकती हैं। पहाड़ों पर घुमावदार सड़कें हैं और वहाँ से बन्दरगाह दिखाई देता है जहाँ दूर देशों को जाते हुए 'शिप्स' कुछ समय को रुकते हैं। रात को पैसिफ़िक की लहरों का संगीत सुनाई पड़ता है और 'समर' में हर ओर गुलाबों की सुगन्ध..." औस्कर ने परिचय के आरम्भ में कहा था। देवयानी ने आधी बात सुनी थी, आधी नहीं। "मेरे पिता स्वीडिश हैं, माँ आयरिश। मेरा जन्म कैनेडा में हुआ जहाँ वे आकर बस गए हैं।" वह उसे अपने बारे में बताने लगा।

"तुम कहाँ भटक गई हो देवयानी ?" औस्कर बीच में हल्के-से हँसा था।

मैं, देवयानी, जो इस समय एक अँधेरे-से रेस्तराँ में इस स्वीडिश-आयरिश-कैनेडियन पुरुष के साथ बैठी हूँ, देवयानी सोच रही थी, इस बड़ी-सी इमारत की इकतालीसवीं मंज़िल पर जहाँ से शिकागो नगर की बिजलियाँ नज़र आती हैं, औस्कर ने शैम्पेन मँगाई है और वेट्रेस हम दोनों को कौतूहल से देख रही है—क्या इसी क्षण के लिए बन्धु-बान्धवों को पीछे छोड़, भाग्य-डोर से बँधी हुई यहाँ तक खिंच आई ? इस समय, इस विशिष्ट क्षण में जो कुछ हृदय में उपज रहा है, क्या वह प्यार है ?...

सुबह जागकर देवयानी होटल के बाहर सड़क का कोलाहल सुन रही थी—बाहर शिकागो का धड़कता हुआ हृदय—उसने उठकर खिड़की पर कोहनियाँ टिका दीं और बीसवीं मंज़िल से नीचे ताकने लगी। रात न जाने किस समय लौटी थी ! आधी रात के बाद दोनों रेस्तराँ से उतरकर लेक मिशिगन के किनारे-किनारे कुछ दूर टहले थे। हवा में पानी की सुगन्ध थी और देवयानी को औस्कर की सबल बाहु से घिरा कन्धा भला लग रहा था। फिर वे दोनों एक बेंच पर बैठ गए, और कुछ थकान, कुछ शैम्पेन के प्रभाव से देवयानी की आँखें मुँदने लगीं। औस्कर कुछ देर उसके जूड़े के काँटे में लगे घुँघरुओं से खेलता रहा और फिर एक-एक करके काँटे निकालने लगा। उसके लम्बे बाल खुलकर पीठ पर गिर आए और औस्कर के आश्चर्यसूचक स्वर को सुन देवयानी मुस्करा-भर दी। देवयानी आँखें मूँदे आधी सोई, आधी जागी उससे टिकी बैठी रही और औस्कर उसके बालों से खेलता रहा।

कौन हूँ मैं, क्या मैं वही छुईमुई-सी देवयानी हूँ, जो इस समय लोक-लाज त्यागकर लेक मिशिगन के किनारे बैठी हुई हूँ ? औस्कर के होंठ बार-बार उसके माथे को चूम रहे थे। आह, कितना सुख, दोनों बाँहों-भरा सुख, मैं नारी हूँ, केवल एक नारी ! फिर भी देवयानी अपनी भारतीयता को अपने व्यक्तित्व से अलग कर फेंक न सकी। वह सायास उठकर सीधी बैठ गई, और उसने औस्कर से कहा "मुझे वापस ले चलोगे ?"

मुट्ठी में जूड़े के काँटे पकड़े, खुले बाल, असंगत पैरों से देवयानी कार से उतरी।

"तुम्हारी लाल बिन्दी कहीं खो गई !" औस्कर ने कहा।

"चोर तो तुम हो।" देवयानी ने उत्तर दिया। अपने कमरे में पहुँचकर उसी मादक, तन्द्रिल अवस्था में देवयानी ने साड़ी उतारकर फ़र्श पर फेंक दी और बिस्तर पर लेट गई; पूरी रात बेख़बर सोई थी वह।

औस्कर को शिकागो से कैनेडा जाना था। "देवयानी उसे छोड़ने जा सकोगी ?"

"हाँ औस्कर," देवयानी ने बड़ी गम्भीरता और पूरे विश्वास से कहा।

औस्कर के चले जाने के बाद देवयानी मिनेसोटा में अपनी यूनिवर्सिटी लौट आई। सारे रास्ते वह औस्कर के ख़याल में ही डूबी रही, और डौरमिटरी में पहुँचकर अपने नाम दो ख़त पाकर वह चिहुँक-सी उठी। एक ख़त पिता का था, दूसरा प्रकाश का। वह लिफ़ाफ़े कुछ देर उलटती-पलटती रही और फिर बिना खोले ही मेज़ पर डाल दिए जैसे कितनी निर्मम हो आई, एक झटके से सारे बन्धन तोड़ डाले।

विवाह के समय थोड़े-से ही लोग उपस्थित थे। औस्कर के आत्मीय, और देवयानी की ओर से केवल मनोरमा—उसका चेहरा नाराज़-सा था। देवयानी को तैयार होने में औस्कर की माँ ने सहायता की। देवयानी की आँखें बार-बार भीग उठती थीं। मनोरमा कुर्सी पर बैठी बाहर देखती रही। उपहार में एक डॉलर साठ सेंट का कौफ़ी परकोलेटर लाई थी। देवयानी ने पास जाकर उसके कन्धों पर हाथ रख दिए और आँखों से आँसू झरने लगे। मनोरमा उठकर खड़ी हो गई, "कुछ बुरा-भला न मुँह से निकल जाए, इसलिए चुप थी। पर तुमने जो राह चुनी है उस पर सुखी रहो, यही मेरी कामना है।" देवयानी की पीठ पर हाथ रखकर औस्कर की माँ ने कहा, "औस्कर इज ए वंडरफुल बॉय ! मैंने जब आयरलैंड छोड़ा और आर्थर के साथ यहाँ आने लगी तो लगा कि दिल फट जाएगा, पर आर्थर ने मुझे बहुत सुख दिया—तुम भी औस्कर पर विश्वास रखो, देवयानी !"

देवयानी ने आँखें पोंछ लीं और मुस्कराने की चेष्टा की। औस्कर गहरे रंग के सूट में बड़ा भोला दीख रहा था और उसकी आँखों में इतना प्यार, उसके स्पर्श में इतना आश्वासन था कि देवयानी उसके हाथ को थामकर विवाह के वचन दोहरा गई।

औस्कर के साथ उसके घर में प्रवेश कर वह चकित रह गई। दरवाज़े से घुसते ही जैपेनीज़ उद्यान था और उद्यान के बाद रेत और पैसिफ़िक सागर। तीनों कमरों में काँच की दीवार थी जिसके पार उद्यान हर समय दिखाई देता था। शयन-कक्ष में ताँबे का दीपाधार था, और देवयानी के कपड़ों के लिए विशेष रूप से 'डिज़ाइन' की गई अलमारी।

औस्कर की माँ, मिसेज़ आकलिंड ने ठीक कहा था; अपार, अपरिमित सुख पाया था देवयानी ने। औस्कर के मित्रों ने उसे तुरन्त अपना लिया था। देवयानी को वे लोग अच्छे लगे थे, आर्किटेक्ट, चित्रकार, शिल्पी, लेखक—कलाकारों की एक अलग भाषा होती है और देवयानी को वह भाषा समझने में कोई कठिनाई नहीं हुई।

इस सुख और सम्मान-भरे जीवन में एक दिन देवयानी अचानक ही फूट-फूटकर रोने लगी। दिन सुहाना था, बाग़ में हल्की-हल्की धूप बिखरी थी और सागर-तट पर रेत-कण उसमें चमक रहे थे। पैसिफ़िक दूर तक फैला हुआ था—स्वप्निल, तंद्रिल।

खाने की मेज़ साफ़ करना छोड़ देवयानी ने गीला स्पंज कसकर मुट्ठी में भींच लिया। उसके रुदन का स्वर धीरे-धीरे ऊँचा होता गया और फिर जैसे देवयानी नहीं थी, एक मथती हुई, अवर्णनीय दाहक पीड़ा की चीत्कार मात्र !

और, फिर रोना चुक गया। देवयानी भूमि पर गिर गई और गीली-गीली आँखों से चारों ओर ताकती रही। दीवार पर मतीस का एक चित्र, मेज़ पर एक चाइनीज़ वाज़ कार्पेट, काँच की दीवार। वह उठी और नंगे पैरों पारा पर चलती हुई बाग़ से बाहर आ गई और जाकर गीली रेत पर बैठ गई। उसके चारों ओर गन्ध थी—गीले पानी की, सागर की गन्ध। लहरें आकर उसके पैर भिगोने लगीं और फिर एक बड़ी-सी लहर आकर उसे सराबोर कर गई। खुले बालों, भीगी साड़ी पहने देवयानी वैसे ही बैठी रही, उन लहरों का स्वागत करती जो कभी भी थकती नहीं, बार-बार तट छूती हैं और लौट जाती हैं। उसके मन में अपने चीख़-चीख़कर रोने का बोध था, साथ ही अपने पर थोड़ा-सा विस्मय—कि यह सब क्यों हुआ, कैसे हुआ ?

देवयानी उठकर वापस आ गई। बाग़ और सागर-तट के मध्य का छोटा-सा लकड़ी का फाटक ठीक से बन्द किया। कमरे में लौटकर भूमि पर पड़ा स्पंज उठाया, मेज़ साफ़ की, दोपहर के भोजन के लिए बर्तन लगाए, औस्कर के लौटने से पहले गुसलख़ाने में तैयार होने गई। सारे काम सुस्थ-संयत मन से निपटाए, फिर औस्कर की कार की आवाज़ सुनकर झटपट दरवाज़ा खोल दिया।

औस्कर ने आते ही उसे बाँहों में भर लिया। देवयानी उसकी ओर देखकर उजली-उजली हँसी हँस दी। औस्कर ने उसके बालों में उँगलियाँ फँसाकर दो बार हल्के-हल्के झटके देकर उसे छोड़ दिया।

भोजन के बाद औस्कर अपने स्टूडियो में चला गया और डाक में आए पत्र देखने लगा। देवयानी जाकर फ़र्श पर बैठ गई। औस्कर के घुटनों से टिककर उसे ताकने लगी। यह मैं हूँ—देवयानी ! और यह औस्कर है, मेरा पति—यह मेरा घर है !

''अच्छा औस्कर, डूबते समय कैसा लगता होगा ?'' वह पूछ बैठी।

''एक बार तैरते-तैरते थक गया तो डूबने लगा ! बड़ा प्यारा सम्वेदन था—जैसे नींद-सी आ रही हो। पानी के नीचे सूरज की रोशनी नीली दिखाई दे रही थी और हर चीज़ धीरे-धीरे हिल रही थी, वीड्स, मछलियाँ...उस वक़्त मुझे डूबना भी अच्छा लगने लगा, जैसे सारे क्रिया-कलापों से छुट्टी मिल रही हो।'' औस्कर ने सहसा उसे ग़ौर से देखा, ''तुम कुछ परेशान दिखती हो; क्या बात है ?''

''कुछ भी तो नहीं !'' देवयानी ने संयत, अकम्पित दृष्टि से उसे देखा।

''तुम्हारा चेहरा बड़ा पारदर्शी है, कुछ छिपा रही हो ?''

''सच औस्कर, कुछ भी नहीं, ऐसे ही पूछ बैठी।''

देवयानी को सहसा अपनी दुष्टता में आनन्द आने लगा। वह औस्कर से कुछ गोपन रख सकती है, यह जानकर उसे कुछ सन्तोष हुआ। औस्कर के वापस आफ़िस जाने पर भी वह फ़र्श पर बाहर बैठी रही।

औस्कर के इन नक़्शों को फाड़ डालूँ तो ? आधी-आधी रात जागकर वह पिछड़े हुए काम को पूरा कर रहा है।...तो क्या वह नाराज़ होगा ? देवयानी ने अपने को सँभाल लिया।

"क्या खोजते हो औस्कर ?"

"न जाने कहाँ चीज़ें गुम हो जाती हैं ! सोचा था कि आज शाम को नैस्का हाउस का प्लान पूरा कर डालूँगा, पर लगता है कि ऑफ़िस में ही छोड़ आया।" औस्कर ने उत्तर दिया। वह कुछ देर देवयानी को देखता रहा, फिर उसके कन्धे पकड़कर बोला, "तुम क्या खोजती हो, देवी ?"

"पता नहीं, औस्कर। रह-रहकर मन अकुलाने लगता है, जी चाहता है कि कपड़े उतारकर फेंक दूँ और बन्धन-मुक्त, अनावृता, सागर-तट की रेत पर दौड़ती जाऊँ।"

"और फिर ?" डॉक्टर हुड ने पूछा।

देवयानी कुर्सी पर बैठी थी, अपने अन्दर उमड़ती अजानी भावनाओं के जाल में विवश-सी फँसी हुई। डॉक्टर हुड सायकियाट्रिस्ट थे और देवयानी उनके ऑफ़िस में अपने पैरों के अँगूठों को ताक रही थी, गीली रेत में चलने का सम्वेदन ताज़ा-सा था।

"और फिर सागर की एक लहर आकर मेरे पैरों को छू ले, फिर एक लहर, फिर एक और लहर—फिर कुछ नहीं, अँधेरा और गीलापन, और लहरों का वेग।"

ऑफ़िस से देवयानी मुस्कराती हुई निकली। औस्कर ने उसे देख बाँहें फैला दीं, आसपास के लोगों की परवाह न कर देवयानी उससे लिपट गई। उस क्षण औस्कर के प्रति जन्मा वैर-भाव उस स्पर्श में डूब गया। दोनों सटे-सटे कार तक आए, देवयानी को औस्कर से दूर हटना जैसे एक पल को भी सह्य नहीं हुआ, तो एक बाहु से उसे घेरे औस्कर कार ड्राइव करता रहा। 'नॉर्थ शोर' की ओर जाते हुए उन्होंने हार्बर से निकलती हुई 'ओरियाना' को देखा। औस्कर ने कार रोक दी और दोनों नीचे उतर आए। पुल की रेलिंग पकड़े हुए देवयानी उस नए सफ़ेद शिप को देखती रही।

"जापान होते हुए इंडिया जा रहा है। क्या तुम इच्छा कर रही हो कि तुम भी इस पर होतीं ?" औस्कर ने पूछा।

"तुम्हें छोड़कर जाने का मन नहीं होता। कभी हम दोनों साथ-साथ लौटेंगे। हाँ, मैं ढेर-सी साड़ियाँ ख़रीदूँगी। क्वींसवे की दुकानों पर टँगी छपी साड़ियाँ हवा में फरफराती हैं, और हर कोने पर चमेली की वेणियाँ बिकती हैं—और वर्षा ऋतु में मेरे कैक्टस में फूल आते हैं..." देवयानी धीरे से हँस दी। फिर औस्कर की ओर देखती हुई बोली, "आज तुम्हारी आँखें नीली हैं, गहरी-गहरी नीली, आकाश से भी ज़्यादा नीली !"

औस्कर ने उसके दोनों कन्धे पकड़कर धीरे से हिला दिए।

"तुम्हारी आँखें गहरी हैं, सागर-सी, पर उनमें लहरें नहीं हैं—केवल अथाह गहरापन है, केवल नीला प्यार।"

"मुझे अधिक एम्बैरेस्ड न करो देवी।" पर देवयानी देख सकी कि औस्कर पहले से अधिक प्रफुल्ल हो आया है। उसने देवयानी के बाल छूते हुए कहा, "और तुम कहती हो कि तुम्हारे अन्दर सृजनात्मक शक्ति ख़तम हो गई है, यहाँ अच्छी-खासी कविता कर डाली। मेरी आँखें तो मटियाली हैं।" और फिर कुछ क्षण शान्ति के हैं, सम्पूर्णता के। औस्कर देवयानी की बाँहों में घिरा हुआ एक लम्बी साँस लेता है, और देवयानी भरी-भरी उसके होंठों को हल्के-हल्के चूसती है।

देवयानी डॉ. हुड के ऑफ़िस में बैठी है।

"मैं औस्कर को बहुत-बहुत प्यार करती हूँ।" वह कहती है और रुक जाती है, जैसे अपने हृदय में कुछ खोजती हो। कुछ देर चुप रहने के बाद, जैसे आश्वस्त होकर कहती है, "मैं औस्कर को बहुत-बहुत प्यार करती हूँ—मैं बेहद भरी भी हूँ, फ़ुलफ़िल्ड ! और बेहद अकेली भी। कभी-कभी तो मैं इतनी अकेली हो जाती हूँ कि औस्कर, उसके मित्र, सभी बड़ी दूर लगने लगते हैं, जैसे मेरे चारों ओर एक शीशे की दीवार आ खड़ी हुई हो।"

"क्या तुम वापस जाना चाहती हो ?" डॉक्टर हुड कोमल स्वर में पूछते हैं।

"पता नहीं..." देवयानी का स्वर खो जाता है।

डॉक्टर हुड देवयानी को भले लगते हैं, उपचार सफल हो या नहीं, देवयानी उनके पास से हल्की-हल्की-सी लौटकर आती है और औस्कर के स्टूडियो में बैठकर उसे देखती है। बाहर जैपेनीज़ उद्यान है, और छोटा-सा फाटक।

"अब तो तुम आत्महत्या की बात नहीं सोचती हो, देवी ?" नक़्शे पर झुके-झुके औस्कर ने पूछा।

देवयानी चिहुँककर उसे देखती है—"मैंने कभी आत्महत्या करने की बात नहीं सोची।"

'तो—इसलिए औस्कर ने मुझे सायकियाट्रिस्ट के पास भेजना आरम्भ किया ?' वह मन में सोचती है। देवयानी अपने हाथों को देखती है और चोरों की तरह सोचने का प्रयत्न करती है कि उसकी किस बात से औस्कर को ऐसा प्रतीत हुआ। वह अपने हाथों से आँखें उठाती है तो औस्कर से दृष्टि मिल जाती है, औस्कर मुस्कराता नहीं; उसे सीधी, अनझिप दृष्टि से ताकता है। देवयानी उन आँखों से बचना चाहती है, पर वह दृष्टि जैसे शरीर को भेद रही है।

दोनों हाथों से अपने को बचाने का प्रयत्न करती देवयानी चीख़ उठी। देवयानी आँखें खोलती है। वह अपने बिस्तर पर लेटी है, और पास में औस्कर है; वह पीठ के बल लेटा छत को ताक रहा है। उसका चेहरा कसा-कसा है। देवयानी जाग गई है, यह भाँपकर वह अपनी बाँह पर उसका सिर रख लेता है और धीरे-धीरे उसके बाल सहलाता है।

ताँबे के दीपाधार में एक बल्ब जलता है। देवयानी कुछ सुनना चाहती है, पर अब सब ओर सन्नाटा है, न पत्तियों पर वर्षा, न लहरों का स्वर।

"औस्कर !"

"हाँ रानी।"

"मुझे क्या हो गया है ?" वह डरी हुई पूछती है।

"कुछ भी नहीं, देवी। मैंने अनुभव किया है कि मैं अपने काम में इतना व्यस्त हो गया कि तुम्हें अधिक समय नहीं दे पाया—और तुम अकेला महसूस करने लगीं। अब मैं कुछ हफ्तों में काम समाप्त कर लूँगा। फिर हम-तुम लम्बी छुट्टी पर चलेंगे। कहाँ चलना चाहोगी ? योरप या मेक्सिको ?"

औस्कर की बाँह सबल है, उसका स्वर भीगा और कोमल; पर देवयानी को लगता है कि निदान इतना सरल नहीं है।

"छुट्टी से आने के बाद तुम्हारे लिए एक नया घर प्लान करूँगा। ऊँचे पहाड़ पर, जहाँ से नीचे दूर हरदम सागर दिखाई देता रहे, हमारी-तुम्हारी अलग-अलग स्टूडियोज़ और बच्चों

के लिए नर्सरी।''

''मुझे यह घर छोड़ते हुए दुख होगा।''

''हम लोग जाड़ों में यहाँ रहा करेंगे और गर्मियों में नए घर में चले जाया करेंगे। और एक सेलबोट भी ले लेंगे। तुम्हें तैरना सीखना पड़ेगा।''

देवयानी के मन में एक दुष्ट विचार आता है : मुझे सागर से दूर ले जाना चाहता है औस्कर, और बच्चों का फुसलावा दे रहा है ! कहाँ हैं अभी बच्चे ?

इस विचार के साथ ही देवयानी औस्कर से कुछ दूर सरक जाती है, उसके मन में जो एक दानव उत्पन्न हो गया है, उसे नोंचता रहता है।

श्री करतारसिंह देवयानी को साथ ले जाने के लिए आए हैं। सिक्ख भाइयों के प्रयत्न से वैनकूवर आइलैंड में एक गुरुद्वारे की स्थापना की गई है। फ़ैरीबोट से देवयानी जाएगी और रात तक लौट आएगी। औस्कर सोचता-सा देवयानी को देखता है। देवयानी छोटी बच्ची-सी उत्साहित है। यहाँ आए इतने दिन हो गए हैं, पर अभी तक वह कैनेडावासी भारतीयों से नहीं मिली है। वहाँ स्त्रियों में मिलकर बैठेगी, बात करेगी, भोजन बनाने में सहायता करेगी। उसने एक अच्छी-सी साड़ी निकालकर पहन ली और जल्दी-जल्दी बाल सँवार रही है।

''तुम मेरी ओर से चिन्ता न करो औस्कर ! मैं रात तक लौट आऊँगी,'' वह जूड़े में पिन खोंसते हुए कहती है।

औस्कर कमरे की दहलीज़ पर टिका खड़ा है और देवयानी के प्रसाधन देख रहा है। बहुत दिनों बाद माथे पर बिन्दी लगाई गई है।

''बिन्दी तो खो गई थी न ?'' उसने कहा।

''हूँ !'' देवयानी कहती है। औस्कर सहसा लौट पड़ता है। देवयानी भौंहें सिकोड़कर कुछ याद करने का प्रयत्न करती है, पर कुछ, कहीं भूल गई है।

श्री करतारसिंह के लिहाज़ से औस्कर देवयानी को विदा देते समय कसकर भींचता नहीं।

''बी गुड।'' वह पुकारकर कहता है।

''तुम भी।'' देवयानी मुड़कर हाथ हिलाती है।

फ़ैरीबोट धीरे-धीरे वैनकूवर आइलैंड की ओर बढ़ती है। देवयानी रेलिंग से टिककर खड़ी हो जाती है और बहुत दिनों पहले के गीत की एक कड़ी होंठों पर आ जाती है। हवा में आँचल फड़फड़ाता है। देवयानी प्रसन्न है, और अब औस्कर का ध्यान नहीं आता।

गुरुद्वारे के बाहर जूतों और चप्पलों का ढेर है। अन्दर से तबले, हारमोनियम की बड़ी परिचित आवाज़ आ रही है। देवयानी का तन-बदन सिहर उठता है।

देवयानी ने सिर ढँक लिया और श्री करतारसिंह के साथ गुरुद्वारे में प्रविष्ट हुई है, दीवार से एक ओर सटी स्त्रियाँ बैठी हैं—परिचित भारतीय चेहरे—देवयानी उनके पास जाकर बैठ जाती है, और अविश्वास से उन्हें देखती रहती है। चेहरे वही हैं, कहीं भी देखे जाएँ, भारतीय चेहरे नहीं छिपते—पर सफ़ेद बालोंवाली वे वृद्धाएँ, प्रौढ़ाएँ पाश्चात्य परिधान में कैसी असंगत-सी दिख रही थीं !

हरजीत कौर उसके पास खिसककर प्रश्न पूछने लगी—''कहाँ रहती हो, बाल-बच्चे हैं या नहीं, पति क्या करता है ?''

देवयानी का पति कैनेडियन है, यह सुनकर वह कुछ देर कुछ नहीं कहती। फिर वह पंजाबी मिश्रित हिन्दी में कहती है कि उसे पति के साथ यहाँ आए तेईस बरस हो गए हैं। बेटा एक अमरीकन लड़की से विवाह करना चाहता था, पर उसे समझा-बुझाकर राह पर ले आई और पंजाब से एक सोनी-सी कुड़ी बुलाकर उसकी शादी कर दी।

हरजीत ने पुत्र-वधू को पास बुला लिया। वह सचमुच सुन्दर थी, दुबली-पतली; दो बड़े-बड़े हीरे की अँगूठियों को चमकाती हुई वह देवयानी से इंगलिश में ही बातें करने लगी। पति एक लम्बर कम्पनी का मालिक था, खूब धन था, पर वह दोनों भारत जाने की सोच रहे थे। यहाँ रहने में कोई इज़्ज़त नहीं है। वह ईस्ट इंडियन कहलाते हैं, अपने देश में भले ही इतना धन न हो, अपना देश तो है !

हरजीत से देवयानी के बारे में सुनकर कुछ स्त्रियाँ पास सरक आईं और प्रश्नों की बौछार करने लगीं। कैनेडियन पति है तो ख़ूब पैसा होगा, खूब प्यार करता होगा। कब तक साड़ी पहनोगी ? जब यहाँ बस गई हो, तो यहीं की पोशाक पहनो।

श्री करतारसिंह नीचे खाने-पीने के प्रबन्ध में व्यस्त थे। देवयानी ने उन्हें ढूँढ़ निकाला और कहा, "मैं वापस जाऊँगी।"

"रात तक पहुँचा देंगे। अभी तो भोजन भी नहीं किया..."

देवयानी अपनी बात पर अटल रही। चप्पलें पहनकर जब वह जाने को मुड़ी तो किसी ने बाँह थाम ली।

"बहन !" यह ग्रन्थी साहब की पत्नी थी, जो तीन दिन हुए भारत से आई थी, "इतनी जल्दी जा रही हो ? भोजन बन जाता तो खाकर जातीं।"

"नहीं—वह इन्तज़ार कर रहे होंगे।" देवयानी न जाने क्यों औस्कर का नाम न ले सकी।

"फिर आना बहन—अपने साहब को भी लाना। मैं राह तकूँगी।"

"अच्छा !" देवयानी ने हाथ जोड़कर नमस्कार किया और लौटते हुए फ़ेरीबोट की रेलिंग पर गाल टिकाए दूर पर्वत-शृंखलाओं को ताकती रही।

आकलिंड परिवार में एक व्यक्ति की वृद्धि हुई है। स्वीडन से औस्कर का चचेरा भाई आया है, नाम है यास्पर—सत्रह साल का दुबला-पतला, लम्बा-सा स्वीड। देवयानी को एकटक ताकता है। ऐसी काली आँखोंवाली स्त्री कभी नहीं देखी।

दोनों में पटने लगी है, यह देख औस्कर ने चैन की साँस ली। डॉक्टर हुड के पास हर सप्ताह जाना ज़ारी है, बाक़ी समय में घर का काम और यास्पर के सवालों का जवाब।

चौदह साल की उम्र में स्कूल छोड़कर घर से भाग निकला, दो साल इधर-उधर भटकता रहा, फिर एक साल की मिलिटरी सर्विस समाप्त कर कैनेडा आने तक पैसे जोड़े और यहाँ आ गया। सीधी-सादी जीवनी है यास्पर की। औस्कर कुछ परिचितों से कहकर उसे काम दिलाने का प्रयत्न कर रहा है। ख़ाली समय में यास्पर समुद्र में तैरता या रेत पर तौलिया बिछाकर 'सन बेदिंग' करता है।

कभी-कभी देवयानी को लगता है कि यास्पर और औस्कर मिलकर उस पर चौकीदारी कर रहे हैं। हर समय रेत पर लेटे यास्पर को देखकर देवयानी को झुँझलाहट होती है, जैसे कोई उसके राज्य में ज़बरन घुस आया हो।

कभी-कभी वह उसके पास जाकर एक लकड़ी के लट्ठे पर बैठ जाती है। औस्कर को देवयानी के खुले रूखे बाल अच्छे लगते हैं, इसलिए देवयानी ने उन्हे बाँधना छोड़ दिया है। वृक्ष के तने पर बैठकर, रेत में पैर गड़ाकर वह कभी-कभी बालों को गूँथने लगती है।

"तुम्हें कोई गाना आता है यास्पर ?"

यास्पर अचानक ही स्वीडिश में गीत गाने लगता है और देवयानी की हँसी एक खिलखिलाहट में बिखर जाती है।

"तुम्हें एक भारतीय गीत सुनाऊँ–सुनोगे ?"

देवयानी गुनगुनाती है, पर कोई गीत याद नहीं आता। वह भौंहें सिकोड़कर सोचती है और फिर हल्के-हल्के गाती है :

"निशार-स्वप्न छुटलो रे एइ छुटलो रे !"

यास्पर हँसता नहीं, बहुत गम्भीर होकर सुनता है। देवयानी उत्साह में भरकर आगे गाती है–

"शरते आज कोन अतिथि एलो प्राणेर द्वारे।"

"आनन्द-गान गा रे हृदय !"

गीत रुक जाता है, और अब याद नहीं रहा। सबकुछ भूल गया है। देवयानी फाटक खोलकर उद्यान में घुसती है। औस्कर के बिना घर अच्छा नहीं लगता। देवयानी नित्यप्रति के कामों में व्यस्त हो जाती है। रह-रहकर गीत गाने का मन होता है, और फिर बर्तन धोते हुए वह स्मृति में पड़े रह गए गीतों को गड्डमड्ड कर गाने लगती है।

यास्पर धूप में सोता है, पड़ोसी अपने घरों के आगे 'बीच' पर तैरने जा रहे हैं–दो बच्चों की हँसी और चीख़-पुकार।

देवयानी डॉक्टर हुड के बारे में सोचती है, और जब औस्कर लौटकर आता है तो देवयानी अप्रयोजन ही उसके चारों ओर डोलती है और भोजन के बाद वह जाने की तैयारी करता है तो वह उसके हाथ थामकर कहती है, "आज मेरे पास रुक जाओ, औस्कर !"

"मुझे एक बड़े ज़रूरी क्लायंट से..." औस्कर कहते-कहते रुक जाता है, वह अपनी सेक्रेटरी को ऑफ़िस में फ़ोन कर देता है कि वह अब नहीं लौट पाएगा। देवयानी दोनों बाँहें फैलाकर एड़ियों के बल एक चक्कर लगाती है, फिर हँसती-हँसती औस्कर के ऊपर गिर जाती है–खुले बाल चेहरा ढँक लेते हैं, आँचल लुढ़क जाता है और बाँहों में घिरे औस्कर का चेहरा शान्त दिखता है।

औस्कर को एक कांफ़्रेंस में डेट्रोयट जाना है। देवयानी को यह अच्छा नहीं लगता–पर वह कुछ नहीं कहती। मन की बात को दबा लेने से सिर में दर्द हो जाता है। सुबह से ही वह रह-रहकर सिर थाम लेती है। औस्कर को यह पता नहीं है। वह सुबह-सुबह ऑफ़िस चला गया है, कांफ़्रेंस से लौटकर वह देवयानी के साथ लम्बी छुट्टी पर जाएगा–देवयानी सैनफ्रांसिस्को जाना चाहती है, कुछ परिचित हैं वहाँ।

औस्कर लौटकर आता है और अपना सामान पैक करता है। देवयानी पर आश्रित नहीं है वह–अलमारी से कपड़े निकालता हुआ वह देवयानी से बातें करता है, "अकेलापन लगे तो माँ के पास चली जाना। कितने दिनों से गई नहीं हो। और यहाँ यास्पर तुम्हारी देखभाल

को है ही। मुझे छह दिन लग जाएँगे। जाना नहीं चाहता हूँ पर कई महीने पहले वचन दे चुका हूँ।''

औस्कर को एयरपोर्ट पर छोड़कर देवयानी लौटकर आती है। वह मेज़ पर सिर टिकाकर सुबक-सुबककर रोती है, एक आहत बच्ची की तरह और मन ही मन कहती है, पता है कि मुझे तुम्हारे बिना अच्छा नहीं लगता, फिर भी मुझे छोड़कर चले गए ? क्या साथ डेट्रोयट नहीं ले जा सकते थे ? एक हफ्ते डॉ. हुड के पास उपचार को न जाती तो क्या हो जाता ? फिर मैं तो भली-चंगी हूँ, सिरफिरी तो हूँ नहीं।

''फौर यीट्स सेक।'' यास्पर झुँझला उठता है। उसमें देवयानी के विचित्र आचरण के प्रति सहानुभूति नहीं है।

''मैं तैरने जा रहा हूँ।'' वह कहता है और नंगे पैरों 'बीच' की ओर चला जाता है।

तीन दिन देवयानी गुमसुम पड़ी रहती है। उदासी का ऐसा घना कुहरा छा जाता है कि कुछ भी करने का मन नहीं होता। डॉक्टर हुड के अपॉयंटमेंट का समय निकल जाता है।

यास्पर भोजन बना लेता है। देवयानी से कुछ खाया नहीं जाता। यास्पर उसके एकान्त चिन्तन में बाधा नहीं देता, उद्यान के फाटक के आगे सारे दिन लेटा रहता है, कभी-कभी उठता है और पानी में तैरता हुआ दूर तक चला जाता है। कुछ देर में लौटकर वह रेत पर खड़े होकर तौलिए से अपना शरीर पोंछता है और उस समय वह एक लम्बे, युवा शाल-वृक्ष की तरह दिखाई पड़ता है।

देवयानी गिनती है कि औस्कर के आने के तीन दिन और बाक़ी हैं—उसका शरीर जैसे शक्तिहीन होता जा रहा है, बड़े-से पलंग में अकेली खो-सी गई है।

यास्पर के हठ करने पर देवयानी कुछ ग्रास खाती है। यास्पर उसका पीला चेहरा देखकर भयभीत हो उठा है। उसने देवयानी को प्रसन्न करने का प्रयत्न किया है, खाने की मेज़ पर दो मोमबत्तियाँ जलाई हैं, बढ़िया काँच के गिलासों में मदिरा ढाली है, पर देवयानी चुप है, उसकी आँखों में कुहिर जड़ता है। यास्पर उठकर रिकॉर्ड के स्टैक में कुछ ढूँढ़ता है, और फिर भारतीय वाद्य-वृन्द का रिकॉर्ड बजाता है।

''देवी—तुम सैर को चलोगी ? ताज़ी हवा से तुम्हारी तबीयत ठीक हो जाएगी।''

''अच्छा।'' देवयानी प्रतिवाद नहीं करती।

जब तक यास्पर गैराज से औस्कर की कार निकालता है, देवयानी अनमने भाव से संगीत सुनती है।

यास्पर हॉर्न बजाता है और देवयानी उठकर बाहर आ जाती है। यास्पर के पास लाइसेंस नहीं है। इसलिए वह प्रमुख सड़कों पर नहीं जाता। दो-तीन मोड़ मोड़कर सड़क पर जाकर वह कार रोक देता है और देवयानी को उतरने में सहायता देता है। पर्वतों से आई हवा सुखद लगती है, चारों ओर खारे पानी की गन्ध है...।

देवयानी में प्राण लौटते हैं। यास्पर दीवार से टिका खड़ा सिगरेट पीता है। रात में पानी काला दिखता है, दूर फ़ेरीबोट दिखाई देती है।

''तुम कभी डेट्रोयट गई हो, देवी ?'' यास्पर पूछता है।

''नहीं।''

''तुम औस्कर के साथ चली जातीं तो ठीक रहता। शायद औस्कर को पता नहीं है कि

तुम उसे इतना 'मिस' करोगी।"

फिर न जाने क्यों उसने कहा, "मैं भी अपनी 'गर्ल' को छोड़ आया हूँ; मेरे आते समय बहुत रो रही थी, पर अब तक उसने दूसरा फ्रेंड ढूँढ़ लिया होगा !"

देवयानी थककर कार की ओर लौटी—यास्पर ने कार स्टार्ट करते हुए कहा, "कभी-कभी उसकी बड़ी याद आती है।"

देवयानी आँखें मूँदकर, सीट से सिर टिकाकर बैठ गई।

लौटकर पाया कि खाने के कमरे में मोमबत्तियाँ अभी जल रही हैं—फूँक से उन्हें बुझा देने पर अँधेरा हो गया और देवयानी अपने कमरे में लौटकर सोने की तैयारी में कपड़े उतारने लगी।

"देवी—सोने से पहले मैं एक बार तैरने जा रहा हूँ।" यास्पर ने बाहर से कहा।

"यास्पर-यास्पर !" देवयानी ने एकाएक चीख़ती हुई आवाज़ में पुकारा।

भागकर आया यास्पर कमरे की दहलीज़ पर ठिठक गया। अर्द्ध-अनावृता देवयानी ने उसके गले में अधीर बाँहें डालकर अपनी ओर खींच लिया।

न जाने कितनी रात बीत चुकी है। यास्पर गहरी नींद में सोया है। बाथरूम में शायद उसने बत्ती जलती छोड़ दी। प्रकाश की धूमिल किरण में यास्पर एक देवशिशु-सा लगता है।

पलंग से उतरकर देवयानी कुछ देर उसे ताकती रहती है। बाहर आज कोहरा नहीं है, आकाश में चाँद है और ज्वार के कारण पागल लहरें तट से बार-बार टकराती हैं।

देवयानी एक लम्बी साँस लेती है।

उद्यान का फाटक खोलने पर गीले रेत के स्पर्श से उसके ऊपर अपूर्व शान्ति छा जाती है।

देवयानी आगे बढ़ती जाती है।

# पिघलती हुई बर्फ़

"कौन रोया ?"

"कोई नहीं।"

"कोई रोया था।"

"कोई नहीं रोया।"

"बीरू ! बीरू ! बीरू !"

"इस तरह चीख़ते क्यों हो ? बीरू अब कहाँ ?"

"बीरू कहाँ है ?"

"बीरू तो मर चुका।"

"बीरू ?"

"बीरू नहीं है। बीरू तीन साल पहले मर चुका।"

"मर गया ?"

"हाँ—याद नहीं है, वह आँधी-पानी वाली रात, बर्फ़ पर रक्त के दाग़, लाल कीचड़।"

"और सुधीरा ? कहाँ हो सुधीरा ? सामने आओ, तुम्हें एक बार देखना चाहता हूँ, सुधीरा।"

अक्षय ने चौंककर आँखें खोलीं। कुछ देर निश्चल लेटा रहा, कैसा विचित्र स्वप्न था ! कमरे में अभी भी जैसे सुधीरा की आवाज़ घूम रही थी। पर यह बदरंगे वॉलपेपर वाला कमरा नहीं है, बाहर थर्ड स्ट्रीट की ट्रैफ़िक भी नहीं; घर शुक्लाजी का है, बरामदे के उस पार शुक्लाजी का शयन-कक्ष है, उनकी पत्नी, और गुड्डी। नहीं, यह थर्ड स्ट्रीट पर अक्षय का पुराना कमरा नहीं है। खिड़की खोलने पर कोने पर अभी-अभी मुड़ती सुधीरा नहीं दिखाई देगी। फिर दरवाज़ा नहीं खुलेगा और हँसती, उल्लसित सुधीरा आकर खड़ी नहीं होगी। कभी नहीं। अब कभी, कभी, कभी नहीं। वहाँ वापस लौटने पर भी नहीं। थर्ड स्ट्रीट के कमरे में, खिड़की खोलकर खड़े रहने पर भी नहीं। पूरी ज़िन्दगी खड़े रहने पर भी नहीं। पागलों की तरह सुधीरा का नाम पुकारते हुए सड़क पर भागने पर भी नहीं। कभी नहीं। अब कभी नहीं।

अब सुबह होनेवाली है। अक्षय उठकर चारपाई पर बैठ गया है। रात के प्रथम पहर में देखा गया स्वप्न अब धूमिल पड़ गया है। सिर में थोड़ा-थोड़ा दर्द है। हाथों से माथा थामकर अक्षय याद करने की चेष्टा करता है। सुधीरा कमरे में आई थी, कुछ कह रही थी, शायद बीरू के बारे में। बीरू अब कहाँ ? बीरू तो तीन साल हुए मर चुका।

अक्षय बहुत देर, उसी तरह, हाथों में माथा थामे बैठा रहा। बाईं कनपटी पर एक नस

दुखती रही। टू मच, दिस बिजनेस ऑफ़ लिविंग...यह बोझ, यह थकान, अब और नहीं, और नहीं। सुधीरा, क्या अन्त में तुम ही जीतोगी ? क्या बीरू के बदले मुझे लेकर ही तुम्हारी आवाज़ चुप होगी ? अक्षय ने बड़ी चेष्टा से अपने को इन विचारों से अलग किया। उसने चप्पलों में पैर डाले और उन्हें अनिच्छा से घसीटता हुआ उठा और कॉफ़ी परकोलेटर का प्लग लगा दिया। पुरानी आदत शीघ्र नहीं छूटती। भाभी मिसेज़ शुक्ला, कॉफ़ी व पानी रात को ही रख जाती हैं। अक्षय उस छोटी-सी खिड़की के किवाड़ के सहारे खड़ा हो बाहर देखने लगा। रात फिर पानी बरसा था। इस समय हवा ठंडी है और रात में फूले हुए पुष्पों की सुगन्ध से बोझिल। कुछ देर में पूरी तरह उजाला होगा। एक नया दिन प्रारम्भ होगा। अक्षय तैयार होकर, शान्त, स्वस्थ-चित्त कॉलेज जाएगा और पूरे दिन अपने को व्यस्त रखेगा। क्लास में पढ़ाएगा, हाज़िरी लेगा, स्टाफ़-रूम में लौटकर कॉफ़ी पिएगा। और, शायद आज नई रात को अक्षय आत्महत्या कर ले और कल जगह-जगह छोटे-छोटे समूहों में खड़े होकर उसके साथी, विद्यार्थी उसकी मृत्यु पर खेद प्रकट करें। शायद छवि रोए।

कॉफ़ी तैयार है। अक्षय मुड़कर काँच के ढक्कन में कॉफ़ी का रंग देखता है। अभी कुछ और गाढ़ी होने दो। यह सिर-दर्द, यह नया दिन, अपने को ढकेल-ढकेलकर काम करवाना और सबके सम्मुख संयत चेहरा प्रस्तुत करने का श्रम !

उजाला होने के साथ ही महरी आती दिखाई देती है। वह अनाहार के कारण सूखी हुई, कड़े हाथोंवाली, उसकी कसी हुई साड़ी घुटनों से ऊपर है और उन खुले हुए काले पैरों में कहीं कुछ सेंसुअस नहीं।

उसके कुंडी खड़काने से पहले ही दरवाज़ा खुल जाता है। महरी के बाद दूधवाला।

फिर गुड्डी का रोना।

कमरे में ताज़ा कॉफ़ी की महक मँडराती है।

गुलमेहँदी की पंखुड़ियाँ कीचड़ में गिरी हुई हैं।

स्वप्न में कौन रोया था ?

बस करो सुधीरा, क्या एक पल चैन नहीं लेने दोगी ?

सुबह का नाश्ता। नहाई-धोई भाभी टोस्ट सेंक रही हैं। गुड्डी अपने चम्मच को बार-बार प्लेट पर मार रही है। फिर वह अक्षय से पूछती है, ''चाचाजी, मेरी तसवीर लेंगे ?''

''हाँ गुड्डो, अगर धूप निकलेगी तो लेंगे !''

''कौन-सा मेक है कैमरा ?'' शुक्लाजी ने पूछा।

''याशिका।''

''थोड़ा-सा मुस्कराओ सुधीरा ! अक्षय, तुम कुछ पास आओ। बस, अब ठीक।'' बीरू तसवीर खींच रहा है। सुधीरा अक्षय की आँखों में देखकर धीरे-धीरे, दुष्टतापूर्वक हँसती है। बीरू अब नहीं है। कैमरा बीरू का है। अक्षय को याद आता है।

''चाचाजी, आज धूप निकलेगी ?''

''हाँ, गुड्डो।''

''मेरी तसवीर लेंगे ?''

''एक बात कितनी बार पूछोगी गुड्डी ?'' भाभी कहती हैं, ''चाचाजी को तंग नहीं करते, रानी।''

गुड्डी की आँखें उजली हैं, उनमें काली पुतलियाँ हैं, पुतलियों में अक्षय ने अपना प्रतिबिम्ब देखा। अक्षय उस प्रतिबिम्ब को कुछ देर देखता है।

हत्यारा !

कभी धूप, कभी वर्षा। एक हाथ में छाता और दूसरे में किताबें लिए अक्षय कीचड़ से बचता हुआ सड़क पर चल रहा है। इस समय भी मस्तिष्क शून्य है। आँखें दृष्टिहीन। सड़क, धब्बे, कीचड़, मटमैला आकाश, पास से गुज़रते दो व्यक्तियों के कपड़ों से पसीने की भभक। एक यही ज़िन्दगी, यही ज़िन्दगी, होंठ भिंचे हुए, मस्तिष्क विचारहीन। एक धब्बा, दुनिया की लम्बी, सपाट सड़क पर केवल एक धब्बा। अक्षय आँखें कई बार झपकाकर देखता है। नहीं अक्षय, यह ग़लत है। अक्षय ने अपने आपसे बातें करने की आदत सीख ली थी। ग़लत है, प्रत्येक प्राणी को जीना है, अपने अन्दर राग, द्वेष, दोष, अपराध, इनका बोझ लिए भी जीना है, औरों के आगे मुस्कराना है।

पर यह साँसें लेने का प्रोसेस कितना मुश्किल, कितना दुश्वार ! अक्षय ने आसपास सड़क पर आने-जानेवाले व्यक्तियों को देखा। क्या इनमें से कोई, हर समय, उसकी तरह अपने से द्वन्द्व करता रहता है ? क्या उसकी तरह कोई विक्षिप्त है, जो कि एक शब्द के पास दूसरा शब्द रखकर, पंक्तियाँ, पृष्ठ, पोथे न लिख पाने के कारण धीरे-धीरे टूटकर, बिखरता जा रहा है ?

धोखेबाज़ ! कब तक अपने को धोखा दोगे ? असली गाँठ सुधीरा है। सुधीरा ही है वह बड़ा-सा हिमखंड, जो हृदय के स्थान पर आकर जम गया है। सुधीरा है जो हांट करती है, जागते-सोते। सुधीरा—मुझे निष्कृति दो, मुझे और मत टॉर्चर करो।

अक्षय के लेखक प्रोफ़ेसर ने कहा था—'यह मेंटल ब्लॉक गहरे इमोशनल शॉक के कारण है। तुम वापस इंडिया लौट जाओ। वहाँ जाकर इस क्राइसिस से मुक्ति पाओगे !'

आषाढ़ की वर्षा में भीगता हुआ अक्षय शुक्लाजी के घर पहुँचा।

"तुम ! ख़बर भी नहीं दी !" शुक्लाजी ने उत्साह-भरी बाँहों में उसे भींच लिया और भाभी, हँसती हुईं, आँचल सिर पर खींचती बाहर निकल आईं।

"हाय, कितने दुबले हो गए हैं ! और लोग तो विदेश में खूब मोटे होके आते हैं ! बीमार थे क्या ?"

"नहीं भाभी," अक्षय ने कहा। भाभी के उजले माथे पर दमकती लाल बिन्दी, चेहरे पर असीम स्नेह और अश्रुप्रोज्ज्वल आँखें। अक्षय को लगा कि जिस अतीत को पीछे छोड़ आया है, उससे उबरकर, फिर से जी सकेगा। यहाँ स्नेह और करुणा है, जल-भरे मेघ और सुगन्ध-बोझिल पवन, अपनी मिट्टी, अपना देश !

शुक्लाजी ने यह नया घर उसकी अनुपस्थिति में बनवा लिया था। मेहमान-कमरे में अक्षय का सामान रख दिया गया और गुड्डी सन्दूक खुलने के लालच में आसपास चक्कर काटने लगी। अक्षय ने चलते-चलते न्यूयॉर्क में गुड्डी के लिए एक गुड़िया और भाभी के लिए नायलौन जार्जेट की दो साड़ियाँ ले ली थीं। अपनी इस व्यावहारिकता पर उसे अब प्रसन्नता हुई।

जब वह नहा-धोकर बाहर आया तब तक भाभी ने तमाम चीज़ें बना ली थीं।

''सारे पकवान एक ही दिन में खिला देंगी क्या ?'' उसने पूछा। भाभी मुस्करा दीं।

''भाई, तुम भी खूब हो। दो साल में हमें एक चिट्ठी भी नहीं डाली। कुछ पता ही नहीं चला कि तुम कहाँ हो, क्या कर रहे हो ?'' शुक्लाजी ने कहा।

''एक जगह टिककर बैठा ही नहीं। इधर से उधर भटकता रहा।''

''तीन साल में तो पी-एच.डी. कर सकते थे।''

''हाँ, कर तो सकता था पर एकाएक मन उचट गया,'' अक्षय ने कहा।

भाभी ने कहा, ''हम तो सोच रहे थे कि आप वहाँ से शादी करके लौटेंगे, पर आप तो जैसे अकेले गए थे वैसे ही वापस आ गए। क्या हुआ उस लड़की का ? पटी नहीं ?''

अक्षय एकाएक कुछ कह न सका। फिर उसने सायास हँसते हुए कहा, ''कुछ ऐसा ही समझ लो।'' उसे अपने पर आश्चर्य हुआ कि उसने ऐसा एक पल के लिए भी क्यों सोचा कि इंडिया लौटकर सब बदल जाएगा। मुझमें कुछ नहीं बदलेगा। कुछ नहीं। कुछ नहीं। सुधीरा हांट करेगी। आओ सुधीरा, आओ।

फिर अक्षय शुक्लाजी के साथ ही यूनिवर्सिटी गया। तीन साल बाद, अचानक, बिना पी-एच.डी. की डिग्री लिये अक्षय के लौटने से सभी को आश्चर्य हुआ। कुछेक ने फब्तियाँ कसीं, कुछ लोगों ने अक्षय के प्रथम उपन्यास पर बधाई दी।

''अब कुछ लिख रहे हो ?''

''नहीं।''

''तुम्हारी पुस्तक की तो बहुत प्रशंसा हुई।''

आवाज़ें, तीन साल पहले यही लोग थे, हँसी-मज़ाक, सलाह-मशविरे के साथी थे। आज ? कोई नहीं। केवल अकेलापन, नितान्त अकेलापन। अक्षय परिचित इमारतों के आसपास चक्कर लगाता है। जामुन के पेड़ की पत्तियों से ढेर सारी पानी की बूँदें उसके ऊपर आ गिरती हैं—चारों ओर बड़ी-बड़ी घास उगी हुई है। यहाँ सीधी-सपाट धरती है, ऊँची-नीची पहाड़ियों के बीच कैम्पस की इमारतें नहीं, बर्फ़ नहीं, लेक का किनारा भी नहीं। एक शताब्दी पहले खड़ी की गई इमारतें हैं, रंग-बिरंगी साड़ियों के आँचल, वर्षा में भीग-भीगकर काले पड़ गए पेड़ों के तने और हरे बाँसों की लचीली फुनगियाँ।

अक्षय घर लौट आता है। गुड्डी अपनी नई गुड़िया से खेल रही है। भाभी रसोई में हैं। अन्दर से उनके बर्तन खटकाने की आवाज़ आती है।

और फिर धीरे-धीरे पूरा दिन बीतता है। सन्ध्या को कुछ और लोग मिलने आते हैं, फिर वर्षा की रात का अँधियारा, फिर रात मेढकों का सम्मिलित स्वर, कभी-कभी बादल गरजते हैं। कमरे की दीवारें सफ़ेद, सूनी हैं। अक्षय चारपाई पर लेटकर नींद आने की प्रतीक्षा करता है। हर पन्द्रह मिनट पर घड़ी बजती है, पर नींद नहीं आती।

सुबह कॉफ़ी, गुड्डी की लगातार बातें, फिर क्लास में जाने की तैयारी। क्लास में लेक्चर देते हुए अक्षय एक क्षण को रुका। 'इस समय जो पढ़ा रहा हूँ, क्या वह अत्यन्त आवश्यक है ? यदि मैं किताब बन्द कर दूँ, तो इन छात्रों के ज्ञान में कुछ कमी होगी ?' पर वह रुका नहीं, पढ़ाता रहा। क्लास के बाद लाइब्रेरी में चला गया। एक पुरानी अमरीकी पत्रिका निकालकर अपनी पुस्तक का रिव्यू पढ़ा। केवल एक पुस्तक, केवल एक प्यार—और उसके बाद कुछ नहीं। अब कभी कुछ नहीं। न प्यार, न पुस्तक, न ब्रिलिएंट छात्र, न अध्यापक।

एक धब्बा। लाल कीचड़।

दूसरी क्लास प्रारम्भ होने में आधे घंटे की देर थी। अक्षय स्टाफ़-रूम में लौट आया। बातचीत के दायरे से अलग, शुक्लाजी के पास बैठी एक युवती को देखकर हल्का-सा चौंका और फिर उसने छवि को पहचान लिया।

''इन्हें जानते हो, अक्षय ?'' शुक्लाजी ने पूछा।

''हाँ—कुछ साल पहले पढ़ा भी चुका हूँ।'' अक्षय ने कहा और पाया कि अपने पहचाने जाने पर छवि थोड़ा-सा विस्मित हुई है। उस शर्मीली आँखोंवाली छात्रा और इस पूर्ण युवती में बहुत अन्तर आ गया है। सुन्दर वह तब भी नहीं थी, अब लम्बे-पतले चेहरे पर गाम्भीर्य की छाप है, अपने आपको स्वीकार कर लेने की शान्ति और सहजता। अक्षय को छवि से ईर्ष्या हुई।

उसने छवि को और निकट से देखा। नहीं, छवि सुन्दर नहीं। उसमें न वाचालता है, न किसी प्रकार की रेस्टलेसनेस। काले पाड़ की सफ़ेद साड़ी पहने है, सादे बाल हैं, पीछे जूड़ा, कोई प्रसाधन नहीं। उसे एकटक देखती है और हाथ में चाय का प्याला थामे है।

लौटते समय शुक्लाजी छवि की बात करते रहे। तब तक अक्षय अनमना हो आया। उसे अब इधर-उधर की चर्चा में रस नहीं आता। छवि है छवि उपाध्याय, बस अक्षय को और नहीं सुनना। छवि है, तो हुआ करे—पेड़ हैं, पत्तियाँ हैं, आकाश है।

अक्षय ने अपने को समेटकर, सिकोड़कर, जैसे एक दायरे में बन्द कर लिया। शुक्लाजी कहते गए, छवि क्लास में प्रथम आई थी, उसकी नियुक्ति कराने में प्रोफ़ेसर सागर को बड़ा विरोध सहना पड़ा। बड़े-बड़े चर्चे हुए। पर पिछले दो वर्षों से किसी को कुछ कहने का अवसर नहीं मिला। छवि बड़ी इंटेलिजेंट लड़की है। छात्रों में भी उसका बड़ा सम्मान है।

शुक्लाजी के चेहरे पर स्निग्ध मुस्कान दौड़ गई। उन्होंने कहा, ''और भाई, विभाग में कोई लेडी रहे तो अच्छा रहता है। टोनिंग अप हो जाती है। लोग क़ायदे से रहते हैं और भद्दे हँसी-मज़ाक नहीं करते। जब से छवि को टी-क्लब का इंचार्ज बना दिया है, खूब बढ़िया चाय मिलती है। सब लोग ठीक समय पर चन्दा दे देते हैं।''

कितना बोलते हैं शुक्लाजी, अक्षय ने सोचा, और उनकी ओर से मुँह फेर लिया।

दीवार पर सीलन का बड़ा-सा धब्बा उभर आया। पानी ने गुलमेहँदी के पेड़ों को बेदर्दी से तोड़ दिया और फूलों की लाल व बैंगनी पंखुड़ियाँ घास पर बिखर गईं। लगातार पानी की झड़ी ने अक्षय की नर्व्ज को और भी झकझोर दिया था। पिछले कई दिन से लगातार ट्रैंक्विलाइजर व स्लीपिंग पिल्स ले रहा था। अब पानी कुछ देर को रुका, तो अक्षय बाहर के बरामदे में कुर्सी खींचकर जा बैठा। अन्दर भाभी शायद अँगीठी जला रही थीं। काग़ज़ जलने की भीगी-सी महक बरामदे में घूमने लगी। पाम के गमलों पर छत से लगातार बूँदें टपक रही थीं। अक्षय आँखें लगाकर पाम की पत्तियों पर बूँदों का गिरकर बिखरना देखने लगा। तभी छवि सामने आकर खड़ी हो गई। उस धुँधली मेघाच्छादित साँझ में उसकी साड़ी का चटक पीला रंग अक्षय के मन को अनायास ही सुहाना लग उठा : छवि का चेहरा कोमल, उज्ज्वल लग रहा था। इस समय माथे पर कुमकुम की बड़ी-सी बिन्दी थी और पीछे जूड़े में, कदम्ब का एक फूल। छवि एक पल को ठिठकी, फिर उसे नमस्कार करती हुई अन्दर चली गई। अक्षय के नेत्र फिर इस प्रतीक्षा में छत की ओर उठ गए कि अगली बूँद कब टपकेगी।

सामने सड़क धुली-धुली चमक रही थी। कुछ देर में अँधेरा होने पर पानी-भरे गढ़ों में काग़ज़ की नावें छोड़कर पड़ोसी बच्चे अपने-अपने घर चले जाएँगे।

अक्षय उठकर नीचे सड़क पर उतर आया। घरों में एक-एक कर बत्तियाँ जल उठीं। हल्की, मद्धिम बत्तियाँ। अक्षय ने पैर से काग़ज़ की एक नाव को कुचल दिया और फिर दूसरी नाव को और फिर तीसरी नाव को भी ! एक बच्चा जो अभी तक इन नावों को तैरा रहा था, घर जाते-जाते रुक गया और स्थिर खड़ा हो अक्षय को देखने लगा। अक्षय ने हँसना चाहा, पर वह बच्चा मुड़कर चला गया। अक्षय ने एकाएक पाया कि छवि लौटकर सड़क के किनारे-किनारे चली जा रही है, उसने अपनी साड़ी कीचड़ से बचने के लिए आगे से थोड़ी-सी उठा ली है।

'इंटेलिजेंट मिस उपाध्याय'—शुक्लाजी की बात याद कर अक्षय ने कुछ विद्रूपता से सोचा—पूर्ण युवती, पर अकेली मिस उपाध्याय। ऐसा सोचने पर फिर उसे स्वयं अपने पर ग्लानि हो उठी।

और अब रात है। अक्षय के आगे टाइपराइटर है और उसमें लगा सादा, कोरा पेज। अक्षय कुछ लिखने की चेष्टा कर रहा है। देर तक निश्चल बैठे रहने के बाद उसकी उँगलियाँ बार-बार टाइपराइटर पर लिखती हैं—सुधीरा, सुधीरा, सुधीरा...।

अक्षय ने लम्बी साँस छोड़ी। कुर्सी से पीछे टिककर बैठ गया और उसकी उँगलियों ने आँखों को ढँक लिया। अब रात है, कहीं कोई शब्द नहीं, अब वह अपने हृदय की इस गाँठ को खोलकर सुधीरा के बारे में सोचेगा।

सबसे पहले सुधीरा की हँसी, फिर उसकी वाचालता, फिर उसकी सहज निश्छलता।

'मुझे कुछ और बताओ, अक्षय। मुझे अपने साथ ले चलोगे न ? मैं बाबा के घर भी जाऊँगी। मुझे बचपन में ही उन्होंने अपने घर का पता याद करवा दिया था।' सुधीरा तोते की तरह दोहराती है, 'रामखेलावन, पोस्ट आफ़िस मेहरपुर, जिला बस्ती।'

अक्षय हँसता है, 'वहाँ पर अब क्या पाओगी ? तुम्हें कोई जानेगा भी नहीं।'

'खँडहर तो होंगे। मैं वहाँ जाकर अपने बाबा का घर देखूँगी ! उनका बाग़-बग़ीचा और नहर के पास के खेत। मेरा बचपन बाबा से भारत के बारे में तरह-तरह की कहानियाँ सुनने मे बीता।'

सुधीरा के बाबा छोटी उम्र में ट्रिनीडाड में बस गए थे। सुधीरा की माँ का नाम था कैलासी, पिता व्यापारी थे। अकेली बेटी को उन्होंने इंग्लैंड में पढ़ाया था। कई साल बाद लौटने पर सुधीरा ने पाया कि वह, माँ कैलासी की भाषा भूल गई है। कैलासी ने हिन्दी छोड़कर कुछ और बोलना नहीं सीखा था।

अक्षय को यह सुनकर अजीब-सा लगा। सुधीरा का चेहरा भारतीय था, रंग-ढंग पाश्चात्य। कटे हुए बाल और नीचे गले का ब्लाउज़, कमर को हल्का-सा झटका देते हुए चलने का अन्दाज़। कभी-कभी वह साड़ी भी पहनती थी, पर साड़ी पहनने पर उसकी अभारतीयता और भी प्रखर हो जाती थी।

अक्षय के साथ भारत जाने के उल्लेख से सुधीरा की आँखें दीप्त हो जाती थीं। 'कभी किसी छुट्टी में मेरे साथ ट्रिनीडाड चलना, अक्षय—मदर तुमसे मिलकर बड़ी खुश होंगी।'

अक्षय को ट्रिनीडाड जाकर सुधीरा के परिवार से मिलने की जिज्ञासा बनी रही। वह

छुट्टी कभी नहीं आई। अक्षय की आँखों के आगे धब्बे तैरने लगते हैं। और उन धब्बों में सुधीरा का चेहरा खो जाता है। पर सुधीरा की आँखें उसे हर ओर से ताकती हैं। उसका पीछा करती हैं। शून्य, रिक्त आँखें, जिनमें न हँसी है, न शिकायत। खुली हुई वे आँखें अक्षय को ऐसे ताकती हैं जैसे उसका चेहरा अस्पताल की सूनी, सफ़ेद दीवार हो।

मेज़ पर चाय का ख़ाली प्याला, कुछ बिना खुली चिट्ठियाँ, कुछ पत्रिकाएँ, कुछ फूल। घंटा समाप्त होने में कुछ समय था और अक्षय स्टाफ़-रूम में अकेला था। उसने दोनों हाथों की उँगलियाँ एक-दूसरे में फँसा लीं और परदे की आड़ी-बेड़ी धारियों को देखने लगा। कौरिडोर से कुछ लड़कियाँ हँसती हुई निकल गईं। अक्षय ने सुबह उठकर टाइपराइटर से काग़ज़ निकालकर, मोड़कर रद्दी की टोकरी में फेंक दिया था। उस पर तीन बार सुधीरा का नाम लिखा था। नहीं सुधीरा, मैं तुम्हें प्यार नहीं करता। नहीं सुधीरा, मैं अब कभी कुछ नहीं लिख पाऊँगा। नहीं सुधीरा, अब मैं वह 'मैं' नहीं हूँ। मैं कोई और हूँ, जिसे मैं स्वयं स्वीकार नहीं कर पाता।

पर्दा हटाकर छवि अन्दर आई। शायद वह सीधी घर से आ रही थी। तभी उसका प्रसाधनहीन मुख भी बड़ा ताज़ा लग रहा था। वह अक्षय को देखकर थोड़ा-सा झिझकी, फिर पास आकर बैठ गई।

लोगों से घिरे रहने में सुरक्षा की भावना होती है। निरर्थक बातचीत, आपस की आलोचना-प्रत्यालोचना, जैसे परतें बनकर विचार और भावनाओं को ढँके रहती है, अक्षय ने सोचा। पर इस समय छवि सामने थी और अक्षय अपने चेहरे पर तुरन्त एक मुस्कराहट का खोल नहीं चढ़ा पाया। छवि उसे कुछ देर तक देखती रही, फिर बोली, ''आपको यहाँ सबकुछ बड़ा शैबी और ढीला-ढाला लग रहा होगा।''

''कुछ विशेष नहीं।'' अक्षय ने उत्तर दिया।

''आपको यहाँ के लोगों के बर्ताव से क्षुब्ध न होना चाहिए। यहाँ कोई किसी को बढ़ते नहीं देख सकता। सब एक-दूसरे की जड़ काटने में जुटे रहते हैं।''

अक्षय छवि को देखता रह गया। अक्षय को सम्बोधित कर कुछ कहने का यह पहला अवसर था।

यह शायद छवि ने भी महसूस किया। वह चुप हो गई। उस समय छवि के चेहरे पर जो भाव दौड़ गया, उसे देख अक्षय को लगा कि शर्मीली आँखोंवाली वह छात्रा अभी भी खोई नहीं है। छवि कदाचित् अक्षय को एकटक अपनी ओर देखता पा झेंप गई। उस झेंप को मिटाने के लिए वह उठ खड़ी हुई और बाहर बैठे चपरासी को दो प्याले अच्छी चाय बनाकर लाने का आदेश देने लगी।

फिर उसने मुड़कर कहा, ''मैं अभी तक आपकी पुस्तक नहीं पढ़ पाई हूँ। यहाँ न बुकस्टोर में है, न लाइब्रेरी में। कुछ और लिख रहे हैं ?''

''मेरे अमरीकी प्रोफ़ेसर का कहना है कि हर मनुष्य विदेशी भाषा में एक नॉवेल लिख सकता है। और लोग उसे उसी कौतूहल से पढ़ते हैं जैसे कि लोग सरकस देखने जाते हैं।''

छवि के चेहरे पर प्रश्न-भरा भाव देखकर अक्षय ने मुस्कराकर आगे जोड़ा ''लेखक मैं नहीं हूँ छवि। वह एक पुस्तक फ्रीक समझ लो।''

''फिर भी मैं पढ़ना चाहूँगी।''

''मेरे पास कुछ प्रतियाँ पड़ी हैं, उनमें से एक ले लो।'' अक्षय ने उठकर अपना लॉकर खोला और एक प्रति निकालकर छवि के आगे मेज़ पर रख दी। छवि ने मुस्कराकर धन्यवाद दिया और पुस्तक उठाकर पहला पृष्ठ खोला। उसकी आँखें कुछ समय एक पंक्ति पर टिकी रहीं। अक्षय जानता था कि छवि उस समर्पण को पढ़ रही है–''सुधीरा को।''

फिर पृष्ठ पलट दिया गया। छवि ने पुस्तक बन्द कर दी और कहा, ''इसे यहाँ पढ़ना नहीं प्रारम्भ करूँगी, घर जाकर चैन से पढ़ूँगी।''

घंटा कुछ मिनट पहले बज चुका था। कुछ लोग एक साथ ही अन्दर आए। छवि और अक्षय को पास बैठा देख कुछ मुस्कराए, कुछ चुप रहे। शायद छवि ने यह जाना। वह पुस्तक पकड़े हुए उठ गई।

कुछ दिन बाद अक्षय ने यह नोटिस किया कि छवि अपनी क्लास प्रारम्भ होने से काफ़ी पहले आ जाती है। अक्षय उस समय ख़ाली होता है। छवि आकर दो प्याले चाय बनवाती है और फिर दोनों उस कृत्रिम सन्नाटे में बैठकर चाय पीते हैं। दोनों ही प्रायः चुप रहते हैं। पुस्तक पाने के बाद छवि ने उसका उल्लेख नहीं किया, न अक्षय ने ही उसकी प्रतिक्रिया पूछी। अक्षय ने पाया कि छवि स्वयं जितना मौन रहती है, उसके नेत्र उतने ही मुखर हैं। अक्षय को लगा कि वह नेत्र उसमें कुछ वैशिष्ट्य पाते हैं, जैसे अक्षय को देखना उन्हें अच्छा लगता है। अचानक ही वह जगमगा उठते हैं और अनायास ही लजा जाते हैं। छवि शान्त बैठी रहती है, उसके होंठ निस्पन्द रहते हैं, पर वे नेत्र पुकार-पुकारकर अक्षय को कुछ जताना चाहते हैं। ऐसे अवसरों पर अक्षय ने अपने को बहुत असहाय पाया और फिर उसने दो क्लासों के बीच में स्टाफ़-रूम में जाना छोड़ दिया। एक दिन, दो दिन; तीसरे दिन छवि सन्ध्या को शुक्लाजी के घर आई। भाभी ने चाय बनाकर अक्षय को बुलाया। और, तब छवि ने पुस्तक लौटाते हुए कहा, ''मैं साहित्य की छात्रा नहीं हूँ, पर आपकी पुस्तक ने मुझे बहुत विचलित किया।''

''तुम्हारे इस रिमार्क को मैं प्रशंसा के रूप में लेता हूँ। पर यह लौटा क्यों रही हो, यह तो तुम्हारी प्रति है !''

''सच !'' छवि की आँखें मधुर विस्मय से भर उठीं। अक्षय को उस समय गुड्डी और छवि की आयु में कोई अन्तर नहीं लगा। वह निरुद्देश्य ही सोच उठा कि वह छवि को छोड़कर उसके बारे में कुछ भी नहीं जानता। छवि के अन्य भाई-बहन हैं, कभी उसने उल्लेख नहीं किया, पर लाड़ली अकेली बेटी-सा भी आचरण छवि का न था। इस समय, साँझ के धुँधलके में, भाभी के कमरे के आत्मीय वातावरण में बैठकर चाय पीते हुए अक्षय को अपनी उपस्थिति स्वयं असह्य, असंगत लगने लगी। उसने अपने इन विचारों को जकड़कर बाँध दिया और वह छवि को देखने लगा। छवि कुछ उदास हो आई थी, कुछ खो-सी गई थी। ''अरे–तुम दोनों तो एकदम चुप हो गए।'' भाभी ने उस लम्बी चुप्पी को तोड़ा।

''यह वर्षा का सीजन ही ऐसा है, बहुत डिप्रेसिंग।'' अक्षय ने कहा।

''और फिर यहाँ की लम्बी, ख़ाली शामें। न कुछ पीने को, न दिल बहलाने को। अक्षय बाबू, आपके लिए दवा खोजनी पड़ेगी, कुछ रंगीन, कुछ चटपटी।''

अक्षय ने पाया, भाभी की इस बात पर छवि के होंठ थोड़ा-सा हिलकर रह गए। फिर उसने अक्षय को देखा, पर अक्षय की तौलती-सी दृष्टि अपने पर पा वह लजा गई।

"हाँ अक्षय बाबू, दवा खोजनी पड़ेगी। अगर साथ में मेरे लिए देवरानी ले आते तो मेरा सिर-दर्द कम होता। अब उसे खोजने में कितनी दिक़्क़त उठानी पड़ेगी मुझे, यह तो बताओ ?"

मिसेज़ शुक्ला की इस बात पर न छवि ने कुछ कहा, न अक्षय ने। भाभी ने दोनों को बारी बारी से देखा, फिर चाय छानने लगीं। उन दोनों के चेहरे दो प्रेमियों के-से नहीं थे, दो मित्रों के भी नहीं। वे अपने अन्तस्तल की गहराइयों में डूब गए थे। अक्षय के लिए भाभी, छवि, यह चाय पीने की क्रिया, छाया मात्र रह गई और वह चाय का प्याला पकड़े बैठा रह गया।

"और चाय ?" भाभी ने पूछा।

"नहीं।" प्याला रख अक्षय उठ खड़ा हुआ और उन दोनों से आज्ञा ले अपने कमरे में चला आया। उसने अपने रेकॉर्ड-प्लेयर पर बेथोवेन की एक सिम्फनी का रेकॉर्ड लगा दिया और चारपाई पर आड़ा होकर लेट गया। अक्षय अपने साथ पाश्चात्य क्लासिकल संगीत के चालीस रेकॉर्ड लाया था। रेकॉर्ड के कवर्स पर सुधीरा की हस्तलिपि में अपना नाम देखकर अभी भी आहत होने की क्षमता बाक़ी थी।

वह लम्बे दिन जो रेकॉर्डों के कैटेलॉग देखते हुए काटे गए थे, जो शामें नए ख़रीदे हुए रेकॉर्ड सुनते हुए बीती थीं, थर्डस्ट्रीट के बदरंगे वॉलपेपर वाले कमरे में संगीत के स्वर गूँजते थे और अक्षय सुधीरा के मुख पर भावविभोर एकटक ताकता था। कंसर्ट्स, ओपेरा, बैले—एकाएक अक्षय को सब अच्छा लगने लगा। कसी हुई काली ड्रेस और लम्बी, पतली हीलवाले जूतों में सुधीरा बहुत आकर्षक लगती थी।

कभी-कभी रात को फ़ोन बजता था। टाइपराइटर छोड़कर फ़ोन तक आने से पहले ही अक्षय सुधीरा के स्वर को सुनने की उत्कंठा से भर उठता था।

"अभी भी टाइप कर रहे हो ? टाइप फॉर अ ब्रेक। पास के अपार्टमेंट में लिजबेथ पार्टी दे रही है। छह बीयर लेते आना, काफ़ी होंगी।" रात के अँधेरे में पहाड़ी सड़कों की ऊँची-नीची उतराइयों पर सावधानी से ड्राइव करता हुआ अक्षय तब सुधीरा के बारे में ही सोचता था।

एक ऐसी ही पार्टी में उसका परिचय बीरू से हुआ। सुधीरा गिटार बजाकर जिप्सी गीत गा रही थी और बीरू अलग दीवार के सहारे उकताया-सा खड़ा था। अक्षय ने जाना, बीरू भी ट्रिनीडाड से आया भारतीय है। उसकी शिक्षा सुधीरा के साथ ही इंग्लैंड में हुई और दोनों के परिवार एक-दूसरे से परिचित हैं।

"आपसे मिलकर बड़ी प्रसन्नता हुई है। मैं कुछ दिन हुए ट्रिनीडाड से लौटा हूँ। क्रिसमस की छुट्टी में घर गया था। सुधीरा के फ़ादर ने आपका उल्लेख किया था," बीरू ने कहा।

सुधीरा का गीत समाप्त होने पर दोनों ने तालियाँ बजाईं। वह गिटार रखकर उनके पास आ खड़ी हुई, "तो तुम दोनों एक-दूसरे से परिचित हो गए। अक्षय, बीरू और मेरी पुरानी पहचान है। सेंट जेम्स में हम लोग साथ ही बड़े हुए। देखो, मदर ने यह सोने की चूड़ियाँ भेजी हैं।" वह अपने हाथ की चूड़ियाँ हिलाने लगी।

सुधीरा को कोई प्यार कैसे न करे ! अक्षय ने सोचा, बालिका और पूर्ण युवती—ऐसा

सम्मिश्रण था उसमें।

सुधीरा बीरू से मित्रों, आत्मीयों के बारे में पूछती रही और रह-रहकर चूड़ियाँ हिलाती रही।

कुछ देर में बीरू ने जाने के लिए आज्ञा माँगी और टैक्सी का नम्बर पूछा।

''तुम्हारी कार क्या हुई ?'' सुधीरा ने पूछा।

''मैंने नई जर्मन कार का ऑर्डर दिया है। लाल कनवर्टिबल कारमनगिया ! आने में कुछ समय लगेगा।''

''मैं भी जाने का इरादा कर रहा हूँ। कहाँ रहते हैं आप ? आपको घर तक पहुँचा दूँगा,'' अक्षय ने कहा।

बीरू ने धन्यवाद देकर यह ऑफ़र स्वीकार कर लिया।

''तुम साथ आओगी सुधीरा ?'' अक्षय ने पूछा, ''नया चैप्टर तुम्हें दिखाना चाहता था।''

''अक्षय आजकल एक उपन्यास लिख रहा है।'' सुधीरा ने बीरू को बताया।

''कल आऊँगी अक्षय। पार्टी के बाद सफ़ाई में सहायता करने का वचन दे चुकी हूँ।''

अक्षय को कुछ बुरा-सा लगा और कदाचित् इसीलिए वह बीरू के साथ होते हुए भी रास्ते-भर चुप रहा। पर अगली दोपहर जब सुधीरा गुलाबी छपी हुई साड़ी पहने आकर द्वार पर खड़ी हो गई तो अक्षय पिछली रात की आहत पीड़ा भूल गया। सुधीरा अक्षय के लिए लंच तैयार करने लगी और अक्षय किचन में कुर्सी पर बैठकर अपना लिखा अध्याय पढ़कर सुनाने लगा।

शाम को बीरू का फ़ोन आया। उसने रात्रि के भोजन के लिए सुधीरा व अक्षय को आमन्त्रित किया। सुधीरा को कपड़े बदलने के लिए अक्षय घर वापस ले गया और भोजन के दौरान अक्षय ने एकाएक महसूस किया, बीरू अच्छा है, बीरू भला है, कम बोलता है और उसकी कम्पनी बोरिंग नहीं है। सुधीरा रह-रहकर हँसती थी और उसके बुन्दे धीरे-धीरे हिलते थे। जब कभी उसके शरीर का कोई अंग अक्षय से छू जाता तो वह उसके सामीप्य की गरमाई से अभिभूत हो उठता। 'सुधीरा मेरी है, पूर्ण रूप से मेरी है।' सुधीरा की दीप्त काली आँखों में भी अक्षय ने अपनी ही भावनाएँ प्रतिबिम्बित होते पाईं। फिर लम्बे दिन। अक्षय दिन-रात अपनी पुस्तक समाप्त करने में जुटा था। शब्दों के बाद शब्द गुँथते चले जाते थे और उपन्यास के पात्र बड़े पुराने परिचित, हर क्षण के साथी बन गए। सुधीरा उन दिनों अत्यन्त धीर, सहिष्णु हो गई थी। कभी-कभी आकर अक्षय का कमरा ठीक कर जाती, कभी खाने के लिए कुछ लाकर किचन में रख जाती। 'सुधीरा को' उपन्यास की समाप्ति पर अक्षय ने समर्पण लिखा था। एक नए उपन्यास की रूपरेखा जन्मने लगी थी।

वह उपन्यास कभी नहीं लिखा गया।

''अक्षय बाबू।'' भाभी ने कमरे के बाहर से कहा।

''हाँ।'' अक्षय ने उत्तर दिया। बेथोवेन की सिम्फनी अन्त पर थी। और, भाभी ने अन्दर आकर कहा, ''हाय राम, मेरे तो कान फट गए ! जाने तुम्हें क्या अच्छा लगता है इस संगीत में ?'' अक्षय ने रेकॉर्ड-प्लेयर बन्द कर दिया।

''एक टेढ़ा काम तुम्हें सँभालना है,'' भाभी ने कहा।

''क्यों, क्या बात है ?''

"हम लोग आज सिनेमा जाना चाहते हैं, सेकंड शो में। ये तो सुनते ही मना कर देंगे। सो तुम्हें साथ चलना पड़ेगा।"

अक्षय एकाएक कुछ न कह सका। पर सेकंड शो में सिनेमा हॉल की भीड़ का सामना करने का विचार उसे प्रिय न लगा। "हम लोग कौन ?"

"छवि और मैं।"

अक्षय को लगा कि उसके द्वार के बाहर भी कोई है, जो अधीर प्रतीक्षा से उसका उत्तर सुन रहा है। फिर भी उसने कहा, "भाभी, हिन्दी फ़िल्म तो मैं देखता नहीं।"

भाभी चुप रह गईं। अक्षय जैसे दीवार के पार की दो उत्सुक आँखों का म्लान हो आना देख सका। उसने आगे कहा, "पर तुम्हारी ख़ातिर चला चलूँगा।"

भाभी प्रसन्न हो गईं। अक्षय जा रहा है, यह सुन अनिमन्त्रित शुक्लाजी भी जाने को तैयार हो गए। गुड्डी ने सिनेमा हॉल में शोर न मचाने का वचन दिया। भाभी ने व्यवस्था की, छवि को घर जाकर पिताजी से कहना है इसलिए अक्षय उसे लेकर पहले चला जाए। शुक्लाजी भाभी को लेकर सीधे सिनेमा हॉल पहुँचेंगे। अक्षय ने छवि की प्रतिक्रिया जानने के लिए उसकी ओर देखा, पर वह चुप रही। अक्षय तैयार होने के लिए कमरे में चला आया। सफ़ेद कमीज़ और हल्के ग्रे डैकरॉन की पतलून पहनकर बालों में कंघा फेरते हुए उसने अपने को एक पल निश्चल खड़े होकर देखा। उसका चेहरा इस समय गम्भीर था, आँखें गहरी और प्रच्छन्न। न चाहते हुए भी उसे वे लम्बी, सुनहरी पतझर की दोपहरें याद आ गईं, जो उसने सुधीरा के साथ बिताई थीं। सुधीरा का शरीर भी उन दोपहरों की भाँति उष्ण और स्वर्णिम था। उसकी उँगलियाँ धीरे-धीरे अक्षय के चेहरे को छूती थीं और डूबते सूरज की रोशनी बदरंगे वॉलपेपर वाले कमरे में भर जाती थी। अक्षय का चेहरा तब शान्त दिखता था। सुधीरा के जाने के बाद अक्षय टाइपराइटर खोलकर बैठ जाता था और उँगलियाँ उस पर तेज़ी से दौड़ती थीं। उसके मन में गहरी शान्ति रहती थी और अगली दोपहर के लिए साँस साधकर प्रतीक्षा।

अक्षय को अपनी पुस्तक के जैकेट पर अपना चित्र याद आया—युवा, सेंसेटिव, गम्भीर। इस समय दर्पण में प्रतिबिम्ब कहीं अधिक प्रौढ़ व उदास लग रहा था।

अक्षय तैयार होकर बाहर आया और छवि चलने के लिए उठ खड़ी हुई। भाभी गुड्डी के बाल सँवार रही थीं। उनसे विदा लेकर दोनों सड़क पर आ गए। अब अक्षय चुप था और छवि भी। वातावरण आरम्भ करने को कोई भी उत्सुक न था। कहीं वह मौन उसकी नाराज़ी न लगे, यह सोच अक्षय ने कहा, "आज शायद पानी न बरसे !"

"मुझे वर्षा अच्छी लगती थी, पर इस बार न जाने क्यों ऊब गई हूँ," छवि ने कहा।

"पानी बरस भी तो लगातार रहा है," अक्षय ने कहा और फिर मुस्कराने लगा। छवि के प्रश्न-भरे नेत्र उसकी ओर उठे और प्रश्न होंठों पर काँपकर रह गया। वह दूसरी ओर देखने लगी और यह छोटा-सा पल अक्षय को बड़ा प्यारा लगा। छवि संकोचशील है, अपने इनहिबिशंस से बाहर निकलना चाहती है, पर उसकी चेष्टा में इतना बल नहीं है कि उन्हें लाँघ सके। और, इसी के साथ जुड़ा हुआ एक और विचार आया, छवि मुझे लाइक करती है।

उसने पास चलती छवि को देखा, लपेटी हुई साड़ी में भी उसका पूर्ण यौवन और उन रेखाओं की कमनीयता छिपी नहीं थी। अक्षय ने जाना कि उसकी त्वचा अत्यन्त कोमल,

स्निग्ध और उष्ण होगी। छवि का चेहरा लम्बा था, आँखें शान्त, पर होंठ अजन्ता के चित्रों की भाँति भरे हुए थे। छवि सुन्दर नहीं है, पर उसमें अपना एक विशिष्ट चार्म है, अक्षय ने सोचा। और, कई वर्ष बाद एकाएक अक्षय ने अपने अन्दर एक इच्छा को जागते पाया। एक उष्ण, स्वर्णिम शरीर को बाँहों में जकड़ने की तीव्र इच्छा।

अक्षय को एकटक अपनी ओर देखते पाकर छवि ने ग्रीवा मोड़कर उसे देखा और मुस्करा दी। उन शान्त और विश्वासपूर्ण आँखों के आगे अक्षय एक क्षण पहले के विचारों पर अत्यन्त लज्जित हो आया, पर छवि की हल्की मुस्कराहट वह सेतु थी जिसके सहारे वह उबरकर सुस्थ हो सका। छवि एक दोमंज़िले मकान के आगे रुककर फाटक खोलने लगी। अक्षय उसके साथ अन्दर आया।

''आप कुछ देर बैठेंगे ? पिताजी इस समय पूजाघर में होंगे। मैं जल्दी ही आऊँगी ?'' कहकर छवि क्षिप्र गति से अन्दर चली गई। घर के अन्दर जैसा सन्नाटा था, उससे अक्षय ने सहसा जाना कि पिता को छोड़कर छवि के परिवार में और कोई नहीं है। बैठक में बेंत का एक सोफ़ा व तीन-चार कुर्सियाँ थीं, बीच में एक गोल मेज़। दीवारें सफ़ेद और सूनी, कहीं एक भी चित्र नहीं। दरवाज़ों पर भूरे रंग के परदे थे, जिनसे कमरा और भी उदास लग रहा था।

छवि घर की सज्जा में रुचि क्यों नहीं लेती, अक्षय ने सोचा। यदि दीवार पर एक चित्र हो और मैचिंग परदे और एक स्टैंडर्ड लैम्प, तो कमरा कहीं अधिक अच्छा लगे। पर शायद छवि का ध्यान इस ओर नहीं गया है।

और, तभी छवि आकर द्वार पर खड़ी हो गई। उसने इस बीच बाल सँवारकर छपी हुई साड़ी पहन ली थी। एक हाथ किवाड़ पर टिकाए वह निश्चल खड़ी हो, अक्षय को सीधी दृष्टि से ताकने लगी।

''मैंने नौकर को रिक्शा लाने के लिए भेजा है, तब तक आप कुछ पिएँगे ? चाय, कॉफ़ी ?''

''नहीं छवि, धन्यवाद।''

छवि आकर एक कुर्सी पर बैठ गई और उसकी उँगलियाँ बटुवे की डोरी से खेलने लगीं।

''इस साड़ी को मैंने तुम्हें पहले पहने नहीं देखा है, तुम्हें सूट करती है।''

छवि के चेहरे पर मन्द मुस्कान की आभा झरने लगी।

''मिसेज़ शुक्ला ने यह साड़ी मुझे दी थी, मुझे अच्छी लगी थी।''

''ओऽ,'' अक्षय ने जान लिया कि यह साड़ी उसी की लाई हुई है। वह हँसने लगा।

''अच्छा छवि, तुम्हें पेंटिंग्स में रुचि है ?''

''मैंने कभी उधर ध्यान नहीं दिया।''

''मेरे पास कुछ पेंटिंग्स के प्रिंट हैं। अगर तुम चाहो तो एक ले सकती हो,'' अक्षय ने कहा। छवि की आँखें विस्मय से भर उठीं। फिर उसने सोचते हुए कहा, ''हूँ ? अच्छा मैं किसी दिन आकर देखूँगी।''

बाहर रिक्शा रुका और छवि उठ खड़ी हुई : ''चलिए, रिक्शा आ गया।''

अक्षय को लगा, छवि उसके मौन और विरक्ति की आदी हो गई है। पर उसके द्वारा अपनी प्रशंसा सुन, समझ नहीं पाती कि वह क्या करे !

रिक्शे पर छवि सिमटकर बैठ गई, जैसे उसने सहसा जाना कि रिक्शे जैसी सवारी पर बैठकर औपचारिकता निभाना सम्भव नहीं। सड़क के गढ़ों से हिचकोला खाकर जब अक्षय का शरीर उससे छू जाता तो वह कोने में सिमटने लगती। अक्षय उसकी हर चेष्टा को बारीकी से देख रहा था, उसे पहले हँसी आई, फिर पुरुष के अयासित स्पर्श पर उसका लाजवन्ती-सा सिमट जाना उसके मन को बड़ा प्यारा लगा।

"छवि, तुम्हें मालूम है कि भारतीय स्त्रियाँ विदेश में बहुत सुन्दर मानी जाती हैं ?"

"अच्छा !" छवि ने आश्चर्य में भरकर पूछा।

"हाँ, मेरे एक मित्र ने पूरी गर्मी दिल्ली में खुली बाँहों को देखते हुए काटी थी। उसका कहना था कि तेहरान से लेकर टोकियो तक की यात्रा में भारतीय स्त्रियाँ ही सुन्दरता में अग्रिम थीं।"

"और आपको, पाश्चात्य युवतियाँ कैसी लगीं ?" छवि ने पूछा।

"जब तक पता नहीं था, तब तक उनके सुनहरे बाल अच्छे लगते थे। पर कुछ महीने बाद मालूम हुआ कि प्रायः वह सुनहरा रंग, हेयर-ड्रेसर की कुशलता मात्र थी।"

छवि हँसने लगी, "आपने वहाँ भारतीय फ़िल्में तो कम ही देखी होंगी ?"

"हाँ—मुश्किल से दो। पर यूरोपीय फ़िल्में बहुत देखता था। विशेषकर इटालियन और स्वीडिश। वहाँ बहुत ही डेयरिंग प्रयोग किए जा रहे हैं, जबकि हम अभी भी वही आँसू-भरे गीत गा रहे हैं।"

"बस—अब आप भी औरों की तरह बात करने लगे।"

अक्षय हँसने लगा, "हमारी फ़िल्में अफ्रीका व मिडिल ईस्ट में बहुत पॉपुलर हैं।"

"देखिए, आप आए हैं तो फ़िल्म को बहुत बुरा-भला न कहिएगा। नहीं तो मिसेज़ शुक्ला को अच्छा न लगेगा।"

अक्षय ने छवि की उल्लसित, तरल, कोमल दृष्टि से अभिभूत होकर कहा, "मैं वचन देता हूँ।" और एक बार फिर छवि के काले चिकने बाल, रोली की बड़ी-सी बिन्दी और निस्पन्द पंखुड़ियों-से होंठ देखते हुए वह स्वयं अपनी कामना के तीव्र वेग से आशंकित हो उठा।

शुक्लाजी वहाँ पहले ही पहुँच गए थे। रिक्शेवाले को पैसे देकर अक्षय उनके पास आ गया। गुड्डी गोल-गोल आँखों से पोस्टर देख रही थी और भाभी छवि से बातें करने में व्यस्त हो गई थीं। अक्षय अपने पाइप में तम्बाकू भरने लगा, छवि कभी-कभी उसकी ओर देख लेती; और उस दृष्टि में अब दूरी नहीं थी।

पहले शो की समाप्ति पर अक्षय को छोड़ वह लोग अन्दर गए। गुड्डी भाभी और छवि के बीच में बैठकर, पौटैटौचिप्स खाने लगी। अक्षय पाइप बुझाकर जब तक अन्दर आया, तब तक न्यूज रील प्रारम्भ हो चुकी थी। एक किनारे छवि के पास कुर्सी ख़ाली थी। अक्षय उस पर बैठ गया। कुछ देर बाद उसने बाईं बाँह से छवि का कन्धा घेर लिया और छवि बिना प्रतिवाद किए उसकी ओर झुक आई।

अक्षय काफ़ी रात गए घर लौटा। अन्दर बरामदे में कुर्सी पर बैठी भाभी को देखकर वह चौंक गया।

"तुम अभी तक सोईं नहीं ?"

“नींद नहीं आई। सोचा कि गुड्डी की फ्रॉक में बटन टाँक लूँ।”

“मुझे छवि के फ़ादर ने रोक लिया,” अक्षय ने सहज स्वर में कहा, “काफ़ी इंटरेस्टिंग हैं।”

“ख़ाक इंटरेस्टिंग हैं।” भाभी बोलीं, “बीवी को कुढ़ा-कुढ़ाकर मार डाला। बेटी जवान हो गई है, पर उसकी शादी की चिन्ता नहीं। शाम को पूजाघर से निकलते हैं और बोतल लेकर बैठ जाते हैं।”

“बहुत आग्रह कर रहे थे। पर मैंने मना कर दिया। कुछ बुरा-सा मान गए।”

भाभी ने पूछा, “पर वहाँ, अमरीका में तो पीते होंगे तुम ?”

“पर यह अमरीका तो नहीं है भाभी। फिर मैंने सोचा कि शायद मेरा कुछ पीना छवि को अच्छा न लगे।”

भाभी ने हाथ रोक दिए। फ्रॉक को गोद में पड़ा रहने देकर उन्होंने कुछ हिचकते स्वर में पूछा, “अक्षय बाबू, अच्छा, तुम्हें छवि कैसी लगती है ?”

अक्षय असमंजस में पड़कर चुप रह गया। उसे घर के बाहर निकलकर द्वार तक विदा देने आई छवि की मुख-मुद्रा याद आई। एक बार काँपकर फिर अपनी बाँहों में निश्चल हो आना और उसके गीले, कोमल अनछुए होंठ।

और, इसके साथ ही एक और प्रतिच्छाया, सुधीरा ! भाभी ने उसके इस छोटे-से मौन को लाँघकर कहा, “सुन्दर तो वह नहीं है, पर उसका शिष्ट, भला स्वभाव तुमसे छिपा नहीं है। प्यार के लिए तरसती रहती है। बड़ा भाई शादी कर अलग हो गया है। कभी पूछता नहीं। और तुम भी अब नॉर्मल तरीक़े से ज़िन्दगी बिताओ, साल-पर-साल निकलते जा रहे हैं।”

“मुझे घर से निकालना चाहती हो भाभी ?”

“नहीं अक्षय बाबू,” भाभी गम्भीर हो आईं, “तुम जब से लौटे हो, मुझे हर समय तुम्हारी चिन्ता लगी रहती है। तुम पहले से बहुत ज़्यादा बदल गए हो। जैसे तुम्हारे अन्दर कहीं कुछ बड़ी बेचैनी, तिलमिलाहट है...तुम घंटों कमरा बन्द किए पड़े रहकर रेकॉर्ड सुना करते हो। कई-कई दिन निकल जाते हैं और तुम मुँह नहीं खोलते। मैं चुपचाप देखती हूँ और मन में सोचती हूँ कि ऐसा क्या है जो तुम्हें साल रहा है ? तुमने जब वहाँ से चिट्ठी लिखी कि एक लड़की से शादी करनेवाले हो, तो हम दोनों को बड़ी खुशी हुई। पर फिर कई साल बीत गए और तुमने एक पंक्ति भी नहीं लिखी। फिर एक दिन बिना सूचना दिए लौट आए।”

अक्षय के मन में दुख उमड़ने लगा। काश, भाभी ने यह रात इन बातों को कुरेदने के लिए न चुनी होती। कितने, कितने समय के बाद आज अक्षय के मन पर गाढ़ा-गाढ़ा जमा हुआ अकेलापन कुछ कम हुआ था। पर भाभी ने बिना जाने फिर अतीत के गहरे, काले, अन्तहीन आवर्त में ढकेल दिया है।

क्या उससे कभी निष्कृति न होगी ?

बरामदे में चारों ओर अँधेरा है। कहीं कोई शब्द नहीं। बरामदे में प्रकाश का एक दायरा है, जिसमें भाभी बैठी हैं, उनकी गोद में गुड्डी की फ्रॉक पड़ी है। भाभी थकी-सी हैं पर उनकी आँखों में आत्मीयता है।

अक्षय पास की कुर्सी पर बैठ गया और अँधेरे में कुछ खोजने लगा। फिर उसने मुड़कर, धीर, प्रतीक्षित भाभी को देखा।

"उस लड़की ने आख़िरी समय पर अपना विचार बदल लिया। उसने कहा कि वह किसी और से विवाह करना चाहती है। उस दूसरे को वह बचपन से जानती थी।"

साँप की तरह से अँधेरा बल खाने लगता है। उस आघात का दर्द मिट चुका है, फिर भी अक्षय कुछ और न कह सका।

"और छवि ?" भाभी ने हल्के-से पूछा।

"छवि मुझे अच्छी लगती है। शायद तुम ठीक कहती हो। अपने अन्दर की उलझनों को भूलकर मुझे नॉर्मल तरीक़े से ज़िन्दगी बितानी चाहिए। शादी कर गृहस्थ बनूँ और टेक्स्ट बुक लिखना प्रारम्भ करूँ।" पर भाभी प्रसन्न होकर मुस्कराती नहीं, जैसे उनके हर्ष में कोई दरार पड़ गई हो।

अक्षय प्रिंट्स देखता है, पता नहीं, छवि को कौन-सा पसन्द आएगा ! फिर भी अगली शाम को वह तीन-चार प्रिंट्स लेकर छवि के घर गया। दरवाज़ा छवि ने खोला और उसे देख वह जिस प्रकार लजा गई उससे अक्षय ने जान लिया कि उसकी स्वीकृति भाभी ने छवि तक पहुँचा दी है।

"आइए," कहकर छवि ने दरवाज़ा पूरा खोल दिया, "पिताजी अभी-अभी पूजा पर बैठे हैं, कुछ समय लगेगा।"

"तुम्हारे लिए प्रिंट्स लाया हूँ," अक्षय ने कहा। छवि ने बैठक की बिजली जला दी और अक्षय ने प्रिंट्स कुछ तिरछे कर सोफ़े के सहारे टिका दिए।

कुछ दूर खड़े होकर, उन्हें देखते हुए छवि ने कहा, "मैं तो पेंटिंग्स के बारे में कुछ जानती नहीं।"

"तुम्हें जो सबसे अच्छा लगे, वह चुन लो।" अन्त में छवि ने ब्राक का जो सी-स्केप चुना उससे अक्षय को बहुत आश्चर्य हुआ।

"मुझे इसमें ग्रे और नावों का ब्लू अच्छा लग रहा है," छवि ने कहा।

अक्षय वहाँ अधिक देर तक न रुका। वह अन्य प्रिंट्स भी छवि के पास छोड़ आया। उसके अन्दर फिर एक बेचैनी जाग उठी थी।

फिर वर्षा बीत गई और नीले आकाश में सफ़ेद बादल तैरने लगे। इस बीच अक्षय छवि को बहुत कम देख पाया। वह अक्षय के सामने पड़ने से बचती-सी मालूम होती थी। अक्षय ने अपने को कभी-कभी उसके साथ बिताए जानेवाले भविष्य के बारे में सोचता पाया। तब छवि जानी-पहचानी स्त्री लगने की जगह एक अनजान छाया मात्र रह जाती थी। छवि घर की देखभाल अच्छी तरह करेगी, इसमें अक्षय को संशय न था, पर अपने अन्दर की जो उद्विग्नता है, उसे छवि का साहचर्य कहाँ तक दूर कर पाएगा ? पर तब तक अक्षय अपने को पूरी तरह कमिट कर चुका था, और अब अपने निश्चय से पीछे हटकर छवि को आघात पहुँचाने का साहस उसमें न था।

भाभी ने अपने को छोटे-छोटे कामों में उलझा लिया था। विवाह की तारीख नवम्बर में निकली थी। भाभी इस शुभ कार्य को टालना नहीं चाहती थीं। शुक्लाजी ने दूसरी मंज़िल बनवानी प्रारम्भ कर दी थी और ऊपर का फ़्लैट तैयार होने पर पहला ऑफ़र अक्षय को

मिलेगा, यह बात उन्होंने साफ़ कर दी थी। कभी-कभी वह अक्षय से राय ले लेते, अलमारी कहाँ बने, खिड़कियाँ कैसी हों ? सारे दिन-रात मज़दूर खट-खट किया करते और ईंटों का चूरा नीचे झरा करता।

अक्षय के चारों ओर गतिविधि थी, पर वह इसके बीच अछूता खड़ा था। भाभी ने शादी की बात फैलाई नहीं थी, इसलिए इसकी चर्चा कहीं न थी। अक्षय दिन में कॉलेज जाता और शाम को अकेले टहलते हुए बिता देता। प्रायः वह टहलता हुआ दूर निकल जाता और अपने शरीर को शिथिल छोड़ देता। उस समय वह सायास अपने मस्तिष्क में कोई विचार न उठने देता। उसकी आत्मविध्वंसक प्रवृत्ति कम होती जा रही थी, पर उसकी जगह जैसा शैथिल्य छा रहा था, वह अक्षय को स्वयं स्वस्थ न लगता।

विवाह के एक सप्ताह पहले अक्षय बेतरह उद्विग्न हो उठा। कई रात से सोया न था और हर सुबह बेहद थका हुआ उठता। इतने वर्षों से वह जो बोझ अपने ऊपर लिए घूम रहा था, वह असहनीय लगने लगा। अक्षय ने जाना कि जो कुछ अब तक स्वयं स्वीकार न कर पाया, छवि से कह देना है। सबकुछ। हर डिटेल, हर बात। फिर निर्णय छवि का होगा।

उस शाम वह छवि के घर पहुँचा। उसे देखकर आश्चर्य हुआ कि द्वार पर रंगीन बन्दनवार लटक रही थी। घर के अन्दर कुछ बातचीत, कुछ चहल-पहल का शोर था। नौकर ने उसे पहचानकर सलाम किया और अक्षय ने छवि से मिलने की इच्छा प्रकट की। वह अन्दर नहीं गया। बाहर खड़ा एक नींबू की पत्ती तोड़कर उँगलियों में मसलने लगा।

कुछ देर में छवि बाहर आई। वह एक रंगीन, पर सादा साड़ी पहने थी। उसका चेहरा शान्त था और उसे देख अक्षय को बहुत बल मिला।

''तुम्हें बहुत दिनों से नहीं देखा, छवि, कैसी रहीं ?''

''ठीक हूँ। अन्दर आकर बैठें,'' उसने कहा।

''कुछ दूर टहलने चल सकोगी ? समय है ?'' अक्षय ने पूछा। उसने एक लघु पल को छवि को झिझकते पाया, फिर छवि ने कहा, ''मैं शाल लेकर अभी आई।'' शाल शायद बिलकुल नई थी। उसकी तहों पर गहरी लकीरें पड़ी हुई थीं। छवि शाल ओढ़कर बाहर निकल आई। उसका चेहरा संयत था, पर अक्षय को लगा कि जैसे वह कुछ घबरा उठी है। दोनों टहलते हुए कुछ दूर निकल आए।

''मौसम अब काफ़ी अच्छा हो गया,'' अक्षय ने कहा।

''जी हाँ।''

फिर मौन। हवा में आनेवाली सर्दी का सन्देश था। छवि ने नीचे सरकती शाल को कन्धे पर सँभाल लिया। सड़क अब दूर जाकर खेतों में खो गई थी। बरसाती नदी बिलकुल सूखी थी और अक्षय लकड़ी के पुल की रेलिंग से टिककर खड़ा हो गया। छवि ने रूमाल से थोड़ी-सी जगह झाड़ी और अक्षय की ओर मुख कर बैठ गई। अक्षय तुरन्त कुछ कहने को उत्सुक न था और छवि की मुद्रा से लगा कि जैसे वह सारी रात, सारी ज़िन्दगी, अक्षय की बात सुनने की प्रतीक्षा में काटने को प्रस्तुत है। तब अक्षय को अपना यह आचरण बहुत नाटकीय लग उठा। भरे घर से छवि को जिस प्रकार घसीट लाया है, उसे देख मेहमानों ने क्या सोचा होगा ! और, लौटकर छवि क्या उत्तर देगी ! अपने इस आचरण का मार्जन करते हुए अक्षय ने बहुत कोमल स्वर में पूछा, ''घर में कौन-कौन आया है, छवि ?''

"मुरादाबाद से बुआ बच्चों को लेकर आई हैं। भाईसाहब दो दिन बाद आएँगे।"

"तुम प्रसन्न हो, छवि ?"

अक्षय ने छवि को अपनी ओर एकटक देखते पाया। यह कैसा प्रश्न है ? फिर उसने पूछा, "और आप ?"

"मैं स्वयं नहीं जानता, छवि। कभी-कभी बहुत घबरा उठता हूँ। पर तुम पास होती हो तो सारे संशय दूर हो जाते हैं।" अक्षय ने अपने को कहते पाया और दूसरे क्षण अपने कथन की सत्यता ने स्वयं उसे झकझोर दिया। उसने झुककर छवि का हाथ अपने हाथ में ले लिया। उसकी उष्ण, पसीजी हुई-सी हथेली थामे हुए अक्षय को अपने पर आश्चर्य हुआ कि छवि जब हरदम इतनी निकट थी तब भी उसे संशय क्यों होता रहा ? छवि का हाथ पकड़कर वह उस रात की स्मृति का सामना कर सकता था...उस शाम पहले वर्षा हुई थी और फिर ठंड पड़ने से हर जगह बर्फ़ जम गई थी। सड़क पर मोटरें फिसल रही थीं और ऐसी रात में बीरू अक्षय की कार माँगने आया था। अक्षय उसे मना करते-करते रुक गया और चुपचाप कार की चाबी उसे दे दी। शायद बीरू को पता नहीं था कि सुधीरा ने सबकुछ अक्षय को बता दिया है, नहीं तो वह ऐसा सहज, स्वाभाविक मैत्रीपूर्ण व्यवहार न करता। बीरू के जाने के बाद अक्षय ने तुरन्त सुधीरा को फ़ोन किया और रेगुलेटर में एक ड्रिंक के लिए इनवाइट किया। सुधीरा ने कहा कि उसे हल्का-सा कोल्ड है, उस रात वह कहीं नहीं जाएगी।

अक्षय उसके बाद कमरे में न रुक सका। कोट पहनकर रेगुलेटर चला गया और बियर पीते हुए टेलीविज़न देखता रहा। रात को दो बजे थे या तीन, इसकी उसे सुध नहीं। जब वह सर्दी में घर लौटा तो कमरे में दो-तीन मित्र प्रतीक्षा कर रहे थे। अक्षय ने मस्तिष्क के कोहरे को भेदकर बात ग्रहण की, कार का एक्सीडेंट हो गया था। बीरू की तत्काल मृत्यु हो गई और सुधीरा बेतरह आहत हो गई थी।

सुधीरा ?

उसके बाद प्रश्न, उत्तर, सम्वेदना, मित्रों का उसके प्रति कोमल व्यवहार। सुधीरा की माँ कैलासी का सबकुछ भूलकर धीरे-धीरे रोना।

ज़िन्दगी-भर के लिए अपाहिज हो गई सुधीरा—बोलती नहीं, सुनती नहीं, केवल खुली हुई, सूनी, रिक्त आँखें।

फिर रात को चौंककर जाग जाना और सुधीरा की चीख़, कैलासी का धीरे-धीरे रोना। बर्फ़ पर रक्त के दाग़...

"चलो छवि, अब चलें। अँधेरा हो रहा है," उसने कहा। छवि उठ खड़ी हुई और दोनों पास-पास चलते हुए लौट पड़े। रंगीन बन्दनवार और नई ईंटों का चूरा। अक्षय जान रहा था कि वह छवि के साथ नई ज़िन्दगी आरम्भ कर सकेगा और कुछ अंश तक सफल भी होगा। पर एक पीड़ा उसकी अपनी है, बिलकुल अपनी; और उस पीड़ा का स्रोत है यह बोध कि वह यदि चाहता तो बीरू को बचा सकता था, क्योंकि उसे मालूम था कि कार के ब्रेक ठीक नहीं थे।

# चाँदनी में बर्फ़ पर

सारे दिन धूप खिली रही। ग्रीष्म में जहाँ झील का नीला पानी था, वहाँ अब दूर-दूर तक केवल जमी हुई बर्फ़ दिखाई देती थी और उस पर शाम तक बच्चे स्केटिंग करते रहे। अपनी स्टडी में आराम-कुर्सी पर बैठे-बैठे हेम घंटों उन्हीं को ताकता रहा था। दूर से बच्चों के लाल मोजे और फुन्देदार टोपियाँ ऐसी लगती थीं जैसे सफ़ेद बर्फ़ पर एक फुलवारी उग आई हो।

मीरा ने जब शाम की चाय का सामान ट्रे में लाकर स्टडी में प्रवेश किया तो हेम चौंक पड़ा। उसे समय की गति का पता ही न चला था। उसे मीरा का चेहरा कुछ थका-सा लगा। उसने मीरा को घर की सफ़ाई में आज सहायता करने का वचन दिया था, यह याद आने पर अपने को अपराधी-सा अनुभव करते हुए हेम ने मीरा की बाँह पकड़कर अपनी ओर खींच लिया और फीकी-सी हँसी हँसते हुए मीरा ने स्पष्ट ही बड़ी दृढ़ता से अपनी बाँह छुड़ा ली। वह उठी और खिड़की के पास जाकर खड़ी हो गई। "आज का दिन कितना सुहाना था ! धूप थी, पर ऐसा ताप नहीं कि बर्फ़ पिघल जाती।"—हेम को सम्बोधित कर मीरा ने कहा। वह जाकर मूढ़े पर बैठ गई और गहरे नारंगी रंग की चायदानी से प्यालों में चाय छानने लगी। यह चायदानी पिछले क्रिसमस पर मीरा के एक नारवीजियन मित्र ने उपहार में भेजी थी और मीरा उसे पाकर बहुत प्रसन्न हुई थी। तब से यह रोज़ ही प्रयुक्त होती आई थी। इस समय हेम ने एकाएक ही कहा—"कुछ दिन इस चायदानी को उठाकर क्यों नहीं रख देतीं, मीरा ! मैं तो इसके नारंगी रंग से पूरा ऊब गया हूँ।"

मीरा कुछ कहते-कहते रुक गई। उसने पलकें उठाकर हेम को एक छोटे-से पल के लिए देखा। हेम को वह दृष्टि उस माँ की-सी लगी जिसके छोटे बच्चे ने शैतानी पर कमर कस ली हो।

"रख दूँगी। पर टी-बैग की चाय तो तुम्हें अच्छी नहीं लगती।"

जैसे इन निरर्थक, उद्देश्यहीन बातों से थक आया हो, ऐसे हेम कुर्सी से सिर टिकाकर चुप हो आया। प्यालों से भाप निकलती रही और घर के अन्दर सन्नाटा छाया रहा।

मीरा दुखी या नाराज़ होने पर झगड़ा नहीं करती, चीख़ती-चिल्लाती नहीं, न जल्दी आँसू ही निकलते हैं। उसके आचार-व्यवहार से नहीं लगता कि वह हेम से नाराज़ है। हेम चाहता है कि कभी तो वह अपना क्रोध प्रदर्शित करे; बरतन उठाकर फेंके, हेम को भला-बुरा कहे। उससे कम से कम बीच का वातावरण तो साफ़ हो जाएगा। हेम के ऊपर यह घुटे-घुटे-से बादल तो न छाए रहेंगे।

मीरा को चाय अच्छी नहीं लगती, पर हेम का साथ देने के लिए आधा प्याला पी लेती

है। शुरू-शुरू में जब साढ़े चार बजे मीरा हेम के लिए चाय लाने लगी, तो हेम को यह बहुत सुखद लगा। पर अब चाहता है कि मीरा चाय रख दे और चली जाए। न जाने क्यों अकेले में उसके साथ बैठने में उसे कुछ उलझन-सी होने लगती है। सारा दिन काम-धन्धे में निकाल देता है। रात को भी वह देर तक पुस्तकों में अपने को उलझाए रखता है, और तब तक यदि मीरा जागती रही, तो 'बहुत थक गया हूं' कहकर वह मीरा की ओर पीठ फेरकर, तकियों में सिर गड़ा, आँखें मूँद लेता है। एक तरह से यह अच्छा ही है कि अँधेरे में मीरा के चेहरे का भाव दीखता नहीं।

हेम मीरा को दोष नहीं देता। दोनों के सम्बन्धों में जो ठंडापन आता जा रहा है, उसे मीरा लक्ष्य तो करती होगी। बात ही ऐसी है। दोनों के बीच सहज आलाप का जो निर्बाध स्रोत था, अचानक ही चुक गया है। पति-पत्नी हैं, इसलिए साथ रहते हैं, पर हेम में एक बेगानापन-सा घर करता जा रहा है। मीरा से यह विवाह क्षणिक आवेश में नहीं किया था। पूरे एक साल मीरा मन और विचारों पर छाई रही थी। और, विवाह के बाद लगा था कि जीवन में नए आयाम आ गए हैं। ऐसा भरा-भरापन-सा था। और, वह मीरा के साथ सुखी भी है। इस समय मीरा के चेहरे को ताकता हुआ हेम मन ही मन अपने से कहने लगा कि यह मनःस्थिति उसकी अपनी बनाई हुई है। मीरा से उसके सम्बन्ध अब भी उतने ही सहज, मधुर, प्रीतिकर हैं। इसी विचार के वशीभूत हो, वह उठ खड़ा हुआ और मीरा के पास जाकर, उसके कन्धों को हाथों से पकड़कर दबाता हुआ बोल उठा—''मेरी !''

मीरा के चेहरे पर विस्मय दौड़ गया। उसके मित्र तथा परिवारवाले, सभी उसे 'मेरी' कहकर बुलाते हैं, पर हेम ने शायद ही कभी उसे मेरी कहकर पुकारा हो। वह हेम को एकटक देखने लगी। हेम ने झुककर उसके माथे पर होंठ रख दिए और कुछ झेंपा-सा उसकी ओर से मुड़कर खड़ा हो गया। अन्त में मीरा ने ही उसे इस कष्टदायक स्थिति से उबारा। चाय के बरतन समेटती हुई वह उठ गई और जाते-जाते कह गई—''मैं अब तैयार होने जा रही हूँ; कुछ काम से बाहर जाना है।''

उसके चेहरे या स्वर से हेम बिलकुल न जान सका कि अपने को मेरी पुकारा जाना उसे कैसा लगा। फिर हेम स्वयं ही तर्क कर उठा, नाम और परिधान बदल लेने से ही वह मेरी से मीरा थोड़े ही हो जाएगी। रहेगी तो वह अमरीकी ही। पूरी गर्मी-भर उसने लेक मन्दोता में स्नान कर अपने शरीर को धूप में सेंका था। जैसे-जैसे उसका स्वच्छ उज्ज्वल चेहरा ताँबई होता गया था, उसने हेम के मुख से मुख सटाकर कहा था—''देखो, तुमसे सिर्फ़ एक शेड उजली हूँ। जल्दी ही तुम-सी डार्क हो जाऊँगी।''

''मुझे तो तुम्हारा रंग जैसा है वैसा ही अच्छा लगता है—दूध-सा गोरा।''

''तुम भारतीय बहुत कलर कांशस हो।''

मीरा से तर्क में नहीं जीता जा सकता। उसने एक वर्ष बनारस में रहकर हिन्दी और पाली का अध्ययन किया है। काफ़ी घूमी भी है और भारतीय जीवन से अच्छी तरह परिचित है। जब बनारस गई थी, तो मेरी मेलनिक थी, कटे हुए बाल थे, स्कर्ट पहनती थी। लौटी तो अपने को मीरा कहती थी। साड़ी ऐसी सहजता से पहनने लगी थी जैसे सदा से यही वेषभूषा रही हो। अब भी साड़ी पहनकर वह सभी भारतीय स्त्रियों से अधिक सुन्दर दिखती थी और अगर हेम ने आग्रह कर उसे रोक न दिया होता, तो वह अपने कन्धे तक बढ़ आए

सुनहरे बालों को काला रँगवा लेती। अब वह मीरा कुमार थी और बाल सोने के तारों-से, आँखें नीली—ऐसी नीली जैसे कि ग्रीष्म में लेक मन्दोता का पानी।

हेम ने स्वीकारा कि इस विवाह में प्रत्यक्ष रूप से सारे त्याग मीरा ने ही किए थे। उसके माता-पिता मीरा से रुष्ट भी थे। मीरा को जहाँ अच्छा लगेगा, वहीं वह रहेगा, इस बात पर हेम राज़ी हो गया था, यद्यपि मन में छोटी-सी आशंका थी कि एक अध्यापक के वेतन पर मीरा भारत में कैसे रह पाएगी। जिस छात्रवृत्ति पर वह गई थी, उसमें उसे तीन सौ रुपए केवल ज़ेबख़र्च के लिए मिलते थे। उस समय हेम को एक पल के लिए भी एहसास न हुआ कि वह अपनी सत्ताईस वर्ष तक जी हुई ज़िन्दगी को मेरी मेलनिक के लिए काटकर फेंक दे रहा है।

मीरा तैयार होकर शयनकक्ष से बाहर आई और अलमारी में टँगा कोट निकालने लगी।

"मैं बाज़ार जा रही हूँ; तुम्हें कुछ चाहिए ?"

"एक डिबिया सिगरेट।"—हेम ने कहा।

जाड़ों में मीरा स्कर्ट पहनती है—ज़्यादातर मोटे ऊन की गहरे सलेटी रंग की स्कर्ट, भारी-सा स्वेटर या फिर ऐसी कसी हुई पोशाक जिसमें उसकी कटि और भी पतली लगने लगती है। इधर-उधर चलने पर स्कर्ट का घेरा धीरे-धीरे हिलकर मीरा की टाँगों को छूता है। इस समय उसने बालों पर सिल्क का स्कार्फ बाँध लिया था जिसके अन्दर उसके बाल व कान ढँक गए थे।

मीरा ने कोट पहनकर हाथों पर दस्ताने चढ़ाए और बाहर चली गई। कुछ देर में हेम ने कार स्टार्ट होने की आवाज़ सुनी और जाना कि मीरा जा रही है। शायद आज शाम की स्केटिंग पार्टी के लिए उसे कुछ सामान ख़रीदना हो। तब हेम को लगा जैसे सुबह से अनमने हो जाने के मूल में यही स्केटिंग पार्टी है। मीरा और वह, दोनों ही अन्तर्राष्ट्रीय संघ के सदस्य हैं। चाँदनी रात में लेक पर जब स्केटिंग करने का प्रोग्राम बना तो मीरा ने उसका समर्थन किया। क्योंकि घर लेक के पास है, इसलिए सब यहीं एकत्र हों और स्केटिंग के बाद गरमाने के लिए भी सब वहीं वापस आएँ, यह भी मीरा का ही विचार था। हेम को स्केटिंग नहीं आती। देर रात गए तक घर में हो-हल्ला भी उसे पसन्द नहीं। मीरा जैसे यह भूल गई। हेम खुलकर कुछ कह न सका, यद्यपि मन में वह ताव खाता रहा। क्लब का अध्यक्ष पियेर था—फ्रांस का एक विद्यार्थी और उस पार्टी की व्यवस्था के लिए वह कई बार मीरा से मिला, जो हेम को अच्छा नहीं लगा।

अपनी इस असमर्थता पर हेम को अब फिर क्रोध आ गया। उसने मीरा को इतनी स्वतन्त्रता दी ही क्यों ? पर साथ ही यह विचार कि मीरा पर प्रतिबन्ध लगा भी कैसे सकता है ? विवाह से पहले मीरा अपने नारंगी चायदानी भेजनेवाले मित्र के साथ वरमांट में स्कीइंग के लिए गई थी और कई दिन दोनों ने साथ-साथ यात्रा भी की थी। एक बार हँसी में पूछने की चेष्टा भी की कि उस यात्रा में केवल स्कीइंग ही हुई थी या और कुछ भी। मीरा ने प्रखर दृष्टि से उसे देखते हुए बात टाल दी थी।

हेम जब कभी भारतीय स्त्रियों के पातिव्रत या सतीत्व की बात करता, तो मीरा अपने छात्रावास की उस लड़की का हवाला देती जो विवाहित होते हुए भी सप्ताहान्त अपने प्रेमी के साथ बिताया करती थी। और फिर हेम स्वयं भी उसे कल्याणी के बारे में बता चुका था।

कल्याणी ! हेम के आगे एक स्मृति-रेखा उभरी और लोप हो गई। गंगास्नान के बाद घाट की सीढ़ियों पर चढ़ती हुई कल्याणी। आँखें उठाकर उसने घाट पर खड़े हेम को देखा और भीगी साड़ी की परतों में लजाकर सिमट गई। हेम ने धीरे से हँसकर जैसे उसकी लाज को सौ गुना बढ़ा दिया। कल्याणी के भागकर आड़ में हो जाने पर भी उस रात की याद, जो कुछ दिन पहले कल्याणी ने उसके साथ बिताई थी, हेम के मन में हिलारें-सी लेती रही।

मीरा कमरे की बत्ती खुली छोड़ गई थी जिसका प्रकाश हेम को खटक रहा था। हेम ने उठकर बत्ती बन्द की और एकाएक अत्यन्त उद्विग्न हो कमरे में कई चक्कर लगाए। उसने उठकर अपना कोट पहना और घर से बाहर निकल पड़ा। चलते-चलते एक पंक्ति लिखकर मीरा के लिए छोड़ गया–''घूमने जा रहा हूँ।''

सूरज डूबने के बाद सर्दी एकाएक बढ़ गई थी और झील की ओर से आती हुई तीखी हवा हेम का शरीर बेधने लगी। हेम तेज़ क़दमों से झील की ओर बढ़ चला और वहाँ पहुँचकर, कोट की ज़ेबों में हाथ डालकर उधर देखता रहा। गर्मी में उस पार क्या है, यह नहीं दिखाई देता, पर इस धुन्ध-रहित स्वच्छ साँझ में उधर हवाई अड्डे की रोशनियाँ दिखाई दे रही थीं। झील के उस ओर पड़ी बेंचें बर्फ़ से ढँकी हुई थीं। हेम कुछ देर खड़ा रहा और जब उसका शरीर ठंड से सुन्न होने लगा, तब वह मुड़कर कैफ़ेटेरिया की ओर चला गया। यूनिवर्सिटी की प्रत्येक प्रमुख बिल्डिंग से लेक मन्दोता अवश्य दिखाई देती है। हेम ने कॉफ़ी ली और एक कोने में बैठने जा ही रहा था कि उसकी दृष्टि एक मेज़ पर बैठे तीन भारतीयों पर पड़ी जिनमें से एक अविनाश भी था। एक अनजान प्रेरणावश वह उसी ओर बढ़ गया, ''हलो, अविनाश !'' उसने कहा।

पूरे कैम्पस के दो सौ भारतीयों में हेम की रेप्युटेशन अत्यन्त भारतीय-विरोधी के रूप में है। वह कभी छात्रसंघ की मीटिंगों, दीवाली या रिपब्लिक दिवस के उत्सव में नहीं जाता। उसे अपने पास आए देख अविनाश कुछ अचकचा गया, फिर बोला–''हेमन्त दा, आइए बैठिए।'' हेम ने कुर्सी घसीटकर बैठते हुए अपना परिचय दिया। अविनाश ने बताया कि उपस्थित जनों में एक किशोर वर्मा थे। कुछ सप्ताह पहले ही पटना से आए थे। दूसरे थे जैन, अविनाश के साथ ही गणित विभाग में थे। परस्पर अभिवादन के बाद एक छोटी-सी चुप्पी वहाँ छा गई। फिर अविनाश ने कहा–''आपको तो पता ही होगा, सुषमा का विवाह मार्च में हो रहा है।'' फिर उसने जैन और वर्मा को सम्बोधित करते हुए कहा–''हेम दा की चाची रिश्ते में मेरी बुआ हैं।''

''साहब, कमाल है ! इतनी दूर आकर भी आप सम्बन्धी निकल आए !'' जैन ने कहा।

''मेरे यहाँ आ पाने का श्रेय हेम दा को ही है। यहाँ से सारे फ़ॉर्म और सूचना भी इन्होंने ही मुझे भेजी थी और इन्हीं के प्रयत्नों से मैं यहाँ आ पाया।''

हेम को लगा कि अविनाश एक साल में ही बदल गया है। उसमें बहुत कांफ़िडेंस आ गया है। अविनाश को उसने चाची के अनाथ होने पर मेधावी भतीजे के रूप में जाना था। हेम पर अविनाश की जो श्रद्धामिश्रित भक्ति थी, उसी के कारण अविनाश के भारत से आने में हेम ने सहायता की थी। पर अविनाश के आने पर उसकी नवविवाहिता पत्नी को देखकर हेम अवाक् रह गया था। वह कल्याणी थी। कल्याणी, जो बचपन से तीन बड़ी बहनों व माता-पिता के साथ हेम के पड़ोस में रहती आई थी और सजातीय होने के कारण

घर में खूब आना-जाना था। हेम की मँझली बहन सुषमा से उनकी घनिष्ठ मैत्री थी।

कल्याणी—गठा, गेहुँआ शरीर, झँपी-सी आँखें, होंठों के कोने थोड़े-से उठे हुए। विदेश आने पर कल्याणी के मुख की स्मृति धूमिल पड़ गई थी। मीरा के परिचय और निकट सम्पर्क ने उसे थोड़ा-सा और पीछे ठेल दिया। उसके विवाह से कल्याणी के मन को बहुत ठेस पहुँचेगी, हेम यह जानता था पर उस समय मीरा कुछ ऐसी सम्पूर्णता से हेम के मन और विचारों पर छाई थी कि कल्याणी के दुख का ख़याल देर तक नहीं रहा। कल्याणी का विवाह कहीं न कहीं हो ही जाएगा, यह सम्भावना मन में थी। बड़ी तीनों बहनें कल्याणी के पिता ने किसी न किसी तरह पार लगाई थीं, फिर कल्याणी तो सबसे अच्छी थी। रेलवे में कोई बाबू या सेक्रेटेरियट में कोई क्लर्क उसके पिता ढूँढ़ लेंगे और आर्टिफ़िशल सिल्क की साड़ी से आँखें पोंछती हुई कल्याणी ससुराल चली जाएगी।

कल्याणी का विवाह अविनाश के साथ हुआ है और वह उसके साथ यहीं आ पहुँची है, यह देख हेम ने अपने को थोड़ा-सा अपमानित-सा अनुभव किया। मीरा के साथ रहते हुए भी कभी कल्याणी का ख़याल आता भी, तो उसी रूप में जैसे कि वह उसे छोड़कर आया था; कि वह सादा-सी साड़ी पहने अपने आँगन में खड़ी है; आँखें उदास, रुलाई रोकते हुए भिंचे होंठ और अन्दर कमरे में रेडियो खूब ज़ोर-ज़ोर से बज रहा है।

यह शादी चाची ने ही करवाई होगी। आने के बाद अनिमन्त्रित ही अविनाश कल्याणी के साथ हेम के घर मिलने आया था, यद्यपि हेम ने मीरा को नहीं बताया कि अविनाश की पत्नी ही उसकी प्रेमिका रह चुकी है। कल्याणी पूरी शाम चुप बैठी मीरा को एकटक ताकती रही। कभी-कभी हेम से दृष्टि मिल जाती, पर वह दृष्टि भावशून्य होती। वह सफ़ेद सिल्क की मामूली साड़ी पहने थी, गले में पतली-सी चेन, कानों में सोने के टॉप्स। उस शाम वह हेम को बहुत साधारण लगी थी और मन में थोड़ा-सा आश्चर्य भी हुआ था कि क्या कभी इसी लड़की की अदम्य चाहना मन में बसी हुई थी !

"सुषमा का विवाह ?" हेम ने दोहराया।

"हाँ, कल्याणी के पास पत्र आया था।"

कितने अधिकार व अपनत्व से अविनाश ने कल्याणी का नाम लिया था।

पर फिर हेम का ध्यान सुषमा के विवाह पर केन्द्रित हो आया और उसने पूछा—"सुषमा का ख़त था ?"

"नहीं, सुषमा तो नहीं लिखती; चाची ने लिखा था। मार्च में विवाह है।"

"और कुछ ?"

"और तो कुछ नहीं।" अविनाश ने कहा।

हेम एकदम निःशक्त हो आया। उसे लगा कि भारत में उन सब लोगों ने जीवन से उसे किस पूरी तरह निकाल फेंका है ! पिता ने विवाह की स्वीकृति देने की बजाय लिख भेजा था—"आज से मेरी चार सन्तानों में तीन ही रह गईं। एक बेटा था, वह मर गया।" हेम ने यह न जाना था कि वह अपनी बात पर ऐसे दृढ़ रहेंगे। माँ ने छिपाकर ख़त लिखा था—बहुत मिन्नतों और आँसुओं से भरा हुआ। उसमें यह भी उल्लेख था कि यदि हेम की इच्छा होगी तो कल्याणी से ही विवाह कर देंगे, पिता को वह समझा-बुझा लेंगी, पर वह लौट तो आए।

कल्याणी की ओर से पूरी तरह मौन रहा। हेम को पत्र लिखने का अवसर उसे कम मिलता था। पहले कभी-कभी सुषमा के पत्र में ही दो पंक्तियाँ लिख देती थी—कैसे हो ? कब लौटोगे ? बाद में सुषमा के पत्र भी आने बन्द हो गए और उसी के साथ दो उज्ज्वल, भावाकुल नेत्रों की प्रतीक्षा भी।

तब हेम ने बैठकर माता-पिता को सम्बोधित कर, एक लम्बी चिट्ठी लिखी जिसमें उसने उन्हें यह समझाने का प्रयत्न किया कि उसके जीवन में मेरी मेलनिक नाम का कुछ ऐसा अनहोना घट गया है, जिसे वह अपने से काटकर दूर नहीं रह सकता। बहुत सम्भव है कि वह पत्नी को लेकर वापस लौट आए। आख़िर मेरी भारत से परिचित है। पर यह लिखते हुए उसके सामने बरेली का मकान घूम गया—छोटे-छोटे तीन कमरे, पीले रंग का पुता हुआ चौका, बरामदे में मद्धिम रोशनी का बल्ब और फिर परिवार, झुके कन्धोंवाले पुराने काले कोट में कचहरी की ओर जाते वकील पिता, घर की धुली माँ की साड़ी और थकान-भरे चेहरे पर सरल वत्सलता और यह पत्र पढ़कर उसका चेहरा कैसा हो जाएगा, इसका भी पूरा बोध ! हेम की शादी का माँ के मन में कितना चाव था। हेम की बड़ी बहन के विवाहोत्सव पर प्रसन्नवदना माँ की याद आई। गोटे की साड़ी व लम्बे बुन्दों में उसका चेहरा कैसा मधुर और सन्तोषपूर्ण लगता था ! हेम ने उससे उसका यह चिरसंचित छोटा-सा स्वप्न भी छीन लिया।

कल्याणी को अविनाश की पत्नी के रूप में देखकर हेम को लगा कि अतीत से उसके सभी सम्बन्ध विच्छिन्न हो गए हैं। अब वह नितान्त अकेला है, पर उस समय वह अकेलापन बोझ नहीं लगा। एक प्रकार की मुक्ति की ही भावना हुई थी। उसे तब यह एहसास न हुआ था कि कल्याणी पड़ोस में रहनेवाली एक साधारण युवती न थी। कल्याणी से उसका अस्तित्व कुछ ऐसा बँध चुका था कि उसे जीवन से निकाल फेंकने से हेम के अन्दर बहुत कुछ अपना भी चूर-चूर हो गया। जिस अतर्कित, सम्पूर्ण भाव से कल्याणी ने अपने को हेम को दे डाला था, उसकी याद हेम को अब भी आँसती। पर अब तो कोई न बचा था। सुषमा का विवाह और हेम को सूचना भी नहीं ! हेम ने चाहा कि वह बुरा न माने, पर वह कोशिश करने पर भी इस बात को विचारों से निकालकर न फेंक सका। वह जानता था कि अन्य भारतीयों पर उसका इस बात का रोब है कि उसकी मीरा-सी पत्नी है, ठीक लेक के किनारे महँगा अपार्टमेंट है, नौकरी, प्रतिष्ठा, पर हेम के लिए यह जीवन कितना अलोना हो आया है ! इसे शायद मीरा भी नहीं जानती। और प्रायः वे चेहरे आँखों के आगे उभरने लगे थे जिनके बीच पलकर वह बड़ा हुआ था। कभी-कभी रात में आँख खुलने पर लगता कि वह बरेली में अपने कमरे में लेटा है और सुबह होनेवाली है, अभी कुछ ही क्षणों में पिता के खँखारने की आवाज़ सुनाई देगी या अभी कल्याणी की हथेली माथे पर आ टिकेगी। और, वह निस्तब्ध लेटा रहता कि कहीं आहट होने पर वह भाग न जाए।

जैन और वर्मा हेम की कॉफ़ी समाप्त होते ही उठ खड़े हुए। हेम भी उनके साथ ही उठा व सिगरेट निकालता हुआ मन में सोचता रहा कि कभी अविनाश को घर आने के लिए कहे या नहीं। कल्याणी को एक बार फिर देखने की तीव्र इच्छा मन में जाग उठी थी। अविनाश ने पूछा—"अभी घर जाएँगे ? यदि समय हो, तो कुछ देर के लिए मेरे यहाँ चले

चलिए। कल्याणी ने आपको कितने दिनों से नहीं देखा !''

''कुछ कहती थी क्या !'' बिना सोचे हेम पूछ बैठा।

''कभी-कभी कहती भी है कि एक शहर में होते हुए भी मिलना-जुलना नहीं होता।''

हेम को यह बात सुनकर अच्छा लगा।

अविनाश हेम के उत्तर की प्रतीक्षा में खड़ा था। उसकी मुखमुद्रा से यह स्पष्ट था कि उसे विश्वास नहीं है कि हेम के पास समय होगा।

''क्या अब भी वहीं रहते हो ?''

''नहीं, इधर जॉनसन स्ट्रीट पर चले आए हैं। वह मकान अच्छा नहीं था। पिछले जाड़ों भर कल्याणी बीमार पड़ी रही।''

जैन और वर्मा से विदा ले हेम अविनाश के साथ चल दिया। उसे अपना यह मुड़ना बहुत प्रतीकात्मक जान पड़ा। कल्याणी अब विवाहिता है, यह बात उसने भुला-सी दी थी। अब एक बार फिर हेम के शरीर में वही उत्कंठा-भरी चाहना जाग उठी कल्याणी के लिए। जैसे वह रात के अँधेरे में लेटा कल्याणी का इन्तज़ार कर रहा है और सम्पूर्ण हृदय से कामना कर रहा है कि कल्याणी आए। फिर दोनों छतों की नीची-सी मुँडेर पर हल्की-सी आहट होती है और हेम जान जाता है कि आज रात कल्याणी को फिर आने का अवसर मिल गया है। हेम को पढ़ने में सुविधा रहे, इसलिए छत की बरसाती कमरे के रूप में परिवर्तित कर दी गई है। उधर तीनों बहनों के विवाह के बाद कल्याणी घर में अकेली है। बूढ़े माता-पिता हैं जिन्हें कल्याणी की गतिविधि का पता नहीं चलता।

कल्याणी को छोड़कर विदेश आने पर पीछे मुड़कर इन बातों को याद कर हेम के मन में ढेर-सी ग्लानि भर जाती थी। पावन या पुनीत वह सब कभी न लगा था। अपराध की भावना दोनों में ही थी, तभी तो हर खटके पर कल्याणी चौंक-चौंक जाया करती थी।

जॉनसन स्ट्रीट पर अधिकतर पुराने मकान हैं। एक-एक इमारत में कई-कई फ़्लैट। गर्द-भरी अँधेरी सीढ़ियाँ चढ़कर वे तीन नम्बर के सामने पहुँचे। अविनाश ने दरवाज़ा खटखटाया।

दरवाज़ा खुला और अविनाश के साथ हेम को पहचानकर कल्याणी एक पल अवाक् खड़ी रह गई। फिर साड़ी खींचकर सिर ढँकते हुए वह मन्द स्वर में बोली—''आइए।''

अविनाश ने हेम का कोट लेकर टाँगते हुए कहा—''ज़रा चाय बनाना।''

''अच्छा।'' वह जल्दी से रसोई में चली गई।

यूनिवर्सिटी के आस-पास प्रायः ऐसे फ़्लैट पाए जाते हैं जिनमें अधिकतर एशियाई छात्र रहते हैं। अँधेरे उदास कमरे, बेमेल फ़र्नीचर, पुराना बदरंगा कार्पेट। ऐसा ही अविनाश का फ़्लैट था। मेज़ पर एक बहुत ही पुराने मॉडेल का टेलीविज़न लगा था जिसके स्क्रीन में दिखनेवाला चित्र रह-रहकर काँपने लगता था। मशीन की खराबी के कारण सभी व्यक्तियों के सिर चपटे, माथे तंग व टाँगें अत्यधिक लम्बी लग रही थीं। जब तक चाय आई, हेम उधर ही देखता रहा। कल्याणी ने चाय का सामान लाकर मेज़ पर रखा, टी-बैग प्यालों में डाले, फिर उबलता पानी डालने लगी। हेम तब उसे पूरी तरह देख पाया। चेहरा पहले से कुछ भर गया था, पर खिंची हुई भौंहों के नीचे आँखें वैसी ही उज्ज्वल थीं। यही नहीं, हेम ने उनमें एक बड़ी मधुर प्रीतिकर दृष्टि भी पहचानी। कल्याणी भी उसे उसी उत्सुकता से देख

रही थी। शायद वह भी यह जानना चाह रही हो कि हेम को वह सब याद है या नहीं। हेम ने कल्याणी के हाथों को फिर अपने हाथों में लेना चाहा। उसे लगा कि यदि कल्याणी का सान्निध्य एक बार फिर प्राप्त हो तो वह अपने को इतना पंगु, घायल, असहाय नहीं महसूस करेगा। कुछ समय से जो मूर्च्छित जड़ता, अभेद्य उदासी हृदय पर जमी है, वह कम होगी। हेम को आश्चर्य हुआ अपने पर कि उसने यह कैसे सोचा कि वह कल्याणी को भूल गया है।

पुराना यह सबकुछ हेम के मन में उमड़ने लगा और वह कल्याणी को अकेले में पाने के लिए छटपटा उठा। वैसे वह हाथ में चाय का प्याला पकड़े बैठा भी रहा और बातों में भाग भी लेता रहा, पर उसका मन बार-बार उसी पहली रात्रि को याद करता रहा जब कल्याणी नीली रेशमी साड़ी पहने और खूब शृंगार किए हुए, उसके लिए खाना लाई थी। कल्याणी की तीसरी बहन का उसी रात विवाह था। कुछ मेहमान हेम के घर भी ठहरे थे। एक दिन पहले तक हेम को ज्वर था और द्वाराचार में सम्मिलित होकर अपने कमरे में आकर लेट गया था और खुले हुए दरवाज़े से आकाश में छूटते अनार व आतिशबाज़ी को देखता रहा था ! पड़ोस में खूब धूमधाम और शोरगुल था। रात को कल्याणी उसके लिए खाना लेकर आई। हेम ने अब तक उसे सादे कपड़ों में ही देखा था, पर उस रात वह बड़ी चमकदार साड़ी पहने थी, कानों में लम्बे बुन्दे और गले में पुरानी चाल का हार, जिसके दाने हेम के सीने में गड़ते रहे थे। शायद वह भी यही याद कर रही हो। हेम ने कल्याणी को देखा जो कि चुप बैठी उसी को ताक रही थी। अविनाश जैसे उस कमरे में था ही नहीं।

फिर अविनाश आग्रह करने लगा कि जो कुछ भी भोजन तैयार है, हेम खाकर ही जाए। हेम ने कल्याणी को देखा और अनुभव किया कि शायद वह भी यही चाहती है। हेम ने स्वीकृति दे दी। कल्याणी रसोई में चली गई और उसके पीछे-पीछे अविनाश भी गया। जल्दी ही वह रसोई से निकला और खूँटी से कोट निकालता हुआ बोला—"कुछ देर के लिए माफ़ी दीजिए, हेमन्त दा, मैं अभी आया।" और चला गया।

दरवाज़ा बन्द होने का शब्द सुन कल्याणी रसोई की देहरी पर आकर खड़ी हो गई।

"कल्याणी !" हेम को अपना स्वर बहुत अस्वाभाविक-सा लगा। वह उठकर कल्याणी के पास जा पहुँचा और उसका हाथ छूते ही झिझक गया। कल्याणी सीधी, अनझिपी दृष्टि से उसे देखती रही। हेम के मन में जितनी उतावली थी, उतनी ही संकोचशील जिह्वा भी थी।

"कल्याणी !" हेम ने फिर कहा—"कल्याणी, मैं तुमसे अकेले में मिलना चाहता हूँ। मैं तुमसे बहुत बातें करना चाहता हूँ।"

"क्यों ?" कल्याणी ने पूछा।

"क्योंकि तुम...तुम हो कल्याणी, जिसे मैंने बरसों से जाना है..." हेम कहता-कहता रुक गया। कल्याणी के मुख पर विचित्र-सा भाव था।

"कहिए।"

"यहाँ ऐसे नहीं। क्या तुम कल मुझसे मिल सकोगी, कल्याणी ? अविनाश तो गणित विभाग में रहेगा न ?"

कल्याणी चुप रही। हेम अत्यन्त उतावली से भरकर बोला, "बताओ न कल्याणी, क्या कल मैं आऊँ ?"

“नहीं।” कल्याणी ने कहा, जैसे अन्तिम निर्णय सुना रही हो।

“पर क्यों ?”

“क्योंकि मैं नहीं चाहती।” कल्याणी ने कहा।

टेलीविज़न की आवाज़ उस सन्नाटे में एकाएक बहुत तेज़ लगने लगी।

हेम को अपना स्वर अरण्य-रोदन-सा लगा—“पर कल्याणी...” एक क्षण विवश खड़े रहने के बाद वह मुड़ा और अपना कोट झटके-से खूँटी से उतारता हुआ बड़े नाटकीय ढंग से कमरे से बाहर चला आया।

जॉनसन स्ट्रीट से घर पहुँचने तक हेम को कुछ देर लगी। दरवाज़ा खोलकर अन्दर जाते हुए वह जान गया कि स्केटिंग के लिए लोग आने लगे हैं।

“हेम ! कहाँ चले गए थे ?” मीरा ने कहा। उसने कपड़े बदल लिए थे। अब वह कसी हुई लाल रंग की स्की पैंट्स पहने थी और खूब मोटा-सा स्वेटर। सिर पर लाल ऊन की टोपी थी।

“आप हमारे साथ चल रहे हैं ?” पियेर ने पूछा। वह दीवार पर टिककर खड़ा था। उसके हाथ में जो गिलास था, उससे हेम को लगा कि शायद वह ब्रांडी पी रहा था। उसके मुख पर हमेशा बहुत सिनिकल-सा भाव रहता। उसके सामने पड़े हेम को आश्वस्ति-सी होती और यह लगता रहता कि पियेर मन ही मन उस पर हँस रहा है।

“मुझे स्केटिंग नहीं आती।” हेम ने कहा।

अन्य अतिथियों में कुछ जाने-पहचाने चेहरे थे। सभी गर्म कपड़ों से ढँके हुए थे।

“हेम !” मीरा ने मुँह पास लाकर कहा—“हेम, हम लोगों के लिए लौटने तक तुम वाइन तैयार रखोगे ?”

मीरा इस समय बहुत प्रसन्न दिख रही थी। उसकी आँखों में चमक थी।

हेम ने रूखेपन से कहा कि वाइन गरमाने का झंझट उससे नहीं होगा।

“हम लोग आकर प्रबन्ध कर लेंगे। हेम को क्यों तकलीफ़ देती हो !” पियेर बोला। फिर सब अपने-अपने स्केट्स उठाकर घर से निकले। मीरा ने हेम की बाँह पकड़कर कहा—‘हेम, लेक तक तो साथ चलो।”

हेम ने उसका सामान उठा लिया। वह और मीरा सबके बाद घर से बाहर निकले।

“तुम स्केटिंग सीख लो, तो बड़ा अच्छा रहे।” मीरा ने चलते-चलते कहा। वह हेम से सट गई। उनके आगे-आगे पियेर चल रहा था—अकेला चुप।

लोग लेक के पास पहुँचकर रुक गए, फिर झुककर जूते निकालकर स्केट पहने जाने लगे और लड़कियों की हँसी और चीख़ों से झील की शान्ति टूट गई। हेम खड़ा-खड़ा मीरा को देखता रहा। वह सँभलकर बर्फ़ पर उतर गई और फिर उसने बाँहें फैलाईं, एक बैलेरीना की तरह लोच गति लिए हुए वह दूर बर्फ़ पर फिसलती चली गई।

सलेटी रंग का दूर-दूर तक फैला आसमान, चाँद। घास या इमारतों पर जैसी उज्ज्वल चाँदनी होती है, वैसी झील की बर्फ़ पर नहीं, कुछ धुँधली मटमैली; किनारे एक आइसबोट का औंधा पड़ा हुआ ढाँचा, दूर एयरपोर्ट की बत्तियाँ। “चाँदनी में स्केटिंग करना अच्छा लगता है न ?” पियेर ने पूछा। मीरा और पियेर और लोगों से बहुत आगे निकल आए थे।

फिर पियेर ने दाईं बाँह मीरा की कमर में डाल दी और दोनों एक ही रिद्म पर घूमते रहे।

"मेरी, कल मुझसे मिलोगी ?" कुछ देर बाद पियेर ने पूछा।

"क्यों ?"

"ऐसे ही अकेले में तुमसे मिलना चाहता हूँ। तुम्हारे पति तो घर पर नहीं होंगे न ?"

"अच्छा।" मीरा ने कहा।

धम्म-से कोई बर्फ़ पर गिरा। नारी कंठ से निकली हँसी हेम तक आई। हेम ने कोट का कालर खड़ा कर गरदन ढँकी और घर की तरफ़ लौटने लगा।

# टूटे हुए

इस रात नींद नहीं आती। बिस्तर पर लेटा हुआ हूँ। वाई.एम.सी.ए. का छोटा-सा कमरा, सोलहवीं मंज़िल पर, बाहर की ओर एक खिड़की खोल देने पर लाखों-लाखों चमकती, झिलमिलाती, उजली, सफ़ेद, रंगीन बत्तियों का आलोक कमरे में छा जाता है। हर दो मिनट पर धड़धड़ाती हुई इलेक्ट्रिक ट्रेन पुल पर से निकल जाती है और उसके शोर में नीचे निरन्तर चलती हुई ट्रैफ़िक का रव दब जाता है।

मैं उठकर खिड़की के पास आ गया हूँ। हवा ठंडी है, दोनों बाँहें सीने पर बाँध मैं आगे झुककर बाहर देखने लगा हूँ। दूर बत्तियों के पार, अँधेरे का एक बड़ा-सा धब्बा है, मैं जानता हूँ कि वह द्रव अन्धकार निश्चल नहीं, वहाँ लहरें हर क्षण आ-आकर तट से टकरा रही हैं, उसके किनारे बैठकर मैंने जल-चन्द्रोदय देखा था, क्या वह आज की ही सन्ध्या थी ? महानगरी का कोलाहल, भाग-दौड़ पीछे छूट चुकी थी; मिशिगन सागर की ओर से रह-रहकर ठंडी हवा के झोंके आ रहे थे; मेरी दाहिनी बाँह के रोम रह-रहकर खड़े हो जाते। कुछ दूर ऊँचाई पर वीपिंग विलो का एक वृक्ष झुका-सा खड़ा था।

वह रेत पर लेटी थी। पैर फैलाए, कुछ लापरवाही से। साड़ी का किनारा नीचे से काफ़ी गन्दा हो गया था। फिर भी, उसने रेत व मिट्टी से उसे अलग करने की कोई चेष्टा न की। रेत पर उसने अपना कोट बिछा लिया था और उसके बालों ने आगे गिरकर माथे व बाईं आँख को थोड़ा-सा ढँक लिया था; वह एकटक आकाश को ताक रही थी।

उसका एक हाथ मेरे बहुत निकट आ गया। नाखूनों पर मटियाली पॉलिश थी। लम्बी, शिथिल उँगलियाँ। वह लेटी थी, मौन, बन्धनमुक्त, अलसाई-सी और सामने मिशिगन सागर था, पीछे शिकागो नगर और उस सुनहरी बालू पर दूर-दूर तक जन-समूह।

आज उसने कितनी बातें की थीं।

वह बोलती कम है। उसकी भाव-भंगिमा उसके विचारों को कभी-कभी प्रकट कर देती है। अधिकतर वह अपने को एक मौन रहस्य में लिपटा रखना चाहती है। पर आज; मुझे लग रहा था कि आज उसका बोलना चुकेगा नहीं, उसके अन्दर का कोई अवरुद्ध द्वार खुल गया था। मैं कुछ आश्चर्य से उसकी बातें सुनता रहा। उसमें कहानीकार की-सी सहज प्रवहमानता है। कई बार सोचा कि उससे कहूँ, पर उसकी विद्रूपता-भरी हँसी सहन न होगी।

मुझे यह भी डर था कि वह चुप हो जाएगी और फिर चुपचाप पड़ी-पड़ी उस खुले, धूप-भरे, नीले आकाश को ताकने लगेगी, और मैं उसकी आत्मीयता और निकटता के घेरे से निकाला जाकर एक बार फिर अपने को अपरिचित-सा महसूस करने लगूँगा।

''क्या सोचती हो, तब ?'' मैंने पूछा। अपने को क्रिया-कलापों से अचानक हटाकर आत्मलीन हो जाना उसके लिए बहुत साधारण है।

''कुछ नहीं। कुछ भी नहीं। मन तब ख़ाली पात्र-सा हो जाता है। एक ऐसा पात्र जिसके तल में एक बड़ा-सा छेद हो और एक बूँद पानी भी न टिक सके। कुछ भी न करने, कुछ भी न सोचने की ऐसी स्थिति में मैं एक ऐसी झील-सी बन आती हूँ जिसमें कहीं नन्ही-सी हिलोर भी नहीं उठती, जो काँच की तरह जमी हुई, निश्चल, सूने आकाश के नीचे बिखरी पड़ी हो।''

बालू भीगती जा रही थी ! पानी के ऊपर आकाश दहकता लाल हो आया था। वह कोट बिछाकर उस पर लेटी हुई थी, स्थिर, निश्चल झील-सी।

आकाश स्वच्छ था, कहीं बादल का एक टुकड़ा भी नहीं। बैठे-बैठे मेरे पैर सो गए थे। चाहता था कि मैं भी रेत पर लेट जाऊँ उसके समीप, पर साहस नहीं हुआ। अगर इतना दब्बू न होता तो ठीक रहता। स्मार्टनेस से ही काम बनता है। मैं अपनी सीमाएँ जान रहा था : भारत की एक कंजरवेटिव यूनिवर्सिटी का छात्र, कभी 'स्मार्ट सेट' का अंग नहीं रहा, अंग्रेज़ी नहीं बोली, कॉफ़ी हाउस में नहीं बैठा, रोमांटिक साहित्य नहीं पढ़ा। भाषा-विज्ञान का छात्र हूँ—रूखा, नीरस विषय। वह एक प्रमुख प्रोफ़ेसर की पत्नी है—कटे हुए बाल, ऊँची एड़ी के सैंडिल, स्मार्ट, कार चलाती है, गर्मी में सेल करती है।

मेरे आने के कुछ ही दिन बाद उससे परिचय हुआ था, हम दोनों एक ही जाति के हैं, एक ही शहर के, एक भाषा-भाषी।

तब वह कितनी प्रसन्न हुई थी।

मुझे आए थोड़े ही दिन हुए थे। आठवीं स्ट्रीट पर एक फ़्लैट में टिका हुआ था। एक साथी और था। सस्ता मकान था, पुराना, गन्दा, पर और कोई उपाय न था, साल-भर के कांट्रैक्ट पर हस्ताक्षर कर चुका था। बाक़ी सभी किराएदार भारतीय थे, दो पाकिस्तानी। सारे दिन हींग, नारियल के तेल और विविध मसालों की गन्ध गलियारों में मँडाराया करती थी।

एक दिन लाइब्रेरी से लौटकर देखता हूँ कि घर के आगे उसकी गाड़ी खड़ी है। लाल रंग की स्पोर्ट्स कार। घबरा गया, सोफ़े पर सोता था और जाने से पहले सारे कपड़े इधर-उधर बिखेर गया था। पहली प्रतिक्रिया हुई भाग खड़े होने की, पर मन कड़ा कर अन्दर गया। वह सोफ़े पर बैठी थी। मेरे कपड़े वहाँ नहीं थे, पास में ऊपरवाली मिसेज़ नायक बैठी थीं। मिसेज़ नायक के पति उसके पति के असिस्टेंट थे। वह चाय पी रही थी, उसके हाथ में जो चाय का प्याला था, वह साबुन का डिब्बा ख़रीदने पर मुफ़्त मिला था, मैचिंग प्लेट अभी नहीं थी।

वह मुझे देखकर बोली, ''इतनी-इतनी देर लाइब्रेरी में बैठे रहते हो, एक बार जो बीमार पड़े तो फिर पनप नहीं पाओगे।''

मैंने उत्तर में कुछ नहीं कहा, किताबें मेज़ पर रख कुर्सी खींचकर बैठ गया।

''तुम्हें खाने पर कई दिन से बुलाना चाहती थी। इस शनिवार को आ सकोगे ?''

''सिर्फ़ इसीलिए इतनी तकलीफ़ की ?'' मैंने कहा।

पहली बार लगा कि उसके यहाँ बैठने से कमरे का सारा शैबीपन फ़ोकस में आ गया है। अंगूर की बेलोंवाले छापे का हरा वॉलपेपर, धूल-भरे प्लास्टिक के परदे, ढीला-ढाला सोफ़ा।

वह उठ खड़ी हुई, प्याले को मेज़ पर रखती हुई बोली, ''तो शनिवार को मैं लेने आऊँगी।''

''नहीं, नहीं, मैं स्वयं आ जाऊँगा।''

''स्वयं नहीं आ सकोगे। काफ़ी दूर घर है, रास्ता भी आसान नहीं।''

''टैक्सी से...'' मैंने कहा।

''शनिवार को, छह बजे,'' उसने कहा, ''तैयार रहना।'' उसने अपना पर्स उठाया और चली गई। उसे दरवाज़े तक पहुँचाकर मैं वापस आकर कुर्सी पर बैठ गया।

मिसेज़ नायक अब भी बैठी थीं और काफ़ी प्रभावित-सी लग रही थीं। कल ही तो वह उसके और उसके पति के रहन-सहन के बारे में बता रही थीं। दो वर्ष हुए उन्होंने शहर के सबसे फ़ैशनेबल भाग में घर ख़रीदा है। कम ही प्रोफ़ेसर इतना कुछ अफ़ोर्ड कर पाते हैं। पर ये साधारण प्रोफ़ेसर नहीं, यदि कुछ वर्षों में इन्हें नोबेल प्राइज़ भी मिले तो किसी को आश्चर्य न होगा। पत्नी का वह बेहद ख़याल रखते हैं, उसे स्वतन्त्रता भी खूब दे रखी है। विवाह के बाद एक सन्तान हुई थी, जिसकी शायद मृत्यु हो गई थी, तब ये दोनों यहाँ नहीं थे, उसके बारे में कभी कोई ज़िक्र नहीं करता।

मिसेज़ नायक से पीछा छुड़ा मैं अन्दर बाग़ची के कमरे में गया। मेरी सभी चीज़ें उसकी चारपाई पर क़रीने से रखी हुई थीं। तौलिए, रात के कपड़े, मैले गिलाफ़ वाला तकिया, रोएँ उधड़ा हुआ कम्बल...।

यही मेरे जीवन का यथार्थ था जो उसके आगे अनायास खुल गया था।

मेरे मन में कुछ चुभने-सा लगा था। मेरी मजबूरियाँ यहाँ भी पीछा कर रही थीं। छात्रवृत्ति का आधा भाग घर भेज देता था, वहाँ माँ थी, गाँव में घर, विवाह-योग्य बहन, कॉलेज में पढ़ता भाई।

फिर अपने पर क्रोध हो आया। कमरा तो साफ़ रख सकता था, रात के कपड़े और गिलाफ़, तौलिए नियमित रूप से धोए जाएँ तो कम से कम साफ़ तो दिखेंगे।

सुबह से ही मैंने खूब सफ़ाई की। मकान-मालकिन से वैक्यूअम क्लीनर माँगकर फ़र्श साफ़ किया; एक-एक किताब उठाकर धूल पोंछी और पाँच बजे से ही कपड़े पहनकर तैयार हो गया।

इस अनजान प्रदेश में कोई भी निकट का नहीं। मित्र नहीं, कहीं आना-जाना भी नहीं होता, कभी-कभी खड़ा होकर पोस्टर पढ़ लेता हूँ...ओपेरा है, नृत्य, संगीत, फ़िल्में, भाषण, जीवन की कोलाहल-भरी नदी चारों ओर बह रही है, उसके बीचोबीच खड़ा होकर मैं तपस्वी-सा एकाग्र, अपने को तटस्थ रख रहा हूँ। जैसे भी होगा, ढाई साल में डॉक्टरेट लेकर लौटना ही है, क्योंकि घर है, माँ है, विवाह-योग्य बहन है और मन पर एक चेहरे की धूमिल छाप भी है। उसका नाम शशिबाला है। पढ़ रही है, साथ में मेरे लौटने की प्रतीक्षा भी कर रही है। अभी सम्बन्ध में केवल इतना ही है। मध्यवित्त पिता की पुत्री, मेरी माँ को पुत्रवधू के रूप में ग्राह्य है।

शशिबाला के बारे में सोचना चाहता हूँ। कुछ समय पहले एक सम्बन्धी की बरात में गया था, वहीं उसे देखा था। जो बीच में पड़े थे उन्होंने कहा, देख लो लड़की, वधू के पास जो नीली साड़ी पहने बैठी है, वही है। शायद उसे भी जता दिया गया होगा; मुझसे दृष्टि मिलने

पर वह लजाकर थोड़ा-सा मुड़ गई थी। साधारण रूप-रंग, दो चोटियाँ, नीली प्रिंट की साड़ी ! उसका लजाना अच्छा लगा। शशिबाला, तुमसे इतना ही परिचय है। तुम ध्यानरत होकर अध्ययन कर रही हो, मैं अपना कमरा साफ़ कर रहा हूँ, क्योंकि वह लेने आएगी।

पर वह अन्दर नहीं आई। छह बजने के काफ़ी देर बाद उसकी गाड़ी सड़क पर दिखी, बाहर ही से हॉर्न बजाकर उसने बुलाया। मैं जिस तेज़ी से बाहर झपटा, उससे शायद बाग़ची को आश्चर्य हुआ हो। उतनी नीची गाड़ी के अन्दर घुसने में थोड़ी-सी दिक़्क़त हुई। मेरे कुंडली-सी मारकर बैठने पर वह थोड़ा-सा हँसी। गाड़ी चलने पर साड़ी से पैर खुल गए, देखता हूँ, वह नंगे पैरों है। अपना आश्चर्य छुपा लेता हूँ। वह हल्के-से बादामी रंग की साड़ी पहने है। चेहरे में कोई अन्तर नहीं, कन्धों तक बाल, प्रसाधनहीन मुख। सड़क पहियों के नीचे फिसलती जाती है, पहले कैम्पस पीछे छूटता है, फिर शहर।

''अच्छी तरह हो ?'' वह पूछती है। स्वर में ढेर-सा बड़प्पन आ गया है।

''हाँ।'' मैं कहता हूँ, ''और आप ?''

''मुझे 'तुम' क्यों नहीं कहते ? मैं तो तुम्हें 'आप नहीं कहती। मैं बहुत बड़ी हूँ, इसलिए क्या ?'' कहकर वह अपनी बात पर स्वयं हँसती है। वह देखने से बीस-इक्कीस की लगती है, इससे अधिक तो बिलकुल भी नहीं। वह आयुहीन है, पचास वर्ष की होने पर भी ऐसी ही लगेगी, हल्की-फुल्की, चपल, युवा।

''सब कोई मुझे टीटी कहते हैं। तन्त्री त्रिपाठी नाम का संक्षिप्त रूप। साहित्य में रुचि माँ की देन है।''

घर आ गया है, अँधेरा हो जाने के कारण साफ़ नहीं दिखता। टीटी उतरकर खड़ी है, मेरी प्रतीक्षा में। मुझे उतरने में देर लगती है। टीटी के नंगे पैरों पर पत्थरों का स्पर्श मुझे पीड़ा-सी दे रहा है।

दरवाज़ा खुलता है; लम्बे गौरवर्ण का यह पुरुष उसके पति होंगे। वह परिचय कराती है।

वह मेरा कोट ले लेते हैं, और जब तक वह उसे टाँगते हैं, मैं अनिश्चित-सा गलियारे में खड़ा रहता हूँ।

वह दाहिनी ओर से एक दरवाज़े में लुप्त हो गई है। प्रोफ़ेसर मुझे बैठक में ले आते हैं। सोफ़े पर आदर से बैठाकर स्वयं पास बैठते हैं, और मृदु स्वर में मेरा हाल-चाल पूछते हैं।

मिसेज़ नायक मुझे उनके बारे में भी बता चुकी हैं। वह दक्षिण प्रदेश के हैं, प्रख्यात वैज्ञानिक, जब भी भारत जाना चाहते हैं, यहाँ उन्हें अधिक सुविधाओं की व्यवस्था कर रोक लिया जाता है। फिर टीटी भारत नहीं लौटना चाहती। प्रोफ़ेसर कृष्णमूर्ति ने धीरे-धीरे मुझसे मेरी पढ़ाई-लिखाई, घर-बार, छात्रवृत्ति आदि के बारे में पूछा।

''आप परिवार को साथ नहीं लाए ?'' वह पूछते हैं। उनका मुख वैसा ही शान्त और निरुद्विग्न है।

''लाना चाहता था पर आर्थिक समस्याओं के कारण सम्भव नहीं हुआ।'' मैं उत्तर देता हूँ। झूठ नहीं है। सम्भव होता तो शशिबाला को साथ लाता, विवाह करने के बाद। कम से कम घर का काम-धन्धा तो न करना पड़ता।

कुछ देर में टीटी कमरे में आती है। पति को सम्बोधित कर कहती है, ''हमें कुछ

पीने-वीने को नहीं देंगे क्या ?''

प्रोफ़ेसर तुरन्त उठ खड़े होते हैं, द्वार की ओर बढ़ते हुए पूछते हैं, ''क्या लेंगे आप ?'' मैं टीटी की ओर देखता हूँ, प्रश्न-सूचक दृष्टि से।

''शेरी दीजिए इसे। प्रारम्भ हो।''

शराब का नाम सुनकर मैं तुरन्त कहता हूँ, ''नहीं, मैं शराब नहीं पीता। कुछ और ले लूँगा, फ्रूटजूस।''

प्रोफ़ेसर बहुत थोड़ा-सा मुस्कराते हैं, उनके होंठ खिंचकर रह जाते हैं, पर टीटी एक ओर झुकती हुई हँस रही है : ''इस घर में तुम्हें फ्रूटजूस नहीं मिलेगा। जो दिया जाएगा, पीना पड़ेगा।''

अब वह नन्ही-सी बच्ची लगती है, मुझे चिढ़ाते हुए उस दुष्टता-भरी मुद्रा में।

प्रोफ़ेसर लाकर गिलास मुझे देते हैं। पेय का स्वाद बुरा नहीं है।

कमरे में हम तीनों अब मौन हैं। प्रोफ़ेसर जैसे उस मौन में अन्तर्मुखी हो डूब गए हैं, टीटी दूसरे सोफ़े की पीठ से गाल सटाए हुए अधलेटी-सी है, एक बाँह फैलाए हुए। उँगली में एक हीरे की अँगूठी है।

मैं सीधा-सतर बैठा हूँ, कोई आरामदेह पोज़ीशन नहीं है, पर मैं डरता हूँ कि इस अनजान पेय से कहीं नशा न आ जाए; इसलिए धीरे-धीरे चखता हूँ।

क्या कोई नहीं बोलेगा ? देख रहा हूँ कि टीटी ने अपना गिलास छुआ तक नहीं। प्रोफ़ेसर वैसे ही बैठे हैं, दीवार की ओर ताकते हुए। कमरे में कहीं कोई शब्द नहीं। जैसे मैं किसी निर्जन वन में भटक आया हूँ। मुझे भूख लग रही है। सहसा वह उठकर बैठ जाती है और वेग से कमरे के बाहर चली जाती है।

कमरे में यदि वह गिलास न होता तो यह न लगता कि वहाँ कभी टीटी थी भी। कमरे के कोने में जो पोल-लैम्प है, उसके तीनों बल्ब जल रहे हैं। तीनों के 'शेड' भिन्न रंग के हैं, यह पहली बार ही मेरी दृष्टि में पड़ता है। आमने-सामने दो सोफ़े हैं, दो-तीन तरह की कुर्सियाँ; किसी सुन्दर पेड़ की आपस में गुँथी हुई शाखाओं को काटकर मेज़-सी बनाई गई है, जिसके ऊपर पारदर्शी काँच है, जिससे वह गुँथी हुई शाखाएँ स्पष्ट दिखाई देती हैं। मैं सोच उठता हूँ कि ऐसी विचित्र शाखाएँ पहले कभी नहीं देखीं। पारदर्शी काँच पर छोटा-सा, रूमाल के जितना नैपकिन रखा है; और एक गिलास, जिसे बिना होंठों से लगाए टीटी उठ गई है।

मेरे शरीर में अचानक ही ढेर-सी थकान भर उठती है। मैं भोजन कर शीघ्र लौट जाने को आकुल हो उठता हूँ।

प्रोफ़ेसर जैसे ऊँघ गए हों। बाहर शायद तेज़ हवा चलनी प्रारम्भ हो गई होगी। कमरे के गहरे, गाढ़े मौन के बाहर सीत्कार करती हुई पेड़ों की शाखाएँ हैं; वह स्वर जैसे दूर तक फैलता जा रहा है।

मुझे लगने लगा कि मैं एक अतीन्द्रिय, मायावी जगत् का एक पात्र हूँ। कमरा, उसका फ़र्नीचर, यहाँ तक कि अपना गिलास हाथ में पकड़े बैठे प्रोफ़ेसर, सभी मुझे बड़े दूर, धुँधले और अयथार्थ-से लगने लगे। केवल तेज़ हवा का स्वर यथार्थ था और हर नया झोंका जो शाखाओं को झकझोरता हुआ दूर तक चला जा रहा था, उसकी आवाज़ निरन्तर मेरे कानों में तेज़ होती जा रही थी। तभी टीटी दरवाज़े पर आकर खड़ी हो गई और बोली, ''भोजन

मेज़ पर लग गया है !"

प्रोफ़ेसर जिस सहजता से उठकर खड़े हो गए, उससे मुझे लगा कि वह शायद पूरे समय सजग रहे होंगे।

मेरे गिलास मेज़ पर रखने की खट शायद सभी को इतनी तेज़ लगी होगी...टीटी की आँखें एक बहुत छोटे पल को मुझ पर रुकीं, फिर वह आगे-आगे चली, मुझे राह-सी दिखाती हुई।

भोजन करते हुए, कुछ बात करना अपेक्षित है, इसलिए मैंने उस मेज़ के बारे में पूछ लिया। टीटी खिलखिलाकर हँस पड़ी, देर तक हँसती रही। मैं कुछ झेंप-सा आया और मुझे लगा कि मुझसे अनजाने में ही कुछ अशोभनीय बात हो गई है। उधर टीटी थी कि हँसते-हँसते मेज़ पर औंधी-सी हो आई थी। सहसा उसकी हँसी बहुत अस्वाभाविक-सी लगने लगी और मैं जान न सका कि वास्तव में वह हँस रही है या वह हँसी एक प्रकार की दुख-भरी, हिचकियोंवाले रुदन में बदल गई है।

प्रोफ़ेसर कुर्सी पीछे खिसकाकर उठ खड़े हुए और टीटी के कन्धों पर भार देकर उठाते हुए उन्होंने उसे पुकारा।

मैं उस समय टीटी का मुख देखकर स्तब्ध हो आया। वह एकदम चुप हो आई थी, पलकें आँखों पर झुक आई थीं और होंठों पर कुछ ऐसी असह्य यातना का-सा भाव था जैसे किसी ने उसकी पीठ में छुरा भोंक दिया हो।

प्रोफ़ेसर ने उसे उठाकर खड़ा कर दिया और फिर उसे दाहिने हाथ से सहारा देकर द्वार की ओर बढ़ते हुए उन्होंने मुझसे कहा, "हमें कुछ देर के लिए क्षमा कीजिएगा।"

मैं पत्थर-सा हो आया, उनके कन्धे पर झूलते टीटी के मुख को एकटक ताकता हुआ। अब उसका मुख नहीं दीखता, बालों ने आगे गिरकर उसे ढँक लिया है। कमरे में मैं अकेला हूँ। तीनों प्लेटों में अभी भी भोजन है, मेरी भूख एकाएक मिट गई है।

कुछ देर में प्रोफ़ेसर लौट आए हैं। अपनी जगह बैठकर वह मुझसे कहते हैं, "थके होने पर वह कभी-कभी इसी प्रकार उत्तेजित हो जाती है। आप चिन्तित न हों। खाइए, आप रुक क्यों गए ?"

"पर आपकी पत्नी ?" मैं पूछता हूँ।

"उसे मैंने सोने की दवा दे दी है।"

भोजन के बाद प्रोफ़ेसर ने मेरे वापस लौटने के लिए टैक्सी बुला दी। उन्हें अत्यन्त धन्यवाद देकर मैं जब लौटने लगा तब भी मेरे ऊपर गहन अवसाद जमा हुआ था जो कि प्रोफ़ेसर के घर से लम्बी ड्राइव के बाद भी कम न हुआ।

रविवार की शाम। सुबह जल्दी ही उठकर घर से निकल गया था। जैसे अपने कमरे में अब रहा न जा सकेगा। सारा दिन लाइब्रेरी में बिताकर, सन्ध्या को थका हुआ लौट रहा हूँ। मन में ढेर-सा सन्तोष है, काफ़ी काम कर लेने का। साथ ही एक अव्यक्त-सी उदासी भी, जो सप्ताहान्तों को अक्सर मन पर छा जाती है। तब शशिबाला की याद करने का प्रयत्न करता हूँ, पर चेहरा जैसे मानस-पटल से एकदम पुँछ गया है, शेष है नीली साड़ी की धुँधली-सी याद।

ज़ेब से चाभी निकालकर दरवाज़ा खोलता हूँ। गलियारे में आते हुए ही घी में भुनी हुई अदरक की सुगन्ध नाक में भर जाती है। मैं अपने कमरे का दरवाज़ा ठेलकर खोलता हूँ और वहीं ठिठककर खड़ा रह जाता हूँ।

सोफ़े पर टीटी लेटी है, आहट सुनकर उसने शायद ग्रीवा मोड़कर दरवाज़े की तरफ़ देखा है, मुझे वहाँ पाकर भी वह हड़बड़ाकर उठी नहीं है। सहज भाव से लेटे-लेटे कहती है, ''भास्कर, आ गए तुम ?'' मैं झुककर ब्रीफ़केस नीचे रख देता हूँ। दाहिनी बाँह मोड़कर उसने सिर के नीचे रख ली है, बाईं बाँह नीचे झूल रही है, साड़ी हल्के-से बादामी रंग की है, जिसकी सिल्क टेबिल लैम्प के प्रकाश में झिलमिला रही है।

मैं खड़ा हूँ, एकाएक अपने ही घर में अजनबी-सा महसूस करता हुआ।

''आप...तुम कब आईं ?''

''दोपहर को आ गई थी,'' अब वह उठकर बैठती है। बाल आज पीछे इकट्ठा कर बाँध लिए गए हैं। पहली बार उसका चिकना, उघड़ा हुआ माथा देख रहा हूँ। ''तुम थे नहीं। सारा घर ख़ाली पड़ा था। मैं किताब पढ़ने लगी, उसी में मन रम गया।'' उसने मेरे आगे किताब झुलाई।

''कुछ चाय वग़ैरह पिएँगी ?''

''नहीं, अब जाऊँगी। प्रोफ़ेसर आनेवाले होंगे।''

वह उठकर खड़ी होती है, और हाथों से साड़ी की सलवटें ठीक करती है। फिर किताब मेज़ पर डाल देती है, और पर्स उठाकर चलने को तैयार दिखती है।

मैं उससे रुकने को नहीं कह पाता। हमारी रसोई बहुत छोटी है, गन्दी भी। ज़मीन का फ़र्श उधड़ चुका है, कई तकाज़ों पर भी मकान-मालिक ने कुछ नहीं किया। बर्तन कालिख पुते हैं, प्लेटें...एक भी मैच नहीं करती।

वह चलते-चलते रुक जाती है, ''क्या कल तुम बहुत घबरा गए थे ?''

''नहीं तो।'' मैं उत्तर देता हूँ। ''ग़लती शायद मेरी ही थी।'' मैं कहकर प्रतिक्रिया के लिए उसकी ओर देखता रहता हूँ। मैं जानता हूँ कि उस बेतुकी मेज़ के बारे में अब भी मेरी जिज्ञासा शान्त नहीं हुई है।

उसका स्पर्श मेरे हाथों पर पक्षी के पंखों की भाँति हल्का व उड़ता हुआ है। ''ग़लती, भास्कर, किसी की नहीं है।'' उसका मुख अन्धकार में है; और फिर वह चली गई है।

मैं पुस्तक उठाकर देखता हूँ, भाषाविज्ञान की एक रसहीन व्याख्या है, उसे अलमारी में रखते हुए मैं पाता हूँ कि सन्ध्या की वह उदासी किसी और ही अव्यक्त, गहन भावना में बदल गई है।

मैं बैठकर बाग़ची की प्रतीक्षा करता हूँ। रविवार के दिन भोजन बनाने की बारी उसकी है।

''आज क्या वह फिर आई थी ?'' बाग़ची अन्दर घुसते ही पूछता है।

''कौन ?''

''वह प्रसिद्ध गणितज्ञ की प्रसिद्ध पत्नी।'' बाग़ची की टोन मुझे खटकती है; पर चुप रहता हूँ।

''शी इज़ ईविल, भास्कर,'' बाग़ची खूँटी पर कोट टाँग रहा है। ''मुझे उसे देखकर ऐसी

झुरझुरी हो आती है जैसे कि क़ब्रिस्तान में अकेले गुज़रते वक़्त लगता है। उससे दूर रहना ही अच्छा।''

''आप मेरे निजी मामलों में दखल क्यों देते हैं ?'' मैं कहता हूँ।

बाग़ची एक ठहाका लगाता है। ''समय तुम्हें स्वयं सबक सिखा देगा।'' कहता हुआ वह रसोई में चला जाता है।

कुछ देर बाद नायक एक प्याला शक्कर माँगने आता है। ''तुम्हारी गुरुपत्नी आजकल हमारे साथी पर बहुत दयालु हैं।'' बाग़ची कहता है। मैं कमरे में बैठा सुन रहा हूँ। मुझे बाग़ची से चिढ़-सी हो रही है। अपना उपहास सहन नहीं होता।

''अभी नए हैं न ! आसमान में उड़ रहे हैं। धीरे-धीरे पता चलेगा।''

नायक कुछ परेशान-सा हो आया है। बाग़ची जान-बूझकर उसे शक्कर देने में देरी कर रहा है।

''भास्कर को उनके बारे में कुछ तो बताओ, नायक।''

उसकी बात अनसुनी-सी कर नायक कहता है, ''शक्कर देना हो तो दो। बेकार की बात में क्यों पड़ते हो ?''

बाग़ची फिर हँसता है। नायक के जाने पर मैं यथासाध्य कड़े स्वर में बाग़ची को जता देता हूँ कि मैं उसके बारे में कुछ भी नहीं सुनना चाहता।

अगली सुबह बाग़ची ने मुझे घर ख़ाली कर देने को कहा। फ़्लैट उसी के नाम था। मुझे न जाने क्यों चैन ही-सा मिला, और मैं सोत्साह नया कमरा ढूँढ़ने में जुट गया। सूचना नायक को भी मिली होगी, वह यह जानकर हड़बड़ाता हुआ बाग़ची को ढूँढ़ने निकल गया। दूसरे दिन सुबह बाग़ची ने कहा कि उसने इरादा बदल दिया है और मैं पूर्ववत् रह सकता हूँ। वह टीटी के प्रति कहे गए शब्दों के बारे में क्षमा चाहता है।

''पर क्या वे बातें सच थीं ?'' मैं अपने मांस में आत्मपीड़ा की सुइयाँ-सी चुभोता हुआ पूछता हूँ।

''मुझे क्या मालूम ?'' बाग़ची असहाय भाव से कन्धों को झटका दे बाहर चला जाता है।

मिसेज़ नायक से पूरी बात पता चलती है। विवाह के बाद से टीटी बीमार ही रहती है। बीमारी का किसी को पता नहीं; डिप्रेशन जब आते हैं तो वह हफ़्तों घर से बाहर नहीं निकलती, बोलती-चालती नहीं। कितने अरसे बाद उन्होंने टीटी की मुझसे मैत्री होते देखी है। भारत में जाकर नायक का अच्छी नौकरी पाना प्रोफ़ेसर कृष्णमूर्ति पर बड़ा निर्भर है, और बाग़ची अभी भी नायक का ऋणी है। यदि प्रोफ़ेसर को पता चलता कि मुझे टीटी के कारण घर छोड़ना पड़ा है तो वह नायक पर क्रोधित नहीं होते क्या ?

अपने किस स्वार्थ से मिसेज़ नायक मुझे यह बता रही हैं, इसे समझने में मुझे देर न लगी।

थिएटर हॉल में पास बैठी टीटी के चेहरे की सिलवट देखता हूँ। वह मेरे और प्रोफ़ेसर के बीच में बैठी है, थोड़ा-सा आगे को झुकी हुई, दत्तचित्त, एकाग्र। हम लोग नाटक देखने साथ आए हैं। मेरा ध्यान बार-बार भटक जाता है। उन दोनों को घर न आना पड़े इसलिए मैं थिएटर

में मिलने को तैयार हो गया था। जब मैं पहुँचा तो वे दोनों लॉबी में खड़े हुए थे, टीटी प्रोफ़ेसर से लम्बाई में इतनी छोटी है, यह बात उसी समय मेरे ध्यान में आई। उसका चेहरा कुछ भिन्न लग रहा था, शायद दूसरी तरह से बाँधे गए बालों के कारण; आँखें शान्त, और होंठ एक बहुत सूक्ष्म-सी मुस्कान लिए हुए। ऐसी दूरी और ठंडेपन से उसने मेरे अभिवादन का उत्तर दिया जैसे कि मुझे जानती ही न हो। वह एकदम सफ़ेद सिल्क की साड़ी पहने थी, पूरी साड़ी पर चाँदी की छोटी-छोटी बूटियाँ कढ़ी हुई थीं, और जब वह मुड़ी तो मैंने एक हल्के-से झटके से पाया कि उसके ब्लाउज़ का गला पीछे से इतना खुला था कि उसके दाहिने कन्धे की उभरी हड्डी तक अनावृत थी !

नाटक के दौरान प्रोफ़ेसर का बायाँ हाथ अकसर उसकी पीठ को छूने लगता और वह हर बार उसी तरह बैठी-बैठी उनके हाथ को हटा देती।

नाटक समाप्त होने पर हम तीनों थिएटर हॉल में खड़े थे। टीटी ने प्रोग्राम से मुँह पर हवा करते हुए कहा, ''मेरा गला प्यास से सूख रहा है। कहीं बैठकर कुछ पेय लेने को समय होगा आपके पास ?'' उसका प्रश्न पति से था।

प्रोफ़ेसर ने मेरी ओर देखा ! फिर कहा, ''क्यों न हम सीधे घर चलें ! आस-पास रेस्तराँ तो सब ठसाठस भरे होंगे।''

''घर ? पर मैं सारे दिन तो घर में ही थी। मैं घर नहीं जाना चाहती।''

प्रोफ़ेसर बिना कुछ कहे उसकी ओर देखते रहे। मैं वहाँ अत्यन्त आश्वस्ति-सी अनुभव करता खड़ा था। मौन के उस अन्तराल का लाभ उठाते हुए मैंने कहा, ''मैं अब विदा लेना चाहता हूँ।''

''ऐसी जल्दी क्या है ?'' टीटी ने कहा। पूरी सन्ध्या के बाद उसने पहली बात मुझे सम्बोधित कर कही थी, ''बताइए, क्या तय किया आपने ?''

''मैं तो अब भी कहता हूँ कि घर चलो। मुझे अपना कुछ काम भी समाप्त करना है।''

''अगर आप घर ही जाना चाहते हैं तो हम आपको घर उतार देंगे, और फिर मैं इसे लेकर चली जाऊँगी।''

प्रोफ़ेसर की आँखों में जो भाव आ गया था, उसे मैं झेल न सका।

''मुझे तो अब जाना है। कल के लिए बहुत पढ़ाई इकट्ठा हो गई है।'' मैंने कहा।

टीटी ने मुझे सीधी, अनझिप आँखों से ताका।

''जैसी तुम्हारी इच्छा।'' वह बोली। मैं उसके सामने अपने को अत्यन्त अक्षम, बौना-सा अनुभव कर उठा, जैसे कि मैं वादे से पीछे हट गया होऊँ।

''चलो, तुम्हें घर छोड़ते जाएँगे।'' प्रोफ़ेसर ने कहा।

उनकी कार देखकर मुझे आश्चर्य हुआ। बड़ी-सी पुरानी शेवरले थी। आगे तीनों बैठ सकते थे। टीटी अचानक ही अनमनी हो आई है, इसे मैं स्पष्ट देख रहा था। अपने घर के आगे उतरकर मैंने जब उन दोनों को एक सुखद सन्ध्या के लिए धन्यवाद दिया तो उत्तर में प्रोफ़ेसर मुस्कराए, पर वह उसी तरह मुँह फुलाए रुष्ट बैठी रही।

काफ़ी दिनों तक उसे नहीं देखा। गर्मी के लम्बे-लम्बे दिन बीत गए और चारों ओर पतझर छा गया, सारे दिन हवा चलती और सड़कों पर पत्ते लोटते फिरते। पूरे वातावरण में एक ऐसा

भाव था कि हरेक धूप-भरा दिन जो गया सो गया, इसी कारण तेज़ हवा के बावजूद झील में सफ़ेद पालवाली नावें तिरती रहतीं, शनिवार को विद्यार्थी-यूनियन का बड़ा प्रांगण खचाखच भर जाता, अपराह्न को संगीत-विभाग के छात्र जॉज़ सेशन प्रस्तुत करते, और श्रोता रंगीन मेज़ों पर कोहनियाँ टिकाए मिलवॉकी की मशहूर बीयर पीते, और उस संगीत, हँसी, कोलाहल, युवा अंगों की रगड़ के बीच पत्तियाँ लगातार झरती रहतीं।

मैं प्रायः एक कोने में बैठा हुआ सबकुछ देखता रहा। जिस शनिवार को मेरी टीटी से भेंट हुई, मैं बाग़ची के साथ बैठा था। वह बीयर पी रहा था, और मेरी चाय का प्याला न जाने कब का समाप्त हो गया था। हमारी मेज़ शोर-गुल से काफ़ी दूर, अलग-सी थी।

''भास्कर।'' मेरे कन्धे को धीरे से उसके हाथ ने छुआ। मैंने मुड़कर उसे देखा। फिर बाग़ची को। दोनों का परिचय कराया।

बाग़ची के निमन्त्रण पर वह कुर्सी खींचकर बैठ गई। बाग़ची के पूछने पर कि वह क्या पिएगी, उसने उत्तर दिया, ''कुछ भी।''

हमें अकेला छोड़कर वह चला गया। औरों की तरह टीटी ने मेज़ पर कोहनियाँ टिका लीं। उसके बाल आगे को गिरकर गालों पर छा गए थे।

''कुछ उदास-से दिखते हो भास्कर ?'' उसके स्वर में बड़ी आत्मीयता थी।

''नहीं तो।'' मैंने अचकचाकर कहा।

''यह पतझर का मौसम है ही ऐसा।'' उसने धीरे से कहा। हम दोनों ने एक-दूसरे को कुछ पल देखा, फिर मैं आँखें बचाकर झील की ओर देखने लगा।

बाग़ची एक ट्रे में चाय के तीन प्याले ले आया। फीकी, बेस्वाद, गुनगुनी चाय। बाग़ची का व्यवहार देखकर मुझे आश्चर्य हुआ, शिष्टता की मूर्ति बन गया था वह।

उजली धूप सहसा ही लोप हो गई। संगीत समाप्त होने पर अधिकांश लोग चले गए, और तभी कभी बाग़ची भी।

हम दोनों अभी भी बैठे हैं, बिना कुछ बोले। अब वह झील की ओर देख रही है, उसका चेहरा भावशून्य है, और आँखों में एक दूरी।

''झील के उस पार क्या है ?'' उसके चौंक आने पर मुझे लगता है कि मेरे मुख से हमेशा ही बेतुके प्रश्न निकलते हैं।

''झील के पार ? हवाई अड्डा, मेडिकल कॉलेज, और बच्चों का एक अस्पताल।''

''मैं कभी उस पार नहीं गया हूँ।''

''एक दिन तुम्हें ले चलूँगी।''

फिर वह काँपती है, जैसे ठंडी हो आई हो। ''सुनो भास्कर, तुम दो दिन के लिए शिकागो चलोगे ? प्रोफ़ेसर एक कांफ्रेंस में जा रहे हैं।''

''मुझे समय...''

''पर, कल तो रविवार है। सिर्फ़ सोमवार को क्लास मिस होगी।'' फिर वह थोड़ा-सा हँस देती है। ''मुझे प्रोफ़ेसर के पेपर में कोई रुचि नहीं है। तुम चलोगे तो तुम्हें शहर घुमाने में दो दिन बीत जाएँगे।''

मैं उत्तर नहीं देता। अशिष्ट नहीं होना चाहता, पर साथ ही बाग़ची की बातें मन में सालने लगी हैं।

रात को प्रोफ़ेसर का फ़ोन आता है : ''तन्त्री ने कहा कि तुम शिकागो जाना चाहते हो। हम लोग छह बजे सुबह रवाना होंगे। तब तक तैयार हो सकोगे ?''

अगली सुबह छह बजने से पहले ही मैं पूरी तरह तैयार हूँ।

शिकागो !

उसे 'पामर हाउस' में उतारकर प्रोफ़ेसर मुझे वाई.एम.सी.ए. ले जाते हैं। सोलहवीं मंज़िल पर कमरा मिलता है। उन्हें धन्यवाद देकर मैं लिफ्ट लेकर ऊपर जाता हूँ। कमरा अच्छा है, साफ़-सुथरा ! अपना बैग मेज़ पर रखकर मैं खिड़की से बाहर देखता हूँ, ठीक सामने कोका-कोला का बड़ा-सा बोर्ड है, उसके नीचे घड़ी समय बता रही है। सारे दिन मैं अकेला ही इधर-उधर भटकता रहता हूँ। न जाने क्यों उसके सामने नहीं पड़ना चाहता। कोलाहल-भरी महानगरी में मुझे अपने नितान्त अकेलेपन का बोध है। काफ़ी देर म्यूज़ियम में बिताता हूँ, भूख लगने पर एक सैंडविच खा लेता हूँ। कभी-कभी मन में जिज्ञासा उठती है कि क्या वह मुझे लेकर परेशान हो रही होगी। वह मेरे साथ-साथ घूमना चाहती थी। सन्ध्या को जब लौटता हूँ तो न चाहते हुए भी एक बार पूछ लेता हूँ कि मेरे लिए कोई सन्देश तो नहीं। यह जानकर कि कोई सन्देश नहीं, मन एक नाम-हीन उदासी से बोझिल हो उठता है। सन्ध्या वाई.एम. सी.ए. के थिएटर में डैनीके की एक पुरानी फ़िल्म देखकर बिताता हूँ। और, सोचता हूँ कि अगले वर्ष यदि छात्रवृत्ति में वृद्धि हो गई तो शशिबाला को बुला लूँगा।

अगली सुबह टेलीफ़ोन की घंटी से नींद टूटती है। उसे दो-तीन बार बजने देता हूँ, फिर उठाकर बड़े इत्मीनान से उत्तर देता हूँ।

टीटी ही है। पिछले दिन गुम रहने के बारे में कोई बात वह नहीं कहती, दस बजे 'पामर हाउस' के लाउंज में मिलने को कहती है। उसका स्वर यह जता देता है कि यह प्रार्थना नहीं, आज्ञा है।

मैं दस बजे 'पामर हाउस' के लाउंज में हूँ।

थोड़ी-सी आश्वस्ति 'अनुभव' करता-सा, भूरे रंग के अपने ढीले ऊनी सूट में, यह जानता हुआ कि भारत में सिलाया हुआ यह सूट यहाँ की सुसंस्कृत भीड़ में कैसा असंगत लग रहा है।

पहले प्रोफ़ेसर दिखाई देते हैं, बाद में वह। पास आने पर देखता हूँ कि वह और दिनों की अपेक्षा अधिक बनी-सँवरी लग रही है। उसने ग्रे रंग की साड़ी पहन रखी है, ऊपर कोट, कोट में फर कॉलर है।

प्रोफ़ेसर अभिवादन का उत्तर हँसकर देते हैं।

''कहाँ-कहाँ का प्रोग्राम है ?'' वह पूछते हैं। मेरे कुछ कहने से पहले ही वह बोल पड़ती है : ''पहले हम 'म्यूज़ियम ऑफ़ मॉडर्न आर्ट' जाएँगे, फिर थोड़ी-सी शॉपिंग करनी है।''

''अच्छा, अच्छा।'' कहकर वह टीटी की पीठ थपथपा देते हैं। जाते-जाते मुड़कर देखता हूँ तो पाता हूँ कि प्रोफ़ेसर उसी जगह खड़े हम दोनों को ताक रहे हैं ! मैं आधुनिक चित्रकला के बारे में कुछ भी नहीं जानता; चुपचाप कैटलॉग हाथ में लिए उसके पीछे-पीछे एक कमरे से दूसरे कमरे में घूमता हूँ। टीटी प्रसन्न है, उसकी आँखें चमक रही हैं, यह स्पष्ट देख रहा हूँ।

''तुम ऊब गए होगे।'' वह लंच की मेज़ पर कहती है।

''नहीं। सबकुछ मेरे लिए बहुत शिक्षाप्रद है।'' मैं कहता हूँ।

इस समय भी मैं टमाटर और पनीर का सैंडविच खा रहा हूँ, और देख रहा हूँ कि कभी-कभी बाल हिलने से टीटी के कानों के कर्णफूल झलक जाते हैं।

''क्या यह सिल्क है ?'' मैं पूछता हूँ।

उसके हाथ साड़ी की सलवटें ठीक करते हुए ठहर जाते हैं। साड़ी में एक भी सलवट नहीं है, पर जब उसके हाथ चंचल हो उठते हैं तो अदृश्य सलवटें मिटाने लगते हैं।

''हाँ, रॉ सिल्क। तुम्हें मालूम नहीं क्या ?''

''नहीं। स्त्रियों और उनके बारे में कम ही जानता हूँ।''

''सचमुच ?'' वह मुझ पर हँस रही है, मैं यह समझ रहा हूँ।

''मुझ पर हँस रही हो ?''

''नहीं, नहीं। क्या तुम बुरा मान गए ?''

लंच की मेज़ पर एक फूलदान है, जिसमें एक लम्बी-सी टहनी में लाल गुलाब है। फूल लगता असली है, पर उसमें गन्ध नहीं। वह प्लास्टिक का है।

''तुम्हें उस रात की याद है, जब तुमने मेज़ के बारे में पूछा था। वह पेड़ की शाखाएँ नहीं हैं। मैंने आधुनिक शिल्प नाम का कोर्स लिया था, उसमें मैंने वह बनाया था, वह काष्ठ का है, अपनी इस कलाकृति को मैंने नाम दिया था...'मातृत्व।'

मैं टीटी की आँखें बचा रहा हूँ, उसकी ओर देखना नहीं चाहता, वह आगे झुक आई है, और उसके दर्प-भरे चेहरे पर ऐसा भाव मैंने कम ही देखा है, जैसे मैं चोट खाया बालक हूँ जिसे वह लौलीपौप देकर बहलाना चाहती है।

''भास्कर, मेरे बारे में लोगों ने तुमसे काफ़ी-कुछ कहा होगा। ?''

''नहीं,'' मैं सिर हिलाते हुए कहता हूँ।

''कुछ नहीं ? मेरे और प्रोफ़ेसर के बारे में, औरों के बारे में...?''

''नहीं तन्त्री,'' मुझे उसे टीटी कहकर पुकारने में झिझक-सी होती है। ''मुझसे किसी ने कुछ नहीं कहा।''

एक वेट्रेस आकर हमारे कॉफ़ी के प्यालों में ताज़ा कॉफ़ी डाल गई।

''तुम्हारे मुँह से अपना नाम सुनकर न जाने कैसा लगता है !'' उसने प्लास्टिक के गुलाब को फूलदान से निकाल लिया और उँगलियों पर गोल-गोल घुमाने लगी। ''प्रोफ़ेसर मेरे अध्यापक थे।'' उसने कहा, ''पहले वर्ष जब मैं यहाँ आई थी तो प्रोफ़ेसर की ही छात्रा थी। प्रोफ़ेसर ने ही हँसी-हँसी में मेरा नया नामकरण कर दिया था। अब तो यह 'टीटी' मुझसे ऐसा जुड़ गया है कि बहुत-से लोगों को मेरा असली नाम याद ही नहीं रहता।''

''.........''

''भास्कर !''

''हूँ।''

''तुम्हें यहाँ कैसा लगता है ? मित्र बने हैं ? कभी किसी लड़की को 'डेट' करते हो ?''

इतने सारे प्रश्नों का इकट्ठा उत्तर नहीं दिया जा सकता। किसका उत्तर पहले दूँ, यह सोच रहा हूँ।

वेट्रेस आकर बिल मुझे दे गई है। मैं ही चुकाता हूँ, टीटी आग्रह नहीं करती।

मिशिगन ऐवेन्यू पर आकर हम पाते हैं कि धूप हल्की पड़ गई है, पर आकाश स्वच्छ है और दूर बाईं ओर जल झिलमिला रहा है। हम दोनों, बिना कुछ कहे उसी ओर चल पड़े हैं।

दूर-दूर तक रेत बिखरी है, बालुकाकण धूप में चमक रहे हैं। टीटी वहाँ बैठना चाहती है, मैं अपना रूमाल निकालूँ इससे पहले ही वह अपना कोट नीचे डालकर उस पर बैठ जाती है। थोड़ी दूर हटकर कुछ बच्चे खेल रहे हैं और उनकी माताएँ आपस में बातें कर रही हैं। बच्चे दौड़ते हुए बिलकुल पास आ जाते हैं, और फिर, खेल में ही मग्न वापस भाग जाते हैं, लाल रंग की कमीज़ पहने हुए केवल एक बच्चा कौतूहल से टीटी को देखता खड़ा रह जाता है।

वह हाथ बढ़ाकर उसे बुला रही है, पर वह हँसकर अन्य साथियों के पास भाग जाता है, टीटी का हाथ कुछ देर तक वैसे ही फैला रहता है, आह्वान की मुद्रा में। फिर वह लेट जाती है और आकाश की ओर ताकने लगती है। लेटे-लेटे वह न जाने कितनी बातें करती है, ज़्यादातर अपने बचपन की, अपने पिता की, गर्मियों में पहाड़ जाने की स्मृतियाँ, प्रोफ़ेसर के साथ विविध यात्राएँ, और कभी-कभी वह पेट के बल होकर, कुहनियों पर भार देकर बालों को धीरे-धीरे झुलाती हुई बोलती है, कभी दाहिनी करवट लेती है, कभी बाईं, और मैं पास बैठा सबकुछ चुपचाप सुनता हूँ, उसके चेहरे पर दौड़ते विविध भावों को नोट करता हूँ और देखता हूँ उसकी बेचैनी, लेक मिशिगन की वेगवती लहरों की तरह।

फिर वह चुप हो जाती है। देर तक कुछ नहीं कहती। मैं बैठा-बैठा थक गया हूँ; पर वापस चलने को नहीं कहना चाहता, क्योंकि मेरे तन्द्रिल मन पर एक असीम सुख का जाल-सा छाता जा रहा है। वहीं बैठे-बैठे मैंने सूर्यास्त देखा था और फिर पूर्व में चन्द्रोदय। रेत धीरे-धीरे ओस में ठंडी होने लगी थी, और आकाश चमकते तारों से भर उठा था। पीछे मुड़कर देखने पर शिकागो नगर की सारी इमारतें सहस्रों चमकती बत्तियों से दिप उठी थीं।

अचानक ही उसने कहा, "कब से मूर्ति की तरह बैठे हो, थक नहीं गए होगे ?" शायद हाथ बढ़ाकर मेरी बाँह को अपनी ओर खींचने में उसे अधिक प्रयत्न न करना पड़ा होगा।

अगली सुबह, कांफ्रेंस की समाप्ति पर जब प्रोफ़ेसर मुझे वापस ले चलने के लिए आए; तो मैं बिना किसी झिझक व अपराध भावना के उनके सामने हो सका। अपने उस व्यवहार पर मुझे स्वयं ही आश्चर्य हुआ ! वह बीच की सीट पर बैठी रही सुस्थ, संयत। होंठों पर हल्की-सी मुस्कान। प्रोफ़ेसर लौटते समय चुप ही रहे, और टीटी के निकट बैठा हुआ मैं, सामने सड़क पर दृष्टि गड़ाए हुए भी उसकी उपस्थिति से पूरा सजग रहा। मेरी जीभ की नोक पर उसकी त्वचा का खारापन जीवित था, और मुझे लगातार लग रहा था कि उसके बाल मेरे मुख पर छाए हुए हैं। सुगन्धित तेलहीन रेशमी बाल।

मुझे घर के आगे उतारकर, मेरे धन्यवाद को प्रोफ़ेसर ने हँसकर ग्रहण किया। उसने चलते समय एक बार मुझे देखा। लम्बी, भरपूर दृष्टि। वह दोनों चले गए।

दो दिन की निरन्तर वर्षा में पतझर के इन्द्रधनुषी रंग धुल गए हैं। घिरे-घिरे स्याह बादल हटते नहीं, धुँधली-सी पानी की दीवार ने झील के नीलेपन को ढँक लिया है। सड़क पर चलने से भीगी पत्तियाँ पैरों के नीचे आती हैं, और पेड़ों की नग्न, कुरूप शाखाओं के बीच गुज़रती हुई हवा धीरे-धीरे कराहती है।

कैम्पस के चारों ओर भीड़ कभी कम नहीं होती। रंगीन छाते, रंगीन स्कार्फ, रंगीन स्कर्टें—मैं इन सबके बीच एकदम अकेला हो आया हूँ। समय धीरे-धीरे एक अनजान प्रतीक्षा में रेंगता है।

दो दिनों के बाद एकाएक सोचता हूँ कि इसकी क्या गारंटी है कि वह दुबारा मुझसे मिलना चाहेगी। वह आवेग क्षणिक भी तो हो सकता है। तब अपनी सारी असमर्थताएँ मन में सालने लगती हैं। वर्षा के धुँधलेपन में कमरा और भी 'शैबी' लगता है। मैं सोफ़े पर लेट जाता हूँ, और विविध स्वरों को सुनता रहता हूँ, मेरे संकोचशील, दब्बू मस्तिष्क में अनेक अजीब असम्भव प्लान बनते हैं, और मिट जाते हैं।

अगले दिन वर्षा थम गई है और फीकी-फीकी धूप शहर पर छा गई है। मेरी आज कोई क्लास नहीं है, सारे दिन घर में रहकर पढ़ने का इरादा है। साथ ही, फ़ोन बजने की प्रतीक्षा भी। ग्यारह बजे तक मकान में सन्नाटा हो जाता है। पुरुष काम पर चले जाते हैं, कैप्टेन अहमद की पत्नी और मिसेज़ नायक बच्चों को लेकर बाज़ार। मैंने अलमारी से पुस्तकें निकालकर मेज़ पर रख दी है। बाहर घंटी बजती है। उठकर द्वार खोलने जाते हुए मैं जान लेता हूँ कि वही होगी।

वह घंटी बजाकर कार में जा बैठी है, और ह्वील पर बाँह टिकाए प्रतीक्षा कर रही है। मैं बिना कोई प्रश्न पूछे पास जाकर खड़ा हो जाता हूँ, वह झुककर उस ओर का दरवाज़ा खोल देती है।

उसमें कोई अन्तर नहीं दिखता, उसका मुख शान्त और निरुद्वेग है, बाल कन्धे तक, बाएँ कन्धे पर साड़ी, उसी रंग का स्वेटर।

''प्रोफ़ेसर को शिकागो से आकर ज्वर हो गया था।'' वह कहती है।

''अब कैसे हैं ?''

''ठीक हैं। आज कॉलेज गए हैं।''

मैं उससे पूछना चाहता हूँ कि हम कहाँ चल रहे हैं, क्योंकि मैं उसका नैकट्य पाने को आकुल होता हुआ भी, उसके घर जाने को प्रस्तुत नहीं हूँ।

वह चुप है। मोटर, मकान, सड़कें, दुकानें पीछे छोड़ती हुई चली जा रही हैं। कुछ देर में हम शहर से बाहर आ गए हैं। अब सड़क के दोनों ओर टीले हैं, और हरियाली है। एक लाल छतवाले फ़ार्म के सामने वह कार रोक देती है।

''आओ।'' वह उतरते हुए कहती है।

''यह किसका फ़ार्म है ?'' मैं पूछता हूँ। एकाएक इतनी ठंड हो गई है, इसका अनुमान बाहर आने पर ही होता है।

''घबरा रहे हो क्या ?''

''नहीं, घबराऊँगा क्यों ?'' कहते हुए मेरे अन्दर अपने पर एक नया विश्वास और अदम्य साहस भर उठता है। वह दरवाज़ा खोलती है; हम लोग किचन में हैं, बड़ी-बड़ी खिड़कियों पर लाल चैक के परदे हैं, वैसा ही मेज़पोश भी। स्टोव के ऊपर, दीवार पर चमकते, स्वच्छ ताँबे के बर्तन टँगे हुए हैं। टीटी नल खोलकर केतली में पानी भरते हुए कहती है, ''यह फ़ार्म इलेन का है। इलेन मेरी नीग्रो नौकरानी है। सप्ताह में एक बार हमारे घर आकर पूरे घर की सफ़ाई किया करती है। आज वह वहाँ गई हुई है।''

स्टोव जलाकर टीटी कुर्सी पर आकर बैठ गई। उसने दोनों हाथ लाल मेज़पोश के ऊपर रख लिए हैं।

''इलेन बहुत भली है। वह मेरी नौकरानी नहीं, मित्र है। मुझे कभी-कभी आश्चर्य होता है कि इस शहर में केवल इलेन ही मेरे इतने निकट है। इलेन मुझे समझती है।''

थोड़ी देर में पानी उबलने लगता है। टीटी दो प्यालों में कॉफ़ी बनाती है, उसने मेरा प्याला भी मेज़ पर रख दिया है। हम दोनों चुपचाप अपनी-अपनी कॉफ़ी पीते हैं। टीटी, जैसा कि प्रायः उसके साथ होता है, फिर अपने में डूब गई है और झुकी हुई उसकी पलकें देखकर मेरा मन उसके मौन को भंग करने को नहीं होता।

बाहर हल्की-हल्की धूप बिखरी है। पास ही कभी-कभी कोई गाय रँभा उठती है, उसके अतिरिक्त सन्नाटा है। स्टोव के पास बिजली की घड़ी, बिना आवाज़ किए, समय बता रही है। मेरे हाथ से चम्मच छूटकर नीचे जा गिरती है, और हम दोनों एक साथ उसे उठाने नीचे झुकते हैं, और एक-दूसरे से आँखें मिलते ही, चम्मच बिना उठाए सीधे हो जाते हैं। कॉफ़ी का प्याला छोड़ वह उठ खड़ी हुई है और रसोई के द्वार पर जाकर ठिठक गई है। फिर वह ग्रीवा मोड़कर मुझे देखती है।

मैं अपनी कुर्सी पीछे खिसकाकर खड़ा हो जाता हूँ।

और तब, उस दिन के बाद, मेरे दिन शुक्रवार की प्रतीक्षा में कटते हैं, जो कि इलेन का सफ़ाई करने का दिन है, जबकि वह सारे दिन घर से बाहर रहती है, और जिस दिन मेरी एक भी क्लास नहीं होती। एक शुक्रवार से दूसरे शुक्रवार तक के अन्तराल को मैं विचित्र उत्कंठा से काटता हूँ, स्वप्नलीन व्यक्ति की तरह क्रिया-आलाप में मग्न होकर। तब बाग़ची के प्रश्नों का उत्तर भी देता हूँ, क्लास में जाता हूँ, और यह सब करते हुए मेरे अन्दर असीम सुख की, गहन तुष्टि की मन्द-मन्द आँच बलती रहती है, और उसी से लिपटी एक अननुभूत ख़ालीपन, शून्य की भावना भी। ऐसा सब, सीधी लीक पर चलती हुई ज़िन्दगी में मैंने कभी अनुभव नहीं किया था। मेरा जो दिन ख़ाली था, वही दिन इलेन की सफ़ाई करने का भी था, इस बात के संयोग का जब मैंने टीटी से उल्लेख किया तो वह हँस दी।

''पहले इलेन मंगलवार को आती थी।'' उसने कहा, ''पर तुम उस दिन बिज़ी होते हो, इसलिए मैंने इलेन का दिन बदल दिया।''

''उसने आपत्ति नहीं की ?''

''वह आपत्ति क्यों करेगी ? वह जानती है।''

''क्या वह हमारे बारे में जानती है ?'' मेरे स्वर में अचम्भा था।

''वह तुम्हें नहीं जानती। पर मेरी कोई बात उससे छिपी नहीं है।'' उसने मेरे चेहरे के भाव पढ़ लिए होंगे।

''क्या तुम मुझे लेकर लज्जित हो, भास्कर ?'' वह पूछती है।

मैं सहसा उत्तर नहीं दे पाता। उस छोटे-से चौकोर कमरे की खिड़कियों के बाहर अपराह्न की धूप चमक रही है; पर मोटे परदों के कारण कमरे में अँधेरा-सा है, पर ऐसा गहरा अँधेरा नहीं जिसमें कि हम दोनों एक-दूसरे को न देख सकें। वह शय्या पर पीठ के बल लेटी है, बहुत हल्के गुलाबी रंग की चादर से वह अपने को ढँके हुए है, ग्रीवा तक। तकिए पर उसके बाल बिखर गए हैं, उसकी आँखें अब शान्त, तोषपूर्ण नहीं दिखतीं, वे एकाएक बेचैन हो आई हैं।

वह धीरे-धीरे मेरी बाँह छूती है।

"नहीं तन्त्री, मैं लज्जित नहीं हूँ। पर कभी-कभी व्याकुल अवश्य हो उठता हूँ। तुम्हें प्रोफ़ेसर की तरह सुख-सुविधा नहीं दे पाऊँगा।"

वह मेरी बाँह पर से अपना हाथ हटा लेती है। मेरे पास यह जानने का कोई साधन नहीं है कि वह क्या सोच रही है ? कुछ सोच भी रही है या नहीं ? कुछ देर बाद वह कहती है, "अब हमें वापस चलना चाहिए।"

मैं जान रहा हूँ कि एक लघु पल में ही वह मुझसे दूर चली गई है, जहाँ मैं उसे छू नहीं सकता, पकड़ नहीं पाता। और, मैं उदास हो आया हूँ। उसकी साड़ी अब तक नीचे फ़र्श पर पड़ी हुई थी, बैंगनी रेशम के एक ढेर की तरह। वह मेरी ओर पीठ कर वस्त्र पहन रही है, मैं जानता हूँ कि वह अब स्नानागार में जाकर बाल सँवारेगी, होंठों पर मोतिया रंग की लिपस्टिक लगाएगी। उसका प्रसाधन-हीन-सा चेहरा, कुशलतापूर्वक किए गए प्रसाधनों के कारण है, यह जानकर मुझे अपने ऊपर हँसी भी आई थी, और अचम्भा भी हुआ था।

जब तक वह स्नानागार में रहती है, मैं बिस्तर ठीक कर देता हूँ। मैं नहीं चाहता कि इलेन आकर हमारी उपस्थिति का कोई चिह्न पाए। पर मैं जानता हूँ कि इलेन जानती है, तभी तो हर बार बिस्तर पर धुली और लैवेंडर की गन्ध से सुवासित चादरें होती हैं, स्नानागार में साफ़ तौलिए।

लौटते हुए हम दोनों ही चुप रहते हैं। वह मुझे घर तक नहीं लाती, ज़्यादातर बस-स्टैंड पर छोड़ देती है।

इस बीच मौसम बदल गया है और घरों की छतों पर, वृक्षों की टहनियों पर, सड़कों और पेवमेंटों पर बर्फ़ जमी हुई दिखाई देती है। मैं भारी कपड़ों से लदा हुआ हूँ। बस अभी नहीं आई है; क्योंकि कुछ लोग प्रतीक्षा कर रहे हैं।

"शायद मैं अगले सप्ताह कहीं चली जाऊँ।" वह जाने से पहले कहती है।

मैं उसकी ओर देखता रह जाता हूँ। आज बेहद ठंड है, दूर फ़ैक्टरी की तीन चिमनियों से नीला धुआँ निकल रहा है और वह ऊपर नहीं उठ पाता, चिमनियों के आसपास ही मँडरा रहा है। सड़क की बत्तियाँ धुँधली-सी लगती हैं, और जैसे दिन के तीन बजे ही रात-सी हो आई है।

दूर बस आती हुई दिखाई देती है।

वह चली गई है। उसकी नीची-सी कार को एक बड़ा-सा ट्रक ढँक लेता है, और मैं उसे नहीं देख पाता।

दो-तीन दिन बाद प्रोफ़ेसर से बुक स्टोर में भेंट होती है। वह मुस्कराते हैं और उनके आग्रह पर मैं कैफ़ेटेरिया में जाकर एक कप कॉफ़ी पीने का निमन्त्रण स्वीकार कर लेता हूँ।

अपना ओवरकोट उतारते हुए मैं सोचता हूँ कि यदि प्रोफ़ेसर हमारी आत्मीयता की बात जान जाएँ तो उनके इस शिष्ट, सधे चेहरे पर क्या भाव आएँगे ? न चाहते हुए भी प्रोफ़ेसर के प्रति मैं अनुदार नहीं हो पाता। उनकी विद्वत्ता का मैं आदर करता हूँ, उनकी आयु तक पहुँचकर भी मैं उनकी तरह प्रतिष्ठित नहीं हो पाऊँगा, इसका बोध मुझे है। मैं अत्यन्त साधारण हूँ, देखने-सुनने, पढ़ने-लिखने, हरेक बात में। पर इस समय मैं उनके प्रति बहुत

सम-भाव अनुभव कर रहा हूँ—उसके कारण।

और, जैसे मेरे विचारों के उत्तर में उन्होंने पूछ लिया कि इधर मैं टीटी से मिला हूँ या नहीं।

झूठ बोलना मुझे अच्छा नहीं लगता। फिर भी कहना पड़ता है कि कुछ दिन पहले, बहुत थोड़ी देर को उससे भेंट हुई थी। और, कहते ही मेरे सारे शरीर में उसके अंगों का स्पर्श व्याप जाता है, और मेरी दाहिनी बाँह पर रोएँ भरभरा उठते हैं।

"मैं उसे लेकर आजकल बहुत चिन्तित हूँ।" वह एकटक मुझे देख रहे हैं, "उसका आचरण बहुत अस्वाभाविक होता जा रहा है। लम्बी चुप्पियाँ, उदासी के लम्बे-लम्बे दौर। उसे अपने को व्यस्त रखना चाहिए, पर उसका हर चीज़ से मन ऊब-सा गया है।"

मैं थोड़ा-सा 'अनइज़ी' हो गया हूँ। प्रोफ़ेसर मुझसे यह सब क्यों कह रहे हैं ? पर मैं सुनता रहता हूँ। कैफ़ेटेरिया के बाहर नीली झील सफ़ेद बर्फ़ से ढँकी हुई है, उसके ऊपर धुन्ध-सी छाई रहती है, उस पर की कोई चीज़ नहीं दिखती।

"भास्कर, तुमने टीटी में कोई परिवर्तन नहीं देखा ?"

"उन्हें निकट से जानने का मुझे अवसर नहीं मिला।" मैं कहता हूँ, और सोचता हूँ कि वह सचमुच मेरे लिए अपरिचिता है, मैं उसके बारे में अवश्य जानता हूँ, पर वह क्या सोचती है, सप्ताह के अन्य दिनों में कहाँ जाती है, क्या करती है, इसका मुझे कोई ज्ञान नहीं है।

"जाड़ों में वह हमेशा डिप्रेस्ड रहने लगती है। उसके डॉक्टर का कहना है कि उसे कहीं गर्म, धूपवाले प्रदेश में चले जाना चाहिए। जैसे फ्लोरिडा।"

"क्या वह जाएँगी ?"

"बहुत सम्भव है इसी सप्ताह।"

उसके बाद मैं कुछ नहीं कहता। प्रोफ़ेसर के मुख की ओर भी नहीं देख पाता। मुझे भय है कि मैंने असावधानी से उनके ऊपर यह प्रकट हो जाने दिया है कि उसके कहीं चले जाने की सम्भावना से मैं थोड़ा-सा घबरा गया हूँ।

जाने से पहले केवल एक बार भेंट होती है। बहुत थोड़ी देर को। अपने घर के आगे एक पुरानी-सी मोटर से एक नीग्रो औरत को उतरते देख जान लेता हूँ कि यही इलेन होगी। वह मुझे साथ ले जाने को आई है। हम उसके घर नहीं जाते, दिन में मूर्ति-दम्पति का घर भिन्न-सा लगता है। वह गलियारे में खड़ी है, हमें देखते ही कहती है, "इलेन, बड़ी देर लगा दी।"

"मुझे दुख है मिसेज़ मूर्ति।" इलेन कहती हुई अन्दर चली जाती है।

"भास्कर," वह मेरे निकट आ जाती है। वह हल्के पीले रंग की रोब पहने है जो भूमि तक आती है, पारदर्शी नायलौन की, पर इतनी परतें कि कोई अंग नहीं दिखता।

वह उद्विग्न-सी है, वह मुझे अपने कमरे में ले आती है। और पलंग के पायताने रखी कुर्सी की ओर बैठने का संकेत करती है। पलंग काफ़ी बड़ा है, उस पर सफ़ेद और सुनहरे रंग का पलंगपोश बिछा है, ऊपर झालरदार चँदोवा है। नीचे फ़र्श पर दो सूटकेस खुले पड़े हैं।"

"मुझे रात तक पैकिंग कर लेनी है।"

मैं चुप हूँ और उसके कमरे को देख रहा हूँ जिसकी साज-सज्जा सचमुच टीटी के

उपयुक्त है, जिसकी अव्यवस्था में भी टीटी सजती है। मेरे मन में रह-रहकर इलेन का वह छोटा-सा अतिथि-कक्ष उभर आता है, जहाँ मैंने सम्पूर्णता से टीटी को पाया था। पर जहाँ हर चीज़ पुरानी, कम दाम की थी और जहाँ से हर बार बाहर आने पर मेरे मुँह का स्वाद कुछ कड़वा-सा हो आता था क्योंकि उन कुछ आत्मीय घंटों में भी मेरे मन में अपनी असमर्थता का भाव चिपटा रहता था। यदि मेरा अपना, अलग छोटा-सा भी फ्लैट होता तो उसकी नौकरानी के घर में मिलने की आवश्यकता न पड़ती। टीटी का कमरा, उसके कपड़े, उसकी चीज़ें, उन सबके बीच मैं नितान्त अकेला बैठा था, और थोड़ा-सा आहत भी। यदि वह चाहती तो जाने को मना कर सकती थी। वह इतनी स्वतन्त्र है, शायद वह स्वयं जाना चाहती हो।

अपने को आश्वस्त करने के लिए कहता हूँ, ''निश्चय ही यह अन्त नहीं है, कुछ सप्ताहों के तुम्हारे चले जाने से कुछ नहीं बदलता।''

''मैं अभी तैयार हुई जाती हूँ, तुम यहीं ठहरो।'' वह पलंग पर से कुछ कपड़े उठा लेती है और कमरे से संलग्न एक द्वार खोलकर अन्दर चली गई है। जब वह बाहर आती है तो बहुत-कुछ पहले-जैसी लगती है—प्रकृतिस्थ, संयत। एक छोटी-सी मुस्कान में मुझे सम्मिलित करते हुए वह इलेन को पुकारती है।

''हम लोग कुछ देर को जा रहे हैं। क्या तुम यह कपड़े पैक कर दोगी ?''

इलेन यह सुनकर चौंक-सी गई। मेरी ओर देखते हुए वह स्वीकृति में सिर हिलाती है।

''क्या हम इलेन के घर जा रहे हैं ?'' मैं पूछता हूँ।

''नहीं बेबी, उतना समय नहीं है।'' वह कहती है।

''फिर ?''

''तुम बहुत निरर्थक सवाल पूछते हो।'' उसने अपनी तर्जनी मेरे होंठों पर रख दी है।

यात्रा लम्बी है, कुछ देर में मैं समझ जाता हूँ कि हम झील के उस पार जा रहे हैं। मैं बहुत-कुछ कहना चाहता हूँ और हर क्षण के बाद मेरी आकुलता बढ़ती जा रही है।

''क्या तुम्हारा जाना आवश्यक है ?''

''डॉक्टर कहते हैं।''

''पर तुम अस्वस्थ नहीं।''

''यहाँ हूँ।'' वह अपने माथे की ओर इशारा करती है।

''तन्त्री, पत्र तो लिखोगी न ?''

''कौन जाने ?'' वह कन्धों को थोड़ा-सा हिलाती है।

उसके बाद लम्बा मौन।

मैं खिड़की के बाहर देखता हूँ। काँच पर बर्फ़ के छोटे-छोटे कण इकट्ठा हो रहे हैं क्योंकि सुबह से ही, हल्की फुहार की तरह बर्फ़ गिर रही है। मेरी साँस से काँच पर थोड़ी-सी भाप जम जाती है।

कार जब मुख्य सड़क छोड़ बाईं ओर मुड़ती है तो एक कई मंज़िली बड़ी-सी इमारत को देख मैं समझ लेता हूँ कि यही मेडिकल कॉलेज होगा।

कार को छोड़कर हम दोनों इमारत के अन्दर आए हैं। घुसते ही बड़ा-सा हॉल है, स्वच्छ गलियारे। सबकुछ प्रसन्न, आकर्षक।

हम दोनों लिफ़्ट के नीचे आने की प्रतीक्षा में हैं। हमारे अतिरिक्त दो युवा डॉक्टर सफ़ेद

कोटों में खड़े हैं और अपने वार्तालाप में तल्लीन हैं।

"क्या तुम कुछ देर यहीं ठहरोगे ?"

"अच्छा।" मैं जान रहा हूँ कि उसने एकाएक इरादा बदल दिया है। वह जहाँ भी मुझे ले जा रही थी, अब नहीं ले जाएगी !

लिफ़्ट उसे और दोनों डॉक्टरों को लेकर ऊपर चली गई है। मैं वापस आकर रिसेप्शन-रूम में खड़ा हो जाता हूँ। मैं हरी, गुलाबी या सफ़ेद, किसी भी रंग की कुर्सी पर बैठ सकता हूँ, पर बैठता नहीं। दीवार पर घड़ी के नम्बर अंकित हैं और दो बड़ी-बड़ी सुइयाँ उभरी नज़र आती हैं। कमरे के कोने में एक रबड़ का पेड़ बड़े-से गमले में उगा हुआ है। पीली डेस्क के पीछे सुनहरे बालोंवाली एक युवती बैठी है। एक ओर दो स्त्रियाँ बैठी हैं, उनके मुख पर धीर प्रतीक्षा का भाव है।

युवती की मेज़ पर रखा सफ़ेद टेलीफ़ोन बार-बार बजता है। वह उसके रिसीवर में इतने धीमे स्वर में बोलती है जो कि आसपास कोई नहीं सुन पाता।

मैं पतलून की ज़ेब में हाथ डाले खड़ा हूँ। दीवार की घड़ी पर बार-बार दृष्टि जाती है। उसे गए बीस मिनट हो चुके हैं। मैं कमरे से निकल बाहर सीढ़ियों पर आ गया हूँ। सबकुछ बर्फ़ से ढँका, शान्त, निस्तब्ध है, एक क्रिसमस कार्ड की तरह। उसे ठंड बरदाश्त नहीं होती, इसलिए उसे किसी गर्म जगह जाना ज़रूरी है। किसी प्रदेश में चटक धूप खिलती होगी, यह सोचकर भी अजीब-सा लगता है।

उसने आकर मेरा हाथ पकड़ लिया है, उसकी हथेली गर्म और पसीजी हुई है। वह थोड़ी देर चुपचाप खड़ी रहती है। फिर जैसे वह काँप उठी है, शीत के कारण। आधे घंटे में ही धूप चली गई है और चारों ओर हल्की नीली रोशनी फैली हुई है, जो थोड़ी देर में गहरी हो जाएगी।

हम लोग कार में लौट आए हैं। कार चलने से पहले वह चुपचाप बैठी रहती है, फिर वह कहती है, "भास्कर, मुझे तुमसे सबकुछ कह देना चाहिए था। कहना आसान न था। पर चाहती हूँ कि तुम मुझ ही से सुनो।...इस अस्पताल में हमारा पुत्र है। वह नॉर्मल नहीं है। कभी भी नॉर्मल जीवन नहीं बिता सकेगा।"

वह मेरी ओर आ गई है, अब वह मेरी बाँहों में है, उसके बाल बाएँ गाल को छू रहे हैं।

"उसके जन्म के बाद, फिर कभी कुछ पहले-जैसा न हो सका।" वह कहती है, "और इसीलिए प्रोफ़ेसर को मैं और आहत नहीं करना चाहती।"

मैं धीरे-धीरे उसके बाल थपथपा रहा हूँ। मैं जान रहा हूँ कि उसे, जो कुछ चुनना था, वह चुन चुकी है। अब मुझे कहने को कुछ बचता ही क्या है ? मैं धीरे से उसे अपनी बाँहों से अलग कर देता हूँ और संयत, ठंडे स्वर में कहता हूँ, "हमें अब वापस लौटना चाहिए। तुम्हें रात की फ्लाइट पकड़नी है।"

# सम्बन्ध

श्यामला ने बिना उससे पूछे ही जान लिया कि वह लड़की मर गई है। सर्जन ने बहुत ही क्लान्त भाव से फ़ोन का रिसीवर रख दिया, और अब पलंग पर आधा झुका बैठा था, इस सोच में कि दूसरा जूता पहने या न पहने। फिर जैसे कुछ निर्णय न कर पाकर वह पलंग पर आड़ा लेट गया, टाँगे नीचे ही लटकाए हुए। श्यामला अभी-अभी नहाकर आई थी। सामने के बाल भीगकर अपने-आप दो-तीन लटों में घुँघरा गए थे। सर्जन ने बाँह बढ़ाकर उसे खींच लिया और वह नम तौलिया पकड़े ही पास आकर बैठ गई।

''कब ?'' उसने पूछा।

''अभी-अभी कुछ मिनट पहले।'' सर्जन ने कहा। आँखें अपने-आप मुँद गईं। और श्यामला ठंडी, सुगन्धित हथेली से धीरे-धीरे, अन्यमनस्क भाव से उसके गाल सहलाने लगी।

हर बार, लम्बी कशिश के बाद भी, जब कोई मरता है तो सर्जन ऐसे ही चुप हो आता है, बाहर का यह संसार छोड़कर अपने अन्दर, कहीं बहुत गहराई में डूब जाता है। श्यामला उसे डिस्टर्ब नहीं करती, थोड़ी देर बाद वह कॉफ़ी लाएगी और सर्जन कॉफ़ी पीकर अपना कोट उठाकर चला जाएगा। उसके बाद, अगली मीटिंग तक उसकी दुनिया अस्पताल, सर्जरी ट्रांसप्लाट, पीड़ा और मृत्यु रहेगी। और श्यामला के लिए, यह कॉटेज़, जहाँ वह अकेली, सबसे अलग, सबसे कटी हुई रह रही है।

कमरे के बाहर सुबह हो रही है, उजली, धूपभरी और बेहद ठंडी। खिड़कियों के शीशों पर बर्फ़ की एक सफ़ेद परत है, जो धूप से धीरे-धीरे पिघलेगी। चौराहे पर बस एक क्षण को रुकी और फिर घर्र-घर्र करती निकल गई, पहले हर पन्द्रह मिनट पर ख़ाली बस को जाते देख ताज्जुब-सा होता था, अब आदत पड़ गई है, वैसे ही जैसे हर पन्द्रह मिनट पर बजनेवाली घड़ी की चाइम्स की आदत पड़ जाती है।

खिड़की के शीशे के पार पंख फड़फड़ाने की आवाज़ से वह चौंक पड़ती है, एक त्वरित दृष्टि सर्जन की ओर चली जाती है, वह वैसे ही निश्चल लेटा हुआ है। पक्षी दिखाई नहीं देता, पर श्यामला जानती है कि यह वही जंगली कबूतर है जो महज आदतन दाने की तलाश में आ जाता है। पहलेवाले लोग पक्षियों को दाना डालते होंगे, अब भी ट्रे बाहर लगी है। शुरू-शुरू में तमाम चिड़ियाँ आती थीं, शोर मचाती हुई गौरैया, मैना, कबूतर; पर लगातार निराश होते रहने पर वे आगत कम होते गए, और अब कोई भी नहीं आता, सिर्फ़ यह कबूतर ही भूला-भटका या बहुत भूखा होने पर आता है।

श्यामला के मन में कई बार उठा कि कुछ चारा डाल दिया करें, पर एक बार शुरुआत

करने से वे पक्षी रोज़-रोज़ आएँगे, और यह ख़याल रखना पड़ेगा कि वे भूखे न लौटें, ज़मीन पर अभी भी सत्रह इंच बर्फ़ और कई महीने रहेगी, सर्जन एक बार पाँच पाउंड का बैग ले आया था, दाने का। पर श्यामला ने खोला भी नहीं, कौन ले यह जिम्मेदारी, अपनी ही नहीं निभती।

कबूतर उड़कर दूसरी खिड़की पर आ बैठा, और चोंच से शीशा खुटखुटाने लगा।

सर्जन ने कहा—"इसे खाने को दे दो कुछ।"

"फिर रोज़-रोज़ आएगा।" श्यामला ने उत्तर दे दिया और बड़े ठंडे भाव से कबूतर को देखती रही।

"इतना बड़ा काम तो नहीं श्यामला !"

"पर जिम्मेदारी तो है।"

"मुझे क्यों आने देती हो ? मैं जिम्मेदारी नहीं हूँ ?" सर्जन ने पूरी तौर से जागकर कहा।

"तुम्हारी बात दूसरी है !" एकाएक उसे कोई उत्तर न सूझा। सर्जन ने कुछ कहना चाहा, पर बिना कहे ही चुप रह गया।

इस बात को लेकर बहुत बार बहस हो चुकी है, पर श्यामला जिद्दी है, सुनती रही। सर्जन हमेशा चाहता आया है कि उसके अस्पताल के पास ही एक छोटे-से, आधुनिक फ़्लैट में श्यामला रहे, श्यामला बाहर आए-जाए, घूमे-फिरे, लोगों से मिले-जुले, पर वह कुछ नहीं चाहती है। अकेली रहती है और बाहरी दुनिया से बहुत कम मिलती-जुलती है।

"क्यों श्यामला ?"

"मन ही नहीं करता। छोटा-सा सपाट उत्तर था।"

वह लेटा-लेटा श्यामला को देखता है, दुबली-पतली साँवली श्यामला, अविवाहित शरीर अभी भी गठा हुआ है, उसमें युवावस्था की लचक है, चेहरे पर लावण्य आकर थम गया है, कभी-कभी नींद में उसकी बाँहें सर्जन को ऐसे कस लेती हैं, जैसे कभी अलग न होने देंगी और वह कहती है कि मन में कुछ नहीं बचा। कभी-कभी वह उसके कन्धे झिंझोड़कर कहना चाहता, जागो श्यामला, यह वैरागीपन तुम्हारा सहज स्वभाव नहीं है। हँसो, बोलो, आकंठ डूबकर प्यार करो; पर वह अब कहता नहीं। सिर्फ़ उस दिन की आशा में है जब श्यामला अपने आप जागेगी। अपने को काटकर रखने की बजाय जुड़ना चाहेगी। पर कभी ऐसा होगा भी ?

"क्या देख रहे हो ? कॉफ़ी लाऊँ ?" श्यामला ने पूछा।

खुले शब्दों से श्यामला सकुचा जाती है, इसलिए सर्जन ने कुछ प्रिय कहने की बजाय कहा—"नहीं मैं खुद ले लूँगा।" वह उठा और गुसलख़ाने में चला गया। जब लौटा तो मेज़ पर पर्कोलेटर था और श्यामला सामने दो प्याले रखे बैठी हुई थी।

वह पास आकर बैठ गया, श्यामला ने उसे कॉफ़ी दी, ब्लैक पीता है, और अपने प्याले में दो शक्कर के क्यूब अनमने भाव से डालकर पूछा—कौन थी वह लड़की ?

"एक लड़की। कोई भी एक लड़की। हम तीन दिन तक लड़ते रहे और बचा न सके।"

"मगर कोशिश तो की।" श्यामला ने कहा।

"हाँ।" पर उसके स्वर की तल्खी को सुन श्यामला ने आश्चर्य-भरी आँखें उठाईं, फिर कहा, "जानती हूँ मुझ पर गुस्सा हो रहे हो क्योंकि..."

"नहीं श्यामला, तुम पर नहीं। ह्यूमन वेस्ट मुझसे बर्दाश्त नहीं होता, यदि तुम रोगियों को देखो तो जानो कि किस तरह आख़िरी साँस तक जीने के लिए लड़ते रहते हैं और...

श्यामला जान रही है कि यह आक्रोश उसे झेलना है, क्योंकि एक अनाम, युवा लड़की मर गई है, शायद वह जीना चाहती थी, और सर्जन के अनुसार वह—श्यामला—जीती नहीं।

उसने कहा—"सभी मरे लोगों की साँस बन्द नहीं हो जाती।" कहा और अपने आप ग्लानि से भर उठी। सर्जन गुस्सा हो आता है क्योंकि श्यामला उसे प्रिय है, और वह चाहता है कि नॉर्मल तरीके से रहे ऐसे क्षणों में वह बहुत असहाय महसूस करती है। वह सर्जन को कभी भी न समझा पाएगी कि इस तरह, स्वतन्त्र, असम्पृक्त रूप से एक सुख है, स्वार्थ-भरा, पर है सुख।

उठकर उसने अपना गाल उसके माथे पर क्षण-भर को टिका दिया, फिर पूछा, "क्या अब अस्पताल जाओगे ?"

"हाँ, दो गुर्दों की जाँच हो रही है, शायद शाम तक ट्रांसप्लांट करना पड़े।

"बिज़ी, बिज़ी, बिज़ी !" श्यामला ने हल्केपन से कहा।

"तुम्हारी तरह सब किस्मतवाले नहीं होते," सर्जन ने कहा, पर शिकायत के स्वर में नहीं—"जो दिन-भर सोएँ, और जब चाहें, तब काम करें।"

कॉफ़ी ख़तम हो जाने पर वह उठा, पर दरवाज़े की ओर न जाकर वापस बिस्तर पर लेट गया।

"आज पूरे दिन यों ही लेटे रहने का मन हो रहा है।" उसने कहा। श्यामला ने जूठे प्याले ले जाकर सिंक में रख दिए। फिर उन्हें धोया-पोंछा और अलमारी में रख दिया। कॉटेज़ में एक ही बड़ा कमरा है, बैठक, शयनकक्ष, रसोई, सभी कुछ उसी में—पल्ले बन्द करती-करती वह देखने लगी कि सर्जन दाईं करवट ले सो गया है। एकाएक वह भीग उठी और जाकर पास पड़ी कुर्सी पर बैठ गई, न जाने कब वह आ पाएगा—कई-कई सप्ताह बीत जाते हैं और उसकी ख़बर नहीं मिलती। फिर एकाएक ही फ़ोन बज उठता है, और सर्जन कहता है—"क्या कर रही हो ? मेरे पास कुछ समय है, आऊँ ?"

वह अधिकतर रात में आता है, कोई समय निश्चित नहीं है, ग्यारह से लेकर ढाई बजे के बीच कभी भी। वह जानता है कि श्यामला को रात में नींद आसानी से नहीं आती, इसलिए रात को ही काम करने बैठती है, बँधी नौकरी से अरुचि हो गई है, इसलिए फ्रीलांस काम करती है। वह भी मूड आने पर। अस्पताल से उसकी कॉटेज़ तक आने में करीब़-करीब़ आधा घंटा लगेगा, तब तक वह नहा लेती है, बाल सँवार लेती है और धुले, साफ़ कपड़े पहनकर मोमबत्तियाँ जलाने लगती है। कभी-कभी किसी मरीज को बचा लेने की छोटी-सी विजय के उपलक्ष में सर्जन कुछ पीने को ले आता है, मोमबत्तियों के प्रकाश में, चमकते ट्यूलिप आकार के गिलासों में वह लाल शराब पीते हैं, जब लौटकर वापस अस्पताल जाना होता है, तब वह रसोई में आकर दस कप कॉफ़ी का पर्कोलेटर लगा देता है। तब वह पास-पास बैठे रहते हैं, अक्सर मौन कभी आमने-सामने, गुँथी हुई हथेलियों में ही एक-दूसरे की गरमी महसूस करते हुए। कभी-कभी वह जूते उतारकर पलंग पर औंधा होकर लेट जाता है और वह उसके कन्धों और पीठ पर धीरे-धीरे मालिश करती रहती है, और उस क्षण के

इन्तज़ार में बैठी रहती, जबकि मेज़ पर रखा सर्जन का ट्रांजिस्टर 'बीप-बीप' कर उठेगा।

प्रारम्भ में, आत्मीयता के क्षणों में वह रेडियो की आवाज़ सुनकर बेहद ज़ोर से चौंक उठती थी पर सर्जन ने समझा दिया कि अस्पताल में उसकी ज़रूरत है, उसे यह सूचित करने का आधुनिक तरीका है। कल रात रेडियो टॉवर ने नौ बार सर्जन को कॉन्टेक्ट किया था, हर बार जागकर वह सर्जन का फ़ोन पर वार्तालाप सुनती रही थी, वह फ़ोन रखकर झपक जाता था। वह दोनों जान रहे थे कि लड़की बचेगी नहीं। फिर भी डॉक्टर भरसक प्रयत्न कर रहे थे। सर्जन के सो जाने के बाद भी, वह पलंग के सिरहाने से टेक लगाए, मोमबत्ती के मद्धिम प्रकाश में उसके सोए चेहरे को देखती रही। सर्जन खूबसूरत किन्हीं मायनों में नहीं था—युवावस्था में जैसे वर की कामना श्यामला ने की थी वैसा तो बिलकुल भी नहीं, पर पुरुष की इस आयु में चरित्र की दृढ़ता उसमें थी, सफल होने का कांफिडेंस, और दिन-रात मौत और तकलीफ देखते रहने से आँखों में एक अकेली-अकेली-सी उदासी।

क्या मुझे उसी उदासी ने छुआ था ? श्यामला अपने से पूछना चाहती है, क्या मेरे अकेलेपन ने भरे-पूरे परिवारवाले, सम्पन्न, सफल सर्जन की आँखों में अपना ही प्रतिबिम्ब पाया था ? क्या उसी से हम जुड़े हैं, और जब साथ होते हैं तो अपने को झुठलाने की कोशिश करते हैं कि हम अकेले नहीं हैं ? पर तब क्यों सर्जन तरह-तरह से उसे प्रसन्न देखने के उपाय खोजता रहता है ? क्यों इस अकेली, उजाड़, फटेहाल-सी कॉटेज़ में आकर ही उसे कुछ समय के लिए राहत-सी मिलती है ?

सर्जन ने कहा था—श्यामला, मैं तुम्हें प्यार करता हूँ। मैं घर-बार, बाल-बच्चे सब तुम्हारे लिए छोड़ सकता हूँ।

श्यामला ने हथेली से उसका मुँह बन्द कर दिया। बहुत देर बाद कहा—क्या हम ऐसे ही नहीं रह सकते, प्रेमी, मित्र, बन्धु ! क्या वह सब छोड़ना ज़रूरी है ? मैं तो कुछ नहीं माँगती।

उसके बाद सर्जन ने कभी वह सब नहीं दोहराया, पर एक बार कहना ज़रूरी था, श्यामला ने ग्रहण नहीं किया, श्यामला किसी से भी बँधना नहीं चाहती। उसकी शर्त केवल यही है कि वे दोनों एक-दूसरे पर प्रतिबन्ध नहीं लगाएँगे, कोई डिमांड नहीं करेंगे, दोनों में से कोई भी एक-दूसरे के प्रति जिम्मेदार न होगा। वह पहाड़ी के ऊपर कई लाख रुपयोंवाले घर में, स्विस पत्नी व तीन बच्चों के साथ रहता रहेगा और वह अपनी कॉटेज़ में, जब तक मन होगा, तब तक। जब भटकन की चाह बढ़ जाएगी, तब वह अपना सूटकेस उठाकर चल देगी।

पर वह अभी तक गई नहीं है, कई बरसों से किसी जगह इतनी देर टिककर नहीं रही है। हाथ में एक अनुवाद का काम है, वह कहीं भी रहकर किया जा सकता है, तो यहीं क्यों न रहा जाए ! कॉटेज़ की अवधि छह महीने को बढ़ाते हुए उसने सर्जन से यही कहा था। उसे मालूम नहीं कि सर्जन ने विश्वास किया या नहीं। पर श्यामला यहाँ टिकने के लिए इसी मोटिव की आड़ लेती है।

रेडियो ने कहा—बीप-बीप...

अब क्या ? श्यामला सोचती है, और सुनती है।

सूचना छोटी-सी है, सर्जन जहाँ भी कहीं हों, अमुक डॉक्टर को अमुक अस्पताल में फ़ोन

कर लें। और फ़ोन कर चुकने के बाद सर्जन कहता है—किडनी प्राप्त करनेवाला अस्पताल आ गया है। टेस्ट वग़ैरह हो रहे हैं। सब ठीक रहा तो इसी शाम ट्रांसप्लांट कर देंगे। अब तो उठना ही है, श्यामला।

कोट पहनते हुए वह पूछता है—आज क्या करोगी ? सोचा था कि कल शाम तुम्हारी वर्षगाँठ सेलीब्रेट करेंगे। फिर बड़े दुलार से कहा—एक दिन आएगा, जब हम दोनों एक साथ बाहर जा सकेंगे, अस्पताल और रोगियों से दूर, दो बच्चों की तरह, सारी चिन्ताओं से परे...

श्यामला ने कहना चाहा, आ चुका वह दिन, पर कहाँ—तुम्हें तो कवि होना चाहिए था। फिर कुछ रुककर कहा—आज मैं कुछ करूँगी। कम से कम पाँच पृष्ठ...

"गुड ! अनुवाद भेजने की डेडलाइन बीते कितने दिन हो गए ?"

"अरे जाओ !" श्यामला ने लाड़ में भरकर कहा।

"जा रहा हूँ।" उसने झुककर श्यामला के होंठों को हल्के-से छुआ। दरवाज़े पर खड़ी हुई श्यामला ने उसकी स्पोर्ट्स कार स्टार्ट होते देखी और फिर धुएँ का एक नीला बादल छोड़ती हुई कार मोड़ पर जाकर छिप गई। ठंड से सिहरकर श्यामला ने दरवाज़ा बन्द कर दिया, बिस्तर की सलवटें ठीक कीं, और फिर गरम कॉफ़ी प्याले में डालते हुए सोचा, सच में काम करना चाहिए, यों मुँह लपेटे कब तक पड़ा रहा जाए, यह पचास पदों का नया इंसटालमेंट देने का वादा कई महीने पहले किया था, कई तकाजे भी आ चुके हैं, और एडवांस भी कब का चुक गया, नए बिल इकट्ठे होने लगे हैं। उसने साँस ली और कुर्सी पर बैठ गई, यद्यपि अपना व्यक्तिगत ख़र्च उसने बिलकुल घटा दिया है। जब वह कॉलेज में पढ़ाती थी तो जिया एक रुपया रोज़ दिया करती थीं, बस के किराए और चाय का ख़र्च निकल आता था। हर महीने पूरी तनख्वाह वह जिया को लाकर देती थी। सब जानते थे कि उसी में सब होना है, न जाने वह कैसे मैनेज करती थी, कितने लोग थे, अविनाश, प्रकाश, कुमुद, वह, जिया और बड़ी दीदी। सभी पढ़नेवाले थे, बड़ी दीदी ने तो विधवा हो जाने के बाद स्कूल जाना शुरू किया था। मिल-जुलकर जो भी होता, वह खा लेते, साझे में वही साड़ियाँ तीनों बहनें पहनती रहतीं। कभी बस का टिकट कोई और सहेली ख़रीद देती तो उस दिन श्यामला चाय के साथ समोसों का ऑर्डर दे पाती। अब, जब अविनाश, प्रकाश पढ़ गए हैं, कुमुद की शादी हो गई, बड़ी दीदी अपने स्कूल के विधुर प्रिंसिपल की पत्नी हैं, और जिया भी बदरीधाम हो आई हैं, वह श्यामला अब भी तापसी जीवन जिए जा रही है।

दस साल पहले के वे दिन चाहने पर भी नहीं भुलाए जाते। दिन में याद न भी करे, पर रात में नींद न आने पर, या सपनों में, अभी भी वह आँगन है, एक किनारे बरसाती अमरूद का पेड़, तार पर पड़ी सूखती इकलाइयाँ और जिया की खोपें भरी हुई जोड़े की धोती। शाम के मनहूस-से धुँधलके में दीदी निःशब्द रोती जाती हैं, इंटर में दो बार फेल हो चुकी हैं, हर बार इंगलिश आड़े आ जाती है। कुमुद कहीं से गीत सीख आई है और अपने-आप गुनगुना उठती है, जिया बरामदे में अँगीठी पर मसाला भून रही हैं, और प्रकाश के बाज़ार से लौटने की प्रतीक्षा में हैं।

ताज्जुब है, तब कभी न लगा था कि यही ज़िन्दगी के मधुर दिन हैं, सब साथ थे, आपस में प्यार था, एक-दूसरे का दिल न दुखे इसलिए निरन्तर सबका ध्यान रखते थे, खास तौर

से शम्मो का। रात को एक गिलास दूध एक हाथ से दूसरे हाथ जाता है, लिया जाता है श्यामला के लिए, पर श्यामला कभी नहीं पीती—आज प्रकाश को दे दो, कल कुमुद को। जब जिया निढाल होकर चारपाई पर पड़ जाती हैं तो श्यामला और सब बच्चों के हठ करने पर उन्हीं को वह पाव-भर दूध पीना पड़ता है।

वही शम्मो इतनी बदल गई है। जिया लल्लन चाचा के घर पड़ी हुई हैं, लल्लन के पास विनयनगर में एक छोटा-सा क्वार्टर है, चार बच्चों और पत्नी के साथ रहते हैं, उसी में जिया भी जाकर ठुँस गई हैं। पहले बार-बार ख़त में लिखा करती थीं कि समझ में नहीं आता कि शम्मो लौट क्यों नहीं आतीं और कॉलेज में क्वार्टर लेकर क्यों नहीं रहतीं ? यहाँ बच्चे हर वक़्त ऊधम मचाया करते हैं और रात में चारपाई बरामदे में जहाँ पड़ती है, वहाँ हर वक़्त पेशाब की बदबू आया करती है। बुढ़ापे में यह सब निभता नहीं। एक बार श्यामला ने झल्लाकर लिख दिया—बार-बार मुझसे झींखा न करो, जिया।

उसके बाद जिया ने चिट्ठी लिखना बन्द ही-सा कर दिया। कुमुद ने लिखा था—तुम्हारा नाम लेते ही जिया की आँखों से झर-झर आँसू गिरने लगते हैं। एकदम सूख गई हैं। बहरहाल, प्रकाश कहते हैं कि उन्हें बुलाने का प्रबन्ध कर दो तो जर्नलिज़्म में डिग्री ले लें। यहाँ तो कोई स्कोप नहीं है। जो भी हो सके, करो न दीदी, तुमने जब इतना सब किया है तो थोड़ा और सही।

प्रकाश का भी एक ख़त बम्बई से आया, क्षुब्ध, उदास, आग्रह-भरा। यहाँ क्रिएटिव पर्सन के लिए कोई आउटलेट नहीं है, वहाँ तो कई सम्भावनाएँ हैं, टेलीविजन, फिल्म-मेकिंग...

वह ख़त भी, काग़ज़ों में नीचे कहीं दबा रह गया, श्यामला कई सप्ताहों मन ही मन जवाब लिखती रही, रोज़ वही बात एक नए ढंग से लिखने को सोचती, पर कलम लेकर बैठने के ख़याल-से सकुचा जाती। जिया को चिट्ठी लिखकर मन ही मन अन्दर कुछ बहुत कचोटता रहा, जिन जिया ने तरह-तरह के दुख चेहरे पर शिकन लाए बिना सह लिए, उन्हीं को वह ऐसी कटु बात निर्भय होकर कैसे लिख सकी ? आत्म-भर्त्सना की मनःस्थिति जब बीत जाती तो उसे बड़ा गुस्सा आ जाता, एक निरुपाय, बेसहारा आक्रोश, कर तो दिया सबके लिए, जितना हो सका, जैसे जिया ने चाहा, पर अब भी क्यों वह बोझ ढोए जाए। बाबू की मृत्यु के बाद, उसने घर सँभाल लिया था, एक भावुक कर्तव्य के वश, पर अब क्यों वे सब उसे अपनी ज़िन्दगी नहीं जीने देते—जैसे भी वह चाहे। श्यामला ने अपने चारों ओर एक नज़र घुमाई और उस उजली धूप में कॉटेज़ का 'शैबीपन' नए सिरे से देखा। जगह-जगह दीवारों से झड़ता पेंट, सफ़ेद और नीले प्लास्टिक के परदे, जिन पर मैल और धूल इतनी जम गई थी कि सफ़ेद रंग स्थायी रूप से मटमैले रंग का हो गया था। नीलामों में ख़रीदा, पुराना, चरमरा फर्नीचर, खूँटी पर लटकता दीमक खाया उसका फर का ओवरकोट जो किसी ने दानखाते दे दिया होगा, और वह पुराने कपड़ों की दूकान से ख़रीद लाई थी।

श्यामला ने तटस्थ भाव से उस फ़्लैट को याद किया जो कि सर्जन उसके लिए लेना चाहता था।

"मैं उतना किराया कहाँ से लाऊँगी ?"

"किराए की तुम्हें फ़िक्र न करनी चाहिए।" सर्जन ने हल्के से कहा—"अगर पसन्द आए तो ले लो।" उसने अस्वीकृति में सिर हिला दिया। मन में एक विद्रोह-सा जाग उठा। मैं उस

कॉटेज़ को ही अफोर्ड कर सकती हूँ, अगर तुम्हें वह अरुचिकर लगती है तो, श्यामला ने अब सोचा कि, जब बाज़ार जाने का सुभीता होगा तो कम से कम नए परदे लाकर टाँग देगी और...न न, कॉटेज़ सँवारने का मतलब है कमिटमेंट, और कमिटेड वह होना नहीं चाहती, जब भी मन हो तो पाँच मिनट के नोटिस पर यह कॉटेज़ छोड़ देने का विकल्प वह रखना चाहती है।

कॉटेज़ के पिछवाड़े देवदार वृक्षों का जो जंगल था, उनमें जाड़े की कँपकँपाती, तुषारभरी हवा जागी और बार-बार उन्हें झकझोरने लगी। श्यामला बैठी हुई वह हहराता स्वर सुनती है, और विद्यापति के 'सखि हे हमर दुःखेर नहि ओर' को अंग्रेजी में सजाते हुए कभी-कभी आँखें उठाकर बाहर देख लेती है कि ताज़ी गिरी, भुरभुरी बर्फ़ छतों, पेड़ों से, उड़-उड़कर नीचे गिर रही है, और फिर दैत्याकार 'स्नो-प्लाउ' आकर वह सारी बर्फ़ सड़क से हटाकर किनारे-किनारे ऊँची मुँडेरों में सजा देता है। उसके जाने के बाद फिर वही सन्नाटा। सिर्फ़ झाड़ियों में गौरैयों का सहसा चहचहा उठना और उड़ जाना।

फ़ोन बजता है तो वह चौंक उठती है, पेंसिल नीचे रख वह फ़ोन की ओर बढ़ जाती है और उठाते हुए सोचती है, आज कितनी चमकदार धूप निकली है, आँखें चौंधिया रही हैं। बाएँ हाथ से बाल की लटें खोंसते हुए वह कहती है—"हलो !"

शायद सर्जन हो, यह उम्मीद एक क्षण को कौंधी थी, एक अनजानी आवाज़ सुनकर मिट गई। उसने बड़े औपचारिक स्वर में कहा—"जी हाँ, मैं ही मिस वर्मा हूँ, कहिए।"

"मैं इंडियन एसोसिएशन का सेक्रेटरी मेहता हूँ। आपको..." उसकी आवाज़ का संकोच श्यामला सुन रही है और जो भी प्रार्थना वह करेगा, उसे अस्वीकार करने की प्रतीक्षा में है।

"आपको" वह जैसे एकदम साहस बटोरकर एकदम कह डालता है—"यह सूचना देने के लिए फ़ोन कर रहा हूँ कि आज सुबह मिस कपूर की डेथ हो गई है, शाम को हमलोग कंडोलेंस मीटिंग कर रहे हैं...आप अगर आना चाहें..."

"आपका मतलब सुनीता कपूर से है ?" श्यामला को पूरा मतलब ग्रहण करने में कुछ क्षण लगे।

"जी हाँ। आप तो जानती थीं उन्हें। भारत से आकर, वह कुछ दिन आपके पास रही थीं, फ़्लैट मिलने तक।"

"सुनीता ?"

"जी हाँ।"

"क्या हो गया था ?" श्यामला ने पूछा और बिना सोचे कह उठी—"अभी कुछ दिन पहले देखा था, तब तो ठीक थी"—कहते ही याद आया और वह चुप हो गई।

मेहता ने मन्द स्वर में कहा—"सुइसाइड करने की कोशिश की थी। कई दिन तक अस्पताल में थीं।"

फ़ोन के बन्द हो जाने पर भी श्यामला फ़ोन के पास खड़ी रही, स्तम्भित, अवसन्न, बाहर की धूप जैसे कुम्हला गई थी, और श्यामला के दिल में एक अनजानी ऐंठन-सी शुरू हो गई।

जाड़े की साँझ में चार बजे अँधेरा हो जाता है, ट्रांसप्लांट का भार दूसरे डॉक्टर को दे सर्जन लौटकर चाभी से दरवाज़ा खोलता है, धुँधलके में श्यामला मेज़ पर सिर टिकाए बैठी है।

उसके कन्धों को एक बार आत्मीयता से दबाकर वह छोड़ देता है, ओवरकोट उतारकर डाल देता है और टेबिल लैम्प जलाकर फिर श्यामला के पास लौट आता है।

बत्ती जलने पर श्यामला ने सिर उठाया, आँसू सूख चुके हैं, पर सूजी हुई पलकों के नीचे अन्दर की यातना झलक रही है।

''जो लड़की आज सुबह मरी, भारतीय थी ?'' वह पूछती है।

''हाँ।'' सर्जन ने धीरे-से कहा।

''तुमने मुझे बताया नहीं ?''

सर्जन कुछ देर पास खड़ा रहा, श्यामला को छुआ नहीं, फिर कुर्सी खींचकर उसके पास डॉक्टर की मुद्रा में बैठते हुए कहा—''तुम उसे जानती थीं। तुम्हें अपसेट नहीं करना चाहता था।''

''कैसे मरी ?''

''क्या करोगी डिटेल्स जानकर।'' सर्जन ने कहा—''तुम्हें मालूम ही है कि तीन दिन से हमारी बेस्ट मेडिकल टीम उसे बचाने की कोशिश कर रही थी।''

''नहीं, मुझे बताओ।'' श्यामला ने क्रूर होकर कहा।

''मशीनों से हमने हार्ट को जिला रखा, पर कल रात से मशीनें भी कारगर न हुईं। पर रानी, तुम अपने को टॉर्चर क्यों कर रही हो ?''

''तुम नहीं जानते !'' श्यामला को आगे कहने में कुछ क्षण लगे, उमड़ते आवेग को किसी तरह दबाकर उसने कहा—''वह कुछ दिन पहले मेरे पास आई थी। चाहती थी कि तुमसे कहकर मैं अबार्शन आरेंज करा दूँ। बच्चे का पिता उसे छोड़कर—'' उसने निचला होंठ दाँतों से दबाकर अपने को सन्तुलित किया—''कैलीफोर्निया चला गया था। उधर भारत से उसके पेरेंट्स और मँगेतर उसे लौट आने के लिए ज़ोर दिए जा रहे थे।''

''तुमने क्या कहा उससे ?'' सर्जन ने कोमल, पर क्लिनिकल लहजे में पूछा।

''मैंने कहा कि तुम कभी राजी न होगे। और मैं तुम्हारे आगे ऐसी माँग रखूँगी भी नहीं। मैंने कहा कि वह साहस कर अपने पेरेंट्स को साफ़-साफ़ सारी बात लिख दे। पर वह केवल उन्नीस साल की भोली-भाली लड़की थी—एकदम हेल्पलेस, भीरु...

श्यामला ने फूट-फूटकर रोना शुरू कर दिया। सर्जन ने सहारा नहीं दिया। रोने दिया। पहली बार गहरे भावों को उमड़ता देख रहा था, उसी अलगाव से जैसे बहुत दिनों से धीरे-धीरे पके फोड़े को फूटता हुआ देखें।

श्यामला रोई, और चुप हो गई। रसोई में जाकर मुँह धोया, साड़ी के आँचल से पोंछा और वापस आकर बैठ गई।

''मुझे सारे दिन उसका चेहरा हांट करता रहा। दरवाज़े से जाते समय उसने जैसी दृष्टि से देखा था, वह बार-बार कलेजे को काटती रही।''

''शी वाज अ ब्यूटीफुल गर्ल !'' सर्जन ने कहा।

रात हो चुकी है, श्यामला पलंग पर लेटी हुई मोमबत्ती की लौ को ताकती हुई कहती है—''तुम बराबर जानते थे न, कि मैं ग़लत हूँ। मैं इतने दिनों एक झूठ की आड़ में रहती रही, लोगों को हर्ट करती रही, और तुम्हें भी, पर मेरा यह अनइनवौल्मेंट, यह निस्संगता केवल पलायन

है, अब सुनीता मर चुकी है और मेरे पास सिर्फ़ एक गहरी गिल्ट बची है।''

''अपने को त्रास न दो, श्यामला।''

''पर मैं चाहती तो उसे बचा सकती थी। बचा सकती थी न ?''

श्यामला उठकर बैठ गई और बोली—''अगर मैं लौट जाऊँ तो ?''

कन्धे पकड़कर उसे लिटाते हुए सर्जन ने कहा—''अब सो जाओ श्यामला ! कल सुबह बात करेंगे।''

एक लम्बी साँस। बाहर देवदार वृक्षों में हवा का स्वर।

# प्रतिध्वनियाँ

चाहने पर भी वह सुधा जीजी से नहीं कह सकी कि उसके अकस्मात लौट आने का कारण सैर-सपाटा नहीं, बल्कि डॉक्टर जूलियन के शब्दों में 'थेराप्यूटिक' यानी उपचार के लिए है। जीजी की गाड़ी उसे एयरपोर्ट से लेकर सीधी नैनीताल चल दी और पीछे आराम से बैठते हुए उसने जाना कि दिल्ली में एक घंटे भी न रुकने का उसे ज़रा भी दुख नहीं है। दोनों बच्चे पन्द्रह साल से ऊपर ही थे कि जीजी को फिर एक बेटा हो गया। पहले तो लज्जा आई। पर कुछ दिन बाद सब बीत गया था। और अब राजू सबके लाड़-प्यार का केन्द्र बना हुआ था। जीजी ने राजू के कमरे में ही उसका पलंग डलवा दिया।

आया ने पास आकर शरमाए राजू को उसकी ओर धकेलते हुए कहा, ''जाओ न राजू, मौछी हैं, मौछी !''

सूटकेस का ढकना उठाए-उठाए वह सम्भ्रम से उस छोटे-से लड़के को देखती रही। आया से सटा राजू भी उसे कुतूहल से देखता रहा और उसने जब बाँहें बढ़ाकर कहा, ''आओ बेटे !'' तो वह भागकर आया के पीछे छिप गया। जीजी की कोठी इस समय देवरानियों, जेठानियों, बन्धु-बान्धवों से खचाखच भरी हुई थी। सबके नाश्ते, खाने, रात के भोजन, दूध के इन्तजाम, धोबी से झिक-झिक, इन सबमें उलझे हुए जीजी का सारा समय निकल जाता था। शाम को जूड़ा बाँध, साड़ी पहन थोड़ी देर टहलने निकल जाएँ, तो बहुत गनीमत थी। फिर भी दो-एक बार देवरानी-जेठानी के झुंड से अलग पड़ जीजी ने पूछ ही लिया, ''इस बार बड़ी जल्दी आना हुआ तुम्हारा !''

अगर और समय होता, तो शायद वह कुछ कहती, मगर पान और चूड़ियों की दुकान के बीच की रेल-पेल में वह क्या कहती ! हल्का-सा मुस्कराकर कहा, ''फिर कभी बात करूँगी।''

फिर कई दिन वह इस प्रतीक्षा में रही कि शायद जीजी समय निकाल उसके पास आ बैठें, पर कुछ नए और राजनीतिक रूप से महत्त्वपूर्ण मेहमान आ गए और तब तो जीजी को दम मारने की फुरसत न रही। कई दिन उसके पलंग पर पड़े रहने पर अक्सर बहनोई काशी को भेजते—''जाकर बीबीजी से कहो कि उठें और बाहर आएँ।'' उसके बाहर आने पर कहा जाता—''कैसी लीचड़ हो गई हो ! शाम के वक़्त कोई यहाँ कमरे में पड़ा रहता है।''

वह बेंत की कुर्सी खींच बरामदे में बैठ जाती और लम्बे वृक्षों के बीच झील का तिकोना टुकड़ा देखती रहती।

वैसे उसने चाहा कि लोगों पर प्रकट न हो कि उसे भीड़-भाड़, शोरगुल से भारी अरुचि

हो गई है। उसके लिए सबसे शान्तिप्रिय समय वह है, जब शाम को क़रीब-क़रीब सारे लोग तैयार होकर घर से चले जाते हैं और नौकर रसोई के बाहर बरामदे में बैठकर गप हाँकते हैं। तब खिड़की के बाहर हवा से पत्तियों की सरसराहट साफ़ सुनाई पड़ती है और इक्के-दुक्के पक्षी का स्वर। वह हमेशा ऐसे ही पड़ी रहना चाहती है। पर आया बिस्तर लगाना चाहती है, इसलिए उसे उठना पड़ता है। जीजी का शाल ओढ़कर वह कोठी के सामने टहलने लगती है। बहुत पहले यहाँ टेनिस कोर्ट था, उसे अपनी याद पर आश्चर्य हुआ। थोड़ी दूर हटकर झिंझरीदार दीवार थी, जो हमेशा साफ़, सफ़ेद पुती झकाझक चमकती रहती थी और बीच-बीच में खम्भों पर जिरेनियम के गमले रखे रहते थे। जीजी के ससुर को फूलों का शौक़ था। जीजी के ससुर उसे कितना मानते थे।

''बिस्तर लग गया, बीबीजी !'' आया आकर कहती है।

''अच्छा !'' अनमने स्वर में वह कहती है और चहारदीवारी के पास आकर खड़ी हो जाती है। नीचे, दूर, बिजलियाँ झिलमिलाती हैं। इस समय फ़्लैट पर ठठ-के-ठठ होंगे। हर्ष और उल्लास से उस कोलाहल से वह बहुत दूर है। कोठी की इतनी ऊँचाई पर, अलग है। जिसने बनवाई होगी...

वह कुछ और सोचने लगती है। दीवार खड़ी है। गमलों में फूल अब भी हैं। ताज्जुब है, उसने पहले ध्यान नहीं दिया था।

''मौछी, आइए...'' राजू पुकार रहा है। आवाज़ सुनकर वह मुड़ती है और बरामदे में आकर राजू को गोद में उठा लेती है। और एक बड़ा-सा चुम्बन उसके माथे पर रख देती है। यह सब राजू के लिए ही है, क्योंकि राजू जीजी का पेटपुछना बेटा है और उसे राजू को प्यार करते देख जीजी को खुशी होती है। मौसी अकेले उसी को प्यार करती हैं, यह राजू भी जानता है। नहीं तो घर में और भी बच्चे हैं, सभी साफ़-सुथरे, स्वस्थ और आकर्षक हैं, पर उससे आकर कोई नहीं लिपटता, जैसे राजू लिपट जाता है। कभी-कभी वह कहता है, ''मौछी के छाथ हम भी जाएँगे, जहाज़ में चढ़कर !'' शायद आया ने सिखाया हो। सब उसकी बातों पर हँसते हैं। आख़िर घर-मालकिन का बेटा है, और सभी उन्हीं की अनुकम्पा के सहारे नैनीताल में गर्मियाँ बिता रहे हैं।

राजू प्यारा है, इसमें शक नहीं। पर बच्चों की दुनिया से वह हमेशा ही कटी रही है। अब तो बड़ों के संसार में रहती है, उसमें टैलकम पाउडर से महकता, नित्य नए बाबा सूटों में सजा राजू कभी नहीं प्रविष्ट हो पाएगा, पर वह जानती है कि उसका राजू को प्यार करना औपचारिकता से ऊपर और कुछ नहीं है।

शाहजी के घर की दावत में सभी गए हैं—नौकर-चाकर, ड्राइवर, आया सभी। सिर्फ़ रसोइया रामदेव नहीं गया है और वह नहीं गई। रामदेव किसी और का छुआ नहीं खाता, और उसे शाहजी की चारों बहुएँ सख़्त बुरी लगती हैं। चारों गोरे रंग पर इस घर में लाई गई हैं, पढ़ी-लिखी नहीं हैं, पर हैं बेहद दम्भी और बेशऊर। जीजी ने चाहा कि उसे भी ले चलें, पर वह जिद पकड़ गई। जीजी ने खिन्न होकर कहा, ''शाहनी कल बोट क्लब में इतना-इतना कह गई थीं, बुरा मानेंगी।''

वह बोली, ''कह देना, उसके सिर में बेहद दर्द था। थोड़ा बुखार भी है।''

''मैं तो कह दूँ,'' जीजी ने मोती की माला गले में डालते हुए कहा, ''पर इनकी भाभियाँ

भला चुप रहेंगी ? मैं ही झूठी बनूँगी !

जितेन्द्र भाई बुरा मानकर चुप हो गए थे। बाँह पकड़कर उठाते हुए बोले, "चलो, उठ भी जाओ ! बहुत कर लिए नखरे !"

पर वह नहीं उठी। बोली, "सच, बिलकुल मन नहीं है।"

"अरे, रहने भी दो ! यह तो बचपन की जिद्दिन है ! एक बार जो मन में आ गया, वह करके छोड़ेगी ! ऐसा न होता, तो क्यों..."

जीजी बीच में चुप हो गईं। उसने कुछ नहीं कहा, हल्के-हल्के मुस्कराती रहीं। धीरे-धीरे लोग बाहर निकले। मँझली ने रुककर पूछा, "चल नहीं रहीं ?"

जीजी बोलीं, "उसके सर में दर्द है। यहीं आराम करेगी। रामदेव से कह दिया है, खाना खिला देगा।"

शाहजी के घर तक मोटर जा सकती है। तीन मोटरों में लद-फँदकर सबके चले जाने के बाद वह उठी और अपने पलंग पर बैठकर उसने पत्र लिखना शुरू किया :

"डॉक्टर जूलियन,

मैंने आपसे ठीक ही कहा था। मेरे चारों ओर एक जीवित, स्पन्दित संसार है, जो मेरे लिए मर चुका है। इस सबके बीच मैं हूँ।"

लिखना छोड़ वह उठ खड़ी हुई, फिर बैठ गई और वह पन्ना फाड़कर चिन्दी-चिन्दी कर दिया, फिर नया पृष्ठ प्रारम्भ किया :

"प्रिय डॉक्टर जूलियन,

मैं कुछ दिन हुए, यहाँ सकुशल आ गई। मैं पाती हूँ कि मेरे चारों ओर जो संसार, जो सम्बन्धी हैं, सब मृत हैं। केवल मैं जीवित हूँ। कैसी विडम्बना है !"

लिखकर वह बड़ी देर बैठी सोचती रही। फिर इस पत्र को भी फाड़कर टुकड़े-टुकड़े कर दिया, और रजाई ओढ़कर लेट गई। रामदेव खाना जब तक देगा, तब तक वह एक झपकी ले सकती है। सर में सचमुच दर्द होने लगा था।

"बीबीजी," रामदेव दरवाज़े पर खड़ा होकर कह रहा था—"शाहजी के घर से थाल आया है आपके लिए।"

शायद वह कुछ मिनटों के लिए झपक गई थी। लेटे ही लेटे उसने कहा, "रख लो। टूटे पैसे हों, तो ड्राइवर को दे दो।

"एक रुपया दे दूँ ?" रामदेव ने पूछा। वह असमंजस में पड़ी रह गई—पता नहीं, जीजी ड्राइवर को क्या देती।

"अच्छा, दो दे दो।" उसने कहा।

रामदेव चला गया। बालों में कंघा फेरकर वह डाइनिंग रूम में चली गई और अलमारी से एक गिलास निकालकर उसने फ्रिज से सन्तरे का रस उसमें उँडेल लिया। इरादा अभी तक तो सिर्फ़ रस पीने का था, पर अब वह जीजी के कमरे तक आई—दवाइयों की अलमारी में जितेन्द्र भाई कुछ बोतलें रखते हैं, उसे यह पता था। बत्ती जलाकर उसने जिन की बोतल उठाई—ठंडी होती, तो अच्छा था। उसने बोतल बिना खोले वापस रख दी और बाहर बरामदे में आकर बैठ गई। अब वह कुछ नहीं सोच रही थी। दूर, बहुत दूर नीचे जो झिलमिलाती दुनिया थी, सिर्फ़ उसे देख रही थी। मन में छोटी-छोटी हिलोरें उठतीं—भूली हुई यादों की,

खोए हुए चेहरों की आकृतियाँ लिए हुए—और मिट जातीं।

उसके पैरों के तलवे ठंडे होने लगे और पूरे शरीर में झुरझुरी-सी आने लगी। उसने साड़ी का पल्ला कसकर बाँहों में लपेट लिया और बैठी रही। जब रामदेव ने आकर कहा, "बीबीजी, खाना लगा दूँ ?" तब वह चौंकी। उसे याद आया कि रामदेव साढ़े नौ बजे के शो में 'आदमी' देखना चाहता था।

उसने मेज़ पर आने के पहले बटुआ खोलकर पाँच रुपए का नोट निकाला और रामदेव को देते हुए कहा, "यह तुम्हारे लिए है।"

रामदेव ने झिझकते हुए कहा, "पर उसे तो दो ही दिए थे। बहूजी के हिसाब में डाल दूँगा।"

"सिनेमा जाओगे न, रख लो।"

रामदेव ने रुपए तब भी नहीं लिए। उसने बड़ी सहज, स्वाभाविक आवाज़ में कहा, "रख लो, रामदेव, बहूजी नाराज़ नहीं होंगी, और मेरे खाने का इन्तज़ार न करो। तुम खा लो और चले जाओ।"

रामदेव अपने पीछे किवाड़ भेड़ता हुआ चला गया। उसने अभी खस्ता कचौरी का एक ग्रास ही खाया था कि बाहर मोटर रुकने की आवाज़ आई। दरवाज़ा खुला और जीजी तेज़ी से अन्दर आई। उसे खाने की मेज़ पर देखकर ठिठककर रुकीं, उनके पीछे आया थी—राजू को लिए।

"तुमने अभी खाना खाया नहीं !" आया के वहाँ से चले जाने पर जीजी कुर्सी खींचकर पास बैठ गईं।

"क्या बात है ? कहो," उसने कहा।

"तुम खा लो तो बात करेंगे," जीजी ने कहा।

उसने कहा, "ऐसी भी क्या बात है ?"

तब जीजी ने कह डाला—"शाहजी के यहाँ श्यामल मिले थे, रुचिरा को लेकर आज दोपहर ही आए हैं।"

"तब ?" वह स्वयं जानती थी कि यह प्रश्न नहीं था, केवल जीजी को उकसाकर आगे कहने का प्रयास मात्र।

"सुनो, वसु" जीजी ने कहा, "मैंने कभी तुमसे या श्यामल से न पूछा, न तुमने बताया। बताओ, श्यामल तुम्हें साथ न लाकर अकेले क्यों लौटे थे ? क्या तुम इस बार उन्हें डाइवोर्स करने लौटी हो ?"

उसने अपनी बड़ी बहन के चेहरे की ओर देखा, फिर कहा, "किसने कहा कि मैं डाइवोर्स करने लौटी हूँ ?"

जीजी चुप रहीं। फिर धीरे-से बोलीं, "सभी का यही ख़याल है, नहीं तो घर-बार होते हुए तुम यहाँ क्यों आतीं ?"

"तुमने उन्हें बताया कि मैं यहाँ हूँ ?"

"कैसे न बताती ! तुम्हारी बिटिया ठीक सामने बैठी थी। कैसे न कहती !"

"ठीक ही है," उसने पापड़ उठाकर कुतरना शुरू किया, फिर जीजी को देखती हुई बोली,

"जीजी, डाइवोर्स तो हमारा उनके लौटने के पहले ही हो गया था। और हुआ भी था उन्हीं की तरफ़ से। एक तरह से अच्छा ही हुआ। एक 'मीनिंगलेस-सी रस्म' ने हमें बाँध दिया था। अब हम दोनों ही मुक्त हैं।"

जीजी जब उद्विग्न होती हैं, दाँतों से निचला होंठ काटने लगती हैं।

"इतनी बड़ी बात हो गई और तुमने मुझे बताया तक नहीं।"

"क्या बताती ! पिछली बार जब मैं आई थी, तो राजू होनेवाला था, तुम बराबर पलंग पर थीं। मैं उसमें अपना दुखड़ा लेकर बैठती ? सच तो यह है कि मेरा दुख तब तक बीत चुका था।"

"श्यामल आएँगे, तो मिलोगी ?"

"क्यों नहीं !...रुचि कैसी लगती है ?"

उसने थाल सरका दिया। जीजी ने कहा, "कुछ दुख नहीं है ! न खाती हो, न पीती हो ! मुँह लम्बा किए बैठी रहती हो !"

"वह तो पुरानी आदत है !" उसने मुस्कराने का प्रयत्न किया। वह जानती थी कि जीजी का मन यह जानने को कुलबुला रहा होगा कि डाइवोर्स का कारण क्या था, कि वह श्यामल को छोड़कर चली गई थी–श्यामल के नीचे काम करनेवाले एक पोस्ट-डाक्टोरल फेलो के साथ। यह वह नहीं कह पाएगी–कम से कम जीजी से, क्योंकि घर-परिवार में रमी पक्की गृहस्थिन जीजी इस बात को समझने से बिलकुल इनकार कर देंगी। उनके लिए तो जो बिंधा सो मोती, या गले पड़ा ढोल तो बजाना ही पड़ेगा।

रात को सब लोग थके-थकाए लौटे और थोड़े-से शोर-गुल के बाद बत्तियाँ बुझ गईं। सिर्फ़ जीजी के कमरे में टेबल लैम्प जलता रहा, क्योंकि भाई साहब के मैनेजर सुबह आए थे और वह दफ़्तर में बैठे अब भी हिसाब-किताब कर रहे थे।

शायद वह सो गई थीं, क्योंकि जीजी के कमरे का बाहर का दरवाज़ा बन्द होने की खट के साथ उसकी आँख खुल गई। पानी पीने उठी, तो जितेन्द्र ने पुकार लिया–"थोड़ी-सी ब्रांडी लोगी ?"

"नहीं।" पर वह बीच की देहरी पर आकर खड़ी हो गई।

"मुझे कुछ ठंड लग गई है," ढकना खोलते हुए जितेन्द्र बोले।

"इन्हें तो बहाना चाहिए !" जीजी ने निंदासी आवाज़ में कहा।

सोने के पहले जब वह राजू को चेक करने आए, तो वह जग रही थी। उसके पलंग के पायताने खड़े होकर उन्होंने कहा, "सुधा ने बताया, तुम्हारा श्यामल से पक्का डाइवोर्स हो चुका ?"

"हाँ।"

"क्या बात थी ? किसी और के चक्कर में पड़ गई थीं ?" भाई साहब की उत्सुकता भी कभी वल्गेरिटी के बहुत निकट आ जाती है।

"कुछ ऐसा ही समझिए !" कहने के साथ उसने करवट लेकर जितेन्द्र की ओर पीठ कर ली।

सुबह नाश्ते पर उसने सबको सुनाकर जीजी से पूछ लिया कि श्यामल कहाँ ठहरे हैं। और दस बजे घर से निकल गई।

होटल उसका जाना हुआ था। श्यामल वैसे तो इधर आते ही नहीं थे, पर जब आते थे, तो यहीं ठहरते थे। एक बार वे दोनों अक्तूबर में आए थे, जबकि पूरा होटल शान्त और निस्तब्ध था। सीढ़ियाँ चढ़ते हुए बड़ा अजीब-सा लगा। ईंट, पत्थर, लकड़ी के ज़ीने, इमारतें नहीं बदलतीं, केवल वही व्यक्ति नहीं रहते। उसकी दृष्टि अपने-आप उधरवाले कमरे पर चली गई, पर अब बालकनी में दो बच्चे खेल रहे थे।

श्यामल का कमरा बन्द था। उसे हल्का-सा खेद हुआ, इतनी चढ़ाई के बाद थक गई थी। इसलिए लौटने के पहले वह ख़ाली बालकनी में बैठ गई और खम्भों पर लिपटे ड्रंकेन सोल्जर फूलों की सुगन्ध पीने लगी।

वह मन ही मन दोहरा रही है अतीत में घटा एक दृश्य, जो श्यामल का सामना करने के लिए उसे साहस देगा। डॉक्टर जूलियन हाथ में नोटबुक लिए नोट्स ले रहे हैं, चेचक का टीका तो दो साल हुए लगा था, वह अभी वैलिड है, फिर नए लगेंगे—टाईफाइड के तीन, हैजा, डिप्थीरिया, टिटनेस, पोलियो का बूस्टर और येलो फीवर।

उसने मुँह बिसूर लिया। कभी-कभी वह बिलकुल बच्ची बन जाती है। इंजेक्शनों से वैसे ही उसे डर लगता है।

"इतने सारे शॉट्स देंगे ?"

"हाँ, तुम्हें हमने ज़िन्दा रखने की ठान ली है।"

वह मेज़ पर लेट गई—औंधी होकर।

डॉक्टर जूलियन वाकई ऐसे इंजेक्शन देते हैं कि सिर्फ़ चींटी के काटने से ज़्यादा दर्द नहीं होता। नई सुई भरते हुए जूलियन कहते हैं, "तुम्हें कभी अपने पति के पास लौटने का ख़याल नहीं आया ?"

"हाँ, आया। कभी-कभी। ही इज रियली स्वीट। मगर सम्भव नहीं है," उसने अँगूठी को उँगली से उतारते-चढ़ाते हुए कहा।

"क्यों ? तुम्हें उनसे अब भी लगाव है न ?"

"हाँ, अभी भी। थोड़ा-थोड़ा।" फिर रुककर बोली, "पर वह मुझे स्वीकारेंगे नहीं।"

"आर यू श्योर ?" सुई की चुभन।

"ऊ ऽऽऽऽ ह," उसने दर्द से कहा।

"क्यों वसु, क्यों नहीं ?" डॉक्टर ने मेज़ के पास लौटकर दूसरी सुई उठाते हुए पूछा।

"शारीरिक पवित्रता के बारे में उनके विचार बहुत दृढ़ हैं। फिर मेरी प्राइड भी तो है।"

"मगर तुम्हें अपना देश मिलेगा, अपनी बेटी !" डॉक्टर ने दूसरा इंजेक्शन देने के बाद उसकी बाँह हल्के-से रगड़ते हुए कहा।

इस बार उसने दर्द से सी तक न की। गरदन मोड़कर डॉक्टर को भरपूर नज़र से देखते हुए उसने सधे, सम स्वर में कहा, "मेरे लिए सारी दुनिया कालापानी है ! सारे लोग मरे हुए हैं !"

"क्या मैं भी ?" डॉक्टर का हाथ बहुत हल्के-से उसकी बाँह पर एक बहुत लघु क्षण टिका रहा। डॉक्टर अन्तर्राष्ट्रीय सर्टिफिकेट में लिखने लगे, पर उनके चेहरे पर किंचित मुस्कान थी।

"मे बि येस, मे बि नो," उसने उत्तर दिया।

"तो कौन ज़िन्दा है उस दुनिया में ?"

"शायद कोई नहीं। न पति, न प्रेमी, न मित्र, न सन्तान, न मैं।"

"वसु, तुम्हें जाकर देखना चाहिए कि यह सब तुम्हारा विचार-मात्र है, या ऐसा सचमुच है।"

"और अगर सचमुच हुआ, तो ऽ ऽ ?" वह पूछ बैठी।

"तो फिर हम उपचार करेंगे !"

"कैसे ? सबको संजीवनी पिलाकर ? या मुझे पागलख़ाने में डालकर ?"

"नहीं। हम तुम्हें नया संसार गढ़ना सिखाएँगे," डॉक्टर ने उसे सर्टिफिकेट थमाते हुए कहा।

"आइ एम टू टायर्ड फॉर दैट।" वह उठ खड़ी हुई थी।"

ज़ीने पर पदचाप सुन वह उसी ओर देखने लगी, बाँहों पर दुपट्टा झुलाती पहले रुचि दिखाई पड़ी, फिर श्यामल ! रुचि कितनी लम्बी हो गई ! और श्यामल के बाल कितने सफ़ेद !

"अरे, आप ! मम्मी !" रुचि के मुँह से निकला। श्यामल किंचित चकित दिखे, पर सामान्य अभिवादन के बाद पूछा, "कितनी देर से इन्तज़ार कर रही हो ?"

"ज़्यादा नहीं, बस पन्दह-एक मिनट हुए होंगे।" वह उठ खड़ी हुई। ताला खोलकर रुचि ने उसे अन्दर बैठाया और पूछा, "क्या लेंगी आप ? चाय, क़ॉफी या शरबत ? और आप डैडी ?"

रुचि ने उसे आज से पहले कभी मम्मी नहीं कहा था। छोटेपन में दादी की देखा-देखी 'बऊ' कहती थी, या शैतानी से 'बछू।'

उसने कहा, "एक प्याला चाय ठीक रहेगी।"

"मेरे लिए भी चाय," श्यामल ने कहा।

रुचि के चले जाने पर पहली बार दोनों ने एक-दूसरे को ठीक से देखा। बात श्यामल ने शुरू की—"अच्छी तरह तो हो न ?"

"हाँ। और आप ?"

"ठीक हूँ।"

कुछ देर मौन के बाद वसु ने कहा, "रुचि लम्बी हो गई है ! तेरहवें में है न ?"

"हाँ।" यद्यपि दोनों में किसी को यह याद दिलाने की ज़रूरत न थी।

"किस काम से आना हुआ ?" श्यामल ने पूछा।

श्यामल की इस बेहद औपचारिक, बेहद शिष्ट आवाज़ से वह परिचित थी। उसी को आज अपने लिए सुनकर उसे कुछ झटका लगा, कुछ निराशा भी हुई, क्योंकि यह संकेत था कि श्यामल दोनों के बीच औपचारिकता की एक दीवार खड़ी कर रहे हैं। वह कैसे कुछ कह पाएगी ? फिर ख़याल आया कि जैसी फ्रैंक होकर वह डॉक्टर से बात कर सकती है, वैसा खुलापन श्यामल के साथ कभी न आएगा। फिर सोचा, खुलापन इस विवाह में था ही कहाँ ?

"मन कुछ ऊब गया था। चेंज के लिए आ गई।"

श्यामल की भवें ऊपर उठीं—"चेंज के लिए क्या गर्मी में भारत आया जाता है ? चेंज यहाँ क्या होगा ?"

"अच्छा ही है। जीजी, बच्चे, आप, रुचि से भी मिलना हो गया।"

तभी रुचि लौट आई और पलंग की पाटी पर बैठ उनकी ओर देखने लगी। कमरा बहुत बड़ा था। आधे में सोफा व तीन कुर्सियाँ डालकर बैठने का प्रबन्ध था। कुछ दूर हटकर दो पलंग पड़े थे।

"पिछली बार..." रुचि अकस्मात बोली और स्वयं ही लजाकर चुप हो गई।

"पिछली बार क्या ?" वसु ने पूछा।

कुछ शरमाते हुए रुचि बोली, "इस बार आपने बाल कटा लिये हैं न ?"

"हाँ, आसानी रहती है। लम्बे बालों को जाड़े में धोने-सुखाने में बड़ा झंझट होता है।"

"वहाँ तो बहुत ब्यूटी-पार्लर होंगे ?"

"हाँ, हैं तो। बस, समय नहीं मिलता !"

बैरे ने दरवाज़े पर दस्तक दी और फिर चाय की ट्रे लेकर अन्दर आ गया। चाय वसु ने ही बनाई, चम्मच शक्करदानी में डालते हुए पूछा, "चीनी तो अब भी एक ही चम्मच लेते हैं न ?"

"हाँ," श्यामल ने कहा।

रुचि के लिए कोकाकोला था, उसे देकर वसु ने अपने लिए चाय बनाई और उस सन्नाटे में एक बड़ी लम्बी साँस उभर आई।

"चढ़ाई से थक गई !" उसे ढकते हुए वसु ने कहा।

दोनों ने चाय चुपचाप पी, जैसे बात के लिए कुछ शेष न रहा हो।

ख़ाली प्याला रखते हुए उसने रुचि से घर-परिवार का हाल पूछना शुरू किया—"बड़ी अम्मा कैसी हैं ?"

"पहले से अच्छी हैं।" रुचि ने उत्तर दिया, "उठकर बैठ जाती हैं। बातचीत भी अब साफ़ कर लेती हैं। घर वग़ैरा बड़ी बुआ सँभालती हैं।"

बड़ी बुआ और बड़ी अम्मा तो शुरू से ही श्यामल का घर सँभालती आई थीं। वसु के होने पर भी, अब वसु नहीं है तब भी। सब कुछ वैसे ही चला आ रहा है।

पड़ोसियों में वसु को कोई दिलचस्पी नहीं थी। फिर भी वह सुनती रही। कुछ देर बाद उठते हुए उसने कहा, "अब मुझे चलना चाहिए। जीजी इन्तज़ार करेंगी। आप कब तक हैं ?"

"यही दो-तीन दिन। तुम ?"

"मेरा कुछ तय नहीं है।" उसने पर्स उठाते हुए कहा, "आप और रुचि चलिए, खाना जीजी के पास खा लें।"

श्यामल और रुचि ने एक-दूसरे को देखा। श्यामल ने माँ को पीछे छोड़ आने का कारण क्या रुचि को बताया होगा ? जो भी कहा हो, कम से कम रुचि को माँ के प्रति वितृष्णा नहीं है।

"क्या बेटा ?" श्यामल ने रुचि से पूछा।

"अच्छा।" रुचि ने कहा।

उतराई पर श्यामल और रुचि के बीच चलते हुए उसे सहसा अच्छा लगने लगा। डॉक्टर जूलियन का सुझाव इतना असम्भव तो नहीं है। नया संसार गढ़ने से पुराने संसार में ही लौट

जाना क्या ज़्यादा अच्छा नहीं है ? और विशेषकर तब, जबकि दोनों ही संसार मात्र प्रतिध्वनियाँ हों।

खाने के बाद वह अपने पलंग पर आकर लेट गई। रुचि के पास आकर बैठने पर वह एक ओर सरक गई और कहा, "थोड़ा आराम कर लो, रुचि !"

रुचि कुछ सकुचाते हुए, पट्टी से सटकर लेट गई। काफ़ी देर तक दोनों पीठ के बल, आँखें मूँदे लेटी रहीं। फिर रुचि ने कहा, "मम्मी, आप फिर चली जाएँगी ?"

"मालूम नहीं, क्यों ?"

"मैंने कल रात डैडी से पूछा था। उन्होंने कहा : आपको यहाँ की बँधी हुई ज़िन्दगी पसन्द नहीं है, खासकर वहाँ रहने के बाद।"

उसके पास इसका कोई उत्तर नहीं था। रुचि को शायद कभी भविष्य में वह समझा सके, पर आज नहीं।

"तुम्हारे लिए तो मैं अनजान ही हूँ, रुचि !"

"नहीं, एकदम अनजान तो नहीं। कितने लोग आपकी बातें करते हैं। मुझे औरों का नॉर्मल घर देखकर कभी-कभी महसूस होता है कि आप घर होतीं, तो अच्छा रहता।"

वह चुप रही। किसी अनजान क्षण में रुचि गर्भस्थ हुई और पैदा होते ही सास द्वारा छीन ली गई। बहुत कम उम्र की और अल्हड़ है। फिर बेटे ने बड़ी उम्र में शादी की है। वसु श्यामल का खिलौना है, रुचिरा दादी का। श्यामल के उस वर्ष फिजिक्स में विजिटिंग प्रोफ़ेसर होकर विदेश जाने पर भी बड़ी अम्मा ने पाँच साल की रुचिरा को रोक लिया था। वसु के बेहद जिद करने पर भी श्यामल ने माँ का ही पक्ष लिया।

विवाह के उन छह वर्षों की सारी गाथा रुचिरा से कैसे कहे ? कैसे कहे कि मुक्त होकर उसे पहली बार लगा था कि वह एक आकर्षक युवती है, उमंगें और कामनाएँ मरी नहीं हैं। अपने में निहित, स्वतन्त्र, पूर्ण व्यक्तित्व को पाना कितनी बड़ी उपलब्धि थी ! और श्यामल के अंकुशों से निकल कितना हल्का-हल्का लगता रहता था ! और कितने मादक थे वे अस्थायी सम्बन्ध—नलिन, पटनायक, विंस...! बेटी पास लेटी हुई है और वह अपने जीवन में आए पुरुषों के नाम गिन रही है।

उसने आँखें खोलकर रुचि को बड़े ठंडे, तटस्थ भाव से देखा। जैसी मीनिंगलेस श्यामल से विवाह की रस्म थी, वैसा ही रुचि का जन्म भी एक बायलॉजिकल घटना से अधिक न था। वह उठकर बैठ गई और कहा, "जाऊँ, रामदेव से कॉफ़ी के लिए कह दूँ।"

अगला दिन। चारों ओर खिली हुई धूप। वुडिंगटन शहर में आजकल पानी बरसता होगा, घास-फूस बेहद बढ़ गई होगी। शायद फूल भी—बिगोनिया, डैलिया। आजकल सभी छुट्टी मना रहे होंगे—पूर्वी से पश्चिमी तट तक, यहाँ तक कि डॉक्टर जूलियन भी, जिन्हें कि रविवार तक को अस्पताल से छुट्टी नहीं मिलती ! डॉक्टर एक ग्रुप के साथ पूर्वी यूरोप और रूस का दौरा करने गए हुए होंगे। वसु रुचि और श्यामल के साथ चलती हुई सोच रही थी।

"आप कुछ दिन हमारे साथ चलकर रहतीं, तो अच्छा होता। बड़ी अम्मा से भी मिल लेतीं," रुचि कहती है। श्यामल ने नीचे ले जाकर उन्हें कॉफ़ी पिलाई है। अब वे वापस लौट रहे हैं।

वह उत्तर में क्या कहे ? 'घर ?' कहाँ है अब घर ? जहाँ श्यामल और बेटी है, या दो कमरोंवाला उसका अपना फ़्लैट ? क्या मेक्सिको में दिया गया डाइवोर्स भारत में वैध है ? वह यों ही सोचती है। लगता है कि कल से कमज़ोर पड़ती जा रही है। वह श्यामल को देखती है, श्यामल उसकी ओर देखते भी नहीं।

अच्छा, क्या श्यामल को उसका साथ इस समय भला नहीं लग रहा होगा ? कभी कितना प्यार करते थे ? तब वह प्यार नागपाश-सा लगता था। वह उसे बन्धन जानकर छटपटाती थी। मुक्त होना चाहती थी। अपने को खोजना चाहती थी। श्यामल की पत्नी होने के सन्दर्भ से कटकर जानना चाहती थी कि वह असलियत में क्या है। अब वह मुक्त है और कुछ मानों में उसने अपने को पा भी लिया है, जैसे कि वह जानती है कि वह आकर्षक भी है और बौद्धिक भी।

"तुम्हें कभी प्रेमी पाने के लिए सरदर्द नहीं होगा।" डॉक्टर जूलियन ने कहा था।

"क्यों ?" जानते हुए भी वह सुनना चाहती थी।

"अ ब्यूटिफुल माइंड ऐंड अ ब्यूटिफुल बॉडी," उत्तर मिला था। डॉक्टर जूलियन उसके शरीर के इंच-इंच से परिचित थे।

पहली बार पुरुष डॉक्टर के सामने अनावृत आते वह कितनी झेंपी थी। नर्स उसे कमरे में बैठाकर, कपड़े उतारकर चादर लपेट लेने को कह गई थी। चादर आख़िर चादर ही थी, साड़ी तो थी नहीं ! टाँगें ढँकती, तो कन्धे खुल जाते। कई तरह से लपेटने पर भी कन्धे और टाँगें खुली ही रहीं। डॉक्टर जब कमरे में आए और बड़े ही मशीनी भाव से चादर हटाकर उसकी पीठ की परीक्षा करने लगे, तब उसकी दृष्टि नर्स से मिली और उसे लगा कि वह व्यर्थ ही इस क्षण को लेकर इतना चिन्तित थी। डॉक्टर के लिए वह कोई विशिष्ट व्यक्तित्व लिए युवती नहीं, केवल एक बीमार शरीर थी और उसके रोग को मिटाना ही डॉक्टर के मन में सर्वोपरि था।

तब से कितनी बार, कितने डॉक्टरों ने ठोंका-बजाया है। कान, गले, पेट, वक्ष की परीक्षा की है। कैंसर टेस्ट लिए हैं। वह सब अब उसके लिए भी रुटीन हो गया है। उस परीक्षा के कमरे में वह स्त्री नहीं रहती, डॉक्टर पुरुष नहीं रहता। भारत में तब हिन्दी-विरोधी आन्दोलन चल रहा था, टांसिलाइटिस के लिए दवा लिखते हुए डॉक्टर तमिल के बारे में बातचीत कर रहे थे। उसके बाद ही कोई न कोई बात निकल आती थी।

पिछली बीमारी के बाद बातचीत का धरातल बदल गया था। वह डॉक्टर जूलियन के पचासों मरीजों में एक, भारतीय युवती नहीं रही थी, वह वसु थी—अपना अलग व्यक्तित्व और अपनी अलग समस्याएँ लिए हुए।

शायद उसके लिए कुछ दिन श्यामल और रुचि के साथ ठहरना ठीक होगा। आख़िर इसी के लिए तो वह आई है। कम से कम एक कारण यह भी था। दूसरा कारण था कि डॉक्टरों ने धमकी दी थी कि यदि वह इसी प्रकार डिप्रेशन के वृत्त में फँसी रही, तो वह इमीग्रेशन ऑफिस को लिख देंगे कि उसकी मानसिक दशा इस लायक नहीं कि वह विदेश में अकेली रहे। और फिर वीसा अगली अवधि के लिए न बढ़ने पर उसे लौटना पड़ेगा। वसु ने वादा किया कि वह एक बहुत अच्छी लड़की की तरह रहने का प्रयत्न करेगी, खूब खाएगी, सोएगी और ढेर सारी नई साड़ियाँ ख़रीदेगी और श्यामल से मिलकर देखेगी कि

भविष्य में क्या है। हो सकता है कि वह कोई नौकरी ले ले ! क्या मालूम ?

रहने के अलावा उसने कुछ नहीं किया था। श्यामल और रुचि संयोग से आ गए थे, तो उसे यहाँ से हिलना भी न पड़ा। रुचि ने फिर और कुछ नहीं कहा।

रात में उसने सपने में श्यामल को देखा। सुबह राजू के कमरे में जागकर उसे बड़ा अजीब-सा लगा। साथ ही जीजी की पोजीशन अपने सम्बन्धियों में कुछ अजीब हो आई है, यह भी उसने भाँप लिया। कई दिनों से श्यामल और रुचि के साथ समय बिता रही है, पर रात को वापस आ जाती है। उसके बारे में देवरानियों-जेठानियों को सभी कुछ आश्चर्यान्वित करनेवाला है। इसलिए जब जीजी ने उसी से श्यामल को कहला भेजा कि रुचि दोनों बड़े बच्चों के साथ सेकंड शो सिनेमा जाएगी और फिर रात वहीं गुज़ारेगी, तो उसे थोड़ी-सी हँसी आई।

''वहाँ रुचि कहाँ सोएगी ?'' श्यामल ने कहा।

तब वसु को थोड़ा झटका-सा लगा। थोड़ी-सी रिजेक्शन की भावना भी हुई। साथ में यह भी जाना कि शायद वह श्यामल के साथ रात बिताने की राह देख रही थी—बहुत उत्कंठा से तो नहीं, केवल थोड़ी-सी क्यूरियॉसिटी के साथ। पर रुचि नहीं मानी—''मैं कनक जीजी के पास सो जाऊँगी। डैडी, अब तो हम जाने ही वाले हैं। समय कितना कम है ! कनक जीजी से मुलाक़ात फिर साल-भर नहीं होगी !''

वे तीनों रात का खाना साथ ले रहे थे। रुचि की इस बात को सुनकर भी वह बड़े ध्यान से टमाटर का सूप पीती रही। और अभी वे कॉफ़ी पी ही रहे थे कि कनक व मनोज ऊपर से आ गए और रुचि को ले गए। कॉफ़ी पीकर उसने पूछा, ''आप मुझे छोड़ने चलेंगे कि मैं अकेली चली जाऊँ ?''

यानी जैसे कह रही हो—देखिए, आप ग़लत न लें, मुझे तो वापस जाना ही है।

श्यामल ने घड़ी देखकर कहा, ''अभी से ? चलो, कमरे में चलकर थोड़ा-सा कुछ ले लें। ठंड-सी है।''

डिनर के बाद एक ड्रिंक लेने की आदत श्यामल की बहुत पुरानी है। अब स्कॉट तो अफोर्ड नहीं कर पाते।

वसु को उसका स्वाद बहुत तीखा लगता है। लगता है कि अन्दर से सबकुछ तेज़ कटार से चिरा जा रहा है।

आजकल नींद आने के लिए गोलियाँ ले लेती है। डॉक्टर जूलियन को मालूम नहीं है कि उसने दूसरे डॉक्टर से गोलियाँ ले रखी हैं। पता चलेगा, तो बेहद नाराज़ होंगे। श्यामल ने उसे गिलास देते हुए कहा, ''पश्चिम में रहकर बस यह बात तुमने अच्छी सीखी है। नहीं तो एक सोबर और एक नशेवाले में क्या कम्युनिकेशन हो सकता है !''

''आपको एक से नशा कब से आने लगा ?''

''कभी-कभी। खास कम्पनी में।''

कमरे में बैठने पर उसे रोशनी बहुत मद्धिम-सी लगने लगी।

वह गिलास से खेलती रही। बार-बार चाहती थी कि कह उठे—सुनो, श्यामल, सुनो...मेरे शरीर पर ये दाग़ देख रहे हो—बाँहों पर, कलाइयों में, गले में...

पर वह बहुत चाहने पर भी कुछ न कह सकी।

अब वह श्यामल के सामने बैठी हुई थी, बीच में केवल ब्लैक नाइट की चौथाई बोतल थी। श्यामल चुप थे—बहुत कुछ अपने में डूबे हुए। अन्तर्मुख, और वह अजीब छटपटाहट के गर्त में।

''वसु, इतनी दूर बैठी हो ?'' कहकर श्यामल ने मेज़ के पार हाथ बढ़ा दिया और वह एक आज्ञाकारिणी पत्नी की तरह उठकर पास सोफ़े पर आकर बैठ गई।

बाहर शायद पानी बरसने लगा था। गुसलख़ाने की खिड़की कई बार बन्द करने पर भी भड़भड़ाकर खुल जाती। वह श्यामल के पास लेटी हुई छत की खपरैल पर बूँदों का स्वर सुनती रही। श्यामल सो गए थे। उन्होंने बीच में न जाने कब उठकर शायद रात के कपड़े भी पहन लिए थे। उसके अपने कपड़े तहाए हुए रुचि के पलंग पर रखे थे और उसका शरीर कम्बल से ढका होने के बावजूद धीरे-धीरे ठंडा पड़ता जा रहा था। वह आँखें फाड़-फाड़कर अँधेरे में कुछ खोजना चाह रही थी। नींद की गोलियाँ पर्स में थीं, पर वह चाहती थी कि यों ही नींद आ जाए, तो अच्छा। उसका मन बार-बार होता कि श्यामल को जगा दे, पर उसे यह रात विवाहित जीवन की हर रात की पुनरावृत्ति-सी लग रही थी।

चलने के पहले वह बड़े उकताए-से भाव से एयरपोर्ट के शोर-गुल, रेल-पेल, फूलमालाओं, धक्का-मुक्की, रोने-धोने से अलग, जहाज़ चलने की घोषणा के इन्तज़ार में खड़ी हुई थी। पासपोर्ट टीके की रसीदों और सीट नम्बर पर उसने एक बार फिर नज़र डाल ली। सब कुछ ठीक-ठाक था। उसे अधिक प्रतीक्षा न करनी पड़ी, क्योंकि तभी लाउडस्पीकर पर भर्राई-सी आवाज़ कहने लगी—''कुवैत, बेरुत, रोम, प्राग, लन्दन...'' वसु ने टोट बैग उठा लिया और छोटे-से गेट से निकलकर बाहर आ गई। जहाज़ में इस बार भी सीट खिड़की के पास नहीं थी, पर वह शीशे से बाहर देख सकती थी। सुबह की धूप बाहर बेहद झिलमिला रही थी।

लौंग, मीठी सुपारी की ट्रे, घुमाती एयर-होस्टेस की ओर से उसने चेहरा मोड़ लिया। सीट-बेल्ट बाँधकर उसने एक बड़ी लम्बी साँस ली और आँख मूँदकर सिर पीछे टिका लिया।

परसों रात वह श्यामल और रुचि को छोड़ने स्टेशन चली गई थी। रुचि मैगजीन लेने नीचे उतरी, तो श्यामल ने डब्बे के अन्य यात्रियों की परवाह न करते हुए उसकी दोनों हथेलियाँ अपने हाथों में हल्के-से बाँधते हुए कहा, ''देखो, वसु मैं चाहता हूँ कि तुम पिछली बातों को मन से बिलकुल निकाल दो और जो रास्ता तुमने चुना है, उसी पर बहुत विश्वास से चलती रहो। जिसमें तुम्हें सुख मिले, वही करो। मैं नहीं चाहता कि मुझे या रुचि को लेकर तुम गिल्ट के बोझ को ढोती रहो।''

उसने श्यामल से ऐसी अपेक्षा न की थी। उस पुराने बेहद लगाववाले स्वर से उसकी आँखों में एकदम आँसू भर आए और थरथराती पलकों से नीचे बह गए। वसु ने हाथ छुड़ा लिए और रूमाल से आँखें पोंछते हुए धीरे-से कहा, ''पर यह भटकन तो नहीं जाती !''

''जाएगी। पहले तुम कहीं स्थिर तो हो !'' गार्ड ने सीटी दी।

वसु उठ खड़ी हुई और फीकी-सी मुस्कान से कहा, ''अच्छा अब चलूँ !'' उसने रुचिरा को हल्के-से बाँह में लेकर भींचा और प्लेटफॉर्म पर उतर आई।

श्यामल ने कहा, ''देखो, कोई पागलपन मत कर बैठना !''

उसने कहा, ''कोई आता-जाता हुआ, तो जींस ज़रूर भेजूँगी, रुचि !''

उड़ने के लिए उद्यत जहाज़ की घरघराहट से पूरे केबिन में एकदम सन्नाटा छा गया, जिसको भेदती हुई एक पतली, काँपती हुई अहिन्दी-भाषी उच्चारण में आवाज़ सुनाई देने लगी—''नमस्ते जी, हम पुष्पक सेवेन ओ सेवेन पर आपका स्वागत करते हैं...बेरुत... रोम...लन्दन होते हुए न्यूयार्क तक हमारी महाराजा उड़ान...''

नवदम्पती पास बैठे थे। नववधू ने ज़ोर-ज़ोर से रोना शुरू कर दिया।

वसु ने एक नज़र-भर देखा और आँखें बन्द कर लीं।

आँखें बन्द रहने पर भी उँगलियों के स्पर्श से सारे शरीर में रह-रहकर रोएँ भरभरा उठते हैं। वह कुछ और पास सिमट आई।

''ठंड लग रही है ?''

''नहीं।'' वह हँस दी। ''ऐसा लग रहा है, जैसे मैं फिर सत्रह साल की अनछुई, बेदाग़ वसु बन आई हूँ, एकदम कुँवारी...''

कुछ क्षण चुप रहकर उसने कहा, ''पर ऐसा है नहीं। अब मेरे शरीर पर कितने ही नए-नए दाग़ हैं।''

वे उँगलियाँ उसके गले को छू रही हैं, जैसे याद कर रही हों, कि वे सब दाग़ कहाँ हैं ! गले पर, बाँहों में, कलाइयों पर। फिर हल्के-से उसके उदर को चीरे के निशान की लम्बाई में।

''रुचि का दिया सिजेरियन का निशान है यह।'' वह झेंप आती है।

''तुम्हें याद है, बेहोशी टूटने पर तुमने मुझे श्यामल कहकर पुकारा था ?''

''नहीं।'' वसु की आवाज़ मद्धिम हो आई। एकाएक उसे सब बड़ा अच्छा, एकदम ठीक लगने लगा। कितना चाहने पर भी न वह सुधा जीजी, न श्यामल से कह पाई थी—सुनो, एक अँधेरी रात को जीवन से मुड़कर और पीड़ा न सह पाने पर मैंने कई मुट्ठियाँ भर-भरकर बारबिचुरेट खा लिए थे, पर डॉक्टरों ने मुझे मरने नहीं दिया। एक सप्ताह बेहोशी में पड़े रहने के बाद मेरी आँखें खुल गई थीं और एक सप्ताह रात-दिन मेरे प्राणों के लिए लड़ते रहनेवाले जूलियन को मैंने श्यामल कहकर पुकारा था।

उसने एक लम्बी साँस ली।

उसने आँखें खोली थीं, तो पाया था कि उसकी दोनों बाँहें पाटी से बँधी हुई थीं, दोनों पैर पाटी से बँधे हुए थे, उसके चारों ओर बड़ी-बड़ी मशीनें थीं, जो एक सप्ताह से उसके फेफड़ों और दिल को चालू रख रही थीं। सिरहाने बोतलों की कतार थी, जिनका सोल्यूशन लगातार उसके शरीर में भिदे जहर को धो रहा था। पलंग के पास तीन डॉक्टर खड़े थे। उनमें से किसी को नहीं पहचाना था। केवल याद रहा था, उनमें से एक की आँखों में कितनी करुणा थी !

''जूलियन !'' वसु ने अब कहा। उसके बालों में उलझी उँगलियाँ एक लघु क्षण ठहरीं।

रात के आकाश को अक्सर जेट विमान के उड़ने का स्वर चीर जाता है। कमरे में अँधेरा है।

''मैं वहाँ किसी से अपने बारे में न कह सकी। लगा कि वह सब यातना बिलकुल मेरी अपनी थी। वे सब नहीं समझेंगे। शब्द वह सब न कह सकेंगे।''

"तुम कहना चाहती थीं ?"

"हाँ...बहुत...बार-बार होंठों तक आता था, पर मैं ठिठक जाती थी।"

आज की सुबह ही तो थी। या वह भारत में कल हो चुकी है। समय गड्डमड्ड हो गया है। पर शायद वह आज ही था, जब वह दिल्ली से चली थी और आज ही शाम को थकी-माँदी लन्दन उतरी थी। एयर इंडिया के काउंटर से टिके डॉक्टर जूलियन खड़े थे।

"डॉक्टर ? आप ? यहाँ कैसे ? उसने अविश्वास से पूछा।

"कल ही हम सब मॉस्को से लौटे हैं। आज लन्दन में पड़ाव है।"

होटल में आकर, नहाकर, सुधा जीजी की दी नई टसर की साड़ी पहनकर वह बाल सँवारने लगी।

उन्होंने भारतीय रेस्तराँ में खाना खाया था। फिर उसने जूलियन को एक गिलास ब्रांडी के लिए अपने कमरे में आमन्त्रित किया। उसे लगा कि निमन्त्रण स्वीकार करने के पहले जूलियन हल्का-सा ठिठके हैं। कुछ देर तक दोनों ख़बरें सुनते रहे। समाचार चालू थे। शिकागो में प्रदर्शनकारियों ने पुलिस पर क्रूरता का आरोप लगाया है। वियतनाम में बमबारी चालू है। चेकोस्लोवाकिया में अब भी रूस की सेनाओं का कब्जा है। लन्दन में...उसने गुसलख़ाने से दो गिलास लाकर मेज़ पर रख दिए और सामने बैठ गई।

फिर एकाएक उसने उठकर कहा, "बन्द कर दूँ ?" और टेलीविजन बन्द कर दिया। लौटकर वह कुर्सी पर नहीं गई, जूलियन के पास आ बैठी और धीरे-धीरे अनमनी उँगलियों से दायाँ कफलिंक छूने लगी। उसके अन्दर जो कुछ उमड़ रहा था, उसे वह नियन्त्रित करना चाह रही थी। सम्भावनाएँ, जो कि उसके असम्भव दिवा-स्वप्नों में घटी थीं, अब रंगीन तितलियों की तरह उसके सामने फड़फड़ा रही थीं। कपड़े उतारते समय वह एकाएक लाज से भर गई, जैसे जूलियन ने कभी उसे उघड़े अंग न देखे हों।

"क्या सोच रही हो ?"

"बहुत-सी बातें—कल के बारे में।"

"हमेशा टूटने के क्षण से आतंकित," जुलियन ने हल्के-से कहा।

"जूलियन," वसु एकाएक उत्साहित स्वर में बोल पड़ी, "यदि आज रात सोएँ न, तो कैसा ? सारी रात बातें करते रहें, तो ?"

"अगर तुम चाहो ?"

वसु ने एक लम्बी साँस ली—तुष्ट और आश्वस्त। उसका सर एक ओर ढलक आया। वह सो गई थी।

# कितना बड़ा झूठ

बहुत सबेरे, बहुत जल्दी उठकर वह पीछे का दरवाज़ा खोलकर दहलीज़ पर बैठ गई। बिस्तर की गरमाई से निकलकर खुले में बैठने से एक-बारगी ही पूरी देह में रोएँ उठ आए। बाद में वह ताज़ी, सोंधी हवा थोड़ी-सी अच्छी लगी।

पीछे घास का लम्बा-चौड़ा मैदान था, जहाँ रविवार को लड़के फुटबॉल खेलते थे, आस-पास के फ़्लैटों के सम्मिलित बगीचे थे, और पड़ोसिन के प्लॉट में सूखे पौधों के बीच एक बहुत ऊँचे पौधे पर बड़ा-सा सूरजमुखी का फूल दीख रहा था। फूल का मुँह सचमुच सूरज की ओर था।

किरन ने साड़ी के आँचल से पीठ और बाँहें ढक लीं, एकाएक उसने चाहा कि वह चीख़कर रो पड़े, वैसे ही जैसे पति की अर्थी उठते हुए देख सद्यः विधवा रो उठती है। पर इस समय उसने दाँत कसकर भींच लिए, और पीछे वृक्षों, फूलों और घास को देखती रही। दृश्य रह-रहकर धुँधला जाता।

कल ही किरन छुट्टी के बाद लौटी थी, ढाई महीने की छुट्टी के बाद तरोताज़ा, उत्साहित। पिछले पन्द्रह दिनों से रोज़, कई बार घर लौटने की सोचकर खुश हो लेती थी। और घर की याद करते समय कुर्सी, मेज़ या दीवारों का ख़याल नहीं आता। उसने सब प्लॉन कर लिया था।

तीसरे पहर पहुँचेगी, लड़कियों को समर कैम्प से लेने पति चले गए होंगे, इसलिए घर ख़ाली होगा, जाते ही वह मैक्स को फ़ोन करेगी।

ऐसा ही किया, पति का नोट पढ़ा, 'नीता और लीना को लेने जा रहा हूँ।'

काग़ज़ की उस पुर्जी को मसलकर एक कोने में फेंकते हुए वह फ़ोन की ओर बढ़ गई, सफ़ेद रंग के फ़ोन पर जम आई धूल की परत पर ध्यान गया, पर नम्बर मिलाते हुए वह उत्कंठित हो आई थी।

तीसरी ही रिंग पर फ़ोन उधर उठा लिया गया और एक बचकानी-सी, लड़की की आवाज़ ने कहा, ''मिसेज बासवेल बोल रही हूँ...''

अचकचाकर किरन ने पूछा, ''कौन ?''

''ओह, तुम हो किरन !'' फ़ोन पर खिलखिलाकर हँसते हुए उसने कहा, ''मैं हूँ वारिया, मैक्स और मैंने विवाह कर लिया है। तुम कब आईं ?''

किरन ने कहा, ''वारिया, मैं फिर बात करूँगी, बच्चे अभी खाना माँग रहे हैं।'' फिर कुछ सोचकर जोड़ा, ''मेरी ओर से मैक्स को बधाई दे देना।''

तुरन्त उसे पूरी तरह आभास नहीं हुआ कि सचमुच कैसा लग रहा है। पहली अनुभूति केवल गहरी निराशा की थी, मैक्स के स्पर्श से वंचित रह जाने की, तीन-चार दिन से देह जैसे तप रही थी, यात्रा-भर बैठी-बैठी वह उन आनेवाले कुछ घंटों के साथ के बारे में ही सोचती रही और होंठों के कोने बार-बार मुस्कराहट से काँप उठते और जैसे-जैसे घर पास आता जाता, वह और भी उत्कंठित होती जाती।

किरन की देह अब काँपने लगी थी, वहाँ सोफ़े पर लेटते हुए कई बातें मन में एक साथ उठीं और दब गईं। सन्तुष्ट होने पर मैक्स की आँखों में कैसा उजलापन आ जाता है, अब वह मैक्स को कभी-कभी छुएगी तक नहीं, और वारिया उससे, किरन से दसेक साल छोटी तो होगी ही—किरन की अब आँखें भर आईं, हिन्दुस्तानी औरत रोने के अलावा कर ही क्या सकती है ! वह न तो जाकर वारिया के बाल ही जड़ से उखाड़ सकती है, न मैक्स की लात, जूतों या गाली-गलौज से ख़बर ले सकती है।

मैक्स ने छुट्टी-भर केवल दो पत्र लिखे थे, कोई नई बात नहीं लिखी थी, इधर-उधर का हाल, कौन कहाँ है, किरन अच्छी होगी, और फिर चुप्पी। किरन को तभी समझ जाना चाहिए था। पर कैसे समझती ! विश्वास जो था।

बाहर का दरवाज़ा खुला और नीता और लीना अन्दर घुस आईं, लीना छोटी होने के कारण अभी भी माँ से लिपटती है, नीता अलग खड़ी मुस्कराती रही, माँ के अपनी ओर आने की प्रतीक्षा में—किरन ने नीता के सिर पर हाथ रखकर पूछा, कैसा रहा कैम्प ? तैरना सीखा ? घर पर पापा को तंग तो नहीं किया ? लीना ने लड़ाई तो नहीं की ?''

नीता मुस्कराती रही, लीना ने पूछा, ''हमारे लिए क्या लाईं मम्मी ?''

''तुम्हारे कमरे में पलंग पर रखा है। और तुम्हारे लिए भी है नीता !''

बच्चों के अपने-अपने कमरों में दौड़ जाने पर किरन कुछ क्षण को पति के साथ अकेली हुई। दोनों अटैची कोने में रखते हुए विश्वेश्वर ने उसे हल्के-से आलिंगन में ले लिया और किरन ने बिना कुछ कहे विश्व के कन्धे पर माथा टिका दिया। एक छोटे-से आँसू ने बाहर आना चाहा, पर किरन ने आने नहीं दिया। अलग होते हुए उसने कहा, ''आपके लिए भी एक प्रजेंट है।''

विश्व हँसा, किरन हमेशा उसके लिए ड्यूटी-फ्री कोनियाक की एक बोतल लाती है। विश्व की ज़रूरतें बहुत थोड़ी हैं।

किरन का सूखा हुआ मुँह देखकर कहा, ''थक गई होगी। आज शाम खाना बनाने की ज़रूरत नहीं है। बाहर खा लेंगे।''

किरन बैठ गई, खिड़कियों के पर्दे इस बार ज़रूर बदलने हैं, कारपेट कितना मैला हो गया है, और कोलियस गमलों में कितना मुरझा रहे हैं, लगता है कि सफ़ाई करने आनेवाली औरत पानी देना भूल गई है।

किरन उठी और अपने कमरे में चली गई, पलंग पर लेट गई और बाँह उसने आँखों पर रख ली। मुरझा जाने दो कोलियस को, नहीं, किरन क्यों रोए, यह तो उसी की च्वायस थी, विश्व, नवीनता और देवलीना...

''मम्मी, हम आइसक्रीम ले लें।''

''पापा हमें खाने के लिए बाहर ले जा रहे हैं। अभी आइसक्रीम लेने से भूख नहीं

रहेगी।'' किरन ने कहा।

''थोड़ी-सी, बस दो चम्मच।''

''अच्छा ले लो।''

विश्व ने ड्राअर खँखोरते हुए कहा, ''लांड्री से कमीज़ें लाना भूल गया। अब कोई साफ़ कमीज़ नहीं है। शावर लेना चाहता था।''

''आप जाकर नहाइए। मैं कमीज़ निकाले देती हूँ।'' किरन ने उठते हुए कहा। उठकर अपनी अलमारी खोली और एक धुली कमीज़ निकालकर विश्व को पकड़ा दी। वक़्त-बेवक़्त के लिए हमेशा कुछ कपड़े अपनी अलमारी में रखती है।

जाकर फिर लेट गई।

''सिर-दर्द है क्या ? तुम कपड़े नहीं बदलोगी ?'' विश्व ने पूछा।

''हांगकांग वाली साड़ी है। मुसती नहीं।'' किरन ने कहा और दरवाज़े की ओर पीठ कर ली।

कुछ देर बाद नीता हाथ में पानी का गिलास और ऐनासिन की शीशी लेकर आई, ''मम्मी, पापा ने कहा है कि तुम्हें सिर-दर्द है, और मैं तुम्हें गोलियाँ लाकर दूँ।''

किरन ने दो गोलियाँ निगलकर कहा, ''थैंक यू नीता !'' पर नीता गई नहीं।

''तुम कौन-सी साड़ी पहनोगी मम्मी ?''

''क्यों, जो पहने हूँ, वह अच्छी नहीं है ?''

''अच्छी तो है,'' नीता ने बड़ी गम्भीरता से निरीक्षण करते हुए कहा, ''मगर दूसरी पहनो तो ताज़गी महसूस करोगी।''

किरन ने उठकर कहा, ''अच्छा, मैं दूसरी पहने ले रही हूँ। ज़रा जाकर देखो, लीना कहीं बहुत ज़्यादा आइसक्रीम न खा ले।''

किरन ने सफ़ेद लेस की साड़ी पहन ली। जाकर ड्रेसिंग टेबिल के आगे बैठ गई। ठीक है, वह ढल गई है। हथेली पर लोशन उँड़ेलते हुए उसने सोचा, फिर थोड़ा-सा आगे झुककर उँगलियों से चेहरे पर लगाने लगी, माथे पर बालों की सीमा तक, कानों पर, गर्दन पर नीचे तक जहाँ ब्लाउज़ का गला आरम्भ होता है। फिर फाउंडेशन, फिर बेहद हल्की रूज, पलकों पर आई-लाईनर से लकीरें डालीं, भौंहों को सँवारा। कानों की लवों पर ईव सेन्ट, लारें का सेन्ट, बालों का जूड़ा, फिर हेयर स्प्रे, कानों में बुन्दे, दाएँ हाथ में सोने की चूड़ियों से मिलाकर काँच की सफ़ेद चूड़ियाँ, चप्पलें...

विश्व कपड़े पहनता हुआ उसे कमरे में इधर से उधर जाते हुए, तैयार होते हुए देखता रहा। उसकी आँखों में हल्का-सा जो गर्व उतर आया था, वह किरन से न छिपा रहा।

मैं क्या सदा तुम्हारे जीवन की परिधि के बाहर रहूँगा ?

पतझर का एक हल्का उष्ण, चमकता, रंगभरा मध्याह्न। बहुत दिनों बाद मिले थे, और कई घंटों के साथ के बाद तुष्ट होकर पास-पास लेटे थे...

किरन ने कहा, ''परिधि पर तो नहीं हो। विश्व से तो बाँध दी गई थी।'' फिर कुछ देर चुप हो अपने में डूब गई। हफ्ते के बाद हफ्तों मैक्स को दूर से देखना और उसका आकर्षण महसूस करना। महीनों पर महीने, साल के बाद साल, और एक दिन वह क्षण आ ही गया।

“अभी तैयार हुई जा रही हूँ।” विश्व को एकटक अपनी ओर ताकते हुए पाकर किरन ने कहा।

“कोई जल्दी नहीं है।” विश्व ने कहा।

किरन कमरे के बीचोबीच असमंजस में पड़ी खड़ी रही। विश्व के बाहर चले जाने पर उसने हड़बड़ाते हुए फ़ोन का नम्बर मिलाया, पर उधर से जब यारिया ने कहा, मिसेज़ बासवेल, तो किरन ने बिना कुछ कहे रिसीवर रख दिया और कमरे से बाहर निकल आई।

नीता और लीना तैयार खड़ी थीं।

“नई साड़ी है क्या मम्मी ?” लीना ने पूछा।

“याद नहीं है, पिछली बार पापा न्यूयार्क से लाए थे !” नीता ने बड़प्पन से कहा।

“फटने पर मेरे लिए छोटी-सी साड़ी बना दोगी मम्मी ?” लीना ने पूछा।

“मम्मी की साड़ियाँ कभी नहीं फटतीं।” नीता ने कहा। दरवाज़ा बन्द करके वे लोग मोटर में आकर बैठ गए। लौटने पर कुछ दिन हमेशा अजीब-अजीब-सा लगता है। उजाड़, धूलभरा, बेरौनक।

“ ‘आगरा’ में चलें ?” विश्व ने पूछा।

पीछे की सीट पर नीता और लीना खुश हो आईं, “आगरा में मिठाई अच्छी मिलती है, सन्देश, रसगुल्ले।”

“हाँ।” किरन ने कहा।

‘आगरा’ के मालिक परिचित हैं, हँसते हुए बोले, “कहिए भाभीजी, लौट आईं आप ? अच्छी रही ट्रिप ? कहिए, क्या खातिर की जाए ?”

फिर पुकाकर कहा, “सीताराम, मेन्यू लाना।”

इस बीच ‘आगरा’ की दीवारों पर नया, सुर्ख रंग का वालपेपर चढ़ गया था, छत से कुछ सस्ते फानूस लटके हुए थे, लकड़ी के काम किए हुए कश्मीरी पार्टीशन।

“काफ़ी चेंज कर दिया आपने।” किरन ने कहा।

“मेहरबानी है भाभीजी, इस बार छोटे भाई और उसकी वाइफ को भी बुला लिया है। भाई एकाउंट रखता है।” फिर पुकारकर कहा, “रवि, इधर आना। प्रोफ़ेसर साहब से मिलो।”

रवि कैश-काउंटर छोड़कर आया, परिचय हुआ। कुछ देर इधर-उधर की बातें हुईं और फिर लौट गया।

विश्व सबकी पसन्द जानता है, बच्चे कबाब खाएँगे, उसे लैम्बकरी पसन्द है। किरन हमेशा वही खाती है, खोया-मटर, दही-बड़े, आलू के पराठे, थोड़ा-बहुत हेर-फेर चाहे हो जाए, जैसे कभी चने मँगा लिए तो कभी पराठे की जगह नान ले ली। शिथिल उँगलियों में मेन्यू पकड़े किरन ने छपे हुए हरफ़ों पर नज़र दौड़ाई।

“वही,” उसने कहा।

मेज़पोश पर कुछ धब्बे हैं, टेपरिकॉर्डर पर सहगल का एक बहुत पुराना गीत चालू है। पास की मेज़ पर एक नया भारतीय परिवार बैठा हुआ है, पहले कभी नहीं देखा। स्त्री नीली औरंगाबादी साड़ी पहने हुए है और शायद कुछ अटपटा-सा महसूस कर रही है। पर किरन के केश-विन्यास और कपड़ों को एकटक घूरती रही। विश्व बड़ा सन्तुष्ट दिख रहा है।

'आगरा' में भोजन करने के बाद अक्सर ऐसा भाव मुँह पर आ जाता है।

''बहुत खा लिया।'' उसने कहा।

नीता और लीना बहुत एकाग्र होकर मीठी डिश खा रही हैं, उनकी कटोरियों की सेवईं बड़ी तेज़ी से कम होती जा रही हैं। चम्मच से कटोरी एकदम साफ़ करते हुए लीना ने कहा, ''आह !''

''कैसी पेटू है।'' नीता ने किरन से कहा।

''क्यों बेटी, कुछ और खाओगी ?'' विश्व ने लीना से पूछा।

लीना ने पहले माँ को देखा, फिर बहन को, फिर सिर हिलाकर कहा—''हाँ, आइसक्रीम।''

नीता खिलखिलाकर हँस पड़ी।

लीना झेंप गई। ''नहीं, और कुछ नहीं,'' उसने कहा। एकाएक उसकी आँखें डबडबा आईं।

किरन ने अपनी बाईं बाँह से उसे घेर लिया और विश्व से कहा, ''आप मँगाइए हम सब खाएँगे। नीता भी।''

कुल्फी के लिए कुछ इन्तज़ार करना पड़ा। नया टेप चल रहा था, लोग काफ़ी तादाद में आने लगे, और बाहर सड़क पर सैकड़ों रंगीन बत्तियाँ झिलमिला उठीं।

किरन दाएँ हाथ की उँगली से मेज़पोश पर अदृश्य लकीरें खींचती रहीं, वारिया की उम्र क्या होगी, ज़्यादा से ज़्यादा तेईस। फिर वारिया आकर खड़ी हो गई, नाटे कद की दुबली-पतली, थोड़ी-सी आर्टिफिशल लगनेवाली लड़की। लम्बे खुले हुए बाल, आधे आगे, आधे पीठ पर, बड़ी-बड़ी आँखें, दो वर्षों से मैक्स की असिस्टेंट थी।

''लो लीना, आ गई कुल्फी। सँभलकर खाना।'' किरन ने कहा।

लीना मुस्कराने लगी, कितनी चमकदार, कितनी सुन्दर आँखें हैं लड़की की !

''कुल्फी अच्छी है।'' विश्व ने कहा।

किरन ने एक चम्मच से थोड़ी-सी चखी, हाँ—और आधी से अधिक लीना की प्लेट में डाल दी।

अब सन्नाटा था। लीना और नीता कपड़े बदलकर, नहाकर, टेलिविजन पर अपनी पसन्द का शो देख चुकने के बाद, अपने-अपने कमरों में चली गई थीं। उनके जाने के बाद विश्व ने टेलिविजन बन्द कर दिया और कोन्याक की बोतल खोलने लगा।

किरन रसाई में बचे-खुचे बर्तन धोने लगी। बाद में हाथ पोंछकर, हैंडलोशन मलती हुई आई, और विश्व को बोतल खोलते हुए देखने लगी।

सावधानी से दो गिलासों में डालकर एक गिलास उसे पकड़ाते हुए विश्व ने कहा, ''वेलकम बैक रानी !''

''थैंक यू डार्लिंग !'' किरन ने उत्तर दिया।

उस सन्नाटे में, पास-पास बैठे वे छोटे-छोटे घूँट लेते रहे, चुपचाप बहुत सन्तुष्ट, एक-दूसरे में रमे हुए आदर्श पति-पत्नी की तरह।

फिर किरन ने कहा, ''सुना ही होगा, मैक्स ने वारिया से शादी कर ली है।''

''हाँ,'' विश्व ने कहा, ''विभाग के लोगों ने मिलकर प्रजेंट दिया है। हनीमून के लिए मैक्सिको गए थे, शायद अभी भी वहीं हों।''

वह ऐशट्रे में पाइप उलटकर राख झाड़ने लगा। किरन ने कहा, ''इस बार ठंड जल्दी आ गई।''

''हाँ। और ?'' विश्व ने किरन का गिलास उठाते हुए पूछा।

''नहीं।'' उसने कहा। वह अपनी जगह पर बैठी-बैठी विश्व की ओर देखती रही। फिर एकाएक ही उठकर उसने विश्व का हाथ पकड़ लिया और मन्द स्वर में कहा, ''आइए, अब बिस्तर पर चलें।''

# ट्रिप

वह तो दूसरी बार में ही चुप हो आई थी, और एकदम ऊपर उठ-सी गई थी। लगा कि बाँहें लम्बी होती जा रही हैं। वैसा ही कुछ टाँगों में महसूस होने लगा।

रात का सन्नाटा बेहद गाढ़ा हो गया।

दूसरों को अभी देर लगेगी यह जानते हुए वह गोल तकिए का सहारा लेकर दीवार से टिक गई। जब उसकी बारी आती तो वह भी हाथ बढ़ाकर पाइप ले लेती और दो-एक गहरे कश लेकर पाइप बाईं ओर बैठे पति को दे देती।

कमरे में केवल दो मोमबत्तियाँ जल रही थीं। एक तो कमरे के बाएँ कोने में, तिब्बती तन्के के ठीक नीचे; दूसरी फ़र्श पर, जिसे घेरे हुए वे चारों-पाँचों बैठे थे। उसके पति को ऐसी अवस्था में हमेशा इस तन्के पर चित्त एकाग्र करना भला लगता था। सचमुच, कुछ ही देर के बाद तन्के में चित्रित आकार हिलने-डुलने लगते और ऐसे-ऐसे रंग उभरने लगते जो कि नॉर्मल दशा में कभी नहीं दिखाई देते।

पर इधर कई बार से वह अपने को ख़ाली रखती थी। उसे अतीत और अब के बीच स्वतन्त्र भाव से आना-जाना अच्छा लगता था। कभी वह बच्ची बन जाती, कभी अपने से बहुत बड़ी। उसे कभी अच्छी तरह तैरना नहीं आया, पर मछली की इमेज उसे पसन्द थी। वह अक्सर उन क्षणों में एक चंचल चमकती मछली बन जाती जो कि अनेक सागरों में बिना रुकावट, बिना मछुओं के डर के, क्रीड़ा करती रहती है।

अब उसे पाइप की ज़रूरत न थी। वह मरमेड हो आई थी। हाथ हिलाकर उसने मना कर दिया और ज़मीन पर लुढ़क गई। आँखें उसकी मुँद आईं। एक के बाद एक ढेर सारे बिम्ब, इमेजेज उसकी बन्द आँखों के आगे से गुज़रने लगे। एक के बाद एक अनवरत लहरों की तरह। कमरे में केवल सिसकारी लेने की आवाज़ थी।

इस पाइप को पीने का भी एक खास नैक होता है। वह इसे मुश्किल से सीख पाई थी। उसने सिगरेट तक कभी नहीं पिया था, इसलिए ढेर-सा धुआँ निगल लेती, असर नहीं होता था। पर अब तो बड़ी आसानी से कश लेकर फेफड़ों तक फेंक देती है।

किसी का हाथ उसे छू गया। वह फ़र्श पर पीठ के बल लेट गई और छत को ताकने लगी। वह नहीं जानती कि वह उस स्पर्श से हट क्यों गई, शायद इतनी जल्दी वह प्रस्तुत नहीं थी।

सोनी रसोई में हल्की-सी खटपट कर रही है। दरवाज़े की दहलीज़ से उसकी आवाज़ आई, "तुम लोग अभी हाई हुए या नहीं ?"

"सोनी, इस तरह एकदम से सवाल नहीं पूछा करते।" उसके पति ने कहा।

सोनी ने कुछ नहीं लिया है। उस रात, वह पहली बार उनकी बेबी-सिटिंग कर रही है। वह हमेशा ट्रिप एंजॉय करती है, शायद इसीलिए उसे अपने छूट जाने की खिन्नता हो, पर ऐसे में किसी एक का सुस्थ, स्वस्थ रहना ज़रूरी था, किसी इमरजेंसी के विचार से। क्या मालूम, पुलिस ही छापा मार दे। सोनी का पति न जाने किन-किन लोगों से यह ख़रीदता है। पुलिस हाथ धोकर उसके पीछे पड़ी हुई है। उसने अपने छोटे-से शहर के इकलौते अख़बार के फ्रंट पेज की कल्पना की, "अमुक प्रोफ़ेसर अपने मित्रों के साथ हशीश पीते पकड़े गए।" उसे लगा कि आज रात उसे बेबी-सिटिंग करनी चाहिए थी, पर स्टीफान अचानक ही आ गया। उसका यह पहला मौका है, वह स्वयं स्टीफान की ऊँचाई शेयर करना चाहती थी।

उसने पाया कि वह धीरे-धीरे कारपेट पर अपनी दाईं हथेली रगड़ रही है। कितना नरम और स्निग्ध था ऊनी कारपेट, यह जैसे पहली बार जाना।

हर बार किसी न किसी नई सम्वेदना की अनुभूति होती है।

सोनी ने पानी के गिलास लाकर पास रख दिए। ठंडा पानी भी अमृत जैसा लगता है। अब पति तीसरा पाइप तैयार कर रहे हैं। उसने आँखें खोलीं तो लगा कि वह जैसे स्लो मूवमेंट में कोई फिल्म देख रही है। पानी के अन्दर ही सेवार की तरह सभी धीरे-धीरे हिल-डुल रहे थे। सोनी का पति, सोनी के बालों से खेल रहा था। स्टीफान उठकर कमरे में टहलने लगा और पति बेहद कांसेंट्रेशन से पाइप भर रहे थे।

मोमबत्ती की लौ एकदम स्थिर थी।

स्टीफान रेस्टलेस लग रहा है। बहुत-से लोग पहली बार झेल नहीं पाते, पर स्टीफान कमज़ोर नहीं है। कम से कम ऐसा लगता नहीं है कि उसमें इतना कंट्रोल नहीं होगा कि सँभाल न सके। पर किसी के अन्दर की गुत्थियाँ कौन जाने ? ऐसे ही क्षणों में मालूम पड़ जाता है कि किसी में अपने से साक्षात्कार करने की ताकत है या नहीं।

जब पाइप उस तक आया तो वह उठकर बैठ गई और यह जानते हुए भी कि उसे बिलकुल ज़रूरत नहीं है, उसने पाइप ले ही लिया। काफ़ी समय से एक ही पठार पर रुकी हुई थी। यह कश लेते ही जैसे किसी ने फुटबाल की तरह उसे ऊपर उछाल दिया। और वह बैठे ही बैठे अधर में कलाबाजियाँ खाती रही। उसने घुटनों को समेटकर उन पर ठोड़ी टिका ली। हर बार की तरह उसे अब भी आश्चर्य हो रहा है कि यह जानते हुए भी कि वह घर के अन्दर कमरे में स्थिर बैठी है, वह बाहर खुले आकाश में कैसे उड़ सकती है !

एक लम्बी उड़ान लेकर वह वापस आ गई है।

"तुम 'हाई' हो ?"

"हाँ—खूब। तुम ?"

"मालूम नहीं, पहली बार है न ! अजीब लगता है, पर बुरा नहीं।"

पति ने उनकी ओर देखा। स्टीफान शायद कुछ और कहता, पर चुप हो आया। वह अब भी, उसकी ओर झुका बैठा रहा। लड़कियों जैसे लम्बे बालों ने आगे ढलककर उसके माथे को ढँक रखा है।

"स्टीफान..." कुछ देर बाद वह फुसफुसाई, "तुम कहाँ हो ?"

स्टीफान ने कहा, "कहीं बहुत पीछे या बहुत आगे, भविष्य में। एक बहुत बड़े मशरूम

की छाँह में...।''

''स्टीफान जब से लड़ाई से लौटा है, मशरूम की छाँह में ही रहता है।'' सोनी के पति ने कहा।

सोनी अब उसके पास नहीं है, शायद रसोई में वापस चली गई हो।

एक बार उसे महसूस हुआ कि सोनी के पति और उसके बीच कुछ पनप रहा है, पर वह आगे नहीं बढ़ा। कारण, शायद उसके मन में सोनी का लिहाज हो या सोनी के पति के मन में उसके पति के प्रति ममत्व हो। जो भी हो, दोनों ढीले पड़ गए, पर अब भी कभी-कभी सोनी के कंठ में ईर्ष्या का स्वर उभर आता है।

वह पानी के अन्दर बहुत-बहुत गहरे में है, और सोच भी रही है।

उसके पति ने उन लोगों की तरफ़ पीठ कर ली है और पद्मासन की मुद्रा में बैठे हैं, एकदम ध्यान-मग्न।

''स्टीफान, उधर देखो, चित्र में कुछ नया-सा दीखता है ? इधर-उधर होते रंग, काले आवरण में जगह-जगह सुनहली झलक...!''

अब वह सब चित्र की ओर देख रहे हैं।

स्टीफान के मुख पर बड़ा पोलाइट-सा भाव है।

उसके शरीर में ढेर सारा ढीलापन भर जाता है—आलस नहीं, बल्कि कसे हुए तारों की घुंडियों को ढीला कर देने का-सा ढीलापन। उसके लिए और कोई नाम नहीं है। अपने अन्दर के सारे तनाव जैसे झाड़ू से समेटकर उसने एक कोने में इकट्ठे कर दिए हैं। अब वह दो हो गई है—भोक्ता और दर्शक दोनों। वह अनुभव भी कर रही है और साथ ही साथ एक स्टेनो की तरह पास खड़ी हर प्रक्रिया, हर भावना, हर जुम्बिश को अपनी नोट-बुक में दर्ज भी करती जा रही है। जो सोचती है, याद करती है, वह फिल्म की तरह आँखों के आगे से गुज़रता जाता है। उसके कानों में समुद्र की लहरों का गर्जन गूँज रहा है, किसी शंख को कान से लगाकर सुनने में जिस तरह की ध्वनि आती है—बिलकुल उसी तरह का।

कुछ इमेजेज उभरती हैं—कन्याकुमारी का सागर, पुरी का सागर, रोडआइलैंड में अटलांटिक का रव। फिर फिल्म नए सीन पर देर तक रुकी रहती है। वह दोनों समुद्र के किनारे टहल रही हैं। वे साड़ियाँ पहने हैं और छोर भीगे हैं, रेत में लिथड़ रहे हैं। चप्पलें हाथों में हैं। उसके साथ एक दुबली-पतली लड़की है जिसने पहली बार समुद्र देखा है। लड़की सब कुछ देखकर मुग्ध है और ट्रिनी-लोपेज का गाया हुआ एक गीत गुनगुना रही है—''नींबू का पेड़ बहुत सुन्दर, नींबू के फूल बहुत मीठे हैं। पर नींबू का फल बड़ा कड़वा, मेरे पुत्र ! मेरे पिता ने कहा, प्यार भी नींबू के फल की तरह...''

वह खिलखिलाकर हँस पड़ी, और देर तक हँसती रही। समुद्र, लड़की का चोट खाया-सा चेहरा, गीत—सब मिलकर पहले बहुत फनी लगा था, बाद में उसने अपने को संयत कर लिया। वह समझ नहीं सकी कि वह क्यों हँसी थी। उस पन्द्रह-सोलह बरस की लड़की से कहती भी क्या ? पर दोनों के बीच का वह सरल सख्य गुम हो गया था। लड़की सारी शाम मुँह फुलाए रही; तब, रात के शो में सिनेमा ले जाने की घूस देनी पड़ी। फिल्म में शशि कपूर था। फिल्म की समाप्ति पर दोनों बाहर निकली थीं तो लड़की फिर प्रसन्न थी। इस आयु में एक्सटेसी को हासिल करने में उसे किसी बाहरी उपकरण की ज़रूरत नहीं होती।

सुख की अपनी-अपनी परिभाषाएँ हैं। कोई शराब में अपने को डूबोकर भूल जाना चाहता है, किसी के लिए शशि कपूर की फिल्म ज़रूरी है। उसके लिए परिभाषाएँ हमेशा बदलती रहती थीं। बहुत पहले बच्चे थे, स्वस्थ इंटेलिजेंट; अब वे बड़े हो गए हैं और पिता ने उन्हें बोर्डिंग-हाउस में भेज दिया है। साल में एक बार घर आते हैं। हर बार और-और दूर होते लगते हैं। अक्सर दोनों लड़कों से क्या बातें करे, यह समझ नहीं पाती। लड़के माँ की रुटीन में बाधा नहीं डालते। पहले यह बच्चों को लेकर व्यस्त होना चाहती थी, तरह-तरह के व्यंजन बनाती। पर बच्चों की रुचि अब बदलती जा रही है, और माँ के बनाए पकवान वह शिष्टतावश चख-भर लेते हैं। पति ! पति से उसके सम्बन्ध बड़े काम्पलिकेटेड हैं; वे हमेशा आत्मनिर्भर रहे हैं। कपड़े अपने-आप टाँग देते हैं, मोजे, बनियानों का शुमार रखते हैं। कमीज़ें स्वयं लांड्री को दे आते हैं और ले भी आते हैं। अपने कमरे को खुद साफ़-सुथरा रखते हैं। बच्चों के छोटे होने पर सुबह स्टोव पर चाय-नाश्ता तैयार कर लेते थे और सुबह की क्लास को पढ़ाने चले जाते थे। ऐसे पति से कैसे शिकायत हो सकती थी ? पर उसे थी। मौन शिकायत। रोमांस की कमी की शिकायत !

''वुमन एंड होम' की कहानियाँ पढ़कर तुम्हारा माथा ख़राब हो गया है।'' पति अक्सर कहा करते।

बच्चों के चले जाने पर वह कितनी अकेली रह गई थी ! शायद पति ठीक ही कहते थे। ज़िन्दगी उस रोमैंटिक कहानियों की तरह नहीं हो सकती। हर शुरुआत कहानी की तरह होती थी, एक उच्छवसित वेग से, और अन्त प्रायः एक बड़े ही अनरोमैंटिक ढंग से !

ताज्जुब है, रोमांस चुक जाने पर लोग एक-दूसरे को किस-किस नाम से पुकारने पर उतर आते हैं ! पर उसे तो गाली बकना भी नहीं आता। हर अन्त के बाद हफ्तों घर में बन्द, चुपचाप पड़ी रहा करती थी। फिर अचानक कहीं, किसी जगह, किसी नए व्यक्ति से मुलक़ात हो जाती और फिर एक बार वह सारी पुरानी इंसल्ट भूल जाती।

इसी तरह स्टीफान से मिली थी। स्टीफान कुछ समय पहले लड़ाई से लौटा है, दुबला-पतला, युवा, सतर्क। नर्सरी में मिले, जहाँ दोनों फूलों के बेहन ख़रीदने आए थे।

स्टीफान उसके पति से प्रभावित है। अधिकांश लोग उसके पति से प्रभावित हो जाते हैं। वे गम्भीर रहते हैं, तीखी इंटेलेक्ट है। पर वे भी उस जैसी 'रेस्टलेस' पत्नी को नहीं समझ सके। अब भी, इतना सब हो चुकने के बाद भी, उसे पत्नी के रूप में रखे हुए हैं। केवल दो बातें हैं—एक, वह अपने अफेयर चुपचाप कंडक्ट करेगी; दूसरे, इस आयु में वह नए बच्चे की जिम्मेदारी नहीं लेंगे, इसका वह ध्यान रखेगी। बस, और कुछ नहीं माँगते।

सब कुछ जान लेने पर चीखे-चिल्लाए नहीं, मारा-पीटा नहीं, न बच्चों को छीन लेने की धमकी ही दी। कुछ दिन एकदम चुप रहे। वह भी चुप रही। मन में बेहद डर रही थी। पर कुछ दिन बाद उन्होंने बड़े नपे-तुले वाक्यों में कह दिया, वह अब भी उनकी पत्नी है। उससे गहरा लगाव भी है। उसके बच्चों की माँ भी है। बस, वह दो बातों का ख़याल रखे...

उसके बाद ? उसे याद कर ताज्जुब होता है कि उनके सम्बन्ध कितने सरल हो आए थे। उन दिनों वह मादक द्रव्यों को लेने का प्रयोग कर रहे थे। उन्हीं के साथ उसने भी यह सब सीखा।

पति आर्टिस्टों जैसे सेंसिटिव हैं। वातावरण पर ज़ोर देते हैं। कुछ भी लेने से पहले,

पूरी स्टेज तैयार करते हैं—विशेष खाद्य-पदार्थ, विशेष लाइटिंग, विशेष रिकॉर्ड। और सबसे महत्त्वपूर्ण, साथी, फैलो-ट्रैवलर; क्या मालूम किसका कौन-सा रूप उभरे ? आज स्टीफान नया है, इसलिए सोनी का 'सोबर' रहना ज़रूरी है।

वह उठकर रिकॉर्ड-प्लेयर पर 'पथेर-पांचाली' का म्यूजिक लगा देती है। रिकॉर्ड एकदम घिस गया है, पर 'हाई' होने की अवस्था में वह रविशंकर के इस रिकॉर्ड को अवश्य सुनती है।

''मैं शायद सो गया था। वे सब कहाँ हैं ?''

संगीत शायद स्टीफान को जगाता है। कमरे में कोई नहीं है, सिवा उन दोनों के।

''क्या बात है, स्टीफान ?''

''वे सब कहाँ हैं ?''

''नदी तक टहलने गए हैं। ऐसे में ठंडी हवा और ओस बहुत भली लगती है।''

''तुम नहीं गईं ?''

''नहीं !'' कुछ अटककर, वह संगीत सुनने लगी।

फिर निस्तब्धता। दूर सड़क पर भागती मोटरों की आवाज़। पिछवाड़े पेड़ पर घुग्घू बोल रहा है, रुक-रुककर। रोज़ाना इन बातों पर ध्यान नहीं जाता।

''नदी यहाँ से दूर है ?'' स्टीफान पूछता है।

''नहीं, पन्द्रह-बीस मिनट का रास्ता है।''

''हम भी चलें ?'' स्टीफान उठकर खड़ा हो जाता है। नींद लेकर एकदम नॉर्मल हो आया है शायद। पर वह 'हाई' है। कानों में अभी भी संगीत के स्वर गूँज रहे हैं।

स्टीफान उसके पीछे-पीछे चल रहा है। उसने बाँह पीछे कर ली है और स्टीफान उसकी मुट्ठी को कसकर पकड़े हुए है। पर वह नदी की ओर न जाकर बँगले के पिछवाड़े की ओर मुड़ जाती है। पीछे घास है, फूल हैं, बड़े-बड़े पेड़ हैं और एक बरसाती भी है, जहाँ हमेशा एक गोल मेज़, कुछ कुर्सियाँ और एक फोल्डिंग-काउच पड़ा रहता है।

''पानी रुक जाने के बाद नदी की ओर चलेंगे।''

बरसाती की छत पर कुछ बूँदें टपकी हैं।

स्टीफान काउच पर बैठ जाता है। फिर कुछ क्षणों बाद अधलेटा रहकर फिर कुशन की टेक लगाकर पूरा लेट गया है। वह पास कुर्सी पर बैठी है। सिर झुका हुआ, हाथ गोद में शिथिल। वह अब कुछ नहीं सोच रही है, केवल उग्र चेतना का एक पुँज मात्र रह गई है।

''कैसी हो !''

''ठीक हूँ। हाई। तुम ?''

उनके शब्द नन्हें पत्थरों की तरह अँधेरे के ताल में गिरते हैं।

रात गहरी हो आई है। वह उठकर काउच पर आ बैठी है।

''इससे अच्छा तो एक ड्रिंक ही ले लेता...''

स्टीफान उसकी हथेली को उलट-पलट रहा है। दोनों ही प्रतीक्षा में हैं, शायद एक-दूसरे के सम्मुख अपने को अधीर नहीं जताना चाहते।

''ड्रिंक ?'' उसने कहा। ''एक बार इसे ले लेने पर शराब का नशा बहुत क्रूड नहीं लगेगा ?''

''सुनो,'' स्टीफान ने कहा, ''तुम क्यों लेती हो ?''

''पहले क्यूरिओसिटी में लिया था,'' उसने धीरे-धीरे कहा, ''एस्केप की तरह। फिर अच्छा लगने लगा, सारी सम्वेदनाएँ इतनी तीखी जो हो आती हैं...''

''मैं भी एस्केप चाहता था।'' स्टीफान ने कहा। उसके स्पर्श में ताप या तेज़ी नहीं है। वह उसे धीरे-धीरे छूता है, एक टेंडरनेस से, एक खोएपन से।

''मैं पूरी तरह अपने को डुबा न सका। एक साल तक वियतनाम में लड़ने की स्मृतियाँ ताज़ी हैं। 'हाई' होने पर भी बार-बार सामने आती रहीं।''

''और तुम सोचना नहीं चाहते।''

''जो जी चुका हूँ, उसे सोचने से क्या डरना ?'' वह मन्द स्वर में कह रहा है।

''कैसा था वह सब ?'' उसने पूछा।

''फिर किसी दिन बात करेंगे,'' स्टीफ़न ने कहा। ''नहीं तो तुम्हें भी मरे हुए वियतनामी और अमरीकन चेहरे 'हांट' करने लगेंगे।''

वह उठकर खड़ी हो गई, स्टीफान ने उसका हाथ अपनी पकड़ से हटने पर रोका नहीं।

घास कितनी ठंडी है, उसके नंगे पैरों ने महसूस किया।

एक बूँद उसके माथे पर गिरी।

क्या उसके पति को भी अनेक चेहरे हांट करते हैं ? क्या कल वह बच्चों को चिट्ठी लिखे ? क्या कल वह दोनों कमरों के बीच का दरवाज़ा रात-भर खुला रखे ?

उसने मुड़कर देखा, स्टीफान काउच पर निश्चल लेटा है।

अब वह धीरे-धीरे नीचे आने लगी, एक उड़ते हुए, गैस कम हो जानेवाले गुब्बारे की तरह !

# नींद

"आज की रात किसी होटल में काटनी पड़ेगी," यह कहकर वह मेरी ओर देखते हैं।

मैं चुप हूँ। डेढ़ सौ मील की यात्रा के बाद भी कुछ कहने के प्रति अनिच्छा अभी भी मन में बनी हुई है।

वह स्वयं भी कम बोलते हैं, कार चलाते समय तो वह और भी चुप हो जाते हैं, यह बात मेरे ध्यान में आ चुकी है।

"सुनोऽऽ !" उन्होंने कहा है और इम्पाला की गति को मन्द करते हुए सड़क के किनारे रोक दिया है।

शहर पीछे छूट गया है, सामने चौड़ी सपाट सड़क है, और दाहिनी ओर, काफ़ी निचाई पर सागर। लहरें और उनके गर्जन की प्रतिध्वनि।

मैं खिड़की के शीशे से मुँह सटाए बाहर देखती हूँ, इसलिए कि मैं उनके कुछ उदास हो आए चेहरे, कुछ उलझन-भरी मुद्रा को नहीं चाहती।

बाहर पानी, केवल पानी, विक्षिप्त लहरें, भीगता हुआ तट और कुछ दूर पर, निरुद्देश्य उड़ती हुई-सी गलें।

उनका जो हाथ मेरी हथेली को पकड़े है पसीजा हुआ है, और वह धीरे-धीरे काँप रहा है।

मेरे प्रथम स्पर्श से किसी पुरुष में ऐसी प्रतिक्रिया हो सकती है, यह जानकर मुझे मन में कुछ कौतुक होता है। पर मन छूता नहीं।

उन्हें आश्वस्त करने के लिए मैं उनकी ओर देखकर मुस्कराती हूँ।

इस यात्रा का प्रस्ताव बहुत सहज भाव से दिया गया था, और उसी तरह मैंने स्वीकार भी कर लिया। तीन दिन की छुट्टियों में वह उसी ओर जा रहे थे, जहाँ मुझे भी जाना था। आठ घंटे की त्रासद बस-यात्रा से मुझे छुट्टी मिलेगी, ऐसा मैंने सोचा था। यदि सुबह चलते तो सन्ध्या तक पहुँच जाते, पर निकलते हुए ही देर हो गई थी।

"जैसा आप ठीक समझें !" इतनी देर पहले पूछे प्रश्न का उत्तर मैं अब देती हूँ।

पश्चिम में आकाश रक्ताभ हो चला है और अचानक ही दिनभर की गरमी के बाद मैंने कुछ ठंड अनुभव की।

वह अपनी सीट पर कुछ आगे झुके-से बैठे रहे और उनकी घनी भौंहें कुछ ऐसे कुंचित हो आईं जैसे वह किसी गहरे सोच में हैं।

एकाएक उन्होंने मेरी ओर देखकर पूछा, "तुम्हें पहुँचने की कोई जल्दी तो नहीं।"

"नहीं !" मेरा उत्तर है। बात ठीक भी है। मुझे अपने डॉक्टर से मिलना है और उसके लिए मेरे मन में कोई उत्कंठा, कोई जल्दी नहीं है।

वह इस उत्तर को शायद मेरी स्वीकृति समझें, पर क्या कहीं, अन्दर मन के दबे हुए कोने में यही आकांक्षा मेरी भी नहीं है ?

होटल में हमें दो संलग्न कमरे मिले। बीच में बाथरूम, उसी के द्वारा एक-दूसरे के कमरे में आया-जाया जा सकता, और चाहने पर द्वार बन्द भी किया जा सकता है।

मैंने जब अपनी ओर से दरवाज़ा बन्द करना चाहा तो पाया कि उसकी कुंडी टूटी हुई है। शायद यह नियति ही है।

रात में सायरन की आवाज़ से आँख खुलती है, मेरे मुँह से एक लम्बी चीख़ निकल जाती है और मैं बिस्तर पर उठकर बैठ गई हूँ।

मैं बेतरह काँप रही हूँ।

ऐसे सायरन यहाँ सिर्फ़ एम्बुलेंसों में होते हैं, और तभी सड़क ख़ाली करने के लिए चालू किए जाते हैं जबकि उसमें कोई घायल अस्पताल ले जाया जा रहा हो। मुझे ऐसा लगता है कि मैं स्वयं उस एम्बुलेंस में बैठी हूँ और सामने स्ट्रेचर पर एक घायल शरीर है। मैं झुककर उसे छूना चाहती हूँ, पर मुझे डर है कहीं वह ठंडा न पड़ने लगा हो।

"तुम डर गईं ?"

अँधेरे में उनका स्वर सुनकर मैं पूरी तरह आँखें खोलकर आसपास देखती हूँ। शायद सुबह होनेवाली है, क्योंकि खिड़कियों के चौखटों के बाहर हल्की-हल्की रोशनी-सी लग रही है।

"क्या तुमने कोई दुःखद स्वप्न देखा था ?"

"हाँ !" कहकर मैं बिस्तर में लेट जाती हूँ। सुबह के इस समय बिस्तर बेहद ठंडा लगता है।

मैं बहुत कम चीज़ों से डरती हूँ—न रोग से, न गरीबी से, न ठंड से; डरती हूँ तो बस एक लम्बी, अँधेरी रात के अकेलेपन से। और, उसके त्राण के लिए ही इधर-उधर भटकती हूँ। मेरा मनोविद् इसे मेरी बीमारी कहता है। और, वह मेरी चिकित्सा करना चाहता है जिससे कि मेरी यह भटकन समाप्त हो जाए, और मैं फिर से, वह हमेशा 'फिर' पर ज़ोर देता है, किसी और के साथ कहीं घर बसाकर सुख-चैन से रह सकूँ।

अगर यह होटल किसी अस्पताल के पास न होता तो कितना अच्छा होता। तब कोई भी सायरन मेरी नींद न तोड़ पाता।

शायद मैं कुछ देर को फिर सो गई, क्योंकि अगली बार जागने पर पाया कि धूप काफ़ी चढ़ आई है। मैं कमरे में अकेली हूँ।

तैयार होकर मैं होटल के लाउंज में आई, वहाँ वह पहले से ही शायद मेरी प्रतीक्षा कर रहे थे।

वह मुस्कराए, सुबह के उस उजले आलोक में उसका चेहरा अब रेखाहीन लगता है, हरे रंग की ट्वीड का कोट पहनने से उनकी आँखें अब हरी दिखने लगती हैं, यह मैंने अभी जाना।

वेट्रेस मोटे-मोटे प्यालों में खूब गर्म कॉफ़ी दे गई। मैं बिना कुछ कहे क़ॉफी पीने लगी।

इस क्षणांश में ही मैं बहुत दूर चली गई, शायद यह भाँपकर उनके चेहरे पर उदास रेखाएँ लौट आईं :

नाश्ते के बाद हमलोग फिर सड़क पर हैं। ह्वील पर सधे हुए हाथ, सामने सपाट सड़क, और दो पृथक-पृथक् मौन।

शहर में हम अपराह्न पहुँचे हैं। मैं वाई.डब्ल्यू.सी. पर उतर गई हूँ। मेरे पास केवल एक छोटी-सी अटैची है।

"मैं परसों वापस जाऊँगा।" वह कहते हैं।

"मैं यहीं आपको तैयार मिलूँगी।" पर यह कहते-कहते मेरे अन्दर एक बहुत स्पष्ट विचार कौंध जाता है, और मैं अनमनी हो आती हूँ।

उनके जाने के बाद मैं अटैची लेकर बाहर आती हूँ।

बहुत दिन बाद लौटने पर जाना-पहचाना शहर भी अजीब-सा लगता है।

मैं डॉक्टर के पास नहीं गई।

मैं जानती हूँ कि उससे कोई लाभ नहीं। वह मुझे बचाना चाहते हैं। पर मुझे कोई रोग नहीं है। स्वस्थ, रोगहीन शरीर है।

डॉक्टर के पास अब तक चली ही जाती थी, पर अब मुझे चिकित्सा की ज़रूरत नहीं।

सारे समय मैं उस शहर की सड़कों पर भटकती रहती हूँ।

ऊँचे टीले पर बनी अब्राहम लिंकन की कांस्य-प्रतिमा को देर तक देखती रही, फिर उसी के पास बैठ गई। पत्थर ठंडे थे, और सामने लॉन पर पतझर की पहली हवाओं ने पत्तियाँ बिखेरना शुरू कर दिया था। बाईं ओर इमारतों के बीच मन्दोता झील का एक चौखूँटा टुकड़ा चमक रहा था, गहरा नीला।

कभी यह सब मेरे जीवन का एक भाग था, और यहाँ बैठे रहने पर भी, इस दिन इस सबसे कटे होने का भाव मेरे मन में है।

मेरे पर्स में पैन-एम का एक लिफ़ाफ़ा है, जिसमें मेरे स्वदेश वापस जाने का टिकट है, एक नई खुली ड्राई-क्लीनिंग की दूकान के कुछ मुफ़्त कूपन हैं और डॉक्टर का कार्ड है, जिसमें आज के दिन किसी भी समय आकर मिलने का आग्रह है। सामने दूर, काफ़ी नीचे सड़क पर मोटर और बसें लगातार आती-जाती दिखाई दे रही हैं।

जिन पत्थरों पर मैं बैठी हूँ, वे ठंडे होते जा रहे हैं। मैं ठंड से नहीं डरती। केवल रात से डरती हूँ, अकेली, अँधेरी, लम्बी रात से।

मैं अब उठकर चलने लगी हूँ। पैर अपने-आप उस गली की ओर मुड़ गए हैं जहाँ हम रहा करते थे।

यह मकान अब रहने लायक नहीं है। कुछ दिनों में ढहा दिया जाएगा, क्योंकि सड़क के उस पार कॉलेज-क्लब नाम का एक बार है, और उसके ग्राहक इतने बढ़ गए हैं कि उनकी मोटरों के लिए जगह कम पड़ने लगी है। इसलिए यह मकान गिरा दिया जाएगा जिससे कि कॉलेज-क्लब में अधिक से अधिक लोग आएँ और निश्चिन्त रूप से बैठ सकें क्योंकि उनकी मोटरों के लिए पर्याप्त जगह हो जाएगी।

यह मकान हमारे लिए एक मित्र ने ढूँढ़ा था, इस शहर में आने से पहले उन्हें लिखा

गया था कि जो भी घर हो, यूनिवर्सिटी लाइब्रेरी के अत्यन्त निकट हो।

यह घर लाइब्रेरी के ठीक सामने था।

कुछ दिन पहले शायद इसके खिड़की-दरवाज़े तोड़ दिए गए हैं जिससे कि कोई इसमें अवैध रूप से रह न सके। पर मुझे ठंड लग रही है और मैं अन्दर जाना चाहती हूँ क्योंकि यह घर था।

चारों ओर काँच ही काँच है।

मैं सावधानी से चप्पलें उन पर रखकर अन्दर घुस आई हूँ। बाईं ओर तुम्हारी स्टडी थी, उसमें तुम्हारी कुर्सी अब भी टूटी पड़ी है, औंधी। मैं झुककर उसे सीधी करना चाहती हूँ, पर वह बार-बार गिर पड़ती है। ज़मीन पर पुराने अख़बारों और काग़ज़ों का ढेर है। उन्हें फेंके भी कौन ?

और पूरे दिन के बाद मैं अब थोड़ी स्वस्ति अनुभव करती हूँ। बिखरे हुए काँच पर सावधानी से चप्पलें रखती हुई सीधी ऊपर चली जाती हूँ। यह अच्छा ही है कि सीढ़ियाँ अभी नहीं तोड़ी गईं। एक बार बढ़ई किसी काम के लिए आया था, उसने सीढ़ियों पर हथौड़ी से ठक्-ठक् करते हुए कहा था, ''बहुत पुराने और बढ़िया ओक की लकड़ी है। आजकल तो दुर्लभ ही है।''

वही सीढ़ियाँ, फिर दूसरी मंज़िल पर शयन-कक्ष, और सटा हुआ स्नानघर। स्नानघर की अलमारी खोलती हूँ तो उसमें दो-तीन कर्लर व नेलपॉलिश की ख़ाली शीशी पड़ी दिखाई देती है। नाम है 'नियरली न्यूड।' शीशी वापस फेंक देती हूँ।

शयन-कक्ष की दीवारों में लम्बी-लम्बी खिड़कियाँ हैं : यहाँ भी वही हाल है, हर काँच फूटा हुआ। कमरे के बीचोबीच काष्ठभूमि पर एक गद्दा पड़ा है, मेरा ख़रीदा हुआ गद्दा। मैं घुटने मोड़कर उस गद्दे पर बैठ गई और दीवारों को देखने लगी।

चारों ओर सन्नाटा है। सन्नाटे के मध्य एक ढहाया जानेवाला घर। टूटे हुए शीशों से तेज़ हवा आती है और बाहर सूखी पत्तियों के झरने की खड़खड़ सुनाई देने लगती है।

मैं गद्दे पर लेट गई।

नहीं, मैं रुग्ण नहीं हूँ, न मुझमें कोई मानसिक विकृति है। वह डॉक्टर, मेरा मनोविद् झूठ कहता है। मैं पूर्णतया स्वस्थ हूँ। मैं केवल साथ ढूँढ़ती हूँ, कम्पेनियनशिप, तुम्हें जिलाए रखने के लिए।

तुम, मैं, वह—और न जाने कितने चेहरों की पाँत।

मेरा मन स्मृतियों के दाने चुगने लगा है।

नहीं, मैं कुछ नहीं सोचूँगी।

फिर मैं उठकर बैठ जाती हूँ और अपना पर्स खोलकर सब शीशियाँ निकालती हूँ। रंग-रंग की गोलियाँ हैं। न जाने कब से इन्हें एकत्र कर रही हूँ।

गुलाबी और सलेटी कैपसूलों से दर्द मिटता है, छोटी-छोटी लाल गोलियाँ नींद लाने की हैं, सफ़ेद गोलियाँ...। पानी यहाँ कहाँ होगा ? फिर भी धैर्यपूर्वक मैं एक-एक करके सभी गोलियाँ निगल रही हूँ। मेरा शरीर एक उत्तेजना, सुखमिश्रित रोमांच से काँप रहा है।

और तब; नींद।

# सुरंग

बेबी आँगन में ऐसे बैठी रहती है जैसे कोई वृक्ष उग आया हो। मौन, निस्पन्द, आत्मरता। इधर-उधर का शोर लहरों की तरह घटता-बढ़ता रहता है। और शायद बहुत बार ऊपर से, उसे बिना छुए निकल जाता है। बाईं बाँह को सर के नीचे तकिए-सा लगाए अरुणा चारपाई पर लेटी है। गहरी नीली साड़ी की चुन्नटें पैरों पर होती हुई नीचे लटक आई हैं। अरुणा की आँखें एक जगह स्थिर नहीं रह पातीं, ऊपर आकाश है, धूमिल-सा नीला, फिर मटमैली और बहुत पुरानी उपेक्षित-सी दिखती पर्वत-शृंखलाएँ, दृष्टि और नीचे आकर आँगन की दीवार पर रुक जाती है, ईंटों की दीवार, जिस पर न जाने कब से माँ ने पुताई नहीं करवाई है। फिर टपकता नल। लाल किनारे की धज्जी जिस पर लिपटी हुई है।

"बेबी, एक प्याला चाय तो बनाना।" अरुणा ने देखा कि माँ जी की इस आवाज़ पर बेबी बेतरह चौंक पड़ी, उसके चेहरे पर झुँझलाहट की एक रेखा आकर मिट गई और फिर बड़ी विनीत-सी वह रसोई में चली गई।

माँ गंगा-स्नान के बाद लौटी हैं। तीन घंटे के भजन-कीर्तन के बाद भी उनके चेहरे से खीज की रेखाएँ नहीं जातीं। अरुणा उनके चेहरे पर एक दृष्टि डालकर फिर नीचे देखने लगती है। माँ तार पर भीगे कपड़े फैलाने लगी हैं।

बेबी चाय का प्याला लेकर रसोई से निकली, झुककर उसे तिपाई पर रख दिया और बिना कुछ कहे, वापस जाकर अपनी जगह बैठ गई।

बेबी अब तक घर के अन्दर फ्राक पहनती है। देखने में दुबली-पतली है, इसलिए फ्राक अभी आँखों में खटकती नहीं। शायद बेबी अभी भी अपने बचपन से लगे रहना चाहती है। पर बेबी बच्चा नहीं। अरुणा को उसकी आयु ठीक-ठीक याद है। जब बीचवाला भाई मरा था तो बेबी आठ साल की थी, और भाई को मरे पूरे नौ साल बीत गए हैं। माँ का पूजा-पाठ तभी से शुरू हुआ था, जो कि अब इतना बढ़ गया है कि वह प्रायः सारा दिन घर से बाहर ही रहने लगी हैं। अरुणा को अब वह बुरा नहीं लगता, बेबी को कैसा लगता है, यह वह जानती नहीं। वह बहुत वर्षों बाद लौटकर आई है, और अभी तक उसने एक बार भी खुलकर बेबी से बात नहीं की। मकान पैतृक है, रहना छोटे शहर का, पिता के मरने से बाहर का जो कमरा ख़ाली हुआ उसमें कभी-कभी कोई किराएदार आ जाता है। आजकल कोई नहीं है। बेबी अभी तक पढ़ती थी पिछले वर्ष सप्लमेंटरी में आई थी इसलिए यह वर्ष ख़ाली ही जा रहा है। घर में आना-जाना कम है, बल्कि बेबी की कोई सखी-सहेली भी नहीं है, इस बात पर अरुणा को थोड़ा आश्चर्य हुआ था, पर अधिक नहीं, स्वयं अरुणा के परिचित

उँगलियों पर गिने जा सकते हैं।

चाय पीकर माँ रसोई में चली गईं और शायद भोजन की तैयारी करने लगीं।

"बेबी, ज़रा यह आलू छील देना।"

बेबी फिर उठी, थोड़ी-सी अनिच्छा से।

"लाओ, मैं ही छील दूँ," अरुणा ने कहा।

"नहीं, मैं ही छील दूँगी" बेबी कहती हुई नल की ओर बढ़ गई।

आधा दिन हो गया है और उन दोनों के बीच यह पहला वार्तालाप हुआ है। फिर भी आपस में लड़ाई-झगड़ा नहीं है। बल्कि अरुणा ने लौटते समय सोचा था कि शायद माँ और बेबी खुश ही हों कि इतने दिन जगह-जगह भटकने के बाद अरुणा अपने शहर में ही लौट रही है।

अब तक उसकी नियुक्ति बाहर के शहरों में ही रही थी। बीमारी, दुःख, किसी में घर से कोई नहीं आ पाया था, माँ का पूजा-पाठ था, बेबी का बचपन, हारी हुई अरुणा ही लौट आई। उसने सोचा था कि घर से ही प्राइवेट एम.ए. कर लेगी, पर आए हुए उसे कई सप्ताह हो गए और उसने अभी तक किताबें भी नहीं ख़रीदीं। जैसे बेबी आँगन में बैठी रहती है, अरुणा अपने कमरे की दहलीज़ के पास चारपाई पर। बेबी के उस मन में क्या-क्या विचार दौड़ते हैं या वह गहरी काई से ढके, बँधे जल-सी निरुद्विग्न है, यह अरुणा नहीं जानती। वह यह जानती है कि जिन स्थितियों, विचारों और डरों ने उसे अब तक ग्रसा है, उन पर वह सायास रोक लगाना चाहती है। अगर पहाड़ी नदियों पर बाँध बाँधे जा सकते हैं तो अरुणा भी, अब तक की निरुद्‌देश्य जी हुई ज़िन्दगी को नया मोड़ दे सकती है। अभी तो वह उन विचारों को फ्रीज करने की प्रक्रिया में है, कि कुछ न सोचो, पीछे मुड़कर न देखो।

आलुओं के छिलके बेबी हाथ झटकते हुए नीचे गिराती जा रही है। कैसी लापरवाह है, अब कल तक आँगन में ये छिलके पड़े रहेंगे।

"बेबी," अरुणा ने कहा।

बिना कुछ कहे बेबी ने उसकी ओर देखा। उसकी आँखों में कुछ ऐसा विस्मित भाव था कि अरुणा भी यहाँ है, ऐसा उसने पहली बार जाना हो।

"कूड़ा हो रहा है। और अपनी सूरत तो देखो, कैसी बना रखी है ! धूप में बैठकर रंग कैसा होता जा रहा है !" अरुणा नहीं जानती कि वह यह सब क्यों कह रही है। बेबी मुस्कराती है, एक बड़ी गूढ़-सी मुस्कान, और छिलके नीचे गिरते रहते हैं।

बेबी से कहने से कोई फायदा नहीं। होपलेस केस है। अरुणा करवट बदल लेती है।

रोज़ शाम को अरुणा टहलने जाती है। स्टेशन तक, दूर नहीं जाना पड़ता, घर से निकलकर कुछ लाइनें पार कर स्टेशन आ जाता है। शाम के समय वहाँ काफ़ी भीड़-भाड़ हो जाती है, क्योंकि देहरादून से आने-जानेवाली सभी गाड़ियाँ जल्दी-जल्दी इसी समय आती हैं।

उनके जाने के बाद ही अरुणा घर से निकलती है। अरुणा को ट्रेनें बचपन से अच्छी लगती हैं। पश्चिमी आकाश के हल्के गुलाबी आलोक में सिगनलों की कतार खड़ी है, और बहुत दूर स्लेटी धुएँ के एक छोटे-से पेंच ने सूर्य को ढक लिया है।

अरुणा एक ख़ाली पड़ी पटरी पर बैठ गई। रेल की पटरियों के आस-पास बैठने से पिता हमेशा नाराज़ होते थे, और जब से भाई मरा तब से तो विशेष तौर से। पर आज तो

कोई नहीं है उसे मना करने को, और वह खुले आकाश के नीचे जहाँ भी चाहे बैठ सकती है।

कुछ दूर पर उसे कोई आकृति आती दिखाई दी। पास आने पर पहचानती है, बेबी है।

बेबी अरुणा के पास आकर पटरी पर बैठ गई। वह काली सलवार पर पीले रंग की कमीज़ पहने हुए थी, आँखों में एकदम खुब जानेवाले रंग। चेहरा चमकता हुआ, पर आँखें उदास, हमेशा की तरह।

''जीजी,'' बहुत आश्चर्यभरा बेबी का स्वर है, ''जीजी, तुम्हारी कलाई पर यह लम्बा-सा निशान कैसा है ?''

जब से आई है तब से अरुणा ने हमेशा पूरी बाँहों का ब्लाउज़ पहना है। स्लीव्ज कलाइयों तक आती हुई तंग हो जाती हैं और उन्हें बटनों से बन्द करना पड़ता है। कभी-कभी अरुणा अनमनी हो स्लीव्ज को ऊपर खिसकाकर कोहनी तक कर लेती है।

''चोट लग गई थी।'' अरुणा ने मन्द स्वर में कहा।

''और इस हाथ में भी, दोनों में ?''

''हाँ।''

''कैसे ?''

वह सब अरुणा बेबी को नहीं बता सकती। उसने स्लीव्ज खिसकाकर बाँहें पूरी-पूरी ढक लीं।

कुछ और कहने के प्रति अनिच्छा शायद बेबी ने भाँप ली होगी, क्योंकि उसने कुछ और नहीं पूछा। नीचे से कंकड़ उठा-उठाकर दूर फेंकने लगी।

पहले नम्बर के प्लेटफॉर्म पर खड़ी ट्रेन ने सीटी दी।

अरुणा प्रकाश के उन अनगिनत चौखटों को देखती रही।

बेबी ने दोनों हाथ घुटनों पर रख लिए हैं, वह भी देहरादून की ओर जाती हुई ट्रेन को देख रही है। ट्रेन के जाने के बाद बहुत थोड़ी देर के लिए सन्नाटा लौट आया। पश्चिमी आकाश में केवल फीका-सा ही उजाला शेष रहा है।

ट्रेन शायद पहली सुरंग पर खड़ी है, उसकी तेज़ सीटी की आवाज़ से अरुणा और बेबी, दोनों ही उस ओर देखने लगीं। देहरादून जाने पर हमेशा ये दो सुरंगें पार करनी पड़ती हैं, और हर ट्रेन थोड़ी-सी देर को पहली सुरंग पर खड़ी होती है। शुरू-शुरू में जब परिवार यहाँ आया था तो बेबी छोटी थी, और ट्रेन जब सुरंगों में घुसी तो भयावह अँधेरे से डरकर उसने चीख़-चीख़कर रोना शुरू कर दिया।

और भाई की मृत्युवाली उस दुर्घटना के बाद, कई महीनों तक, शाम की यह ट्रेन सीटी देती तो माँ घर के अन्दर ही सुबकने लगतीं। फिर उन्हें उनके भगवान मिल गए।

''जीजी,'' बेबी के कंठ में आकुलता है, एक अनजाना आवेग।

अरुणा की दृष्टि घूमकर उसकी ओर आती है, ठंडी निरुद्विग्न।

''जीजी—मैं—'' होंठ काटती हुई बेबी चुप हो आई।

''हाँ बेबी।''

''कुछ नहीं।''

जो भी एक आकस्मिक उद्गार के रूप में निकलनेवाला था, बेबी ने रोक लिया है और उसके चेहरे पर वही, सदा का-सा सूनापन आ गया है। अरुणा आग्रह नहीं करेगी। बेबी ने

कुछ कहना चाहा था, पर कहा नहीं। जो सहज रूप से बताया नहीं जाएगा उसके जानने का आग्रह या जिज्ञासा अरुणा में नहीं है। अरुणा याद करती है कि पिछले वर्षों में कभी भी बेबी और माँ के साथ बैठकर सुख-दुख की बातें नहीं हुई हैं। अकेले बेटे की मौत की ट्रेजेडी ने माँ को डस लिया है। अरुणा के अपने अलग दुख हैं, जिनसे निष्कृति पाने की चेष्टा में उसकी कलाइयों पर परमानेंट दाग़ रह गए है और फैशन न होने पर भी उसे पूरी बाँहों के ब्लाउज़ पहनने पड़ते हैं। बेबी भोली है, वह समझती नहीं।

"मैं घर जा रही हूँ," अरुणा ने उठते हुए कहा।

बिना कुछ कहे बेबी भी उठकर खड़ी हो गई।

पटरियाँ पार करने के बाद बाएँ हाथ को घूमना पड़ता है, तब घर को जाने की सड़क आती है। कुछ दूर चर्र-चूँ करता हुआ रहट चल रहा है, शायद काछी लोग खेतों में पानी दे रहे हैं। घर के पीछे ग्वालों के यहाँ गायें रँभा रही हैं। पड़ोसी घर में बच्चे मास्टरों से पढ़ रहे हैं। अपना घर एकदम अँधेरा पड़ा है।

"बेबी, एक प्याला चाय तो पिलाना," अरुणा ने कहा और अपनी चारपाई को अन्दर कमरे में खींच ले गई। कोने में रखा बिस्तर उस पर जैसे-तैसे डाल लेट गई और चाय आने की प्रतीक्षा करने लगी।

रसोई से स्टोव जलने की आवाज़ आ रही है।

अरुणा छत की ओर ताक रही है, कमरे में हल्का-सा बल्ब जल रहा है।

बाहर का दरवाज़ा एक बार फिर खुला। शायद माँ होंगी, हर की पैड़ी की आरती से आ रही होंगी।

"बेबी, एक प्याला चाय तो पिलाना," कहती हुई वे अन्दर आ गई हैं।

"अरे, बाहर से अन्दर तक अँधेरा क्यों कर रखा है ?"

रसोई से केवल स्टोव जलने की आवाज़ आ रही है।

ऐसा लगता है कि माँ दीवारों से बात कर रही हैं। उन्हें उत्तर की प्रत्याशा नहीं। और यह बेबी भी अजीब है। प्रश्न का जवाब क्यों नहीं देती ?

कुछ देर में माँ की कोठरी में पूजा की घंटी बजने लगी है, वे आरती कर रही हैं और मन्द स्वर में कुछ गा रही हैं।

माँ का कंठ अब भी सुरीला है।

क्या सचमुच इतने सारे पूजा-पाठ से माँ के मन को शान्ति मिलती है ! अगर अरुणा यह पूछे तो वह कितनी चकित होंगी ! पर वे माँ न होकर अजनबी हो गई हैं। अरुणा को याद नहीं है कि इन नौ वर्षों में उन्होंने कभी अरुणा के सर पर हाथ फेरा है या पास आकर बैठी हैं। बेबी जब कभी रोकर उनसे चिपट जाती थी तो वे उसे सिर्फ़ निर्मम हाथों से अलग कर देती थीं। अरुणा को माँ से शिकायत नहीं, अब वह उनसे गहन संवेदना रखती है, बेटे की मौत से माँ ऐसी क्यों हो गई हैं, अब अरुणा खूब समझती है। वह स्वयं भी तो जड़ होती जा रही है, तभी तो चाहकर भी बेबी को नहीं उबार पाती, बेबी को कोई सहारा नहीं दे पाती। जो स्वयं ही नेत्रहीन है, वह दूसरे का पथ-प्रदर्शक कैसे बने !

रात को अरुणा की नींद टूट गई। कोई रो रहा है, बुरी तरह, सिसक-सिसककर।

वह मोटी शाल उठाकर कन्धों पर डालकर बाहर आई।

"बेबी," उसने पुकारा। हाँ, आवाज़ बेबी के कमरे से ही आ रही है। बाहर बरामदे और आँगन में घुप अँधेरा है और ठंडी हवा से अरुणा के पूरे शरीर में रोएँ खड़े हो गए।

"बेबी ! दरवाज़ा खोलो। क्या बात है बेबी ?" अरुणा का स्वर उद्विग्न हो आता है।

सिसकियाँ मन्द हो जाती हैं। चारपाई चर्र से बोलती है।

"बेबी," अरुणा ने ज़ोर से पुकारा। माँ की कोठरी से उनके खर्राटों की आवाज़ एकाएक बन्द हो गई।

"कौन है," उनींदी आवाज़ में पूछा गया।

कुछ पल रुककर अरुणा ने कहा, "मैं हूँ।"

"अच्छा।"

बेबी दरवाज़ा नहीं खोलेगी। शायद उसे किसी की ज़रूरत नहीं है। पर माँ की कोठरी में बत्ती जली।

"क्या बात है ?"

"ऐसा लगा कि जैसे बेबी रो रही है। कहीं कोई तकलीफ न हो।"

"इस लड़की ने दुखी कर दिया है। क्या करे कोई !" माँ बाहर निकलीं, फिर लौट गईं।

माँ की कोठरी का दरवाज़ा बन्द हो जाने और बत्ती बुझ जाने के बाद भी अरुणा बेबी के दरवाज़े पर झुकी खड़ी रही। स्तम्भित-सी, माँ ने बाहर आकर एक बार भी नहीं पूछा कि बेबी क्या बात है ! क्या माँ सचमुच बेटियों के सुख-दुख से इतनी दूर हट गई हैं।

बेबी के कमरे के अन्दर अब पूर्णतः मौन है। कुछ देर में अरुणा चप्पल घसीटती हुई वापस आई और अपने बिस्तर में लेट गई। दरवाज़ा खुला रह जाने के कारण बिस्तर बर्फ़-सा हो गया है। स्टेशन से शायद कोई मालगाड़ी गुज़र रही है।

अरुणा ने रजाई खींचकर मुँह तक ढाँप लिया। वह काँप रही है। ठंड से नहीं, बल्कि इसलिए कि उसके चारों ओर जो घट रहा है उस पर उसका रंचमात्र भी कंट्रोल नहीं है। बेबी अकेली है और उसे अन्दर कोई बड़ा भारी दुख साल रहा है, जो कि रात के बीच, इतने विवश हृदय-विदारक और अनियन्त्रित रूप में फूट पड़ा है। वह उस दुख को बाँट नहीं सकती, क्योंकि बेबी अपने को अकेला समझती है।

अरुणा इस दिन-दिन एकत्र होते दुख का अन्दाजा लगा सकती है। वह स्वयं जानती है कि वर्षों तक धीरे-धीरे बढ़ते हुए, एक ऐसी स्थिति आ जाती है जबकि वह भार और नहीं ढोया जा सकता। ऐसा ही एक असह्य क्षण अभी कुछ ही पहले उसके जीवन में भी आया था। अरुणा ठंडे बिस्तर में लेटी उस क्षण को फिर जी रही है।

राँची की एक शाम। घर अकेला है, बाक़ी सह-अध्यापिकाएँ पिकनिक पर गई हैं और रात गए लौटेंगी।

अरुणा एक झटके से उठी है, उसके मन में कोई घबराहट या उत्तेजना नहीं है। स्नानगृह में जाकर उसने बेसिन में लगा नल पूरा खोल दिया है। गुनगुने पानी की धारा के नीचे दोनों हाथ डाल दिए हैं। फिर उसने दाहिना हाथ बढ़ाकर एक नया रेजर उठाया है और बाईं कलाई पर घिसना प्रारम्भ कर दिया है, ठीक वहीं जहाँ नब्ज देखने के लिए डॉक्टर हाथ पकड़ते हैं।

पीड़ा थोड़ी ही देर की है, अरुणा कहती है, पर रक्त-बिन्दुओं को पानी में गिरता देख रही है। फिर उस घायल बाएँ हाथ में रेजर पकड़कर दाहिनी कलाई। उसकी उँगलियाँ शिथिल होती जा रही हैं, चेष्टा कर रही है। फिर एकदम आँखों के आगे अन्धकार, पैरों के अशक्त होने से पीछे गिरते हुए अरुणा के मन में एक बड़ा-सा सन्तोष भाव है। अन्त; एक त्रासभरे, खोखले जीवन का अन्त।

पर अन्त नहीं हो सका।

उसे नौकरी छोड़कर आना पड़ा, और अब उन दाग़ों को ढँकना पड़ता है, क्योंकि अभी तो वे बिलकुल हरे हैं।

सुबह, स्टेशन पर देहरादून से जानेवाली गाड़ियों की सीटियाँ। बाहर खटपट।

''जीजी, चाय'' बेबी चारपाई के पास खड़ी है। अरुणा ने हाथ बढ़ाकर चाय का प्याला पकड़ लिया।

बेबी लौटने लगी, वह फ्राक पहने है और ठंड में सिमटते हुए दोनों बाँहें उसने आगे सीने पर बाँध रखी हैं।

''बेबी, यहाँ आना,'' बेबी ठिठक गई।

''आओ, यहाँ बैठो,'' अरुणा ने साग्रह कहा।

बेबी पलंग की पाटी पर बैठ गई।

''क्यों रो रही थी ?''

बेबी के मुख पर सलज्ज मुस्कान आ गई, ''ऐसे ही।''

''ऐसे ही कैसे ?''

''कभी-कभी रात में बड़ा डर लगता है।''

''कैसा डर ?''

''तुम्हारे लिए।''

''मेरे लिए ?''

''हाँ,'' बेबी की सलज्ज उँगलियाँ अरुणा की दाहिनी कलाई को छूती हैं, ''तुमने एक बार कोशिश की थी न, तुम फिर कभी...''

अरुणा देर तक चुप रहती है। इतना सब कहकर बेबी लजा जाती है और उसने मुँह दूसरी ओर कर लिया।

आँगन में धूप काफ़ी चढ़ आई है। बाहर का दरवाज़ा खुला और हाथ में गीले कपड़े लिए माँ गंगा-स्नान के बाद अन्दर आईं। ''बेबी ज़रा—'' जैसे उन्हें कुछ ऐसा अप्रत्याशित-सा दिखा है कि वह वाक्य बीच में छोड़ चुप हो गईं।

अरुणा चारपाई पर बैठी है और बेबी उसके लम्बे-लम्बे बाल सुलझा रही है।

माँ तार पर कपड़े डाल रसोई में चली जाती हैं, फिर चाय का प्याला लेकर बाहर आती हैं। वे मोढ़ा खींचकर पास बैठ जाती हैं।

''आज बड़ा लाड़ हो रहा है जीजी का।''

''बेबी मुझे शाम को सिनेमा भी ले जा रही है,'' अरुणा धीरे-से हँसती है।

अरुणा को खुली बाँहों पर धूप अच्छी लग रही है।

वह आँखें मूँद लेती है।

# स्वीकृति

तीन घंटे की यात्रा के बाद वे उस जगह पहुँच गए, जहाँ से उन्हें वाशिंगटन द्वीप जाने के लिए स्टीमर लेना था। वे, यानी सत्य और जपा।

जपा लाल साड़ी पहने थी—वही साड़ी जो कुछ महीनों पहले वाल ने उसे भेंट की थी, और जपा ने यह जानते हुए भी स्वीकार कर ली थी कि जपा के गहरे साँवले रंग पर सत्य को चटक कपड़े बिलकुल भी अच्छे नहीं लगते।

सत्य ड्राइव कर रहा था। किसी भी प्रकार की प्रतीक्षा उससे सहन नहीं होती। उसकी भौंहें कुछ कुंचित थीं और चेहरे पर तनाव। शायद वह चाह रहा होगा कि स्टीमर जल्दी से जल्दी आए, जिससे वह यात्रा का अन्तिम चरण भी समाप्त कर वाशिंगटन द्वीप पहुँच सके।

जपा उस पर एक दृष्टि डाल बाहर की ओर देखने लगी। यहाँ पहुँचकर भूमि समाप्त हो जाती है। विस्तृत जल-राशि, जहाँ आकर ग्रीन वे मिशिगन सागर में खो जाती है, तट के किनारे सघन वृक्ष, जिनके पत्ते पतझर के आगमन की सूचना देते हुए हल्के पीले पड़ गए हैं, कुछ पीछे वृक्षों के पार छोटे-छोटे पर्वतों की एक श्रृंखला। दाईं ओर एक सार्वजनिक टेलीफ़ोन, तट से सटा हुआ एक कैफ़े, जिसकी दीवारों का सफ़ेद रंग पानी में घुल-घुलकर मैला-सा हो आया है। छींट की ढीली-ढाली फ्रॉक पर एप्रन पहने एक प्रौढ़ा, जो कि कैफ़े की दीवार से सटकर खड़ी है और चुँधियाई आँखों से उस ओर देख रही है जिधर दूर, बहुत दूर, आते हुए स्टीमर की रेखाकृति दिख रही है।

यह आख़िरी स्टीमर है। जो यात्री इसे लेंगे, फिर वे अगली सुबह तक वापस न लौट पावेंगे। पूरी रात वे उसी द्वीप पर बिताएँगे। वाशिंगटन द्वीप पर या मछली के शिकार के शौकीन लोग जाते हैं, या एकान्तप्रिय कलाकार, या फिर प्रेमी, और हम दोनों तो किसी भी श्रेणी में नहीं आते, जपा ने सोचा। वाशिंगटन द्वीप पर समय बिताने की बात पर जपा ने अब तक अधिक ध्यान न दिया था, पर अब जब स्टीमर आकर जेटी से लग गया और यात्री चढ़ने लगे, तब जपा को पल-भर के लिए उत्साह छू गया। वह अन्य बच्चों के साथ उसकी ऊपरी डेक पर चढ़ गई और उस ओर देखने लगी जिधर वाशिंगटन द्वीप होगा।

यात्रियों और उनकी तीन मोटरों को चढ़ाने के बाद स्टीमर मुड़ा और चल पड़ा। जपा देर तक तट को देखती रही। उसने देखा कि स्टीमर के चल पड़ने पर प्रौढ़ा दरवाज़ा खोलकर कैफ़े के अन्दर चली गई है, और अब जेटी सुनसान है।

जपा एकाएक ऊपर से नीचे तक काँप उठी। सत्य के साथ कुछ समय नितान्त एकान्त में बिताने का विचार उसे बड़ा अजीब लगा। जैसे एडवेंचर की सारी भावना उसमें से लुप्त

हो गई है। कहाँ है वह रोमांचपूर्ण आह्लाद जो ठीक पाँच वर्ष पूर्व सत्य से विवाह, और तुरन्त विदेशयात्रा करने के विचार से उस पर छा गया था ! ये पाँच वर्ष सुगम नहीं थे। जपा ने स्वीकृति में सिर हिलाया और स्वयं झेंप गई। उसने तुरन्त इधर-उधर देखा कि कहीं कोई देख तो नहीं रहा है कि लाल साड़ी पहने यह स्त्री अपने-आपसे बातें कर रही है।

सत्य निचली डेक पर खड़ा सिगरेट पीता रहा। ऊपर से जपा को केवल उसके स्वेटर की बाँहें और हाथ दिख रहे थे। अन्दर से उसे थोड़ी-सी स्वस्ति ही अनुभव हुई कि सत्य उसके पास नहीं आया।

स्टीमर लहरों को काटता धीरे-धीरे आगे बढ़ रहा था। अब चारों ओर मिशिगन सागर था, विस्तृत अतल। स्टीमर के गिने-चुने यात्रियों में कुछ ठिठुरे-से रेलिंग के पास खड़े थे, कुछ अन्दर लाउंज में बैठ गए थे। जपा को लग रहा था कि उसे भी अन्दर चला जाना चाहिए। ठंडी हवा उससे सही नहीं जा रही थी, फिर भी वह रेलिंग पर हाथ ढीले छोड़े खड़ी रही।

फिर उसे सीढ़ियों से ऊपर आता सत्य दिखाई दिया। सत्य कत्थई रंग का, काफ़ी पुराना स्वेटर पहने था, जो कि उसके गेहुएँ रंग पर बुरा नहीं लगता था। सत्य की गम्भीर काली आँखें, घुँघराले बाल उसे काफ़ी आकर्षक लगते थे। यदि किसी को इस तरह की सुन्दरता पसन्द हो तो; जपा ने बड़े ठंडेपन से सोचा। उसे तब अपने ऊपर आश्चर्य हुआ—अपनी दृष्टि के इस ठंडेपन और निरपेक्षता पर। वह दृष्टि एक पाँच साल की विवाहित पत्नी को अपने पति के प्रति नहीं थी, वह थी केवल एक स्त्री की दृष्टि, एक अन्य पुरुष के प्रति।

शायद इसी दृष्टि से जपा ने वाल को देखा था। वाल उसे अच्छा लगा था। तभी तो जपा ने उससे यह साड़ी भेंट में ले ली थी।

यह लाल साड़ी।

वाल से उसकी भेंट भी कैसे अप्रत्याशित ढंग से हुई थी।

सत्य ने जपा की नियुक्ति मिशिगन सागर के किनारे गगनचुम्बी अट्टालिकाओं वाले नगर में हिन्दी पढ़ाने के लिए करवा दी थी। वैसे तो जपा जाड़ों में ही कहने लगी थी कि जून में उसकी यह नौकरी जब ख़तम होगी तो वह और काम हाथ में नहीं लेगी। पब्लिक लॉ चार सौ अस्सी में आई किताबों की कैटेलौगिंग करते-करते वह थक चुकी है। अब उससे और अकेला रहा भी नहीं जाता। जून में काम ख़तम करके वह सत्य के पास आ जाएगी और फिर सारी गर्मियाँ मनचाही रीति से बिताएगी। सुबह देर तक सोना, फिर बालों में कंघा फेरते हुए चैन से बैठकर कुछ गुनगुनाना, रात के भोजन के लिए मन से कुछ खास व्यंजन बनाना। सत्य के फ़्लैट के पीछे कच्ची धरती का एक टुकड़ा है, उसी में टमाटर, हरी मिर्च व धनिया उगाएगी और किनारे-किनारे ग्लैडियोलाई की कतारें। अपने लिए कुछ अच्छे कपड़े ख़रीदेगी, और इस प्रकार सहज भाव से दिन गुज़ारेगी।

सत्य ने पहले उसकी बात मान भी ली। तभी आ पड़ी यह नौकरी। हेम ने जपा से पूछा भी नहीं, सीधे ही सत्य को फ़ोन किया और सत्य ने स्वीकृति दे दी।

सुनकर जपा म्लान पड़ गई। "मैं तो तुम्हारे साथ रहना चाहती थी। अब एक अनजान नगर में मैं कहाँ जाकर पड़ूँगी !"

"अनजान शहर क्या ? हेमशंकर तो उस प्रोग्राम के डायरेक्टर हैं। तुम्हारा ख़याल रखेंगे।"

जपा ने कहा, "हुँह !"

तब सत्य का स्वर कुछ कड़ा हो आया।

"हम जिस स्थिति में हैं, उसमें पन्द्रह सौ डालर का ऑफर अस्वीकार नहीं कर सकते।"

"क्यों नहीं कर सकते ?" जपा ने एकाएक चीख़कर कहा, "यही होगा न कि आपके नए घर में खिड़कियाँ कुछ सस्ती लग जाएँगी, या गुसलख़ाने में टाइल्स," कहते-कहते उसका गला भिंच आया। उसने देखा कि सत्य की मुख-मुद्रा अत्यन्त कठोर हो आई है। सायास अपने को संयत करते हुए जपा ने कहा, "अच्छा, अच्छा, मैं चली जाऊँगी।"

और उठकर अन्दर चली गई।

जब तक गर्मियाँ आईं, जपा ने अपने-आपको समझा लिया था। सदा की तरह भारत लौटने पर एक नया घर, मोटर, व तमाम आराम के सामान, जोकि एक साधारण लेक्चरर को कहाँ उपलब्ध हो सकते हैं। नौकरी करना जपा के लिए क्यों आवश्यक है, इस पर सत्य के तर्क दोहराते-दोहराते वे उसे स्वयं भी स्वीकृत हो आए थे।

प्रोग्राम की ओर से जो मकान जपा को दिया गया था, वह सत्य को अधिक महँगा लगा। दो दिन तक खोजने के बाद उसने एक छोटा-सा फ़्लैट तय किया, जपा को वहीं छोड़कर वह वापस चला गया, अपनी नौकरी पर।

जपा इस सबके बीच एक निष्क्रिय दर्शक मात्र बनी रही। जब सत्य ने मकान ढूँढ़ लिया तो चली गई। अपना टाइम टेबल देखा, सुबह साढ़े सात से साढ़े नौ तक लगातार एक क्लास; हिन्दी ड्रिल की। रोज़ रात को घड़ी में अलार्म लगा देती, सुबह छह बजे उठकर तैयार होती और साढ़े सात बजे क्लास में। दो घंटों तक यन्त्रवत् हिन्दी में उच्चारण का अभ्यास कराती रहती। दोपहर का भोजन विद्यार्थियों के साथ ही करने का नियम था।

एक दिन कुछ उनींदी, कुछ खिन्न जपा ने दाहिनी हथेली पर ट्रे टिकाए हुए एक मेज़ के पास जाकर हिन्दी में पूछा, "क्या मैं यहाँ बैठ सकती हूँ ?"

"बैठिए," दाईं ओर से तुरन्त उत्तर आया।

शायद चेहरे पर आश्चर्य पढ़कर उधर से कहा गया, "मेरा नाम वाल है, मैं अभी दो वर्ष बनारस रहकर लौटा हूँ।"

"तभी तो," जपा ने कहा, और मेज़ पर ट्रे रख दी। तब दाईं ओर चेहरा घुमाकर जपा ने भरपूर दृष्टि से वाल को देखा। धूप में सिक-सिककर एकदम ताँबई हो आया रंग, जिसमें कनपटी पर उगे हुए बाल और भी हल्के रंग के लगते थे, काँटों की तरह नुकीली बरौनियाँ, एकदम लड़कियों जैसी, होंठों पर शिष्ट मुस्कान।

"मैं भारत जानेवाले इन विद्यार्थियों का परामर्शदाता हूँ," वाल ने कहा, "आपका परिचय ?"

"जपा कुमार," जपा ने उत्तर दिया, "पढ़ाने का यह मेरा पहला ही अवसर है।"

"सचमुच ? आपके विद्यार्थियों से आपकी मैंने बहुत प्रशंसा सुनी है।"

जपा ने इस पर कुछ नहीं कहा।

मुस्कराकर बात को यहीं थम जाने दिया।

कुछ दिनों बाद जपा को पता चला कि वाल वाशिंगटन से हर पन्द्रहवें दिन आता है और दो-तीन दिन विद्यार्थियों के साथ बिताता है। यह भी जपा के ध्यान में आया कि जब

वाल यहाँ होता है तो नियमित रूप से भोजन वह जपा के ग्रुप के विद्यार्थियों के साथ करता है, दूसरे शब्दों में उसी मेज़ पर, जहाँ जपा बैठती है। वाल हँसते-हँसते हिन्दी वार्तालाप में भाग लेता है, पर उसकी दृष्टि जैसे उष्ण हथेलियों की तरह जपा की त्वचा को सहलाया करती है।

जपा ऐसा आचरण करती है जैसे कि वह वाल के सिगनल समझती नहीं।

जब वाल चला जाता है तो जपा कुछ चैन-सा अनुभव करती है। सन्ध्या को अपने कमरे में कुर्सी पर पैर ऊपर कर चुपचाप बैठी हुई खिड़की से बाहर देखती है और इधर-उधर की बातें सोचती है। उन्हीं क्षणों में कभी उसने अपने-आप स्वीकार कर लिया है कि वाल उसे थोड़ा-सा अच्छा लगता है। इसके साथ मन में अच्छे लगने के भाव पर कुछ खेद है और सत्य पर आक्रोश इसीलिए और बढ़ गया है।

जपा वैसे नितान्त अकेली न थी। उसे पता था कि उसके ग्रुप के सभी विद्यार्थी उसे बेहद मानते हैं और वह पति से दूर है यह भी उन्हें मालूम है। अपनी हर गतिविधि में वे जपा को भी घसीट लेते। शनिवार के दिन सैर को निकल जाते, ख़ाली समय में घास के लॉन पर बैठकर धूप सेंकते और जपा से गपशप करते; लड़कियाँ अक्सर बाज़ार चली जातीं। एक बार उसको साड़ियाँ ख़रीदने की धुन सवार हुई और जपा को सलाह देने साथ जाना पड़ा। चहल-पहल से भरे बाज़ार से अलग एक पतली-सी गली में साड़ियों की दूकान थी, सोई, उदासी-सी। अलमारी में सिल्क की साड़ियाँ रखी थीं, रॉ सिल्क के थान, रेशमी स्कार्फ़। वाल रास्ता बताता हुआ साथ गया था। लाल रंग की एक सूती साड़ी उठाते हुए उसने जपा से पूछा, ''आपको यह पसन्द है ?''

''मैं लाल रंग नहीं पहनती।''

''क्यों ?''

''मेरे पति को पसन्द नहीं है।'' जपा ने कहा, ''वह उनके चित्त में तनाव-सा उत्पन्न करता है।''

''शादी पर तो पहनी होगी ?''

''नहीं। पीले रंग की थी।''

''सुन्दर लगी होंगी आप !'' वाल ने सहज भाव से कहा।

जपा ने चौंकी आँखें उठाकर उसे देखा। फिर उसे अपने-आप हँसी आ गई। रूप-रंग साधारण होने के कारण विवाह में कितनी अड़चनें पड़ी थीं, यह वह वाल को कैसे बतलाती। सत्य से शादी भी कितनी हबड़-तबड़ में हुई थी। सत्य पोस्ट-डाक्टोरल फेलो होकर विदेश आ रहा था। पत्नी पढ़ी-लिखी हो, और दो टिकटों का प्रबन्ध दहेज में मिले धन से हो सके, उसकी केवल यही दो माँगे थीं। विवाह के बाद दो दिन भी चैन से न बिता सकी थी, तीसरे दिन से ही पासपोर्ट और वीजा के चक्कर में लग जाना पड़ा। जपा ने बिना किसी खेद के स्वदेश छोड़ दिया, न जाने किन सुखों की आशा में।

जपा को अपने बारे में भ्रम कभी नहीं रहा। हालाँकि शुरू-शुरू में जब कॉलेज में पढ़ना शुरू किया था, एक खुमार-सा मन पर छायां रहता। उसे लम्बे बालों की ढीली-ढाली चोटी कर सहेलियों के साथ इंडिया गेट पर घूमना अच्छा लगता था, बिना बात ज़ोर-ज़ोर से हँसी आती और पूरा-पूरा रविवार चारपाई पर लेट उपन्यास पढ़ते हुए बिता देना अत्यन्त सन्तोषप्रद

और सुखद लगता। दर्जनों चूड़ियों से भरी अपनी कलाइयाँ उसे सुन्दर लगती थीं। फिर भी वह जानती थी कि वह अत्यन्त साधारण है और इसी कारण पढ़ाई समाप्त कर उसने एक छोटे-से शहर में नौकरी कर ली, और शायद अब भी वह कहीं होती यदि सत्य से उसका विवाह न हो गया होता।

तब साड़ी की दूकान पर खड़े हुए, लाल रंग के चिकने कपड़े पर हाथ फेरते हुए जपा को एक बार, बड़े सशक्त रूप से यह लगा कि सत्य ने जपा के रूप-रंग, उसकी भावनाओं या इच्छाओं पर कभी ध्यान नहीं दिया। जपा सदा उसके लिए एक निमित्त रही है। अपनी आकांक्षाओं की मूक श्रोता, अपनी उन्नति की सहायक। साथ रहने पर भी शायद सत्य ने यह नहीं जाना कि प्रायः रात को जागकर वह छत के अँधेरेपन को ताकती रहती है, जबकि वह स्वयं गाढ़ी नींद में सोया रहता है।

लड़कियों ने साड़ियाँ पसन्द करके ख़रीद लीं। जपा ने देखा कि पन्द्रह डालर देकर वाल ने वह लाल साड़ी बँधवा ली है और लौटते समय न जाने किस संयोग से ऐसा हुआ कि जपा ने पाया कि वह वाल के साथ अकेली है। लड़कियाँ बाज़ार में कुछ और ख़रीदारी के लिए पीछे रह गईं।

कार चलने पर झील की ओर से ठंडी हवा आने लगी, तो दिनभर की क्लान्त जपा की आँखें मुँद गईं और दाएँ गाल पर पानी की गन्ध-भरी हवा के स्पर्श में डूबी-डूबी वह बैठी रही। सड़क पर पन्द्रह मील से तेज़ जाने का निषेध था, इसलिए धीमी गति से जाती मोटर में लहरों की निरन्तर पछाड़ का रव आता रहा।

मोटर मन्द होती हुई सड़क के किनारे रुक गई। दाईं ओर झील थी, जिसमें अनेक प्रकार की नौकाओं के पालों की भीड़ थी। सड़क पर नीली-नीली रोशनी बिखरी थी। जपा ने वाल को देखा। उसके दोनों हाथ स्टीयरिंग ह्वील पर टिके थे और वह ध्यानमग्न-सा बैठा था, अपने में तल्लीन। वाल को ऐसे बैठा देख जपा के मन में नन्हा-सा कौतूहल जन्मा। वाल नाम का यह व्यक्ति सचमुच कैसा है ?

''उतरेंगी ?'' वाल ने पूछा।

''कोई विशेष इच्छा नहीं है,'' जपा ने कहा।

कुछ देर दोनों चुप रहे। सड़क पर मोटरें आ-जा रही थीं। दूर लाइट-हाउस की बत्ती चमक रही थी और घोड़े की नाल के आकार की खाड़ी में शहर की बिजलियों का प्रतिबिम्ब काँप रहा था।

किसी सागर की तरह विस्तृत और अथाह थी यह जलराशि, लहरों में वैसी ही पागल उत्तेजना, प्रतिक्षण आकर तट पर सिर पटकते रहना।

जपा ने एक लम्बी साँस ली।

''आपको तो यहाँ काफ़ी समय हो गया होगा ?'' प्रश्न आया।

''जी हाँ। आप भारत में कब तक रहे ?''

''दो साल।''

''क्या आपके पास कोई छात्रवृत्ति थी ?''

''मेरी पत्नी के पास फ़ुलब्राइट थी। अमेरिकन साहित्य पढ़ाने के लिए मैं अपने ख़र्च से गया था।''

"आपकी पत्नी वाशिंगटन में होंगी ?"

"मेरा उनसे सम्बन्ध-विच्छेद हो गया है।"

"मुझे दुख है।" जपा ने औपचारिक रूप से कह दिया है।

"मेरी पत्नी अमेरिकन साहित्य पढ़ाने के लिए नियुक्त हुई थीं, पर उन्हें भारत बिलकुल पसन्द नहीं आया।"

"और आपको ?"

"आइ लव्ड इट। यह प्रोग्राम समाप्त होते ही मैं दो वर्षों को फिर जा रहा हूँ।"

"कहाँ ?"

"यह अभी निश्चित नहीं है।"

"गर्मी में आपको तकलीफ नहीं हुई ?"

"मेरी पत्नी ऊटी चली गई थीं, पर मैं बनारस में ही रहा था। दोपहर में दरवाज़े बन्द कर लेता था और छत का पंखा चलाकर पढ़ा करता था।"

उस सन्ध्या के अन्त के बाद जब जपा घर लौटी तो वह पहले से अत्यन्त हल्कापन और प्रसन्नता अनुभव कर रही थी। उसके हाथ में साड़ी का पैकेट था और कभी उसे पहनकर वाल को दिखाने का वायदा भी कर चुकी थी।

कुछ देर को वह, सत्य पास खड़ा है, यह भूल ही गई थी। सत्य वैसे भी मितभाषी रहा है, पर इधर तो वह कभी ही कुछ बोलता है।

सत्य को नया स्वेटर चाहिए, जपा ने निरुद्देश्य ही सोचा। यह स्वेटर उसने विवाह से पहले बुनना शुरू कर दिया था। अब तो एक अरसा हुआ कि उसने ऊन-सलाई को हाथ भी न लगाया था। कुछ दिन पहले जपा ने जब नवविवाहिता मिसेज़ प्रसाद को एक छोटा-सा स्वेटर बुनते देखा था, तो उसे बड़ा अज़ीब-सा लगा था। पर अपने विवाह के तुरन्त बाद छोटे-छोटे कपड़े बुनना उसे शायद स्वाभाविक ही लगता। एक नारी के जीवन की परिणति कुछ और भी हो सकती है, यह बात उसके ध्यान में भी न आई थी।

जपा झुककर उन फेनिल लहरों को देखने लगी, सत्य से कुछ कहने से बचने के लिए।

"काफ़ी सर्दी हो गई है।" जब बीच का मौन उसे स्वयं अस्वाभाविक लगने लगा तो जपा ने कहा।

"अन्दर केबिन में चली जाओ।" सत्य ने धीरे-से कहा।

"नहीं, मैं यहीं ठीक हूँ।" जपा ने दोनों बाँहों को साड़ी से ढँक लिया।

सत्य पास पड़ी कुर्सी पर बैठ गया। जपा ने एक उड़ती दृष्टि डालकर मुँह दूसरी ओर कर लिया। अन्य यात्री समझेंगे कि हम लड़कर आए हैं, वह सोचने लगी।

पर सच तो यह था कि पिछले दिन सत्य के एकाएक नौकरी से छुट्टी लेकर आने से अब तक उनमें केवल बड़ी औपचारिक-सी बातें हुई थीं।

और सत्य ने जब वाशिंगटन द्वीप जैसी निर्जन जगह जाकर भी विवाह की पाँचवीं वर्षगाँठ मनाने का निश्चय सुनाया, तो जपा चकित होते हुए भी प्रतिवाद न कर सकी। विवाह की वर्षगाँठ वे नियमित रूप से मनाते थे पर इतना अधिक आयोजन सत्य ने कभी नहीं किया था।

एक घंटे की निरन्तर यात्रा के बाद जपा ने पाया कि दूर, भूमि दृष्टिगत होने लगी है।

पानी का नीलापन अब धूमिल-सा पड़ने लगा है, और कुछ दूर ऊपर मँडराती एक अकेली ईगल है, पूरा लैंडस्केप अत्यन्त धुला-धुला, उज्ज्वल और प्रकाशमय।

स्टीमर के रुकते ही यात्री उतरने की तैयारी करने लगे। दाएँ हाथ में पर्स पकड़े जपा भी नीचे आकर सत्य की प्रतीक्षा में खड़ी हो गई। सब यात्रियों के उतर जाने पर ही गाड़ियाँ निकलेंगी। उनकी कार का सबसे आख़िरी नम्बर है। फीके-से पीले रंग की, उन्नीस सौ तिरेपन मॉडल की प्लिमथ। उसके आने पर वह सत्य की बग़ल में बैठ जाती है। टैक्सीवाला सत्य को होटल का रास्ता बता रहा है। जो भी गिने-चुने यात्री उतरे हैं, अपनी गाड़ियों पर बैठ रहे हैं और शायद टैक्सीवाले को अब कोई सवारी न मिले। वह काफ़ी बूढ़ा है और उसका दायाँ हाथ खिड़की पर टिका है। जपा को उसके हाथ लम्बे और संवेदनशील-से दिखते हैं। सत्य के धन्यवाद देने पर वह मुस्कराता है, और उसमें जपा को भी सम्मिलित करता हुआ कहता है, "वाशिंगटन द्वीप पर आपका स्वागत है।"

कार चल पड़ती है और उसके झटके से जपा क़रीब-क़रीब सीट पर गिरने-गिरने को हो जाती है। सीधे बैठते हुए यह द्वीप जो छाप उस पर छोड़ता है, वह पतली कँकरीली सड़क पर झुके घने वृक्षों की, और साँझ के समय पक्षियों के सम्मिलित कलरव की है। ठंडी हवा के लगातार आते हुए झोंको में एक ताज़ापन है, जिससे जपा के दाएँ गाल से लेकर बाँह तक रोएँ भरभरा आते हैं।

सत्य पर ये सब जैसे कोई भी प्रभाव नहीं छोड़ते। ऐसा लगता है कि अनजान सड़क पर कार चलाने में ही वह संलग्न है। पर जपा जानती है कि सत्य का वैज्ञानिक मन प्राकृतिक सौन्दर्य से प्रभावित या द्रवित नहीं होता। उसके लिए आकाश केवल आकाश मात्र है, मिशिगन सागर केवल अतुल जलराशि, जबकि जपा के लिए ठंडी बालू में हाथ गाड़कर अंजुलि भर-भरकर बालू के कण फिसलने देना, या भर-भर आती लहरों में पाँव जमाकर खड़े होना, या फिर असीम आकाश के नीचे बाँहें खोलकर खड़े रहना एक अननुभूत अनुभव बन जाता है। जपा को लगा कि उसके बाल पीठ पर ढलक आए हैं, और अनावरण कन्धे पर हल्के-से एक हाथ आ पड़ा है।

निश्चय ही वह सत्य का स्पर्श नहीं है।

नहीं, जपा अब कुछ और नहीं सोचेगी। यत्नपूर्वक दफनाए गए उन भावों को फिर से प्राणवान् करने में केवल दुख है, और कुछ नहीं।

फिर भी उसके मन पर खेद की एक रेखा पड़ ही जाती है कि सत्य उसे यह वर्षगाँठ मनाने मिशिगन सागर के निकट न लाया होता, क्योंकि मिशिगन सागर से पूरी गर्मियों की स्मृतियाँ जुड़ी हुई हैं। इन लहरों का स्वर ही जैसे सत्य के प्रति संचित सारे आक्रोश को फिर जीवित कर देता है।

बाईं ओर मुड़कर कार रुक जाती है। सामने 'हॉलीडे इन' का साइनबोर्ड लगा है।

सत्य कार का इंजन बन्द करके जपा की ओर मुड़कर कहता है, "यह बहुत एकान्त जगह है।"

"आपको इसका पता कैसे लगा ?"

"प्रोफ़ेसर साइमन ने सुझाया था। उन्होंने कहा कि यहाँ आकर या तो सम्बन्ध दृढ़ हो जाते हैं, या फिर टूट ही जाते हैं, बिलकुल।"

जपा से एक पल तो कुछ कहते न बना।

सत्य को भी इस विवाह-सम्बन्ध से कोई असन्तुष्टि हो सकती है, ऐसा ख़याल उसे कभी भी नहीं आया। साँझ के धूमिल आकाश की पृष्ठभूमि में सत्य की सिलवट जैसे उसकी आँखों में उछल आई।

सत्य भी किसी गौरांगना को उतना ही आकर्षक लग सकता है जितनी कि वह वाल को लगी थी। सत्य की कामना न करते हुए भी यह विचार जपा को अच्छा न लगा। सत्य जैसे अभी भी जपा के उत्तर की प्रतीक्षा में खड़ा था।

''यह तो समय ही बता सकता है,'' जपा ने कहा।

होटल की मालकिन जब उन्हें कमरा दिखाने लगी तब भी जपा की आँखें देख रही थीं, पर मन में कुछ गुन-गुन कर रहा था। यदि सत्य विवाह-बन्धन स्वेच्छा से तोड़ना चाहता है तो फिर वह क्या करेगी ?

''तुम्हें कमरा पसन्द है ?'' सत्य उससे पूछ रहा था।

''हूँ।'' जपा ने कहा।

''हम यह प्रायः नवविवाहितों के लिए रखते हैं।'' सफ़ेद बालोंवाली वह स्त्री मुस्कराती हुई दोनों को देख रही थी।

''ठीक है, तब हम यह कमरा लेंगे।'' सत्य उसकी बात के उत्तर में मुस्कराने लगा।

सत्य को यह व्यावहारिक बातें कैसे कौशल से करनी आती हैं—कब, किस व्यक्ति को, कौन-सा कॉम्प्लिमेंट दे, कब किसको क्या उपहार देना उचित होगा ! तभी तो वह खटाखट उन्नति करता जा रहा है, और जबकि अन्य लोग तलाश में मारे-मारे घूमते हैं, जपा के लिए कभी नौकरियों की कमी नहीं पड़ी।

''आजकल हमारा ऑफ सीज़न है, इसलिए कोई अन्य सैलानी यहाँ नहीं है। आपको किसी प्रकार का शोरगुल, बाधा नहीं पहुँचाएगा।'' कहकर मालकिन ने कमरे की चाबी शृंगार-मेज़ पर रख दी और चली गई।

उसके जाने के बाद पूरी इमारत में एकदम निस्तब्धता छा गई। तब जपा ने पहली बार सुना, नियमित रूप से बजता वह हॉर्न, जो कि आते-जाते जहाज़ों को चेतावनी दे रहा था। उसने लम्बी पिक्चर विंडों पर से परदा हटा दिया और दूर, लाइट-हाउस में जलती रोशनी देखने लगी।

सत्य ने कहा, ''तुम्हें हाथ-मुँह धोना हो तो धो लो, फिर हम खाना खाने चलें।''

''सुनो, तुम मुझे यहाँ क्यों लाए हो ?'' जपा ने एकाएक पूछा।

''तुम भूल गईं क्या, कल हमारे विवाह की पाँचवीं वर्षगाँठ जो है।'' सत्य ने बड़ी सहजता से कहा।

''पर इससे पहले तो तुमने कभी ऐसा आयोजन नहीं किया ?''

''पाँचवीं वर्षगाँठ हम दोनों के लिए ही बहुत महत्त्वपूर्ण है।''

''किसलिए ?'' जपा ने कुछ जिद-भरे स्वर में पूछा।

''तुम अब उद्विग्न हो रही हो। जाओ, हाथ-मुँह धो लो।''

जपा ने गुसलख़ाने में जाकर दरवाज़ा भड़ से बन्द कर लिया।

न जाने कब सत्य यह स्कूल-मास्टराना व्यवहार करना छोड़ेगा, कोई बच्ची तो नहीं है

जपा, पूर्ण युवती है।

पूरे डाइनिंग रूम में वे दोनों अकेले हैं। मालकिन ने विशेष तौर से उन दोनों के लिए खाना बनवाया है। भोजन के पहले सत्य ने अपने लिए एक बियर मँगवाई और जपा से पूछा, ''तुम सन्तरे का रस लोगी या टमाटर का ?''

''एक वोद्का मार्टिनी।'' जपा ने मेज़ के पास खड़े वेटर को सीधा देखते हुए कहा।

''क्या ?'' सत्य का आश्चर्य जो प्रत्यक्ष हो आया था, उससे हल्का-सा आनन्द उठाते हुए जपा ने ऑर्डर दोहरा दिया।

पर जब दोनों का ऑर्डर आया तब सत्य ने बिना कुछ कहे झागदार बियर का गिलास मुँह से लगा लिया। जपा ने पहला घूँट लिया। एक लम्बा, बड़ा-सा घूँट, फिर उसकी उष्णता को अपने अन्दर महसूस करते हुए उसने अपने शरीर को ढीला छोड़ पीठ को कुर्सी से टिका दिया।

भोजन के दौरान भी कोई कुछ न बोला। अपना भोजन समाप्त कर जपा तेज़ी से अपने कमरे में आई और पलंग पर लेट गई। सत्य ने पीछे से आकर दरवाज़ा बन्द किया और कहा, ''तुम कॉफ़ी के लिए नहीं रुकीं ?''

''मुझे नींद नहीं आती।''

''यहाँ क्या तुम सिर्फ़ सोने के लिए ही आई हो ?'' जपा ने इसका उत्तर नहीं दिया।

''आओ थोड़ा घूमने चलें।'' सत्य ने कहा।

जपा को उठना पड़ा। वह जानती थी कि सत्य का यह सुझाव नहीं, आदेश है।

थोड़ी दूर चुपचाप टहलने के बाद सत्य ने पूछा, ''ठंड लग रही है ?''

''नहीं।''

''आओ यहाँ बैठें।'' सत्य ने काठ की एक बेंच की ओर इशारा करते हुए कहा।

जब भी जपा कुछ ऐसा आचरण करती है, जिससे कि सत्य की इच्छाओं की जान-बूझकर अवमानना झलकती है, तो सत्य का व्यवहार उसके प्रति अत्यन्त मधुर हो आता है, जैसे वह रूठे बच्चे को मना रहा हो, खिलौने देकर उसका क्रोध शान्त कर रहा हो। तभी जपा की समझ में आ गया कि सत्य उसे वाशिंगटन द्वीप क्यों लाया है। वाल के साथ की मैत्री की भनक उसके कानों में अवश्य पड़ी होगी। पर गर्मियाँ समाप्त हो चुकी हैं, वाल भारत चला गया है। सत्य ने खूब अच्छी तरह सोच-विचारकर यही निश्चय किया होगा कि खूब लाड़-प्यार कर जपा को मना लेना चाहिए कि सत्य को उसकी आवश्यकता है।

क्या उसी तरह, जैसे जपा ने वाल की आवश्यकता अनुभव की थी; एक संगी मित्र और पुरुष की आवश्यकता ? एक ऐसा व्यक्तित्व, जिसके आगे अपनी भावनाओं, विचारों और अपने आचरण पर पड़े सभी आवरणों को एक झटके से उतारकर फेंका जा सके।

न चाहने पर भी जपा उन सब अवसरों को याद कर उठी जो इसी सागर के तट पर उसने वाल के साथ बिताए थे। ठंडे पानी में कपड़े पहने ही प्रविष्ट कर जाना और बाद में शाखाओं और रेत पर बिखरी लकड़ियों को बटोरकर जलाई आग पर धीरे-धीरे अपनी हथेलियों और तलवों को सेंकना, और पानी के उस पार आकाश का हल्के-हल्के उजला हो आना।

सत्य ने निस्तब्धता को तोड़ते हुए कहा, ''जपा, क्या तुम भारत वापस जाना चाहती हो ?''

"क्यों ?" जपा विचारों पर व्याघात से चौंक गई थी।

"यदि तुम वापस जाना चाहती हो तो हम लौट सकते हैं। यदि तुम अकेली जाना चाहो, तो भी।" सत्य ने रुक-रुककर कहा।

"और तुम ?"

"मैं भी चलूँगा, यदि तुम चाहो।"

"और मैं क्यों नहीं चाहूँगी ?" जपा जान रही थी कि अधिक देर वह शब्दों का उलट-पलट उससे खेल न सकेगी।

सत्य ने उत्तर नहीं दिया।

एकाएक लहरों का गर्जन बढ़ गया। शायद ज्वार आ रहा था।

एक लम्बी चुप्पी के बाद जपा ने कहना चाहा, "वाल और मैं–"

"तुम्हें कुछ नहीं कहना–" सत्य ने मन्द स्वर में कहा। और उसकी लाल साड़ी का किनारा धीरे-धीरे छूता रहा।

# मछलियाँ

विजी सड़क के किनारे खड़ी है। पतझर की सुनहरी, रंगभरी शाम सड़क और इमारतों पर छाई हुई है। पूर्व से रह-रहकर हवा आती है जिससे विजी की हल्की, पारदर्शी नॉयलोन की साड़ी पर छपे फूल धीरे-धीरे हिलते हैं। सारे दिन के बाद जूड़ा ढीला हो नीचे गर्दन पर टिका है और बैम्बूक्लिप का एक सिरा मांस में निरन्तर चुभ रहा है।

विजी अकेली नहीं है, पास ही नटराजन भी खड़ा है। पर विजी ने नटराजन की ओर मुँह फेर लिया, क्योंकि विजी की आँखों में आँसू हैं। विजी नहीं चाहती कि नटराजन जाने कि वह रो रही है। तीन महीनों के बाद लौटकर विजी ने जो समाचार सबसे पहले सुना, वह यह था कि नटराजन शीघ्र ही मुकी, नयनतारा मुकर्जी से विवाह करने जा रहा है। कहाँ वह डायन, कहाँ बेचारा नटराजन !

विजी चाहती है कि इस बात का बुरा न माने कि नटराजन को मुकी अच्छी लगती है, कि मुकी ने विजी को निमन्त्रण नहीं दिया है, कि स्वयं नटराजन ने अब तक एक बार भी नहीं पूछा है, "विजी, तुम आओगी न !" अगर पूछे तो विजी को वह सब कहने का अवसर मिले तो, जो हृदय में कल से उमड़-घुमड़ रहा है।

शाम को सड़क पर आवा-जावी बहुत बढ़ जाती है। लालबत्ती के बदलने पर दोनों सावधानी से सड़क पार करने लगे। कुछ दूर चलने पर भीड़ और रोशनियोंवाली सड़क अचानक ही अँधियारी और उदास दिखने लगती है। अब नटराजन को विजी का चेहरा स्पष्ट नहीं दिखाई देता। यहाँ खड़े होकर वह विजी का सिर अपने सीने से लगा लेना चाहता है, क्योंकि उसका उदास-सा, दुःखी चेहरा नटराजन से नहीं देखा जाता। पर वह स्वयं जानता है कि वह ऐसा नहीं करेगा। नटराजन को अपने संयम पर गर्व है, और उसके मन में यह सन्तोष है कि उसने कभी विजी के सम्मुख अपनी भावनाओं को नहीं व्यक्त किया। जो अभी तक विजी से गोप्य रखा है, उसे अब कहने की ज़रूरत भी क्या !

विजी का घर पहले आता है। वह वहाँ एक पल ठिठकी और बोली, "आओ, एक कप कॉफ़ी पीकर चले जाना।"

विजी के स्वर में आग्रह न था, आत्मीयता भी न थी; पर कुछ था अवश्य। नटराजन जाते-जाते रुककर खड़ा हो गया।

मुकी को पता लगेगा तो वह बहुत बुरा मानेगी। विजी और मुकी में लम्बी अनबन है। विजी तो मुकी का नाम तक नहीं सुन सकती। पर नटराजन अभी तो स्वतन्त्र है। उसने देखा कि विजी दरवाज़े के ताले में चाबी डालकर घुमाते हुए मुड़कर देख रही थी कि वह आता

है या नहीं।

''अच्छा,'' नटराजन ने कहा।

विजी ने दरवाज़ा खोला, अन्दर जाकर बत्ती जलाई।

''आओ,'' अपने पर्स को मेज़ पर रखते हुए विजी ने कहा।

नटराजन ने कमरे के मध्य में खड़े होकर चारों ओर नज़र दौड़ाई, दीवार पर एयर इंडिया का पुराना कैलेंडर, मेक्सिकन बास्केट के शेडवाला लम्बा लैम्प, सोफ़े पर छींट का वही खोल।

''चाय पीयोगे या कॉफ़ी ?'' विजी ने पूछा और उत्तर की आशा में विमनस्क भाव से खड़ी रही।

''कॉफ़ी हो तो कॉफ़ी, नहीं तो एक गिलास पानी से काम चलेगा।''

''लगता है कि मीठा बोलना भूल गए हो।''

''कौन ?'' मैं कि तुम ?''

''मैंने तो मीठा बोलना जाना ही कब था। मीठा तो वह बोलती है...'' विजी ने कहते-कहते अपने को रोक लिया, और रसोई की ओर चली गई।

कमरे से रसोई का दरवाज़ा दिखता है। नटराजन ने कुर्सी से थोड़ा-सा आगे उठँगकर पूछा, ''कौन ?''

विजी रसोई के अन्दर हो गई, जिससे नटराजन को न दिख सके। तब नटराजन ने कुछ स्वस्ति-सी अनुभव करते हुए पैर फैलाकर सामने रखी मेज़ पर टिका दिए। रसोई में से पानी गिरने की झर-झर आवाज़ आ रही थी। खिड़की के प्लास्टिक पर्दों के उस पार कुछ नहीं दिखता। अमरीका के इस शहर में विजी नाम की लड़की के घर में अकेले बैठे नटराजन को इस समय, कुछ भी असंगत नहीं लगता। वह भूल-सा जाता है कि कुछ ही दिन बाद वह एक दूसरी लड़की से विवाह करने जा रहा है। जैसे उसने अपनी भावनाओं-विचारों को अलग-अलग कक्षों में बाँट दिया है। छह साल से वह विदेश में रहते-रहते ऊब गया है, पर भारत में पसन्द की नौकरी न मिलने से यहीं कुछ वर्ष और रहना होगा। उसने मुकी से विवाह करने का निश्चय बहुत ठंडे दिमाग़ से सोचने-विचारने के बाद किया है। मुकी उसे कुछ मायनों में अच्छी लगती है, मुकी के मन में नटराजन के लिए आदर है। दोनों जानते हैं कि विवाह का दायित्व वे अच्छी तरह निबाह सकेंगे।

पर यह सब विजी को कैसे समझाया जाए !

कमरे में घी गर्म किए जाने की सुगन्ध भर उठी, फिर ढेर-सी प्याज मक्खन में छोड़ दी गई।

''विजी, क्या बना रही हो ?'' नटराजन ने आवाज़ ऊँची करते हुए पूछा।

स्टेनलैस स्टील की कलछी हाथ में पकड़े विजी ने रसोई से थोड़ा-सा इधर आकर कहा, ''यों ही कुछ थोड़ा-सा।''

''कितनी बार बताया कि पहले सरसों के दाने चटका लिया करो, प्याज पहले डालने से वह ठीक से नहीं चटकते,'' नटराजन कहते-कहते कुर्सी से थोड़ा उठा, फिर बैठ गया।

आज वह विजी का अतिथि है, रसोई में जाकर बीच में अड़ंगा लगाना उसके लिए शोभन नहीं है। वे दिन नहीं हैं जबकि अपार्टमेंट मनीश और नटराजन का था, और रसोई में उसका आधिपत्य। मनीश को दक्षिणी भोजन अच्छा लगता है, यह जानकर विजी ने सोत्साह नटराजन

की शिष्या बनना स्वीकार कर लिया था। विजी ने कैसे पूर्णरूप से मनीश की रुचियों के अनुसार ढलना आरम्भ कर दिया। उन दिनों विजी रह-रहकर हँसा करती थी और उसकी उज्ज्वल, तरल आँखों में आन्तरिक उल्लास की आभा झरती थी। अब तो उसके गोरे चेहरे पर कलौंस आ गई है, हँसी जैसे होंठों को हल्के-से छूकर लौट जाती है।

विजी दो तश्तरियों में उपमा ले आई और मेज़ पर रखकर कॉफ़ी लेने वापस लौट गई। नटराजन की ऐक्सपर्ट आँखें देख रही हैं कि प्रिपरेशन ठीक नहीं है, सूजी कहीं-कहीं जल गई है, कॉफ़ी लाकर विजी ने तश्तरी उसे दी, तो वह चुपचाप खाने लगा। विजी ने स्वयं भी दो चम्मच उपमा खाकर तश्तरी रख दी और कहा, "ठीक नहीं बना न ?"

उस क्षणांश में जैसे पहलेवाली प्रफुल्लाहासिनी विजी इस क्लान्त मुख में झाँक गई।

"नहीं तो, अच्छा है," नटराजन ने कहा। उसे लगा कि जैसे इस बीच विजी ने अपने को थोड़ा-सा और दूर हटा लिया है। दोनों के बीच की दूरी, अनकही बातों की दीवार, बढ़ती जा रही है।

विजी ने कॉफ़ी का प्याला उसकी ओर बढ़ाया। नटराजन ने प्याला थामते हुए, वातावरण को यथासाध्य सहज बनाने के प्रयत्न में पूछा, "वाशिंगटन में कैसा लगा विजी ? यहाँ कब तक रहने का इरादा है ?"

"वाशिंगटन में मैंने एक नाटक देखा था, जो बहुत पसन्द आया : 'छोटी मछली, बड़ी मछली,' जिसमें बड़ी मछली छोटी मछलियों को निगलती रहती है। तब से कभी-कभी सोचती हूँ कि क्या छोटी मछली उलटकर वार भी नहीं कर सकती ?" कहकर वह अनमनी-सी हँसी, "तुम नहीं समझोगे।"

"घर में सब ठीक प्रकार है ? पिता, भाई, बहन ?"

विजी ने इस प्रश्न पर चकित आँखें उठाईं और कहा, "वे लोग मुझे चिट्ठी ही कहाँ लिखते हैं ?"

"तुमने उन्हें सूचना नहीं दी ?"

"इतना लड़-भिड़कर, इतने गर्व के साथ चली आई थी। यह किस मुख से लिखती कि शादी टूट गई है ! मनीश का जी मुझसे भर गया है !"

विजी की बात में हल्की-हल्की कड़वाहट है। नटराजन नहीं चाहता कि यह बात आगे बढ़े। विजी और मनीश के विवाह न करने में मुकी का जितना हाथ रहा है, नटराजन से छिपा नहीं। इस नाटक का वह आद्योपान्त दर्शक रहा है।

"थोड़ी कॉफ़ी और दोगी, विजी ?" उसने पूछा।

बाहर अँधेरा गाढ़ा हो गया है। कमरे में लैम्प-शेड की झिंझरियों से निकलकर दीवार पर प्रकाश अच्छा दिखता है।

विजी ने अपने बालों में अटका क्लिप निकालकर मेज़ पर रख दिया और सिर को धीरे-धीरे कई झटके दिए, जिससे बाल पूरे खुल जाएँ।

"और तुम कैसे हो ?"

"ठीक हूँ। और तुमने समाचार तो सुना ही होगा ?" नटराजन ने हल्के-से पूछा। पर झगड़ने का मूड अब विजी पर नहीं था। वह एकाएक असीम थकान से भर उठी। दाईं बाँह फैलाकर उसने सोफ़े पर टिका दी।

"हाँ।"

विजी के स्वर से नटराजन को कुछ अन्दाज़ न हुआ कि विजी की क्या प्रतिक्रिया है। पर विजी ने सायास आँखें पूरी खोलकर पूछा, "अच्छा नटराजन, तुम्हें वह बहुत पसन्द है ? बहुत अच्छी लगती है ? उसके बिना रह नहीं सकते ?"

नटराजन चौंक गया। एकाएक कुछ उत्तर न दे पाकर वह विजी को देखता रह गया।

"जानती हूँ, जानती हूँ।" विजी ने कहा, "उसकी आँखें लम्बी-लम्बी हैं, वह सोफ़ेस्टिकेटेड है, कार चलाती है, अंग्रेजी में कविता लिखती है, पीली मछलियाँ पालती है। वह सभी को अच्छी लगती है, तुम्हें, मनीश को, सबको..."

पहले विजी का कंठ रुद्ध हुआ, फिर ढेर से आँसू आँखों में उमड़ आए। पर वह कहती गई, "मैं उसके आगे क्या हूँ। अत्यन्त क्षुद्र, उपेक्षणीय ! मुझे तो तुम निमन्त्रण पाने तक का अधिकारी भी नहीं समझते..."

नटराजन उठकर विजी के पास बैठ गया, "कैसी पागलपन की-सी बातें कर रही हो विजी ? तुम्हें क्यों नहीं बुलाएँगे ? मुकी आजकल बहुत बिजी है, इसी से निमन्त्रण भेजने में देर हो गई होगी।"

नटराजन कह रहा है और मन ही मन अपने को धिक्कार रहा है। क्यों उसमें स्पष्ट बात कहने का साहस नहीं है ! अनेक बार चाहने पर भी मुँह से विजी को न जता सका कि वह उसके लिए कितनी प्रिय है ! छह वर्षों के इस दीर्घ प्रवास में अनेक युवतियों से परिचय हुआ, पर विजी के मात्र नैकट्य से उसमें जो प्रतिक्रियाएँ होती थीं, वह नटराजन के लिए एक नया ही अनुभव था। पूरी तरह जानते हुए कि विजी मनीश की वाग्दत्ता है, कि कुछ ही महीनों बाद दोनों विवाह कर लेंगे, नटराजन को विजी के बारे में सोचना भला लगता था। दिन-भर अपने को काम में व्यस्त रखने पर भी यह आशा मन में जगी रहती कि शाम को शायद विजी मनीश से मिलने आए। मनीश के पास उन दिनों पैसों की बहुत तंगी थी, इसलिए विजी को अधिक घुमाने-फिराने के बजाय वह सन्ध्याएँ अपार्टमेंट में बैठकर बीयर पीते और संगीत सुनते हुए गुज़ारता था। विजी इधर-उधर अत्यन्त उदास भाव से मँडराती थी, और नटराजन दोनों के अकेलेपन में बाधक न बन अपने कमरे में लेटा पुस्तक पढ़ता हुआ, दीवार के उस पार विजी की हँसी सुना करता था, और सुगन्ध-सी सारे घर में छाई रहती थी।

पर वे दिन अब नहीं हैं। नटराजन अब बैठकर उन खो गए दिनों की याद में सिर नहीं धुनेगा।

अगले सप्ताह वह नयनतारा मुकर्जी नाम की एक सोफेस्टिकेटेड लड़की से शादी करेगा; मनीश और विजी के साथ जिस दायरे में घिर गया था, उसे काट फेंकेगा। मुकी फाइन आर्ट्स की छात्रा है, वह ताँबे के पात्र गढ़ती है, चित्र बनाती है। नटराजन ने विवाह से पहले ही अपने बैंक के अकाउंट में उसका नाम भी चढ़वा लिया है, और उसे पूरी छूट दे दी है। मुकी की राय से एक नई अपार्टमेंट-बिल्डिंग की पाँचवीं मंज़िल पर तीन कमरों का फ़्लैट ले लिया गया है। मुकी ने डेनिश पद्धति का फर्नीचर ऑर्डर किया है, और उसकी एक मित्र परदे बना रही है। मुकी ने अपने नए घर को सजाने में व्यस्त कर दिया है। नहीं, मुकी के साथ घर जमाकर रहना नटराजन को बुरा नहीं लगेगा। पर यहाँ बैठे-बैठे मन में वेदना की एक खरोंच

बाक़ी है, यह पास बैठी, रुदिता विजी मन में जितनी अपनी है, वह शायद मुकी कभी न होगी। विजी के प्रति इन भावनाओं में एक पागलपन-सा है जो मुकी, मनीश अच्छी तरह जानते हैं, नहीं स्वीकारती है तो विजी। मनीश के लिए उसके मन में अब भी वही, बिना शिकायत उतना ही प्यार है, जितना पहले था। नटराजन एक दर्शक रहा है, उसे इससे अधिक प्राप्त न होगा।

नटराजन एकाएक कठोर हो आया। ऐसी छिन्न, दलित तो विजी कभी न थी। बन्धु-बान्धवों से दूर, सुबह से शाम तक परिश्रम के बाद अकेले सन्ध्या और रात बिताते हुए विजी को कैसा लगता होगा, इसका नटराजन कुछ-कुछ अनुमान लगा सकता था। और ऐसी साधना मनीश के लिए ! मनीश, जिसने एक बहुत ठंडे, अनासक्त भाव से नटराजन से कह दिया था, "विजी के लिए मेरे मन में अब कुछ नहीं बचा। वह बहुत सीधी, सरल अनकाम्प्लिकेटेड लड़की है। मुझे बाँध सके, सन्तुष्टि दे सके, ऐसी मानसिक गहराइयाँ नहीं हैं उसमें। मुझे पत्नी चाहिए तो मुकी जैसी कलात्मक, स्फूर्तिदायक, इंटेलेक्चुअल।" फिर मुकी भी उसे न बाँध सकी।

"विजी, रोओ मत," नटराजन ने कहा।

"कितना चाहती हूँ कि दृढ़ बनूँ, पर फिर न जाने क्यों बहुत दुर्बल हो आती हूँ, और आँसू नहीं रुकते..."

"विजी, तुम अब भी..."

"हाँ, नटराजन, मनीश कहा करता था कि प्यार चुक जाता है, भावनाएँ मर जाती हैं; अक्सर सोचती हूँ कि मुझमें ऐसा क्यों नहीं होता। मैं क्यों निर्मम, कठोर नहीं हो पाती ! मुकी मुझ पर हँसती थी—मेरे भारतीय संस्कारों पर, मुझे इस पर लज्जा नहीं है कि मैं उसकी तरह आधुनिक नहीं हूँ," विजी कुछ याद आने पर चुप हो गई। कुछ देर वह दीवार को एकटक ताकती रही, फिर उसने आँखें पोंछकर झेंपी-सी मुस्कान होंठों पर लाकर कहा, "न जाने क्यों, तुम्हें सम्मुख पाकर मैं बिखरने लगती हूँ—जो कुछ मन की तहों में है, उसे बिछा-बिछाकर रखना चाहती हूँ !" वहाँ अधिक बैठे रहना नटराजन को असहनीय प्रतीत होने लगा। वह उठ खड़ा हुआ और कुर्सी पर पड़ा अपना कोट पहनते हुए कुछ तल्ख़ी से बोला, "इसकी चिन्ता न करो विजी। मैं हमेशा हरेक की बातें सुनने को उद्यत हूँ।"

जैसे नटराजन एक बहुत कंवीनियंट व्यक्ति है, जिससे सभी अपने-अपने मन की बात कह लेते हैं। पर उसके अन्दर भी तो कुछ है जो काटता रहता है, हर समय घुनता रहता है।

कमरे से बाहर आकर ठंडी हो आई रात में नए घर की ओर चलते हुए नटराजन की आँखों के आगे विजी का आहत, दमनीय हो आया चेहरा घूमता रहा। फिर अपने ऊपर आक्रोश भी कि जो स्वयं ही आहत है; उसे और दुःखी करने से क्या फायदा ! अगर चुपचाप उसकी बात सुन लेता तो क्या जाता ! पर साथ ही मन में थोड़ी-सी झुँझलाहट, खूब झकझोरकर विजी को जगा देने की इच्छा कि मनीश अब नहीं लौटेगा। फिर वह क्यों उसके नाम को पकड़े बैठी है ! मनीश ने तो कभी ज़रा भी विजी की सुविधा या सुख का ख़याल नहीं किया। एक ही मकान में मनीश के साथ रहकर उसके स्वभाव व प्रवृत्तियों से अच्छी तरह परिचय हो गया था। और यह मनीश-सा लापरवाह व्यक्ति ही कर सकता था कि

लगातार पत्र लिखकर विजी को भारत से बुलाए, और उसके पहुँचने से पहले ही प्रतीक्षा करने से ऊब अकेला मैक्सिको चल दे। उसके जाने के बाद नटराजन घर में अकेला रह गया था, एक सोई-सी दोपहर में फ़ोन बजने लगा, और एक डरी-सी, रुआँसी आवाज़ मनीश को पूछने लगी। मनीश को अब भी अनेक आवाज़ें पूछा करती थीं, इस बार जो कुछ नटराजन ने सुना, उससे वह कुछ क्षण स्तब्ध बैठा रह गया। फिर जल्दी-जल्दी कपड़े बदल, गैराज से कार निकालकर एयरपोर्ट की ओर जाते हुए नटराजन को लगता रहा कि कहीं कुछ गड़बड़ी है। मनीश की मँगेतर भारत में है, दोनों की कॉलेज से मैत्री रही है, यह उसे मालूम था। पर वह यहाँ अचानक आ पहुँचेगी, इसका उसे अनुमान भी न था। फिर, मनीश की आर्थिक स्थिति भी अभी विवाह कर गृहस्थी बसाने की न थी।

एयरपोर्ट पहुँचकर नटराजन ने लाउंज के द्वार पर खड़े होकर चारों ओर देखा। अलग हटकर एक कुर्सी पर बैठी विजी सहज ही दृष्टि में आ गई। पास जाकर अपना परिचय देते हुए नटराजन को विस्मय का दूसरा झटका-सा लगा। जिस स्मार्ट सेट में मनीश रहता था, उससे विजी भिन्न थी। उसके वस्त्र, केश-विन्यास और झिझकते हुए स्वर में, स्पष्ट निम्न मध्यवर्गीयता थी।

नटराजन ने उससे कुछ मिनटों तक क्या बातें कीं, यह उसे स्वयं याद नहीं। पर उसका सार यह था कि वह चिन्तित न हो, नटराजन उसके रहने का प्रबन्ध कर देगा, और शाम को वह फ़ोन पर मनीश से बातें कर ले, और फिर जैसा भी कुछ निश्चय हो। यह सब कहते हुए नटराजन को गोरे चेहरे पर दो बड़ी-बड़ी तरल, विश्वास-भरी आँखों का ही ज्ञान रहा। उसी क्षण, उसके मन में उस पर छाँह करने, उसे कभी कोई कष्ट न होने देने की भावना जन्म आई होगी। विजी उसके साथ आकर कार में बैठ गई और कार जब शहर की ओर चली तो जैसे विजी अपने को संयत न कर सकी, नटराजन की ओर पीठ करते हुए वह दाईं ओर थोड़ा-सा मुड़कर बैठ गई और बाँहों पर सिर रखकर रोती रही। कितनी दुबली-पतली असहाय-सी लग रही थी तब। नटराजन के मन में मनीश के प्रति अत्यन्त क्रोध उमड़ आया। बाद में, जब-जब भी विजी का पक्ष ले, मनीश से लड़ा, मनीश ने विद्रूप-भरी हँसी से कहा, "विजी को तुम चाहते हो न, इसी से उसका दुख तुमसे नहीं सहा जाता।"

मनीश के कनाडा चले जाने के बाद नटराजन के मन में एक बहुत छोटी-सी आशा जगी थी। पर वह शीघ्र ही जान गया था कि विजी उसे सदा एक करुणामय मित्र की तरह समझती है। प्रेमी या पति वह कभी नहीं हो सकता।

नया घर अभी भी तरतीब से सजा है। कमरे के बीच में, कुर्सी पर मुकी बैठी है, और सामने मेज़ पर झुकी हुई लिफाफों पर पते लिख रही है। नटराजन दरवाज़े से टिककर खड़ा हो जाता है और मुकी को कुछ देर ताकता है। मुकी ने बादामी रंग की रेशमी साड़ी पहन रखी है, गले में बड़े-बड़े अनगढ़ मनकों की लम्बी काली माला है, बिना बाँहों का ब्लाउज़, गोल-चिकनी-साँवली बाँहें। नटराजन को देखकर मुकी ने कलम रख दी और हल्की-सी मुस्कराहट उसके चेहरे पर फैल गई। कमरे में बैठने को कुछ नहीं है, केवल एक कुर्सी है, जिस पर मुकी बैठी है। पूरे कमरे में अँधेरा-अँधेरा-सा है, प्रकाश का एक वृत्त मेज़ पर है—लिफ़ाफ़े के ऊपर।

"क्या अब तक लैब में थे ?" मुकी ने पूछा। मुकी अपेक्षाकृत मन्द स्वर में बोलती है, पर वह स्वाभाविक नहीं लगता। नटराजन आकर मेज़ के पास खड़ा हो गया, मुकी की आँखें सचमुच लम्बी हैं, पलकों पर बरौनियाँ जहाँ उगती हैं, शायद आई-लाइनर से खींची गई काली रेखा है, बरौनियाँ घनी हैं, और आँखों पर छाया-सी है। माथे से ऊपर सँवारे गए बाल कानों को पूरा ढके हुए हैं। होंठ बहुत फीक़ी गुलाबी। पर यह सबकुछ मुकी पर बहुत फबता है। मुकी के व्यक्तित्व में ठहराव है, जो कुछ वह सोचती है, उसे आवेष्टित करती है। विजी की तरह तुरन्त विचलित या खुली हुई नहीं है।

नटराजन ने चाहा कि वह विजी और मुकी की तुलना छोड़ दे। पर वह ऐसी आदत बन गई है कि सहज नहीं टूटती।

नटराजन ने एक निमन्त्रण-पत्र उठा लिया और कहा, "तुमने विजय-लक्ष्मी को निमन्त्रण भेज दिया ?"

उसकी आँखें मुकी के चेहरे पर स्थिर हैं। पर उसमें कोई परिवर्तन नहीं होता।

"अभी नहीं भेज पाई हूँ।"

नटराजन ने निमन्त्रण-पत्र लिफाफे में डालते हुए कहा, "यह मैं रखे ले रहा हूँ। कल दे दूँगा।"

मुकी ने हाथ बढ़ाया और लिफाफा नटराजन से ले लिया, "तुम क्यों कष्ट करोगे ! मैं ही भेज दूँगी।" बात ख़तम हो गई। मुकी को यह प्रसंग अच्छा लगा या नहीं, नटराजन के पास यह जानने को कोई साधन नहीं था।

उसने ख़ाली कमरे में एक चक्कर लगाया। अभी नया फर्नीचर नहीं आया है। मुकी अपने पुराने फ़्लैट से थोड़ा-थोड़ा सामान लाती जा रही है। शयनकक्ष में बक्स, किताबें, कैनवसें दीवार के किनारे-किनारे रखी हुई हैं। रसोईघर में उपहार-रूप में आया तमाम सामान इकट्ठा हो गया है। मुकी हर काम बड़ी निष्ठा और चाव से कर रही है, पर नटराजन क्यों अपने को इस उत्साह में नहीं डुबा पाता। प्यार की बातें दोनों के बीच कभी नहीं हुईं, यद्यपि काफ़ी समय दोनों ने साथ बिताया है—घूमने-फिरने, पार्टीबाजी और उत्सवों में जाने में। मुकी ने कभी न प्यार माँगा, न प्यार देने का वादा किया। जैसे दोनों ने ही सहज भाव से ग्रहण लिया कि विवाह के बाद सब ठीक हो जाएगा। पर अब, नटराजन के मन में कुछ संशय जाग उठा है। विजी अब भी मन को बाँधे हुए है, शायद मुकी भी मनीश को मिस करती हो। नटराजन को अपने बारे में भ्रम नहीं है, मनीश को स्त्रियाँ सहज ही आकर्षक पाती हैं, नटराजन दुबला-पतला, मँझोले कद का, बहुत-कुछ स्त्रैण प्रवृत्ति का युवक है। कम बोलता है, अपने में सिमटा-घिरा रहता है। मुकी को रिझा सके, ऐसा है ही क्या ? नटराजन ने थोड़ा-सा मुस्कराकर, अपने विचारों पर आवरण-सा डालते हुए पूछा, "तुम कब से यहाँ पर हो ?"

"शाम से ही आ गई थी। बची हुई किताबें पैक कर ली थीं, नीचे कार में ही हैं अभी।"

"मैं ले आता हूँ," नटराजन चलने को तैयार हुआ।

"नहीं, रहने दो। जब तक यहाँ शेल्फ नहीं है, तब तक बक्स में रहने से कोई हर्ज नहीं ?"

"कब आ रही हैं शेल्फें ?"

"इस सप्ताह के अन्त तक। पर्दे भी तब तक बन जाएँगे," मुकी कुर्सी पीछे खिसकाती

हुई उठ खड़ी हुई और लिफाफे इकट्ठे कर बड़े-से पर्स में डाल दिए। फिर वह नटराजन के पास आकर खड़ी हो गई और खिड़की के पार देखने लगी। रात के समय बाहर देखने को रम्य कुछ भी नहीं है, दूर तक फैला काला, प्रगाढ़ अँधेरा है, और फिर बहुत बिजलियों की एक लम्बी धूमिल पाँत।

मुकी के इतने निकट होने पर उससे किसी महँगे सेंट की सुगन्ध आती है। नटराजन मौन है।

मुकी ने पूछा, "मुझे मेरे घर तक छोड़ने चलोगे ?"

"चलो।"

मुकी ने कार की चाबी नटराजन के हाथ में पकड़ा दी और दोनों साथ ही दरवाज़े तक आए, और जब तक नटराजन ने ताला बन्द किया, मुकी तिरछी-सी खड़ी उसकी प्रतीक्षा करती रही।

नटराजन की कार बाहर खड़ी थी, नटराजन मुकी को उसके घर तक पहुँचाकर लौटने लगा। मुकी ने उतरते हुए एक बार खाने के लिए रुकने को कहा था, पर उसे असुविधा होगी, यह कहकर नटराजन ने अस्वीकार कर दिया। मुकी अन्दर चली गई, और नटराजन ने एक अँधेरी सड़क पर कार मोड़ दी। अभी नींद नहीं आएगी, यह जानकर उसका मन अपने घर लौटने का नहीं हुआ। सड़क सुनसान थी और तीव्र गति से दौड़ती कार की खिड़की से तेज़ हवा अन्दर आ रही थी। दाईं ओर मुड़ने पर कब्रगाह है, और विजी को कई बार इस ओर सैर के लिए ला चुका है। प्रारम्भ में विजी और मुकी कितनी अच्छी मित्र थीं। विजी को एयरपोर्ट से लाकर मुकी के पास ही छोड़ गया था। पर मनीश को मुकी से प्यार है, यह जान विजी बाद में विक्षिप्त-सी हो गई थी, उसने रोते हुए मुकी की बनाई पेंटिंग्स दीवारों से उतारकर फाड़ डाली थीं, उसके गढ़े हुए बर्तन ज़मीन पर पटक दिए थे, और जब मनीश की वर्जना का उस पर कोई असर नहीं हुआ तो उसने विजी को तड़ातड़ दो चाँटे मार दिए थे। तब नटराजन और न देख सका, मनीश को अलग करते हुए उसने विजी को पकड़ लिया था। विजी शिथिल-गात उसकी पकड़ से सरककर भूमि पर बैठकर रो उठी थी।

मुकी यह सब सुनकर रसोई से निकली थी, और उसके चेहरे का भाव अब भी नटराजन के मन पर अंकित है।

शाम की शुरुआत ठीक हुई थी। मुकी और विजी ने उन दोनों को भोजन पर बुलाया था।

मनीश और विजी को बैठक में छोड़कर मुकी रसोईघर में चली गई और नटराजन के साथ जाकर उसकी सहायता करनी चाही। मुकी ने कहा, "यहाँ सब ठीक है नटराजन। सिर्फ़ सलाद बनाना है, मैं कर लूँगी। तुम तब तक बीयर क्यों नहीं पीते ?"

बैठक में जाकर मनीश और विजी के एकान्त में बाधक न बनने के लिए नटराजन टैरेस पर चला गया, जहाँ न चाहते हुए भी उनके वार्तालाप का कुछ अंश उसके कानों में पड़ता रहा। शायद विजी ने कहा कि यहाँ आकर अभी तक विवाह न होने के कारण उसकी काफ़ी बदनामी हो रही है।

मनीश का उत्तर वह सुन न सका, पर अचानक ही चीख़ने-झगड़ने और चीज़ों के फेंके जाने के स्वर से नटराजन चौंककर कमरे की ओर झपटा। परिचित, भीरु विजी प्रचंड,

दुर्दमनीय बन गई थी। बाद में नटराजन द्वारा झकझोरे जाने पर उसने चौंककर आँखें खोलीं, जैसे होश में आई हो। फिर उसकी आँखों से झर-झर आँसू गिरने लगे और उसने कहा, "मैं यहाँ एक पल भी न रह सकूँगी, मुझे कहीं और जगह ले चलो।"

समझा-बुझाकर नटराजन ने उसे जाकर शय्या पर लेटने को बाध्य किया। विजी का चेहरा ऐसा हो आया था कि उसके अन्दर का सारा प्रकाश बुझ गया हो। वह बिना प्रतिवाद किए शयन-कक्ष में चली गई। नटराजन जब विजी को अन्दर भेजकर मुड़ा तो देखा मुकी भूमि पर से फटे काग़ज़ के टुकड़े इकट्ठे कर रही है। फिर उसने ताँबे का दीपाधार उठाया, जो मेज़ के नीचे जा पड़ा था, उसमें पड़ गए गड्ढे को बार-बार छूने लगी।

मनीश इस बीच जा चुका था।

"इस सबके लिए आप मुझे ही दोषी ठहरा रहे होंगे ?" नटराजन को अपनी ओर देखते पा मुकी ने कहा। फिर वह उठकर खड़ी हो गई और बोली, "अगर मनीश को मैं विजी से अच्छी लगती हूँ तो इसमें मेरा क्या दोष ? आप ही बताइए, यदि मैं विजी से अधिक आकर्षक और सोफेस्टिकेटेड हूँ, तो क्या यह कोई अपराध है ?"

मुकी की इस बात पर नटराजन ने चकित हो उसको देखा। पर यह सब बहुत स्पष्ट दो-टूक भाव से कहा गया था, इसमें न दम्भ था, न अहंकार ! मुकी शायद कुछ लोगों को विजी से अच्छी लगी, रंग साँवला है, पर आँख लम्बी, होंठ सुगढ़, देहयष्टि सानुपात। उठने-बैठने में एक लचक, चारों ओर एक व्यक्तित्व-वैशिष्ट्य का आभास।

"मनीश की और मेरी रुचि मिलती है। वह लेखक, मैं कलाकार...विजी इज ए नाइस गर्ल, मगर उसमें मनीश-से व्यक्ति को आजन्म पकड़कर बाँध रखने को है ही क्या ?"

मुकी कभी भी उद्वेलित नहीं होती, उसके स्वर में एक ठंडापन है। वह विजी की तरह केवल एक गृहिणी-मात्र बनकर सन्तुष्ट नहीं रह सकेगी।

पर इसके बाद जब विजी ज्वर और सर्दी के कारण बीमार हो गई तब मुकी ने ही एम्बुलेंस बुलाकर उसे यूनिवर्सिटी अस्पताल में भेजा।

अगली सुबह विजी के लिए गुलाब का एक फूल ख़रीदकर नटराजन उसे देखने गया।

विजी अनिश्चित भाव से थोड़ा मुस्कराई, नटराजन उसे कृत्रिम रोष से देखने लगा।

कुछ देर दोनों चुप रहे, तकिए के सिरहाने टिकी विजी हाथों में गुलाब की लम्बी डंडी घुमाती रही, फिर पतली-सी आवाज़ में बोली, "एक काम कर दोगे ?"

"कहो।"

"कहीं एक छोटा-सा, सस्ता-सा अपार्टमेंट ढूँढ़ दो। मैं उस डायन के साथ नहीं रहूँगी।"

आगे इस पर बात नहीं हुई, इधर-उधर की छोटी-छोटी निरर्थक बातों में समय बीत गया। दोनों ही ओर एक तनाव-सा था। नटराजन चलने को उठा तो विजी ने पूछा, "नटराजन वो मनीश कैसे हैं ?"

"ठीक हैं," कहते हुए नटराजन ने झुककर उसके बाल थपथपा दिए।

अगले दो दिन अपार्टमेंट ढूँढ़ते हुए बीते, इसी बीच लाइब्रेरी जाकर भी कुछ लोगों से मिल आया। भारतीय भाषाओं की पुस्तकों की कैटेलॉगिंग करने के लिए एक जगह ख़ाली थी, वहाँ विजी काम करे, इसका प्रबन्ध किया और फिर लाइब्रेरी के पास ही एक छोटा-सा

अपार्टमेंट भी मिल गया। एक कमरा, छोटी-सी रसोई, बाथरूम।

विजी के अस्पताल से लौटने से पहले ही नटराजन ने उसका सामान वहाँ पहुँचा दिया। सामान मुकी ने पैक कर दिया था। वह नटराजन के साथ आकर चीज़ें ठीक कर गई। बाज़ार से थोड़ा ज़रूरी सामान, फल, दूध, मक्खन आदि लाकर रेफ्रिजरेटर में रख दिया। फिर उदास-सी दीवार पर एयर-इंडिया का कैलेंडर लगा दिया।

न चाहते हुए भी नटराजन को लगा, मुकी भली है, मुकी उदार है। और इसी से मन में थोड़ी-सी श्रद्धा जागी।

विजी ने लौटकर पहली बार अपना नया घर देखा। कुछ देर चुपचाप खड़ी रही, फिर कहा, ''तुमने सामान जमाने की क्यों जहमत की ?''

''वह तो मुकी आकर ठीक कर गई। मुझे कुछ नहीं करना पड़ा।''

''ओऽ,'' विजी ने कहा और दूध की बोतल सिंक में उलट दी।

''विजी ?''

''मेरे सामने फिर उसका नाम मत लेना नटराजन,'' विजी ने कहा।

इसी स्मृति से जुड़ा एक और प्रसंग है।

नटराजन प्रायः विजी की ओर चला जाता था। चाहता कि उसे किसी तरह उलझाए रखे, जिससे विजी को अधिक सोच-विचारकर अपने को दुखी करने का मौक़ा न मिले। कभी उसे सिनेमा ले जाता, और यदि समय हुआ तो तीस-बत्तीस मील दूर वाशिंगटन, विशेषकर जब मार्च-अप्रैल में वहाँ चेरी के फूल खिलने लगें। पहली बार विजी ने गहरे नीले रंग की साड़ी पहनी थी। उस पर ढेर सारे आड़े-तिरछे-सीधे सफ़ेद हाथी छपे हुए थे। उस साड़ी के गहरे नीलेपन ने विजी के चेहरे का गोरापन बढ़ा दिया था, और वह बहुत कोमल अनछुई-सी लग रही थी। बाद में जब कभी भी विजी को बाहर जाते देखा तो उसी साड़ी में। फिर वह साड़ी आँखों में चुभने-सी लगी, और मन में रह-रहकर प्रश्न उठने लगा कि विजी शादी की तैयारी में सूटकेस-भर जो साड़ियाँ लाई थी, उनमें से क्यों नहीं पहनती।

एक दिन न रहा गया। हँसी में पूछ बैठा, ''जब देखता हूँ, यही साड़ी पहने दिखती हो। बहुत अच्छी लगती है क्या ?'' विजी ने दीर्घ, समतल दृष्टि से देखते हुए हल्के-से उत्तर दिया, ''बाक़ी साड़ियाँ मुकी ने रख ली हैं। किराया बाक़ी था !''

कुछ पल चुप रहकर नटराजन ने पूछा, ''मुझे क्यों नहीं बताया तुमने ?''

विजी चुप रही।

नटराजन ने कुछ आगे झुककर कहा, ''विजी, तुम अब भी मुझसे दुराव-सा रखती हो। मैं तो चाहता हूँ कि तुम्हारे हर दुख, हर चिन्ता का भागीदार बन सकूँ। मेरे पास जो कुछ भी है, वह तुम अपना ही समझो...।''

विजी, जो अब तक बैठी पोटोमैक नदी के उस पार एअरपोर्ट की बिजलियाँ देख रही थी, अत्यन्त त्रस्त हो उठी। एक झटके के साथ खड़े होते हुए उसने कहा, ''आगे कुछ मत कहो नटराजन। मैं तुमसे विनती करती हूँ।''

नटराजन कुंठित हो चुप हो गया।

उसके बाद विजी जैसे खो गई। नटराजन ने अपने को काम में व्यस्त कर लिया और

विजी लाइब्रेरी के बेसमेंट में कहीं छिप गई, नटराजन की दृष्टि से ओझल। जून में मनीश सामान बाँध-बूँधकर कनाडा चला गया और विजी वाशिंगटन लाइब्रेरी ऑफ कांग्रेस में काम करने। अकेले घर में गर्मी बिताते हुए नटराजन को लगता कि अब जिधर भी मुड़ता है, हल्के रंगों की सूती साड़ियों में मुकी ही दिखाई देती है। मुकी, जिसे पार्टियों में भी ले जाया जा सकता है, कॉफ़ी पीते हुए जिसके साथ देर तक चुप भी बैठा जा सकता है, जो कुछ ही देर में आकर्षक, सुस्वादु भोजन तैयार कर देती है, और जिसकी दृष्टि, हर समय नटराजन को पुरुषत्व का बोध कराती रहती है।

हर सुबह दैत्याकार मशीनों के शोर से ही आँखें खुलती हैं। घर के बिलकुल पास यूनिवर्सिटी की एक बड़ी-सी बिल्डिंग बन रही है। उस सुबह जागकर विजी निश्चल पड़ी हुई सीमेंट कटने की मशीन का भारी घरघराना सुनती रही और रह-रहकर लगता रहा कि ऐसी ही एक मशीन के बीच आकर वह चूर-चूर हो गई है।

कई दिनों से वही सब फिर दोहराया जा रहा था, पहले मन पर छा जानेवाली घनघोर उदासी, बिना कुछ खाए हुए पूरा-पूरा दिन बिता देना, और एक अव्याख्येय आकुलता से ऊपर-नीचे डोलते रहना। विजी अपने को धोखा नहीं दे पाती, वह जानती है कि मुकी और नटराजन का विवाह उसे ज़रा भी नहीं रुच रहा है। वाशिंगटन से मेरीलैंड लौटी ही थी कि मिसेज चन्दोला से भेंट हो गई। बोलीं, "मुकी अब लड्डू खिलानेवाली है।"

"क्यों ?" विजी ने पूछा।

"नटराजन और मुकी ब्याह करने जा रहे हैं। आप ही इनविटेशन लिखे हैं, आप ही बाँट रही है। तुम्हें नहीं मिला क्या ?"

मिसेज चन्दोला मुकी को कभी नहीं अच्छी लगीं। उसकी झुँझलाहट थोड़ी-सी और बढ़ गई, जब उन्होंने आगे कहा, "तुम्हारी बारी कब आ रही है विजयलक्ष्मी ? कनाडा कब जा रही हो ?"

वह बिना कुछ कहे आगे बढ़ गई। पर मन में कुछ आँस रहा था। एक बार भी नटराजन ने व्यक्त नहीं किया कि मुकी से उसकी मित्रता है, और मित्रता इतनी बढ़ गई। विजी ने चाहा कि एक 'उँह' के साथ इस बात को मन से झटक दे। पर वह तो कुँडली-सी मार, मन, विचारों पर जम गई थी।

विजी ने वसन्त की उस सन्ध्या को याद किया जब नटराजन ने घुमा-फिराकर यह कहना चाहा था कि उसे विजी अच्छी लगती है। विजी ने नटराजन को एक मित्र के रूप में ही देखा था, तब वह घबरा उठी थी कि यदि नटराजन को स्पष्ट कहने का अवसर दिया, तो उत्तर में 'न' कैसे कहा जाएगा ! उसके कितने अहसानों से लदी हुई थी, और नटराजन को पति-रूप में स्वीकार करना तब असम्भव-सा लगता था। नटराजन बहुत भला था, सहायता करने को तत्पर, उदार विशाल हृदय, पर विजी को तब भी आशा थी कि शायद मनीश उसके पास फिर लौट आए।

तीन महीने में अलग, अकेले वाशिंगटन में रहकर विजी ने बार-बार इस बारे में सोचा था। अपने को अनेक प्रकार से समझाया था, और अन्त में इस निश्चय पर पहुँची थी कि मनीश की जगह नटराजन नहीं ले सकता, यह ठीक है, पर नटराजन के साथ भी नई ज़िन्दगी

गढ़ी जा सकती है। इसलिए विजी बहुत-कुछ इस मनःस्थिति में थी कि यदि नटराजन ने फिर यह प्रसंग छेड़ा तो कह देगी कि उसे सबकुछ स्वीकार है।

पर यहाँ आकर जाना कि मुकी ने एक बार फिर उसे पराजित कर दिया है। निमन्त्रण तक बँट गए हैं और विजी अपने को इन झूठे स्वप्नों में बहलाती रही कि नटराजन को वह बहुत बहुत अच्छी लगती है, कि नटराजन उसे फिर अवश्य पूछेगा।

अब मुकी की गर्दन पकड़कर उसे भींचने की इच्छा होती है, मन होता है कि उसकी कॉफ़ी में जहर मिलाकर पिला दे, उसके अपार्टमेंट में आग लगा दे, और सिल्क की तहों में लेटी मुकी लपटों में घिर जाए और उसकी चीख़ें धुएँ और चटखती लकड़ियों में खो जाएँ।

विजी ने माथे पर हाथ रख लिया, जैसे इन विचारों पर प्रतिबन्ध लगा देगी, पर मुकी के लिए जो वैर-भाव है रोम-रोम में भिद गया है। उसे कम से कम अपने से नहीं छिपाया जा सकता। विजी चाहती है कि कुछ ऐसा कर सके जिससे मुकी तड़पकर रह जाए, जिससे बहुत, बहुत दिनों तक उसके मुख पर हँसी न आए और वह ऊँचा, दर्पभरा सिर नीचे झुक जाए। नटराजन के कहने से वह मुकी के पास रहने को तैयार तो हो गई थी, पर उस पहली ही भेंट में वह जान गई थी कि मुकी ने एक दृष्टि डालकर, उसे हेय जानकर त्याग दिया है। विजी को मुकी में ऐसा विशिष्ट तो कुछ न दिखाई दिया। साधारण रंग-रूप, कटे हुए बाल कानों को पूरा ढके हुए थे, और अकेले घर में भी बहुमूल्य साड़ी पहने थी। और तब विजी अपने को बहुत शैबी, बहुत हल्का-सा अनुभव करने लगी। बाद में जाना कि मुकी के पिता अत्यन्त धनिक थे, और उसकी सारी शिक्षा विदेश में हुई थी। तीन साल अमरीका में रहकर भी उच्चारण इंगलिश था। यह 'फेजथ्री' कॉफ़ी-हाउस में देर रात तक बैठी रहती थी, ऊँची साहित्यिक बातें करती थी और अंग्रेजी में कविताएँ लिखती थी, जो कि कभी-कभी भारत में छप जाती थीं। विजी अपने स्वभाव के झेंपूपन पर कभी-कभी लज्जित हो आती, और अपनी भारतीयता पर मुकी और उसके मित्रों के व्यंग्य से कभी-कभी छिपकर रो लेती। वह स्मार्ट या आधुनिक नहीं है, यह जानती थी, होती भी कैसे, बी.ए. में पहली बार लड़कों के साथ क्लास में बैठना हुआ। तब भी सब लड़कियाँ झुंड बनाकर क्लास में जातीं, साथ-साथ बैठतीं और इकट्ठे ही लौट आतीं।

मनीश से परिचय तो मौसी के घर हुआ।

मनीश के यहाँ से चले जाने के बाद भी पत्र-व्यवहार होता रहा, और एक साल बाद अपने लौट आने के बजाय उसने विजी को बुला भेजा तो विजी ने अपनी माँ के गहने मौसी के द्वारा ही बिकवाकर आने का प्रबन्ध किया था। पिता नाराज़ हुए थे, विमाता भुनभुनाई थीं, पर गहने नाना के दिए हुए थे, इसलिए किसी का वश न चला। पर यहाँ पहुँचने पर पाया कि मनीश मैक्सिको गया है। यह बात विजी को बहुत खटकी थी, पर करती भी क्या ! उन लम्बे कार्यहीन दिनों को नटराजन ही ने भर दिया था। अपनी लैब से छुट्टी पाकर रोज़ ही उसे सैर के लिए ले जाता, कभी-कभी वाशिंगटन में पूरा दिन बीत जाता। तब मुकी ने अजीब, बहकी-बहकी बातें करनी शुरू कर दीं।

एक दिन बोली, "मनीश लौटने पर पाएँगे कि उनकी भावी पत्नी को उनके मित्र ने हड़प लिया है।"

"क्या ?" विजी ने अचकचाकर पूछा।

"कैसी भोली हो ! उनकी आँखें नहीं देखतीं, तुम्हारे चेहरे से हटती नहीं हैं। नटराजन की तो लैब थी और वे थे। किसी लड़की से मतलब न था। अब रोज़ वाशिंगटन की सैर होती है, कभी लिंकन मेमोरियल घुमाया जा रहा है, कभी जैफरसन।" मुकी उस समय कैनवस पर रंग लगा रही थी, ब्रश को थोड़ा-सा हवा में उठाकर बोली, "और विजी, यदि तुम्हारी जगह मैं होती तो दोनों में नटराजन को ही चुनती। छह साल से यहाँ हैं, पी-एच.डी. हैं, इंडिया जाकर जोरदार नौकरी मिलेगी, यहाँ भी आठ हज़ार तो मिल रहे होंगे। मनीश के पास तो एक टुटपुँजिया फेलोशिप ही है।"

विजी से कुछ देर कुछ भी कहते न बना, फिर उसने कहा, "कैसी बातें करती हो मुकी, नटराजन मेरे लिए बड़े भाई के समान हैं। मैं उन्हें इसी दृष्टि से देखती हूँ।"

मुकी हँसने लगी। ब्रश रखकर उसने आगे झूल आए बालों को पीछे करते हुए कहा, "तुमने भी क्या वही संकुचित गली-मुहल्लेवाली बात कही। नटराजन तुम्हारे भाई कैसे हो गए, वे मैसूर के हैं, तुम पटना से आई हो ? तुममें और नटराजन में केवल एक रिश्ता है, तुम एक सुन्दर, स्वस्थ युवती हो और वे एक ऐसे युवक हैं जिन्हें तुम अच्छी लगती हो। ऐसी सिचुएशन में मालूम है, क्या होगा ?"

"बस मुकी, मुझे और कुछ नहीं सुनना। मुझे और मेरी मान्यताओं को तुम अलग छोड़ दो।" विजी ने बुरा मानते हुए कहा।

और अब यह विवाह होने जा रहा है, उसमें निश्चय ही नटराजन से अधिक उसके वेतन व भविष्य की सम्भावनाओं का ख़याल किया होगा मुकी ने, विजी को यह दृढ़ विश्वास है। पर दुख तो इस बात का है कि नटराजन कैसे मूढ़ हो गया, क्या वह मुकी की असलियत नहीं जानता।

विजी ने उठकर चाय का पानी स्टोव पर रख दिया, और हथेली पर दो ऐस्परिन की टिकियाँ रख उन्हें कुछ देर देखती रही। पटना में सब कुछ वैसा ही होगा, विमाता का बुदबुदाना, पिता की लम्बी चुप्पियाँ या खीझ, झुंझलाहट-भरा स्वर, छोटी बहन का रेडियो के साथ फिल्मी गीत गाना, क्या कभी किसी को उसकी, विजयलक्ष्मी की, कभी भी याद न आती होगी ? इन डेढ़ सालों में कितनी दूर आ गई है वह, मुड़कर देखने से मन में ऐसा आश्चर्य-सा भर जाता है कि क्या कभी ज़िन्दगी इससे भिन्न भी थी ? अब तो लाइब्रेरी का बेसमेंट है, और किताबों के ऊँचे-ऊँचे ढेर हैं। कभी-कभी काम करते हुए कुछ याद आ जाता है, मनीश की बाँहों की कसी जकड़, उसका मुस्कराना, और कभी-कभी वह क्रूर शब्द। तब विजी यहाँ से कहीं दूर चली जाना चाहती है, वह जानती है कि वापस लौटना असम्भव ही सा है, कहाँ से आएँगे किराए के पैसे, और किस मुँह से पिता की देहरी पर जाकर खड़ी होगी ! कहीं और नौकरी कर सकती है, पर जैसे विजी के अन्दर की समस्त शक्ति रिस गई है। उस छोटी-सी रसोई में खड़ी विजी सोचती है कि औरों की तरह सहज-सरल जीवन क्यों नहीं हुआ उसका ! कब अजाने ही कुछ ऐसा घट गया जिससे वह औरों से अलग छिटक गई ! यदि मनीश पर विश्वास न किया होता तो शायद इस दशा तक न पहुँचती, यदि मुकी-सी कुटिलता आती तो भी आज अकेले यों अपने से द्वन्द्व न करना पड़ता।

चाय का पानी उबलने लगा।

एजाइम लैब से लाइब्रेरी तक पहुँचने में सात-आठ मिनट लगते हैं, पर पौने पाँच बजे लैब से निकलकर वहाँ पहुँचने तक नटराजन ने पन्द्रह मिनट लगा दिए, और तब पाया कि विजी अभी-अभी लाइब्रेरी की सीढ़ियाँ उतर रही है।

नटराजन को देखकर वह थोड़ा-सा मुस्कराई और आकर लाल बत्ती के पास खड़ी हो गई। आठ घंटे कड़े श्रम के बाद मुख क्लान्त हो ही जाता है, पर उसके व्यवहार में कल-जैसी रुखाई न थी। अधिक बातें न हुईं, और सड़क पार कर दोनों अपनी गली में आ गए। विजी का घर पहले आया और पिछले दिनों की तरह फिर कॉफ़ी के लिए पूछा गया। स्वीकृति देकर नटराजन अन्दर आया तो एकाएक मस्तिष्क में कौंध गया कि यदि विजी ने कॉफ़ी के लिए न पूछ उसे उसके रास्ते चले जाने दिया होता तो बहुत बुरा लगता।

नटराजन विजी के पीछे-पीछे रसोई तक चला गया और बोला, "एक प्रार्थना है।"

"क्या ?" विजी के प्रश्नभरे नेत्र उसके मुख पर ठिठक गए।

"आज खाने को कुछ न बनाना।"

उसके कहने के ढंग पर विजी थोड़ा-सा हँस दी, नटराजन को वह हँसी उजली धूप-सी सुखद लगी।

"बहुत बुरा बना था न ! फिर भी तुमने खा लिया।"

विजी की रसोई इतनी छोटी है कि दो लोग खड़े नहीं हो सकते। सिंक में एक प्लेट पर पानी गिर रहा था। विजी ने कॉफ़ी नापकर पर्कोलेटर में डालते हुए कहा, "तुम चलकर बैठो, मैं अभी आई।"

नटराजन वापस लौट आया।

कुछ देर में जब विजी लौटकर आई तो टूटी हुई मैत्री पुनः स्थापित हो गई है, ऐसा ही कुछ भाव उसके मुख पर था। नटराजन ने मेज़ पर पैर टिका लिए थे, उन्हें समेट लिया और कहा, "तुम्हारे किसी काम में बाधा तो नहीं दे रहा हूँ विजी ?"

"न," विजी ने अपनी साड़ी की सलवटें चिकनी-सी करते हुए कहा, "व्यस्त तो तुम होगे आजकल।"

"कुछ विशेष नहीं। अगले सप्ताह छुट्टी पर जाने से पहले लैब में थोड़ा काम निबटाना है, बस। अपार्टमेंट तो ठीक हो गया है, फर्नीचर आने पर जमाना बाक़ी है।"

विजी कल से अधिक रिलैक्स्ड लग रही है। उसने हरे रंग की, बिना किनारे की सूती साड़ी पहन रखी है, वह इधर काफ़ी दुबली हो गई है, चेहरे पर पीलापन-सा है, पलकें घनी हैं और नीचे तरल आँखें चमकती हैं।

वह उसे एकटक देखता रहा।

"एक बात कहूँ, बुरा तो न मानोगे ?" विजी ने पूछा।

रसोई में कॉफ़ी पर्कोलेटर खुद-बुद करने लगा और कॉफ़ी की सुगन्ध पूरे कमरे में छा गई।

"कहो।"

"बहुत आनन्दित, उत्सुक दूल्हे-से नहीं दिखाई देते, कुछ अनमने, कुछ उदास-से नज़र आते हो।"

नटराजन चौंक गया, सँभलने के लिए कुछ क्षण लेता हुआ बोला, "जैसी कि तुम दिखती

थीं उन दिनों ? उल्लसित, निरन्तर मुस्कराती हुई ?''

विजी रसोई में जाकर पर्कोलेटर ले आई और मेज़ पर रखती हुई बोली, ''अब सोचती हूँ कि वे भी क्या दिन थे ! कितने सपने कितनी उमंगें ! कितनी नादान, कितनी विश्वासभरी ! इन डेढ़ वर्षों में कितनी पक गई हूँ, जैसे दस वर्ष जी लिए हों !''

''तुम्हें अकेले रहना अच्छा लगता है ?''

''अकेले रहना तो नटराजन किसे अच्छा लगता है ! कभी खिन्न हो जाती हूँ दीवार से सिर टकराना चाहती हूँ, फिर अपने को सँभाल भी लेती हूँ, इसी में किसी उपलब्धि की चेष्टा करती हूँ।''

नटराजन को लगा, विजी सचमुच बड़ी हो आई है। पहले तो रह-रहकर हँसती थी, और निरर्थक बातें करती थी।

''अच्छा नटराजन, तुमने बताया नहीं, तुम इस विवाह से प्रसन्न हो ?''

पूछ तो लिया, पर उसी क्षण विजी को लगा कि इतना उद्धत, व्यक्तिगत प्रश्न उसे न पूछना चाहिए। जैसे रह-रहकर भूल जाती है कि नटराजन के जीवन में एक नया आयाम आ गया है, वह मुकी का पति बनने जा रहा है। विजी अब उसके लिए कुछ नहीं है, कभी कुछ थी, अब मात्र परिचिता है। अब मुकी उसके जीवन के समग्र अनुभवों की संगिनी बनेगी।

''हाँ विजी।''

''मुकी सचमुच बड़ी भली, बहुत अच्छी है,'' विजी ने कहा।

नटराजन ठठाकर हँस पड़ा, ''छल-कपट तुमसे नहीं निभता विजी, मुकी की प्रशंसा करने का प्रयत्न न करो। मैं जानता हूँ कि तुम उसकी परछाईं तक से घृणा करती हो। आश्चर्य है कि मुझे तुमने अब तक घर से बाहर क्यों नहीं किया।''

विजी का चेहरा अप्रतिभ हो आया, ''क्या लोग बदलते नहीं ? धारणाएँ नहीं बदल सकतीं ?''

''ओ विजी, यू आर सो स्वीट। अच्छा, कॉफ़ी दोगी या नहीं ?''

विजी के पास से उठकर नटराजन अपने घर आया। अलमारी में थोड़े-से आवश्यक कपड़े छोड़ उसने बाक़ी चीज़ें सूटकेस में रखीं, और फिर मुकी को उसके घर फ़ोन किया। ख़ाली घर में घंटी देर तक बजती रही। नटराजन ने जान लिया कि वह नए घर में होगी।

वह लिफ़्ट में ऊपर जाने की बजाय सीढ़ियाँ चढ़ने लगा। उसने पाया कि वह सीटी बजा रहा था। दरवाज़े खटखटाने पर मुकी ने खोला, वह भी गहरे हरे रंग की सूती साड़ी पहने थी, पर उसकी साड़ी में चौड़ा लाल बॉर्डर था जिसमें जरी के तारों का घना काम था।

''मैंने लैब में फ़ोन किया था, पर तुम नहीं थे,'' मुकी ने कहा।

नटराजन एक पल रुका, फिर बोला, ''विजयलक्ष्मी मिल गई थी, उसके साथ क़ॉफी पीने चला गया था।''

मुकी दरवाज़े के पास से हट आई, बोली, ''शेल्फ़ें आ गई हैं, मैं किताबें लगा रही थी।''

नटराजन ने कोट उतारकर कुर्सी पर डाल दिया, मुकी की दृष्टि उस पर पा उसने कोट टाँग दिया, और कुछ हँसता-सा बोला, ''अभी से डिसिप्लिन करने लगीं ?''

नटराजन का मन हल्का-सा है, वह जान-बूझकर नहीं सोचेगा कि इसका कारण क्या है ? पर फिर भी जान रहा है कि आज विजी हँसी थी, खुली-खुली थी। विजी की हँसी मन को

भाती है। चाहता है कि विजी पहले की तरह हँसा करे। विजी प्रसन्न रहे।

किताबों को बक्सों से निकालकर मुकी ने फ़र्श पर फैला दिया था, वह उठा-उठाकर नटराजन को देने लगी और नटराजन उन्हें लगाने लगा। सात खानों की शेल्फ है, दीवार को पूरा ही ढक लिया है, जब सारी किताबें करीने से रख जाएँगी तो कमरा भरा-भरा लगेगा।

मुकी एक कपड़े से किताबों की धूल पोंछती जा रही है।

"तुम्हारी साड़ी धूल से अट जाएगी मुकी। लाओ, में साफ़ करूँगा।"

"पुरानी ही तो है," मुकी ने कहा।

तीन खाने भर सकने के बाद दोनों बक्सों पर बैठकर सुस्ताने लगे।

"कमरे में गर्मी-सी हो रही है। बाहर थोड़ा-सा टहलने चलोगे ?"

"चलो।"

कमरे में बत्ती जलती छोड़ दोनों बाहर निकल आए। नीचे पहुँचकर लगा कि शाम सचमुच ठंडी और मोहक है। सड़क की बत्तियाँ बहुत चमकीली और पेड़ चुप, खामोश।

नटराजन ने पूछा, "कार पर थोड़ी दूर चलोगी मुकी ?"

"अच्छा।"

नटराजन ने दरवाज़ा खोला और मुकी रुक गई। नटराजन बाईं सीट पर आ बैठा, और कार स्टार्ट की। बिना जाने उसने कार कब्रगाह की ओर मोड़ दी।

कार में मुकी के सेंट की सुगन्ध है।

दीर्घ मौन को तोड़ते हुए नटराजन ने पूछा, "मुकी, क्या तुम्हें यह सब सच लग रहा है ?"

मुकी गर्दन मोड़ बाहर देखने लगी, जैसे इस बात का उत्तर नहीं देना चाहती।

नटराजन को हरी साड़ी में लिपटी मुकी सच नहीं लगती। उसने आज तक मुकी का स्पर्श नहीं किया है। इस समय हाथ बढ़ाकर खुली बाँह छूना चाहता है, जैसे वह जानने को कि क्या उसकी त्वचा उतनी ही उष्ण और चिकनी है, जैसी कि मनीश कहा करता था।

कुछ समय पहले तक मन में भरी हुई अनजान-सी खुशी तड़ककर टूट गई। नटराजन के मन में अचरज-सा भर आया कि वह बग़ल में इस नितान्त अपरिचित को बैठाकर कहाँ और किसलिए ले जा रहा है ! क्या उसके मन की मुकी के लिए सचमुच कहीं ममत्व या स्नेह छिपा है, या यह विवाह चौंतीस साल के जीवन का अकेलापन दूर करने के निमित्त ही किया जा रहा है ? पास बैठी नयनतारा मुकर्जी के बारे में वह क्या जानता है ? नटराजन ने आकुल होकर पूछना चाहा—तुम क्या हो मुकी, तुम्हारा सत्य रूप क्या है ? तुमने मुझसे विवाह करना क्यों स्वीकार किया है ? क्या सत्ताइसवें वर्ष में तुम्हें एक पति की कमी महसूस हुई ? या मेरे लिए तुम्हारे मन में आदर के अतिरिक्त और भी कुछ है ? क्या तुम वैसी ही लोभी, स्वार्थी, क्षुद्र हो जैसा कि विजी ने तुम्हें चित्रित किया ? क्या तुम उतनी ही सहज प्राप्य हो जैसा अवज्ञा से मनीश कहा करता था ?

"बी केयरफुल," मुकी ने कहा। सँकरी सड़क पर सामने से एक कार आती दिखाई दी और नटराजन ने अपनी कार जल्दी से बाईं ओर मोड़ी तो कार सड़क छोड़ कँकरीली भूमि पर उतर आई। सामनेवाली कार तेज़ी से गुज़र गई। नटराजन फिर सड़क पर आ गया, और कुछ देर बाद याद आया कि मुकी ने बात का कोई उत्तर नहीं दिया है।

विजी न उस रात सो सकी, न उससे अगली रात। और नटराजन विजी को अपनी लैब में आया पा चौंक उठा। हाथ का बीकर मेज़ पर रखकर वह लैब से बाहर निकल आया और बोला, ''क्यों विजी, खैरियत तो है ?''

''कुछ समय होगा तुम्हारे पास ?'' विजी ने पूछा।

''हाँ,'' और विजी कुछ कहे, इस प्रतीक्षा में खड़ा रहा। फिर बोला, ''आओ कॉफ़ी-लाउंज में चलें। वहाँ इस समय कोई नहीं होगा।''

विजी चुपचाप साथ चल दी।

''कॉफ़ी लोगी ?''

''नहीं, कोकाकोला।''

नटराजन ने मशीन में पैसे डालकर दो बोतलें निकालीं और फिर ढक्कन खोलकर एक विजी के आगे रख दी।

''मैं ज़्यादा भूमिका नहीं बाँधूँगी नटराजन। दो दिन से लगातार सोच रही हूँ कि इस ज़िन्दगी का क्या करूँ ! समझ नहीं पाती,'' विजी रुककर नटराजन का मुख ताकने लगी। फिर एकदम कह डाला, ''नटराजन, मुझे एक हज़ार डालर चाहिए। मुझसे अब यहाँ एक दिन भी न रहा जाएगा। मैं वापस जाना चाहती हूँ। कुछ भी हो, वह अपना देश है, वे लोग मेरे अपने हैं। दे सकोगे नटराजन ?''

विजी ने उसके चेहरे पर अपनी उत्सुक, कातर आँखें जमा दीं।

''तुम इतनी जल्दी कैसे जा सकोगी ?''

''मैंने पता लगा लिया है, मुझे प्लेन पर जगह मिल जाएगी।''

''न्यूयार्क से लन्दन ?''

''नहीं, पहले मैं कनाडा जाना चाहती हूँ।''

''ओ !'' नटराजन ने कहा।

''मालूम नहीं कब तुम्हें यह वापस कर सकूँगी, पर मुझे और कोई उपाय नहीं दीखता।''

''पर विजी, तुम पूरी तरह श्योर हो न ?''

विजी ने सिर हिलाकर जताया कि हाँ। विजी का हठ नटराजन को मालूम है।

नटराजन ने ज़ेब से चैक-बुक निकाली और पन्द्रह सौ डालर का चैक लिखकर दे दिया।

''नटराजन...'' विजी ने कुछ कहना चाहा।

''अगर कुछ और ज़रूरत हो तो बताना, विजी। मांट्रियल कब जाओगी ?''

''कल शाम। पर तुम एयरपोर्ट मत आना। अकेले ही जाना चाहती हूँ।''

पर नटराजन उसे एयरपोर्ट ले गया। विजी चुप थी, शायद वह भी वह दिन याद कर रही थी जबकि मनीश के स्थान पर नटराजन उससे यहाँ मिलने आया था।

''एक बात कहना चाहती हूँ नट्टू,'' विजी ने जहाज़ पर चढ़ने से कुछ क्षण पहले कहा, ''मेरे प्रति बहुत अनुदार मत हो जाना। थोड़ी-सी करुणा...'' और उसका गला भर आया।

उसे पहुँचाकर लौटते हुए नटराजन को लगता रहा कि जैसे उसके जीवन में कभी न भर सकनेवाले अनेक अभाव हो गए हैं। साथ ही थोड़ा-सा धीरज कि हर समय विजी की उपस्थिति दंश देने को न रहेगी।

फिर नटराजन को याद आया कि अब तो कुल तीन ही दिन बीच में रह गए हैं। शनिवार

को कुछ मित्रों ने उसे और मुकी को भोज पर बुलाया है। रविवार को लैब के मित्र मिलकर नटराजन के लिए स्टैग पार्टी दे रहे हैं, और सोमवार को साढ़े चार बजे सिविल सेरेमनी ही है। फिर उसी रात प्लेन लेकर मेन चले जाएँगे, और वहाँ दसेक दिन बिताएँगे। मुकी के लिए उसकी माँ ने लाल बनारसी साड़ी, शंख चूड़ियाँ, कुंकुम भेजा है। वही पहनेगी। इस बीच फर्नीचर आ गया है, करीने से रखा भी गया हैं। घर भरा-पूरा लगता है। रसोई अत्यन्त आधुनिक है, सफ़ेद और हल्की पीली, मुकी ने पॉत के पाँत चमकदार स्टेनलेस स्टील के बर्तन सजा दिए हैं, रेफ्रिजरेटर में कुछ बीयर की बोतलें रख दी हैं। सबकुछ साफ़-सुथरा चमकता हुआ, नया ! नटराजन को मन में थोड़ा-सा विस्मय है, मुकी घर-गृहस्थी में इतनी रुचि लेगी, इसकी उसे आशा न थी।

एयरपोर्ट से नटराजन अनमने भाव से अपने फ़्लैट में लौट आया। थोड़ी चीज़ें पैक करनी थीं, पर उन्हें वैसा ही छोड़कर वह कमरे में बैठा रहा। विजी जाते-जाते भी एक बार मनीश से मिलने का मोह न छोड़ सकी। इस भेंट से उसे थोड़ी यातना ही और मिलेगी।

पर नटराजन जानता है कि विजी के अन्दर बल का एक स्रोत है; टूटती है, बिखरती है पर अपने को सँभाल लेती है। कोई और लड़की इन परिस्थितियों में पागल हो गई होती।

सात बजे नटराजन ने उठकर स्नान किया, धुले कपड़े पहने, और फिर मुकी को लेकर कहीं बाहर भोजन करने के विचार से उसकी ओर चल दिया। सोच रहा था कि सन्ध्या के अन्त तक मुकी को बता देगा कि विजी चली गई है। सदा के लिए। अब उसका नाम-निशान, उसकी छाया तक दोनों के बीच नहीं रहेगी। एक सूटकेस लेकर विजयलक्ष्मी आई थी, और केवल वही लेकर लौट गई, पर साथ ही कितनी वेदना का भार भी।

मुकी के घर ताला बन्द था, नटराजन पैदल ही नए घर की ओर चल पड़ा। जो रंग-भरे पत्ते पेड़ों पर छाए थे, जैसे दो-तीन दिनों में ही झर गए थे, और इस समय पैरों के नीचे आकर दीन, आर्त्त स्वर कर रहे थे, और वे सारे ऊँचे पेड़, अपनी काली बाँहें उठाए, अपनी नग्नता में असहाय-से खड़े थे।

नीचे से लिफ्ट लेकर ऊपर तक पहुँचते हुए भी नटराजन यह निश्चय न कर सका कि वह मुकी को विजी के जाने का समाचार किस प्रकार देगा। कोई निकट का आत्मीय खो गया है, ऐसे या फिर ठंडे, निर्विकार भाव से—मुकी, विजी चली गई है।

अपनी चाबी से ताला खोल नटराजन ने दरवाज़ा अन्दर ठेला। कमरे में आकर उसने पाया कि मुकी नए सोफ़े पर औंधी लेटी है, दाईं बाँह शिथिल-सी नीचे लटक रही है, बाईं को मोड़कर उस पर चेहरा गड़ाए है, और उसका पूरा शरीर रह-रहकर हिल रहा है।

"मुकी," उसने बहुत चिन्तित हो आए स्वर में पुकारा।

मुकी ने सिर उठाकर उसे देखा, फिर तेज़ी से बाईं उँगली से अँगूठी निकालकर उसकी ओर फेंकती हुई बोली, "यह लो अपनी अँगूठी और चले जाओ यहाँ से। मैं तुमसे बोलना तक नहीं चाहती।"

इस अप्रत्याशित घटना से नटराजन कुछ क्षण को स्तब्ध खड़ा रहा। फिर उसने झुककर मुकी के कन्धे पकड़ लिए, "क्यों, मुकी, क्यों ?"

मुकी ने उत्तर नहीं दिया, उसके शरीर में तड़पती मछली की तरह एक लहर दौड़ गई।

नटराजन ने उसके कन्धे छोड़ झुककर फ़र्श पर गिरी अँगूठी उठा ली और मुकी की बँधी मुट्ठी को खोलकर उसमें अँगूठी ठूँसता हुआ बोला, "ऐसी आसानी से मुझसे छुटकारा नहीं पाओगी मुकी। मुझे बताओ न, इतने दुख की क्या बात है ?"

मुकी वेग से उठकर बैठ गई। सारे दिन रोने से उसकी आँखें फूलकर लाल हो आई थीं, और चेहरे पर गहरी अशान्ति थी।

"मुझसे पूछते हो ? क्या स्वयं जानते नहीं ? मुझे तो रह-रहकर यही आँसता है कि तुम इतने झूठे, चालबाज कैसे हो सके ! पूरी गर्मी तुम वाशिंगटन उससे मिलने जाते रहे, मुझे एक बार भी नहीं बताया। मैं यहाँ फर्नीचर ऑर्डर कर रही थी, पर्दे बना रही थी, तुम वहाँ सैर कर रहे थे !"

"तुमसे यह किसने कहा ?" नटराजन ने धीर कंठ से पूछा।

"जाने से पहले विजी मेरे पास आई थी। जिसे सदा से उसने नफरत की, उसे यह बताए बिना कैसे चली जाती ! उसी ने बताया कि तुमने उसे पन्द्रह सौ डालर दिए हैं, डॉक्टर के पास जाने और इंडिया लौट जाने के लिए। पहले मैंने उस पर विश्वास नहीं किया। मुझे ख़याल भी न था कि तुम इतना आगे बढ़ जाओगे। पर...पर आज फर्नीचर की दूकान से फ़ोन आया कि मैंने जो चैक उन्हें दिया, वह बैंक से वापस लौट आया कि वहाँ पर्याप्त धन नहीं है। तब मुझे लगा कि..." मुकी का स्वर टूट गया और एक बार फिर भावनाओं की बाढ़ से उसकी आँखों में आँसू भर आए।

"विजी के सारे अत्याचार मैंने चुप होकर सहे। सोचती थी कि वह पागल है, और नादान है। मुझसे विवाह का प्रस्ताव करके भी तुम उससे चुपचाप मिलते रहे, तब भी मैंने कुछ नहीं कहा। सोचती थी कि एक बार जब मेरे निकट आकर पहचान लोगे, तो उसे भूल जाओगे। सोचा था कि तुम्हें इतना सुख दूँगी..." एक लम्बी सिसकी।

"मुकी, मेरी बात भी तो सुनो।"

"न। अब कुछ नहीं सुनूँगी। मैं भी बहुत मानिनी हूँ, नटराजन। बहुत दर्प मेरे अन्दर भी है। और मैंने बहुत धीरज रखा, पर अब मैं और नहीं सह सकूँगी। गो अवे ! यह विवाह नहीं होगा। मैं किस प्रकार तुम्हें आदर और श्रद्धा से देख सकूँगी ! मुझे तुम्हारा धन नहीं चाहिए था। मेरे पिता के पास बहुत धन है। मैं समझती थी कि तुम छल-कपट से ऊपर, अत्यन्त विशाल हो, और इसीलिए, मन ही मन प्रारम्भ से ही तुम्हें चाहती आई थी।" बाहर रात झुक आई है, कमरे में सन्नाटा है, केवल नयनतारा का पतला, टूट-टूट जाता, उठता-गिरता स्वर है। इतने दिनों से जो कुछ अन्तस्तल में प्रच्छन्न रखा, वह सब एकबारगी फूटकर बाहर आना चाहता है।

नटराजन उसके पास, सब-कुछ सुनता, चुप बैठा है। मुकी के शब्दों ने उसे हिला दिया है। वह समझ नहीं पा रहा है कि विजी ने चलते-चलते ऐसा क्यों किया ? उसे प्रतीक्षा है मुकी के थककर चुप हो जाने की, तब वह धीर शब्दों में अपनी बात कहेगा। मन में आशा की नन्ही-सी रेखा है कि शायद नयनतारा उसकी बात पर विश्वास कर ले।

# पुनरावृत्ति

जागने के बाद भी भयंकर आतंक बना रहा। वह सब घट चुका था, फिर भी उसकी पुनरावृत्ति मन में बार-बार होती रही। एक तीखी दारुण पीड़ा, कुर्सी से गिरने से पहले एकदम अन्धकार, हाथ कुछ थामने को बढ़े पर उन्होंने कुछ पकड़ भी पाया या नहीं, इससे पहले ही अचेतावस्था; आश्चर्य है उस क्षण में उन्हें बच्चों का ख़याल, अधूरा पड़ा हुआ काम, या पूरा जीवन—किसी का भी ख़याल नहीं आया—वह तो निमिष मात्र था, उसे पीड़ा ने निगल लिया था।

बाक़ी कहानी तो चिरन्तन ने बाद में सुनी, कैसे वह धड़ाम से नीचे गिर गए, मूर्छा में, आवाज़ सुनकर बग़ल के कमरे से सेक्रेटरी दौड़ी आई, फ़ौरन उसने आपातूकालीन नम्बर मिलाकर एम्बुलेंस भेजने को कहा, जब तक एम्बुलेंस आए-आए, इमारत के सुपरवाइज़र ईथन ने फ़र्स्ट-एड उपचार शुरू कर दिया। यद्यपि यह दिल का दौरा पहला था और जानलेवा भी हो सकता था, अगर तुरन्त उपचार की व्यवस्था न हुई होती तो। दौरा दो घंटे के भीतर ही घातक होता है। बच गए—चिरन्तन ने बार-बार अपने को समझाना चाहा, और तब, अस्पताल के साफ़-सुथरे, वातानुकूलित कमरे में लेटे-लेटे पहली बार सोचा—क्यों बच गए ? अभी तो चालीस पार किया है; शायद पत्नी और बच्चों का भाग्य होगा, या अभी जीवन में कुछ और उपलब्ध होना बाक़ी है क्या ? उनके शिथिल हाथ सफ़ेद चादर पर निस्पन्द पड़े रहे; मन में एक तसल्ली थी कि बच गए। पर साथ ही साथ धड़का—कि फिर कभी ऐसा हुआ और यहाँ जैसी सुविधा न हुई तो क्या होगा ? मर जाएँगे, पर क्या इतना आसान है मर जाना। प्राण आसानी से नहीं जाते। मौत के इतने निकट जाकर क्या कभी वह यह अनुभव भूल सकेंगे। बच गए—और तब एक आह्लाद की लहर शरीर में दौड़ गई। हाँ, भाग्य ही कहना चाहिए, नहीं तो अभी किया ही क्या था ? पुरानी हवेली ढह रही थी, लड़के-बच्चे सब स्कूल-कॉलेजों में ही थे, कोई लड़का ठिकाने से नहीं लगा था, किसी लड़की की ब्याह-शादी की भी नहीं सोची थी। सब छोटे-छोटे तो थे ही। कितनी ज़िम्मेदारियाँ सिर्फ़ उन्हीं पर थीं, यद्यपि छह भाइयों में सबसे छोटे थे।

चिरन्तन के शिथिल हाथ भकाभक सफ़ेद चादर पर पड़े रहे। घर और बाहर की ज़िम्मेदारियों की याद आते ही एक बार फिर साँस रुकने लगी। ऐसा लगा कि एक शिकंजा फिर उनके दिल को गिरफ्त में ले लेगा। नहीं कुछ और सोचो—सुखद; मुँदती आँखों के आगे सुनहले बालों की एक झलक। और नींबू के फूलवाले शैम्पू की गन्ध लपेटे किसकी महक थी ? क्या वह विवियन थी, सेक्रेटरी; जो रोज़ आती थी, फूलों के गुलदस्ते और उजली मुस्कान लिए हुए। पर उसके बाल तो सुनहले नहीं थे। फिर चिरन्तन को अपनी बीच में

रुक गई पुस्तक का ख़याल आ गया, फिर भारत में अपने विद्यार्थियों के एक हुजूम का और अपनी तीन-तीन बेटियों का जो छींटदार सलवार-कुर्तों और लहरिया चुन्नियों में धीरे-धीरे क़दम रखतीं, आँखें नीचे झुकाए स्कूल जाती थीं—अपनी पत्नी का जो कई सालों से कत्थई ऊन का वही स्वेटर बुन रही थी। बुनती थी और फिर सारा उधेड़ देती थी, फिर फन्दे डालती थी और फिर नए सिरे से शुरुआत करती थी, एक-एक करके वह परिवार के हरेक सदस्य के नाम से बुना जा चुका था पर पहनना किसी को नसीब नहीं हुआ था। पुरातत्त्वी खुदाइयाँ और अन्वेषण, आलेख-निमन्त्रण, आधी पुस्तकें—संग्रहालय के लिए ढेरों चीज़ें, यह सब उनके स्वस्थ होने का इन्तज़ार कर रहे थे। अभी कितना काम बाक़ी है; क्या मालूम था कि यह अपनी मशीन ही थक जाएगी। बरसों-बरसों धड़कता है दिल, बस एक दिन अकस्मात् चुप। यह कोई बात हुई, न कोई चेतावनी, न कोई पूर्वसूचना—सुबह से भारी-भारी महसूस कर रहे थे, पर पढ़ाने चले ही आए थे। और अच्छा ही हुआ, नहीं तो अकेले फ़्लैट में कौन देखने-सुननेवाला।

चिरन्तन की दृष्टि बार-बार पास रखी मशीन पर चली जाती थी, जहाँ उनके दिल की धड़कन एक छोटी-सी आवाज़ के साथ रिकॉर्ड होती रहती थी—अगर अगले किसी क्षण यह रुक जाए तो ?

शामवाली डॉक्टर सुन्दर थी; जब वह कमरे में आई और उनके पलंग के पास आकर खड़ी हुई तो चिरन्तन को लगा कि डॉक्टर के ही बालों की झलक और महक का ही अक्स उनके अवचेतन में रहा होगा। उसके जाने के बाद उनके ख़याल फिर दिल की ओर चले गए, दिल की धड़कनें और चुप हो जाने पर नहीं; बल्कि जिस दिल को लेकर हज़ारों, ग़ज़लें और गीत गाए जा चुके हैं, जो मिलते हैं, जुड़ते हैं, टूटते हैं, दिए जाते हैं, चुराए जाते हैं—चिरन्तन स्वयं अच्छा गा लेते थे। पर उस समय उनके मन में वह गुनगुनाहट गूँजने लगी जो हर समय उनकी सबसे बड़ी बेटी के होंठों पर रहती थी—दिल दीवाना बिन सजना के—या फिर दर्दे दिल, दर्दे जिगर सहते रहें। उस समय चिरन्तन के मन में उस बेटी के लिए बहुत ममत्व जाग उठा।

न जाने कब वह सो गए। नर्स ने जब उन्हें दवाइयाँ देने के लिए जगाया तो वह चौंक पड़े।

"आप आज अच्छा सोए..." उसने कहा।

चिरन्तन ने उसकी यूनिफ़ॉर्म पर लगे नाम के बिल्ले को पढ़ने की कोशिश करते हुए कहा—"शैरन ! दवा का समय हो गया क्या ?"

"शैरोन," नर्स ने कहा, "मेरा नाम शैरोन है। आज आपसे कोई मिलने नहीं आया ?"

इससे पहले वह इंटेंसिव केयर में थे, जहाँ केवल निकट सम्बन्धी ही आ सकते थे। यहाँ कोई ऐसा न था निकट सम्बन्धी जो कि मिलने आता। घर पर इत्तला देने को उन्होंने मना कर दिया था।

शहर में कुछ लोगों से पहचान थी; विद्यार्थी, सहयोगी, दूर से हाल पूछ लेने की रीति पूरी कर देते थे। भारतीय विद्यार्थी यूनियन का प्रेसीडेंट कई दिन आया था।

सूप के दो-चार चम्मच लेकर चिरन्तन ने ट्रे हटा दी। आदत थी परत के परत शुद्ध घी में डूबे हुए पूरी-पराँठे की, तरातर मांस-मछली की, चटपटी मुर्गी और तड़केवाली दाल की।

सबकुछ गया। घी-मक्खन एकदम बन्द; बस उबली सब्ज़ियाँ, सूखी रोटी, सादी दाल, ऊपर से रोज़-रोज़ कसरत करो, और स्ट्रेस घटाने के लिए मेडीटेशन। इस वक़्त एक ठंडी बीयर और एक कसे-कसे शरीरवाली स्त्री के लिए क्या नहीं दे सकते। ख़ास तौर से अगर वह स्त्री शामवाली नकचढ़ी डॉक्टर हो तो और भी–हर बार जब वह उन पर झुकती है, उसके बाल सहलाने का मन होता है। डॉक्टर अलीशिया ऐंडरसन; नाम उनके होंठों पर हिलगा हुआ है, सामने ठंडे होते हुए सूप, फलों के सलाद की ट्रे है। पीने को सेवेन अप। बस। वह अस्पताली गाउन पर अस्पताली कम्बल ओढ़ लेते हैं और धीरे से लेट जाते हैं। खाने के बाद अस्पताल का अपना एक रुटीन है। धीरे-धीरे आहटें कम होती जाती हैं, गलियारे शान्त हो जाते हैं। नर्सें अपने-अपने काम में व्यस्त हो जाती हैं। बस मशीनें चलती रहती हैं, और उनसे जुड़े पेशेंट धीरे-धीरे साँस लेते रहते हैं।

मैं ठीक हो जाने पर आपके प्रति धन्यवाद व्यक्त करने के लिए आपको खाने पर ले जाना चाहूँगा डॉक्टर–कितनी बार सोचते रहने पर भी यह शब्द उच्चरित नहीं हो पाते। वह चिढ़ न जाए, चिरन्तन अँधेरे में पड़े-पड़े सोचते हैं। इससे पहले तो कभी ऐसी झिझक नहीं अनुभव की। शायद इसलिए कि वह डॉक्टर है। और वह पेशेंट। डॉक्टर-पेशेंट का रिश्ता ही ऐसा है कि वह डेट नहीं करते, या फिर उसके विदेशी होने का अजनबीपन तो नहीं।

चिरन्तन जानते हैं कि यह दोनों कारण डॉक्टर अलीशिया को लेकर नहीं हैं। प्रोफ़ेसर और विद्यार्थी का रिश्ता भी ऐसा ही होता है। एक सत्र के लिए विज़िटर होकर आने पर वह पुरुष व स्त्री के बीच के व्यवहार को तुरन्त समझ गए। फैकल्टी हैंडबुक में सफ़े के सफ़े इस विषय पर थे–और एक वरिष्ठ सहयोगी हाल में ही एक छात्रा की शिकायत पर जल्दी रिटायर कर दिए गए थे।

तब; फिर; चिरन्तन जानते हैं कि अलीशिया केवल डॉक्टर होने के नाते ही औपचारिक नहीं है। उसका व्यवहार दूर तक ठंडा है। वह ठंडी है, बरफ़ की तरह–सीधे-सपाट देखती है। बात करती है, हाल पूछती है–दवाएँ कम-बढ़ करती है। उसके लिए वह केवल एक पेशेंट हैं। पुरुष नहीं। कभी-कभी इस बात से उन्हें चिढ़ उठती है। वह चाहते हैं कि वह भर आँख उन्हें देखे; देखे और समझे कि चिरन्तन को कभी भी इसकी क़मी नहीं महसूस हुई। कभी उन्हें किसी के लिए प्रयत्न नहीं करना पड़ा, क्या चेहरे की बनत थी या पद की गरिमा–बाल-बच्चों की कचपच, पत्नी की एकरसता को दूर करने के लिए कोई न कोई जीवन में मौजूद ही रहता था, चाहे फ़ाइल पकड़े हँसती, शर्माती, आह्लादित अपराजिता, अन्विता, अनन्या या अपर्णा हुई। या साइट के सर्किट हाउस की सुखमी, जो बाद में खानसामा के साथ भाग गई। जैसे अनायास, अनिर्धारित यह सब प्रारम्भ होता था, वैसे ही अकस्मात अन्त भी हो जाता था। अन्विता की जगह अपर्णा ले लेती थी, और अपर्णा के बाद अनन्या। घर में पत्नी बैठी-बैठी स्वेटर बुना करती थी–और चिरन्तन के जीवन में एक दूसरी धारा भी बहती रहती थी। कोई एक रात, कोई सप्ताहान्त, कोई दो हफ्ते; पूर्ण समर्पण और प्यार से वह जल्दी ही ऊब जाते थे। पर कभी-कभी कोई अधिक समय के लिए बाँध भी लेता था–जैसे उनकी अध्यक्षता में एम. फ़िल करती मधुलिका–पर अब उतनी हाथापाई करने का दम कहाँ रहेगा। अब तो चिरन्तन अपनी स्टडी में जमकर बैठेंगे, अपनी अधूरी पुस्तकें पूरी करेंगे, नाम करेंगे, प्रशस्ति पत्र, सम्मान और पुरस्कार बटोरेंगे। गए वह सब नमकीन चेहरे,

वह थरथराते समर्पण, सर्वांगतोष की चीखें—अपने कसे-कसाए शरीर पर कितना गर्व था। तीन दिन में ही बुढ़ा गया। फिर भी उन दिनों की याद करके अच्छा-अच्छा लगा; अपने कहे वाक्य हवा में टँगे रहे—"तुम प्यार करते समय बेहद खूबसूरत लगने लगती हो, कितनी चिकनी है तुम्हारी त्वचा—जैसे असली रेशम, मालूम है तुम्हारे शरीर पर क्या फबता है ? मैं ! तुम्हारे जाने के बाद भी तुम्हारी हँसी की खनक यहाँ रसी-बसी रहती है।" मौक़े-मौक़े पर बहुत सच्चाई और सादेपन से वह यही वाक्य हर किसी से दोहराया करते थे। कभी किसी ने उन्हें झूठा नहीं कहा; चाहे मधुलिका, मंजुलिका या अवन्तिका जैसे नामों की छात्राएँ हों, चाहे डीन या वाइस-चांसलर की बीवी। कभी-कभी उन्हें ताज्जुब होता था कि समझदार से समझदार या विदुषी स्त्रियाँ भी तब सच और झूठ में फर्क नहीं बता पाती थीं, या फिर वही सब सच मानना चाहती थीं जो चिरन्तन कह रहे होते थे। अपनी बारी पर वह क्या स्वयं सच बोलती थीं—"मुझे विश्वास नहीं हो रहा है कि मैं यहाँ हूँ तुम्हारे पास, तुम्हारी बाँहों में—कितने अच्छे प्रेमी हो तुम—काश ! मेरा पति रवि या राहुल, आशीष या अनिल तुमसे यह टेक्नीक सीख सकता; जल रहे हो क्या, पति तो जायज़ है न; उसके अतिरिक्त बस तुम ही तुम हो—" उसकी ऐसी बातें सुनकर, उठकर कपड़े पहन रहे चिरन्तन हँस देते थे; वही सम्मोहन-भरी हँसी। और उनके मन में उस निर्वस्त्रा, लज्जाहीन स्त्री के प्रति वितृष्णा भर उठती; बरामदे की सीढ़ियाँ उतरते हुए वह उसे भद्दी और गन्दी गालियाँ देने लगते; परन्तु इससे उसकी पकड़ कम नहीं होती और अगली बार वह उसके घर की सीढ़ियाँ चढ़ते हुए पाते कि उस वितृष्णा की जगह उनके अन्दर एक नई उत्कंठा जाग उठी है। और फिर वही बातें, वही झूठ-सच, लपटा-झपटी, खींच-पकड़; चाहे हड़प्पा हो या हस्तिनापुर, नालन्दा हो या तक्षशिला; बर्कले हो या कोलम्बिया; हर स्थान पर अतृप्त, भूखी स्त्रियों की कमी नहीं जो चन्द मिनटों या घंटों या एक रात प्यार और रस में लिपटे कुछ टुकड़ों पर ही तुष्ट हो जाती हैं, और बनी रहती हैं उम्र-भर कृतज्ञ। कैसी होती हैं ऐसी स्त्रियाँ, घर-गृहस्थी, पति-बच्चे होते हुए भी यह सब उन्हें नहीं बाँध पाता। उधर है उनकी पत्नी; केवल उनके प्रति समर्पिता—पन्द्रह-सोलह साल से लेकर अब तक—यह बात उन्हें हर समय बड़ा सुख, बड़ा सन्तोष देती है और अब अस्पताल के अँधेरे-अँधेरे-से कमरे में वह उसके बारे में सोचने लगे। विवाह के समय छोटी-सी थी। शर्मीली, अनुभवी, एकदम भक़ गोरी। हँसती थी तो बड़े-बड़े दाँत दिखने लगते थे। इसलिए वह हँसती कम थी। बस सिर झुकाकर मुस्कराया करती थी। खूब-खूब रौंदा-कुचला था उसे। क्या उम्र थी अपनी—चौबीस-पच्चीस साल की उम्र में जैसे हर वक़्त नशा-सा चढ़ा रहता था—घर में बूढ़ी माँ थी, भाभियाँ, नौकर-चाकर, सन्दीपनी को समय ही समय था। वह हमेशा चुपचाप पास चली आती थी, कभी ना नहीं की उसने। एक ठाकुर परिवार की सामान्य-सी लड़की, सामान्य-सी आकांक्षाएँ; बात भी करती थी तो बड़ी भाभी के जुगनुओं की, मँझली की भारी करधनी की; और अपने सोने के पायल जो उसने विवाह पर पहने तो उतारे ही नहीं। चिरन्तन की थीसिस के पन्नों पर धूल जमने लगी। लगता था कि उनकी अपनी सन्दीपनी पर ही सारी चाहत, सारी प्यास टिकी हुई है। और वह थी कि उसने कभी अपनी मर्यादाओं से बाहर निकलना ही नहीं चाहा। वह भाभी की ठिठोलियों पर सिर झुकाकर मुस्कराया करती थी। माँ की सख्ती और डाँट-डपट वैसे ही सह लेती थी। सन्दीपनी, जिसने साल के साल बच्चे पैदा करना शुरू कर दिया, एक के बाद एक तीन बेटे, फिर तीन बेटियाँ

और अन्त में जुड़वाँ बच्चों की जोड़ी, जिनकी मृत्यु कुछ ही दिनों बाद हो गई, और सातवें प्रसव के बाद सन्दीपनी पागल हो गई थी। वह प्रसंग याद आते ही चिरन्तन एकाएक चिन्तित हो गए। उन्हें लगा कि अब रात-भर नींद नहीं आएगी। वही सब आँखों के आगे फ़िल्म की रील की तरह, पैर में गड़े काँटे की तरह त्रास देता रहेगा।

''नर्रा,'' उन्होंने घबराकर कहा, ''मुझे सोने के लिए दवा चाहिए।''

सन्दीपनी को किसी प्रकार का दुख है; और वह इतना-इतना गहरा होगा, इसका अन्दाज़ कैसे होता ? पूरे घर में उसका रुदन गूँजता रहता था, वह न नहाती थी, न सिर गुँथवाती थी। बस, बैठे-बैठे रोया करती थी। माँ कहती थी कि सब प्रपंच है, दिखावा है, बच्चों से घर में उतरायन पड़ी है; ईश्वर की कृपा से छह-छह हँस-खेल रहे हैं—फिर भी—चिरन्तन को लगा, माँ ठीक कहती हैं। वह हमेशा कहती थीं, सन्दीपनी कुछ दिनों में ठीक हो जाएगी, और अभी कौन उमर निकल गई। जहाँ नया बच्चा पेट में आया, ठीक हो जाएगी। इसी बीच में नाइन से सिर ठोंकवा ले, तेल डलवा ले, दिमाग़ में खुश्की हो गई है। वह माँ से कैसे कहते कि वह तो हाथ ही नहीं लगाने देती थी। एक दिन हलवाहा घबराया हुआ आया और बताया कि गौशाला में बहूजी शरीर उघाड़े सोई पड़ी हैं।

वह एक कोहरा-भरी जाड़ों की सुबह थी, चिरन्तन ने शाल खींचकर अपने पर डाली—अन्दर के कमरे में जहाँ सन्दीपनी ने खटोलिया पर अकेले सोना शुरू कर दिया था, अँधेरा था। वैसे तो सारे बच्चे वहीं आस-पास सोते थे। इस समय गहरी, खेल की नींद में डूबे हुए थे। चिरन्तन गौशाला में पुआल पर पड़ी सन्दीपनी को देखते रह गए। एकदम जड़, अवाक्। उसके केश खुले और अस्त-व्यस्त थे, साड़ी अलग थी, शरीर पर केवल एक पेटीकोट था, वह भी टाँगों से बहुत ऊपर—ब्लाउज़ चिंदी-चिंदी झूल रही थी, बाँहों में अटकी हुई; हलवाहा बाहर ही रुक गया था, उसने अभी गायें खोली भी नहीं थीं, वह चुपचाप खड़ी थीं, निःशब्द और बीच में सन्दीपनी पड़ी थी—सचमुच पागल। चिरन्तन ने शाल से संदीपनी को ढँक दिया—उसकी आँखें फटाक से खुल गईं और उसने अपने ऊपर चिरन्तन को देखकर उसने चीख़ें मारनी शुरू कर दीं—हटाओ-हटाओ। उसके हाथ अपने शरीर को नोचने लगे, जैसे किसी चिपकी हुई वस्तु को दूर करना चाह रही हो। चिरन्तन उसे पकड़कर अन्दर लाए, तब तक सारे घर में जग़ार हो गई थी, वह चीख़े जा रही थी, और अपने को नोच रही थी—बराबर 'हटाओ...हटाओ' की धुन के साथ। फिर उसने धड़ाधड़ चिरन्तन की छाती में मुक्के मारने शुरू कर दिए; तब तक घर की स्त्रियों ने आकर उसके हाथ पकड़ लिए और अन्दर ले गईं।

चिरन्तन धम्म से चारपाई पर गिर गए। पहली बार उन्होंने स्वीकार किया कि सन्दीपनी सचमुच पागल हो गई है, पूरी तरह विक्षिप्त। अब क्या किया जाए—कैसे किसी मानसिक रोगों के डॉक्टर के साथ सम्पर्क किया जाए, क्या इलाज हो। कौन देखे इन बच्चों की लाइन डोरी को—यह सब क्यों और कैसे हो गया। कितनी सन्तुष्ट और शान्त स्वभाव की थी सन्दीपनी—ऐसा क्या टूट गया उसके अन्दर, और क्यों ?

चिरन्तन सारे दिन विषादग्रस्त और चिन्तित बैठे रहे—बीच-बीच में सन्दीपनी की चीख़ें सुनाई पड़ती थीं, उसके बाद घर में फिर एक रहस्यभरी चुप्पी छा जाती थी। तीसरे पहर तक सन्दीपनी के दोनों भाई आ पहुँचे। इस बीच घर के पिछले दरवाज़े से लोगों का आना-जाना

लगा रहा था—सन्दीपनी को भूतप्रेत की बाधा है, और इसका इलाज वही लोग करवाएँगे। एक बहुत पहुँचे हुए फ़कीर हैं, उनको बहुत मानता है। चिरन्तन ने अविश्वास से सुना। घर में सबका यही विचार था कि सन्दीपनी को मय बाल-बच्चों, भाइयों के साथ भेज देना चाहिए। यहाँ तो क़ाबू में आती ही नहीं। भाभी और माँ एक दिन में ही पस्त हो गई थीं।

चिरन्तन कुछ कह सकें, कुछ निश्चय ले पाएँ, इससे पहले ही भाइयों ने सन्दीपनी को उठाकर ज़बरदस्ती टैक्सी में ठूँसा और ले गए—"आप फ़िकर न करें।..."

"सुनिए तो...रुकिए तो..." चिरन्तन ने कहना चाहा पर आगे कुछ कहें, उन्हें उत्तर मिला, "आप बिलकुल चिन्ता न करें।"

चिरन्तन ने हठपूर्वक टैक्सी का दरवाज़ा पकड़ लिया, "मैं इन बातों में विश्वास नहीं करता। मैं नहीं चाहता कि इन्हें मिर्चों की धूनी वग़ैरह लगे...मारा-पीटा जाए..."

"हमारे मौलाना ओझाओं की तरह नहीं हैं," छोटे साले ने कहा। इसी बीच सन्दीपनी ने चिरन्तन का नाम लेकर एक फूहड़ गाली दी और चिरन्तन का हाथ अपने आप टैक्सी से हट गया। उन्हें लग रहा था कि बात उनके हाथ से निकल गई है, उन्हें स्वयं भी पता नहीं था कि कैसे सँभालें, कहाँ से सिरा पकड़ें, बार-बार अपना मांस नोचती, कपड़े शरीर से अलग करती हुई शरीर से चिपकी किसी गन्दगी को दूर करती विक्षिप्त सन्दीपनी का चित्र आँखों के आगे टँगा रह गया।

सन्दीपनी क्यों पागल हो गई, चिरन्तन इस सोच में डूबे रहे। वह बार-बार अपने चारों ओर दृष्टि डालते पर उनका प्रश्न जैसे दीवारों, पेड़ों, तार पर सूखते कपड़ों से उलझ जाता। फुलवारी में चटक धूप फैली रहती और बेतरतीब खड़े पेड़-पौधे अपने-अपने स्वभाव के अनुसार फूलते और सूखते रहते। बहुत लाड़-प्यार मिला था सन्दीपनी को, चिरन्तन की पत्नी होने के नाते। माँ कभी-कभार तेज़ बोल देती थीं, पर वह तो परिवार की सभी स्त्रियों को झेलना पड़ा था। तीन बेटे, तीन बेटियाँ; ठीक है वह उसके लिए घर से बाहर ज़्यादा न कर सके थे, पर जो था, उसी का तो था। सन्दीपनी क्यों पागल हो गई, क्या ऐसा गलीज़, अनवांछित उसकी देह से चिपक गया कि वह खुरच-खुरचकर अपनी खाल ही मांस से अलग कर देना चाहती थी।

वह समझ नहीं पा रहे थे कि क्या करें—कभी अन्दर जाते, कभी बाहर। एक अधूरा लेख पूरा करने की चेष्टा की, पर ख़ाली काग़ज़ों को वह देर तक बैठे-बैठे घूरते रहे।

घर में वही आवाज़ें थीं, रोज़ की—पानी के पम्प का चलना, बाल्टियों की खनक, माँ के अस्पष्ट आदेश, फल-सब्ज़ीवाले की पुकारें—लोगों का आना-जाना; चिरन्तन सुनते रहे और खोए रहे; सन्दीपनी का पागलपन एक बौद्धिक चुनौती-सा बन गया था। फिर वह उठे, और पहली बार किसी से कहे-सुने बग़ैर वह ससुराल पहुँच गए। बच्चे बरामदे में खेल रहे थे—उन्हें देखते ही 'दद्दू आ गए, दद्दू आ गए' कहकर चहकने लगे। अन्दर से बड़े साले निकले और चिरन्तन को देखकर अचकचा गए। उन्हें बैठाया गया, अन्दर ख़बर लेकर गए।

"माँ कैसी है ?" उन्होंने बड़े बेटे से पूछा।

उसका चेहरा एकदम लटक आया—"बहुत चिल्लाती है। हमें देखते ही मारने दौड़ती है..."

चिरन्तन के कलेजे में कुछ ठक्-सा लगा।

थोड़ी देर में गुलाबी साड़ी से सिर ढँके सास आई—"किसी मेम का साया है ?"

"मेम का ?" चिरन्तन चौंक पड़े।

"हाँ, कोई मेम लग गई है, इलाज़ चल रहा है।"

चिरन्तन निर्वाक्।

उन्हें यह सब फालतू और बेकार-सा लगा।

"डॉक्टर को नहीं दिखाया ?" उन्होंने हल्के से पूछा।

"डॉक्टर क्या करेगा बेचारा। मौलाना के पास ले गए थे, तब से कुछ आराम है।"

कितने दिन लगेंगे..."

"क्या मालूम, बहुत ज़बरदस्त साया है।"

सन्दीपनी सारे दिन सोती रही, चिरन्तन इन्तज़ार में बैठे रहे। शाम को घर भी लौटना था, किसी से कहकर नहीं आए थे।

वह शाम को जागी—सुस्त लगी। उसके बाल बनाकर, साड़ी बदलवाकर सलहज, प्रतिभाजी उसे चिरन्तन के पास छोड़ गईं। वह बैठक के दरवाज़े पर सिमटी-सी खड़ी रही। वह अभी भी नववधू-सी लगी।

"कैसी हो ? तबीयत तो ठीक है न ?" उन्होंने स्वर को भरसक मुलायम करते हुए पूछा।

वह अपने में और सिमट गई। चिरन्तन उठे और पास जाकर खड़े हो गए। "आओ, बैठो...मुझे तुम्हारी बहुत फ़िक्र रहती है।" तब उसने सिर उठाकर चिरन्तन को पूरी दृष्टि मिलाकर देखा—उसकी आँखें एकदम लाल थीं, दहकते अंगार जैसी। वह कुछ क्षणों को एकदम अवाक् रह गए और असहाय-से उसे देखते रहे; उसके घुँघराले बालों की कुछ लटें माथे पर चिपक आई थीं, उसके ओठ अधखुले थे, उसके चेहरे पर आवेश था या विक्षिप्तता—पर उस क्षण वह उन्हें अपूर्व सुन्दरी लगी।

"अन्दर आओ...बैठो..." कहते हुए चिरन्तन ने उसकी बाँह पकड़कर बैठाना चाहा।

सन्दीपनी ने एक चीख़ मारी—"मुझे मत छुओ...हराऽऽमी...मैं सैली नहीं हूँ..." और दौड़कर कमरे से निकल गई।

चिरन्तन को जैसे चाँटा लगा—सैली—सन्दीपनी सैली के बारे में कैसे जान गई ? वह तख्त पर बैठ गए।

"यह सैली-सैली क्या कहा करती है ?" प्रतिभाजी ने पूछा। "आपको कुछ मालूम है ? कोई मरी हुई मेम है क्या ?"

चिरन्तन कुछ कह न सके, केवल सिर-भर हिलाया। शाम की गाड़ी से वह वापस लौट आए। घर के लोग उनके अकस्मात् आने-जाने के आदी थे, उन्होंने रात का खाना भी नहीं खाया। अपनी बाहरवाली स्टडी में बैठकर ख़ाली पेट पीते रहे।

वह जैसलमेर गई थी—"लौटकर आऊँगी" कहकर गई थी...तुमसे दूर रहा ही नहीं जाता। वह हँसने लगी थी। मगर वह लौटी नहीं...चिरन्तन ने कुछ दिनों इन्तज़ार किया, सोचते रहे उसके बारे में लगातार, पर जैसे राजस्थान ने उसे लील लिया था। फिर वह साइट पर चले गए थे, उसे कोई और मिल गया क्या, या वह उनसे बिना मिले ही वापस लौट गई थी। उन्हें विश्वास नहीं हुआ। जैसे बिना किसी से कुछ कहे, वह उसके इन्तज़ार में रहे। वह इन्तज़ार भी एक दिन ख़तम हो गया। मधुलिका एक शाम मिलने आई थी, कुछ प्रश्न थे

उसके, पानी बरसने लगा था, ऐसा कि रुका ही नहीं। सर्किट हाउस में चिरन्तन अकेले थे, मधुलिका ठहर गई थी, सुबह तड़के ही उसे बस पकड़नी थी, वह कब उठी और चली गई उन्हें पता ही नहीं चला। जागे तो कमरे में मधुलिका नहीं थी, उसके काग़ज़ों का पुलिन्दा और छतरी भी नहीं थी।

उन्हें मालूम था कि वह फिर आएगी। बस से डेढ़ घंटे का ही तो रास्ता था, उसे एम.फिल. भी तो पूरा करना था।

शनिवार को चिरन्तन थके-थकाए लौटे तो मधुलिका उनका इन्तज़ार करती हुई बैठी मिली।

मधुलिका के सो जाने पर वह सैली के बारे में सोच उठे—कितनी शान्त सोती थी वह, सीधे सतर, सपाट, न करवट बदलना, न रात में उठना, सुबह जगाने पर उसकी आँखें एकदम पारदर्शी-सी लगतीं।

''तुम हो, अभी भी।''

''क्या तुम्हें सन्देह था...?''

''हाँ भी...नहीं भी...'' वह उठकर बैठ गई, लम्बी-लम्बी बाँहों के दायरे में घुटनों को लपेटे हुए।

''सन्देह क्यों था ?'' चिरन्तन ने बात को आगे बढ़ाते हुए पूछा।

सैली ने उठकर सिगरेट सुलगाया, उठकर खिड़की के पास जाकर खड़ी हो गई, पर्दा खींचकर उसने बाहर झाँका। वह एक पहाड़ की सुबह थी, धुली और निखरी, एकदम सैली की तरह।

''क्योंकि तुम मुझे प्यार नहीं करते। मैं तुम्हारे लिए सैली हूँ—बस। एक पागल-सी लड़की, सैली...''

चिरन्तन आगे कुछ न कह सके। सैली शायद ठीक ही कह रही थी...दरवाज़े पर दस्तक हुई और बैरा चाय लेकर अन्दर आया, दस्तक के साथ ही सैली अपने-आप संलग्न गुसलख़ाने की ओट में हो गई थी। हालाँकि सैली हर वक़्त उनके साथ रहती है यह बात किसी से भी छिपी नहीं थी, फिर भी एक आवरण तो रखना ही था। उस सुबह सैली की आँखें एकदम नीली थीं, एक ठंडे पानी की झील की तरह...

''मैं सोच रही थी...'' उसने चाय के एक घूँट के बाद कहा। वह बिस्कुट कुतर रही थी, एक चिड़िया की तरह।

''मैं सोच रही थी कि तुम्हें उससे अलग करने में क्या प्रयास करना होगा...''

''किससे ?'' चिरन्तन ने समझकर भी अनजान बनने की कोशिश की।

''उसी से...तुम्हारी भारतीय पत्नी से...क्या मैं उससे जाकर सबकुछ कह दूँ...क्या तुम मुझे ज़रा भी प्यार नहीं करते ?''

चिरन्तन चुप। सैली के साथ जीवनपर्यन्त रहने की कल्पना सुखद थी, मादक भी। लम्बी, दुबली-पतली सैली, जो हमेशा मुस्कराती रहती थी, जिसकी त्वचा सुनहली और चिकनी थी, और जिसके बाल पके हुए गेहुँआ रंग के थे और हर वक़्त उसके चेहरे पर गिरे रहते थे। जब कभी वह बाल इकट्ठे करके पीछे बाँध लेती तो उसके छोटे-छोटे सुन्दर कान दिखने लगते जिनकी लवों में छेद नहीं थे। वह साइट पर जींस पहनती थी और बिना बाँहों की

बनियाइन, जिसके नीचे वह कुछ नहीं पहनती थी, और उसके कुचाग्र स्पष्ट दिखते रहते थे।

प्रारम्भ में चिरन्तन ने सभी विदेशी छात्रों को नियम बता दिए थे, परन्तु पहनावे के बारे में कुछ कहने का उनका ध्यान नहीं गया था। साइट पर तरह-तरह के लोग रहते थे—खुदाई करनेवाले मज़दूर, फालतू दर्शक, पुरातत्त्व विभाग के लोग और उनके अपने छात्र...सैली निस्संकोच भाव से अपने समूह के विद्यार्थियों के साथ काम करती...गर्मी पड़ने पर एक दिन जब वह दिखाई दी तो वह बेतरह छोटे शौर्ट्स पहने हुए थी। चिरन्तन ने उसे दफ़्तर में बुलाया—वह सहज भाव से आकर खड़ी हो गई; उनकी समझ में नहीं आया कि वह बात कहाँ से शुरू करें—

"तुम भारत में हो सैली, और हमारे पोशाक के बारे में कुछ क़ायदे-क़ानून हैं..."

वह सुनती रही, बिना कुछ कहे। चिरन्तन को पहली बार आभास हुआ कि सैली एक खूबसूरत लड़की है। उसने आते हुए दफ़्तर का दरवाज़ा बन्द कर दिया था, और अब वह सीधे उन्हें ताक रही थी, एक चुनौती-सी देती हुई; अपनी जवानी और सुन्दरता को ठीक उनके सामने सजाए हुए...

चिरन्तन को वह सब एक सपने में घटा-सा लगा, उन्हें ठीक से घटनाओं के क्रम याद नहीं, सिर्फ़ यह याद रहा कि उन्हें एक तीव्र अदम्य इच्छा ने जकड़ लिया। सैली के होंठ भीगे-भीगे थे, और उसकी पटुता से चिरन्तन उस स्वप्नावस्था में भी प्रभावित हो गए थे...

उस समय उन्हें सन्दीपनी या बच्चों का एक बार भी ख़याल नहीं आया। छह सप्ताह बाद उसके साथ के विद्यार्थियों के लौट जाने पर भी सैली पीछे रह गई। उसने चिरन्तन को भरपूर उलझाए और सराबोर रखा...बरसात आने पर जब काम बन्द हुआ और चिरन्तन वापस आए तब भी वह आई और एक कमरे का फ़्लैट लेकर उसी शहर में रहने लगी...उसकी यही एक रट थी—"मैरी मी चीरू...मैरी मी..." और वह कहते— "कैसी ?"

"उससे कह दो नऽ, अपनी पत्नी से..."

"यह पश्चिम नहीं है..."

वह सचमुच उन्हें चाहती थी, इसका चिरन्तन को पूरा विश्वास था...पर वह सन्दीपनी और बच्चों से कैसे बँधे थे इसका उसे अन्दाज़ नहीं था। जैसे-जैसे दिन बीतने लगे और चिरन्तन की व्यस्तताएँ उनके बार-बार मिलने में रुकावटें डालने लगीं, सैली कहने लगी—"वह मर जाएगी।"

चिरन्तन ने कहा, "तुम बहुत मज़बूत हो...तुम झेल लोगी..."

सैली के गालों पर दो आँसू लुढ़क आए। चिरन्तन घबड़ा उठे, उन्होंने कभी सैली को रोते हुए नहीं देखा था। और उनसे यह बर्दाश्त भी नहीं हुआ...उन्होंने सैली को बाँहों में घेर लिया—

"तुम अभी छोटी हो सैली...तुम भारत से जल्दी ही ऊब जाओगी...तुमने देखी नहीं यहाँ की गर्मी और बरसात..."

"तुम...केवल तुम, चीरू...छोड़ दो सबकुछ...मेरे लिए।"

उसे हल्के से अलग करते हुए चिरन्तन ने कहा, "तुम जानती हो यह सम्भव नहीं है..."

सैली ने कुर्सी पर पड़ा अपना बड़ा-सा हैंडबैग उठाया और उनकी ओर बिना देखे बाहर निकल गई, उसने गेट खोला और बन्द किया, उस ठक् में एक इति-सी थी। पर चिरन्तन को विश्वास नहीं हुआ कि वह लौटकर नहीं आएगी। नहीं, उन्हें सैली से प्यार नहीं था, मगर फिर दिन इतने खोखले और बेमानी से क्यों हो गए थे ? उनका मन कहीं क्यों नहीं लगता था, और उसके बालों से उभरती नींबू के फूलों की सुगन्ध क्यों दिल-दिमाग़ में समाई हुई थी।

चपरासी उनका पुर्ज़ा लेकर औट आया था—"मेम साहब अभी जैसलमेर से लौटी नहीं हैं।"

पर सैली को राजस्थान निगल गया था। वह तो चिरन्तन के बिना रह नहीं सकती थी। पर कहाँ ढूँढ़ें उसे ?

मधुलिका सूती साड़ी रात को ही तहाकर कुर्सी के पीछे लटका देती थी जिससे भोर में पहनकर बस पकड़ सके। वह मधुलिका को उसी पगडंडी से नीचे उतरता देखते रहे। वही पहाड़ की सुबह थी, उनका वही कमरा था और संलग्न ऑफ़िस...उन्हें एकाएक लगा कि यह सब पहले भी घटित हो चुका है, पंक्ति की पंक्ति स्त्रियाँ उनके बिस्तर से उठी हैं और पगडंडी से नीचे उतर गई हैं। पर उन्होंने उन स्त्रियों को भोगा ज़रूर हो, प्यार किसी से नहीं किया है। यह सब क्या सिर्फ़ उन्हीं के साथ घटित होता है, वह सोचने लगे, या अधिकतर विवाहित पुरुष उन्हीं की तरह परिवार और विवाह के साथ-साथ एक समानान्तर जीवन व्यतीत करते हैं। पगडंडी से तो सिर्फ़ मधुलिका उतरकर गई, पंक्ति की पंक्ति स्त्रियाँ शायद उनकी सुखद कल्पना है। मधुलिका अभी पढ़ाती है। तेईस-चौबीस वर्षों की लबालब भरी युवती। वह भविष्य में किसी सम्भावित पति के लिए अपने को बचाकर नहीं रखना चाहती, वह क्षण में जीना चाहती है। एक बार उन्होंने पूछ ही लिया—"मधुलिका, तुम्हें अच्छी तरह मालूम है कि मैं एक इज़्ज़तदार विवाहित पुरुष हूँ, साधारण-सा..."

"आप साधारण नहीं हैं," मधुलिका ने कहा, "आप एक मेधावी, जीवन्त और कोमल-से व्यक्ति हैं। आपके साथ मुझे अच्छा लगता है। बस, मेरे लिए यही पर्याप्त है..."

दर्पण में अपने को चिरन्तन रोज़ देखते आए हैं, फिर भी जैसे कभी ध्यान नहीं दिया कि आम व्यक्ति से कुछ अलग हटकर हैं। पद की गरिमा, अध्ययन-मनन का तेज, सबकुछ मिलाकर एक आकर्षक व्यक्तित्व है उनका। सन्दीपनी कभी कुछ नहीं कहती, शायद उसमें इतनी विश्लेषणात्मकता नहीं है, कपड़े सुखाओ, कपड़े उठाओ, गड्डी की गड्डी दराज़ में जमाकर रखो...बच्चों की यूनिफॉर्मों पर इस्तरी करवाओ—वह ऐसे ही कामों में उलझी रहती है।

"क्यों सन्दू, तुमने मुझे पहली बार देखा तो कैसा लगा ?"

सन्दीपनी आश्चर्य से उन्हें देखने लगी, उसके हाथ थम गए और दराज़ खुली की खुली रह गई।

"बताओ न ?"

"मैं आपको कैसी लगी ?"

"बहुत सुन्दर।"

"आप भी मुझे अच्छे लगे..." सन्दीपनी ने कहा, "जो बिंध गया सो मोती," उसने अकस्मात् जोड़ा।

"मान लो, तुम एक राजकन्या होतीं और तुम्हारे स्वयंवर में मैं आता तो, क्या तुम मुझे वरतीं ?"

सन्दीपनी ने तुरन्त जवाब नहीं दिया। दराज़ बन्द की और बोली, "इन बातों का क्या तुक..."

"वरतीं न...मुझी को वरतीं ?" चिरन्तन का स्वर आक्रामक हो चला।

"नियति यही थी कि आपको ही वरती..." उसने कहा और बाहर चली गई। वह रात को देर तक खटपट करती है, सबको गरम दूध भिजवाती है, चौका उठाती है, सारे दरवाज़े दो-दो, तीन-तीन बार देखती है कि ठीक से बन्द हैं या नहीं, फिर भी जब वह अपनी चारपाई पर लेटती है तो वह चर्रमर्र करती है और चिरन्तन की आँख खुल जाती है।

वह कभी प्रतिवाद नहीं करती, पर चिरन्तन को मधुलिका की थरथराती उत्सुकता, सैली की पटुता याद आती है। फिर भी वह सन्दीपनी के अलावा किसी और की पत्नी-रूप में कल्पना कर ही नहीं सकते। और वही सन्दीपनी पागल हो गई है, उस पर किसी प्रेतनी का साया है, सन्दीपनी पागलपन में सैली...सैली चिल्लाती है—क्या यह सब सम्भव है। चिरन्तन को विश्वास नहीं होता—पर वह असहाय हैं। सन्दीपनी बहुत दिनों तक वापस नहीं लौटी। चिरन्तन के आने से वह और विचलित हो जाती है, पूरी तरह ठीक न होने तक वह न ही आएँ तो अच्छा हो—यह सन्देश उन तक पहुँच गया।

चिरन्तन को समय नहीं है, 'डिग' पर जाना है, सबकुछ ठीक-ठाक करना है, पर्चे, काग़ज़, पुस्तक के प्रूफ। वह सन्दीपनी से बिना मिले ही डिग पर चले गए—उनका दफ़्तर सेट हो गया, विद्यार्थी और सहायक जुट गए। सबकुछ होते हुए भी जब सुबह बिस्तर से उठकर पर्दा खोलते हैं तो बहुत अकेला लगता है। उन्हें मालूम नहीं किसके लिए, किसकी अनुपस्थिति का अभाव उन्हें काट रहा है।

कमरे में खटपट हो रही है। बैरा बीमार है, उसकी पत्नी बिस्तर लगा रही है। कम्बल वग़ैरह ठीक करके वह पीछे हटती है और चिरन्तर से टकरा जाती है...

"नहाई-धोई है न ?" चिरन्तन अपनी आवाज़ को स्वयं झटके से सुनते हैं।

एक बार सब चेहरे फिर गड्डमड्ड हो जाते हैं, सन्दीपनी की तरह ही है वह ठंडी, सबकुछ सहती, स्वीकार करती हुई। वह कुछ माँगती नहीं, पर चिरन्तन कुछ नोट उसकी तरफ़ सरका देते हैं।

"फिर कब आने को होगा ?" नोट साड़ी के छोर में बाँधती हुई वह पूछती है। रोशनी उसके माथे की बिन्दी पर झिलमिला रही है, उसकी नुकीली ठोढ़ी पर गुदना है। चिरन्तन दृष्टि हटा लेते हैं—"कल," वह कहते हैं।

वह एक वहशीपने से काम में जुट जाते हैं; सारे-सारे दिन, रात देर तक उनके कमरे में बत्ती जलती रहती है। सुखमी अँधेरे में चुपचाप बैठी रहती है। बत्ती बुझने के इन्तज़ार में।

"तेरा मर्द कुछ नहीं कहता ?"

"दारू पीकर रात-भर धुत्त रहता है..."

"तो तू अक्सर सर्किट हाउस में ऐसे ही आया करती है ? हरेक के साथ..."

"हरेक के साथ नहीं साहब...आप तो मेरे को अच्छे लगने लगे हो। मैं तो आपसे पैसा

नहीं लेना चाहती, पर क्या करूँ...घर में बच्चा है।"

सन्दीपनी के पागलपन के लक्षण सुनकर एक डॉक्टर मित्र सलाह देते हैं कि चिरन्तन नसबन्दी करा लें। सन्दीपनी को डर फिर गर्भवती होने का है, और फिर उस बच्चे को खो देने का। चिरन्तन पहले हिचकिचाते हैं। साइट से लौटकर पाते हैं कि सन्दीपनी लौट आई है। तार पर कतार के कतार बच्चों के कपड़े सूख रहे हैं। वह काफ़ी दुबली-पतली हो गई है, रंग भी झुलस गया है, बोलती तो पहले भी कम थी। कोई काम नहीं होता तो वह चुपचाप झूले पर बैठी रहती है। कभी-कभी चुपचाप रोती है सन्दीपनी, सिर उठाओ और देखो तो तुम पाओगी कि नीरव, शब्दहीन आँसुओं की धारा उसके गालों पर बह रही है। कभी-कभी काम बीच में अधूरा छोड़कर उठ आती है। जब चिरन्तन देर तक स्टडी में काम करते हैं तो वह उनका इन्तज़ार करती है। उनके आने पर ही वह बत्ती बुझाती है और अलग अपनी मसहरी में घुसकर लेट जाती है।

चिरन्तन उसे छूते हुए, उसके पास जाते हुए डरते-से हैं। उन्होंने नसबन्दी करा ली है, वह यह चाहने पर भी उससे नहीं कह पाते।

सन्दीपनी ने उन्हें छोड़ दिया है, अब वह उन्हें नहीं सहेगी...एक कमरे में, पास के बिस्तर पर सोएगी, मगर अगर कभी वह हाथ भी बढ़ाते हैं तो वह सिमट, सिकुड़ जाती है। उसके साथ-साथ चिरन्तन का जीवन जैसे एकदम बदल गया है। घर की शैया पर पत्नी होने का विचार ही उन्हें बहुत आश्वस्त-सा रखता था। समय पर जैसे नियमित रूप से भोजन उनके सामने आ जाता है, उन्हें कोई फ़िक्र नहीं, न ज़िम्मेदारी, गेहूँ कब आया, कब धुला, सूखा, कब पिसा, बाज़ार में तरकारी मिल रही है या नहीं—इन ज़िम्मेदारियों से वह परे थे। समय पर बुलावा आता था और भोजन का थाल सामने आ जाता था। उनके आसपास जीमते बच्चों का शोरगुल चलता रहता। उसी प्रकार ज़रूरत महसूस होने पर हाथ बढ़ाकर सन्दीपनी को जगाना ही पर्याप्त होता था, अब वह हर समय एक खीझ और झुँझलाहट से भरे रहते। जैसे सन्दीपनी का हर समय मौजूद रहना बाहरी गतिविधियों के लिए ज़रूरी था। उन्होंने अधिक से अधिक समय बाहर बिताना शुरू कर दिया। देर-देर तक विभाग में बैठे रहते, पी.एच-डी. छात्रों को परामर्श देते रहते, लाइब्रेरी चले जाते या संग्रहालय में बैठे रहते। मधुलिका, मंजुलिका, अवन्तिका के साथ अनमने, विरक्त, उखड़े-उखड़े, केवल एक शारीरिक गति से बाध्य; परन्तु कहाँ और क्या कुछ खो गया है, उसे चीन्हने का उन्हें समय नहीं था, या शायद जानना चाहते भी नहीं थे।

इसी बीच जब उन्हें विदेश जाकर एक सत्र रहने का अवसर मिला तो उन्होंने बहुत उत्सुकता से स्वीकार कर लिया। विश्वविद्यालय की गर्मी की छुट्टियाँ थीं, काम बन्द था, सन्दीपनी बरांडे में झूले पर बैठी रहती थी। आगे-पीछे बगिया में अपने आप पेड़ फलते रहते, फूलते रहते। एक-एक पेड़ पर चालीस-चालीस कटहल, नींबू के लदालद भरे झाड़, अमराई में मोर और कोयल, पर सामने सिर्फ़ कुछ बेहया बोगनविलिया और नागफनी की बाड़। चाहे खाद हो या नहीं, बोगनविलिया बारहों महीने फूलती रहती थी। यह सब पीछे छोड़ते हुए चिरन्तन को कुछ भी नहीं लगा। यह उनकी पहली विदेश यात्रा थी, उनके परिचित, सहयोगी विद्यार्थी पूरे यूरोप और उत्तर अमेरिका में बिखरे थे। ढेर सारे निमन्त्रण थे उनके पास।

पर यह अप्रत्याशित, अकस्मात् पड़ा दिल का दौरा; कैसे एक निमिष मात्र में दुनिया

बदल जाती है।

'तो चिरन्तन ठाकुर...' उन्होंने अपने आप से कहा। 'अब ?'

उन्होंने निश्चय किया कि अब वह एक संन्यासी की तरह रहेंगे, संयम, नियम से, सारे इन्द्रिय-सुख छोड़कर; शेष जीवन पढ़ने-लिखने में व्यतीत करेंगे।

वह सब लेने आए थे। कंठ अवरुद्ध, आँखें गीली, कृतज्ञ कि चिरन्तन सही-सलामत लौट आए हैं। बेटों और बेटियों को हृदय से लगाते हुए चिरन्तन के मन में भी एक ज्वार-सा उठा, कितने छोटे-छोटे हैं यह सब, अभी तो जैसे दूध के दाँत भी नहीं टूटे हैं।

आसपास काफ़ी परिवर्तन-सा लगा उन्हें—पूरे समय के लिए ड्राइवर रख लिया था, कभी रात-बिरात ज़रूरत पड़ जाए। पिछवाड़े मिस्त्री और मज़दूर लगे थे और आँगन को पक्का करके उधर नई रसोई बन रही थी। आगे जहाँ बंजर ज़मीन पड़ी रहती थी, माली खुदाई कर रहा था। चिरन्तन को ऊपर दुमंज़िले पर नहीं जाने दिया गया। मँझले भैया ने चाभियाँ भेजकर नीचे ही अपने हिस्से के कमरे खुलवा दिए थे।

रात को सन्दीपनी आकर पलंग पर बैठ गई। चिरन्तन ने आँखें खोलीं, वह न रोने की चेष्टा कर रही थी।

"आप एकदम ठीक तो हैं न ?"

"बिलकुल। तुम क्या घबड़ा गई थीं ?"

"बहुत।"

एक लम्बा सन्नाटा। चिरन्तन ने एक लम्बी आह भरी और कहा, "जाओ...जाकर सो जाओ, थक गई होगी।"

सन्दीपनी ने बत्ती बुझा दी और पास के पलंग पर लेट गई। न जाने क्यों पलंग बराबर-बराबर नहीं पड़े थे। चिरन्तन ने पूछा, "चारपाइयाँ ऐसे क्यों डलवाई हैं ?"

"उधर खिड़की है न, आपको हवा आएगी।" कुछ चुप रहने के बाद सन्दीपनी ने कहा, "सुनिए, अब बाल-बच्चों की भी कुछ फिक्र करनी चाहिए ?"

चिरन्तन ने हुँकारी भरी।

"बड़े भैया ने कुछ जन्मपत्रियाँ भेजी हैं—मुन्नन और लल्लन के लिए।"

"अरे अभी से ? अभी छोटे हैं।"

"छोटे हैं ? आपकी क्या उमर थी, याद नहीं ?"

"पहले पढ़ाई तो ख़तम कर लेने देतीं।"

"मुन्नन बी.कॉम हो ही जाएँगे इस साल, लल्लन भी साल-डेढ़ साल में कमाने-खाने लगेंगे। क्या हम बहुओं को खिला-पिला नहीं सकते ?"

चिरन्तन चुप रहे।

"जन्मपत्री मैंने मिलवा ली है। बस लड़की देखकर गोद-भराई करना बाक़ी है।"

"जब तुमने सब कर ही लिया है तो मुझसे क्यों पूछ रही हो ?"

"एक-एक करके काम निबटते जाएँ तो..."

सन्दीपनी डर रही है कि इनकी ज़िन्दगी न जाने कब ख़तम हो जाए। चिरन्तन अपने दिल की धड़कन को सुनते हैं, अभी तो मज़े से, सम गति से धक्‌धक्‌ किए जा रहा है।

एक के बाद एक—घर में विवाहों का ताँता लग गया—लल्लन, मुन्नन, चारुमित्रा, शाश्वत

और यहाँ तक कि छुटकी की भी शादी हो गई। गोरी-गोरी कम उम्र की बहुएँ, छोटे-छोटे दामाद...घर में काम का सिलसिला ख़तम ही नहीं हुआ, बेटों के लिए ख़ाली पड़ी ज़मीन पर कमरे बने, नई तरह के गुसलख़ाने और अपनी-अपनी बैठकें। सन्दीपनी ने भी दो नए कमरे बनवा लिए, और चलते-चलाते, हवेली की लम्बी दाईं भुजा के छोर पर चिरन्तन ने अतिथिगृह बनवा लिया, दो वातानुकूलित कमरे, उनसे सटी उनकी स्टडी, प्राइवेट संग्रहालय। इधर-उधर भटकना, खुदाई, अन्वेषण यह सब उन्होंने युवा सहयोगियों और पी.एच-डी. वाले विद्यार्थियों को सँभलवा दिया था। कभी-कभी 'डिग' पर जाते तो फिर अपने को जवान और स्वस्थ महसूस करने लगते। पर फिर भी मुँह में एक बकटा-बकटा स्वाद बना रहता, बसों में भर-भरकर एक दिन के लिए आनेवाली छात्राओं के चमकते उत्सुक चेहरों में चारुमित्रा की झलक दिखती, उनके साथ की अध्यापिकाएँ आदर और सम्मान से चिरन्तन को सम्बोधित करतीं। अब न जाने क्यों उन्हें कोई स्त्री इतनी रुचती ही नहीं कि जिसके लिए इतना सब प्रयत्न किया जाए। वह समझ नहीं पाते कि अब जब जीवन में इतना सबकुछ है—पुरस्कार और प्रशस्ति पत्र, अन्तर्राष्ट्रीय ख्याति—तब भी यह अनमनापन क्यों बस गया है। उन्होंने 'डिग' पर जाना ही छोड़ दिया, बस विश्वविद्यालय जाते और अपनी वातानुकूलित स्टडी में बैठकर पढ़ते-लिखते। जब कभी दृष्टि उठाते तो दूर तार पर पौत्रों-पौत्रियों के छोटे-छोटे कपड़े सूखते दिखाई देते। मन में एक कचोट-सी उठती—अब इस जीवन में क्या इसी ख़ालीपन के साथ रहना पड़ेगा...क्या अब कुछ नहीं बचा ?

चिरन्तन मुख्य आलेख पढ़ने के बाद, प्रश्नों और प्रहारों को झेलकर जब ख़ाली होते हॉल से बाहर निकलने लगे तो किसी ने हल्के से उनकी बाँह छुई। वह देखते रह गए—''मुझे विश्वास नहीं हो रहा है...सैली ?'' वह सैली ही थी, वही नीली आँखें, वही धूप में पकी गेहूँ की बालियों के रंग के-से बाल...

''तुम कहाँ थीं अब तक ? तुम कहाँ खो गई थीं ?''

''वह एक लम्बी कहानी है,'' सैली ने बहुत आत्मीय भाव से उनकी बाँह पकड़ ली।

''...'' वह सैली को एकटक देख रहे थे। उन्हें खुशी हुई कि वह मरी नहीं है और सन्दीपनी पर उसके प्रेत की बात केवल कपोलकल्पना थी। सैली पर भी समय ने छाप छोड़ी थी, उसका चेहरा हँसते समय भी चढ़ते यौवन का वह भोलापन भी नहीं छू पा रहा था; वह दोनों कांफ्रेंस की रेल-पेल से घिरे हुए थे। सारी पैनल्स, अभी साढ़े-पाँच बजे ही छूटी थीं और लॉबी खचाखच भर उठी थी।

''हम कहीं बैठ नहीं सकते ?'' सैली ने कहा, ''बार में। मुझे प्यास लग रही है।''

बार में अभी इतनी भीड़ नहीं थी। एक दुबली-पतली स्त्री पियानो पर बैठी कोई धुन बजा रही थी। वेटर आकर भुने काजू और पिस्तों की एक कटोरी उनके सामने रखकर ऑर्डर की प्रतीक्षा में खड़ा हो गया...

''ब्रांडी मैनहैटन...'' सैली ने कहा, ''न्यूयार्क में हमें मैनहैटन ही पीना चाहिए न...'' वह चिरन्तन को देखकर मुस्कराने लगी।

''दो ब्रांडी मैनहैटन...'' चिरन्तन ने कहा। मालूम नहीं कितने के होंगे वाल्डौर्फ़ एस्टोरिया के बार में, उन्होंने मन ही मन सोचा।

''कितना सुखद चमत्कार-सा है कि इतने सालों बाद हम मिल रहे हैं...'' सैली ने एक

घूँट लेकर कहा। वह टूथपिक में लगी चेरी और नारंगी की फाँक से अपनी ड्रिंक हिलाने लगी—''तुम तो एकदम खो ही गईं, अपना सामान उठाने भी नहीं आईं...''

''हाँ...वह बक्सा। वह वहीं रह गया।'' सैली एकटक चिरन्तन को देख रही थी।

''तुम्हारी लैंडलेडी ने फिर मेरे पास ही भिजवा दिया।''

''तो वह भी तुम्हारे संग्रहालय का एक भाग बन गया होगा।''

''हाँ...अब वह प्रदर्शन पर है, इस इबारत के साथ—एक पगली लड़की का बक्सा जिसे जैसलमेर ने लील लिया।''

वह हँसने लगी, ''तुम बदले नहीं, बिलकुल वैसे ही हो, कोमल-कोमल और फ़नी।''

चिरन्तन ने हाथ बढ़ाकर उसके गाल को छुआ, उनकी दृष्टि एक-दूसरे से बँधकर रह गई।

सैली ने अपनी आँखें अपने ख़ाली गिलास पर झुकाकर कहा, ''आज नहीं चीरू, आज दिन ठीक नहीं है।''

चिरन्तन का हाथ झटका खाकर नीचे गिर गया। वह इतने खुलेपन के आदी नहीं रहे थे।

''तुम कितने दिन हो यहाँ ?'' सैली पूछ रही थी। ''रविवार तक तो रहोगे न ?''

''तीन दिन तो कांफ़्रेस ही है,'' चिरन्तन ने कहा। ''सोमवार की सुबह मैं वाशिंगटन जा रहा हूँ...वहाँ स्मिथसोनियन में एक प्रदर्शनी हो रही है।''

''आज के अख़बार में तुम्हारे भाषण का नोटिस था। मुझे बहुत अच्छा लगा। जैसे कि दैवी चमत्कार...''

बार में भीड़ बढ़ने लगी। ''तुम यहीं रहती हो ? न्यूयार्क़ में ?''

''नहीं। मैं आई थी, वास्तव में मैं एक सप्ताह के लिए स्विट्ज़रलैंड जानेवाली थी।''

''तुम्हारी यायावर आदतें बदली नहीं...'' चिरन्तन ने लाड़ से कहा।

''मैं वहाँ एक क्लिनिक में जा रही थी,'' उसने धीमे से कहा, ''पर अब उसकी ज़रूरत नहीं पड़ेगी।''

''क्या तुम कुछ बीमार हो ?'' चिरन्तन ने परेशान होकर पूछा। वह उसके चेहरे पर असाध्य बीमारी के लक्षण ढूँढ़ने लगे, मगर वह वैसी की वैसी ही लगी।

''मैं बिलकुल फ़िट हूँ, एक घोड़ी की तरह, मज़बूत और हिम्मतदार। तुम ऐसा ही कहा करते थे, याद है न ?''

''तुम अपने बारे में कुछ बताओ न ?''

''बताऊँगी। अभी तो शुक्रवार की शाम ही है। तुम क्या करना चाहोगे ? बाइ द वे, तुम फ़िक्र मत करो, मेरे पास पैसा है। तुम्हें याद है न, मेरे पिता के उत्तर में जंगल थे, उनसे मुझे काफ़ी पैसा मिला है। तुम मना मत करना चीरू, आज मैं बहुत खुश हूँ। आज मेरी बहुत पुरानी मुराद पूरी हो रही है।''

उन्होंने सैली को सहारा देकर उठाया, शायद वह उनके भाषण से पहले ही पी रही होगी, नहीं तो दो ड्रिंक में वह आउट होनेवाली नहीं थी। सैली ने उन्हें चाबी पकड़ा दी, उस पर कमरे का नम्बर लिखा था। वह तेज़ लिफ्ट से चौबीसवीं मंज़िल पर पहुँचे, कमरे में पहुँचते ही सैली बिस्तर पर गिर गई, सैंडिल पहने ही पहने। उसकी आँखें मुँदी थीं पर वह होंठों

में कुछ बुदबुदा रही थी, कुछ अस्पष्ट शब्द...कमरा साफ़-सुथरा और सजा हुआ था, कुर्सी के पीछे लापरवाही से एक फ़रकोट टँगा था...इसके अतिरिक्त कुछ भी नहीं छुआ गया था।

"सैली...आठ बज रहे हैं, मुझे भोज में जाना ही जाना है।"

सैली ने आँखें खोलीं–"ओ.के...जाओ। कल मिलेंगे...आज का दिन ठीक नहीं है।"

चिरन्तन ने अपने को आह्लादित पाया। कैसा संयोग था कि सैली ने अख़बार में उनके भाषण के बारे में पढ़ लिया, नहीं तो वह मन ही मन समझने लगे थे कि सैली सचमुच मर गई है, और सन्दीपनी को वास्तव में प्रेत-बाधा थी। सैली अभी भी वैसी ही सुन्दर है, छरहरी, पारदर्शी नीली आँखोंवाली, पहले पीते नहीं देखा था, मगर अब समय भी तो कितना बीत गया। हाँ...जैसे पूरा जीवन ही बीत गया, बस अंजुलि में कुछ वर्ष ही बचे हैं। सबकुछ उपलब्ध हो गया, जो भी चाहा था, और सबके शिखर पर अन्तर्राष्ट्रीय ख्याति–पुरातत्त्व की कांफ्रेंस में मुख्य अतिथि के रूप में भाषण। अगले दिन वह सिर्फ़ सुबह के सेशन में गए, जाना ही था क्योंकि वह अध्यक्षता जो कर रहे थे, मगर उसमें किसने क्या पढ़ा, क्या कहा, क्या नई शोध की–इसकी उन्हें कुछ याद नहीं। वह एक-एक मिनट गुज़रने का बेताबी से इन्तज़ार करते रहे; सैली से लंच के बाद मिलने की बात थी।

लिफ्ट से ऊपर जाते हुए चिरन्तन को लगा कि जैसे उनके जीवन में इसी क्षण की कमी थी, जैसे हड़प्पा से मिस्र और यूनान, तसमानिया से कुस्ततुनतुनिया, सभ्यताओं के अवशेषों के बीच भटकते हुए उन्हें सिर्फ़ सैली की तलाश थी। वह हर चेहरे में सैली को ढूँढ़ते रहे थे। सैली ने जब मुस्कराते हुए दरवाज़ा खोला और चिरन्तन ने उसे छाती से सटा लिया तो लगा, हाँ सम्पूर्णता यहीं है। वह सैली के बाल सहलाने लगे। वह अलग हो गई और अपना कोट उठाते हुए पूछा, "कहाँ चलना चाहोगे ?"

"क्या हम यहीं नहीं रुक सकते ? तुम्हें मालूम है कि मुझे न्यूयार्क घूमने में कोई दिलचस्पी नहीं है।"

"मैंने गाड़ी मँगा रखी है।" सैली ने कहा, "चलो कुछ घंटे के लिए सही। फिर आज की सारी रात और कल का पूरा दिन हम साथ ही बिताएँगे..."

'उसके बाद ?' चिरन्तन ने अपने-आपसे पूछा।

गाड़ी की पिछली सीट पर सैली उनसे चिपटकर बैठ गई। चिरन्तन की बाँह ने उसकी कमर को घेर लिया। सबकुछ कितना सही, कितना सटीक लग रहा था। इतने वर्षों बाद भी जैसे रसायन वैसा का वैसा ही बना है। उसके बालों में चेहरा छुपाते हुए चिरन्तन के मुँह से अनायास निकल पड़ा, "ओह सैली, सैली। तुम्हें कितना 'मिस' किया मैंने।"

सैली की आँखें पिघलती हुई नीली झील की तरह थीं। उसने तर्जनी चिरन्तन के होंठों पर रख दी–"चलो, वापस चलें," पर वह कमरे में नहीं गए। उसी अँधेरे से बार में जाकर बैठ गए और सैली ने दो मैनहैटन ऑर्डर कर दीं।

"तुम इतने साल क्या करते रहे ?" ड्रिंक आने पर उसने पूछा।

"कुछ विशेष नहीं..." चिरन्तन ने कहा। बच्चों के विवाह, सन्दीपनी की सनक, पुस्तकें, खुदाइयाँ, निर्णय, सम्मान।

"कुछ विशेष नहीं," चिरन्तन ने दोहराया। "और तुम ?"

सैली मुस्कराने लगी...उसने पुरानी आदत के अनुसार अपने बालों में उँगलियाँ

फेरीं—"बहुत कुछ घटा मेरे साथ..."

"जैसे कि..."

'जैसलमेर से बॉर्डर पार कर पाकिस्तान...वहाँ घूमती रही, वहाँ से चीन, तिब्बत फिर रूस होती हुई लौटी, यूरोप में रही...अच्छा लगा, पैरिस में फ़्लैट लेकर डेढ़ साल रही। फिर मेरे पिता की मृत्यु हो गई और मैं लौट आई।"

"बड़ी हो गई हो।" चिरन्तन ने कहा।

"हाँ...तुम मुझे पागल लड़की कहा करते थे न। मालूम...अभी भी हूँ, थोड़ी-थोड़ी। तुम्हें देखकर, तुमसे मिलकर वही सैलाब लौट आया है, गरासिया चरवाहे, अरावली की पहाड़ियाँ, बरसात में मोर...मगर तुम तो अब भी वैसे ही हो—शान्त, गम्भीर, केन्द्रित..."

"शायद नहीं..." चिरन्तन ने कहा। उन्हें लगा कि सैली को बस दो शब्द कहने-भर हैं और वह ढह जाएँगे...पार कर जाएँगे सारी दूरियाँ। वह सब पीछे छोड़ देंगे, और सागर के इस छोर पर उसके साथ सारी ज़िन्दगी काट देंगे। तुम बस एक बार कहो तो सैली...कहकर तो देखो।

पर वह मुहूर्त निकल गया।

"मैंने विवाह किया था," सैली ने कहा, "अपने पिता के पार्टनर के बेटे से। मैं उसे बचपन से जानती थी, साथ-साथ खेले थे। सात साल के बाद हम अलग हो गए।"

चिरन्तन चुपचाप पीते रहे।

"मालूम, मेरी उम्र क्या हो गई है ? सैंतीस साल...और पैसे के अलावा मेरे पास कुछ भी नहीं है।"

"तुम अभी भी युवा हो सैली...सबकुछ है तुम्हारे पास। आकर्षक हो, इंटेलिजेंट हो," चिरन्तन ने कहा।

"तुम सच्ची-सच्ची कह रहे हो न ?"

"सच्ची-सच्ची...मैंने तुमसे कभी झूठ बोला है क्या ?"

"यह तो ठीक कह रहे हो। तुमने कभी मुझे धोखे में नहीं रखा, कभी झूठमूठ भी नहीं कहा कि तुमने मुझे प्यार किया है। बस सोते रहे मेरे साथ...रातों के बाद रातों को..."

सैली ने दूसरी ड्रिंक का ऑर्डर कर दिया।

"वह सब बदल गया है सैली।"

पियानो पर एक उदास-सी धुन बज रही थी और बार में थोड़ा-थोड़ा बातचीत का शोर गूँजने लगा था।

"तुम्हें मालूम नहीं चीरू—कि इस दुनिया में कितने लोग ऐसे हैं जो कि झूठे हैं, धोखेबाज हैं, पैसे के लिए सबकुछ करने को तैयार हैं। मगर तुम सबसे अलग हो, सबसे विलक्षण। तुममें आन है, एक गरिमा है, एक कोमलता है—मेरा मन कितने सालों तुम्हारे लिए रोता रहा..."

"पर अब तो हम साथ हैं सैली..." चिरन्तन ने हल्के से कहा।

"पर कब तक ?" सैली की आवाज़ बहुत अस्पष्ट थी, जैसे वह अपने-आपसे बात कर रही हो।

''जब तक तुम चाहो...'' चिरन्तन को आश्चर्य हुआ कि कितनी सहजता से वह यह कह गए।

''मुझे तुम्हारी ज़रूरत है। तुम्हारे जैसे मेधावी, आकर्षक और इज़्ज़तदार पुरुष की...''

''मैं यहाँ हूँ सैली...'' चिरन्तन ने उसका हाथ अपनी हथेली से ढँक लिया। उन्हें सहसा यह दृश्य बड़ा कृत्रिम, बड़ा नाटकीय-सा लगने लगा। साथ में यह अहसास भी था कि बार में कोई परिचित न मिल जाए।

''चलो कमरे में चलें...'' चिरन्तन ने सैली को सहारा देकर उठाया, फ़रकोट उसके कन्धों पर सहेजा और पिछले दरवाज़े से बाहर निकल आए।

कमरे में शाम का आलोक था, मैनहैटन की असंख्य बत्तियों का प्रकाश झिरझिरी से छनता हुआ आ रहा था। सैली पलंग पर बैठ गई।

''मैं एकदम सोबर हूँ।''

''मैंने कब कहा कि तुम नशे में हो।''

''तुम रूम सर्विस से कहकर कुछ खाने को मँगा लो...तब तक मैं कपड़े बदलकर आती हूँ। शैम्पेन मिनी बार में होगी।''

बाहर आने में सैली को बहुत देर लगी। चिरन्तन एक अधीर उत्सुकता से उसकी प्रतीक्षा करते रहे। जब वह बाहर आई तब तक मेज़ पर स्ट्राबेरी और क्रीम रखी थी। वह केवल होटल की बाथरोब पहने थी, एकदम सफ़ेद मुलायम, रोएँदार उसके बाल नहाने के बाद एकदम घुँघराले हो आए थे; उनमें अभी भी हल्की-सी नमी थी।

''लाओ...मैं शैम्पेन खोल दूँ।'' सैली ने कहा।

''क्या तुम समझती हो कि मुझे बोतल खोलना नहीं आता,'' चिरन्तन ने पूछा।

वह हँसने लगी, ''मैं चाहती हूँ कि तुम अपनी सारी ताकत बाद के लिए बचाकर रखो...''

''मैं इतना बूढ़ा हो गया हूँ क्या ?''

''नहीं...नहीं...नहीं...नहीं...नहीं, मेरा मतलब यह नहीं था...'' वह दोनों साथ-साथ हँसने लगे।

उसने स्ट्राबेरी को क्रीम में लपेटा और फिर चिरन्तन के होंठों की तरफ़ बढ़ा दी...मक्खन-मलाई उन्हें एकदम मना है, यह कहने का यह समय नहीं था। चिरन्तन ने वह सैली के हाथ से लेकर सैली को ही खिला दी। उसे यह अच्छा लगा है, यह स्पष्ट था।

''तो चीरू...'' बात शुरू करने का यह सैली का पुराना तरीक़ा था–''स्थिति यह है कि मेरी उम्र हो गई है सैंतीस साल...और मेरे पास कुछ भी नहीं है, न जवानी न पति, न बाल-बच्चे–है केवल पैसा और पैसा...'' उसने एक नई स्ट्राबेरी को मलाई में लपेटा और चिरन्तन की प्रश्नात्मक मुद्रा के उत्तर में कहा, ''हाँ...कोई बच्चा नहीं हुआ। बाद में पता चला कि स्टुअर्ट में ही कमी थी...उसके वीर्य में शुक्राणु बहुत कम थे...''

चिरन्तन की समझ में नहीं आया कि वह क्या कहें, इस रुमानी और अन्तरंग क्षण में स्टुअर्ट के शुक्राणुओं का जिक्र उन्हें असंगत-सा लगा। पर वह चुपचाप शैम्पेन के घूँट पीते रहे। सैली उनके पास सरक आई और जैसे अनजान हो, ऐसे उनकी कमीज़ के बटन खोलने लगी...

"फिर भी हमने बहुत प्रयत्न किए..." उसने चिरन्तन की कमीज़ शरीर से अलग कर दी। "और जब कोई इलाज, कोई डॉक्टर सफल नहीं हुआ तो हम अलग हो गए। मैं सात साल से बच्चे के लिए कलप रही हूँ—सात साल से। मैंने हज़ारों डालर दवा-इलाज में ख़र्च कर दिए, कितनी बार अस्पताल गई, ऑपरेशन हुए—मगर तुम वह नहीं सुनना चाहोगे।"

"बेचारी सैली..." चिरन्तन ने प्यार और सहानुभूति से भरकर कहा और उसे पास खींचकर चूमने लगे। सैली ने हल्के से अपने को अलग कर लिया।...तुम्हें मानो गुमान भी नहीं है कि मैं क्या कह रही हूँ..."मैंने एक बच्चे की ख़ातिर...अपने पेट के बच्चे की ख़ातिर क्या-क्या झेला है। स्टुअर्ट कहता था कि हम बच्चा गोद ले लें...मगर मैं अपना बच्चा चाहती हूँ, उस पूरी प्रक्रिया को हर क्षण महसूस करना चाहती हूँ...शायद यह मेरा स्वार्थ है, मेरी आत्मकेन्द्रितता है, पर चलोऽऽ, है..." उसने असहाय मुद्रा में हथेलियाँ एक याचक की तरह फैला दीं।

चिरन्तन थोड़ी-सी आश्वस्ति अनुभव करने लगे थे। उन्होंने गिलास उठा लिया और एक घूँट पी। छोटे-छोटे बुलबुले गिलास के किनारों पर झाग की तरह चिपके हुए थे। गिलास को गोल-गोल हिलाते हुए उन्होंने एक घूँट और ली।

"अब मैं स्विट्ज़रलैंड के एक क्लिनिक में जाने लगी हूँ," सैली ने कहा। कमरे में उसने बत्ती नहीं जलाई थी, मगर अन्दर अँधेरा नहीं था, शाम के गहरेपन में बाहर की बत्तियाँ और तेज़ लग रही थीं। "वहाँ पहले दो प्रयास सफल नहीं हुए...अब उन लोगों ने तीसरा वीर्यदाता ढूँढ़ा है, लम्बा और मेधावी क्लिनिक का ही कोई डॉक्टर है, यद्यपि वह नाम मुझे नहीं बताएँगे। मगर अब मुझे उससे करना ही क्या है, गाय-भैंसों की तरह लगता है मुझको; केवल एक प्रक्रिया, एक ठंडी क्लिनिकल प्रक्रिया..." सैली चिरन्तन के पास सरक आई और उसने अपना चेहरा पूर्ण समर्पण में चिरन्तन की छाती से सटा दिया। उसकी दोनों बाँहों ने चिरन्तन को घेर लिया।

"मुझे न जाने क्यों पूरा विश्वास है कि आज रात हम सफल होंगे...कितना गर्व होगा मुझे बच्चा पाकर...मुझे तुमसे प्यार भी रहा है। मैं बहुत excited हूँ चीरू ! तुम्हें भी अच्छा लगेगा...मैं उसे हर साल भारत लाया करूँगी..."

"सैली...सैली...सैली, रुको...इतनी तेज़ मत जाओ..." चिरन्तन ने उसके बाल सहलाए।

"मैं नसबन्दी करा चुका हूँ।" उन्होंने हल्के से जोड़ा।

सैली झटका खाकर उनसे अलग हो गई, वह निर्वाक् उन्हें देखती रह गई, अनझिप।

"कह दो कि तुम मुझसे हँसी कर रहे हो। कह दो कि तुम यह इसलिए कह रहे हो कि तुम मुझसे बच्चा नहीं चाहते क्योंकि तुम मुझे प्यार नहीं करते ?"

"ऐसा नहीं है सैली...मैं तुम्हें प्यार भी करता हूँ और तुम्हारा बच्चा मेरे लिए बहुत प्रेशस होता," कुछ रुककर उन्होंने कहा। "नसबन्दी रिवर्स भी हो सकती है।"

"मेरे पास इतना समय नहीं है।" सैली ने बाँहों से अपने घुटने घेर लिए, अपने में अपने को समावेश करते हुए। उसकी आँखों से आँसू टपकने लगे।

चिरन्तन चुपचाप उसे देखते रहे। वह सैली के आँसू कभी नहीं सह पाए। वह समझ नहीं पाए कि क्या करें। सहसा सैली ने सिर उठाकर उन्हें सीधे-सीधे ताका और कहा, "तुम

अब जा सकते हो—मुझे तुम्हारी ज़रूरत नहीं है।'' और उनकी कमीज़ गोल-गोल करके चिरन्तन पर फेंक दी। फिर उसने अपने आँसू अपने-आप पोंछे और निश्चय-भरी मुद्रा से कहा—''अगर मैं आज रात की फ्लाइट पकड़ूँ तो कल सुबह ज्यूरिख पहुँच सकती हूँ...कल का दिन ही नियत हुआ था।''

चिरन्तन ने अपनी कमीज़ के बटन बन्द करते हुए सैली को देखा। फिर उन्होंने कहा, ''ईश्वर तुम्हारी मनोकामना पूरी करे सैली...'' वह आगे कुछ और न कह सके, उनका कंठ अवरुद्ध हो गया था। होटल के सामने खड़े टैक्सी के इन्तज़ार में चिरन्तन को अचानक लगा कि जैसे सारे न्यूयार्क में ब्लैक आउट हो गया है। उस घुप अँधेरे में जब टैक्सी आएगी तो उन्हें मालूम नहीं है कि उन्हें कहाँ जाना है।

# प्रसंग

वह शायद रो रहे थे।

उसने अँधेरे में आँखें खोलीं, बिना हिले-डुले, बिना जताए कि वह खुद भी जाग गई है। अगर वह सचमुच रो रहे हैं तो, वह जान गई है, यह जताकर उन्हें शर्मिन्दा नहीं करना चाहती। वह बिस्तर पर चुपचाप पड़ी रही। उनका शरीर हिला। शायद उस सुबकी के कारण जो छाती से उठी होगी। गले तक आने से पहले ही घोंट दी गई। झिरझिरी से बाहर की मद्धिम रोशनी अन्दर आ रही थी जिसमें होटल के कमरे की चीज़ों की रेखाकृतियाँ अच्छी तरह पहचानी जा रही थीं। शाम से ही वह कमरा उसे अजीब-अजीब-सा लग रहा था। वह कभी एक राजमहल था जो अब फेशनेबल होटल में बदल दिया गया था। उसे गलियारों में हिंसक पशुओं की खालें और भूसा भरे हुए सिर देखकर दया-सी आई थी। बेचारे शेर और चीते, इन्होंने किसी का क्या बिगाड़ा था जिन्हें राजाओं ने मारकर महल के कोने-कोने में टाँगा हुआ था।

उसने लम्बी साँस लेकर करवट बदल ली, उसके हिलते ही वह और भी चुप और निस्पन्द हो गए। कुछ देर बाद वह धीरे-से बिस्तर से उतरे और निःशब्द दरवाज़ा खोलकर बाहर चले गए। वह अब गलियारे में घूम रहे हैं उसे यह झिरझिरी की रोशनी के बदलते पैटर्नों से मालूम हो रहा था।

उसकी समझ में नहीं आया कि वह क्या करे ? क्या वह सोने का बहाना किए पड़ी रहे, जब तक कि सचमुच नींद न आ जाए, या एक फिल्मी दुल्हन की तरह उनके आगे नत होकर कहे—"अपने सारे दुख मुझे दे दो...।"

कमरे में एयरकंडीशनर की 'घर्र-घर्र' थी जो कि सहसा उसे काफ़ी डिस्टर्ब करने लगी, बाहर गर्मी थी। उसके बावजूद वह गलियारे में चक्कर काट रहे थे।

कुछ देर में वह सचमुच सो गई और सुबह जागी तो उसे अपने पर स्वयं आश्चर्य हुआ कि उसे नींद कैसे आई। उसकी बग़ल में एक अपरिचित व्यक्ति सोया हुआ था। वह काफ़ी देर उसे देखती रही। वह एक बहुत मामूली-सा पुरुष था। अधेड़ उम्र का। उसके बाल अधपके और कम हो चुके थे। साँवले चेहरे पर रातभर में दाढ़ी उग आई थी। यह मैंने क्या किया ? उसके अन्दर कोई चीख़ा, मगर उसने वह चीख़ वैसे ही दबा दी जैसे कि दूसरे ने रात को अपनी सुबकी दबा दी थी।

वह चुपचाप उठकर गुसलख़ाने में चली गई, शीशे में उसे अपना चेहरा सूना और सपाट-सा लगा, आँखें अपरिचितों की तरह अपने-आपको देख रही थीं। उसने शादी के दूसरे

दिन बहुत-सी लड़कियों को एकदम बदले हुए देखा था। उसे अपने बारे में कोई भ्रम नहीं था। पर यह उजाड़पन लिए किसके आगे जाएगी।

फिर भी उसे खुशी थी कि पति का व्यवहार बहुत संयत और शिष्ट था। उसी के साथ, उसे रात की घटना याद आ गई। उसे लगा कि रात में वह भी रोई थी, स्वयं अपनी हिचकियों और सुबकियों को घूँटकर। पर अन्दर ही अन्दर क्रन्दन न जाने कब प्रारम्भ हो गया था। वह फुहार के नीचे देर तक खड़ी रही। उसके बाद उसने एक छपी हुई प्रिंट की साड़ी लपेट ली और बाहर आई।

वह उठ गए थे। उन्होंने सुबह की चाय-कॉफ़ी भी मँगा ली थी। वह जिस तेज़ी और तत्परता से बाथरूम में घुसे, उससे लगा कि वह काफ़ी देर से उसके निकलने का इन्तज़ार कर रहे होंगे। शायद उन्हें उठते ही बाथरूम जाने की आदत होगी। उसे शर्म आई कि वह इतनी देर बाथरूम छेंके रही। कल से ख़याल रखेगी। कल ? उसने सोचा, कल भी होगा ? ऐसे ही उठकर, यही व्यक्ति पलंग पर देखने को मिलेगा। हाय, उसने कहा और होंठों को दाँतों से कुचल लिया।

वह उनके निकलने का इन्तज़ार करती रही। यद्यपि उसकी कॉफ़ी तब तक एकदम ठंडी हो गई थी और उसे एकदम भभकती पीने की आदत थी।

वह भी नहा लिए थे। रेशम का कुर्ता और सफ़ेद पायजामे में काफ़ी घरेलू लग रहे थे। उनके आने पर उसने चाय बनाकर उन्हें पकड़ा दी। आदर्श पति-पत्नी का यह आचरण कहाँ से अपने-आप उभर आया था। वह ठंडी कॉफ़ी पीते-पीते अनमनी हो आई।

''आप नाश्ता यहीं लेंगी या डाइनिंग-रूम में ?'' यह दिवाकर थे, साक्षात, साकार, वर्तमान और शायद अब से भविष्य भी।

''आप ?''

''यहीं मँगा लेते हैं ?'' दिवाकर ने फ़ोन पर ऑर्डर कर दिया—आमलेट और टोस्ट। उससे बिना पूछे। टोस्ट से उसे चिढ़ है और आमलेट में उसे हीक आती है। वह उठकर अपना सूटकेस सँभालने लगी। रात के कपड़े तहाकर रखे। मेज़ पर रखे कॉस्मेटिक्स बटोरे। एक टिन का डिब्बा जो उन्होंने रात को उसे सौंपा था, इस समय खोलकर देखा। पुराने, पहने हुए गहने थे। घिसी-घिसी चूड़ियाँ। मैली-सी चेन और बुन्दे। किसी दूसरी स्त्री ने इन्हें पहना था और शायद अन्त तक पहना होगा। वह एक वितृष्णा-भरे आकर्षण से उन्हें देखती रही। फिर उसने हाथों के चमकते नए कंगन उतारे और डिब्बे में डालकर दिवाकर को देती हुई बोली, ''इसे आप ही अपने पास रखिए।''

''क्यों ? आप रखिए न।''

''नहीं, मुझे वैसे भी ज्वेलरी का शौक नहीं है। कहीं इधर-उधर हो गए तो...'' उसने बात पूरी नहीं की।

उसका अपना अटैची तैयार हो गया था। दिवाकर के कपड़े शायद अभी गुसलख़ाने में ही थे। उसका मन उन्हें छूने का नहीं हुआ। क्या वह कभी उस नई पुरुष-गन्ध की आदी हो पाएगी ?

''कहीं घूमने चलेंगी ?'' दिवाकर पूछ रहे थे।

''कहाँ...''

"अगर रुचि हो तो जयगढ़ है, आमेर है, वैसे शॉपिंग भी अच्छी होती है..."

"जैसा आप चाहें..." उसने कहा।

"मेरा तो बहुत बार का देखा हुआ है।"

वह चुप रही। फ़ोन बजा और रूम-सर्विस की दस्तक दरवाज़े पर एक साथ हुई।

उसने फ़ोन उठाया, रिसेप्शनिस्ट था—"गुड मार्निंग मिसेज टंडन, आपकी टूरिस्ट टैक्सी आ गई है।"

सारे दिन घिसटना पड़ेगा, उसने सोचा। पुराने महलों और मन्दिरों में रुचि दिखानी पड़ेगी। एक प्रसन्नमन मुखौटा लगाना पड़ेगा।

"टैक्सी आ गई है।" उसने दिवाकर से कहा।

"ठीक है, नाश्ता करते ही होटल छोड़ देंगे।" दिवाकर ने कहा।

ताज्जुब है, उसने सोचा कि यह सुड़ुप करके चाय पीते हैं, यह सुबह नोटिस नहीं किया था। न यह कि खाते अनुपात से कुछ ज़्यादा और बाद में ध्वनिपूर्ण डकार भी लेते हैं। खैरियत है, पान-तम्बाकू नहीं खाते। बुआ ने कहा भी था, "लड़के में कोई बुरी आदत नहीं है। सदाचारी है। पढ़ा-लिखा है, बस...आगे तुम्हीं देख-समझ लो। पढ़ी-लिखी तुम भी हो।"

पिताजी के चेहरे से वह कुछ नहीं समझ पाई थी कि उनकी इच्छा-अनिच्छा क्या है ? जैसे बरसों न जाने किस-किस सुख और आनन्द की प्रतीक्षा करते-करते वह प्रत्यक्ष को भूल चुके थे।

वह ज़्यादा सोचने-समझने का अपने को समय नहीं देना चाहती थी। उसे मालूम था कि ऐसा करने से वही होगा जो हर बार घर लौटने पर होता आया था। बुआ लड़के खोजकर रखेंगी। वह दो-एक से मिलेंगी भी। हर बार उनका उत्तर होगा—'मुझे थोड़ा समय चाहिए' और इसी में छुट्टी ख़तम हो जाएगी और वह लौट जाएगी। पिताजी बरामदे में बेंत की कुर्सी पर बैठे-बैठे और थोड़े और झुके-से लगेंगे और बुआ उनके पास खड़ी होकर कुछ रोष, कुछ क्षोभ और ढेर सारे दुख के साथ उसका लौट जाना देखती रहेंगी। वैसे बुआ का अपना परिवार है, बेटे, बहुएँ, नाती, पोते, पर बरसों से उन्होंने पिताजी के पास ही रहना चुना है। कुछ कर्तव्य-भावना, कुछ गंगा-स्नान का लोभ। फ़्लैट में भाई-बहन रहते हैं। भाई अख़बार पढ़ते हैं, झपकियाँ लेते हैं। अख़बार छूटकर हाथ से गिर जाता है और तेज़ पहाड़ी हवा उसके पन्ने बिखेर देती है। बुआ गंगा-स्नान से लौटती हैं। गीली धोती तार पर फैलाती हैं और उसके बाद तुलसी में ताँबे की लुटिया का पानी गिरा देती हैं। उनका कार्यक्रम इतना बँधा हुआ है कि कहीं भी होने पर सुबह-सुबह बिरया घाट की सीढ़ियाँ चढ़ती बुआ को वह चित्रित कर सकती है—सिर ढँके हुए, पल्ले से कुछ सफ़ेद बाल हमेशा बाहर आ जाते हैं। बुआ की तरुणाई में बाल घुँघराले रहे होंगे। उनकी नहाकर हल्के से निचोड़ी गई साड़ी से पानी की बूँदें टपककर भीगी सीढ़ियों को और गीला कर देती हैं, उनके दाएँ हाथ में गिर-गिरकर कई जगह से पिचक गई लुटिया में गंगाजल रहता है, तुलसी के लिए। बुआ की बस इच्छा बाक़ी थी कि किसी तरह इस पगली, बावली लौंडिया का ब्याह हो जाता। वह पगली, बावली लौंडिया जो लखनऊ मेडिकल कॉलेज में डॉक्टरी पढ़कर विदेश चली गई थी, जिसकी उम्र दिन पर दिन बढ़ती जा रही थी। उसके हर बार लौटने पर यही बात होती थी, "बिट्टू, अब तुम ठीक-ठिकाने से लगो तो मन को शान्ति मिले।"

वह, जिसे बुआ प्यार से बिट्टू बुलाती थी, हँसती थी और कहती थी, 'मैं ठीक-ठिकाने से हूँ बुआ, तुम एक बार चलो मेरे साथ, देखो मेरा घर, मेरे पास क्या-क्या नहीं है...''

''मुझे नहीं जाना है, कहीं वहीं मर-मुर गई तो अन्त समय गंगाजी भी नहीं मिलेंगी।''

वही बुआ, दिवाकर को बिना देखे ही, उसके यह कहने पर कि, ''ठीक है बुआ, मुझे मंजूर है,'' उसे अवाक् ताकती रह गई थीं। दो-तीन दिन वह चुप रही। फिर जब वह और पिताजी खाना खा रहे थे, वह पास आकर बैठ गई, ''अच्छी तरह सोच-समझ लो, यहीं रहना पड़ेगा, गृहस्थी चलानी पड़ेगी। दोनों की ही बड़ी उमर होगी, बहुत किस्मत और समझदारी चाहिए। फिर आगे दो लड़कियाँ भी हैं। उनको पढ़ाना-लिखाना, ब्याह-शादी सब करना होगा। कोई खेल-तमाशा नहीं है कि नहीं सँभला तो टिकट कटाया और चली गई।'' पिताजी थोड़ा खखारे, फिर बोले, ''मुझे यह रिश्ता कतई पसन्द नहीं है। मैं समझ नहीं पा रहा हूँ कि तुम कैसे...'' वह चुप बैठी रही। ज़िन्दगी में इतना झेला तो यह भी सही की मुद्रा में—क्या होगा, पुरुष ही तो होगा न। बीच उम्र में पत्नी की मृत्यु से त्रस्त और दुखी। दो मातृहीन लड़कियों को अकेले पालने के विचार से भयाकुल दिवाकर वैसे ही थे जैसे उसने सोचा था। प्रौढ़ और थोड़े गदबदे, मुख-मुद्रा से शिष्ट और मितभाषी। वह स्वयं भी तो कोई बड़ी लाटनी नहीं थी। लम्बी अल्पाहार से सूखी हुई चेहरे पर उम्र की छाप और बरसों अस्पताल में दुख-दर्द और रुग्ण देखने का पका और बेबाकपन।

दिवाकर के साथ-साथ वह घिसटती रही, संसार की सबसे बड़ी तोप, राज्य के अस्त्र-शस्त्र, क़िले की दीवारें और उसकी रक्षा के साधन जलाशय के नीचे खजाने की किंवदन्ती और काला नाग रक्षक की तरह, सोचती रही, कुछ भी नहीं बदलता दीखता, वही अन्धविश्वास, वही धारणाएँ, भगवान और भाग्य पर अटल भरोसा।

चाय की दुकान पर जहाँ-तहाँ मक्खियाँ थीं। दिवाकर असमंजस में खड़े रहे, फिर बोले, ''खाना शहर में खाएँगे। साफ़-सुथरा होगा।''

''मुझे भूख नहीं है।'' वह गाड़ी से उतरकर पीपल के वृक्ष की छाया में बैठ गई। जब वह ड्राइवर खाने-पीने के लिए गया, वह दोनों पास-पास, पर अलग-थलग बैठे रहे। उसने मौन को भेदने का सायास प्रयत्न करते हुए कहा, ''अजीब-सा नहीं लगता ? सदियों से जहाँ राजे-महाराजे रहते आए थे, वहीं सब जनता खूँद रही है...वैसे होना भी यही चाहिए।''

दिवाकर के मुँह पर चौंकापन था, शायद उससे कुछ ऐसी अपेक्षा नहीं थी। फिर बोले, ''जनता यहाँ ऐसे आती है जैसे अजायबघर हो।''

उसने आगे कुछ कहना चाहा, मगर वह सब बहस जैसा सुनाई देगा, वह चुप हो गई।

दिवाकर काफ़ी इन्तजामकार दिखाई दिए। गाड़ी खड़ी करवाकर उसे खाना खिलवाया। डेढ़ किलो मावा-मिश्री ख़रीदा। मावे की और दाल की कचौड़ियाँ, फिर वस्त्र भंडार में जाकर बँधेज की कई साड़ियाँ, और कुछ सलवार सूट, शायद बेटियों के लिए ख़रीदे। काले प्रिंट का कपड़ा पानी में डुबवाकर देख लिया कि रंग तो नहीं निकलता। उसे यह सब अजीब और मायावी-सा लग रहा था। मेडिकल कॉलेज के दाखिले के बाद से सभी निर्णय उसके अपने थे, क्या पहने, क्या खाए, अपनी ज़िन्दगी कैसे गढ़े और सँवारे। पिताजी हमेशा इसीलिए रुपए देते थे कि त्योहार और जन्मदिन पर वह अपनी पसन्द के कपड़े ले। अब जीवन एक ऐसे व्यक्ति से जुड़ गया है जिसे खाने या पहनने में उसकी रुचि पूछने का ख़याल ही नहीं आता।

वह स्वयं निर्णय लेने का आदी है कि पत्नी क्या खाए और पहने। दिवाकर ने ज़ेब से डायरी निकाली, उस पर जो लिस्ट थी, उसे ऊपर से नीचे तक देखा। फिर कहा, ''सब चीज़ें हो गईं, बस भाभी की एक किलो मेहँदी रह गई है।''

''एक किलो मेहँदी ?'' उसके मुँह से अपने-आप निकल गया।

''वह मेहँदी सिखाने की क्लास लेती हैं।''

उसे जब यातना और भय ने एक साथ दबोच लिया, मन में फिर वही अर्धनिर्मित चीख़ उभरी–'यह मैंने क्या कर डाला'–पर वह चुपचाप बैठी रही। पीछे लौटने के सारे रास्ते वह स्वयं बन्द कर आई थी। नौकरी से इस्तीफ़ा चीफ ने मंजूर नहीं किया था। एक अनिश्चित समय के लिए छुट्टी सैक्शन कर दी थी। सारा सामान उसने बाँट दिया था, बड़ी-बड़ी चीज़ें फ़्लैट में आनेवाले नए डॉक्टर ने ख़रीद ली थीं।

पहली भेंट में दिवाकर ने उससे दो ही प्रश्न किए थे, ''आप यहाँ एडजस्ट कर सकेंगी ? आपको मेरी जिम्मेदारियों के बारे में मालूम है ?'' पर यह नहीं कि अब तक शादी क्यों नहीं हुई। इसके लिए वह कृतज्ञ थी। दिवाकर की बड़ी भाभी, जो शायद मेहँदी लगाने की क्लास चलाती थीं, शगुन करने आई थीं। साथ में दोनों लड़कियाँ भी थीं। पिता की तरह साधारण चेहरेवाली, वैसा ही साँवला श्रीहीन रंग-रूप। बालों में काफ़ी तेल के साथ रिबन गुँथी चोटियाँ और एक-से ही, शायद इसी अवसर के लिए ख़रीदे गए, चमकीले सलवार-कुर्ते। पैरों में चप्पलें। वह चुपचाप बड़ी ताई के संरक्षण में आई थीं और चुपचाप, सीधी-सतर, कुर्सियों पर बैठी रही थीं। उनके चेहरे भावहीन थे, पर आँखों में एक भयाकुल कातरता थी। सब देखकर उसने अपने को ठंडा-ठंडा महसूस किया। उसे लगा कि यह सबकुछ किसी और के साथ, कहीं बहुत दूर घटित हो रहा है। वह इस किसी घटना से जुड़ी नहीं है। वह कहीं दूर चली गई है। उसके हाथ में एक कार्ड है जिसकी इबारत वह बार-बार पढ़ रही है, जिसमें अगले दिन सुबह ग्यारह बजे राघव नाम के एक व्यक्ति की स्मृति में आयोजित एक छोटी-सी सभा की सूचना है। राघव नाम के एक व्यक्ति जिसकी आकस्मिक मृत्यु हो गई है। कार्ड के पीछे कम्प्यूटर प्रिंटेड उसका नाम-पता लिखा है–डॉक्टर ममता जैन।

उसके अन्दर से जो चीख़ निकली है, वह दरवाज़ों, दीवारों, पर्दों को भेदकर दूर तक चली गई है, जिसने पूरे आकाश को ढँक लिया है। और जिसकी भयावह दारुणता से पेड़-पत्तियाँ काँपने लगी हैं।

मुझे नहीं सहा जाएगा ! मैं नहीं सह पाऊँगी ! उसने शीशे खोलकर कई वैलियम निगल लिए हैं। वह मरेगी नहीं, पर सोएगी सबकुछ नींद के हाथों में सौंपकर। अगर जागती रही तो फिर अपने पर काबू नहीं रख पाएगी, रोएगी, चीख़ेगी, अपने बाल नोंच डालेगी। सिर दीवार से पटककर तोड़ लेगी। पर ऐसा कुछ नहीं हुआ। उस चीख़ के बाद सब अन्दर ही अन्दर घुटकर जम गया। चाय हो रही है, पिताजी लड़कियों के पास आकर बैठ गए हैं और पूछते हैं, ''तुम्हारा नाम क्या है बच्चियो, कहाँ पढ़ती हो।''

जवाब ताई से मिलता है, ''यह है अमिता और यह है संगीता। बड़ी एर्थ में है, छोटी फोर्थ में।'' पिताजी लम्बी साँस लेते हैं। वह अपनी उँगली में पड़ी अँगूठी को देखती है जो झकाझक नई है और रिश्ते को पक्का करने की मोहर है।

''ममता आंटी,'' संगीता बाद में कहती है, ''हमलोग आपको बिलकुल तंग नहीं करेंगे।

मम्मी को हमने प्रॉमिस की थी कि उनके बाद पापा जब नई आंटी लाएँगे तो हमलोग विहेव करेंगे।''

''उन्हें मालूम था कि पापा नई आंटी लाएँगे ?'' पिताजी ने बहुत आहिस्ता से पूछा।

''हाँ, उन्होंने ही पापा से प्रॉमिस करवाई थी।''

''क्या हुआ था मम्मी को—पिताजी ही थे।''

''कैंसर—बहुत दिनों तक बीमार रहीं। पापा ने बहुत रुपए ख़र्च किए मगर कैंसर से कोई बचता नहीं है।''

अमिता की आँखें डबडबा आईं। संगीता जैसे बार-बार का दोहराया सबक एक बार फिर दोहरा रही थी।

''ममता आंटी तुम्हें बहुत प्यार से रखेंगी,'' यह वचन पिताजी दे रहे थे, उसकी ओर से, ''ममता की भी मम्मी उसके बचपन में चली गई थीं, उसे मालूम है कि...''

कमरे में एक घना सन्नाटा था, जैसे सभी के अपने-अपने घाव एकदम फिर बहने लगे हों। सिर्फ़ मेहँदीवाली भाभी सहज थीं, ''हमें भी यही आशा है। पढ़ी-लिखी, काबिल मैच्योर हैं ममता। उम्मीद है, सब सँभाल लेंगी। फिर हमलोग भी हैं।''

और इस तरह काट लिया था उसने, उस सबसे जो बरसों से उसकी ज़िन्दगी रही थी--और जोड़ लिया था अपने को एक नितान्त अपरिचित दिवाकर और उसकी बेटियों से।

रात की ट्रेन से वह वापस जा रहे थे। सुपर फास्ट ट्रेन एक पागल आँधी की तरह रात के अँधेरे को चीरती भागी जा रही थी। दिवाकर सो गए थे। वह उठकर बर्थ पर बैठ गई। राघव को उसने बहुत पहले विदा दे दी है। अपने वादे के अनुसार कि जब भी राघव चाहे, वह उठकर चला जा सकता है। और वह लौटाने के लिए पीछे नहीं दौड़ेगी। रोएगी-गिड़गिड़ाएगी नहीं। और यदि ममता कभी सम्बन्ध तोड़ेगी तो राघव भी ऐसा ही करेगा। मेमोरियल सर्विस में वह नहीं गई थी, न शोक मनाने उसके घर। ख़बर सुनती रही, राघव की पत्नी झटका न सह पाने के कारण अस्पताल पहुँच गई है। देश-विदेश से सारा कुनबा आकर जुटा है—लड़का-लड़की, भाई-बहन, साले-साढ़ू, बुआ और चाचा। सभी शोकग्रस्त हैं। रोना-पीटना होता रहता है। वह सुनती रही और वैलियम खा-खाकर रात को सोती रही। दिन में अस्पताल जाती रही। रोगियों से घिरी रही। मौत उसके चारों तरफ़ थी। वह हर रोज़ मौत देखने की आदी थी, पर वह झपट्टा मारकर राघव को ही ले जाएगी, यह स्वीकार करना उसके लिए असम्भव ही लगता था।

अभी कुछ ही दिन पहले तो राघव जैसे हमेशा आता था, उसके पास आया था। ममता ने धुली चादरें बिछाई थीं। ताज़े फूल लगाए थे। सारे घर की धूल पोंछी थी। हर ओर फैली बेतरतीब पत्रिकाओं और अख़बारों को समेटा था। फिर वह स्वयं तैयार हुई थी। चन्दन के साबुन से नहाई थी। बाल धोए थे। केवल एक बन्द खोलने से ही अपने-आप कन्धों से नीचे सरक जानेवाली ड्रेस पहनी थी, क्योंकि अधीर दोनों ही रहते थे। उसके नीचे रेशम के बेलबेलयुक्त अन्तर्वस्त्र, जिनकी चिकनाई त्वचा को हल्के-हल्के सहलाती रहती थी। उन्होंने साथ-साथ खाना खाया था। संगीत सुना था। वह मध्याह्न वैसे ही बीता था जैसे कि बरसों से बुधवार का मध्याह्न वह दोनों बिताते आए थे। राघव अपना पारिवारिक और सामाजिक

मुखौटा जैसे दरवाज़े के उस पार ही छोड़ आता था और ममता का यही संसार यथार्थ था। सप्ताह-भर जी तोड़कर काम और बुधवार की मध्याह्न वह केवल राघव की प्रेमी बनकर रह जाती थी। उसकी ऊष्मा, उसके सान्निध्य को अन्तिम बूँद की तरह निचोड़कर पीती हुई। यह सम्बन्ध जो एक प्रसंग की तरह प्रारम्भ हुआ था, बिना किसी कमिटमेंट के, हल्का-फुल्का रोमांस, दोनों के बीच एक गोपनीय रहस्य की तरह, जो न जाने कब से दोनों के लिए ही अपना हल्का-फुल्कापन छोड़ चुका था। अपने वादे के अनुसार कि वह कभी उसके पारिवारिक जीवन की सीमा का अतिक्रमण नहीं करेगी। वह श्रोता ही रही थी। बातें कानों में पड़ती रही थीं। राघवजी बहुत शान्त और सौम्य दिख रहे थे, ऐसा लगता था कि अभी बोल पड़ेंगे। जब शव ले जाया जा रहा था तो श्रीमती राघव चीख़-चीख़कर रो रही थीं—''मुझे किस पर छोड़े जाते हो, मैं कैसे रहूँगी।''

उस दिन ममता ठंड में इधर-उधर घूमती रही, जब तक कि एकदम अँधेरा नहीं हो आया था और उसके पैर इतने सुन्न हो गए कि वहीं पेवमेंट पर गिर पड़ी थी। वह अँधेरे में देर तक वहीं पड़ी रही, अशक्त और रिक्त, जब तक कि पुलिस की गाड़ी ने आकर उसे नहीं उठाया था। न वह बीमार है, न नशे में है, इसकी आश्वस्ति करके पुलिस उसे उसके घर छोड़ गई थी। उसके बाद ऊपर से सब कुछ वैसे ही सामान्य चलने लगा था। अपना दुख उसने जैसे एक छोटी-सी गठरी में बाँधकर अपने अन्दर कहीं बहुत गहरे दबा दिया। फिर भी, कभी-कभी वह गाँठ खुल ही जाती थी। और असम्बद्ध, क्रमहीन यादें आकर उसके इर्द-गिर्द बिखर जाती थीं जिन्हें समेटते हुए उसके हाथ काँपने लगते थे।

बाहर कम्पाउंड में बेतरतीब से घास उगी हुई थी, जहाँ कहीं भी बिना किसी व्यवस्था के पेड़ लगे हुए थे, जिनकी पत्तियाँ धूल से अटी हुई थीं। वह एक सरकारी क्वार्टर था। रहनेवालों की सुविधा-असुविधा के विचार से परे, किसी भी प्रकार के नेत्र-सुख से वंचित। हर चीज़ व्यावहारिक और सस्ती, दरारें पड़ी, टूटती हुई, धीरे-धीरे ग़लती हुई। फ़्लैट पहली मंज़िल पर था, दो बड़े-बड़े आसपास कमरे, सामने लम्बा बरामदा, मद्धिम बल्ब से प्रकाशित रसोई। घर में अमिता और संगीता के अलावा एक छोटा नौकर था, और सर्वेंट क्वार्टर में रहनेवाली बर्तन धोनेवाली और एक धोबिन। बर्तनवाली गहरे नीले रंग की बुन्देलखंडी रिवाज की साड़ी पहने थी और अकृत्रिम कौतूहल से उसे देख रही थी। एक कमरे में एक बड़ा पलंग और दो चारपाइयाँ लगी हुई थीं जिन पर गुँजले-मुँजले हरे बेडकवर पड़े हुए थे। दूसरे कमरे में बाक़ी सारी गृहस्थी। बक्सों के ऊपर बक्से, रजाइयाँ, पढ़ने की मेज़, इस्तरी, टेबिल फैन, फ्रिज—सारी चीज़ें दीवारों के किनारे-किनारे लगी हुई थीं और बीचोबीच ख़ाली जगह थी, जहाँ से पुराना सीमेंट का फ़र्श दिखाई दे रहा था, जिसमें जहाँ-तहाँ नए सीमेंट के पैबन्द लगे थे। बरामदे में डाइनिंग टेबिल पड़ी थी और वाशबेसिन में साबुनदानी ख़ाली थी और एक चीकट तौलिया खूँटी पर लटक रही थी।

नौकर उन्हें नींबू-पानी बनाकर दे गया, साथ में एक प्लेट में कुछ सीले हुए बिस्कुट। दिवाकर तुरन्त फ़ोन पर व्यस्त हो गए। यह स्पष्ट था कि वह दफ़्तर के लोगों से दफ़्तर की बातें कर रहे थे। कुछ देर में लड़कियाँ भी होमवर्क करने के लिए उठकर चली गईं। अब वह अकेली थी। उसे समझ नहीं आया कि इस नए प्रसंग का सूत्र कहाँ से पकड़े। समय और जीवन जो अब तक बूँद-बूँद कर रिसता मालूम होता था, लगा कि बराबर भाग

रहा था और उसी दौड़ में उसके हाथ से सिरा ऐसा छूटा कि वह फड़फड़ाता हुआ कहीं इतनी दूर चला गया है कि उसे अब पकड़ना मुश्किल है। भाग्य की लहरों ने उसे मालूम नहीं कहाँ ला पटका। 'भाग्य ने नहीं,' उसने अपने-आपको टोका, 'मेरे अपने निर्णय ने। यदि निर्णय मेरा ही था।'

उसने अधखुले दरवाज़े को देखा, उसका मन हुआ कि नया सफारी सूटकेस कमरे के बीचोबीच ऐसे ही छोड़कर वह बाहर भाग जाए, दौड़ती हुई नीचे उतरे और जो भी सवारी मिले, उसमें बैठकर—वह फिर रुक गई—सवारी में बैठकर कहाँ ? किसी होटल ? उसके बाद ? पिताजी और बुआ उसे देखकर कैसे भौंचक होंगे—और यहाँ, यह दिवाकर और वे दो लड़कियाँ जो उस कमरे में बैठकर होमवर्क कर रही हैं। ममता को मृतप्राय रुग्ण और उनके सम्बन्धियों को दिलासा देना आता था, पर वह अपने को कैसे दिलासा दे ? उसमें वह अपने को बिलकुल कच्चा और अनाड़ी पा रही थी।

''रात को दाल बनेगी ?'' नौकर पूछ रहा था। दिवाकर ने फ़ोन बन्द किया और पूछा, ''घर में क्या-क्या है—''

''मटर है, टमाटर और साग,'' नौकर ने कहा।

''अच्छा, पनीर ले आओ और मटर-पनीर में टमाटर डालकर बना लो। साग में आलू डाल लेना। आलू हैं ?''

''थोड़े से हैं।''

''ठीक है। दही भी लेते आना। और पूरियाँ बना लो। पर तुम कल्लो से कहना, वही आटा भी बना देगी और उसी से बिलवा भी लेना।''

''ठीक है साहब।'' दिवाकर ने नहाकर कपड़े बदले और कुछ देर आराम करने लेट गए।

''बिस्तर कहाँ बिछेंगे ?'' कल्लो पूछ रही थी, ''बेबी लोगों की चारपाइयाँ उधर ले जाऊँ ?''

''अभी बाद में आना।'' दिवाकर ने कहा, वह उठकर बैठ गए और झिझकते हुए बोले, ''उनकी डेथ के बाद से बच्चियाँ अँधेरे में बहुत डरने लगी हैं, इसलिए मैं उन्हें इसी कमरे में सुला लेता हूँ। अगर आप माइंड न करें तो अभी कुछ दिन यहीं—मैं नहीं चाहता कि उन्हें लगे कि पिता ने भी उन्हें दूर कर दिया है।''

उसके कन्धों से एकदम भारी बोझ हट गया। उसे लगा कि उसे कुछ दिन की मोहलत मिल गई।

''आप ठीक सोचते हैं। हमें उन्हें यहीं सुलाना चाहिए। मेरे आने से उन्हें यह नहीं लगना चाहिए कि मैंने उनकी माँ की जगह हड़प ली है।'' उसे अपने कानों में अपने शब्द स्वयं अजीब-से लगे। पर यह उसके अन्दर की डॉक्टर बोल रही थी। उसने सोचा, कोई किसी की जगह नहीं लेता, भीड़ में हम थोड़ा-सा सरककर ज़रूर दूसरे के लिए स्थान बना देते हैं। पास होने पर भी अपरिचित ही रहते हैं। शरीर स्पर्श करते हैं पर किसी प्रकार की रागात्मक भावनाओं से दूर। एक ही गाड़ी में, एक ही यात्रा पर जाते हुए, समय काटने के लिए छिटपुट बातें करते हुए।

दिवाकर को नींद आ गई है और हल्के-हल्के समगति खर्राटों में व्यवधान न पड़े, इसलिए वह दूसरे कमरे में चली गई। संगीता और अमिता चुपचाप बैठी थीं। वह भी पास आकर

बैठ गई। पूछा, "होमवर्क हो गया।"

"हाँ..." अमिता ने कहा।

"तुम लोग कितने बजे सोती हो।"

"बस यही खाना खाने के बाद। अभी तो कल्लो यहाँ चारपाइयाँ लगाएगी।"

"नहीं। तुम लोग वहीं सोना। अपने उसी कमरे में। पापा के पास।"

"और आप ?"

"मैं भी, कल्लो से कहना जब पापा जागें तो मेरे लिए भी एक चारपाई वहीं डाल दे।"

उसने लड़कियों के चेहरे रंग बदलते देखे। वह एकाएक सहज हो आई। अमिता ने कहा, "पहले हमलोग यहीं सोते थे। पर मम्मी की डेथ के बाद पापा रात-रात-भर रोते रहते थे। सोते नहीं थे। इसलिए हमलोग उन्हीं के पास सोते थे। डेथ के बाद कोई लौटकर नहीं आता।

संगीता ने कहा, "हमने टीवी पर एक फिल्म देखी थी। उसमें डेथ के बाद बॉडी को बाँधकर ले गए थे और जला दिया था। उसके बाद कोई लौटकर नहीं आता। ऐसे ही मम्मी के साथ भी हुआ था। उन्हें ले गए थे और जला दिया था। पर पापा उनकी हर चीज़ देखकर रोते हैं।"

"तुम्हें मम्मी की याद आती है ?" उसने पूछा।

"हाँ, कभी-कभी बहुत," संगीता ने कहा।

ममता को लगा कि वह भी शोक के घेरे में शामिल हो गई है, पर वह शोक किसके लिए है, यह उसे स्वयं नहीं मालूम।

# शून्य

जब वह अपने शहर में पहुँचा तो रात के पौने-बारह बज रहे थे। शीत-लहर आई हुई थी और तापमान पच्चीस डिग्री जीरो के नीचे था। उसने दरवाज़े से बाहर निकलकर देखा कि घर जाने के लिए इस वक़्त टैक्सी मिलेगी या नहीं। बाहर सवारी के नाम पर सन्नाटा था। ख़ाली टैक्सी-स्टैंड तेज़ रोशनी में सुनसान था तथा सफ़ेद बर्फ़ में बेतरह चमक रहा था।

उसे तसल्ली हुई कि वह अपना सबसे भारी कोट पहने हुए था। यद्यपि वह था भी सबसे पुराना, मगर उसके साथ 'हुड' जुड़ा था इसलिए टोपे या मफलर की ज़रूरत नहीं पड़ती थी, जो कि आज थी। वह दरवाज़े के भीतर ही रुककर टैक्सी का इन्तज़ार करने लगा।

उसके साथ बहुत भीड़ उतरी थी और ज़्यादातर लोगों को लेने कोई न कोई सम्बन्धी या मित्र आया हुआ था। उसने एक बार इस उम्मीद से चारों तरफ़ नज़र डाली कि शायद कोई पहचाना हुआ व्यक्ति मिल जाए, तो कुछ काम निकले। मगर कोई चेहरा परिचित नहीं था। वह अपनी तटस्थता और अलगाव को फिर अपने से चिपकाकर सहयात्रियों को देखने लगा। लोग क्रिसमस की छुट्टी के बाद लौट रहे थे, खुश और उत्साहित। किसी-किसी के हाथ में बिजली की कड़ाही या चायदानी का बन्द डिब्बा दिख जाता था। बातचीत से हॉल गूँज रहा था। अन्दर देखने से सबकुछ गर्म, जोशीला, आत्मीय मालूम होता था। यह नहीं लगता था कि दस क़दम खुले में ही इतनी विकराल ठंड है।

कुछ देर में दो एयरपोर्ट वैन साथ-साथ आईं। दोनों ख़ाली थीं और तेज़ पहियों से कुरमुरी बर्फ़ को रौंदती एक झटके से दरवाज़े के आगे रुक गईं। तब उसने पाया कि वह अकेला नहीं था। कुछ ही मिनटों में वैन भर गई। वह अपनी जगह छोटे बच्चोंवाले एक परिवार को देकर ड्राइवर के पासवाली अकेली सीट पर बैठ गया। इस देश में सालों रहने के बाद भी विदेशीपन का अहसास उससे दूर नहीं हुआ था। माँओं, बच्चों और पिताओं के छोटे-छोटे परिवारों के बीच से अपने को अलग करता हुआ ही बैठता। ऐसे परिवारों के साथ की सीट उसे बहुत ही अटपटी लगती।

वेन चल दी और वह जैसे अपने ही शहर को दोबारा अजनबी आँखों से देखने लगा। यात्री वैसे ही बातें करने लगे जैसे अपरिचित करते हैं—ड्राइवर को सम्बोधित करते हुए—कब से इतनी ठंड है ? कितनी बार बर्फ़ गिरी ? तूफ़ान आया दिखता है। सड़क पर उजाला था, पर दोनों तरफ़ के मकानों में अँधेरा था। वाशिंगटन स्ट्रीट पर हर घर के आगे कूड़ा सजा हुआ था—अख़बारों की गड्डियाँ, प्लास्टिक के बोरों के बन्द मुँहों के अन्दर हफ्ते-भर का

इकट्ठा भार, क्रिसमस पर सजाए गए देवदार और चीड़ के कटे हुए पेड़ जो अब भी हरे-भरे थे और टहनियों में अभी भी सजावट की पन्नी और नकली बर्फ़ चिपकी हुई थी।

वैन रुकी। ड्राइवर ने दरवाज़ा खोला और पीछे से सूटकेस उतारकर फुटपाथ पर रख दिया। लाल टोपी पहने एक युवक उतरा। उसने किराया ड्राइवर को थमाया और वैन चल पड़ी। अभी सात यात्री और उतारने थे और वह समझ गया कि उसकी बारी बहुत बाद में आएगी। उस सोए हुए, बर्फ़ से ढँके-ठिठुरते शहर में वैन एक सड़क से दूसरी सड़क तक घूमती रही और उसे एकाएक लगा जैसे वह जहाज़ में बैठा है और जहाज़ घर—भारत—की तरफ़ जा रहा है। उसके मन में बहुत उतावली है कि यात्रा जल्दी से जल्दी समाप्त हो और वह दौड़कर उतरे। कस्टम वग़ैरह से भागता हुआ निकलकर वह बाबूजी की चारपाई के पास जाकर खड़ा हो जाए और कहे, "बाबूजी, मैं आ गया !" बाबूजी उसे आँखें खोलकर देखें, उनके चेहरे पर चमक आए और वे कहें, "अच्छा किया, आ गया !"

वैन का पहिया खड्ड में जाकर उछला और उसने झटका खाकर आँखें खोल दीं। पाया कि वे विश्वविद्यालय के परिसर के पास से गुज़र रहे हैं और उसका घर आने ही वाला है। उसके घर के आगे की सड़क बहुत चौड़ी थी, क्योंकि कोने पर ही बच्चों का स्कूल था और तरह-तरह की सवारियाँ आया-जाया करती थीं।

घर वैसे ही खड़ा था जैसे कि वह छोड़कर गया था। अन्दर अँधेरा घुप्प और बाहर एक बत्ती, जो शाम को अपने आप जल जाती थी और सुबह अपने आप बुझ जाती थी। उसने देखा कि आमने-सामने बर्फ़ के ढूह थे, पर सड़क से दरवाज़े तक का रास्ता साफ़ था। झाड़ियों पर डेढ़-डेढ़ फीट बर्फ़ जमी थी, पर पेड़ों की शाखाएँ एकदम नंगी और ख़ाली थीं। तेज़ हवा ने उन पर एक कतरा भी नहीं टिकने दिया था।

ड्राइवर को उसने दस का नोट पकड़ा दिया। जब ड्राइवर ने लौटाने के लिए ज़ेब में हाथ डाला तो उसने हल्के से इशारे से जताया कि रहने दो। ड्राइवर के धन्यवाद को सुने बिना वह दरवाज़े की ओर चल पड़ा। दरवाज़ा खोलकर सूटकेस अन्दर किया और गलियारे की बत्ती जला दी। वह भूल गया था कि वह घर से बहुत जल्दी में निकला था। कमरे में वैसी ही बेतरतीबी थी जो कि शुक्रवार तक घर में आ जाती थी। सोफ़े पर उसका तकिया और कम्बल पड़े थे। मेज़ से नीचे ढुलककर गिरी पत्रिकाएँ और काग़ज़—'गुजराती सीखिए' पृष्ठ तेईस पर खुली हुई। एक मोजा भी वहीं पड़ा था, जिसे वह बराबर सूटकेस में ढूँढ़ता रहा था। कमरे में बेतरतीबी थी। धूल थी और हड़बड़ी में निकलने के चिह्न। उसने एक बार फिर चारों तरफ़ देखा—जैसे यत्न से जुगाड़ की हुई चीज़ों से कुछ पाना चाहता है। उसकी दृष्टि हाथी-दाँत की राम-लक्ष्मण-सीता की मूर्तियों पर रुक गई जो बाबूजी ने बहुत साल पहले उसे किसी के हाथ भेजी थी। मूर्ति पर दाम मिटाने के बावजूद उसने पढ़ लिए—सात सौ सोलह रुपए। उसे विश्वास नहीं हुआ कि इतनी छोटी मूर्ति इतनी महँगी हो सकती है। दूसरे प्यार की बजाय गुस्सा आया कि कम आमदनीवाले पिता ने कई महीने की पेंशन इस मूर्ति पर गँवा दी। कमरे में और भी चीज़ें थीं। उससे कहीं ज़्यादा महँगी। मगर उसे इस वक़्त किसी भी चीज़ से सुकून नहीं मिला। उसने रसोई में जाकर फ्रिज खोला। उसमें दूध की एक-तिहाई बोतल थी, फफूँदी लगा दही था और मुरझाई हुई गाजरें। माँ एक बार उसके पास कुछ दिनों को आई थीं तो उसका ख़ाली फ्रिज देखकर चकित रह गईं। वे कई दिन तक

कहती रही थीं कि कैनेडा में उनकी अपनी बेटी कितनी सम्पन्न और समृद्ध है। टमाटर खा-खाकर वह खुद भी टमाटर जैसी लाल हो गई है। उसका फ्रिज हमेशा फलों, मटर, पनीर, दही-बड़ों और गुलाबजामुनों से भरा रहता है। वह चुपचाप सुनता रहा था।

होश में उसने हमेशा इन्हीं माँ को देखा और माँ समझा। यह तो बाद में पता चला कि ये दूसरी माँ हैं। पर ये सौतेली माँ की तरह व्यवहार नहीं करती थीं, हालाँकि और साथियों की माँ की तरह व्यवहार नहीं करती थीं, और कभी बेसन के लड्डू या मठरी बना नाश्ता करने का आग्रह भी नहीं किया। वे न कभी हँसती थीं, न गुनगुनाती थीं, न उनके चेहरे पर कभी कोई त्योरी ही चढ़ी दिखी थी। वे चुपचाप निस्पृह भाव से घर का काम करती रहतीं। बच्चों की कमीज़ में टूटा बटन लगाना या सर्दी में सबके लिए नए और उधड़े ऊन की स्वेटर बुनना। अक्सर वे अपनी साड़ियों में खोंपें भरती भी दिखाई देतीं। जैसे ज़िन्दगी से न उन्होंने कुछ माँगा था, न पाने की चाह ही की थी। रोज़ सुबह काफ़ी पानी डालकर अरहर की दाल, भिंडी की सूखी तरकारी और रोटी ठीक नौ बजे तैयार करके दोनों भाइयों और बाबूजी के सामने रख देतीं। शाम को खूब गाढ़ी चाय और रात के खाने में मूँग की दाल और आलू की तरकारी। हर इतवार वे सिर्फ़ कढ़ी और चावल बनाती थीं। जाड़ों के मौसम में जब आँगन में लौकी की बेल पनप जाती थी तो भिंडी का स्थान लौकी ले लेती।

बाबूजी उन दोनों को लेकर स्कूल चले जाते, जहाँ उम्र के साथ बढ़ते-बढ़ते वे वाइस-प्रिंसिपल हो गए थे। प्रिंसिपल होने की आकांक्षा लिए-लिए ही वे रिटायर हो गए। जब उनके घर बेटी हुई तो दोनों भाइयों के साथ-साथ बाबूजी भी ऐसे अचकचाते हुए और ऐसे झेंपे हुए लगे जैसे कि वे समझ ही नहीं पा रहे हैं कि इस उम्र में नई सन्तान कैसे अपनाएँ। माँ तो पूरे समय घर में ही रहती थीं। ऐसी शर्माई हुईं जैसे नई दुल्हन, मगर लता के होने के बाद उनमें परिवर्तन ज़रूर आया था। बरामदे में बैठकर उसकी घंटों मालिश करतीं, नहलातीं, उसके बाल सँवारतीं, बड़े होने पर उसकी चुटिया गूँथतीं। भाइयों से कम से कम आठ साल छोटी लता उन्हें हमेशा तंग करती रहती। कभी पेंसिल लेकर भाग जाती, कभी किताबें-कापियाँ फाड़ डालती। उसका बस्ता गड़बड़ करना लता का प्रिय काम था। वह हरदम लता से परेशान रहता और हर बार माँ कहतीं—दे दो न, छोटी बहन है। जब लता की शादी तय होने पर लड़के ने विदेश जाने का किराया माँगा तो माँ ने बाबूजी से छिपाकर उसे ही चिट्ठी लिखी—लड़के को इंजिनियरिंग पढ़ने के लिए स्कॉलरशिप मिल गई है। पर वह जाने का ख़र्च चाहता है। तुम तो जानते ही हो यहाँ की हालत। पास में जो कुछ है शादी में निकल जाएगा। तुम भी तंगी में ही हो, मगर कहीं से कुछ प्रबन्ध कर दो। छोटी बहन की ज़िन्दगी बन जाएगी।

तब उसने बैंक से लोन लेकर लता और अविनाश के लिए टिकट भेज दिए थे। बहुत बाद में बाबूजी को पता चला था तो उन्होंने कहा था—खुश रहो बेटा। तुम्हारी माँ की बहुत इच्छा थी कि लता सुखी रहे।

लता ने पुत्र-जन्म पर माँ को भारत से काम-काज में मदद के लिए बुलाया था। वह तब भी लता के पास नहीं जा पाया था। माँ ही काफ़ी दिन बाद उसके पास आई थीं और जाने से पहले उसके फ्रिज में भी ढेर सारा खाना बनाकर रख गई थीं। उस खाने में भी उनके

हाथ की बनी हुई पतली अरहर की दाल का स्वाद था। वही, थोड़ा अधकच्चा, थोड़ा जला हुआ। उनके आने से पहले भी उसके ख़ाली फ्रिज में पानी की बोतलें ही थीं और जाने के कुछ दिन बाद फिर वही पानी की बोतलें। तब उसे ख़याल क्यों नहीं आया कि पूछे—माँ, तुम्हें कुछ चाहिए ? तुम कुछ ख़रीदना चाहती हो ? कुछ साथ ले जाना चाहती हो ? बाबूजी को कुछ चाहिए ? यह ले लो, शॉपिंग के काम आएँगे।

पर उनकी बातों से लगा जैसे लता अपने घर का सबकुछ उनके साथ बाँध देगी। वह कभी माँ और बाबूजी की आधुनिक मशीनों के साथ कल्पना नहीं कर पाया। घर के ठीक पिछवाड़े दूधवाले रहते थे और जब दूसरे लोग दूध दुहाने आते तो बाल्टी में बचा-खुचा, कभी कम कभी ज़्यादा, दूध उनके घर भी आ जाता, दूधवाले के मूर्ख बेटे को बाबूजी ने ही सिर मार-मारकर दसवाँ पास करवाया था। अब वह किसी शहर में सरकारी नौकरी करता था। माँ उसी दूध में घर-भर की चाय जुटाती थीं। अगर कभी ज़्यादा आ जाता तो दही जमा देतीं। किसी मेहमान के आने पर उसे ही चप्पलें पहनकर नुक्कड़वाले हलवाई से दूध लाना पड़ता था—पैसे बाद में आ जाएँगे। अब याद करने से लगता है कि कभी ऐसा नहीं हुआ कि महीने के शुरू में कभी कहा गया हो कि ये पैसे भीखम हलवाई को दे आना।

उस शहर में, खास तौर से आसपास के मुहल्लों में कोई ऐसा न था जिसके बच्चों ने बाबूजी से मुफ्त न पढ़ा हो। जनवरी से ही बाहर बरांडे में भीड़ लगने लगती थी—नबी दूधवाले, भीखम हलवाई, मैकी दाई, कुत्तेवाली महराजिन—सभी के बच्चे रट्टा लगाने और इम्तिहान पास करने के लिए घर के आगे जमा रहते। उनके साथ कभी-कभी पैसेवाले विद्यार्थी आते थे। बाबूजी कभी किसी के घर नहीं जाते थे—जिसे पढ़ना हो, घर पर आए, सम्मिलित पढ़े, सिवा हरिश्चन्द्र पंडा के, जिसकी लड़की की शादी इसलिए अटकी थी क्योंकि वह दो साल से अंग्रेजी में फेल हो रही थी। लड़की का प्रश्न था, इसलिए बाबूजी डेढ़ मील पैदल चलकर उसे पढ़ाने जाते थे। बाबूजी के पढ़ाने पर ही वह लुढ़क-लुढ़ककर पास हो गई और ढेर-सी मिठाई लेकर सारा परिवार बाबूजी के पास उपस्थित हुआ था। लड़की ने—शायद कृष्णा या कुछ ऐसा ही पौराणिक नाम था उसका—बाबूजी को 'पार्कर फिफ्टी-वन' की गुरु-दक्षिणा दी थी। बाबूजी उस पेन को हाथ में लेकर अवाक् रह गए थे। बेतरह अमीर बाप की बिगड़ी हुई, सिरचढ़ी बेटी उनके मन के कोने में कहीं छिपी हुई आकांक्षा को कैसे पहचान गई ? पेन भी वॉटरमैन या शेफर नहीं, पार्कर। वह भी काले रंग का जिस पर बाबूजी का नाम अंकित था। पार्कर फिफ्टी-वन ! हर किसी आनेवाले को उन्होंने वह पेन दिखाया था, बिना किसी का नाम लिए। जिस दिन हाई स्कूल का रिजल्ट आता था, पूरा शहर जैसे घर के आगे जमा हो जाता था।

बाबूजी कभी किसी से कुछ नहीं लेते थे और मैकी दाई जैसे लोगों को शिकायत रहती थी कि सेवा का मौक़ा नहीं मिलता—नबी दूधवाले, भीखम हलवाई, शहजादी काछिन अपनी तरफ़ से कुछ न कुछ करते रहते थे। शहजादी काछिन कभी कटहल या परवल लेकर आती तो भिंडी और लौकी से मुँह का स्वाद बदलता। बाबूजी सिर्फ़ अंग्रेजी पढ़ाते थे और अंग्रेजी ही इन बच्चों के लिए जानलेवा थी; और तब तो अनिवार्य भी थी।

जब वह दसवीं में प्रथम आया था और उसने पूरे उत्तरप्रदेश में टॉप किया था, तो किसी को ताज्जुब नहीं हुआ था। उससे सबको यही उम्मीद थी। उसे स्कॉलरशिप मिली तो उसने

पहले महीने के रुपए बाबूजी को देने चाहे। उन्होंने लिए नहीं, "अपने पास ही रखो।" सिर्फ़ लता की फरमाइश कि मुझे पाजेब बनवा दो, भाई साहब ! उसके बाद बी.एस-सी. में फर्स्ट आने पर फिर मिली तो बाबूजी ने उसे इलाहाबाद जाकर फिजिक्स पढ़ने को कहा था। इसके बाद एम.एस-सी. में टॉप करके पाँच-छह मैडल और रिसर्च करने और विदेश के लिए स्कॉलरशिप। उसे लगता था इसमें अपना कुछ भी नहीं है, सबकुछ बाबूजी की देन है।

बरामदे में लड़के जुटे होते और उनमें वह भी पढ़ रहा होता। शाम को बाबूजी नहर की तरफ़ घूमने चले जाते। तब उससे अंग्रेजी के सवाल-जवाब करते रहते "वाकिंग ऑन द रोड अ स्कॉर्पियन विद मी—बताओ यह वाक्य सही है या ग़लत ?"

उसके आइ.ए.एस. में न बैठने पर क्या उन्हें सदमा पहुँचा था ? क्या वे नहीं चाहते थे कि बेटा बड़ा अफसर बने, विदेश में पोस्टिंग हो। उसने कभी नहीं पूछा था, न उन्होंने कभी कहा। क्या माँ की इच्छा थी कि वह घर में ढेर सारा पैसा लेकर आए ? पैसा तो उन्हें वैसे भी नहीं लेना था। कभी लिया ही नहीं। वाइस-प्रिंसिपल बने रहे, दो-तीन कुर्ते-धोतियाँ, मोटी ऊन की बंडी, घड़ी, चश्मा और पार्कर फिफ्टी-वन—इसी में सन्तुष्ट रहे। माँ भी किनारीदार धोतियाँ पहनती रहीं, उनमें खोंपें भरती रहीं और अरहर की दाल के साथ भिंडी पकाती रहीं। दूसरे टीचर भी ट्यूशन करते थे, कसकर पैसे लेते थे। उनके घर कई तरह की दालें बनती होंगी। कई तरह की तरकारियाँ—क्या मालूम !

कई साल बाद लौटकर उसने अपने बचपन के वातावरण को जैसे नई आँखों से देखा था और स्तम्भित रह गया था। देहरादून एक्सप्रेस जब स्टेशन पर रुकी तो बाबूजी उसे लेने आए थे। वैसे स्टेशन दूर नहीं था, पटरियाँ चलकर भी आया जा सकता था। पर जब से बिजली की रेलें चल गई थीं, बिजली की रफ़्तार से आती-जाती थीं। कई दुर्घटनाओं के बाद लोग डरकर सड़क से ही आने-जाने लगे थे।

बाबूजी कितना झुक गए थे ! उनकी स्नेह-विगलित हँसी कितनी दन्तविहीन थी। गाल पिचक गए थे और आँखें गड्ढे में चली गई थीं। घर और मुहल्ला भी उसे एकदम श्रीहीन और उजड़ा हुआ लगा। झाड़ू सिर्फ़ बीच सड़क पर लगी थी। हर घर के आगे उसी घर के कूड़े के ढेर थे। सामने के बरामदे में बाँस का टहर लगा था। अन्दर बड़े-बड़े ऊँची छतवाले अँधेरे कमरे थे—जिनमें से एक में निवाड़ के वही दो पलंग पड़े हुए थे जो बरसों से वह देखता रहा था। आँगन में आम-अमरूद के पेड़ बड़े हो गए थे, जिससे अन्दर और भी अँधेरा भर गया था। रसोई अभी भी बाहर थी, टीन की छतवाली। अँगीठी जलाकर माँ ने उसके लिए चाय बनाई थी, जिसमें धुआँया हुआ स्वाद था। माँ ने उसके लिए खीर बनाई थी। बूढ़ा नबी यह सुनकर कि वह वापस आ रहा है, थोड़ा दूध ज़्यादा दे गया था। वह बंगाल पॉटरी का मोटा प्याला हाथ में पकड़े बैठा रह गया। उसने सोचा, क्या मुझे वह सब लाना चाहिए था जो पड़ोसिन मंजुश्री बार-बार लाने को कह रही थी ? माँ के लिए असली सोने के कड़े, बाबूजी के लिए सीको घड़ी, ददूदा के लिए सोनी टीवी, घर के लिए चीनी के बर्तन। मगर मंजुश्री इस घर को नहीं जानती थी। फिर भी उसने फँसे गले से कहा, "मैं कुछ लाया नहीं..."

माँ ने कहा, "ज़रूरत भी नहीं थी। रिसर्च करने आए हो, काम से। वही मन लगाकर

करो। तुम्हारा नाम होगा तो हमारी तपस्या सफल होगी।''

माँ कभी-कभी उसे अवाक् कर देती थीं। कम बोलनेवाली, कम इच्छाओंवाली इस स्त्री को देखकर हमेशा लगता था कि इस घर में अपने पत्नीत्व निभाने के दायित्व के अतिरिक्त उनका अन्तर्मन भी वैसे ही अलग-थलग, इच्छाविहीन है जैसे उनका अस्तित्व। वे कहीं भी दोनों सौतेले बेटों से जुड़ी नहीं हैं। बाबूजी की पत्नी हैं, पर उनकी माँ नहीं हैं। जब कभी-कभार उनके मुँह से ममत्व के शब्द निकलते तो उसे अजीब-सा लगता। उसे लगता जैसे उससे माँग की जा रही है कि वह भी इस परिवार को स्नेह दे, माँ को, बाबूजी को, दद्दा और लता को। और उन अवसरों पर उसे बहुत आश्वस्ति की भावना होती।

उसके पास कुछ नहीं था, किसी को भी कुछ देने के लिए। जैसे वह रिक्त ही पैदा हुआ था और रिक्त ही रहा। वह घर का अंग था, बाबूजी की पहली पत्नी ने उसे जन्म दिया था। शायद दूसरी सन्तान भी बेटा होने पर बहुत प्रसन्न हुई होंगी, उसे हृदय से लगाया होगा, सिर पर हाथ फेरा होगा, और मन ही मन आशीर्वाद दिए होंगे। उसके जनमते ही माँ को बुखार आने लगा था, इसलिए एक दिन भी वे बेटे को दूध नहीं पिला पाईं, यह उसने मैकी दाई से सुना था। उसका जन्म भी मैकी दाई की सास लच्छो ने कराया था।

मैकी तब नई-नई ब्याहकर आई थी। कितनी दुबली-पतली सींक-सलाई-सी थी। 'तुम्हारी माँ को हरा रंग बहुत पसन्द था। हमेशा धानी साड़ी पहनती थीं। बुखार गया ही नहीं। बुआजी ने नबी की गइया का दूध बत्ती बना-बनाकर तुम्हें पिलाया। मरीं, तब भी धानी साड़ी ही पहने थीं। जमादारिन को मिली वह साड़ी। मेरा मन था, पर सास ने लेने नहीं दी। बुआजी ने झट से ही करा दी यह दूसरी शादी। ये भी अच्छी हैं। कम से कम मारतीं-पीटतीं तो नहीं। भूखा तो नहीं रखतीं।'

बहुत साल पहले उसने अमरीका में नए-नए आने पर टेलिविजन पर एक प्रोग्राम देखा था। बन्दर के बच्चों के साथ प्रयोगशाला में प्रयोग। बन्दर का एक नवजात बच्चा अपनी माँ के साथ रखा गया था। हमेशा चिपटा रहता था पेट से। दूध पीता था। बँदरिया टाँगें फैलाकर बैठती थी। बच्चे की गरदन के बालों में उँगलियाँ फिराती थी। बड़ा होकर बच्चा अच्छा बन्दर बना—मानसिक रूप से स्वस्थ, सामाजिक और समूह का एक अच्छा सदस्य। उसे दद्दा का ध्यान आया था, जो उससे तीन-साढ़े तीन साल बड़े थे और अपनी जगह अँगूठी में नग जैसे फिट-चुस्त जमे थे। दूसरा नवजात बच्चा जनमते ही माँ से अलग कर दिया गया था। उसे दी गई एक ऐसी माँ जिसका ढाँचा लोहे के तारों से बना था। इस ढाँचे पर कपड़ा मढ़ दिया गया था। इसके शरीर में गर्मी नहीं थी, इससे लिपटने पर दिल की धड़कन नहीं सुनाई पड़ती थी। बच्चा बार-बार इस नकली माँ के पास जाता था, लिपटने का प्रयास करता था—पर प्यार या गर्मी न पाकर फिर उसने उधर जाना ही छोड़ दिया। अपने कोने में गुमसुम, उदास बैठा रहता, सबसे अलग-थलग। वह समूह में छोड़ दिए जाने के बाद भी उसका अंग नहीं बना। एक असामाजिक, 'न्यूरौटिक' बन्दर बनकर रह गया—चिड़चिड़ा, हरदम खौंखियानेवाला, लड़ाकू, अस्थिर !

चाय का प्याला हाथ में पकड़े-पकड़े उसने सोचा कि माँ को इस प्रयोग के बारे में बताए। पर उसे यह भी मालूम था कि यह कितना अप्रासंगिक होगा, और माँ समझेंगी भी नहीं। और

फिर, अपने अन्दर की रिक्तता, न जुड़ पाने की अक्षमता को ढँकने के लिए क्या यह एक सुविधाजनक रूपक नहीं है ? और अब यह सब बताने से फायदा भी क्या होगा ?

गर्मियों के दिन थे, इसलिए विद्यार्थी भी नहीं आते थे। यह पूछने पर कि क्या बाबूजी अभी भी अंग्रेजी उसी तरह पढ़ाते हैं, माँ ने बताया था कि उन्हें दमा के बार-बार दौरे पड़ते हैं, स्कूल में ही मुश्किल से पढ़ा पाते हैं। पर शिष्य कहाँ छोड़ते हैं ? आ ही जाते हैं। इंजीनियरिंग के बाद दद्दा की पोस्टिंग खम्भात में हो गई है। वहीं की लड़की पसन्द कर ली है। उसी से शादी करने का इरादा है। बाबूजी ने लिख दिया है कि हमलोगों को कोई आपत्ति नहीं है। मगर वे दोनों इतनी लम्बी यात्रा नहीं कर पाएँगे। तीन दिन, दो रातें लगती हैं खम्भात पहुँचने में, उन्होंने कुछ रुक-रुककर बाद में बताया था। कनाडा की पढ़ाई बड़ी मुश्किल है। दामाद ने अभी तक पी-एच.डी. पूरी नहीं की है। बीच में असिस्टेंटशिप बन्द हो गई थी। लता ही काम करके घर चलाती है—आठ-आठ बच्चों की बेबी-सिटिंग करके।

तब माँ को सांत्वना देने के लिए पहली बार उसकी वाणी फूटी, ''ठीक कह रही हो माँ, वहाँ की ज़िन्दगी, खास तौर से हम विद्यार्थियों की, बेहद मुश्किल है। वहाँ कैनेडियन, अमरीकन, अंग्रजों से कम्पिटीशन करना पड़ता है। पढ़ाई भी तो कैसी पढ़ाई ! रात-रात-भर कम्प्यूटर-रूम में बैठे रहो—जाड़े में, गर्मी में। मैंने एक प्रोफ़ेसर के साथ काम किया, वह दूसरी यूनिवर्सिटी चला गया। दूसरे प्रोफ़ेसर के साथ पटरी नहीं बैठी। साल-भर बर्बाद करके फिर पहले प्रोफ़ेसर के पास पहुँचा तो वहाँ असिस्टेंटशिप नहीं मिली। नौकरी भी की और पढ़ाई थी। एक वृद्धा के घर रहा। गर्मी में उसकी घास काटी। जाड़ों में बर्फ़ साफ़ की, कमरे के किराए के बदले। अब जाकर थीसिस पूरी होने को आई है। पता नहीं नौकरी मिलेगी भी या नहीं...''

बाबूजी और माँ चुपचाप सुनते रहे। वह एकदम झेंप गया। उसे अटपटा-सा लगा कि उसने अन्तरंग बातें कह कैसे दीं। ये लोग समझते होंगे कि वह मोटी-सी रकम कमा रहा है, सिर्फ़ लता ही तंगी में है। मगर बाबूजी का चेहरा कोमल था। आँखों में गहरी पहचान, उस ज़िन्दगी की जो उन्होंने अब तक जी थी, जिसमें उनके प्रिंसिपल होने की कोई सम्भावना नहीं थी, जिसकी उपलब्धियाँ भीखम हलवाई, मैकी दाई और नबी दूधवाले के बेटों को दसवाँ पास करवाकर आगे बढ़ते देखनी थीं। मैकी दाई का लड़का कम्पाउंडर था, भीखम हलवाई का लड़का शहर के प्रमुख सिनेमा हॉल में कैंटीन चला रहा था। उनके पार्कर पेन में अब बहुत से अंग दूसरे पेन के जुड़ चुके थे, सिवा पेन के ढाँचे और उस पर अंकित नाम के।

चाय पीने के बाद भी वे सब कुछ देर चुप बैठे रहे थे। टीन की छत के नीचे चूल्हे के पास बैठी माँ, माथे पर हाथ टिकाए, छाँह में दो मूढ़ों पर बाबूजी और वह। पहाड़ों की ओर से तेज़ हवा का झोंका आया, जिसमें गर्मी और लपट थी। जब वह उसी आँगन के दूसरे कोने में, दूसरे टीन की छत के नीचे गुसलख़ाने से नहाकर निकला तो चूल्हे पर पतीली चढ़ी हुई थी और उबलती हुई अरहर की दाल की सुगन्ध सारे आँगन में फैली हुई थी।

वह दो-तीन दिन ही उन लोगों के पास रहा। बाबूजी उसे स्टेशन पहुँचाने आए थे। देहरादून एक्सप्रेस के दिल्ली की ओर चल देने पर भी उसकी आँखों के आगे स्टेशन पर खड़े बाबूजी

की छवि तैरती रही। क्या वे कुछ और झुके हुए, कुछ और बूढ़े लग रहे थे ?

भारत से विदा लेते वक़्त वह दिल्ली एयरपोर्ट की उस भीड़ को देखता रहा। झुंड के झुंड लोग मोटरों, टैक्सियों में जानेवाले को विदा देने आए थे। जानेवालों के माथे पर रोली-चावल के टीके लगे हुए थे, गर्दनें गेंदे और गुलाब की मालाओं से लदी थीं। वह प्रवेश-द्वार के पास खड़ा-खड़ा सिगरेट पीता रहा और अपने आसपास की चीज़ों को किसी फिल्म के दृश्य की तरह देखता रहा।

जहाज़ में बैठने पर उसने पाया कि उसके पास की सीट ख़ाली है। अचानक उसे लगा कि उसे अपना परिचित आत्मीय 'स्वयं' मिल गया है, जो भारत-यात्रा के दौरान मातृभाषा और भारतीय चेहरों के बीच कहीं कट गया था। अब वह सुस्थ था, स्वस्तिपूर्ण, अपने आपमें अकेला। असामाजिक बन्दर के बच्चे की उभरती हुई छवि उसने सायास पीछे ठेल दी।

लौटकर आने पर चला कि उसके पीछे पुराने घर में आग लग गई थी। वृद्धा मकान मालकिन श्रीमती सिमंस बिस्तर पर लेटे-लेटे सिगरेट पी रही थी कि नींद आ गई और सिगरेट फ़र्श पर गिरकर सुलगती रही। मकान मालकिन को तो घर की इंश्योरंस मिल गई थी, पर उसके सारे नोट्स रफ ड्राफ्ट सब उसी में जल चुके थे। बचा था एक ट्रंक जो वह पीछे छोड़ गया था, जिसमें उसकी वर्षों की मेहनत और सम्पत्ति—तुड़े-मुड़े अधजले कपड़ों, पानी में भीगी-सीली, फफूँदी लगी कापियाँ, चिपके हुए पन्नों के रूप में बच गई थी। उसके दिल पर एक करारा घूँसा-सा लगा। उसने पाया कि वह उस शहर, उस यूनिवर्सिटी, उस पी-एच.डी. की पूरी कवायद से एकदम ऊब उठा है। अब उसमें दोबारा काम शुरू करने की ताब नहीं रह गई है।

उसने वह शहर भी छोड़ दिया। निरुद्देश्य भटकते हुए भी वह जानता था कि वह भारत नहीं लौटेगा। कम से कम अभी नहीं। अभी ही तो लौटा है। फिर पैसा भी कहाँ है ?

फ़ोन बजता है। इतनी रात में पड़ोसी ही होंगे। शिवेश या मंजुश्री। एक मकान के दो हिस्से हैं, जैसे दो बाजू। एकदम एक से, जैसा इधर, वैसा ही उधर। बीच में सम्मिलित दीवार है। वैसे उसने आहट नहीं की थी, फिर भी लगता है बीच रात में वैन के आने और दरवाज़ा खुलने व बन्द होने से वे जाग गए हैं।

"आ गए ?" मंजुश्री है, "अभी-अभी आए क्या ?"

"हाँ...?" उसने कहा।

"ख़बर क्यों नहीं की ? हमलोग लेने आ जाते। अच्छा, अभी आ रहे हैं।"

"नहीं, ज़रूरत नहीं है। सुबह मिल लेंगे।"

पर मंजुश्री तो मंजुश्री ही ठहरी, "अभी आते हैं। सो मत जाना।"

अलमारी खोलकर उसने बोतल निकाली, गिलास भरा और पानी मिला ही रहा था कि रसोई का दरवाज़ा खुला और शिवेश और मंजुश्री खड़े नज़र आए। दोनों रात के कपड़ों पर ड्रेसिंग गाउन पहने थे। मंजुश्री के हाथ में खाने की प्लेट थी। कुछ क्षणों तक उनके बीच एक आश्वस्ति-भरा सन्नाटा टँगा रहा। फिर शिवेश ने पूछा, "क्या ख़बर है ?"

"सबकुछ ख़तम हो गया," उसने अंग्रेजी में कहा।

दोनों आगे बढ़कर रसोई में चले आए। मंजुश्री ने बिना आवाज़ किए प्लेट मेज़ पर

रख दी। बीच का दरवाज़ा खुला रहा, जिससे दूसरे घर की आहट रहे। रसोई में ही एक छोटी-सी मेज़ थी, दो-तीन कुर्सियाँ। उसने बिना पूछे ही अलमारी से गिलास निकाले और उन दोनों के लिए भरे, शिवेश के लिए कम, मंजुश्री के लिए ज़्यादा।

"तुम मिल तो लिए होगे, तुम्हारी बात हो गई ?" मंजुश्री ने पूछा।

"मैं देर से पहुँचा। कुछ घंटे बाद।"

"देखने को तो मिले ही ?" शिवेश ने कहा।

"हाँ, मिले।"

"तुम बात करना चाहोगे...इस विषय में ?"

"नहीं। देर हो गई है। तुम दोनों जाकर सो जाओ। मैं भी सोऊँगा।"

वह अभी तैयार नहीं है, कम से कम बाबूजी की मौत के बारे में। वह इधर-उधर दुनिया-भर की फालतू बातें सोचेगा, मगर सीधी आँख वह अपने अन्दर से या इस घटना से साक्षात्कार करने को राजी नहीं है। वह इसी मेज़ पर कोहनी टिकाए बैठा रहेगा और उजाला होने तक बैठा ही रहेगा। क्योंकि आँख बन्द करने से जो दृश्य सामने आता है, उसको वह सह नहीं पाएगा। यद्यपि वह क्षण वह रोज़-रोज़, बार-बार जी चुका है।

वह शिवेश और मंजुश्री को वापस लौटते देखता रहा। मंजुश्री ने उधर से दरवाज़ा बन्द कर लिया। अब वह फिर अकेला था। मेज़ पर तीन गिलास थे, दो अनछुए। एक प्लेट थी खाने की। घी लगी तीन-चार ठंडी रोटियाँ, गोभी-मटर की तरकारी और एँठे हुए चावल। मंजुश्री का बनाया खाना गरम भले ही खाया जा सके, पर ठंडा खाना तो फेंकने के ही काबिल होता है। सुबह आकर झगड़ा करेगी।

कई महीने भटकने के बाद वह शिवेश के पास आ टिका था। शिवेश उन दिनों डेयरी साइंस में पोस्ट डॉक्टरेट रिसर्च कर रहे थे। मुफ्त के अंडे-मुर्गियाँ और दूध मिलता था। एक बड़े से घर में रहते थे और रोज़ शाम तफरीहन खाना पकाते थे। घर उनके विभाग के प्रोफ़ेसर का था, जो साल-भर के लिए छुट्टी पर बैंकॉक गया हुआ था और देखभाल के लिए शिवेश को घर छोड़ गया था। न जगह की कमी थी, न खाने-पीने की। वहीं दोबारा थीसिस लिखना शुरू किया था। दो साल पहले शिवेश नेपाल लौटे थे और मंजुश्री को ले आए थे। वह काफ़ी सुन्दर थी। सबको ताज्जुब था कि इतने ढीलेढाले, गदंबड़ जैसे शिवेश को ऐसी बीवी कैसे मिल गई ! आते ही उसने बाल कटा दिए और साड़ी पहनना छोड़ दिया। उसके दुबले-पतले लचीले शरीर पर फ्रॉक फबती थी। ऊँची एड़ी के सैंडिल और उस पर पायलें। जल्दी-जल्दी दो-ढाई साल में उसके दो बच्चे भी हो गए, और बच्चे होने के बाद और भी रूप उमड़ आया मंजुश्री पर। ज़रा-सी धूप लगते ही उसके गाल एकदम गुलाबी हो जाते। वह पहचानती थी अपने रूप और आकर्षण को। लोग जमे रहते थे शिवेश के घर। और शिवेश थे कि विभाग से मुर्गे और अंडे लाकर पकाते रहते। लोग खाते थे और लार टपकाते थे।

नौकरी लग जाने पर वह अलग फ़्लैट में चला गया था, उससे बहुत दिन तक न आने की शिकायत की थी मंजुश्री ने।

"मुझे नहीं अच्छा लगता," उसने स्पष्ट कह दिया था।

"मैं नहीं अच्छी लगती ?" मंजुश्री ने पूछा था।

''नहीं, मगर जैसा प्रदर्शन तुम करती हो वैसी नहीं।''

''क्यों ?''

''क्यों क्या ? आकाश-विकास की माँ और शिवेश की पत्नी बनना काफ़ी नहीं है ?''

''कैसी संकुचित मनोवृत्तिवाल पुरुषों जैसी बात कह दी तुमने ! उसके परे भी तो कुछ और हूँ मैं। एक स्त्री ज़िन्दगी के वाक्य की कर्ता भी तो होती है, केवल कर्म ही नहीं।''

''इतनी असुरक्षित हो कि अपने अहम को सहलाने के लिए पूरा जमघट चाहिए ?''

''तुम्हें जलन हो रही है ?'' मंजुश्री ने कुछ खुशी और कुछ ताज्जुब से कहा था।

''अगर ज़िन्दगी के वाक्य का कर्ता ही बनना है तो कुछ करो, गढ़ो अपने को। सँवारो अपने व्यक्तित्व को। सिर्फ़ भौंहों को ही नहीं।''

''कितनी कड़वी जबान है तुम्हारी !''

मंजुश्री का उतर गया दुखी चेहरा देखकर उसे अपने पर ग्लानि हुई। दूसरे की खूबसूरत बीवी को त्रास देने की इच्छा क्यों उठी ? उसने अपने मन्तव्य को टटोलते हुए पाया। क्या सचमुच कहीं चाह दबी पड़ी है मंजुश्री और खूबसूरत स्त्री को बाँहों में पकड़कर भींच देने की ? वह अन्यथा नहीं लेगी, उसे मालूम है। पर शिवेश, उसके पुराने सहज प्रवृत्ति के दोस्त ? मंजुश्री थी कि टुकुर-टुकुर देखे ही जा रही थी।

''आइ'म सारी। मैं तो कह रहा था कि इधर-उधर फालतू बातों में उलझे रहने की बजाय कुछ उपयोग करो अपनी बुद्धि का !'' फिर वह हँस दिया, ''विद्यार्थियों की तरह लेक्चर दे रहा हूँ। अब जाओ, मेरी क्लास का समय हो रहा है।'' मंजुश्री कुछ देर खड़ी रही, अनमनी-सी। उसने हाथ फैलाकर कहा, ''हम मित्र हैं, हैं न ?''

मंजुश्री ने अपना हाथ उसके हाथ पर रख दिया, ''हाँ।''

मंजुश्री के लैब से चले जाने के बाद वह कई दिनों तक मंजुश्री के साथ हुई बातों के बारे में सोचता रहा। अगर मंजुश्री को सजकर शिवेश की मित्र-मंडली के बीच बैठना और हँसी-ठट्ठा अच्छा लगता है तो इसमें उसे क्यों आपत्ति होती है ? अगर वह कपड़े ज़रा ज़्यादा ही कसे पहनती है तो शिवेश को कुछ कहना चाहिए। मंजुश्री को वह अच्छा लगता है, ज़रूरत-बेज़रूरत वह उसकी लैब में आ जाती है। उसे चाहिए क्या ? पति, पुत्र सभी तो हैं ! कितनों ने उसका नाम अपनी मर्दानगी से जोड़कर डींगें हाँकी हैं। शायद उसे एक मित्र चाहिए, जो निष्पक्ष और तटस्थ हो, जो उसके स्त्री होने का लाभ न उठाए, जो दोस्त के घर सेंध नहीं लगाए।

उसे मंजुश्री शुरू से अच्छी लगी। वैसी चंचलता और नखरेबाजी उसने कम ही देखी थी। शिवेश और मंजुश्री के साथ बैठकर समय अच्छा कट जाता था। पर आकर्षण ? आकर्षण बिलकुल भी नहीं था। मंजुश्री क्या, शादी-ब्याह, प्रेम या अफेयर की इच्छा मन में नहीं उठी। कभी कोई लड़की उसे इतनी अच्छी नहीं लगी कि घूमा-फिरा जाए अपना अमूल्य समय नष्ट करके। अभी भी लड़कियाँ इर्द-गिर्द मँडराती थीं, विशेषकर नई आई हुईं। पर मंजुश्री उन्हें देर-सबेर आगाह कर ही देती थी—क्यों समय ख़राब कर रही हो इनकी आशा में ? इन्हें सिर्फ़ अपने कम्प्यूटर से प्यार है। वही इनके दिल का सम्राट है और लैब इनका राजमहल। कम्प्यूटरों के साथ काम करते-करते दिल भी वैसा ही रूखा हो गया है। कभी किसी दिन हँस

देते हैं तो उस दिन धूप निकल आती है, वरना इनकी ज़िन्दगी में तो हमेशा बर्फ़ ही पड़ती रहती है।

शायद वह ठीक कहती है। किसी भी स्त्री से वह जुड़ नहीं पाएगा, कुछ अन्दर महसूस ही नहीं होता—न बहन, न प्रिया। लता के सालों कनाडा में रहने के बावजूद न वह कभी मिला था, न कोई सम्पर्क ही रखा था। वह बहन थी, फिर भी उसे लगता था कि उसका कोई नहीं है। शिवेश और मंजुश्री के प्रति वह आभारी था। जब उसका कहीं कोई सम्बल या सहारा नहीं था, उन्होंने अपने घर रखा, खिलाया-पिलाया। छोटी-सी तनख्वाह में उसे भी अपने परिवार का सदस्य बना लिया था। आकाश-विकास को डाँट पड़ती रहती थी कि वे अंकल के काम में बाधा न डालें।

उसे थीसिस समाप्त करते ही अपनी ही यूनिवर्सिटी में ऐस्ट्रो-फिजिक्स विभाग में नौकरी मिल गई थी। तब भी शिवेश या मंजुश्री को जलन नहीं हुई। "तुम डरते हो," मंजुश्री ने एक बार कहा था, "तुम डरते हो, क्योंकि तुम्हें ऐसा लगता है कि जैसे माँ छोड़कर चली गई वैसे ही वह भी न चली जाए !"

"बहुत मनोविज्ञान पढ़ लिया है ! कहाँ, काठमांडू विश्वविद्यालय में ?" उसने ताना देते हुए कहा था।

"उड़ा दो हँसी में मेरी बात ! यह तो तुम पुरुषों का स्वभाव ही होता है—किसी स्त्री की सीरियस बात पर ध्यान न देना ! मगर मेरी एनालिसिस सही है। तुम किसी से स्नेह कर ही नहीं सकते। तुम्हारे मन में इतना क्रोध, इतना क्षोभ भरा हुआ है स्त्रियों के प्रति, क्योंकि तुम बालपन में माँ के न होने के दुख से उबरे ही नहीं। तभी तो जब बात करते हो, जली-कटी।"

शिवेश ने कहा था, "छोड़ो भी इस बात को ! क्यों तुम दोनों झगड़ते ही रहते हो ? मंजुश्री, ज़रा सोचकर बोला करो।"

यह सच था कि मंजुश्री के पास रूप भी था, बुद्धि भी, परन्तु पढ़ाई कहीं बीच में ही छूट जाने के कारण उसके आगे कम विकल्प बचे थे। वह कुछ करना चाहती थी, और बार-बार उससे सलाह लेने उसके लैब में आने लगी थी। वह रिसेप्शनिस्ट, सेल्सगर्ल के आगे कुछ बनना चाहती थी। जैसे उसके मन में आकांक्षा जाग उठी थी कि वह भी कुछ करे। अख़बार में एक विज्ञापन पढ़कर कि ज़मीन-जायदाद बेचनेवाले सदस्यों का संघ दो अल्पसंख्यकों को हज़ार-हज़ार डॉलर की स्कॉलरशिप देगा ट्रेनिंग के लिए—उसने अख़बार मंजुश्री के आगे रख दिया था। मंजुश्री को स्कॉलरशिप तो नहीं मिली मगर एक संस्था ने ट्रेनिंग पूरी करने पर उसे नौकरी देने का वचन दिया, छह प्रतिशत कमीशन पर।

पढ़ाई पूरी करते ही मंजुश्री बदलने लगी। घोड़े की पूँछ जैसे बाल, रंग-बिरंगे क्लिप-चिमटियाँ गायब हो गईं। नए स्टाइल के बाल बने, मेकअप कम हुआ, पायलें उतरीं। क्रीम कलर का जैकेट-स्कर्ट पहन और ब्रीफकेस लेकर वह नौकरी पर जाने लगी। पर कई महीनों की दौड़-धूप के बाद भी वह एक मकान नहीं बेच पाई। फिर जब उसकी नज़र में यह मकान पड़ा तो उसने ठान ही लिया कि यह तो बेचना ही है। मकान नया था—दो जुड़वाँ हिस्सों में बँटा हुआ। दोनों तरफ़ तीन-तीन कमरे, बैठक, रसोई, दो बाथरूम। वह उसके पीछे ही पड़ गई कि अगर वह मकान का एक यूनिट ले ले तो दूसरा यूनिट जैसे भी होगा, वे लोग

ले लेंगे। कमीशन भी नहीं देना पड़ेगा। वह अपने रेकॉर्ड पर दिखलाना चाहती है कि उसने एक घर बेचा है। उन लोगों के प्रति आभार प्रकट करने के लिए उसने एक यूनिट ख़रीदा। मगर ख़रीद उसकी उम्मीद से ज़्यादा ठीक बैठी। घर विश्वविद्यालय के पास ही था। बीच में सम्मिलित दीवार थी, पर उधर का शोर नहीं आता था। माँ को भी घर अच्छा लगा। वे दोनों रसोइयों के बीच का दरवाज़ा खुला ही रखतीं और मंजुश्री से उनकी खूब पटती। वे सर्दियों के ही दिन थे, और मंजुश्री के काम में मन्दी थी।

उस दिन छुट्टी थी, मगर माँ को मालूम नहीं था। वे नहा-धोकर निकलीं तो घर में सन्नाटा पाकर सोचा होगा कि वह रोज़ की तरह पौने-आठ बजे निकल गया होगा। पर वह अपने कम्प्यूटरवाले कमरे में काम कर रहा था। उसका ध्यान टूटा मंजुश्री और माँ की बातचीत से। मंजुश्री कह रही थी, ''मामा ने शहर ले जाकर होटल में लगवा दिया। काठमांडू का सबसे बड़ा होटल है। वहीं काम करने लगी। 'ये' आकर वहीं ठहरे। मामा ने मेरी मर्जी तो पूछी ही नहीं, बस कर दी शादी—कि यहाँ तो खाने के ही लाले हैं, फिर नेपाल में तो होने से रही इसकी शादी। बाहर के हैं, ले जाएँगे। लड़की अमरीका में रहेगी तो माँ-बाप की मदद भी करेगी। बराबर पैसा भेजती हूँ, कभी इनसे पूछकर, कभी छुपाकर। मुझे 'ये' बिलकुल नहीं पसन्द थे। उम्र में बड़े, फिर स्मार्ट भी नहीं। होटल में एक से एक स्मार्ट लड़के आकर ठहरते थे। हिन्दुस्तान के फिल्म एक्टर शूटिंग के लिए आते थे, बाहर के ग्रुप के ग्रुप सागरमाथा जाने के लिए, लम्बे-चौड़े, मजबूत। धत् यह क्या थे—थुलथुल ! मेरा मन होता था कि मुझे भी बड़ा लम्बा स्मार्ट-सा लड़का मिले। बढ़िया साड़ी पहनकर हनीमून मनानेवाली लड़कियों की तरह घूमूँ। मगर निभा रही हूँ। भले हैं, इज्ज़त-नाम सब दिया है। कभी मेरी गरीबी का ताना नहीं दिया। पर जानती हूँ, अब जो मिलेगा अपने ही उद्यम से। इनकी तो तरक्की होने से रही, डेयरी साइंस में पोस्ट डॉक्टर बने-बने ज़िन्दगी काट देंगे। कभी इस लैब में, कभी उस लैब में। कभी 'आइसक्रीम सुधार' पर काम करेंगे, कभी अंडे-मुर्गी पर। नाक में पाँच हीरों की लौंग अभी तक नसीब नहीं हुई। न लगता है कि कभी होगी।''

माँ ने कहा, ''लीटर-लीटर दूध गटकने को कहती है लता। कहती रहती है—अंगूर खाओ, पिस्ता-बादाम खाओ। है भी कितना यहाँ, हर चीज़ देखकर ही मन भर जाता है। वहाँ प्याज-लहसुन तक में आग लगी हुई है। लता ले गई साड़ियाँ दिलाने, मैंने बहुत मना किया, मानी ही नहीं। बोली, तुम्हें रंगबिरंगी प्रिंट की साड़ी पहने देखकर अच्छा लगता है। रोज़ देखते हैं हमलोग। जाने क्या-क्या। धूपकिनारे अनकही—बुनियाद के भी सोलह भाग देखे। नए टेप अभी आए नहीं थे। वहाँ तो घर में गैस तक नहीं है, टीवी की बात तो दूर रही। छह बहनों में सबसे छोटी थी मैं। माँ-बाप बहनों की शादी करते-करते थक गए थे। स्कूल के मास्टर, शरीफ आदमी। इज्ज़त है, ठीक से रखेंगे। पहली के दो बच्चे हैं, तो क्या, पल जाएँगे। मुझे बच्चा पालना क्या आता था ? फिर भी सभी को अपना लिया, फर्ज समझकर करती रही। हँसी-ठट्ठे या फालतू बातों के लिए टाइम ही कहाँ था ? जैसे हँसना भूल ही गई। लता बार-बार कहती है कि तुम दोनों आ जाओ, आराम से रहो। हम दोनों ही कामकाजी हैं। घर में रहो, बच्चे को देखो। अकेला ही धेवता है। पर लता के बाबूजी कभी तैयार नहीं होंगे आने को। अपने शहर, गंगाजी के किनारों से कितना जुड़े हैं ! चप्पे-चप्पे पर पुराने शिष्य हैं। बेतरह

मान है इनका। कितनी मुश्किलों से खम्भात गए हैं, वह भी लता के ख़याल से। इतनी उम्र में पहला बच्चा होनेवाला था, बहुत घबरा रही थी बेटी। यहाँ यह लड़का तो निराला ही है। बचपन से ही ऐसा है। चुप्प, घुन्ना, इसे न प्यार होता है न दुख-दर्द। साइकिल से गिरकर बाँहें तोड़ ली थीं, वैसे ही हाथ लटकाकर घर चला आया था। हड्डी बैठाकर पलस्तर हुआ था, तब भी एक चीख़ नहीं निकली थी। वैसे इन्हें तीनों बच्चों में यही प्यारा है। प्राण बसते हैं इसमें। मगर कभी दिखावेवाली बात तीनों के तीनों में नहीं है। बस लता ही है, ढाढ़ें मार-मारकर रोनेवाली।''

वह एकदम सुन्न और जड़ हो गया। उसके आगे एक बन्द दरवाज़ा खुल गया था जिसकी उपस्थिति का उसे अहसास भी नहीं था। सालों से वह अपने रिसर्च पढ़ाने के काम में इतना डूबा हुआ था कि वहाँ परिवार में क्या हो रहा है, यह भूल-सा ही गया था। परिवार में चिट्ठी लिखने का चलन नहीं था। दद्दा कैसे हैं, बाबूजी कैसे हैं, लता कैसी है—इस सबकी ख़बर न आती। न वह अपनी ख़बर भेजता। माँ के आने पर भी वह उनको देखता रह गया। वे एकदम बदली हुई लग रही थीं। उनके चेहरे से खुशी फूटी पड़ रही थी।

''ऐसे रहते हो ?''

''हाँ, क्यों ?''

''कुछ नहीं। बड़े की शादी तो हुई नहीं। लड़की का भाई इमीग्रेशन दिलाकर यहीं ले आया।''

''बाबूजी कैसे हैं ?''

''रिटायर हो गए हैं। पेंशन मिलती है। स्कूल का घर भी छोड़ना पड़ा। अब खम्भात ही रहेंगे। लता ने बहुत बुलाया, पर वे आने को राज़ी नहीं हुए। लता ने इमीग्रेशन के लिए अर्जी दी है।''

''अपने ?''

''नहीं, हमारे लिए। वैसे मुझे तो पाँच साल का विजिटिंग वीसा मिला ही है।''

''तो तुम पाँच साल रहोगी ?'' उसने चौंककर पूछा था।

''लता तो नौकरी करती है, उससे बच्चा कैसे पलेगा ? यहीं रह जाने को कह रही है।''

''पर बाबूजी ?''

''बाबूजी पता नहीं आने को राज़ी होंगे या नहीं। तबीयत भी ठीक नहीं रहती। रिटायर होने के बाद एकदम गुमसुम हो गए हैं। तुम कितने सालों से नहीं गए। जाकर एक बार मिल आओ तो उन्हें कितनी खुशी होगी। हरेक से तुम्हारी बात करते हैं। लता भी कहती है, भाई साहब कभी खोज-ख़बर ही नहीं लेते। यहाँ से टोरंटो दूर ही कितना है ? बस इसी कम्प्यूटर में नाक अड़ाए बैठे रहते हो रात-दिन।''

यह वही माँ है, चुप रहनेवाली, काम से काम रखनेवाली। कैसी आसानी से इन्होंने अपने को सबसे अलग कर लिया है, बाबूजी तक से। उसे उन पर गुस्सा आने लगा। पर तभी मंजुश्री की बात उसके दिमाग़ में कौंध गई—माँ और पति के परे भी मैं कुछ और हूँ, 'स्वयं'।

यह रंग-बिरंगी साड़ी पहननेवाली, धारा-प्रवाह बातें करनेवाली स्त्री के व्यक्तित्व में क्या-क्या छिपा रहा है, क्या-क्या दबा रहा है इतने सालों तक वाइस-प्रिंसिपल की पत्नी और

दो सौतेले बेटों की माँ बनकर ! जब-तब उनकी और मंजुश्री की वही शिकायतें बनी रहीं—वह अलग-अलग रहता है। कहीं आता-जाता नहीं। न दोस्त, न संगी-साथी। बस रिसर्च और रिसर्च...पढ़ना, लैब और कम्प्यूटर। ''आपका बेटा भी मशीन बनकर रह गया है, आंटी।'' मंजुश्री ने कहा था।

''क्या कहूँ ? बचपन से ही ऐसा था। कम बोलता था, कम खाता था। अँधेरा होने तक अकेला नहर के आसपास घूमता रहता था।'' माँ ने कहा।

''शादी क्यों नहीं की ?''

''बस, नहीं ही हुई। रिश्ते तो बहुत आए। इसने कभी आकर लड़की देखी ही नहीं, न 'हाँ' की न 'न' की।''

बाबूजी ख़त-किताबत करते रहे थे। इन्तज़ार करते रहे थे कि यह कभी आए, लड़की देखे तो आगे बात चले। फिर माँ चली गईं लता के पास और एक बार हिलकर ज़िन्दगी स्थिर हो गई। पर तभी वे सोचने लगा था कि वह जल्दी ही भारत आएगा। बाबूजी से पूछेगा कि क्या चाहते हैं ? खम्भात में उन्हें कतई अच्छा नहीं लगता होगा। क्या पुराने शहर में लौटना चाहेंगे ? वहाँ घर लेकर रहना चाहेंगे ? महीने के महीने बैंक से हिसाब आता है, पैसे जमा होते जा रहे हैं। उनका कुछ करना होगा। दद्दा कब तक करते रहेंगे ? बाबूजी सुबह उठते होंगे, अख़बार पढ़ते होंगे। नहीं, माँ कह रही थी मोतियाबिन्द शुरू हो रहा है, धुँधला-धुँधला दिखाई देने लगा है। इसके आगे वह और कल्पना नहीं कर पाया। बाबूजी का पूरा दिन कैसे कटता होगा ? दद्दा की ज़िन्दगी में क्या हो रहा है ? शायद कुछ नहीं। जैसे उसकी अपनी ज़िन्दगी सिलसिलेवार चली जा रही है।

वह बहुत दिनों तक माँ और बाबूजी, शिवेश और मंजुश्री के बारे में सोचता रहा। माँ लता के पास कितनी खुश हैं ! वह इस बार पहली ही छुट्टी में भारत जाएगा और बाबूजी को मना लेगा। वह उन्हें साथ ही ले आएगा, लम्बी यात्रा में देखभाल करता हुआ। उसकी बात नहीं टालेंगे बाबूजी। अगर चाहेंगे तो भारत में वह घर बनवा देगा, उसी पुराने शहर में। जब यहाँ से मन उचटेगा तब वहाँ चले जाया करेंगे—उन्हीं परिचित गलियों-घाटों और नहर के पुल के पास घूमने के लिए। हर दो क़दम पर पुराने शिष्य स्वागत करेंगे।

वह भी अपने को बदल डालेगा। अपने अन्दर पैठकर खोज करेगा कि वह असल में क्या है ? सचमुच में उसका 'स्वयं' क्या है ? इस निरन्तर शोध और अध्यापन में लीन केवल एक शुष्क वैज्ञानिक या इसके परे कुछ और भी।

उत्साह के उस दौर में उसने नागरिकता के काग़ज़ भी भर दिए। नागरिक होते ही वह बाबूजी और माँ के ग्रीन कार्ड के लिए अर्जी दे देगा। मंजुश्री से कहकर बड़ा मकान ख़रीदेगा और एक अच्छे, स्थिर सामाजिक प्राणी की तरह रहेगा। शादी-ब्याह भी भविष्य काल में सम्भव है। अभी तो वह वर्तमान में ही रहता आया है। एक दिन के बाद दूसरा दिन। मंजुश्री अपनी छोटी बहन के बारे में बात किया करती थी। वह भी उसी की तरह थी—गोरी, दुबली, चुलबुली। क्या नाम है उसका ? हाँ, त्रिपुरा। शादी में सबसे पहले वह त्रिपुरा और मंजुश्री दोनों को पाँच-पाँच हीरोंवाली नाक की लौंगें बनवाकर देगा। कभी-कभी हँसी आती और लगता कि वह शेखचिल्ली जैसी बातें सोचने लगा है। मगर ज़िन्दगी अगर एक वाक्य है तो

उसकी समाप्ति भविष्य काल की क्रिया में होनी सम्भव है।

एक शाम नशे के दौर में उसने मंजुश्री से यह सब कह डाला। वह उसे सपाट दृष्टि से देखती रही। फिर बोली, ''त्रिपुरा की तो कब की शादी हो गई ! शायद तुम्हें बताया नहीं। तुम्हें रुचि भी क्या थी ? हाँ, बाबूजी को आने को राज़ी कर लो तो माँ को बहुत खुशी होगी। अगर वे न भी आएँ तो मेरी बात सुन लो, वे लौटकर जानेवाली हैं नहीं। पिंजरे से निकल पंछी कभी वापस गया है ?''

''वे बाबूजी के बिना रह लेंगी ?'' उसे हैरत हुई।

''उन्होंने अपना फर्ज पूरा कर दिया...''

''तो तुम भी बच्चों के बड़े हो जाने पर शिवेश को छोड़कर चल दोगी ?''

''क्या मालूम ?''

उस वक़्त उसे मंजुश्री से बहुत चिढ़ हुई और माँ पर भी क्रोध आया था। मगर मंजुश्री का भाषण टालने के लिए वह चुप ही रहा।

फ़ोन सुबह-सुबह आया था। अचानक। अप्रत्याशित। लाइन बहुत गड़बड़ थी। बार-बार दोहराने पर सिर्फ़ समझ में यह आया कि दद्दा कह रहे हैं—बाबूजी को दिल का दौरा पड़ा है, तुरन्त आओ।

''दद्दा ! दद्दा ! डॉक्टर क्या कह रहे हैं ?'' उसने बार-बार पूछा, ''तुरन्त आना मुश्किल होगा। यहाँ कैजुअल लीव तो होती नहीं। प्रबन्ध करना पड़ेगा। दद्दा, बाबूजी ने मुझे बुलाने को कहा है क्या ?''

पर उधर से फ़ोन कट गया था। वह एकदम सुन्न हो गया था। कुछ देर जड़ बैठे रहने के बाद उसने दद्दा के ऑफिस का फ़ोन मिलाने की कोशिश की थी। बार-बार ऑपरेटर के स्वर में रेकॉर्डिंग आती रही—क्षमा करें, जिस देश को आप फ़ोन कर रहे हैं वहाँ की सभी लाइनें व्यस्त हैं। घड़ी पर नज़र जाते ही वह चौंक पड़ा था। समय बहुत कम था। अगर जहाज़ पकड़ना था तो घर से तुरन्त निकलना होगा।

उसे कुछ भी याद नहीं है। शिवेश ने कैसे उसके टिकट का प्रबन्ध कराया, मंजुश्री ने कैसे उसका सूटकेस तैयार किया। मंजुश्री को ही ध्यान आया था—पता नहीं माँ को ख़बर हुई या नहीं। उसने अपने घर से फ़ोन किया और आकर बताया, ''लता कह रही है तुम टोरंटो जाते हुए और माँ को लेते हुए जाओ।''

उसने झुँझलाकर कहा था, ''उसमें बारह घंटे और खप जाएँगे ! मैं अब जा रहा हूँ। लता से कहो, वही इन्तजाम करे। मैं जा रहा हूँ टोक्यो होता हुआ, और वे जाएँगी लन्दन होती हुई।''

''वे भी टोक्यो से होकर जा सकती हैं न ?''

शिवेश ने उसे डाँटा था, ''तुम बीच में मामला उलझाओ मत ! इसे निकलने दो !''

सैन फ्रांसिस्को पर दो घंटे रुकना पड़ा। वह बार-बार फ़ोन मिलाता रहा और बार-बार रेकॉर्डिंग जवाब देती रही—सारी लाइनें व्यस्त हैं, क्षमा कीजिए।

सोलह घंटे टोक्यो तक—उसके आगे कितने घंटे बम्बई तक, उसे याद नहीं रहा। वह जहाज़ के पिछले हिस्से में अपनी सीट पर बैठा सिगरेट पर सिगरेट पीता रहा। पूरा का पूरा

जैसे अधर में लटका हुआ—एक प्रतीक्षा में। यात्रा के अन्त में क्या मिलेगा—इसी में उलझा हुआ। बाबूजी ज़रूर सुधर रहे होंगे। आजकल चिकित्साशास्त्र कितना बढ़ गया है। डॉक्टर लोगों को मौत के मुँह से निकाल लाते हैं। वह बाबूजी के पास बैठकर उन्हें अंगूर खिलाएगा। उनसे कितनी बातें करेगा, जो कभी नहीं कीं। कभी नहीं बता पाया कि गर्मी के दिनों में झुटपुटे में नहर के पास उनके साथ घूमना उसको कितना अच्छा लगता था। जो भी बन सका, आपके त्याग और आदर्शों की वजह से, बाबूजी।

उसे पहली बार महसूस हुआ कि कितनी लम्बी है भारत तक की यात्रा। आधी दुनिया पार करके पहुँचते हैं। जहाज़ जैसे चींटी की चाल से चल रहा था। रात-दिन एक-दूसरे में गडमड। सबकुछ एक विकराल रात्रि की तरह। वह रास्ते-भर अपने को दिलासा देता रहा कि दद्दा बेकार में घबरा गए होंगे। बाबूजी ने भी कह दिया होगा कि ख़बर कर दो। वह इतने सालों से आया भी नहीं है। बीमारी में मन वैसे भी छोटा हो जाता है। दिल के दौरे भी कई तरह के होते हैं। हल्का दौरा ही होगा। डॉक्टर का क्या जाता है, कह दिया होगा, बुला लो, तीमारदारी में मदद मिलेगी। माँ को भी गए डेढ़ साल तो होने ही आया।

बम्बई में वह बेशर्मी से धक्कामुक्की करता हुआ जहाज़ से उतरा था। दौड़ता हुआ कस्टम में पहुँचा था और लाइन के आगे पहुँचकर ज़ोर से कहा था, ''इमरजेंसी में आया हूँ। आप पहले मुझे क्लियर कर दें।'' महिला कस्टम ऑफिसर ने उसका चेहरा देखा, फिर उसका हल्का-सा सामान, और उसके कार्ड पर दस्तखत करके उसे बाहर जाने का संकेत दे दिया। वह भागता हुआ ही दरवाज़े से निकला था।

घर के आगे कुछ लोग सफ़ेद कपड़ों में खड़े थे। ऑटो से उतरते हुए उसने देखा कि मुर्दाघर की गाड़ी भी एक किनारे खड़ी हुई थी। वह एकदम शिथिल पड़ गया। ख़ाली नज़रों से उसने आसपास के लोगों को देखा। उनमें एक भी चेहरा पहचान का नहीं था। तभी दद्दा बरामदे से निकले और उसे कन्धे से लिपटाकर ज़ोर से रो पड़े थे। दद्दा कम रोते थे, कभी-कभार ही। अब भी एक उबाल के बाद शान्त हो गए।

बरामदे में ही ज़मीन पर बाबूजी एक सफ़ेद चादर से ढँके हुए थे। अकेले। कोई और कमरे में नहीं था, सिवा एक पंडित के जो ओठों में कुछ बुदबुदाते हुए कोई ग्रन्थ पढ़ रहे थे। उसने चादर उठाकर बाबूजी का मुँह देखा था। उनके कानों, नाक और मुँह में रुई ठुँसी हुई थी। एक झटका-सा खाकर उसने चादर हाथ से छोड़ दी थी। लगा था जैसे सीने के अन्दर तड़-तड़ करके कुछ टूट रहा है। जबड़े कसते हुए एक गहरी पीड़ा की रुलाई उसके अन्दर से उठी थी, अन्दर के सारे अंग मरोड़ती-ऐंठती हुई। पर उससे रोया नहीं गया। चादर से बाबूजी का मुँह ढँककर वह वहीं बैठ गया। दद्दा भी पास आकर बैठ गए। आँखें पोंछते हुए उन्होंने पूछा, ''माँ कब पहुँचेंगी ? अब और भी रखा नहीं जा सकता। वैसे भी चौबीस घंटे से ऊपर हो गए हैं। क्या किया जाए ?''

सफ़ेद चादर से आपादमस्तक ढँके बाबूजी क्या सुन रहे हैं उनकी बातचीत ? क्या उन्हें मालूम पड़ गया है कि वह उल्टे-सीधे किसी तरह उन तक पहुँच गया है। कितनी बातें वह मन ही मन उनसे कर रहा है। लोग कह रहे हैं कि अब क्रियाकर्म हो ही जाना चाहिए। तुम भी आ गए हो।

"यह सब कैसे हुआ ?" उसने पूछा था।

"अचानक ही। कुछ पता ही नहीं चला। सोए के सोए रह गए। नौकर जब चाय देने गया तो उसने देखा। डॉक्टर से कहा, रात में दिल का दौरा पड़ा। उन्हें कोई तकलीफ नहीं हुई होगी। तुम्हें फ़ोन किया तो फ़ोन पर पूरी बात मुँह से निकल नहीं पाई।"

बाबूजी के सारे अंग, हाथ-पैर सब अकड़े हुए हैं। इतने कड़े कि कैंची से कुर्ता काटकर नया कुर्ता शरीर पर डाला गया है। वह बैठा-बैठा देख रहा है। पर जैसे वह कहीं दूर चला गया है। गंगा की नहर के पास सड़क पर चलते हुए बिच्छू ने मुझे काट लिया—बताओ यह इंग्लिश में सही है या ग़लत ? बाबूजी उससे पूछते हैं। लकड़ी के पुल पर पानी चढ़ आया है। एक हाथ से धोती ऊपर उठाकर और दूसरे हाथ से कसकर उसका हाथ पकड़कर नहर पार कराते हुए वे पूछ रहे हैं—सड़क पर चलते हुए...

वह अन्तिम बार उनके पैर छूता है। एकदम ठंडे। सफ़ेद। रक्तहीन।

माँ तीसरे दिन पहुँचीं, रंगीन छापे की साड़ी में, रोती-बिलखतीं। सुनसान घर देखकर छाती पीटने लगीं। "अरे नालायको, तुमने मेरा इन्तज़ार भी नहीं किया ! अरे चंडालो, तुमने आख़िरी बार मुँह भी नहीं देखने दिया !"

दोनों भाई सिर झुकाए बैठे रहे। उनके मन में ढेर-सी क्रूरता भर उठी। और पियो गटर-गटर लीटर-भर दूध ! अंगूर खाओ। वीसीआर पर 'बुनियाद' देखो और लता के बेटे के पोतड़े धोओ ! उसी में तुम्हें सुख मिलता था न, जो बाबूजी को खम्भात ठेलकर तुम साल से ऊपर टोरंटो रह गई थीं। उसने होंठ भींच लिए।

दद्दा ने कहा था, "माँ, ऐसा मत सोचो। और रखना मुश्किल था। तुम्हें तुरन्त ही ख़बर दी थी।"

"एकदम ऐसे कैसे हो गया ? न बुखार, न बीमारी..." माँ ने रोते-रोते कहा था।

"उनकी देखभाल ठीक से नहीं हुई होगी। नौकर के हाथ का खाना खाकर उनकी हालत बिगड़ गई। मेरे साथ गए होते तो ऐसा नहीं होता..."

"उन्हें लीटर-लीटर भर दूध नहीं पिलवा पाए दद्दा !" उसके मुँह से निकल गया।

माँ और भी ज़ोर से रोईं, "ऊपर से ताने देते हो। पेट काट-काटकर पढ़ाया-लिखाया। तुमने क्या किया माँ-बाप के लिए ? अपनी पासबुक ही भरते रहे ! सौतेला आख़िर सौतेला ही होता है !"

दद्दा ने उसे धकियाकर कमरे से बाहर कर दिया था और माँ को समझाने-बुझाने लगे थे। अकेले रहते-रहते दद्दा एकदम औरताना व्यवहार करने लगे हैं। माँ रोतीं और विलाप करतीं। उसे रह-रहकर क्रोध आता—हर चीज़ पर, हरेक पर, अपने पर, माँ पर। आगे क्या होगा ? माँ कहाँ रहेंगी ? क्या करें ? दद्दा बार-बार उससे पूछते। पर उसके पास कोई जवाब नहीं था। उसके दिल पर एक भारी-सा बोझ था। उसे माँ के बिलखने और दद्दा के इतनी जल्दी सहज हो जाने पर ईर्ष्या होती थी। वह ऐसा क्यों नहीं कर पा रहा है ?

वह बाहर बैठा अकेले सिगरेट पीता रहता था। उसके मन में बार-बार बर्फ़ से घिरे शान्त निस्तब्ध अपने घर का चित्र उभरता रहा था। मन बोझिल था—कि उसने बाबूजी के लिए कुछ नहीं किया, एक पार्कर पेन तक ख़रीदकर नहीं दिया। जैसे उसे स्वयं किसी चीज़ की

इच्छा-कामना-आकांक्षा नहीं थी, क्या किसी को भी नहीं थी ?

बाबूजी के शान्ति हवनवाली रात ही वह चल पड़ा था। माँ दरवाज़े तक आई थीं। वे रह-रहकर रोती थीं। उसे ताज्जुब होता कि माँ इतने आँसू इतने साल तक कहाँ समेटे रहीं ?

उसने झुककर माँ के पैर छुए थे। माँ ने कुछ कहा जो कि हिचकियों में उलझकर रह गया। दद्दा स्टेशन तक आए। दोनों चुप रहे। गाड़ी चलने पर भी वे प्लेटफॉर्म पर खड़े रहे। पर यह देहरादून एक्सप्रेस नहीं थी।

अकेले रसोई में बैठे उसे लगा जैसे गड्डमड्ड ज़िन्दगी अपनी जगह आ गई है। यही है उसका घर, ज़मीन, जड़ें। अकेलापन ही उसका साथी, जिसमें उसे कभी अकेला महसूस नहीं होता। सन्नाटे में सिर्फ़ घड़ी की टिक-टिक थी। इसके अलावा कोई आवाज़ नहीं। बाहर हाड़ गलानेवाली सर्दी और बर्फ़। अन्दर अकेला वह और घड़ी की टिक-टिक।

बत्ती बुझाकर वह कमरे में आ गया। कमरा गर्म रहता था। वह जूते-मोजे उतारकर पूरे कपड़े पहने-पहने ही कम्बल के ऊपर लेट गया। उसे मालूम था कि समयान्तर के कारण नींद अभी नहीं आएगी। सारा शरीर भारतीय समय के अनुसार काम कर रहा था, जहाँ अभी दिन होगा। दद्दा के फ़्लैट के पीछे तार पर अम्माँ की साड़ी सूख रही होगी। वे ऑफिस गए होंगे। अम्माँ उसी खाट पर लेटी होंगी जहाँ बाबूजी लेटा करते थे। वह सोचने लगा—यही अन्त है। एकदम फाइनल। इति। वैज्ञानिक दिमाग़ ने भी कभी परलोक, पुनर्जन्म पर विश्वास नहीं किया। शारीरिक मृत्यु ही अन्त है। जीवन की इति। उसके बाद अँधेरा ही है, और शान्ति। अनन्त शान्ति। चाहे जलाओ या बहाओ या दफन करो।

विद्युत दाहगृह के आँगन में चटख धूप थी। सामने उद्यान था जिसमें चार-पाँच रंगों के बोगनवेलिया पूरे उभार पर थे—गुलाबी, बैंगनी, नारंगी, सफ़ेद, गुलाबों की महक से हवा बोझिल थी। छोटी-छोटी क्यारियों में गेंदे फूल रहे थे। दाहगृह में इतने रंग, गन्ध और सजावट ? लम्बे गलियारे में सीमेंट के कई प्लेटफॉर्म बने हुए थे, जिन पर सिन्दूर आदि की स्थायी चिकनाहट और रंग बस गए-से लग रहे थे।

बाबूजी को भी गाड़ी से उताकर एक प्लेटफॉर्म पर लिटा दिया गया था। वह पैताने खड़ा रहा था और एकटक बाबूजी के मुँह को देखता रहा था—एकदम शान्त, सौम्य और कोमल। दद्दा पंडित के आदेशानुसार सबकुछ करते जा रहे थे—यह माथे पर लगाइए...चन्दन की लकड़ी रखिए...मुँह में गंगाजल डालिए...

बाबूजी के चेहरे से नज़र हटाकर उसने दूसरी तरफ़ देखा था तो बोगनवेलिया का झाड़ नज़र आया। खुली धूप और नीले आकाश के नीचे बैंगनी छोटे-छोटे फूलों से भरी शाखाएँ ही शाखाएँ। होस्टल से साइकिल पर साइंस म्योर कॉलेज की क्लासों में जाते हुए बोगनवेलिया ही दिखाई देते थे। कितना अच्छा लगता था इलाहाबाद उन रंगों में। पर इस वक़्त वह रंग आँखों में चुभ रहा था।

वह नीचे देखने लगा था, जहाँ कुछ ख़ाली दोने और गुलाबों की टूटी-फूटी मालाएँ पड़ी थीं। एकदम ताज़ी। किसी के क़फन का एक लाल टुकड़ा जो कि कीच में फँस गया था और हवा में फड़फड़ा रहा था।

उसके बाद वह जैसे दृष्टिहीन हो गया था। झनझनाहट की तीखी आवाज़ से चौंककर

उसने आँखें खोली थीं। प्लेटफॉर्म ख़ाली था और किवाड़ बन्द हो चुके थे। उनके पीछे कुछ नहीं देखा जा सकता था। सिर्फ़ सोचा जा सकता था, क्योंकि सोचने की सीमा अनन्त है।

"घंटे-भर रुकिए। तब तक अवशेष मिल जाएँगे," अधिकारी ने दद्दा से कहा था।

वह बिना कुछ कहे छटपटाकर बाहर निकल आया था। गुलाबों, गेंदों और बोगनवेलिया के ऊपर एक धुआँ-सा तैरने लगा था। मांस जलने की गन्ध।

वह सड़क पर भागने लगा था। मगर तब भी उससे रोया नहीं गया था।

# आधा शहर

मुझे देख थोड़ा-सा ताज्जुब हुआ। जाड़े के मौसम में भी पंखे चल रहे थे। एयरपोर्ट छोटा था, साफ़-सुथरा, चारों तरफ़ जाड़े की चटख धूप, मुझे अपनी बाँह पर ओवरकोट बहुत भारी लग उठा। उसे ब्रीफकेस पर रखकर मैंने सामने देखा तो पाया कि इस बीच वह जंगले के पास आकर खड़ी हो गई है। पहली नज़र में वह पूरी हिन्दुस्तानी हो आई दिखाई दी; चिपके-चिपके बाल, सँकरे माथे पर बड़ी-सी बिन्दी, इतनी बड़ी कि वह मेरी आँख में खटक उठी। वह मुझे देखकर मुस्करा दी। मैं उसकी मुस्कराहट के बारे में भूल गया था। वैसे उसका चेहरा हमेशा ही लगता था कि जैसे वह मुस्करा रही हो। पर जब वह सचमुच मुस्कराती थी तो उसके चेहरे पर एक आभा-सी आ जाती थी और बाएँ गाल पर एक बहुत हल्का-सा गढ़ा बन जाता था। अब, सामान के जहाज़ से उतरने और आने तक के इन मिनटों में मुझे अपने ऊपर हैरानी होने लगी है कि इला पंडित के गाल का वह हल्का-सा गढ़ा मेरी याद में कैसे टँका रह गया। यही नहीं, उसे देखते ही कितनी छोटी-बड़ी बातों का रेला मन में आ गया। हमने औपचारिक बातें कीं, पोर्टर ने मेरा सूटकेस उठाया और इला के इशारे पर टैक्सी में रख दिया।

"हम कहाँ जा रहे हैं ?" मैंने पूछा।

"तुम देखोगे ?" हम अंग्रेजी में ही बात करते हैं और इसका हिन्दी में अनुवाद मेरे मन में तुम ही बनता है। वैसे इला ने कभी मुझे तुम नहीं कहा था।

उसके हाथ गोद में रखे थे, एक-दूसरे में गुँथे हुए। यह मुद्रा पुरानी थी। अपना बचाव करने को एकदम तैयार-सी। "अच्छी जगह है।" मैंने कहा। मध्याह्न की धूप जैसे अन्दर आकर मेरे हाथ-पैर सेंकने लगी। बाहर रंग-बिरंगी झाड़ियाँ थीं। तरह-तरह के फूल। फूलों के नाम मुझे नहीं मालूम।

"कब से यहाँ हो ?" मैंने इला की तरफ़ मुड़ते हुए पूछा।

"सदी शुरू होने से ही।"

"काम कैसा चल रहा है ?" मैंने बहुत सतर्कता से पूछा।

वह सकुचा आई, "ठीक-ठीक।"

वह साफ़ बोल रही थी। उसने एक उड़ती नज़र डालकर मुझे देखा फिर बाहर देखने लगी।

"कब तक ख़तम करने का इरादा है ?" मैंने कुरेदकर पूछा।

"मई-जून तक। जुलाई-अगस्त में रैप-अप करने का इरादा है।"

“फिर लिखोगी कब ?”

वह चुप रही। इंडियन एयर लाइंस की बस को करीब़-करीब़ रगड़ते हुए आगे बढ़ गई। शायद हम किसी छोटी जगह से गुज़र रहे थे, क्योंकि दोनों तरफ़ दुकानें थीं, उनके बाद कुछ पीले पुते हुए घर, गेस्ट हाउस के दो-तीन साइन बोर्ड। और हम खुली सड़क पर फिर आ गए।

“किसी प्रकाशक से बात की ?”

“अभी नहीं।” उसकी आवाज़ बहुत धीमी हो आई थी। मैं कहना नहीं चाहता था, फिर भी कहा, “तुम्हें तो मालूम ही है कि तुम्हारा सारा भविष्य इस किताब पर टँगा हुआ है।”

“हाँ-हाँ, मुझे मालूम है।” उसने कुछ चिड़चिड़ी अधीरता से कहा।

“मैं तुम्हारे भले के लिए ही...” इला ने हाथ बढ़ाकर मेरी मर्दानी हथेली को हल्के-से छुआ और कहा, “तुमसे विनती करती हूँ, प्लीज अभी वह सब नहीं, इस समय नहीं।”

टैक्सी जब होटल के पोर्च में रुकी, तब तक हम चुप रहे। इला ने पर्स से चाबी निकाली और सामने खड़े लड़के को पकड़ा दी, “साहब का सामान कमरे में रख दो...” फिर मुझसे पूछा, “कुछ हाथ-मुँह धोओगे कि सीधे कॉफ़ी पीने चलें ?”

“तुम यहीं ठहरी हो ?” मैंने पूछा। इस डीलक्स होटल में ? शायद यह बिना पूछे मेरी आवाज़ में आ गया था।

“हाँ...और तुम भी।” उसने कहा, “मेरे अतिथि की तरह।”

“मगर इला...”

“इला-विला कुछ नहीं।” उसने कहा। ऐसा लगा कि जैसे वेटर उसे पहचानते हैं। हमें तुरन्त अच्छी-सी मेज़ मिल गई। गरमागरम कॉफ़ी हमारे सामने आ गई। सामने स्विमिंग पूल था। उसके आगे दुर्ग की मोटी दीवारें और उनको हल्के-हल्के सहलाता हुआ अरब सागर। धूप की चमक पानी पर अब भी इतनी तेज़ थी कि आँख नहीं ठहर रही थी, पर इला एकदम चुप हो आई और टकटकी लगाकर कहीं दूर क्षितिज को ताकने लगी। मैंने सिगरेट सुलगाई और पूछा, “तुम कब बात करना चाहोगी ?”

उसने मुझे देखा, “पूछो, मगर एक शर्त पर–कि तुम बात करने के बाद तुरन्त बम्बई नहीं लौट जाओगे–कुछ दिन रुकोगे।”

“कुछ दिन ? मेरे पास इतना समय ही कहाँ है, कलकत्ता, मद्रास, वाल्टेयर, नेपाल सभी जगह जाना है।”

“मालूम है, श्रीयुत डीन साहब ?”

“मुझे विश्वविद्यालय ने काम से भेजा है। यह मज़े के लिए ट्रिप नहीं है।”

“मुझे मालूम है, मगर क्षण को बर्बाद करने की तुम्हारी क्षमता मुझे हर बार चकित करती है। कम से कम यह धूप, यह आसमान, यह समुद्रगन्ध की साफ़ हवा, इस पर तो एक पल ठहरो...” उसने लम्बी साँस ली, “पूछो क्या पूछना है ?”

मैंने अपना ब्रीफकेस खोला। जिसे वह समय का सुख कहती है, वह मेरे लिए है बरबादी, ठीक है, समुद्र है, हवा, आसमान, हर जगह है, उसमें डूबकर निष्क्रिय बैठना मेरी समझ में नहीं आता। ब्रीफकेस खोलकर बायोडाटा निकालकर मैंने कलम खोली और पूछा, “तुमने जो तीन लेख छपने भेजे थे, उनमें से कौन-कौन से छप गए हैं ?”

"एक भी नहीं। एक वापस आ गया। एक जापान की साहित्य पत्रिका में छप रहा है, एक प्रकाशक ने अभी जवाब भी नहीं दिया।" उसके लापरवाह-से जवाब से सचमुच मुझे दुख हुआ। कैसी है यह लड़की, क्या इसे अपनी जिम्मेदारी का कोई अहसास नहीं, कितना कुछ घट चुका है और यह है कि वैसी की वैसी।

"तुम्हें मालूम है कि तुम्हारी नौकरी स्थायी करने के लिए जो कमेटी बनी है, उसका अध्यक्ष मैं हूँ।"

"तुम हो ?" उसने सीधे मेरी ओर देखा। फिर पूछा, "और कौन-कौन हैं ?"

"तुम्हें विभागाध्यक्ष की चिट्ठी मिली होगी।"

"मैं वे चिट्ठियाँ खोलती नहीं।"

मैंने इला के चेहरे को ध्यान से देखा। शाम के धुँधलके में बदसूरत चेहरों पर भी लावण्य आ जाता है, पर इला का चेहरा वैसा ही था, खुला हुआ, आघात योग्य, उसके रंग में काफ़ी कलौंस आ गई थी और आँखों के नीचे धब्बे दिखाई दिए, जो पहले नहीं थे। हिन्दुस्तान आकर उसका हठीला जिस्म हमेशा भर जाता था, पर इस समय वह काफ़ी कमज़ोर-सी लगी।

"मैं वे चिट्ठियाँ खोलती नहीं।" उसने दोहराया।

"कमेटी में तीन लोग हैं, आर्थर, तुम्हारा विभागाध्यक्ष, और विमेंस स्टडी से अन्ना फ्रैंक। हम सबने तुम्हारा बायोडाटा बारीकी से देखा है और इसी निश्चय पर पहुँचे कि तुम्हारा प्रकाशकीय पक्ष कमज़ोर है। तीन लेख छप जाते और यह पुस्तक कोई प्रकाशक ले आता तो तुम्हारा केस काफ़ी मजबूत हो जाता।'

"छपाओ या मरो।" उसने अमरीकी विश्वविद्यालय में प्रचलित नारा धीरे से दोहराया। फिर उसने कहा, "देखो राघव, इतना लम्बा चेहरा न बनाओ। सब ठीक हो जाएगा।" दिलासा देने मैं आया था, दिलासा की ज़रूरत इला को थी, जिसका पूरा भविष्य एक बहुत नाज़ुक से धागे से टँगा हुआ है। और वह है कि माथे पर बड़ी-सी बिन्दी लगाए बैठी है और धीरे-धीरे कॉफ़ी पी रही है। मुझे लगा, यह ठीक नहीं है; उसे यह अमूल्य समय इस तरह नहीं गँवाना चाहिए—उसे पुस्तकालय में होना चाहिए। टाइपराइटर खटखटाना चाहिए, गम्भीर पुस्तकें छापनेवाले प्रकाशकों और यूनिवर्सिटी प्रेसों को चिट्ठियाँ लिखनी चाहिए।

"तुम्हें रूल तो मालूम ही हैं, तुमसे जबानी तो बता ही दिया गया है कि नौकरी के पाँचवें साल के अन्त तक तुम्हारे विभाग को तुम्हें यह जता देना है कि तुम्हें स्थायी कर प्रोमोशन मिलेगा या फिर नौकरी ख़तम होने का नोटिस..."

इला ने बच्चों की तरह हथेली से मुँह पोंछा, फिर पूछा, "और कुछ ?"

"इला...इला..." मैंने कहा, "तुम जिम्मेदारी क्यों नहीं समझतीं ? तुमने कहा कि टीचिंग भार इतना है कि पढ़ने-लिखने का समय नहीं मिलता तो तुम्हारे विभाग ने छुट्टी ही नहीं दी, रिसर्च करने और यहाँ आने का पैसा भी दिया। लोगों को तुमसे उम्मीदें हैं, जो तुम्हारे समर्थ हैं, उनका तो ख़याल करो।"

"यानी तुम। तुम्हारी मैं बेतरह आभारी हूँ। पर चलते समय आर्थर ने बड़े ही पितृभाव से कहा था, 'इला, हिन्दुस्तान में किसी अच्छे आदमी से शादी करके बस जाओ।' मैंने कहा, 'यहाँ क्यों नहीं,' तो उसने कहा, 'मुझे लगता है, तुम वहीं सुखी रहोगी।' "

"फिर ?" मैंने कहा।

"कहाँ मिलते हैं अच्छे आदमी," वह हल्के-से हँस दी, "वे सारे तो बीवियों से बँधे बैठे हैं।"

मैंने उसके अभिप्राय को टालते हुए बात को फिर पकड़ते हुए कहा, "तुम्हें मालूम है कि तुम्हारी नौकरी पर कितने लोगों की नज़र है ? तुम्हें मालूम है कि कितने लोग अंग्रेजी में पी-एच.डी. करके बेकार बैठे हैं ?"

इला ने मुझे ऐसी दृष्टि से देखा, जिसमें खेद भी था, खीझ भी। निश्चय ही वह यह बात बार-बार सुन चुकी थी।

फिर उसने उठते हुए कहा, "रेत पर चलें ?"

मेरी नज़र अपने जूतों और मोटे मोजों पर गई। फिर मैं जूते उतारने लगा, जूते और मोजे लकड़ी की पुलिया के पास छोड़कर मैं उसके साथ रेत पर आ गया। कोई जूते उठा न ले जाए, मन ही मन आशंकित होता हुआ। दो बच्चे गीली रेत में खेल रहे थे और उनसे कुछ दूर हटकर बैठी हुई एक विदेशी स्त्री बोतल से खालिस जिन पी रही थी। समुद्र की ओर से गीली-गीली गन्ध लिए हवा आ रही थी।

"सूरज को देखो।" इला ने बहुत धीमे से कहा। अब तक जिस खीझ को मैं दबा रहा था, ऊपर-ऊपर आने को हुई। सूर्यास्त, सूर्योदय, पूरा चाँद, फूल-पत्ते, इन सबमें मुझे कभी दिलचस्पी नहीं रही है। न जाने क्यों लोग इन सब रोज़ाना की चीज़ों को लेकर उत्तेजित हो जाते हैं, पर मैं आज्ञाकारी भाव से सूरज को देखने लगा, जो कि तेज़ी से पानी में धँस रहा था। मेरे लिए वह एक सूर्यास्त मात्र था, सूरज के पानी में डूब जाने के कुछ क्षण। मैंने देखा, आसपास के सारे लोग उधर ही देख रहे हैं, बच्चों ने खेलना छोड़ दिया है, विदेशी स्त्री अभी भी अपने में लीन जिन के घूँट ले रही है।

"जब सूरज डूबे तो कोई चीज़ माँग लेना।" इला ने कहा।

"तुमसे ?"

"नहीं, विधाता से।"

सूरज एकदम पानी में डूब गया, पर उस जगह अभी भी लाली थी। एक खूबसूरत, मनमोहक लाली, मुझे मानना पड़ा।

"तुमने कोई विश की ?" इला ने पूछा।

"हाँ, बताऊँ ?"

"अभी नहीं। तुरन्त बताने से पूरी नहीं होगी।"

वह एक जादू का-सा क्षण था। इला एकदम छोटी बच्ची-सी लगने लगी। भोली, विश्वसनीय, आँखों से झरती आभा और हँसी-भरा चेहरा। शाम की गुलाबी रोशनी उसके चारों तरफ़ झिलमिला रही थी और उसमें माथे की बिन्दी उतनी चटक नहीं लग रही थी। तेज़ हवा से उसका पल्ला फड़फड़ा उठा तो मैंने देखा कि उसकी साड़ी नीली थी, ठीक सूर्यास्त के आसमान की तरह। नहीं, वह मुस्करा नहीं रही थी, सिर्फ़ लग रहा था कि जैसे मुस्करा रही हो। बल्कि मुझे लगा कि जैसे उसकी आँखें गीली-गीली हैं। मेरे मन में उसके लिए एकदम बड़ा ममत्व उमड़ा और मेरे अन्दर चाहना हुई कि मैं उसे सीने से लगा लूँ। किसी को रोता मैं नहीं देख सकता। खास तौर से इला को, जो कि हर मोड़ पर दुर्भाग्य को आमन्त्रित करती दिखाई देती है। "मैं रोज़ इस वक़्त यहाँ आती हूँ।" उसने कहा। मुझे खुशी हुई कि मेरी

क्षणिक दुर्बलता भंग हो गई। इस छोटी-सी भावुकता का कितना भयंकर परिणाम हो सकता है, यह मुझे अच्छी तरह मालूम था। आजकल के वातावरण में तो किसी स्त्री को डूबते से बचाना भी ख़तरे से ख़ाली न था। न जाने कब हल्ला मचा दे।

''यहाँ ?''

''हाँ, पास के गाँव में तो रहती हूँ।'' हमारे पीछे वह पाँचसितारा होटल बिखरा हुआ था, उसके कमरे और कॉटेज़ तारों की तरह झिलमिलाने लगे।

''मैं कहीं न कहीं ज़रूर जाती हूँ। सूर्यास्त देखने, गोआ में तो समुद्र-तटों की कमी नहीं। आओ, वहाँ मोड़ तक चलें।''

हम मोड़ तक गए, एकदम चुपचाप। क्या वह भी वही सोच रही होगी जो कि मैं ? तीन दिन बाद प्रशान्त महासागर की लहरों ने अभय का शव लाकर किनारे रेत पर पटक दिया था। सुबह तक उसका आधा चेहरा चील, कौवे नोचकर खा गए थे। इला ने मुझे ही फ़ोन किया था, मैं ही पहुँचा था। दाह-संस्कार का प्रबन्ध किया था, हवाई जहाज़ पर सीट बुक कराई थी। पास से पैसा देकर उसे विदा किया। वह हाथ में अभय की अस्थियाँ लेकर जहाज़ पर सवार हुई थी। जाने से पहले वह फूट-फूटकर, चीख़-चीख़कर रोई मुझसे लिपटकर। मैंने उसके बाल थपथपाए, अंजू-संजू के पितावाली मुद्रा में। उसका रोना सुनकर मुझे लग रहा था जैसे कि कोई मेरे शरीर से मेरी खाल खरोंचकर उतार रहा है। उस समय मुझे लगा कि यह दुख सच्चा है, ये आँसू सच्चे हैं। इला ने सचमुच अभय को प्यार किया है और बेवकूफ सिरफिरा अभय अपने पागलपन में ही समुद्र में डूब मरा है।

उसके बाद मैं यह नहीं कहूँगा कि अंग्रेजी विभाग में उसे नौकरी मेरी ही वजह से मिली। वह योग्य थी और विभाग को एक लेक्चरर की ज़रूरत थी।

''चलो, वापस चलें।'' वह इतनी देर चुप खड़ी-खड़ी समुद्र को देख रही थी, ''अँधेरा हो जाता है तो मुझे समुद्र से डर लगने लगता है।''

हम वापस लौट पड़े। पुलिया के पास मैंने जूते-मोजे उठाए। इला जैसे कहीं दूर चली गई थी, क्या वह अब भी अभय से जुड़ी है ? क्या उसमें कुछ संस्कार बचे हैं हिन्दुस्तानी औरत के ? लीक पकड़कर तो वह कभी नहीं चली। स्वीमिंग पूल के पास बिजली की मशालें जलने लगी थीं और लम्बे-चौड़े डिनर के लिए बर्तन, डोंगों का आयोजन दिख रहा था, शायद नृत्य का भी प्रबन्ध होगा, क्योंकि बाजेवाले अपना सामान निकाल रहे थे। उनके पीछे चार-पाँच दिन पहले नए साल के आयोजन में लगाई आदमकद नकली मोमबत्तियाँ जो अभी हटाई नहीं गई थीं, जल चुकी थीं।

शुभा को यह सब अच्छा लगेगा—मुझे अनायास ही बीवी की याद आ गई। शुभा को नई जगहें, नए-नए होटल, नए रेस्तराँ में खाना बहुत अच्छा लगता है। अगली बार उसे भी लाऊँगा, वैसे तो वह हर बार आती थी, पर इस बार संजना को उसकी ज़रूरत थी। अगर अस्पताल जाना पड़ गया तो सँभालने को कोई तो चाहिए। ''कमरा किधर है ?'' मैंने पूछा।

''कमरे तो सभी खचाखच बुक हैं, एक कॉटेज़ ली है।'' इला ने हिन्दी में कहा, ''आपको अच्छी लगेगी। थोड़ी ऊँचाई पर है। और वहाँ से दृश्य बहुत अच्छा दिखता है।''

''यह सब करने की क्या ज़रूरत थी !'' मैंने शिष्टाचारवश कहा, ''एयरपोर्ट के पास ही मीटिंग कर लेते और कल सुबह की उड़ान से मैं वापस चला जाता।''

''आपको जनवरी में गोआ की भीड़ के बारे में नहीं मालूम। यहाँ से निकलना इतना आसान नहीं।'' इला ने दरवाज़ा खोला।

सुन्दर कॉटेज़ की बैठक। छोटी-सी रसोई। दो कमरे।

''तुम कहाँ ठहरी हो ?'' मैंने पूछा।

''यहीं। उस छोटे कमरे में।'' वह सहज थी।

''क्यों ? तुम मुझसे डर रहे हो ?''

वह बीचोबीच खड़ी रह गई।

मेरे मन में बहुत-सी बातें एक साथ उठीं, उससे क्या कहूँ, क्या नहीं, सोचता हुआ मैं एक कुर्सी पर बैठ गया।

''मैं सच कहती हूँ कि मुझे मालूम नहीं था कि तुम मेरी कमेटी के अध्यक्ष हो। मुझे जब तुम्हारा ख़त मिला कि तुम मुझसे कुछ बात करना चाहते हो तो मुझसे जो कुछ आतिथ्य बन सका, किया। तुम बरसों से अहसान करते आ रहे हो। मैं तो बदले में कुछ नहीं दे सकी। सोचा कि तुम उस ठंडी, बरफ, भीड़, दूषित वायु में से आ रहे हो, गोआ में कुछ समय अच्छा लगेगा। तुम्हारी शाही स्टाइल से परिचित हूँ। इसीलिए यहाँ प्रबन्ध किया। इसे रिश्वत के रूप में न लो।''

''सो नाइस आफ यू।'' मैंने कहा, ''मेरे बारे में यह सभी को मालूम है।''

''कि तुम हर प्रकार की रिश्वत से ऊपर हो, कि तुम शुद्ध और प्रबुद्ध हो, कि छब्बीस साल में शुभा के अतिरिक्त तुमने किसी को आँख उठाकर भी नहीं देखा है। फिर दूसरे कमरे में मेरे रहने से फर्क ही क्या पड़ता है ?'

''वह सब ठीक है, मगर एक सामाजिक मर्यादा भी होती है। एक ही कॉटेज़ में साथ रहना ठीक नहीं होगा। तुम खाने के बाद गाँव क्यों नहीं चली जातीं ?''

वह एकटक मुझे देखने लगी।

''ठीक है।'' उसने अचानक हिन्दी में कहा, ''आप आराम कर लीजिए, मैं अपना दूसरा प्रबन्ध कर लूँगी।''

''मैं खाना अगर बाहर न खाऊँ तो तुम्हें आपत्ति होगी ? मैं थका बहुत हूँ, सिर्फ़ एक सैंडविच और सूप से काम चल जाएगा।''

उसने कहा, ''मगर आज बाहर बहुत अच्छा बफे है। गोआनीज खाना, असली।''

''भूख नहीं है।''

''अच्छा।'' कहकर वह दूसरे कमरे में चली गई और उधर से बहुत देर तक कोई आवाज़ नहीं आई।

मैंने जब इला को पत्र भेजा था तो दूसरे ही सीनेरियो की कल्पना की थी। चाय-कॉफ़ी के बाद ब्रीफकेस खोलूँगा और बायोडेटा को गहराई से जाँचूँगा। उसकी बात सुनूँगा। आख़िरकार आर्थर और फ्रैंक ने सारी ज़िम्मेदारी मुझ पर छोड़ दी है। दोनों घुटे हुए और घाघ हैं। उस कमेटी में मुझे रखा ही इसलिए गया है कि मैं दक्षिणेशियाई हूँ। हम सभी इला के साथ पूरा न्याय करना चाहते हैं, उसके पूरे भविष्य का प्रश्न है, विभाग की छवि का प्रश्न है। वैसे भी अंग्रेजी विभाग में पुरुष और स्त्रियों का अनुपात असन्तुलित है। सरकार की ओर से कई अध्यादेश आ चुके हैं कि स्त्रियों और अल्पसंख्यकों को बढ़ावा दिया जाए। इला के

स्थायी हो जाने में सभी का भला है। (स्त्री भी और एशियायी अल्पसंख्यक भी) अगर ज़रा भी गड़बड़ हो गई तो विश्वविद्यालय का फेमिनिस्ट ग्रुप 'अन्याय, अन्याय' चिल्लाता हुआ मुकदमा ठोक देगा। और इला है कि अपने उसी गैर-ज़िम्मेदाराना तौर-तरीके से, उसी अल्हड़पने से अपना दायित्व नकार रही है। अभी मुझे हैदराबाद जाकर कादम्बरी का भी इंटरव्यू करना है। कादम्बरी अपनी पी-एच.डी. थीसिस ख़तम कर चुकी है और पति-पत्नी दोनों ही पश्चिम वापस लौटने को अधीर हैं। कादम्बरी के भारी-भरकम शरीर और ठेठ गँवारू चाल-ढाल को याद कर मेरा दिल बैठने लगा। इला यूनिवर्सिटी में नहीं रहेगी। शहर में नहीं रहेगी तो कैसा लगेगा ?

मैं इन्तज़ार में था, इला बाहर आए तो अन्दर से दरवाज़ा बन्द कर मैं कपड़े बदलूँ। पजामा-कुर्ता पहनकर चैन से बैठूँ। इस बीच मैं खिड़की से बाहर देखने लगा। रात का रंग ऐसा होता है, समुद्र के पानी में घुला-मिला, नीचे से पाश्चात्य संगीत के स्वर ऊपर आते हैं, धीमी-धीमी गति की धुन, शायद कुछ लोग उठकर नाचने लगे होंगे।

इला बाहर आई। उस समय वह बहुत साधारण, बहुत मामूली-सी दिख रही थी। सत्ताइस-अट्ठाइस साल की एक पढ़ी-लिखी लगनेवाली स्त्री मात्र, "तो मैं जा रही हूँ। हालाँकि आपको या आपकी रेपुटेशन को मुझसे कोई ख़तरा नहीं था, मगर हमेशा की तरह आप ठीक और सूझ-बूझ की बातें कहते हैं। आपको अपनी छवि का ख़याल रखना है। शार्क मछली की तरह आदमख़ोर इला के साथ एक ही कॉटेज़ में आप कैसे रह सकते हैं ?"

मैं चुप हूँ। इस बात का उत्तर ही क्या है ?'

"तुम यह सब न करतीं तो अच्छा रहता।" मैं सोचकर उत्तर देता हूँ, "बाहर से देखनेवालों को तो यह रिश्वत जैसा ही लगेगा न ? मैंने जब अध्यक्ष-पद स्वीकार किया था, उसके पीछे सिर्फ़ तुम्हारी मदद करने का भाव था। औरों को भी लगा कि जफर को फिर या गिरिराज को कमेटी में रखना शायद उचित न हो।"

"क्यों ?" इला ने काटते स्वर में पूछा, "उनके रहने से मुझे ज़्यादा मदद मिलती, नहीं ? आख़िरकार उनके अनुसार वह दोनों ही मेरे प्रेमी रह चुके हैं न ?"

कमरे में चुप्पी रही। जफर और गिरिराज दोनों ही इला के विभागीय सहयोगी हैं।

"सच्चाई तो यह है कि जो लोग घूम-घूमकर मेरे खिलाफ़ प्रचार करते हैं, उन्हें कभी अपने पास फटकने भी नहीं दिया। यह उनका आहत पुरुषत्व ही है, जो फेंटेसी गढ़कर..."

"वह सब यूनिवर्सिटी के जाने-माने लोग हैं।" मैंने बात काटकर कहा।

"यूनिवर्सिटी का माना-जाना होना कोई शराफत का पूरा सबूत तो नहीं ? जो आदमी अच्छा अध्यापक या स्कॉलर हो, वह लुच्चा या शोहदा नहीं हो सकता यह कहाँ लिखा है ?" वह थोड़ी-थोड़ी उत्तेजित हो चली थी, "फिर मैं यूनिवर्सिटी में नहीं पढ़ती ? फिर मैं ही चरित्रहीन क्यों कहलाई जाती हूँ ?"

"तुम्हारी बात दूसरी है।" मेरे मन में वर्षों का संचित क्रोध अनायास मेरी जुबान पर आ बैठा।

"क्यों दूसरी है ? क्योंकि मैं औरत हूँ, इसलिए ? मैं अकेली हूँ, इसलिए ?"

'यह सवाल स्त्री-पुरुष का नहीं है, अपनी-अपनी छवि का है।" मैंने कहा।

"ओ...आई सी। सत्रह साल की उम्र में मैं घर से भाग गई थी, इसलिए न ? मेरे पति ने समुद्र में डूबकर आत्महत्या कर ली, इसीलिए न ?"

"इला...तुम बेकार में बहस कर रही हो। जो तुम हो, वह तुम भी जानती हो और मैं भी..."

"आप जानते हैं ? त्रिकालदर्शी हैं न ? अन्तर्यामी हैं ? कहाँ क्या घट रहा है, सब आपको पता रहता है ?"

"इला...तुम बेकार में उत्तेजित हो रही हो। इन सब बातों से फायदा ही क्या ? तुम अगर आधे शहर को प्रेमी बनाकर रखना चाहती हो तो यह तुम्हारा विकल्प है..."

'ओ माई गॉड।" उसने कहा, "तुम कुछ सुन रहे हो कि तुम्हारी आवाज़ में कितनी हिकारत है ? एक पुरुष पचास स्त्रियों से प्रेम करता फिरता है, उसे तुम्हारा समाज कुछ नहीं कहता ? एक स्त्री अगर अकेली, सम्मान से जीना चाहती है तो उसके चारों तरफ़ गिद्ध नोच खाने को तैयार रहते हैं।" इला की आवाज़ तेज़ हो गई थी, क़रीब-क़रीब चीख़ने के स्तर तक। आसपास लोग डिस्टर्ब हो रहे होंगे, मुझे डर लगा। मैंने नरम पड़ते हुए उसकी बाँह पकड़कर बैठाते हुए कहा, "इला, शान्त होओ...आसपास लोग क्या सोचेंगे ?"

इला ने झटके से बाँह छुड़ा ली और कमरे में बेहद उत्तेजित होकर चक्कर लगाने लगी, "और होता क्या है चरित्रहीन होना ? चरित्र है क्या ? क्या है उसकी परिभाषा ? उसका सामाजिक सन्दर्भ दिया किसने है, तुम्हीं पुरुषों ने न ? ठीक है—मान भी लो अगर समय के बाद मेरे प्रेमी रहे भी तो क्या ? मुझमें कोई गन्दगी लगी रह गई ? मैं जानती हूँ मैं क्या हूँ, आई एम अ गुड ह्यूमन बीइंग—मुझमें उदारता है, करुणा है, सच्चाई है..."

"सच्चाई ?" मैंने बेहद व्यंग्य से कहा।

"हाँ सच्चाई।" वह एकदम शान्त हो गई। उसने धीमे मगर दृढ़ स्वर में कहा, "अगर तुम जफर और गिरिराज की बातों को सच समझते हो और मुझे झूठा...तो यह तुम्हारा विकल्प है, तुम्हारा दुर्भाग्य...उसके चेहरे पर उत्तेजना की वजह से जो रंग दौड़ गया था, एकदम रिस गया। उसकी आँखें अब जैसे दृष्टिहीन थीं, वह एकदम बौनी हो आई थी। सिमटी-सिकुड़ी।

"इतनी हिंसा...इतना प्रतिकार...मुझे मिटा देने की इतनी तिलमिलाहट, कितने दयनीय हैं वे तुम्हारे मित्र...यूनिवर्सिटी के वे जाने-माने लोग।"

"इला, प्लीज अब तुम जाओ।" मेरा हाथ अपने आप दरवाज़े की ओर उठ जाता है। "मैं बेतरह थक रहा हूँ, आराम करना चाहता हूँ।" इला आँधी की तरह बाहर निकल गई। उसके पीछे दरवाज़ा भड़ से बन्द होता है।

नाटक, घोर नाटक।

नहाते और कपड़े बदलकर अपने सूप और सैंडविच का इन्तज़ार करते हुए मुझे बराबर लगता रहता है कि मैं सचमुच भोला और बेवकूफ हूँ। सोचा था कि इला छुट्टी लेकर गम्भीरता से रिसर्च में जुटी होगी। अंग्रेजी में लिखी जानेवाली आधुनिक कविता पर उसकी किताब करीब़-करीब़ आधी तो हो ही गई होगी। वह वहाँ गोआ में बैठी मौज उड़ा रही है, महँगे होटल में खा-पी रही है। और मुझे यहाँ ठहराना और यह मासूम, निश्छल भाव शायद मुझे प्रभावित करने के सस्ते तरीके हैं। एक बार उसके साथ नाम जुड़ गया तो ? वह तरह-तरह से मुझे ब्लैकमेल कर सकती है। मुझे शुभा की याद आती है, अपनी पचास साला

उम्र के साथियों की, अंजना, संजना, घरजँवाई दामादों, नातियों की—यूनिवर्सिटी में मेरी कितनी इज़्ज़त है। इंटरनेशनल स्टडीज का अध्यक्ष और डीन हूँ। प्रेसीडेंट के ऑफिस में मेरी राय पूछी जाती है, वाइस-प्रेसीडेंट बनने के चांस हैं, वह सब एक भावुकता में बहा दूँ। अभय की विधवा इला की मदद करने के लिए। दरवाज़े पर हल्की दस्तक होती है, बैरा है—वह मेरे सामने ट्रे सजा देता है। खा-पीकर मैं सिगरेट सुलगाता हूँ तो एकबारगी हर चीज़ सही परिप्रेक्ष्य में दिखाई देने लगती है। मैं बेकार ही परेशान हो रहा हूँ, अगर इला कुछ उचित, अनुचित का दावा भी करेगी तो क्या लोग उसे मान लेंगे ? कहाँ वह और कहाँ मेरा बेदाग़ नाम, मेरे ऊपर कोई उँगली उठा ही कैसे सकता है ? फिर भी जफर की बातें एक बार फिर मन में कुलबुला उठीं, ''अरे राघव साहब, क्या बॉडी है उसकी। साफ़ शफ्फाक झकाझक, एकदम संगमरमर, कहीं एक भी दाग़ या धब्बा नहीं, एक तिल तक नहीं।'' मुझे ऐसी बातें सुनना अच्छा नहीं लगा, ''तुम बहुत पी गए हो जफर। किसी शरीफ स्त्री के बारे में यह सब कहना ठीक नहीं।''

''आप पर भी कहीं उसका जादू तो नहीं चल गया। बहुत ख़तरनाक औरत है, मारकर तड़पने भी नहीं देती। छुरी है छुरी...चलूँ...वह मेरे इन्तज़ार में होगी।'' पार्टी की समाप्ति पर शुभा सब बर्तन धो-पोंछकर ऊपर जाने लगती है। रसोई की बत्ती बन्द करते हुए मैं कहता हूँ, ''शुभा , ज़रा सिगरेट लाने जा रहा हूँ...पर मैं सिगरेट लाने की बजाय इला के फ़्लैट की ओर गाड़ी मोड़ देता हूँ। चौमंज़िली इमारत एकदम अँधेरी है, इला का फ़्लैट भी। मुझे यह सब करने का क्या अधिकार है ? मैं अचानक ग्लानि से भर उठता हूँ, इला युवती है, आकर्षक और विधवा...उसे अपनी ज़िन्दगी अपनी तरह जीने का अधिकार है। जिससे चाहे, जितनों से चाहे प्रेम करे। मैं वापस आ जाता हूँ। ऐसी बातें सिर्फ़ जफर ही नहीं करता और लोग भी करते हैं। इला की विद्यार्थिनें, इला का दूसरा सहयोगी गिरिराज...धीरे-धीरे पार्टियों में से उसका नाम कटने लगता है, और उसको लेकर इतनी चर्चा होने लगती है कि शुभा, अंजना, संजना को सख़्त ताकीद देती है कि वे इला से कोई सम्पर्क न रखें।

इला जब भी सामने पड़ती है, मुझे उसका चेहरा देखकर विश्वास नहीं होता कि वह सब सच होगा। मगर लोग झूठ भी क्यों कहेंगे। वे केवल इला को लेकर ही क्यों कहते हैं, और भी कितनी औरतें हैं, किसी और को लेकर क्यों नहीं ? पहले अंजना की शादी होती है फिर संजना की, मैं उसे बुलाना चाहता हूँ, पर शुभा कहती है कि अगर इला आएगी तो उसकी काफ़ी सहेलियाँ शादी का बहिष्कार कर देंगी, क्योंकि वे सब शरीफ हैं। इला जैसी लड़की के साथ कोई नहीं उठना-बैठना चाहेगा, पर इला को निमन्त्रण ज़रूर जाएगा। मैं अड़ जाता हूँ, ''लोग तुम्हें भी उसकी सूची में जोड़ लेंगे।'' शुभा कहती है, ''तुम क्यों जिद पकड़ रहे हो ?''

''क्योंकि इला अभय की विडो है, और अभय तुम्हें दीदी कहता था...भूल गई क्या ?''

''नहीं...भूली नहीं हूँ, पर दुनियादारी तो निभानी ही है।''

अंजना की शादी, मंडप, शामियाना, रिसेप्शन, इला नहीं बुलाई गई। एक दिन यूनिवर्सिटी के किसी रिसेप्शन पर मुलाक़ात होती है, वह हम दोनों को देखकर अनदेखा कर देती है। मुझे अन्दर कहीं कचोट उठती है, हमने जफर को बुलाया था, गिरिराज को, सपरिवार—मगर इला को नहीं। क्यों वही सम्मानीय बने रहे हैं, देखा जाए तो इला अकेली

है, अपने आचरण के लिए खुद जिम्मेदार है, पर ये लोग तो बीवी-बच्चोंवाले हैं।

इला खड़ी-खड़ी औरतों से बात करती है, हमारे पास तक नहीं आई। लौटते समय शुभा कहती है, "देखा तुमने, तुम्हें हलो तक नहीं किया उसने। तुमने क्या नहीं किया इस औरत के लिए, अभय मरा तो दौड़े गए, आर्थर से कहकर नौकरी दिलवाई—अब उसे तुम्हारी क्या ज़रूरत ?" ज़रूरत तो पड़ेगी, मैं मन ही मन सोचता हूँ। तीन साल पढ़ा लेने के बाद स्थायी होने का प्रश्न उठेगा, उस कमेटी के लिए आर्थर मुझे ज़रूर कहेगा—तब तो ज़रूरत पड़ेगी। तीन साल बाद जो कमेटी बनी, उसमें मैं नहीं था, जफर था। और जफर ने इला की इतनी कड़ी आलोचना की कि कमेटी ने उसे केवल एक साल की अवधि दी। साल-भर बाद फिर रिव्यू होगा, और तब फिर निर्णय होगा, और उस दूसरी साल भी उसे स्थायी नहीं किया गया, एक साल की अवधि और दी गई और अब, न जाने क्या सोचकर आर्थर ने जफर को कमेटी से हटाकर मुझे अध्यक्ष बना दिया था। और मैं तहेदिल से इला की मदद करना चाह रहा था, पर ऐसे नहीं। अपने नाम और इज्ज़त को मिटाकर नहीं। मैं जाकर इला से मिलूँगा, यह सुनकर गिरिराज मेरे कमरे में आए थे। कुर्सी उनके बैठने से ज़रा-सी चरमराई थी, "अच्छी तफरीह रहेगी।" उन्होंने कहा। पान तो यहाँ मिलते नहीं थे, हर समय पान मसाला और जाफरानी पत्ती चबाते रहते थे, "अच्छी तफरीह रहेगी। अब तक कोई उल्लू फाँस लिया होगा। मजे उड़ा रही होगी। अब उसकी छुट्टी करिए और कादम्बरी को नियुक्त करवा दीजिए।"

कादम्बरी के पति सदानन्द से गिरिराज के पुराने सम्बन्ध थे, उनके चमचों में वह प्रमुख थे। गिरिराज का वरदहस्त उन पर हमेशा रहता था।

"कादम्बरी को क्या आता-जाता है ?" मैंने कहा। फ़ोन आ जाने पर मुझे गिरिराज से छुट्टी मिली। कभी-कभी मुझे लगता था कि मैं ही हूँ एक ऐसा, जिस पर इला की कृपादृष्टि नहीं पड़ी। उसने कभी अकेले में खाने पर नहीं बुलाया, कभी गोदी में सिर छुपाकर रोई नहीं, कभी भरी रात में फ़ोन करके नहीं कहा, तुरन्त आओ, नहीं तो मैं फाँसी लगा लूँगी। अगर वह करती भी, तो मैं यही करता, जो मैंने अब किया है। उसने बाहर का दरवाज़ा अन्दर से बन्द कर लिया है। वह जहाँ भी जाए, कम से कम मेरे साथ एक कॉटेज़ में नहीं रह सकती। मुझे अपना बचाव करना ही है।

अभय उन दिनों अक्सर मेरे पास आता था। था तो वह मेरे सहपाठी अमृत का सबसे छोटा भाई पर मेरा व्यवहार उसके प्रति हमउम्र का-सा ही था। शुभा उन दिनों अंजू-संजू को लेकर काफ़ी व्यस्त रहती थी। वह काफ़ी संघर्ष का समय था, मुझे अपने पाँव जमाने थे, पुस्तकें लिखनी थीं, नाम कमाना था। सब मायनों में सफल होना था। उन दिनों एक पागल महत्त्वाकांक्षा मुझे बराबर आगे, और आगे ठेला करती, सचमुच कुछ बनने की। अपने टेढ़े मुँहवाले ससुर को दिखा देने की, कि मैं क्या कुछ नहीं बन गया हूँ। शुभा से शादी उन्होंने बड़ी मुश्किलों से की थी। कॉलेज के दिनों का रोमांस था जिसकी परिणति विवाह ही थी। मेरे लेक्चररी के फटीचर दिनों में शुभा के आई.ए.एस. पिता मुझे दामाद-रूप में ग्रहण करने के लिए बिलकुल तैयार नहीं थे। मेरे पी-एच.डी. के लिए येल जाते हुए उन्होंने साफ़ मना कर दिया था। कुछ-कुछ यह भाँपते हुए भी कि शुभा और मैं काफ़ी घनिष्ठ हो गए हैं। तीन साल बाद जब मैं अमरीकन यूनिवर्सिटी की पी-एच.डी. और तीन साल की नौकरी का कांट्रक्ट

हाथ में लेकर वापस आया तब तक वह शादी करने के लिए तैयार हो चुके थे पर उनकी अकड़ अभी गई नहीं थी। वैसे शुभा में कोई खास बात नहीं थी, नाटे कद और कुछ गठे बदन की लड़की थी, साँवले रंग और साधारण नाक-नक्श की, सिर्फ़ पिता के पद का सहज आभिजात्य था। दूसरे, वह मेरी पहचान की सभी लड़कियों की तरह मुझ पर बेहद रीझी हुई थी। शुभा की असली मिठास तो मैंने शादी के बाद पहचानी। जिसमें मैं ऐसा बिंधा कि बरस पर बरस निकल गए और मुझे किसी दूसरी औरत की पहचान नहीं हुई। अपनी जमी-जमाई गृहस्थी के बीच सुरक्षित मुझे अभय पर कभी-कभी बहुत तरस आता। वह हमेशा घबराया-सा और अकेला महसूस करता था। उसे कहीं चैन नहीं था, न नौकरी में, न धन-दौलत में, न भारत में, न पश्चिम में—वह बार-बार भारत जाता, दर्जनों लड़कियाँ देखकर नापसन्द करता, लौटकर आता और अपने को उसी वातारण में फिट करने की कोशिश करता।

मैं एक बार भारत आने पर जब अमृत से मिला तो उसने कहा, ''बेचारे अभय के साथ बड़ी ट्रैजिडी हो गई।''

''क्यों ?'' हम सबने चौंककर पूछा, ''क्या हुआ ?''

''गधा है। एक बड़ी ही चालू लड़की ने उसे फाँस लिया। बिना हमारी राय लिए उसने शादी कर डाली।''

चू चू, हमने दुख प्रकट किया। कितने अच्छे रिश्ते उसने ठुकरा दिए थे, कितनी लड़कियों का उसने दिल तोड़ा था।

''कौन है ?'' शुभा ने पूछा।

''एक आर्मी कर्नल की बेटी। बेतरह बदनाम माँ, जिसके प्रेमी ने कर्नल को गोली मार दी, मुकदमे चले, बेटी भी उसी तरह, छोटी उम्र में घर से भाग गई। पकड़ी गई। फिर होस्टल में रहकर पढ़ी।''

''यह सब हुआ कैसे ?'' शुभा ने पूछा।

तब तक मीनाक्षी हमारे पास आकर बैठ गई। उसकी भौंहें तनी हुई थीं, ''राघव भाई इन्हें समझाइए। अब वह घर की बहू है। अब अपने घर की इज़्ज़त उसी के हाथ में है। यह सभी से कहने लगते हैं, उससे फायदा क्या ? मुझे तो लड़की अच्छी लगी। अभय के आगे-पीछे घूमती है। बिलकुल अच्छी बीवी की तरह।'' अमृत ने कहा, ''वह आकर जीजी-जीजी कहने लगी और वह रीझ गई।''

''बचपन में ग़लती हो ही जाती है। मालूम नहीं उसकी लाइफ कितनी दुखी रही होगी। माँ की बदचलनी का यह मतलब तो नहीं कि लड़की भी वैसी ही निकले...'' मीनाक्षी ने अमृत को झिड़का, ''अपने को ही लो। शुभा की गाड़ी में लदकर हम चारों डाक बँगले में नहीं जाते थे ? जिन्हें हम रविवारीय पिकनिकें कहते थे। वह आवारापन नहीं था ? अगर तुम्हारी मुझसे और शुभा की राघव से शादी न हुई होती तो हमें दुनिया बदचलन नहीं कहती ?''

''हमलोग हानरेबिल निकले...''

''और इला का दोस्त अपने माँ-बाप से डर गया...यही न, उसने इला को छोड़ दिया। इसमें इला का क्या दोष ?''

''अरे मीनाक्षी, छोड़ो भी अभय और उसकी बीवी को। अभय बच्चा नहीं है, मगर तुमने कॉलेज की बात करके उन दिनों को फिर ताज़ा कर दिया,'' मैंने कहा और अर्थ-भरी दृष्टि

से शुभा को देखा।

शुभा मुस्कराने लगी। एक नई दुल्हन की तरह, लाज-भरी हँसी। हमलोग वापस अपने होटल बहुत देर में पहुँचे, वहाँ अभय बैठा हुआ था, साथ में बीवी भी थी। पहली नज़र में मुझे निराशा-सी हुई, जैसी छवि मन में आ गई थी, उससे लड़की का तालमेल नहीं बैठ रहा था। चेहरे से वह बहुत सौम्य और मृदु लग रही थी, आवाज़ उसकी संयत और कोमल थी। शुभा, जिसके स्वभाव में पिता का अकड़पन घुला हुआ था और मौके-बेमौके उभर आता था, इस वक़्त एकदम रूखी हो गई थी। उसी क्षण न जाने क्यों मैं तटस्थ होकर शुभा को देख सका, अगर वह मेरे कॉलेज के दिनों की प्रेमिका न होती तो मैं कहता कि वह बेहद मामूली औरत थी, आराम की ज़िन्दगी में डूबी हुई, सफल पति के पद के सभी उपकरणों से भरपूर, कानों के लम्बे छेदों में झूलती डायमंड की बाली, हाथों में डायमंड रूबी की चूड़ियाँ, महँगी साड़ी के बॉर्डर पर टिका मंगलसूत्र। उसका शरीर और चेहरा, ब्यूटी ट्रीटमेंट और हेल्थ प्रोग्राम के बावजूद ढीला लग रहा था। क्या यही बात थी अभय की बीवी इला और उसकी ताजगी में। उसे देखकर अपने-अपने पास जो है उसे दुबारा टटोलकर देखकर तसल्ली करने का मन होता है। नीचे जाते हुए मैंने शुभा के कन्धे पर हाथ रख लिया। डाइनिंग हॉल के करीब़-करीब़ सभी हमें देखने लगे। हम काफ़ी अलग और सफल दिख रहे होंगे। हम जब गोल मेज़ के इर्द-गिर्द बैठे तो मैंने पाया कि इला मेरे पास बैठी है। मेन्यू हाथ में लेकर मैंने सबकी पसन्द पूछी, सबसे पहले मैंने अपनी पसन्द बताई, ''मैं रेशमी कबाब लूँगा, मगर पूरी प्लेट मेरे लिए बहुत होगी...''

''मैं आपके साथ शेयर कर लूँगी,'' उसने हल्के मगर स्पष्ट शब्दों में कहा। मेरी अमृत से नज़र मिल गई। अमृत ने मुझे आँख मारी, जिसमें उसकी ओर भद्दा इशारा सम्मिलित था। मैंने सकपकाकर देखा इला को, उसका चेहरा एकदम फक हो आया। यह स्पष्ट था कि उसने अमृत को देख लिया था। मैंने अपने को एक बड़ी ही अजीब स्थिति में पाया—एक क्षण स्तब्ध रहकर मैंने कुछ सँभालना चाहा, ''और क्या लेंगी आप ?'' वह देर तक चुप रही, मुझे लगा कि वह एकदम हमको छोड़कर कहीं चली गई है, कहीं दूर, कहीं अपने अन्दर और मेरे पास सिर्फ़ उसकी निर्जीव देह बैठी है। सिकुड़ी हुई, सिमटी हुई। मैं अगर उसे उँगली से हिला भी दूँ तो वह एकदम राख के ढेर की तरह ढह जाएगी।

''और क्या लेंगी आप ?'' मैंने फिर पूछा। मैंने पाया कि मेरा स्वर बहुत कोमल और पुचकार-भरा हो आया है। जैसे अंजू और संजू को चोट लगने के बाद मना रहा होऊँ। उसने आँखें उठाईं। वह साफ़, उजली दृष्टि थी, कृतज्ञ और हल्की पनीली। उसने क्या कहा, यह मैं नहीं सुन सकता। उस समय न जाने क्यों अभय के भाग्य से ईर्ष्या-सी हुई। मैंने कहा, ''अमृत ने बहुत पी रखी है। इसलिए इससे कुछ भी पूछना बेकार है।'' यह कहकर मैंने अभी-अभी घट गया वह अप्रिय प्रकरण नकार दिया। मैंने देखा कि इला ने बहुत कम खाया है केवल चखकर ही छोड़ दिया। खाने के दौरान उसने मुझे बताया कि वह दिल्ली के एक नामी कॉलेज में पढ़ाती रही है।

''राघव दा। अब मैं लौटकर फिर अपनी पुरानी पोजीशन में आ रहा हूँ।'' अभय ने उत्साह से बताया, ''इला आगे पी-एच.डी. करना चाहती है। इसीलिए कब से आपसे मिलने को पीछे पड़ी थी।''

रात काफ़ी बीच चुकी थी। मैंने अपने को बेहद थका पाया। टैक्सी में बैठते हुए अमृत ने कहा, "उससे सावधान रहना। तुम फँसनेवाले जीव नहीं हो, फिर भी दूर रहना ही ठीक है।" उस रात मैं बिस्तर पर आना टालता गया। इच्छा न होने पर भी रात गए रूम-सर्विस से बीयर मँगाकर पीने बैठ गया। शुभा तैयार होकर पलंग पर लेट गई थी। बोली, "लड़की में सिर्फ़ रंग ही रंग है, ऐसी सुन्दर तो नहीं कि सारा जमाना डुल जाए। अमृत क्या कह रहे थे ?"

"तुम तो जानती ही हो, पीने के बाद ऊटपटाँग बकने लगता है।"

शुभा ने कहा, "वह तो हमेशा से ऐसे ही थे। कॉलेज में भी। पता नहीं तुम्हारी क्यों उनसे इतनी घुटती है।"

"शुभा, हमारी शादी उसी ने करवाई थी," मैंने कहा।

शादी के नाम से शुभा को जैसे कुछ याद आ गया, "तुम कब तक बैठे रहोगे ? मैं कब तक जागती रहूँ ?"

उसने पतले पारदर्शी बादलों की तरह झिलमिले कपड़े पहन रखे थे, तकिए पर उसका सिर टिका हुआ था, उसने गर्दन मोड़कर जैसे मुझे देखा, उसमें स्पष्ट ही आमन्त्रण था। मैं बिना कुछ कहे अपनी बीवी को ताकता रहा। वह एक अच्छी बीवी थी, इसमें शक की गुंजाइश नहीं थी। भले-बुरे में मेरा साथ निबाहती आ रही थी, और मैं भी भरसक उसे ख़ुशी देने की ही कोशिश करता रहा था। शादी के ग्यारह महीने बाद ही जुड़वाँ लड़कियों के होने से वह बहुत व्यस्त और परेशान हो गई थी। और उनके पालने में उसका काफ़ी समय चला जाता था। फिर भी मुझे कभी अकेला नहीं लगा। कभी किसी और की ज़रूरत महसूस नहीं हुई। शुभा अभी मुझे देख रही थी। मैंने गिलास आधा छोड़ दिया और कपड़े बदलने गुसलख़ाने में चला गया। जब मैं बाहर आया तो वह गाढ़ी नींद में सो गई थी। मेरी प्रौढ़ और ढलती हुई बीवी, मैं उसके प्रति ढेर से स्नेह और अनाम कृतज्ञता से भर गया। कमरे में रात का सन्नाटा भर उठा था। होटलों के कमरे एक ही-से होते हैं, पलंग, सिरहाने, मेज़ें, लैम्प, ड्रैसिंग टेबिल, कुर्सियाँ, सोफ़े—अपने में सीमित और सम्पूर्ण, कमरे के आगे छोटी-सी बालकनी भी, जिस पर टहलते हुए मैं सिगरेट पीता रहा। अपने अन्दर एक जो चिड़चिड़ापन इकट्ठा हो गया था, उससे छुटकारा पाने की कोशिश में। डिनर में चार-पाँच सौ उठ गए थे, फिर भी मुझे लग रहा था कि मीनाक्षी और शुभा के अतिरिक्त किसी को वह अच्छा नहीं लगा। शुभा और मीनाक्षी बातों में मग्न थीं। अभय इलाके अचानक मुरझा जाने पर काफ़ी परेशान हो उठा था और उसे जल्दी से जल्दी खाना ख़तम करके जाने की लगी थी। मैंने सिगरेट फेंक दी। कमरे में आकर मैंने शुभा को जगा लिया।

सुबह तड़के ही दरवाज़े पर दस्तक होती है। इला है। मैं अचरज से उसे देखता रहता हूँ।

"मैं अन्दर आ जाऊँ ?" उसकी आवाज़ भारी है।

"तुम घर नहीं गईं ?" मैंने पूछा।

"गाँव तीन किलोमीटर पर है, रात में सवारी कहाँ मिलती ?" उसने कहा।

मैंने हटकर उसे अन्दर आने दिया, "फिर रात..." मेरे मुँह से आधा वाक्य निकला—और फिर मैंने जबान दाँतों से दबा ली।

"रात कहाँ काटी ? पूछिए न, रुक क्यों गए ? कॉटेज़ के सामने लकड़ी के कॉउच

पर...और कहाँ ?'' कहती हुई वह अन्दर चली गई।

मैं नहा-धोकर निकला तब तक उसने रसोई में चाय बना ली थी। उजाले में इला को देखता हूँ, उसका चेहरा फीका है, रंगहीन। उसकी साड़ी, बाल सलीके से बँधे हैं, लगता है जैसे अभी-अभी क्लास पढ़ाने जा रही हो।

वह मेरी चाय बनाकर मुझे थमा देती है और अपना प्याला लेकर कमरे में चली जाती है, दरवाज़ा हल्के से बन्द हो जाता है। मेरा काम ख़तम हो गया है। आज ही वापस जाना है। मैं आर्थर से क्या कहूँगा, उसे सोचने को कई दिन हैं। ''सॉरी सर,'' इंडियन एयर लाइंस के रिजर्वेशन काउंटर पर बैठी लड़की कहती है, ''तीन-चार दिन तक कोई भी सीट नहीं है। कहिए तो आपका नाम चांस में लिख लूँ।''

''कौन-सा नम्बर ?''

''अड़सठवाँ।''

मैं आगे कुछ पूछूँ इससे पहले अधीर भीड़ का एक रेला आता है और मैं धक्का खाकर दूर पहुँच जाता हूँ।

मैं सड़क पर खड़े-खड़े इधर-उधर देखता हूँ, पाँत के पाँत छायादार पेड़ सड़क के बराबर, गंगा जैसी चौड़ी गम्भीर नदी, हल्की-हल्की उष्ण धूप, स्त्रियों की साड़ियों के चटख रंग, और बालों में फूल। सबकुछ साफ़, सुन्दर।

होटल में पता चलता है कि स्टीमर भी सारे भरे हुए हैं, शायद वीडियो बस में जगह मिल जाए। बम्बई पहुँचने में अठारह घंटे लगेंगे। तो मैं यहाँ अटक गया हूँ। यह बात कोई नहीं मानेगा, शुभा भी नहीं। मेरी जगह गिरिराज होते तो तुरन्त इन दिनों के सदुपयोग में व्यस्त हो जाते, जफर होता तो–

कॉटेज़ ख़ाली है। इला नहीं है, पर उसकी अटैची अभी भी कमरे में है।

मुझे गुस्सा आ रहा है अपने पर, इला, मिटी पर, गिरिराज, जफर, शुभा, सभी पर, पूरी दुनिया पर। इला को खूब अच्छी तरह मालूम होगा कि मैं चार दिन तक निकल नहीं पाऊँगा। उसे मेरा कार्यक्रम मालूम था। मैं चार दिन एक जगह नहीं बैठा रह सकता। इस सबका मतलब क्या है ? वे सब सच कहते थे। आधा शहर जो अपने को इला का प्रेमी बताता था, सच कहता था। चलो, निकलो, बस से ही सही। लंच खाता हूँ। थोड़ी देर स्विमिंग पूल के पास बैठता हूँ। काउंटर पर बस के टिकट की व्यवस्था को कह दिया है। फिर बिस्तर पर लेट जाता हूँ।

फ़ोन बजता है। बस में भी जगह नहीं है। इला दिखेगी तो गला मरोड़ दूँगा।

पूरा दिन ऐसे ही निकल जाता है। पलंग पर पड़े-पड़े और जासूसी उपन्यास पढ़ते-पढ़ते। शाम को पैजामे-कुर्ते में ही मैं रेत पर निकल जाता हूँ। सबकुछ कल जैसा है। वही बच्चे, जिन पीती हुई वही औरत, वही लहरें, वही सूर्यास्त। सूरज जब पानी में डूब जाता है तो एक धीमा स्वर पूछता है, ''कुछ माँगा ?''

मुड़कर देखता हूँ, इला है। न जाने कब से पास आकर खड़ी थी। वह मुझे ऐसे देख रही है जैसे कुछ हुआ ही न हो। उस क्षण मेरा सारा तनाव, सारा गुस्सा न जाने कहाँ बह जाता है। इला है, वह पानी में डूब नहीं गई है। वह मुझे छोड़कर कहीं चली नहीं गई है।

''कहाँ थीं अब तक ?'' संयत स्वर में मैं पूछता हूँ।

''यहीं तो सुबह पणजी गई थी, टिकट की पूछताछ करने। आपका चेहरा देखकर बोलने की हिम्मत नहीं हुई। फिर सारे दिन यहीं बैठी रही।'' उसने फूस के छप्पर से ढँकी झोंपड़ी की तरफ़ इशारा किया।

''सारे दिन ?''

''तो और क्या ? कितना डरती नहीं हूँ आपसे ?''

''डरती हो तो यह सब नाटक क्यों करती हो ?'' वह चुपचाप, निरुत्तर मेरे साथ चलती रही। कॉटेज़ के सामने आकर हम कुर्सियों पर बैठ गए। ''मैं एक बात कहूँ...एकदम सच-सच। आपके लिए मेने मन में इतना आदर, इतना स्नेह है कि आप कभी जान नहीं सकेंगे। पहले मैं आपको अमृत भाई की तरह ही बदमाश समझती थी, पर अभय की मौत के बाद आपने जो सहारा दिया, और बिना कुछ मुझसे चाहे हुए, उससे मेरा...''

''मैं बदमाश ?''

टैक्सी रुक गई। उतरते हुए इला कहती है, ''मैं यहाँ रहती हूँ।'' छोटा-सा कच्चा रास्ता है। ऊबड़-खाबड़। एकदम आख़िरी छोर पर छोटे-से टीले पर टँगी हुई पीली दीवारों और खपरैल की छत की कॉटेज़, सामने बरामदा, जिसमें झूला पड़ा है। वहाँ बैठने से नीचे, काफ़ी नीचे समुद्र दिखाई देता है। उजला और शान्त।

''हरे नारियल में जिन पिएँगे ?'' इला नें पूछा।

''नहीं, सिर्फ़ डाभ। सिर सुबह से घूम रहा है।''

''आप आराम से बैठिए।'' कहकर उसने मुझे स्ट्रा डालकर नारियल पकड़ा दिया। पास बैठती हुई बोली, ''आपसे एक बात कहनी थी। मौक़ा ढूँढ़ रही थी। मगर...आपके यहाँ आने से पहले ही मैं विभाग को इस्तीफ़ा भेज चूकी हूँ। अब तक पहुँच गया होगा।''

''ऐसा कैसे ?'' मैंने कहा, ''फिर मुझे यहाँ बुलाया क्यों ?''

उसका जवाब न देकर इला ने अपने बालों में उँगलियाँ फँसाते हुए कहा, ''पढ़ाते-पढ़ाते मेरा जी भर गया है। मैं कुछ नया करना चाहती हूँ। अपनी ज़िन्दगी नए सिरे से शुरू करना चाहती हूँ। अतीत को एकदम धोकर—नई स्लेट की तरह। अब तक इधर-उधर भटकती रही। बिना चप्पू की नाव की तरह। अब स्थिर बैठूँगी। इतने लम्बे एकान्त और एकाकी रहकर मैंने खूब आत्मविश्लेषण किया है। अब मैं जान गई हूँ कि मैं क्या और किसे पाना चाहती हूँ।''

''किसे ?''

''जिसे हर सूर्यास्त माँगती हूँ...'' यह बात हँसी में उड़ाने की कोशिश करती दृष्टि बच गई। फिर गम्भीर होती हुई बोली, ''मैं इधर एक उपन्यास लिख रही हूँ। कुछ-कुछ आत्मकथात्मक। पचास पृष्ठ लिखकर मैंने 'राइटर्स वर्कशाप' में भेजे थे। उधर से अच्छी प्रतिक्रिया आई है। वहाँ जाकर पूरा करने की बात चल रही हे। अगर वह नहीं भी हुआ तो गर्मी में रानीखेत जाकर रहूँगी। पश्चिम में नहीं छपेगा तो क्या, यहाँ छपेगा। पैसा मिले तो भी ठीक, न मिले तो भी ठीक।'' इला का यह नया रूप है। गम्भीर, आत्मविश्वासी, मैं चुप रहता हूँ। एकाएक मेरी आँखों के आगे फुलझड़ियाँ-सी छूटने लगती हैं।

''इला, मुझे चक्कर आ रहा है।'' खड़े होते-होते मैं लड़खड़ा जाता हूँ। अन्दर ले जाते

हुए इला की बाँह जो मुझे सहारा दे रही है, कोमल भी है, दृढ़ भी। उसका युवा स्पर्श जैसे मेरे चेतना खोते शरीर में घुल-मिल रहा है। पलंग एकदम कड़ा है, तख्त जैसा। इला मेरा चेहरा हल्के-हल्के ठंडे कपड़े से पोंछ रही है। मेरे अन्दर से मुझे पूरी तरह झकझोरते हुए एक लम्बी साँस निकल आती है।

"इला, मुझे माफ़ कर दो।" मैं बुदबुदाता हूँ। मेरे चारों तरफ़ एक नींद-भरा अँधेरा है, एक सन्नाटा, जिसमें मुझे अपने दिल की धड़कन बहुत तेज़ सुनाई दे रही है।

मैं कई घंटे सोया होऊँगा। जब जगता हूँ तब तक धूप ढल गई है। बरामदे में तेरह-चौदह साल की नौकरानीनुमा लड़की बैठी है।

"बाई, उधर बीच पर गई है।" वह कहती है।

मैं बरामदे में खड़ा होकर अपने को आजमाता हूँ। सोने से निश्चय ही खुमार उतर गया है। मैं एकदम स्वस्थ महसूस करता हूँ, जैसे किसी अँधेरी खोह से निकल आया हूँ।

चाय पीते-पीते मैं अनमना-सा नीचे देखता हूँ। इस समय रेत पर काफ़ी लोग जुटे हुए हैं। मैं पुरानी आदत के अनुसार सारी बातें तरतीबवार रखकर देख रहा हूँ। इला ने इस्तीफ़ा दे दिया है, वह उपन्यास लिखेगी, स्थिर होकर बैठेगी। और मैं ? क्या करूँगा ? आर्थर से कहकर उसका इस्तीफ़ा रुकवा सकता हूँ। जब तक उपन्यास प्रकाशित न हो जाए, तब तक के लिए। इला को हमेशा के लिए खो देने के विचार से यह बूढ़ा सीना इतना विचलित क्यों हो रहा है ?

तभी इला आती दिखाई देती है। शायद समुद्र-स्नान से लौटी है। उसने महीन-सा गाउन शरीर पर डाल रखा है, जिसके अन्दर से उसकी बुँदकीदार बिकनी झलक रही है। वह निस्संकोच आकर बैठ जाती है और ख़ाली प्याले में चाय छानती हुई पूछती है, "अब कैसी तबीयत है ?"

"अब ठीक है।"

"खाना-पीना भी तो ठीक से नहीं हो रहा है।" कहकर वह पीछे झुकती है तो गाउन का दायाँ पल्ला पीछे ढलक जाता है और न चाहते हुए भी मेरी दृष्टि उसकी जाँघ तक अनावृत हो आई टाँग पर अटक जाती है। गाउन से अपना पूरा पैर ढँकते हुए वह सरल भाव से कहती है, "बचपन में दीवाली पर बुरी तरह जल गई थी, सलवार ने आग पकड़ ली थी। उसी का यह निशान है, जला, झुलसा हुआ। साड़ी पहनने से ढँका रहता है। आप इतने ताज्जुब से मुझे क्यों देख रहे हैं..." वह उठ खड़ी होती है, "मैं कपड़े बदलकर अभी आती हूँ।"

मैं भी उठ खड़ा होता हूँ। मुझे किसी प्रमाण की ज़रूरत नहीं बची। वह जैसी भी है, है। और मैंने उसकी चाहना की है, शायद उस पहले दिन से ही।

इला मुझे विस्मय से देख रही है। फिर उसका चेहरा एकदम बदल जाता है। उसमें प्रतीक्षा भी है, आह्वान भी। मुझे पूरी तरह मालूम है कि अगर मैं एक क़दम आगे बढ़ा तो फिर पीछे नहीं जा सकूँगा। मेरे आगे-पीछे सभी कुछ एक अँधेरे में डूबने लगा। शुभा, अंजू, संजू, घरजमाई, नाती, नातिनी, दोस्त, समाज, नाम, इज्ज़त, डीनशिप, प्रॉविडेंट फंड, पेंशन। सबकुछ एक सर्वग्रासी बाढ़ में डूबा जा रहा है। छब्बीस साल का अविवाहित जीवन एक मिट्टी के ढूह की तरह गिर गया है।

डूबते हुए सूरज का आलोक हमारे चारों तरफ़ भर उठा है। आगे क्या है, मैं नहीं

जानता। इला मुझे खींचकर चाँटा मार सकती है। मुँह फेर सकती है। मेरा उपहास कर सकती है। या फिर मेरे बढ़ते हुए हाथ को सहारा दे सकती है। निर्णय अब उसका ही है। सूरज पानी में एकदम डुबकी लगा गया। इला और मैं एक-दूसरे की ओर मुड़े। हमारी आँखें मिलीं। मैंने कुछ कहने के लिए मुँह खोला, पर इला ने मेरे होंठों पर उँगली रख दी।

"बाद में बताना," उसने कहा।

## *कहानियों की सूची (आंशिक)*

| | |
|---|---|
| **सरिता,** फरवरी, 1952 | अपना अपना भाग्य |
| मार्च, 1952 | आश्रिता |
| जून, 1952 | अभाव की आँधियाँ |
| जनवरी, 1953 | मान हठ |
| मार्च, 1953 | दोस्त |
| जून, 1954 | नष्ट नीड़ |
| मार्च, 1954 | पूर्ति |
| अगस्त, 1953 | बिखरे तिनके, नया नीड़ |
| सितम्बर, 1953 | दोराहा |
| नवम्बर, 1957 | अवलम्बन |
| फरवरी, 1955 | फिर वसन्त आया |
| अक्टूबर, 1956 | मुक्ता और शशि |
| मार्च, 1957 | तूफ़ान के बाद |
| जुलाई, 1959 | नई कोंपल |
| अप्रैल, 1959 | अकेली राह |
| **धर्मयुग,** 1954 अक्टूबर | मुक्ति |
| **कल्पना :** अंक 55 | सुनसान खँडहर |
| **कल्पना :** अंक 76, जुलाई, 1959 | चहारदीवारी |
| **ज्ञानोदय,** 1957 | बाजे की धुन, मन के तार |
| **विनोद,** जून, 1961 | सौदा |
| **कल्पना,** अगस्त, 1959 | मोहबन्ध |
| **कल्पना,** अंक 65 | जाले |
| **कल्पना,** अंक 85, मार्च 1958, | पूर्ति |
| **ज्ञानोदय,** जुलाई 1959 | दो अँधेरे |
| **कल्पना,** अंक 105, जनवरी 1960 | दृष्टिदोष |
| **कृति,** 1960 | कँटीली छाँह |

| | |
|---|---|
| **कहानी,** 1956 | पैरेम्बुलेटर |
| **कहानी,** 1956 | ज़िन्दगी और गुलाब के फूल |
| **कहानी,** 1960 | पचपन खम्भे, लाल दीवारें |
| **धर्मयुग** : 13 नवम्बर, 1960 | अपराजिता |
| **कहानी,** अगस्त, 1960 | खुले हुए दरवाज़े |
| **नई कहानियाँ,** अगस्त, 1961 | वापसी |
| **ज्ञानोदय,** दिसम्बर, 1960 | नागफनी के फूल |
| **नई कहानियाँ**, मई, 1961 | एक कोई दूसरा |
| **धर्मयुग,** 18 जनवरी, 1961 | हार |
| **कहानी**, जनवरी, 1961 | झूठा दर्पण |
| **लहर,** अगस्त-सितम्बर, 1961 | प्रश्न और उत्तर |
| **कहानी,** जनवरी, 1962 | कोई नहीं |
| **धर्मयुग,** 24 जून, 1962 | बनवास |
| **ज्ञानोदय,** अप्रैल, 1962 | केवल इतवार को नहीं |
| **ज्ञानोदय, जनवरी,** 1963 | सागर पार का संगीत |
| **नई कहानियाँ**, मई, 1963 | एक और बिदाई |
| **धर्मयुग,** 16 जून, 1963 | पिघलती हुई बर्फ़ |
| **धर्मयुग,** 26 अप्रैल, 1964 | आत्म परिचय—कथा दशक |
| **धर्मयुग,** 3 मई, 1964 | मछलियाँ |
| **नई कहानियाँ,** जून, 1965 | अध्यापक |
| **नई कहानियाँ**, जनवरी, 1966 | स्वीकृति |
| **नई घाटी,** मई, 1966 | नींद |
| **धर्मयुग,** 1 मई, 1966 | सुरंग |
| **नई कहानियाँ,** अक्टूबर, 1967 | कितना बड़ा झूठ |
| **अणिमा,** अक्टूबर, 1967 | ट्रिप |
| **सारिका,** दिसम्बर, 1969 | प्रतिध्वनियाँ |
| **सारिका**, अप्रैल, 1971 | सम्बन्ध |
| **सारिका,** 15 जुलाई, 1984 | आधा शहर |
| **धर्मयुग,** 1 जुलाई, 1988 | शून्य |
| **सारिका,** 1989 | प्रसंग |
| | पुनरावृत्ति |

## *कहानी संग्रह*

| | | |
|---|---|---|
| **फिर वसन्त आया** | 1961 | सरिता प्रेस |

मेनका, रम्भा, उर्वशी
दोस्त
आश्रिता
मान और हठ
नष्ट नीड़
पूर्ति
नई कोंपल
तूफ़ान के बाद
मुक्ता और शशि
अकेली राह
बिखरे तिनके, नया नीड़
फिर वसन्त आया

| | | |
|---|---|---|
| **ज़िन्दगी और गुलाब के फूल** | 1961 | ज्ञानपीठ |

**द्वितीय संस्करण 1969**

पैरेम्बुलेटर
मोहबन्ध
जाले
छुट्टी का दिन
कच्चे धागे
पूर्ति
कँटीली छाँह
दो अँधेरे
चाँद चलता रहा
दृष्टिदोष
वापसी
ज़िन्दगी और गुलाब के फूल

| | | |
|---|---|---|
| **एक कोई दूसरा** | **1966** | **अक्षर प्रकाशन** |

द्वितीय संस्करण 2000

एक कोई दूसरा
झूठा दर्पण
कोई नहीं
सागर पार का संगीत
पिघलती हुई बर्फ़
चाँदनी में बर्फ़ पर
टूटे हुए

| **कितना बड़ा झूठ** | 1966 | राजकमल |
|---|---|---|

सम्बन्ध
प्रतिध्वनियाँ
कितना बड़ा झूठ
ट्रिप
नींद
सुरंग
स्वीकृति
मछलियाँ

| **शून्य तथा अन्य रचनाएँ** | 1996 | राजकमल |
|---|---|---|

पुनरावृत्ति
प्रसंग
शून्य
आधा शहर
यात्रा संस्मरण 1, 2, 3
अमेरिका से पत्र

●●●